2016

福建统计年鉴

Fujian Statistical Yearbook

福 建 省 统 计 局
国家统计局福建调查总队 编

我们，用数字尊重社会 ……

We respect the society with data ...

中国统计出版社
China Statistics Press

图书在版编目（CIP）数据

福建统计年鉴. 2016：汉英对照 / 福建省统计局,
国家统计局福建调查总队编. -- 北京 ：中国统计出版社,
2016.8
ISBN 978-7-5037-7845-2

Ⅰ. ①福… Ⅱ. ①福… ②国… Ⅲ. ①统计资料－福建省－2016－年鉴－汉、英 Ⅳ. ①C832.57-54

中国版本图书馆 CIP 数据核字(2016)第 161599 号

福建统计年鉴-2016

作　　者/ 福建省统计局　国家统计局福建调查总队
责任编辑/ 佘竞雄
装帧设计/ 陈　泓
出版发行/ 中国统计出版社
地　　址/ 北京市丰台区西三环南路甲 6 号　邮政编码/100073
电　　话/ 邮购（010）63376909　书店（010）68783171
网　　址/ http://www.zgtjcbs.com
印　　刷/ 福州统济印务有限公司
经　　销/ 新华书店
开　　本/ 890mm×1240mm　1/16
字　　数/ 1718 千字
印　　张/ 38.25
印　　数/ 1～1500 册
版　　别/ 2016 年 8 月第 1 版
版　　次/ 2016 年 8 月第 1 次印刷
定　　价/ 270.00 元

本书附同版本 CD-ROM 一张，光盘内容以书面文字为准。
如有印装差错，由本社发行部调换。

编委会及编辑人员

一、编委会

主　任: 孙希有　刘同星

副主任: 林文芳　陈志强　雷志亮　吴建国　翁福官　侯超英　陈志良　康　君　徐学金　林鹰漳　林昭利　张晓玲　张福坤

编　委: (以姓氏笔画为序)

于　强　王尔中　王江明　王华乐　叶图强　叶春山　叶德寿　江　美　吕庆长　刘志昭　刘孝兴　苏　林　杨洪春　吴大强　何尚旺　何焰彬　张大风　张梓游　陈光政　邱勇辉　林秀琴　林英厦　林嗣杰　林嘉栋　唐梅光　郭华生　郭善耘　郭美花　徐　斌　徐开国　黄一民　黄文忠　黄仁华　黄向晖　黄秀坤　程友源　曾大武　葛林伟　蔡启奋

二、编辑部

总 编 辑: 杨洪春

副总编辑: 唐国华　潘建明　苏雅彤

编辑人员: (以姓氏笔画为序)

尤昌霖　王　鹏　刘　喆　余　波　林　君　陈晓艳　林　宇　郑　伟　饶晓燕　康梅华　魏知量

执行编辑: 唐国华

英文翻译: 王　鹏

数据库及智能排版: 王　鹏　陈晓艳

EDITORIAL BOARD AND STAFF

编者说明

一、《福建统计年鉴—2016》，是一部信息高度密集的统计资料书。全书系统收录了 2015 年福建省全省及各地区、各部门经济和社会发展各方面的统计数据，以及重要年份福建国民经济主要指标的统计数据，是一部全面反映福建经济和社会发展情况的资料性年刊。

二、全书内容分为 22 个部分：1.综合；2.国民经济核算；3.人口、就业和职工工资；4.固定资产投资；5.对外经济；6.能源；7.人民生活；8.价格指数；9.城市概况；10.财政金融；11.农业；12.工业；13.建筑业；14.交通运输和邮电通信业；15.批发零售、住宿餐饮和旅游业；16.科学和教育；17.文化和体育；18.卫生事业；19.环境保护；20.公共管理和其他社会活动；21.企业调查；22.市县国民经济主要指标。各篇末均附有《主要统计指标解释》。

三、与《福建统计年鉴－2015》相比较，本年鉴在统计内容和编辑上主要做了如下修订：1.主要年份统一调整为 2000，2005，2010，2014，2015 等五个年份。2.根据年报制度变化的新情况，某些篇章的统计指标进行了规范和调整。

四、金门县统计资料除另有注明外，暂未列入本年鉴。

五、本年鉴重要统计数据的资料来源、计算口径等均在各篇另有注明。

六、本年鉴使用的度量衡单位均采用国家统一的标准计量单位。

七、本年鉴对过去发布的统计资料重新进行了核实，凡与本年鉴数据有出入的，以本年鉴为准。

八、本年鉴中部分合计数或相对数由于单位取舍不同而产生的计算误差，均不做机械调整。

九、本《年鉴》符号使用说明：“空格”表示没有、未掌握该指标数据或不足小数位的数据；“＃”表示其中项。

十、本年鉴产值总量指标按当年价格计算，增长速度和产值指数按可比价格计算。

十一、本年鉴计算增长速度、指数均采用“水平法”。

Editor's Notes

Ⅰ.*Fujian Statistical Yearbook-2016* is an annual statistic publication of comprehensive information with highly density. The yearbook covers very comprehensive data in 2015 and some selected data series in important years of provincial and regional levels and in different departments , reflects various aspects of Fujian social and economic development.

Ⅱ.The yearbook contains twenty-two chapters: 1.General Survey; 2.National Economy Accounting; 3. Population,Employment and Wages; 4.Investment in Fixed Assets; 5 .Foreign Trade; 6. Energy; 7. People's Living Conditions; 8.Price Indices; 9.General Survey of Cities; 10.Finance; 11.Agriculture; 12.Industry; 13.Construction ; 14. Transportation, Postal and Telecommunication Services ; 15.Wholesale,Retail Trades, Hotels, Catering Services and Tourism ; 16.Science and Education; 17.Culture and Sports; 18.Health; 19. Environment Protection; 20.Publish Administration and Others; 21. Enterprise Survey; 22.Main Economic Indicators of City Prefecture and County etc. At the end of each chapter, Explanatory Notes on Main Statistical Indicators are included.

Ⅲ. In comparison with the *Fujian Statistical Yearbook 2015*, following revisions have been made in this new version in terms of the statistical contents and in editing:

1.The order of the individual chapters have adjusted, General Survey increase the basic Unit of the Annual Report Legal Entity.2.Years mainly uniformed justment 2000,2005,2010,2014,2015 five years. 3. According to the new situation of the annual report system changes, some statistical indexes of the text and the adjustment of the standard.

Ⅳ.The data of Jinmen county are not included in this yearbook except for some additional notes on it.

Ⅴ.Data source, calculation scope for important statistical data in this yearbook are noted in each chapter.

Ⅵ.The units of measurement used in this yearbook are national standard measurement units.

Ⅶ. The statistics data published in the past is re-verified in this book. Any discrepancy between the data of this book, it prevails.

Ⅷ. As a result of the different unit choices,part of the total or relative data produce calculation error in The yearbook,we do not mechanical adjustment.

Ⅸ. Notations used in the yearbook: "Blank Space" indicates absence or ignorance or insufficient decimal place of data indicator; "#" indicates a major breakdown of the total.

Ⅹ.The indicator of production value in this yearbook is calculated according to prices of the year. Growth rate and indices of production value is calculated according to comparable prices.

Ⅺ.Growth rates and indices in this yearbook are calculated by "level approach".

目　　录

Contents

特　　载
ESPECIALLY PRINTED HERE ARE

统 计 表
STATISTICAL TABLE

第一篇　综合
General Survey

第二篇　国民经济核算
National Economy Accounts

第三篇 人口、就业和职工工资
Population,Employment and Wages

第四篇 固定资产投资
Investment in Fixed Assets

第五篇 对外经济
Foreign Trade

第六篇　能源
Energy

第七篇　人民生活
People's Living Conditions

第八篇　价格指数
Price Indices

第九篇　城市概况
General Survey of Cities

第十篇　财政金融
Finance

第十一篇　农业
Agriculture

第十二篇　工业
Industry

第十三篇 建筑业
Construction

第十四篇 交通运输和邮电通信业
Transportation, Postal and Telecommunication Services

第十五篇 批发零售、住宿餐饮和旅游业
Wholesale,Retail Trades, Hotels, Catering Services and Tourism

第十六篇 科学和教育
Science and Education

第十七篇　文化和体育
Culture and Sports

第十八篇 卫生事业
Health

第十九篇 环境保护
Environment Protection

第二十篇　公共管理和其他社会活动
Publish Administration and Others

第二十一篇　企业调查
Enterprise Survey

第二十二篇　市县国民经济主要指标
Main Economic Indicators of City Prefecture and County

政府工作报告

——2016年1月11日在福建省第十二届人民代表大会第四次会议上

福建省人民政府代省长 于伟国

各位代表：

现在，我代表福建省人民政府，向大会报告政府工作，请予审议，并请省政协委员提出意见。

一、2015年和“十二五”时期工作回顾

2015年，在党中央、国务院和省委的正确领导下，我省各级政府全面贯彻党的十八大和十八届三中、四中、五中全会精神，深入贯彻习近平总书记系列重要讲话精神和对福建工作的重要指示，认真落实中央支持福建加快发展的重大政策措施和省委九届十四次、十五次全会精神，经济社会发展取得新成效。初步预计，全省生产总值2.59万亿元，增长9%；一般公共预算总收入4143亿元、增长8.2%，地方一般公共预算收入2544亿元、增长7.7%；全社会固定资产投资2.16万亿元，增长17.5%；外贸出口6983亿元、增长0.2%，实际利用外商直接投资76.8亿美元、增长8%；社会消费品零售总额增长12.4%；居民消费价格总水平上涨1.8%；城镇居民人均可支配收入33360元，增长8.6%；农民人均可支配收入13850元，增长9.5%；城镇登记失业率3.66%；人口自然增长率7.8‰；年度节能减排任务全面完成。

一年来的主要工作和成效是：

（一）千方百计稳增长，经济运行稳中有进。坚持稳中求进工作总基调，出台促进工业创新转型稳定增长、金融支持产业转型升级、扶持小微企业加快发展等一系列政策措施，深入开展“三比一看”，落实“一月一协调、一季一督查”推进机制，巩固经济基本面。扩大有效投资，在建亿元以上重大项目完成投资7587亿元，在建省重点项目完成投资3916亿元，7大重点领域完成投资比年度计划增加700亿元以上。增强消费拉动，信息消费增长18%，旅游总收入增长16%，电子商务交易额增长40%，新的消费增长点加快培育。金融机构各项贷款余额增长12.1%，企业直接融资2920亿元，有力支持了实体经济发展。

（二）加大力度调结构，转型升级步伐加快。坚持抓龙头、铸链条、建集群，着力优化存量、创造增量，规模以上工业增加值增长8.8%，三大主导产业增加值增长10.2%，高技术产业增加值增长12.2%，金融业增加值增长15.5%，软件和信息技术服务业业务收入增长20%，第三产业增加值增长9.4%。注重技改提升，全省技改投资4550亿元、增长18%，“数控一代”创新应用示范工程有力推进，泉州成为《中国制造2025》唯一地方试点。注重优选龙头项目，京东方面板、联芯国际集成电路、高世代面板等重大产业龙头项目落地建设，有效带动了产业集聚。注重搭建平台，一批重大科技专项加快实施，专利授权量增长62.8%，新增科技企业孵化器48家，第十三届“6·18”对接合同项目5742项、总投资1488亿元，国家技术转移海峡中心获批建设。

（三）惠农富农强基础，现代农业提质增效。农林牧渔业总产值增长3.7%，粮食总产量661万吨。“一区两园”建成现代农业项目300个，新建各类温室大棚11.5万亩、千亩以上设施农业基地30个。省级以上重

点龙头企业销售收入2184亿元，带动357万农户增收。构建“三位一体”扶贫工作格局，实施精准扶贫，深化山海协作，共建产业园区，扶贫开发宁德模式持续实施，23个省级扶贫开发工作重点县加快发展，“造福工程”危房改造4.8万户，20万人实现脱贫。

（四）创新机制添活力，改革红利持续释放。进一步转变政府职能，“三张清单”公布运行，省级行政审批事项精简到314项，省级核准的企业投资事项保留30项，全省80%以上的行政审批和公共服务事项实现网上预审或办理。省直部门数据、信息中心实现整合，行业协会、商会与行政机关脱钩工作扎实推进。在全国率先实施“一照一码”登记制度，全省新登记企业数增长27.3%。放宽市场准入，民间投资增长17.2%，民营经济占全省生产总值的67.3%。开展股权多元化改革试点，深化国有企业改革重组。深化财税体制改革，改进财政资金分配方式，扩大政府购买服务试点范围，设立产业股权投资基金。实施政府和社会资本合作模式项目23个，引入社会资本239亿元。省级公共信用信息平台开通运行。农村土地承包经营权确权登记颁证试点任务基本完成。

（五）扩大开放增优势，发展空间有效拓展。自贸试验区建设扎实推进，186项重点试验任务已实施139项，126项创新举措中49项为全国首创，新业态加快培育。21世纪海上丝绸之路核心区建设步伐加快，对沿线国家和地区出口增长5%，新增对外投资增长2.7倍，中国-东盟海产品交易所在福州上线运营，中国-东盟海洋合作中心落户厦门。闽台交流合作持续深化，闽台贸易额695亿元，实际利用台资13.1亿美元、增长10.3%。第七届海峡论坛取得新成效。向金门供水工程开工建设。台胞往来大陆实现免签注，大陆首张电子台胞证在福州签发，龙岩成为我省第5个赴台个人游试点城市。平潭在基础设施建设、产业培育、环境营造等方面迈出新步伐。闽港闽澳交流合作不断深化，侨务和外事工作服务发展的能力继续提升。完善外贸企业贷款风险补偿资金池政策，加强出口信保服务，在全国率先实现关检合作“三个一”通关模式全覆盖，外贸进出口增幅高于全国平均水平。

（六）城乡统筹促协调，新型城镇化扎实推进。深化户籍制度改革，在福州、厦门、平潭建立积分落户制度，全面放开其他地区落户限制，农业转移人口市民化有序推进。开展县（市）域城乡总体规划编制，厦门等市开展“多规合一”试点。实施厦漳泉大都市区同城化发展总体规划，厦漳泉通信资费实现同城化。莆田城乡一体化综合配套改革取得突破。永安、邵武新增为国家新型城镇化综合试点，15个小城市培育试点取得新进展。新一轮“千村整治、百村示范”工程有效实施，城市景观整治、“五千”工程顺利推进，“两违”综合治理成效明显。

（七）持之以恒抓环保，生态优势进一步凸显。出台水污染防治行动计划工作方案，启动万里安全生态水系建设，12条主要河流水质保持为优，Ⅰ-Ⅲ类水质占比为94%。实施大气污染防治行动计划，加快工业污染源治理，强化城市道路、施工等扬尘综合整治，九市一区环境空气质量均达到国家二级标准，厦门、福州在全国74个城市空气质量排名中分别居第2位、第6位。漳州市区2008家胶合板污染企业全面整治到位。南平国家节能减排财政政策综合示范城市创建工作通过年度考核。推进“四绿”工程，造林绿化166.8万亩，完成水土流失综合治理260万亩。

（八）发展成果惠民生，社会事业取得新进步。投资244亿元的21件省委省政府为民办实事项目全面完成。企业退休职工基本养老金月人均增加217元，城乡居民基础养老金省定最低标准提高到85元，提高城乡居民医保财政补助标准、每人每年不低于380元，新农合的重大疾病保障病种达22类。新增公办幼儿园100所、学位3万个，新增达标高中13所。发展现代职业教育，推行现代学徒制，实训基地加快建设。新增

4 所应用技术类本科高校，高等教育毛入学率达 42.8%。国家综合医改试点省工作全面启动，三明“三医”联动改革经验在全国推广，县级以上公立医院全部实施药品、耗材零差率改革，新增医疗卫生机构床位 8410 张。第一届全国青年运动会、首届海丝博览会、第二届丝绸之路国际电影节、第十四届亚洲艺术节成功举办。社会福利和慈善事业持续发展，老龄、老体协、老年教育、残疾人工作不断加强，妇女儿童合法权益得到保障，民族团结宗教和睦。安全生产标准化建设提升工程、道路交通安全综合整治、“清剿火患”战役持续推进，食品药品安全有效保障，社会和谐稳定。有效应对“苏迪罗”等强台风和暴雨袭击，最大限度减少灾害损失。村（居）委会换届选举工作顺利完成。驻闽部队在平安建设、生态建设、重点建设、抢险救灾等方面发挥了重要作用，军政军民关系更加密切，龙岩军民融合产业发展取得实效。援藏援疆援宁工作扎实推进。

（九）“三严三实”重行动，政府自身建设得到加强。深入开展“三严三实”专题教育，认真贯彻中央八项规定精神，持续反对“四风”、改进作风。自觉接受人大监督、政协监督、社会监督，全年办理省人大代表建议 794 件、省政协提案 905 件，办结率均为 100%，省政协常委会议专题协商建议案有效落实。提请省人大常委会审议地方性法规 8 件，制定省政府规章 20 件。全省政府系统“三公”经费财政拨款支出下降 11.1%。强化“马上就办”，整治“庸懒散拖”，机关效能建设进一步深化。政府与法院、检察院、工会联系机制不断完善。权力运行网上公开持续推进，行政监察和审计监督力度加大，反腐倡廉工作进一步加强。

2015 年工作任务的完成，标志着“十二五”规划主要目标胜利实现。“十二五”时期是福建发展迎来重大历史机遇并取得重要发展成就的五年，习近平总书记多次就福建工作作出重要指示，亲临福建考察指导，提出了“四个切实”的重要要求，殷切希望我们建设机制活、产业优、百姓富、生态美的新福建，中央作出支持福建加快发展的重大决策部署，支持建设海峡西岸经济区、21 世纪海上丝绸之路核心区、生态文明先行示范区、中国（福建）自由贸易试验区、平潭综合实验区、海峡蓝色经济试验区和福州新区，福建发展实现新的跨越。

过去的五年，综合实力显著增强。地区生产总值净增超万亿元、年均增长 10.7%，人均生产总值 10920 美元。一般公共预算总收入和地方一般公共预算收入均实现比 2010 年翻一番。全社会固定资产投资五年共达 7.85 万亿元，一批重大项目建成投用。

过去的五年，发展方式加快转变。规模以上工业增加值和服务业增加值均突破万亿元。产值超 500 亿元产业集群从 6 个增加到 15 个，其中产值超千亿元产业集群从 1 个增加到 9 个。高新技术产业增加值占 GDP 比重从 12.5%提高到 15.2%，战略性新兴产业增加值占 GDP 比重从 7.4%提高到 9.2%。节能减排任务全面完成，森林覆盖率从 63.1%提高到 65.95%。

过去的五年，基础设施全面提升。铁路营运里程新增 1168 公里、总里程超过 3300 公里，其中快速铁路营运里程新增 1066 公里、总里程超过 1500 公里；公路通车里程新增 1.35 万公里、总里程突破 10 万公里，其中高速公路通车里程新增 2600 公里、总里程突破 5000 公里，实现市市通动车、县县通高速、镇镇通干线、村村通客车。港口货物年吞吐量突破 5 亿吨，集装箱吞吐量超过 1300 万标箱，机场旅客吞吐量从 2230 万人次增加到 3800 万人次。电力装机总容量净增 1450 万千瓦，电网改造提升取得新成效。

过去的五年，人民生活明显改善。民生支出占一般公共预算支出的比重每年都超过 70%。城乡居民人均可支配收入年均分别增长 10.9%、12.8%，累计新增城镇就业 326 万人、转移农村劳动力 215 万人。“双高普九”全面实现，城乡居民社会养老保险制度实现一体化，基本医疗保险制度实现全覆盖，公共文化服务体系更加健全，保障性安居工程全面完成国家下达的任务。

各位代表，成绩来之不易，这是党中央、国务院和省委正确领导、全省人民奋力拼搏及各方面大力支持的结果。我代表省人民政府，向全省人民，向人大代表、政协委员、各民主党派、工商联、各人民团体、无党派人士，向离退休老同志和社会各界人士，向中央各部门、各单位和央企驻闽机构、驻闽部队、武警官兵、公安民警，向关心支持福建发展的港澳同胞、台湾同胞、海外侨胞和国际友人，表示衷心的感谢！

我们清醒地认识到发展中面临的不少困难和工作中存在的问题，主要是：投资增长动力不足，实体经济企业特别是中小企业困难较大，稳增长任务艰巨；产业结构不够优、竞争力不强，龙头企业偏少，企业自主创新能力有待提高；区域发展不平衡，中心城市辐射带动力不够强，山海、城乡发展差距较大，脱贫攻坚任务繁重；生态环境保护压力加大，节能减排面临新挑战，畜禽养殖污染尚未根本遏制，Ⅰ、Ⅱ类水质比重下降；城乡基础设施和公共服务体系不够完善，防灾减灾、防洪排涝、停车场所、地下管网等设施比较薄弱，城市交通拥堵突出，教育、科技、卫生等发展还较滞后，群众的一些迫切需求尚未得到有效解决，公共安全还存在一些突出问题和隐患；政府职能转变不到位，“办事难”给基层和群众带来烦恼，一些公务人员不作为、乱作为，少数人甚至违纪违法，造成恶劣影响。对此，我们要坚持问题导向，坚决克服弊端，加快补齐短板，立项挂牌办理，采取有力措施加以解决。

二、实施“十三五”规划，推动经济社会发展再上新台阶

根据《中共福建省委关于制定福建省国民经济和社会发展第十三个五年规划的建议》编制的《福建省国民经济和社会发展第十三个五年规划纲要（草案）》，提出了今后五年经济社会发展的指导思想、目标任务和政策措施，到 2020 年一般公共预算总收入超过 5800 亿元、地方一般公共预算收入超过 3300 亿元，地区生产总值和城乡居民人均收入提前实现比 2010 年翻一番。

“十三五”时期我省国民经济和社会发展的指导思想是：高举中国特色社会主义伟大旗帜，全面贯彻党的十八大和十八届三中、四中、五中全会精神，以马克思列宁主义、毛泽东思想、邓小平理论、“三个代表”重要思想、科学发展观为指导，深入贯彻习近平总书记系列重要讲话精神和对福建工作的重要指示，坚持全面建成小康社会、全面深化改革、全面依法治国、全面从严治党的战略布局，坚持发展是第一要务，着力创新发展、协调发展、绿色发展、开放发展、共享发展。认真落实中央支持海峡西岸经济区建设和福建加快发展的重大决策部署，以保持经济稳定较快增长为目标，以转型升级为主线，以提高发展质量和效益为中心，加快形成引领经济发展新常态的体制机制和发展方式，全面推进经济建设、政治建设、文化建设、社会建设、生态文明建设和党的建设，推动经济社会发展再上一个新台阶，努力建设机制活、产业优、百姓富、生态美的新福建。

（一）着力创新发展，加快转型升级。实施创新驱动战略、人才优先战略和质量强省战略，“十三五”时期省研发经费投入年均增长 15%以上，推进以市场为导向的科技成果转化，全面提升自主创新能力，建设创新型省份。以先进技术装备为支撑，以信息技术深度应用为手段，以智能制造、绿色制造、服务型制造为重点，推动数控技术和智能装备的广泛应用，加快改造提升传统特色产业。培育壮大产业新体系，到 2020 年，电子、石化、机械三大主导产业和海洋经济产值均超万亿元，旅游、物流、金融成为新的主导产业，培育新一批千亿产业集群，互联网经济规模实现倍增，7 个农业特色优势产业全产业链年产值均超千亿元。全面深化体制机制改革，着力健全要素市场体系，激

发市场主体活力，营造有利于大众创业万众创新的良好环境。

（二）着力协调发展，促进整体均衡。统筹城乡区域协调发展，加强城市规划建设管理，优化新型城镇化布局和形态，加快农业转移人口市民化，到2020年户籍人口、常住人口城镇化率分别达48%和67%左右。推进城乡基础设施一体化，实行全域规划，优化建设布局，不断提高交通、能源、水利、环保、商贸、信息、海洋、气象、防灾减灾等基础设施现代化水平，加快城乡基本公共服务均等化进程。统筹山海协调发展，继续念好“山海经”，推进沿海地区经济与山区生态、经济优势互补，联动发展，弘扬“滴水穿石”“人一我十”精神，倾力支持原中央苏区、革命老区、少数民族聚居区、水库库区、海岛等欠发达地区加快发展，到2018年现行国定扶贫标准贫困人口全部脱贫，2020年现行省定扶贫标准贫困人口全部脱贫、23个省级扶贫开发工作重点县全部摘帽。统筹物质文明和精神文明协调发展，弘扬社会主义核心价值观，加强思想道德建设和社会诚信建设，传承中华优秀传统文化。完善公共文化服务体系、文化产业体系和市场体系，提升文化软实力。

（三）着力绿色发展，实现循环低碳。深入实施生态省战略，落实主体功能区布局，加强生态保护和修复，严守生态红线，加快生态文明先行示范区建设。实施循环发展引领计划，促进资源节约循环高效使用，单位GDP能耗保持低于全国平均水平。加大环境治理力度，深入实施大气、水、土壤污染防治行动计划，加强城乡环境综合治理。推进生态文化建设，倡导文明、绿色生活方式和消费模式。森林覆盖率继续保持全国首位。生态文明制度体系基本建成，建设天更蓝、山更绿、水更清、环境更好的美丽福建。

（四）着力开放发展，深化合作共赢。以制度创新为核心，建立与国际投资贸易规则相适应的体制机制，培育新型业态和功能，加快建设自由贸易试验区。着眼建设互联互通的重要枢纽、经贸合作的前沿平台、体制机制创新的先行区域、人文交流的重要纽带，大力推进21世纪海上丝绸之路核心区建设。坚持内外需协调、进出口平衡、引进来走出去并重、引资引技引智并举，推动对内对外开放相互促进，更好利用国内外两个市场、两种资源，“十三五”时期年均实际利用外资75亿美元，外贸竞争力进一步提升。推动闽台深度融合发展。发挥外事优势服务经济社会发展，汇聚侨心侨智侨力，提升闽港澳侨合作水平。

（五）着力共享发展，体现和谐公平。坚持人人参与、人人尽力、人人享有，使发展成果更多更公平惠及全省人民。建立基本公共服务财政支出增长长效机制，加快补齐民生短板，提升整体公共服务水平，健全覆盖城乡、延伸基层的基本公共服务体系。健全公共就业创业服务体系，推动更高质量就业。深化教育综合改革，推进教育公平，优质教育资源更加均衡。深化医药卫生体制改革，完善医疗卫生服务体系，保障食品药品安全，打造健康福建。全面建成覆盖城乡居民社会保障体系，发展社会救助和社会福利，大力发展居家养老、社区养老、机构养老等多样化养老服务，到2020年每千名老人拥有养老机构养老床位数超过35张。推进法治福建、平安福建、诚信福建建设，加强和创新社会治理，切实维护公共安全，确保人民安居乐业、社会和谐稳定。

三、2016年主要工作

今年是全面建成小康社会决胜阶段的开局之年，也是推进结构性改革的攻坚之年。我们要进一步坚定发展信心，牢固树立和贯彻落实五大发展理念，积极适应经济发展新常态，坚持稳中求进工作总基调，坚持稳增长、调结构、强动力、惠民生、防风险，在适度扩大总需求的同时，加强供给侧结构性改革，着力去产能、去库存、去杠杆、降成本、补短板，为“十三五”发展再上新台阶开好局、起好步。

今年经济社会发展的主要预期目标是：全省生产总值增长8.5%，力争更快更好些，保持比全国高2个百分点左右的增幅；一般公共预算总收入增长8%，地方一般公共预算收入增长6.5%；全社会固定资产投资增长16%；外贸出口增长2.5%，实际利用外商直接投资增长6%；社会消费品零售总额增长12%，居民消费价格总水平涨幅控制在3%左右；城镇登记失业率控制在4.2%以内；城镇居民人均可支配收入增长8.5%，农民人均可支配收入增长9%；落实节能减排降碳任务。

为实现以上目标，重点抓好八个方面工作：

（一）注重从供给侧发力，加快产业转型升级

围绕提高供给体系质量和效率，优化存量、提升增量，落实《福建省实施〈中国制造2025〉行动计划》，推动主导产业强龙头促配套，重点产业提质量创优势，新兴产业加速度上规模，大力推进“互联网+”，促进产业提质增效升级，增强供给结构对需求变化的适应性和灵活性。

开展制造业升级行动。实施产业龙头促进计划，加快重大项目建设，完善产业链关键环节和上下游配套，推动电子信息产业突破技术含量高的上游环节，推动石油化工产业发展“高精特专”产品，推动机械装备产业扩大高端产能、提升低端产能。实施新一轮企业技术改造，完成技改投资4800亿元，抓好500项重点技改项目。推进智能制造试点和“数控一代”创新应用示范工程，推动纺织服装、鞋业、食品、建材等行业实施“机器换工”，促进传统优势产业与高科技嫁接、与设计联姻、与品牌联动。实施中小企业成长计划，改造提升工业园区，完善产业分工协作体系。

大力培育新产业、新业态、新模式。实施新兴产业倍增计划和创新示范工程，培育新的产业接续和支撑力量。推动互联网经济创新发展，完善网络基础设施，打造覆盖全产业链的行业垂直电商平台和第三方电商，培育工业互联网、智能电网、互联网教育、个性化诊疗等新业态。推进物联网应用，着力发展车联网和智能家居等。加强“数字福建”建设应用，培育发展大数据产业和云服务。实施新能源汽车推广计划，加快充电桩（站）建设。促进新一代信息技术、生物与新医药、新材料、新能源、节能环保、高端装备制造等新兴产业规模化发展。做大做强海洋经济，打造海洋产业示范园区。支持军民融合产业发展，推动实施民参军、军转民重点项目。

加快推动服务业优质高效发展。开展加快发展现代服务业行动，抓好新一轮服务业综合改革试点，提升服务业发展水平。推动生产性服务业向专业化转变、向价值链高端延伸。加强大型物流园区、集散地和分拣中心建设，支持第三方物流企业融入生产企业供应链管理，鼓励发展快递业。支持金融业发展，推进区域金融改革创新，总结推广泉州、沙县、屏南等各具特色的金融改革创新经验，构建中小企业金融服务体系，支持企业上市融资、再融资和债券融资，促进资产证券化。有效防范和化解金融风险，规范民间融资行为，坚决守住不发生系统性和区域性金融风险的底线。加快发展软件和信息服务、科技服务、创意设计、服务外包等产业。推动生活性服务业加快向精细化和高品质提升。完善旅游基础设施，实施旅游服务标准化工程，策划推介精品线路，强化旅游市场执法监管，提高旅游服务质量。设立总规模60亿元的养老产业投资基金，支持多元市场主体举办养老服务机构，注重医养结合，全省养老机构超过1260家、养老床位达到16万张。推进家政服务业标准化、连锁化、职业化发展，打造家政服务示范企业。大力发展健康、体育、文化、教育培训、批发零售、住宿餐饮等服务业。

强化创新对提高供给质量的支撑。实施

创新驱动发展战略行动计划，重点抓好三个方面：一是激活创新主体。落实和完善鼓励创新优惠政策，加大财政投入，支持以企业为主承担重大科技专项等创新项目，促进科技型中小企业创新发展。二是拓展创新平台。建设好中科院海西研究院等国字号研究机构，加快发展工程（技术）研究中心、重点实验室、科技企业孵化器，打造一批创业创新示范基地和新型众创空间。发展技术转移服务，促进科技成果对接转化。支持申报国家科技示范市。三是完善创新机制。健全以市场为导向、以企业为主体的产学研用机制。改革科技项目和经费管理办法，引导科研院所、高等院校面向企业开展技术创新。发展天使投资、创业投资、风险投资，推动金融创新与科技创新有机结合。加强知识产权创造、运用、保护和管理，完善股权和分红激励等政策，大力引进和培养科技创新人才和研发团队。

降低企业成本、提高供给效率。落实好稳增长调结构的一系列政策措施，加大“一业一策”“一企一策”帮扶力度。降低企业制度性交易成本、税费负担、社会保险费、财务成本、电力价格、物流成本，支持企业提高市场竞争力。积极稳妥推进优胜劣汰，多一些兼并重组，少一些破产清算，支持有市场、有前景的企业渡过难关、焕发生机。支持企业开拓市场，鼓励创新营销模式，促进线上线下融合，提高名特优新产品市场占有率。

（二）积极扩大有效需求，增强对稳增长的拉动力

发挥有效投资的关键作用。把投资重点放在调结构、补短板、惠民生上，加大项目策划、储备和对接力度，强化项目审批服务和要素保障。完成基础设施投资 7300 亿元，抓好铁路、高速公路、轨道交通、机场、港口、能源、水利、环保、信息通信等重大项目，加快公共停车设施、地下综合管廊、污水垃圾处理等城市公用设施建设。引导扩大产业投资，完成工业投资 8300 亿元。创新基础设施和公共服务投融资体制，积极运用政府和社会资本合作、产业股权投资基金模式，带动更多社会资本参与基础设施和医疗卫生、养老服务等领域投资，有效增加公共产品和公共服务。

发挥消费的基础作用。落实和完善鼓励消费的各项政策，促进旅游、信息、汽车、健康、养老、教育、文化等消费。着力稳定住房消费，把房地产去库存摆在突出位置，发展住房租赁市场，提高棚改货币化安置比例，加大城镇棚户区和城乡危房改造力度。合理布局建设消费网点设施，改造提升城乡流通网络，完善质量安全标准，提高消费服务水平。深入推进治理“餐桌污染”、建设“食品放心工程”，健全从“田间到餐桌”的全过程监管体系，用最严谨的标准、最严格的监管、最严厉的处罚、最严肃的问责，确保人民群众“舌尖上的安全”。

发挥出口的促进作用。坚持“优出优进”，转变外贸发展方式，加快培育以技术、品牌、质量、服务为核心的竞争新优势。完善促进外贸发展政策，发挥境内外重点展会、出口信保等作用，培育外贸综合服务企业，支持发展跨境电商，鼓励自主品牌扩大出口。大力发展服务贸易，支持服务外包示范城市建设，培育服务外包重点企业和示范园区，促进加工贸易创新发展，提高出口产品附加值。实施更加积极的进口政策，支持先进技术设备、关键零部件进口，增加重要能源资源储备。推进区域通关一体化，加快“单一窗口”建设，创新口岸查验机制，实现通关提速降费。

（三）建设特色现代农业，夯实“三农”发展基础

保障粮食有效供给。严守耕地红线，加强粮食生产能力建设，落实和完善农业补贴政策，确保粮食播种面积稳定在 1800 万亩以上、粮食产量稳定在 650 万吨以上。拓展粮食产销合作，加强粮库建设，确保粮食储备规模达到 360 万吨以上。

做大特色优势农业。加快发展绿色农业、循环农业、特色农业和品牌农业，引导有机种植，集中力量打造7个特色优势产业。提升现代农业园区建设水平，支持发展设施农业项目。大力发展农产品深加工和流通服务业，拓展农村电商，推进农村一二三产业融合发展。

加强农业基础设施建设。建成高标准农田55万亩以上，发展节水灌溉面积70万亩。实施大水网规划，抓好长泰枋洋、罗源霍口等16座大中型水库和平潭及闽江口水资源配置等19个重大引调水工程建设。加强水库、海堤除险加固。继续实施渔业防灾减灾“百千万工程”，推进20个二级渔港建设。

深化农村改革。坚持和完善农村基本经营制度，全面推进农村土地承包经营权确权登记颁证，引导土地经营权依法规范有序流转，发展多种形式适度规模经营。稳步推进农村宅基地制度改革试点。实施年万名新型职业农民素质提升工程。加快发展家庭农场，引导农民合作社规范化建设。完善农业科技创新推广机制，积极发挥农科院所作用，加快农业“五新”推广应用。深化集体林权制度改革，强化森林经营，发展林下经济。稳步推进国有林场、供销社等改革发展。扩大村镇银行和政策性保险覆盖面，创新支农金融产品，改善农村金融服务。

（四）切实加强城市工作，统筹城乡区域协调发展

以人为核心，科学规划建设管理城市。遵循城市发展规律，转变城市发展方式，突出问题导向，着力补齐短板，提高城市发展水平。一是强化规划。围绕“让居民望得见山、看得见水、记得住乡愁”，把以人为本、尊重自然、传承历史、绿色低碳等理念融入城市规划全过程，注重留白、留绿、留旧、留文、留魂。推广“多规合一”，优化专项规划和控制性详规，加强城市设计。依法管理、依法规划，加强规划实施监督，严格责任追究制度，实现一张蓝图绘到底。二是规范建设。把创造优良人居环境作为中心目标，优化城市布局，完善城市基础设施，彰显文化和生态特色，增强城市发展持续性、宜居性。实施宜居环境建设项目5000个，完成投资1500亿元以上。实施新一批市政提升“五千”工程，新建改造城区雨水管网、污水管网、燃气管网、城市道路、供水管网各1000公里以上。推进海绵城市建设试点，全省在建地下综合管廊超过50公里，加快解决城市内涝和“马路拉链”问题。大力发展综合交通，优化街区路网结构，抓好地铁、城市道路、公交场站、公共停车泊位、休闲慢道等建设，新建公共停车泊位2万个以上，实施精细化交通管理，有效缓解交通拥堵。落实工程建设质量终身责任，推动建筑产业现代化和绿色建筑发展。三是完善服务。坚持“为了人而管好城市”，创新城市治理方式，提高城市管理服务的人性化、精细化、规范化水平。抓好城市管理领域大部门制改革，推进综合执法，构建综合治理长效机制。加强城市数字化平台建设，推动城市管理手段向“科学精细”转变，推动管理方式向社会公众参与的“多元治理”转变，让人民群众在城市生活得更方便、更舒心、更美好。

优化大中小城市和小城镇布局。推进福州、厦漳泉大都市区建设，加强区内城乡规划、基础设施、公共服务设施和生态环境保护等方面的协调衔接，促进城市功能配套和资源共享。做大做强福州、厦门、泉州三大中心城市，推进漳州、三明、莆田、南平、龙岩和宁德等区域中心城市发展，优化城市风貌，提升城市品位，强化综合承载能力。有序推进县城扩容提升，抓好不同类型的新型城镇化试点，深化小城镇改革发展。

持续抓好美丽乡村建设。坚持尊重农民意愿、方便生产生活，保护好乡村的自然生态、田园风光，守住历史风貌、乡土气息，防止大拆大建、千村一面，防止把农村建成城市。加强历史文化名城名镇名村、历史文化街区、历史建筑、传统村落保护，留住民俗风情，守住美丽乡村的精神文化地标。实

施新一轮“千村整治、百村示范”工程，开展农村生活污水垃圾治理行动，创新村庄建设与治理模式，建设具有优美田园风光的新农村。

促进农业转移人口融入城镇。加快户籍制度改革，全面实施居住证制度，实施差别化落户政策，引导人口优先向中小城市和建制镇转移，提高户籍人口城镇化率。探索建立农业转移人口市民化成本分担机制，推进基本公共服务均等化。拓宽住房保障渠道，把符合条件的转移人口纳入住房保障范围，鼓励开发区、产业园区统筹规划建设公共租赁住房，支持转移人口购房租房。

（五）深化改革扩大开放，增强发展活力和内生动力

推进重点领域和关键环节改革。进一步取消和下放行政审批事项，清理规范中介服务和前置审批，全面实施清单管理，推行网上并联审批。深化工商登记制度改革，扩大“三证合一”“一照一码”改革成果。强化事中事后监管，推进随机抽取检查对象、随机抽取执法人员、检查结果公开的“两随机、一公开”。逐步建立公益类和商业类国有企业分类管理体系，完善国有资产监管制度，加强国有企业结构调整与重组，健全现代企业制度，完善公司法人治理结构。大力发展民营经济，实施闽商回归工程，支持民营资本以多种方式进入基础产业、社会事业以及特许经营领域。深化财政体制改革，调整优化财政支出结构，盘活存量、做优增量，厉行节约、规范管理。整合不同部门管理的同类资金，转变财政支持产业发展投入模式，开展资金使用绩效评估。创新投融资体制，规范拓展政府融资渠道，鼓励发展投资基金，支持重点领域建设项目开展股权和债权融资。进一步明确政府举债权限，加强政府性债务管理。进一步抓好金融、价格、社保、社会事业等领域改革。

建设21世纪海上丝绸之路核心区。发挥“海丝”发祥地影响力，与港澳台侨携手，构建多层次常态化交流平台与合作机制，推进与沿线国家和地区互联互通、经贸合作和人文交流。加快区域空中通道、海上通道、陆海联运通道和信息通道建设，完善集疏运体系，提升口岸通关功能，促进人员和货物往来便利化。支持有条件的企业“走出去”，推动与沿线国家和地区合作建设产业园区和商贸基地，拓展远洋渔业、现代农业、旅游业和矿产资源开发对接合作。深化各领域友好交流。

深入推进自由贸易试验区建设。全面落实总体方案，促进平潭、厦门、福州三个片区彰显特色、差异发展，确保在国家一年期评估时交出合格答卷。把体制机制创新放在首位，进一步对标先进，储备推进一批新的试验项目，加快创新成果的复制推广，推动试验区内外联动发展，促进投资贸易便利化，打造一流营商环境。突出项目引进，加强融资租赁、跨境电商、物流、整车进口、海产品交易、大宗生产资料交易、保税展示交易等功能性服务平台建设，加强金融领域开放创新。

培育开放型经济新优势。创新利用外资方式和工作机制，拓展委托招商、产业链招商、网上招商，提升“9·8”投洽会投资促进服务功能，加强与世界500强、全球行业性龙头企业对接，承接高端产业转移。鼓励外资企业增资扩股，积极引导国际产业资本和投资基金参与我省企业并购重组。构建境外投资综合服务体系，支持有条件的企业参与海外并购，推进产能和装备制造国际合作。深化闽港闽澳合作，完善公共招商平台，扩大金融、物流、旅游等领域合作。做好华侨华人工作，培养侨界新生力量，密切与侨团和商会联系交往。

高起点推进福州新区建设。围绕“三区一门户一基地”的战略定位，创新管理体制和管理方式，加快重点组团建设，做大做强产业，在更高起点上建设闽江口金三角经济圈，发挥省会城市的龙头引领作用。集成用好四区叠加优势，推进与平潭综合实验区一

体化联动发展。

（六）发挥对台独特优势，拓展闽台合作成果

加快平潭开放开发。发挥综合实验区和自贸试验区政策优势，借鉴自由港运行模式，着力培育产业，完善配套设施，加快建设新兴产业区、高端服务区、宜居生活区和国际旅游岛，打造台湾同胞“第二生活圈”，在两岸交流合作和对外开放中发挥先行先试作用。

推进厦门深化两岸交流合作综合配套改革试验。围绕建设“一区三中心”，进一步创新体制机制，深化对台交流合作，打造现代产业支撑体系，营造国际一流营商环境，建设美丽厦门。全面推进跨岛发展战略，促进岛内外一体化和厦漳泉同城化，发挥经济特区龙头带动作用。

深化产业对接合作。落实海峡两岸经济合作框架协议，对符合条件的台资企业在市场准入、持股比例等方面，探索实行更加开放措施。加强与台湾工商团体联系，深入对接百大企业、行业龙头企业和科技型中小企业，促进先进制造业和现代服务业项目落地。提升台商投资区、台湾农民创业园等园区功能，促进在闽台资企业增资扩产和转型升级。支持台湾金融机构来闽发展，推动设立闽台合资全牌照证券公司。鼓励有条件的企业赴台投资。

扩大双向直接往来。拓展闽台航线和航路，继续推动闽台车辆双向互通，推进台车通过客滚航线入闽常态化行驶，提升“小三通”便捷性。加快向金门供水工程建设，进一步推动厦金合作。加快对台邮件处理中心建设，推进海运快件试点。加强闽台关检合作，促进人员货物往来便利化。

促进文化社会融合。办好第八届海峡论坛。加强涉台文物保护工程和文化生态保护区建设，开展福建文化宝岛行等系列交流活动，继续办好海峡青年节。发挥祖地文化优势和海峡两岸交流基地作用，扩大民间基层交流，深化闽台乡镇、同名同宗村、社区村里对接，强化亲情乡情纽带联系。加强台湾青年创业基地建设。推动闽台社区治理交流，拓展科技、教育、卫生、广播影视等各领域合作空间。

（七）坚持绿色低碳发展，建设生态文明先行示范区

加强生态文明制度建设。生态资源是福建最宝贵的资源，生态优势是福建最具竞争力的优势，生态文明建设应当是福建最花力气的建设。牢固树立“绿水青山就是金山银山”的理念，坚持源头严防、过程严管、后果严惩。构建环保绩效考核制度，开展领导干部自然资源资产离任审计试点，建立生态环境损害责任终身追究制。实施山水林田湖生态保护和修复工程，加强生态功能区建设，落实生态红线管控制度。实施重点流域生态补偿办法，完善生态保护绩效与资金分配挂钩机制。健全森林生态效益补偿机制，植树造林 100 万亩。建立水土流失治理长效机制，完成 200 万亩治理任务。抓好排污权、节能量交易试点，探索建立碳排放权和水权交易制度。实行生态环境损害赔偿，推行环境污染第三方治理。建立环保督察制度，严查环境违法行为，形成政府、企业、公众共治的环境治理体系，让子孙后代永享“清新福建”。

加强环境污染综合整治。打好水、大气、土壤污染防治三大攻坚战。加强重点流域水环境综合整治和水质监测，深化主要湖库环境治理，强化饮用水源地保护，加大城市内河治理力度，控制农业面源污染，推进城乡生活污染、工业污染和畜禽养殖污染专项整治。加强重点行业企业大气污染物综合治理，加快整治城市道路、建筑施工、堆场料场等扬尘，加大黄标车淘汰力度。加强涉重金属行业污染防治，增强危险废物处置能力，实现固体废物减量化、资源化处置，实施农用地、建设用地土壤环境分级分类管

理。

加强资源节约和减排降碳。严格落实环保监管“一岗双责”，实行能源和水资源消耗、建设用地等总量和强度双控。强化新上项目节能评估审查，严格环境准入，严控“两高”行业新增产能。实施200项重点节能工程，加大减排项目建设力度，全面完成脱硫、脱硝设施升级改造任务。大力发展循环经济和清洁生产，支持发展节能环保技术、装备、产品和服务。落实水资源“三条红线”，加强水质、水量、节水管理。合理开发利用低丘缓坡地和城镇地下空间，节约集约利用土地资源。

（八）保障和改善民生，让人民群众得到更多实惠

实施脱贫攻坚工程。把脱贫攻坚作为第一民生工程来抓，聚焦精准，健全“省负总责、市县抓落实、工作到村、帮扶到户”的长效机制，构建全社会协同推进的大扶贫格局，全年实现脱贫20万人，安排“造福工程”搬迁任务25万人。注重精准识别，坚持贫困标准，坚持公开公正，规范建档立卡，确保扶贫对象到户到人。注重精准施策，完善挂钩帮扶政策，分类制定帮扶措施，实行发展产业脱贫、转移就业脱贫、“造福工程”搬迁脱贫、发展教育脱贫、生态补偿脱贫、低保兜底脱贫、医疗保险和医疗救助脱贫，切实提高脱贫攻坚实效。注重精准管理，做到贫困人员应进则进、应退则退，强化扶贫资金监督管理。注重精准脱贫，建立贫困户脱贫退出认定机制，对已经脱贫的农户加强跟踪服务，在一定时间继续享受扶贫政策，确保扶真贫、真扶贫、真脱贫。

织牢就业和社会保障安全网。实施更加积极的就业政策，鼓励以创业带就业，统筹抓好高校毕业生、就业困难人员、农业转移劳动力、退役军人等重点群体就业，新增城镇就业55万人。实施全民参保计划，深化机关事业单位养老保险制度改革，推进养老、医疗保险从制度全覆盖向人员全覆盖，完善社会保险关系转移接续办法。全面实现城乡居民基本医保一体化和设区市统筹，推行复合型医保付费方式，加强大病保险与医疗救助等制度衔接。提高城乡居民最低生活保障水平，全面实施临时救助制度。健全征地收海补偿制度，做好被征地被收海农民社会保障工作。促进社会福利、慈善和妇女儿童、残疾人事业健康发展。办好投资267亿元的22件省委省政府为民办实事项目。

以增加总量、均衡发展为重点，办好人民满意的教育。继续实施第二轮学前教育发展三年行动计划，新增幼儿学位3万个。加强城乡义务教育资源均衡配置，推进农村义务教育薄弱学校改造、城区中小学建设项目，全面实现义务教育学校标准化建设。深化招生考试制度改革，做好高考全国卷对接工作。加快发展职业教育，深化产教融合、校企合作，加大技能型人才培养力度。加强高水平院校、一流学科和服务产业发展的特色专业建设。支持发展民办教育。实施免费特殊教育，积极发展终身教育和老年教育。加强教师队伍建设。

以解决看病难、看病贵为重点，深化医药卫生体制改革。全力抓好深化医改试点省工作，深入推进医疗保障、药品流通体制和公立医院综合改革。提高基层医疗服务能力，完善基层医疗机构运行机制，加强全科医生和乡村医生队伍建设，积极组建医疗联合体，逐步建立分级诊疗制度。推进医保定点制度改革。加强儿科、产科、精神卫生等专科和医院建设。鼓励社会力量办医。全面实施两孩政策，提高出生人口素质，促进人口均衡发展。

繁荣发展八闽文化。加强社会主义精神文明建设，提高思想道德和社会诚信水平。大力发展文化事业，因地制宜建设城乡公共文化服务设施，适应群众需求创新公共文化服务运行机制和服务方式。创新文化体制机制，大力支持文艺创作，发展文化产业，打响文化品牌。实施优秀传统文化传承工程，保护发展闽南文化、闽都文化、客家文化、

妈祖文化、红土地文化、畲族文化等特色文化，进一步弘扬朱子文化。加大文化遗产保护力度。大力发展哲学社会科学。办好新闻出版广播影视事业，促进传统媒体和新兴媒体融合发展。推动群众体育和竞技体育全面发展，壮大体育产业，积极发展老年体育，形成全民健身良好氛围。推进新型智库建设。做好第二轮志书和综合年鉴编纂工作。加强科普工作。加强网络文化等建设管理，进一步净化社会文化环境。

着力促进社会和谐稳定。坚持人民利益至上，全面提高公共安全水平。加强“平安福建”建设，完善立体化社会治安防控体系，依法处理信访事项，完善城乡社区网格化服务管理，强化社区自治和服务功能，进一步创新社会治理，推进治理体系和治理能力现代化。坚持不懈抓好安全生产，确保不发生重特大事故，确保人民群众生命财产安全。加强法治社会建设，深入实施“七五”普法，进一步规范社区矫正工作，完善法律援助制度和司法救助体系，引导全民自觉守法、遇事找法、解决问题靠法。推动社会组织多元健康发展，支持工会、共青团、妇联等人民团体发挥更大作用。积极促进民族团结进步事业，引导宗教与社会主义社会相适应。大力加强国防动员和后备力量建设，在更广范围、更高层次上推进军民融合深度发展，积极支持驻闽部队建设和改革，推进双拥工作持续发展，创建新一轮全国“双拥模范城”，不断巩固发展军政军民团结良好局面。

四、加快建设法治政府、廉洁政府和服务型政府

深入学习贯彻习近平总书记系列重要讲话精神，自觉强化政治意识、看齐意识、带头意识，自觉践行“三严三实”要求，严守党纪国法，在思想上政治上行动上与以习近平同志为总书记的党中央保持高度一致，坚决贯彻落实党中央、国务院和省委的决策部署，始终保持对事业的敬仰之心、对人民的敬重之心、对权力的敬畏之心，做到廉洁、勤政、务实、高效。

深入推进依法行政。坚持在党的领导下、在法治轨道上开展工作，依法全面履行政府职能，健全依法科学民主决策机制，深化行政执法体制改革，严格规范公正文明执法，全面推进政务公开和权力运行网上公开，加快建设职能科学、权责法定、执法严明、公开公正、廉洁高效、守法诚信的法治政府。

加快转变政府职能。以五大发展理念引领新发展，把坚持中国特色社会主义政治经济学必须把握的重大原则贯穿到实际工作中。协同推进简政放权、放管结合、优化服务，推行权力清单、责任清单、负面清单制度。深化机关效能建设，进一步提高执行力，推进“四下基层”“马上就办”，创新服务、精准服务、并联服务，以“钉钉子”精神和踏石留印、抓铁有痕的劲头狠抓工作落实。

切实加强廉政建设。严格落实党风廉政建设责任制，认真执行《中国共产党廉洁自律准则》《中国共产党纪律处分条例》，把廉洁从政贯穿到政府工作的各个环节。完善土地出让、工程建设、产权交易、政府采购等制度，加强公共资金、公共资源、国有资产监管，消除权力寻租空间。自觉接受人大及其常委会的法律监督和工作监督、政协的民主监督，高度重视社会公众监督和舆论监督，加强行政监察和审计监督，确保权力在阳光下廉洁运行。

各位代表，再上新台阶、建设新福建的目标催人奋进。让我们紧密团结在以习近平同志为总书记的党中央周围，在中共福建省委的领导下，凝心聚力，开拓进取，扎实工作，为全面建成小康社会、实现“两个一百年”的奋斗目标、实现中华民族伟大复兴的中国梦作出更大贡献！

关于福建省2015年国民经济和社会发展计划执行情况及2016年国民经济和社会发展计划草案的报告

——2016年1月11日在福建省第十二届人民代表大会第四次会议上

福建省发展和改革委员会

各位代表：

受福建省人民政府委托，现将福建省2015年国民经济和社会发展计划执行情况及2016年国民经济和社会发展计划草案提请省十二届人大四次会议审议，并请省政协各位委员和其他列席人员提出意见。

一、2015年国民经济和社会发展计划执行情况

2015年，在省委的正确领导下，全省各级各部门认真贯彻落实党的十八大和十八届三中、四中、五中全会精神，深入贯彻习近平总书记系列重要讲话和对福建工作的重要指示精神，积极应对经济下行压力，扎实抓好各项工作，经济社会发展取得新成效，经省十二届人大三次会议审议通过的国民经济和社会发展计划执行情况总体较好。初步预计，全省生产总值25978亿元，增长9%。

一年来国民经济和社会发展成效主要体现在五个方面：

（一）产业转型升级步伐加快

多措并举支持实体经济发展，出台了加快产业转型升级的若干意见和一系列配套政策措施，推动产业结构向中高端转变。第一、二、三产业分别完成增加值2110亿元、13546亿元和10322亿元，增长3.5%、9.3%和9.4%。

农业经济平稳发展。出台加快转变农业发展方式的实施意见，推进现代农业发展。农林牧渔业总产值3700亿元，增长3.7%。粮食总产量661万吨，肉蛋奶产量增长2.2%水产品产量增长5%。新增各类设施农业温室大棚11.5万亩、省级现代渔业产业园区20个。“一区两园”建设完成投资69.1亿元，增长10%。428家省级以上农业重点龙头企业销售收入2183.6亿元，增长1.3%。重大水利项目完成投资225.8亿元，增长43.8%，厦门莲花水库、永春县桃溪流域综合治理等78个项目建成或基本建成，动工建设金门供水工程等104个项目，泉州白濑水库等项目前期工作取得新进展。

工业生产缓中趋稳。出台我省实施《中国制造2025》行动计划、加快发展智能制造、促进工业创新转型稳定增长等政策措施，推动制造业稳定增长和结构优化。规模以上工业增加值10600亿元，增长8.8%，其中民营工业增加值增长9.5%。电子、机械、石化三大主导产业增加值增长10.2%，对工业增加值增长的贡献率38.8%；高技术产业增加值增长12.2%，占工业增加值比重为9.4%，比上年提高0.3个百分点；战略性新兴产业增加值增长9%。工业经济效益综合指数提高16个点，规模以上工业利润总额增长11%。228家省级工业龙头企业实现产值8700亿元，增长10%。马尾船政特种船舶、福安甬金不锈钢冷轧、莆田聚酰胺6（PA6）切片一期等一批重点项目建成或部分建成投产。

服务业发展势头良好。服务业增加值增速比上年提高 1.3 个百分点，物流、金融、旅游等行业发展较快。港口货物吞吐量、集装箱吞吐量分别增长 1.6%和 4.6%。金融业增加值 1670 亿元，增长 15.5%，本外币各项存款和贷款余额分别增长 10.7%和 12.1%。发行债券融资 2005.12 亿元，46 家次企业在境内外上市融资或再融资 702.05 亿元，新增 98 家企业在“新三板”挂牌，6 家企业在海峡股权交易中心挂牌。接待游客 2.67 亿人次，增长 14%；实现旅游总收入 3142 亿元，增长 16%。

海洋经济加快发展。海洋生产总值 7000 亿元，增长 10%。全省 154 个在建海洋经济重大项目完成投资 422 亿元。厦门国家海洋高技术产业基地等海洋新兴产业集聚区加快发展。新增 37 艘远洋捕捞渔船，总量达 521 艘，远洋渔业产量增长 10%。

创新驱动发展步伐加快。创新平台建设持续推进，新增 5 个国家地方联合创新平台、2 个国家认定企业技术中心和 1 个国家重点实验室，中国科协创新驱动助力工程、中科院计算所福州分所等创新平台正式启动。厦门大学 2 个协同创新中心确定为国家级“2011 协同创新中心”，实现我省高校“零”的突破。出台推进大众创业万众创新十条措施，设立省级众创空间 49 个、小微创业基地 26 个、大学生创业园 41 个。第十三届“6·18”对接合同项目 5742 项，总投资 1488 亿元。“6·18”虚拟研究院新设立食用菌（古田）、社会创新、电机电器（福安）等 3 个产业技术分院。建设数字福建云计算中心、电子口岸等公共平台项目，在全国率先启动省直部门数据中心及信息中心整合工作。出台加快互联网经济发展十条措施，新建 29 个互联网经济孵化器、培训近 8 万名互联网经济从业人员、成立 7 家创投机构、扶持 21 个互联网公共平台项目。

（二）三大需求协同拉动

投资保持较快增长。出台进一步扩大有效投资的若干意见，推进投资结构优化。全社会固定资产投资 21678 亿元，增长 17.5%。其中，基础设施投资增长 29.4%，交通、能源、市政、水利、美丽乡村、信息、环保 7 大重点领域基础设施完成投资超过 4100 亿元，比年度计划增加 700 亿元以上；制造业投资 6070 亿元，增长 18.8%，比上年提高 8.9 个百分点；高新技术产业投资增长 21.1%；技术改造投资增长 18%。大力推进政府和社会资本合作（PPP），激发民间投资潜能，民间投资 12942 亿元，增长 17.2%，占全省投资比重稳定在 60%左右。

重点项目进展顺利。在建省重点项目完成投资 3916 亿元。合福铁路、赣龙铁路扩能工程、京台线建瓯至闽侯高速公路、漳州至永安高速公路、福州港碧里作业区 6 号泊位、福清核电 2 号机组、石狮鸿山电厂二期等 180 个项目建成或部分建成，新增铁路通车里程 420 公里、高速公路通车里程 760 公里、港口吞吐能力 2480 万吨、电力装机 480 万千瓦。顺邵高速公路、福清核电 5—6 号机组等 160 个项目开工建设，吉永泉铁路等一批重大项目前期工作加快推进。

新型城镇化建设取得成效。常住人口城镇化率达到 62.7%，比上年提高 0.9 个百分点。莆田、晋江等国家新型城镇化综合试点有序推进，永安、邵武列入第二批国家新型城镇化综合试点；新增福清、长乐、大田等省级新型城镇化试点，积极推动 15 个小城市培育试点。

市场消费稳步增长。社会消费品零售总额 10505.7 亿元，增长 12.4%。限额以上企业实现零售额 5219.79 亿元，增长 15.2%，其中批发和零售企业实现网上零售额 356.21 亿元，增长 67.5%。健康、养老、信息消费成为市场热点，限额以上体育、娱乐用品类商品零售额增长 59.7%，通讯器材类商品零售额增长 27.1%。

外经贸平稳发展。外贸出口 6983 亿元，增长 0.2%。推进外商投资便利化，简化外商投资企业设立、变更审批，进一步下放外商投资项目管理权限。加大产业链招商力度，新批外商投资项目 1689 个，新批千万美元以上项目 394 个；实际利用外商直接投资 76.8 亿美元，增长 8%，其中服务业利用外资比重为 42.2%。积极实施“走出去”战略，推动国际产能和装备制造合作，全省核准备案对外直接投资 46.8 亿美元。

（三）民生保障不断强化

21 项为民办实事项目全面完成全年目标任务。民生支出占财政支出比重达 76%，比上年提高 2.5 个百分点。城镇新增就业 65.95 万人，城镇登记失业率 3.66%。城镇居民人均可支配收入 33360 元，增长 8.6%；农民人均可支配收入 13850 元，增长 9.5%。人口自然增长率 7.8‰。

更好满足群众“上好学”的需求，全年新增公办幼儿园 100 所、学位 3 万个，新增达标高中 13 所。学前三年适龄儿童入园率达 97.3%，义务教育标准化学校完成率达 98.5%，高中阶段毛入学率达 94.1%，高等教育毛入学率达 42.8%，高考实际录取率达 87%。加快发展现代职业教育，推进 39 个省级现代学徒制试点，其中 5 个入选国家试点。

医药卫生体制改革持续深化。全面推进国家深化医改综合试点工作，公立医院综合改革实现全覆盖，所有城市和县级公立医院实行药品和耗材零差率改革，城乡居民基本医保政策实现一体化，大病保障和疾病应急救助机制不断完善，城乡居民大病保险实现全覆盖。加强医疗服务供给，推进 30 家县级医院项目建设，全省新增床位 8410 张，常住人口每千人床位数达 4.51 张，社会办医政策环境进一步优化，社会办医床位数比例达 12%。

文化惠民工程加快建设。升级改造省级公共文化服务设施 3 个，新建地市级图书馆 1 个、艺术馆 1 个、县级综合档案馆 7 个和一批文化综合体。加快体育产业发展，建设福州海峡奥林匹克体育中心、省帆船帆板东山训练基地等重大体育基础设施，成功举办第一届全国青年运动会。

保障性安居工程开工 14.3 万套、开工率 114.8%，基本建成 16.61 万套、基本建成率 220.2%。“造福工程”危房改造 4.8 万户、20 万人，建成百户以上规模的安置区 100 个。解决 91.46 万农村人口饮水安全，基本解决全省农村人口饮水安全问题。居民消费价格总水平上涨 1.8%，控制在预期目标以内。

（四）改革开放持续深化

行政审批制度改革深入推进。大力精简行政审批事项，全面取消非行政许可审批事项，清理公布政府各部门的权力清单、公共服务事项清单和责任清单。进一步下放审批权限，自贸试验区项目行政审批基本上不出区。省网上办事大厅建设稳步推进，与各设区市及 76 个县级行政服务中心实现互联互通，全省 80%以上的行政审批和公共服务事项实现网上预审或办理。

市场环境持续改善。商事制度改革取得积极成效，在全国率先实施“一照一码”登记制度。省级核准的企业投资事项保留 30 项。清理规范前置审批和中介服务事项，制订分阶段精简企业投资项目前置条件的具体方案。开通试运行省级公共信用信息平台，目前平台已有 41 家省直单位提供的 471 类法人信用信息，建立实施守信激励和失信惩戒机制。

中国（福建）自由贸易试验区建设稳步推进，自挂牌起 186 项重点实验任务已实施 139 项，推出创新举措 126 项，49 项为全国首创，其中 30 项已在全省推广，2 项被海关总署复制推广到全国四个自贸试验区。福州新区获国务院正式批复同意设立，省政府出台支持福州新区加快发展的若干意见。“海丝”核心区加快建设，出台我省 21 世纪海上丝绸之路核心区建设方案，推进一批重大合作项目建设。对"海丝"沿线国家投资 13.8 亿美元，增长 2.7 倍。闽港澳贸易额 99 亿美元，实际利用港澳资金 47.2 亿美元，增长 3.6%。

闽台交流合作进一步深化。福州和平潭海峡两岸电子商务经济合作实验区获批，4 家台资金融机构落地，古雷炼化一体化项目等一批重大台资项目进展顺利。实际利用台资 13.1 亿美元，全省赴台投资 13 项、投资额 2316 万美元，闽台贸易额 112.7 亿美元。成功举办第七届海峡论坛，获批设立 4 个海峡两岸青年创业基地，龙岩市成为我省第 5 个赴台个人游试点城市。闽台直航持续拓展，两岸车辆互通实现历史性突破。

（五）生态建设扎实推进

生态文明体制机制建设不断深化。制定贯彻落实中央加快推进生态文明建设意见的实施方案和生态文明体制改革实施方案，出台重点流域生态补偿办法，提高省级以上生态公益林补偿标准。基本完成全省生态保护红线划定。推进生态产品市场化，全省排污权交易步入常态化，试行开展节能量交易，开展环境污染第三方治理试点。

节能减排低碳发展积极推进。预计可以完成年度节能减排降碳目标和国家下达的"十二五"目标。积极推进行业能效对标，实施差别电价、奖优罚劣。实施工业锅炉（窑炉）改造、电机系统节能等重点工程 200 多项。对重点耗能企业实行能耗在线监测，火电、钢铁、水泥、玻璃等重点行业企业已全部完成脱硫、脱硝，持续推进循环经济示范试点。全省城镇污水处理能力达 517 万吨/日，市县污水处理率达 88%以上；市县生活垃圾无害化处理能力 2.7 万吨/日，生活垃圾无害化处理率达 96.5%。

生态环境保护成效明显。完成造林绿化总面积 166.8 万亩，超额完成全年任务。全面深入实施宜居环境建设行动计划，推进美丽乡村建设，城市建成区绿地率达 38.98%，人均公园绿地面积 12.6 平方米。落实最严格水资源管理制度，出台水污染防治行动计划工作方案，严格执行"河长制"，全省 12 条主要河流Ⅰ～Ⅲ类水质占比为 94%，23 个城市空气质量达到或优于国家环境空气质量二级标准的比例为 90%。加快实施近岸海域及海洋生态系统的保护、修复和建设工程，近岸海域二类以上水质面积达 66%以上。

2015 年经济社会发展各项任务的完成，标志着"十二五"规划胜利收官。在看到成绩的同时，我们也清醒地认识到，当前经济社会发展还存在不少困难和问题，主要是：经济下行压力较大，实体经济仍较困难，一些企业停产减产，外贸形势较为严峻，财政收入增长难度加大；产业结构不够优，竞争力不够强，传统产业转型升级有待加快，新兴产业规模不大，大型龙头企业不多，企业创新能力偏弱；城乡基础设施和公共服务体系不够完善，防洪排涝、地下管网、停车场所等设施比较薄弱，城市交通拥堵突出，教育、卫生等社会事业发展还较滞后，公共安全还存在一些突出问题和隐患；生态环境保护压力和节能减排难度加大。面对这些困难和问题，我们一定要保持清醒头脑，主动作为，认真应对，努力解决。

二、2016 年国民经济和社会发展主要预期目标和任务

政府工作报告提出的今年经济社会发展主要预期目标包括：

一是保持经济稳定增长。预期全省生产总值增长 8.5%，力争更快更好些，保持比全国高 2 个百分点左右的增幅。主要考虑：福建面临的机遇前所未有，中央高度重视和支持福建加快经济社会发展，批准设立福建自贸试验区、福州新区，支持福建建设 21 世纪海上丝绸之路核心区，为福建发展孕育新的机遇。同时经济增长预期目标与"十三五"规划目标相衔接，为保持"十三五"开局年经济平稳较快增长以及全面建成小康社会奠定基础。

二是经济提质增效取得新进展。产业转型升级加快，传统优势产业继续改造升级，服务业加快发展；强化三大需求拉动，提升对外开放水平，预期全社会固定资产投资增长 16%，社会消费品零售总额增长 12%，外贸出口增长 2.5%，实际利用外商直接投资增长 6%；新型城镇化健康发展，区域发展协调性增强；生态文明先行示范区建设全面推进，落实节能减排降碳任务。

三是民生福祉继续改善。保持财政收入稳定增长，增加公共服务供给，进一步提高人民群众生活水平，预期地方一般公共预算收入增长 6.5%；城镇居民人均可支配收入增长 8.5%，农民人均可支配收入增长 9%；城镇登记失业率控制在 4.2%以内；居民消费价格涨幅控制在 3%左右。

为了实现上述目标，我们要全面落实中央和省委各项决策部署，牢牢把握中央支持福建加快发展的重要机遇，坚持创新、协调、绿色、开放、共享发展理念，坚持稳中求进工作总基调，着力稳增长、调结构、强动力、惠民生、防风险，推进供需两端特别是供给侧结构性改革，适应和引领经济发展新常态，提高经济发展质量和效益，努力实现“十三五”良好开局。重点要组织实施好八个方面工作：

（一）推进供给侧结构性改革，推进产业转型升级

通过调存量、改造提升传统动能，扩增量、培育发展新动能，实施消费品供给和降本增效专项行动，切实抓好去产能、去库存、去杠杆、降成本、补短板五大任务，加快产业转型升级，不断提高供给体系质量和效率。

改造提升传统优势产业。实施智能制造、技术改造等制造业升级专项行动，大力推进“机器换工”，组织 100 项以上省级智能制造重点项目，重点支持企业购买关键重大智能设备、智能制造样板工厂（车间）示范应用、首台（套）智能制造装备推广等六大类项目。着力实施 500 项产业关联度大、技术水平高、市场前景好的技改项目，力争全年完成技改投资 4800 亿元。着力解决电机、工程机械、钢材、水泥、陶瓷、石材等行业发展的困难和问题。落实产业龙头促进计划，加快重大项目建设，争取连江申远己内酰胺、长乐金强建材生产等项目建成或基本建成投产；推动长乐恒申合纤、雪津啤酒厂扩建扩产等项目加快建设；促进宁德青拓不锈钢新材料、中化泉州乙烯等项目开工建设。

培育壮大新兴产业。推进新兴产业倍增计划和创新示范工程，围绕新一代电子信息、新能源、新材料、生物医药等新兴产业领域，结合我省研发优势开展联合攻关，突破一批关键核心技术和共性技术。加快军民融合深度发展，推动民参军、军转民重点项目建设。继续推动设立新兴产业创投基金。开工建设莆田 6 英寸砷化镓生产线、瑞芯微高端芯片、福建通飞航空通用飞机制造等项目，加快建设京东方面板、华佳彩高世代面板、联芯国际集成电路、厦门天马二期等项目。

提升服务业发展水平。开展加快发展现代服务业行动，深化国家和省级服务业综合改革试点，大力推进全省现代服务业集聚发展，推动制造业企业主辅分离，促进现代服务业与一二产业融合发展。推进生产性服务业向高水平发展，加快建设厦门、福州、泉州等物流节点城市，创建一批国家级和省级电子商务示范城市、基地(园区)；积极引进更多境外、省外金融机构来闽设立分支机构，支持设立一批民营银行。加快发展生活性服务业，积极拓展入闽旅游市场，打造休闲、度假、健康养生等旅游产品，鼓励发展物业服务、商贸流通、家庭服务业。

加快推动海洋强省建设。加快推进国家海洋高技术产业基地以及一批海洋科技创新平台、海洋产业园区和示范基地建设。大

力发展海洋装备制造、海洋生物医药与制品等新兴产业，培育发展海洋产业新供给，引导海洋产业集聚发展。结合渔港项目建设，重点打造一批特色渔港经济区。

（二）扩大有效投资，保持三大需求稳定增长

提高投资的有效性和精准性。加大补短板投资力度，促进投资总量扩大，切实提高投资质量和效益。继续加强基础设施建设，以交通、能源、水利、市政、信息、环保等重点领域为着力点，全年力争完成投资 7300 亿元。加快推进一批先进制造业项目建设，加快技改、高技术等内涵型投资增长，巩固制造业投资回升向好势头。推动政府和社会资本合作，全面落实相关扶持政策，鼓励引导民间资本投资基础设施和公用事业。

加快推动重大项目建设。持续推进行动计划重大项目加快实施，突出抓好省重点项目建设，安排省重点项目 1355 个，其中在建项目 1029 个、年度计划投资 3700 亿元，预备项目 326 个；建成福州地铁 1 号线、宁德核电 4 号机组、福清核电 3 号机组等 150 个项目；新开工建设浦梅铁路（建宁至冠豸山段）、福厦铁路客运专线、福建华电可门电厂三期、厦门地铁 4 号线等 150 个项目；推进厦门翔安机场、福州长乐机场二期、漳州核电站等一批项目前期工作，力争取得重大突破。进一步完善重大项目建设协调推进工作机制，做好项目要素、征地拆迁等保障，协调项目建设中的困难和问题，促进重点项目顺利实施。

积极扩大消费需求。落实和完善鼓励消费的各项政策，适应居民消费需求变化，拓展旅游、养老、健康、信息、文化娱乐、家政服务等新的消费热点，促进时尚消费、品质消费升级。稳定住房消费，把房地产去库存摆在突出位置，支持新市民住房需求，以市场为主满足城镇居民多层次住房需求，建立购租并举的住房制度。提升消费能力，加强流通基础设施建设，优化消费环境，释放农业转移人口等新兴消费群体的消费潜力，拓展农村消费。

促进出口稳定增长。落实好促进外经贸发展的政策措施，发挥境内外重点展会、出口信保、外贸企业助保金贷款等政策扶持效应。加快出口退税进度，持续推进通关便利化。促进重点行业出口转型升级，支持传统优势商品加大原材料创新、设计创新、工艺创新力度，向中高端迈进。培育外贸综合服务企业并逐步扩大试点范围。落实“旅游购物商品”出口相关政策，培育省级内外贸结合商品市场。

（三）夯实农业基础，加快发展现代农业

提高粮食生产能力。落实藏粮于地、藏粮于技战略，继续推进农田水利、山垄田复垦改造和高标准农田建设，推广水稻高优品种和关键增产技术，加强粮食产能区建设，努力实现粮食总产量稳定在 650 万吨以上。加快推进省、市、县三级标准化粮食储备仓容建设，提升粮食仓储能力。

推进农业转型升级。大力发展绿色农业、精细农业和休闲农业，建设一批农产品、水产品、林产品加工区，培育一批重点农产品深加工产业集群。支持设施蔬果、花卉等设施农业优先发展。推广物联网、互联网等服务，推进农业标准化生产，提升农产品质量安全水平。

实施现代种业工程。实施第二轮种业创新工程，加强适合我省种养的品种选育、引进、研发、繁殖与示范推广，重点鼓励和支持蔬菜种子企业建设种质资源库和育种基地。积极打造三明“中国稻种基地”，持续推进国家级、省级农林水产原良种场建设。

推动重大水利项目建设。加快推进长泰枋洋、德化彭村等大中型水库及烟区水源工程、“五江一溪”防洪工程、引调水工程建设进度，力争平潭及闽江口水资源配置、罗

源霍口水库和平潭防洪防潮工程开工建设，确保全年完成水利投资350亿元。

（四）加大扶贫开发力度，推进城乡区域协调发展

实施精准扶贫、精准脱贫。着眼于打赢脱贫攻坚战的要求，切实加大扶贫开发力度，全年实现脱贫20万人。延续和完善对23个扶贫开发工作重点县的支持政策。支持原中央苏区、革命老区、少数民族聚居区、水库库区、海岛等欠发达地区加快发展。坚持开发式扶贫，集中力量实施一批基础设施、生态建设和民生工程项目，加强共建产业园区建设，加快发展县域经济。发展现代特色农业促进增收脱贫，大力实施“一乡一业”、“一村一品”，引导群众因地制宜发展精致型、集约型特色优势农业。支持发展特色种养加工项目和有一定产业基础、能够带动贫困户增收脱贫的强村富民项目，拓宽受益面。保障扶贫突出全面覆盖，把建档立卡贫困人口纳入医疗救助对象范围，医疗救助对象的筹集标准提高到每人每年400元。实施异地搬迁脱贫，加大“造福工程”危房改造力度，全年“造福工程”安排搬迁25万人，建设100个百户以上集中安置区和100个50户以上集中安置区。

深入推进新型城镇化。突出以人为本，完善城市管理和服务，建设畅通城市、海绵城市、数字城市、绿色城市，提升城市环境质量、人民生活质量、城市竞争力。推进海西城市群城际轨道交通项目规划建设，加快厦漳城际环线、武夷新区旅游观光线等项目建设。组织实施莆田、晋江、邵武、永安4个国家级新型城镇化综合试点和石狮、德化等9个省级新型城镇化试点，推进晋江金井镇等15个小城市培育试点。

加快农业转移人口市民化。继续推动户籍制度改革，实施居住证制度，提高户籍人口城镇化率，推进农业转移人口享有城镇基本公共服务和便利。探索建立农业转移人口市民化成本分担机制、多元化可持续城镇化投融资机制，提高中小城市人口承载能力，推动农业转移人口就近、就地城镇化。

提升宜居城乡建设水平。实施宜居环境建设项目5000个、完成投资1500亿元以上。实施新一轮“千村整治、百村示范”美丽乡村建设工程和新一批市政提升“五千工程”，打造30条以上美丽乡村景观带，新建改造城区雨水管网、污水管网、燃气管网、城市道路和供水管网各1000公里以上。加快绿道建设，继续实施绿化“五个提升”工程，新增绿色建筑600万平方米以上。

（五）推动改革创新，培育发展新动能

深入推进政府职能转变。进一步精简行政审批事项，规范行政审批行为，全面实施清单制度，积极开展市场准入负面清单制度改革试点。按国家部署修订完善我省企业投资核准、备案管理制度，精简企业投资项目前置审批和中介服务事项。推进事业单位分类改革，开展行业协会商会与行政机关脱钩工作。推进财税体制改革，衔接和落实国家营改增政策，规范政府性债务管理，健全财政转移支付制度，完善县级基本财力保障机制。

加快完善现代市场体系。深化商事制度改革，加强事中事后监管，构建以诚信为核心的新型市场监管体制。推动省级、设区市级及行业信用信息系统建设和互联互通。推进国企国资改革，出台深化我省国有企业改革实施意见，规范有序开展国有企业混合所有制改革，分类别、分层次制定省属企业结构调整与重组方案，推进国有资本运营公司和投资公司试点。优化企业兼并重组市场环境，强化对中小企业的服务。深化农村各项改革，全面推进农村土地承包经营权确权登记颁证工作。加快全省公共资源交易平台整合。

推进社会领域各项改革。加快推进国家深化医改综合试点工作，深化公立医院改革，推进医保管理体制和支付方式改革。加

强高等院校教学水平和创新能力建设，推进考试招生制度改革。推进机关事业单位工作人员养老保险制度改革。探索国家公园管理模式，推进武夷山建立国家公园体制试点。

推进创新平台建设。落实创新驱动发展战略行动计划，深入开展大众创业万众创新，加快构建众创众包众扶众筹等支撑平台，整合创新创业要素，鼓励银行机构发放面向中小微企业“双创”信用贷款，实施科技小巨人企业培育行动计划。加快国家、省级和国家地方联合重点（工程）实验室、工程（技术）研究中心、国家级企业技术中心、2011 协同创新中心、公共技术服务平台等项目建设，推动境内外一流大学、科研机构、跨国公司在我省设立研发机构。建设国家技术转移海峡中心，构建“互联网+科技成果转化”服务模式。持续推进“6・18”虚拟研究院产业技术分院建设，形成优势互补、资源共享的协同创新体系。争取启动建设国家级互联网骨干直联点，建设省级政务数据汇聚平台、城乡网格化管理服务平台、全省环境资源监测平台等一批应用平台。

加快推动互联网经济发展。大力发展跨境电商，加快建设交通、旅游、健康、教育、农业等领域的互联网智慧服务平台。推动“一行业一平台、一平台一公司”，孵化一批具备优质潜力的互联网经济项目，培育一批省级互联网与工业融合创新试点企业。实施“互联网+”集群产业升级工程和“物联网+”应用工程。加强福州、厦门国家级动漫游戏产业基地建设，发展动漫衍生品市场。

（六）提升对外开放水平，打造对台合作新优势

加快自贸试验区建设。进一步深化自贸试验区改革开放，全面落实总体方案。推进投资、贸易便利化和贸易发展方式转变，推动金融领域开放创新，进一步扩大对台服务贸易开放，探索建立综合监管制度，提升事中事后监管能力和水平。及时总结改革试点经验，在全省复制推广，推动实施新一轮高水平对外开放。

推进“海丝”核心区建设。落实 21 世纪海上丝绸之路核心区建设方案，推进一批重大项目尽快落地。鼓励我省企业采取贸易、投资、并购、工程建设、技术合作、技术援助等多种方式开展国际产能和装备制造合作，特别是与“一带一路”沿线国家和地区的产业投资合作，支持省内有条件的开发区参与境外经贸园区投资、建设和管理。

推动福州新区加快发展。编制实施好新区发展规划和总体规划，赋予新区部分省级经济管理权限。加快布局和实施一批重大产业、重大基础设施和社会公共服务项目。做好福州空港综合保税区、临空经济示范区设立申请及总体方案编制。支持新区申报建设国家级海洋生态文明示范区、国家级海洋公园，争取更多的海洋生态修复项目列入国家投资计划。

提高利用外资水平。进一步改善利用外资环境，切实保护外资企业合法权益。衔接和落实国家减少和取消外商投资准入限制等政策措施，鼓励外资企业通过增资扩股等方式投向现代农业、先进制造、节能环保、现代服务业等领域，推动跨国公司来闽设立地区总部、研发中心、采购中心等机构。推进企业发行外债备案登记制管理改革，积极利用国际金融组织和外国政府贷款投向重点行业、重点领域、重大项目。

加强闽台交流合作。推进闽台双向贸易投资及便利化，发挥台商投资区、台湾农民创业园、闽台蓝色产业园等载体平台作用，推进闽台先进制造业、战略性新兴产业、现代服务业的深度对接。加强台胞台商服务，支持台资企业转型升级，引导有条件的闽企赴台投资。深化闽台民间基层交流，继续办好第八届海峡论坛，推进两岸祖地文化交流。进一步发挥厦门经济特区作用，支持厦门深化两岸交流合作综合配套改革试验。进一步支持平潭开放开发，扶持发展免税市

场，争取平潭国际旅游岛建设方案获批。推动闽港、闽澳在金融、旅游、文化、医疗、教育等领域深化合作。重视用好侨力资源，创新海外闽籍乡亲回乡投资创业等引资引智机制，促进侨资回归；充分发挥侨务优势，推动我省企业“走出去”，拓展发展空间。

（七）推进节能减排，加强生态建设和环境保护

切实加强节能减排降碳工作。实施能效“领跑者”行动，多渠道推动高耗能行业、终端用能产品提高能效水平。扩大重点行业能效对标和实施差别电价政策范围，加快实施节能技术装备产业化示范工程，实施200项重点节能工程。推动工业领域煤炭清洁高效利用，实施燃煤锅炉节能环保综合提升工程，加快推进工业园区集中供热。继续推进节能量交易工作。积极应对气候变化，有序推进参与全国碳排放权交易市场相关准备工作。加快发展循环经济，构建覆盖全社会的资源循环利用体系。

完善生态环境治理机制。加快建立国土空间开发保护制度和生态保护红线管控制度，明确生态红线分级分类管控要求与措施，将生态功能保护和恢复任务落实到具体区域和具体地块。落实完善重点流域生态补偿办法，逐步加大对闽江、九龙江、敖江等重点流域生态补偿力度。积极争取武夷山—玳瑁山脉、闽江和九龙江源头等区域调整列入国家重点生态功能区，开展全省海洋主体功能区规划编制。

加大环境保护力度。全面实施大气、水污染防治行动计划，深入推进重点工业污染源综合整治，加强建筑施工及道路扬尘等污染综合治理，新建（扩建）一批城镇污水垃圾处理设施及配套管网。加强农业面源污染防治，推进规模化畜禽养殖场标准化升级改造，强化农药、化肥污染防治，加快制定土壤污染防治行动计划工作方案，启动土壤修复试点工作。推进环境监察执法网格化，推动环境应急联动机制建设。

（八）进一步保障和改善民生，加快社会事业发展

积极促进就业鼓励创业。落实新形势下就业创业政策，抓好高校毕业生、就业困难人员、退役军人等各类群体就业。进一步做好企业工资分配宏观指导，发挥失业保险基金稳岗作用，营造良好的企业用工环境。引导农村劳动力就近就地转移、亦工亦农调剂、回乡就业创业，增加农民劳务收入。

进一步提升教育质量。实施“全面改薄”和中小学建设项目等工程，义务教育学校标准化完成率保持在98%以上，促进义务教育均衡发展。加快产教融合和校企合作，推进一批现代学徒制项目，实施现代职业教育质量提升计划，建设示范性现代高等职业院校和现代中等职业学校，启动服务产业特色专业群和公共实训基地建设。引导部分普通本科高校向应用型转变，强化高校学科、专业建设，提升高等教育开放度和国际化水平。

着力发展医疗卫生养老事业。加强基层医疗卫生机构、重大疾病防治设施、地市级医院等医疗服务和公共卫生机构能力建设，加强省级医疗中心和高水平研究型医院建设，新增医疗机构床位8000张以上。放宽基层医疗机构临床用药目录，满足临床双向转诊患者用药需求。积极推进分级诊疗工作，组建医疗联合体，建设远程医疗系统。加强大病保障工作，继续推进跨省异地结算试点。鼓励发展社会办医，推动医疗健康产业园区建设。完善人口发展战略，全面实施一对夫妇可生育两个孩子政策。完善养老服务设施，推进养老护理员队伍建设，推动基本生活照料、康复护理、紧急救援等领域养老服务发展，创新居家养老服务模式，培育一批健康养老服务示范区，引导社会力量举办养老机构。

推动文化事业加快发展。加快构建现代文化产业体系，支持文化产业基地和区域性文化产业集群加快建设，扶持一批带动性

强、成长性好的文化龙头企业。加快公共文化服务体系建设，推进全省公共数字文化网络建设，推进省图书馆改扩建、福建大剧院升级改造、省方志馆改造等项目建设。加强国家和省级自然遗产和非物质文化遗产保护传承和利用，推进文化生态保护建设。

各位代表！做好 2016 年经济社会发展各项工作，任务艰巨，意义重大。我们要更加紧密团结在以习近平同志为总书记的党中央周围，全面贯彻省委的决策部署，认真落实省十二届人大四次会议决议，自觉接受省人大及其常委会的法律监督、工作监督和省政协的民主监督，高度重视省人大代表和政协委员的意见建议，齐心协力、攻坚克难、真抓实干，努力完成本次会议通过的各项目标任务，为建设机制活、产业优、百姓富、生态美的新福建而努力奋斗！

第一篇　综合

Chapter 1　General Survey

资料整理：林宇　叶春山　江椿

Database Editor: Linyu Yechunshan Jiangchun

简要说明

本篇资料的主要内容及来源

本篇包括全省行政区划及国民经济和社会发展综合资料二部分。

行政区划划分资料由福建省民政厅提供。国民经济和社会发展综合部分来源于本年鉴各篇章中的资料，由省统计局综合统计处、省统计局普查中心加工整理。

Brief Introduction

Main Content and Source of Data

This chapter mainly covers two parts: the data of divisions of administrative areas and general survey of economy and society development.

Data on divisions of administrative areas are provided by the Bureau of Civil Affairs of Fujian Provincial Department. Data on general survey of eco

-nomy and society development are compiled and processed by the Division of Comprehensive Statistics of the Fujian Provincial Bureau of Statistics and the Division of General Survey Centre of the Fujian Provincial Bureau of Statistics.

1-1 全省行政区划(2015年底)

Division of Administrative Areas in Fujian(2015)

设区市名称 Cities	县级行政单位数(个) Number of Administrative Units at County Lever 合计 Total	县 County	县级市 Cities at County Level	市辖区 District	县级行政单位名称 Name of Administrative Units at County Level
总计 Total	85	44	13	28	
福州市 Fuzhou	13	6	2	5	鼓楼区 仓山区 台江区 马尾区 晋安区 福清市 长乐市 闽侯县 连江县 罗源县 闽清县 永泰县 平潭县 Gulou Cangshan Taijiang Mawei Jin'an Fuqing Changle Minhou Lianjiang Luoyuan Minqing Yongtai Pintan
厦门市 Xiamen	6			6	思明区 海沧区 湖里区 集美区 同安区 翔安区 Siming Haicang Huli Jimei Tongan Xiang'an
莆田市 Putian	5	1		4	城厢区 涵江区 荔城区 秀屿区 仙游县 Chengxiang Hanjiang Licheng Xiuyu Xianyou
三明市 Sanming	12	9	1	2	三元区 梅列区 永安市 明溪县 清流县 宁化县 大田县 尤溪县 沙县 将乐县 泰宁县 建宁县 Sanyuan Meilie Yong'an Mingxi Qingliu Ninghua Datian Youxi Shaxian Jiangle Taining Jianning
泉州市 Quanzhou	12	5	3	4	鲤城区 丰泽区 洛江区 泉港区 石狮市 晋江市 南安市 惠安县 安溪县 永春县 德化县 金门县 Licheng Fengze Luojiang Quangang Shishi Jinjiang Nan'an Huian Anxi Yongchun Dehua Jinmen
漳州市 Zhangzhou	11	8	1	2	芗城区 龙文区 龙海市 云霄县 诏安县 漳浦县 长泰县 东山县 南靖县 平和县 华安县 Xiangcheng Longwen Longhai Yunxiao Zhao'an Zhangpu Changtai Dongshan Nanjing Pinghe Hua'an
南平市 Nanping	10	5	3	2	延平区 建阳区 邵武市 武夷山市 建瓯市 顺昌县 浦城县 光泽县 松溪县 政和县 Yanping Jianyang Shaowu Wuyishan Jian'ou Shunchang Pucheng Guangze Songxi Zhenghe
龙岩市 Longyan	7	4	1	2	新罗区 永定区 漳平市 长汀县 上杭县 武平县 连城县 Xinluo Yongding Zhangping Changting Shanghang Wuping Liancheng
宁德市 Ningde	9	6	2	1	蕉城区 福安市 福鼎市 霞浦县 古田县 屏南县 寿宁县 周宁县 柘荣县 Jiaocheng Fu'an Fuding Xiapu Gutian Pingnan Shouning Zhouning Zherong

1-2 国民经济和社会发展总量和速度指标

项目 Item	总量指标 Aggregate Data			
	1978	1990	2000	2010
人口与就业 **Population and Employment**				
年末总人口（万人） **Population at Year-end(10000 persons)**	**2446**	**3037**	**3410**	**3693**
#城镇人口 Urban		642	1432	2108
年末从业人员（万人） **Employment at Year-end(10000 persons)**	**924.41**	**1348.38**	**1660.19**	**2241.59**
城镇登记失业人员（万人） Registered Unemployed Persons in Urban Areas(10000 persons)	20.82	9.00	9.10	14.49
城镇单位在岗职工平均工资（元） **Average Wage of Staff and Workers on the Job(yuan)**	**567**	**2162**	**10584**	**32647**
国民经济核算 **National Accounts**				
地区生产总值（亿元） **Gross Domestic Product(100 million yuan)**	**66.37**	**522.28**	**3764.54**	**14737.12**
第一产业 Primary Industry	23.93	147.01	640.57	1363.67
第二产业 Secondary Industry	28.19	174.47	1628.45	7522.83
第三产业 Tertiary Industry	14.25	200.80	1495.52	5850.62
主要行业 Major Industry				
工业 Industry	23.85	150.55	1422.34	6397.71
建筑业 Construction	4.34	23.92	206.11	1125.12
人均地区生产总值（元） **Per Capita GDP(yuan)**	**273**	**1763**	**11194**	**40025**
固定资产投资 **Investment in Fixed Assets**				
全社会固定资产投资总额（亿元） **Total Investment in Fixed Assets(100 million yuan)**	**13.34**	**115.41**	**1082.47**	**8273.42**
固定资产投资 Investment in Fixed Assets	9.45	90.51	995.38	8067.33
项目投资 Projects Investment		77.04	788.01	6248.48
房地产投资 Real Estate Development		13.47	207.37	1818.86
农户投资 Rural	3.89	24.90	87.09	206.08
全社会施工房屋建筑面积（万平方米） **Floor Space of Buildings under Construction(10000 sq.m)**			**10118.93**	**30754.70**
全社会竣工房屋建筑面积（万平方米） Floor Space of Buildings Completed(10000 sq.m)			4806.13	7166.91

Principal Aggregate Indicators on National Economic and Social Development and Growth Rates

		平均增长速度(%) Average Annual Growth Rate(%)				2015年比上年增长(%) 2015 as Percentage of the last Years(%)
2014	2015	1979–2015	1991–2015	2001–2015	2011–2015	
3806	**3839**	**1.23**	**0.94**	**0.79**	**0.78**	**0.87**
2352	2403		5.42	3.51	2.66	2.18
2648.51	**2768.41**	**3.0**	**2.9**	**3.5**	**4.3**	**4.5**
14.35	15.41	-0.8	2.2	3.6	1.2	7.4
54235	**58719**	**13.4**	**14.1**	**12.1**	**12.5**	**8.3**
24055.76	**25979.82**	**12.5**	**13.0**	**11.8**	**10.7**	**9.0**
2014.8	2118.10	5.8	5.4	3.7	4.2	3.7
12515.36	13064.82	15.3	16.4	14.1	12.6	7.4
9525.6	10796.90	12.9	12.1	11.1	9.6	12.3
10426.71	10820.22	15.7	16.6	14.1	12.4	7.0
2112.03	2268.86	8.9	14.0	13.8	13.4	10.1
63472	**67966**	11.1	11.8	10.8	9.9	8.0
18449.48	**21628.31**	**22.1**	**23.3**	**22.1**	**21.2**	**17.2**
18141.37	21300.91	23.2	24.4	22.7	21.4	17.4
13573.97	16831.30		24.0	22.6	21.9	24.0
4567.40	4469.61		26.1	22.7	19.7	-2.1
308.11	327.40	12.7	10.9	9.2	9.7	6.3
57914.73	**59342.48**			**12.5**	**14.0**	**2.5**
13139.30	14763.17			7.8	15.5	12.4

1-2 续表1

项目 Item	总量指标 Aggregate Data 1978	1990	2000	2010
能源生产与消费 **Production and Consumption of Energy**				
能源生产总量（万吨标准煤） Total Energy Production(10000 tons of SCE)	461.00	966.52	1654.17	3260.42
能源消费总量（万吨标准煤） Total Energy Consumption(10000 tons of SCE)	688.00	1458.30	2942.60	9189.42
财政 **Revenue**				
一般公共预算总收入（亿元） Budgtary Revenue of Local Government(100 million yuan)	15.13	57.06	369.67	2056.01
地方一般公共预算收入（亿元） Budgtary Revenue of Local Government(100 million yuan)			234.11	1151.49
一般公共预算支出（亿元） Government Expenditure(100 million yuan)	15.14	68.45	324.18	1695.09
金融 **Finance**				
金融机构人民币各项存款余额（亿元） **Deposits RMB of Financial System(100 million yuan)**	**25.95**	**359.45**	**3114.32**	**18309.45**
#财政存款 Fiscal Deposits			39.59	678.08
储蓄存款 Savings Deposits		183.26	1767.59	8101.02
金融机构人民币各项贷款余额（亿元） **Loans RMB of Financial System(100 million yuan)**	**31.43**	**381.93**	**2438.82**	**15231.36**
#短期贷款 Short-term Loans			1728.01	6594.50
中长期贷款 Medium-term &Long-term Loans			510.32	8372.64
保险公司赔款及给付金额（亿元） **Payment of Insurance Companies(100 million yuan)**			**17.76**	**102.90**
价格指数（上年=100） **Price Indices(preceding year=100)**				
居民消费价格指数 Consumer Price Index	100.2	99.3	102.1	103.2
工业生产者出厂价格指数 Producer Price Index			100.5	103.2
工业生产者购进价格指数 Purchasing Price Index forRaw Material,Fuel and Power			112.4	107.7
固定资产投资价格指数 Price Index for Investment in Fixed Assets			100.2	103.3
农业 **Agriculture**				
农林牧渔业总产值（亿元） **Gross Output Value of Agriculture,Forestry,Animal Husbandry and Fishery(100 million yuan)**	**36.33**	**227.12**	**1037.27**	**2307.06**

Continued

		平均增长速度(%) Average Annual Growth Rate(%)				2015年比上年增长(%) 2015as Percentage of the last Years(%)
2014	2015	1979-2015	1991-2015	2001-2015	2011-2015	
2924.01	3566.60	5.7	5.4	5.3	1.8	22.0
12109.72	12179.97	8.1	8.9	9.9	5.8	0.6
3828.40	4144.03	16.4	18.7	17.5	15.0	8.2
2362.21	2544.24			17.2	17.2	7.7
3306.70	4001.58	16.3	17.7	18.2	18.7	21.0
30747.61	**35576.06**	**21.6**	**20.2**	**17.6**	**14.2**	15.7
1450.40	1169.62			25.3	11.5	-19.4
12578.95	13243.35		18.7	14.4	10.3	5.3
28417.70	**32132.96**	**20.6**	**19.4**	**18.8**	**16.1**	13.1
11785.72	12209.64			13.9	13.1	3.6
15861.63	18530.82			27.1	17.2	16.8
214.99	**245.08**			**19.1**	**19.0**	14.0
102.0	101.7	5.1	4.0	2.1	2.8	1.7
98.6	97.0			-0.2	-0.7	-3.0
98.3	96.1			2.5	-0.4	-3.9
100.4	98.3		3.7	1.6	1.0	-1.7
3522.31	**3717.87**	**6.2**	**6.0**	**3.8**	**4.3**	**3.9**

1-2 续表2

项目 Item	总量指标 Aggregate Data			
	1978	1990	2000	2010
主要农产品产量（万吨） Output of Major Farm Products(10000 tons)				
粮食 Grain	744.90	879.64	854.68	661.89
油料 Oil-bearing Crops	13.80	17.66	25.79	26.64
甘蔗 Sugar Cane	288.03	344.28	82.71	61.55
烤烟 Tobacco	1.23	4.26	9.14	12.45
茶叶 Tea	2.03	5.82	12.60	27.26
园林水果 Fruits	10.10	75.78	356.44	564.48
肉类 Meat	24.27	71.83	145.92	180.21
禽蛋 Poultry Eggs		12.94	40.69	26.28
奶类 Milk	0.93	4.87	9.91	15.74
水产品 Aquatic Products	54.44	145.59	527.89	587.42
食用菌 Edible Fungus		18.24	46.25	76.27
造林面积（万亩） Areas of Afforestation(10000 mu)	**292.06**	**455.86**	**36.75**	**44.81**
工业 Industry				
工业总产值（亿元） Gross Industrial Output Value(100 million yuan)	63.14	531.49	3994.86	23805.32
主要工业产品产量 Output of Major Industrial Products				
原煤(万吨) Coal(10000 tons)	423.05	925.37	375.03	2442.73
原盐(万吨) Salt(10000 tons)	94.67	67.21	28.37	33.39
罐头(万吨) Canned Food(10000 tons)	4.10	14.41	26.78	203.21
布(亿米) Cloth(100 million meters)	1.12	2.26	5.59	31.20
纱(万吨) Yarn(10000 tons)	1.84	5.48	14.36	184.74
机制纸及纸板(万吨) Machine-made Paper and Paperboard(10000 tons)	20.08	52.09	85.07	432.06

Continued

		平均增长速度(%) Average Annual Growth Rate(%)				2015年比上年增长(%) 2015 as Percentage of the last Years(%)
2014	2015	1979–2015	1991–2015	2001–2015	2011–2015	
667.03	661.10	-0.3	-1.1	-1.7	0.0	-0.9
29.82	30.67	2.2	2.2	1.2	2.9	2.9
53.12	43.57	-5.0	-7.9	-4.2	-6.7	-18.0
15.38	14.35	6.9	5.0	3.1	2.9	-6.7
37.21	40.23	8.4	8.0	8.0	8.1	8.1
701.72	744.79	12.3	9.6	5.0	5.7	6.1
213.71	216.55	6.1	4.5	2.7	3.7	1.3
25.42	25.51		2.8	-3.1	-0.6	0.4
15.36	15.37	7.9	4.7	3.0	-0.5	0.1
695.98	733.89	7.3	6.7	2.2	4.6	5.4
104.25	113.20		7.6	6.1	8.2	8.6
66.51	**130.67**	-2.2	-4.9	8.8	23.9	96.5
41579.84	43888.84	18.6	19.7	16.6	13.5	9.6
1504.45	1531.77	3.5	2.0	9.8	-8.9	1.8
29.24	20.62	-4.0	-4.6	-2.1	-9.2	-29.5
269.48	284.06	12.1	12.7	17.1	6.9	5.4
68.55	73.67	12.0	15.0	18.8	18.7	7.5
395.55	445.35	16.0	19.2	25.7	19.2	12.6
653.91	665.37	9.9	10.7	14.7	9.0	1.8

1-2 续表3

项目 Item	总量指标 Aggregate Data			
	1978	1990	2000	2010
农用化肥(万吨) Chemical Fertilizers(10000 tons)	16.40	43.64	61.38	57.87
烧碱(万吨) Caustic Soda(10000 tons)	4.32	8.70	15.64	20.11
水泥(万吨) Cement(10000 tons)	120.45	540.04	1513.64	5921.20
平板玻璃(万重量箱) Plain Glass(10000 cases)	43.59	66.06	479.87	2765.35
生铁(万吨) Pig Iron(10000 tons)	26.57	62.60	149.37	558.81
钢材(万吨) Rolled Steel(10000 tons)	13.82	56.28	283.79	1340.56
彩色电视机(万台) Color TV(10000 units)		123.14	204.19	903.10
微型电子计算机（万台） Micro-computers(10000 units)			88.77	738.27
汽车(万辆) Motor Vehicles(10000 sets)	0.09	0.07	2.96	19.50
发电量(亿千瓦小时) Electricity(100 million kwh)	40.69	136.65	403.73	1356.32
规模以上工业企业主要经济指标（亿元） **Principal Indicators of Industrial Enterprises above Designated Size(100 million yuan)**				
资产总计 Original Value of Fixed Assets			3368.64	16058.70
主营业务收入 Revenue from Principal Business		352.56	2468.69	21479.37
利润总额 Total Profits	6.75	16.09	110.80	1754.18
建筑业 **Construction**				
建筑业企业从业人员（万人） Number of Employed Persons(10000 persons)	4.54	30.98	41.37	229.57
建筑业总产值（亿元） Gross Output Value(100 million yuan)	3.31	32.54	271.15	3062.17
房屋施工面积（万平方米） Under Construction(10000 sq.m)	416.57	969.35	4085.40	28406.86
房屋竣工面积（万平方米） Completed Construction(10000 sq.m)	183.40	499.30	1729.00	9095.78
交通运输邮电 **Transportation,Postal and Telecommunication**				
铁路营业里程（公里） **Length of Railways in Operation(km)**	**1009**	**1021**	**1454**	**2110**
公路通车里程（公里） Length of Highways in Operation(km)	29109	41011	51073	91015

Continued

		平均增长速度(%) Average Annual Growth Rate(%)				2015年比上年增长(%) 2015 as Percentage of the last Years(%)
2014	2015	1979-2015	1991-2015	2001-2015	2011-2015	
48.71	52.06	3.2	0.7	-1.1	-2.1	6.9
25.23	32.23	5.6	5.4	4.9	9.9	27.7
7732.33	7746.18	11.9	11.2	11.5	5.5	0.2
5241.35	5009.45	13.7	18.9	16.9	12.6	-4.4
907.70	980.09	10.2	11.6	13.4	11.9	8.0
3019.64	2820.73	15.5	17.0	16.5	16.0	-6.6
1474.93	1428.14		10.3	13.8	9.6	-3.2
985.40	818.78			16.0	2.1	-16.9
18.09	19.39	15.6	25.2	13.3	-0.1	7.1
1749.11	1764.90	10.7	10.8	10.3	5.4	0.9
27978.35	29647.54			15.6	13.0	6.0
37097.44	39591.28		20.8	20.3	13.0	6.7
2344.27	2359.82	17.2	22.1	22.6	6.1	0.7
321.76	339.06	12.4	10.0	15.1	8.1	5.4
7056.89	8003.09	23.4	24.6	25.3	21.2	13.4
57385.67	59277.33	14.3	17.9	19.5	15.8	3.3
15392.71	16631.27	13.0	15.1	16.3	12.8	8.0
2755	**3197**	**3.2**	**4.7**	**5.4**	**8.7**	16.0
101190	104585	3.5	3.8	4.9	2.8	3.4

1-2 续表4

项目 Item	总量指标 Aggregate Data			
	1978	1990	2000	2010
#高速公路 Expressway			351	2351
内河通航里程（公里） Length of Navigable Inland Waterways in Operation(km)	3629	3888	3701	3245
客运量（万人） **Passenger Traffic(10000 persons)**	**7928**	**39495**	**44203**	**77153**
铁路 Railways	718	1234	1428	3640
公路 Highways	6285	36639	41696	70714
水运 Waterways	924	1567	726	1444
民航 Civil Aviation	1	55	353	1356
货运量（万吨） **Freight Traffic(10000 tons)**	**4871**	**20321**	**29483**	**66159**
铁路 Railways	1261	1902	2475	3765
公路 Highways	2671	16710	22924	45575
水运 Waterways	939	1708	4078	16803
民航 Civil Aviation	0.02	0.83	5.84	15.81
沿海主要港口货物吞吐量（万吨） **Volume of Freight Handled at Major Coastal Ports (10000 tons)**	**408.13**	**1496.50**	**6944.17**	**32687.01**
邮电业务 **Business Volume of Postal and Telecommunication Services**				
函件（万件） Number of Letters Delivered(10000 piece)	8790	16228	24163	25199
互联网用户（万户） Internet Users(10000 household)			70.70	2388.00
移动电话年末用户（万户） Number of Mobile Telephone Subscribers at Year-end (10000 household)			441	3022
固定电话年末用户（万户） Number of Fixed Telephone Subscribers at Year-end (10000 household)	6	23	563	1046
国内贸易 **Domestic Trade**				
社会消费品零售总额（亿元） Total Retail Sales of Consumer Goods(100 million yuan)	30.56	207.74	1320.80	5310.03
进出口 **Exports and Imports**				
海关进出口总额（亿美元） Total Exports and Imports(customs)	2.03	43.39	212.23	1087.80

Continued

		平均增长速度(%) Average Annual Growth Rate(%)				2015年比上年增长(%) 2015 as Percentage of the last Years(%)
2014	2015	1979-2015	1991-2015	2001-2015	2011-2015	
4053	4813			19.1	15.4	18.8
3245	3245	-0.3	-0.7	-0.9	0.0	0.0
60765	**54031**	**5.3**	**1.3**	**1.3**	**-6.9**	-11.1
8345	9256	7.2	8.4	13.3	20.5	10.9
48580	40394	5.2	0.4	-0.2	-10.6	-16.9
1794	1996	2.1	1.0	7.0	6.7	11.3
2046	2385	22.9	16.2	13.6	12.0	16.6
111779	**111063**	8.8	7.0	9.2	10.9	-0.6
3403	2820	2.2	1.6	0.9	-5.6	-17.1
82573	79802	9.6	6.5	8.7	11.9	-3.4
25782	28419	9.7	11.9	13.8	11.1	10.2
21.00	22.00	20.8	14.0	9.2	6.8	4.8
49166.24	**50282.09**	**13.9**	**15.1**	**14.1**	**9.0**	**2.3**
18030	12923	1.0	-0.9	-4.1	-12.5	-28.3
3859.04	3963.83			30.8	10.7	2.7
4276.73	4240.16			16.3	7.0	-0.9
933.32	888.54	14.5	15.8	3.1	-3.2	-4.8
9346.74	10505.93	17.1	17.0	14.8	14.6	12.4
1774.08	1688.46	19.9	15.8	14.8	9.2	-4.8

1-2 续表5

项目 Item	总量指标 Aggregate Data			
	1978	1990	2000	2010
出口总额 Total Exports	1.90	24.49	129.08	714.93
进口总额 Total Imports	0.13	18.90	83.15	372.87
旅游 Tourism				
接待入境游客人数（万人次） Number of Tourists (Overnight Visitors)		**70.79**	**161.33**	**368.14**
外国人 Foreigner		10.54	49.75	115.27
台湾同胞 Compatriots from Taiwan		36.28	47.79	156.92
港澳同胞 Compatriots from Hong Kong,Macao		23.97	63.80	95.94
国际旅游外汇收入（亿美元） Foreign Exchange Earnings from Internationa Tourism (100 million USD)			**8.94**	**29.78**
教育 Education				
在校学生数（万人） Students Enrollment(10000 persons)				
普通高等学校 Regular Institutions of Higher Education	2.05	5.56	13.14	64.78
普通中等学校 Regular Secondary Schools	119.98	120.69	269.46	260.22
普通小学 Primary Schools	370.23	337.08	369.10	238.89
科技 Science and Technology				
从事科技活动人员（万人） Number of Scientists and Engineers(10000 persons)		**2.04**	**6.82**	**17.93**
研究与试验发展经费内部支出（亿元） Expenditures on Research and Development (100 million yuan)			21.19	170.89
技术市场成交额（亿元） Volume of Transaction in Technical Markets (100 million yuan)		**0.44**	**17.26**	**38.12**
专利情况（项） Patent				
申请量 Number of Applicated		540	4211	21994
授权量 Number of Granted		276	3003	18063
文化 Culture				
图书出版总印数（万份） Number of Books Published(10000 copies)	6818	16312	20298	7749

Continued

		平均增长速度(%) Average Annual Growth Rate(%)				2015年比上年增长(%) 2015 as Percentage of the last Years(%)
2014	2015	1979-2015	1991-2015	2001-2015	2011-2015	
1134.52	1126.80	18.8	16.6	15.5	9.5	-0.7
639.56	561.66	25.4	14.5	13.6	8.5	-12.2
544.98	**591.45**		**8.9**	**9.0**	**9.9**	**8.5**
195.06	214.28		12.8	10.2	13.2	9.9
225.39	238.15		7.8	11.3	8.7	5.7
124.53	139.02		7.3	5.3	7.7	11.6
49.12	**55.61**			**13.0**	**13.3**	**13.2**
74.85	75.85	10.3	11.0	12.4	3.2	1.3
224.53	221.09	1.7	2.5	-1.3	-3.2	-1.5
274.63	288.31	-0.7	-0.6	-1.6	3.8	5.0
25.74	**25.28**		**10.6**	**9.1**	**7.1**	**-1.8**
355.03	392.93			21.5	18.1	10.7
50.83	**53.86**		21.2	7.9	7.2	6.0
58075	83146		22.3	22.0	30.5	43.2
37857	61621		24.2	22.3	27.8	62.8
8619	8800	0.7	-2.4	-5.4	2.6	2.1

1-2 续表6

项目 Item	总量指标 Aggregate Data			
	1978	1990	2000	2010
期刊出版总印数（万份） Number of Magazines Issued(10000 copies)	388	3157	4463	2940
报纸出版总印数（万份） Number of Newspaper Issued(10000 copies)	14784	41455	68897	99982
电视节目制作时间（小时） **Time for TV Programs Production**			**16519**	**55424**
国有艺术表演团体（个） Art Performance Troupes(unit)	101	91	96	93
公共图书馆（座） Libraries(set)	23	74	81	86
博物馆（个） Museums(unit)	13	58	81	94
居民生活 **People's Living Conditions**				
城镇居民人均可支配收入（元） **Per Capita Annual Disposable Income of Urban Households (yuan)**	**371**	**1749**	**7432**	**21781**
城镇居民人均消费支出（元） Per Capita Consumption in Urban Areas	285	1431	5639	14750
城镇居民人均住房建筑面积（平方米） Per Capita Floor Space of Residential Buildings(sq.m)		18.1	28.0	38.5
农村居民人均可支配（纯）收入（元） **Per Capita Net Income of Rural Residents(yuan)**	**138**	**764**	**3230**	**7427**
农村居民人均生活消费支出(元) Peasants'per Capita Living Consumption Expenditure(yuan)	113	708	2410	5498
卫生 **Health Care**				
卫生机构数（个） **Number of Health Institutions(unit)**	**3809**	**4885**	**9807**	**6999**
#医院、卫生院 Hospitals	1111	1198	1323	1325
卫生技人员数（人） **Medical Technical Personnel(person)**	**54855**	**86772**	**97569**	**140133**
医生 Doctor	22097	35696	41461	55402
卫生机构床位数（张） **Number of Hospital Beds(set)**	**51505**	**68073**	**90091**	**112334**
#医院、卫生院 Hospitals	45331	60664	82389	103933

Continued

		平均增长速度(%) Average Annual Growth Rate(%)				2015年比上年增长(%) 2015 as Percentage of the last Years(%)
2014	2015	1979-2015	1991-2015	2001-2015	2011-2015	
4426	3970	6.5	0.9	-0.8	6.2	-10.3
111945	106072	5.5	3.8	2.9	1.2	-5.2
67805	**73986**			**10.5**	**5.9**	**9.1**
72	70	-1.0	-1.0	-2.1	-5.5	-2.8
88	90	3.8	0.8	0.7	0.9	2.3
98	98	5.6	2.1	1.3	0.8	0.0
30722	**33275**				**10.8**	**8.3**
22204	23520				9.3	5.9
40.7	42.5		3.5	2.8	2.0	4.4
12650	**13793**				**12.7**	**9.0**
11056	11961				12.2	8.2
8788	**8911**	**2.3**	**2.4**	**-0.6**	**4.9**	**1.4**
1437	1450	0.7	0.8	0.6	1.8	0.9
206545	**213162**	**3.7**	**3.7**	**5.3**	**8.8**	**3.2**
75372	78173	3.5	3.2	4.3	7.1	8.9
164781	**173199**	**3.3**	**3.8**	**4.5**	**9.0**	**5.1**
152529	158211	3.4	3.9	4.4	8.8	3.7

1-3 国民经济和社会发展结构指标

Composition Indicators on National Economic and Social Development

单位：%　　　　(%)

项目 Item	1978	1990	2000	2010	2014	2015
一、人口 Population						
（一）性别结构 Sexual Composition						
男 Male	51.7	51.4	51.5	51.4	50.9	50.8
女 Female	48.3	48.6	48.5	48.6	49.1	49.2
（二）城乡结构 Urban and Rural Composition						
城镇 Urban			42.0	57.1	61.8	62.6
乡村 Rural			58.0	42.9	38.2	37.4
二、就业产业结构 Employment Industrial Composition						
第一产业 Primary Industry	75.1	58.4	46.8	28.4	23.2	22.3
第二产业 Secondary Industry	13.4	20.6	24.5	36.6	38.2	37.1
第三产业 Tertiary Industry	11.5	21.1	28.7	35.0	38.6	40.6
三、国民经济核算 National Accounting						
（一）地区生产总值产业结构 Industrial Composition						
第一产业 Primary Industry	36.0	28.2	17.0	9.3	8.4	8.2
第二产业 Secondary Industry	42.5	33.4	43.3	51.0	52.0	50.3
第三产业 Tertiary Industry	21.5	38.4	39.7	39.7	39.6	41.5
（二）地区生产总值需求结构 Demand Composition						
最终消费 Final Consumption Expenditure	79.9	73.0	54.4	43.1	38.7	39.8
资本形成总额 Gross Capital Formation	34.0	29.0	42.5	53.7	58.9	58.3
货物和服务净流出 Net Exports of Goods and Services	-13.9	-2.0	3.1	3.2	2.4	1.9
四、固定资产投资 Investment in Fixed Assets						
（一）产业结构 Industrial Composition						
第一产业 Primary Industry				1.6	2.1	2.4
第二产业 Secondary Industry				35.8	35.6	35.2
第三产业 Tertiary Industry				62.6	62.2	62.3

1-3 续表1
Continued

单位：% (%)

项目 Item	1978	1990	2000	2010	2014	2015
（二）登记注册类型结构 Registration type Composition						
#国有企业 Stated-owned				32.9	26.0	27.2
集体企业 Collective-owned				2.8	3.2	4.5
私营个体企业 Private and individual economy				24.5	28.2	27.2
外商及港澳台投资企业 Enterprises with Funds from HongKong, Macao,TaiWan and Foreign				13.3	7.2	6.4
五、能源 Energy						
能源消费结构 Composition of Total Energy Consumption						
煤炭 Coal	63.7	67.0	54.4	55.4	53.0	50.5
石油 Petroleum	12.9	12.1	23.3	24.8	26.8	24.6
天然气 Natural Gas				4.2	5.5	5.0
水电 Hydro power	23.4	20.9	22.3	15.2	10.3	11.6
风电 Wind power				0.4	0.9	1.1
核电 Nuclear power					3.5	7.2
六、农业 Agriculture						
（一）农林牧渔业产值结构 Composition of Gross Output Value of Agriculture						
农业 Farming	77.7	52.1	40.6	42.3	43.4	43.5
林业 Forestry	6.4	9.5	7.9	8.2	9.2	8.5
牧业 Animal Husbandry	10.5	22.9	20.1	16.5	14.8	15.4
渔业 Fishery	5.5	15.6	31.4	29.2	29.1	29.1
农林牧渔服务业 Services of Agriculture , Forestry , Animal Husbandry and Fishery				3.8	3.4	3.5
（二）农作物播种面积 Total Sown Areas of Farm Crops						
粮食作物 Grain Crops	81.9	75.8	65.5	54.3	51.3	50.4
七、工业 Industry						
规模以上工业企业资产结构 Composition of Capital of Industrial Enterprises						
大型企业 Large Enterprises			22.0	23.7	32.9	37.3

1-3 续表2

Continued

单位：%　　(%)

项目　Item	1978	1990	2000	2010	2014	2015
中型企业 Medium-sized Enterprises			13.5	40.9	35.9	30.5
小微企业 Small Enterprises			64.5	35.4	31.2	32.3
规模以上工业增加值 Value- added of Industry above Designated Size						
大型企业 Large Enterprises			20.6	20.1	29.4	31.5
中型企业 Medium-sized Enterprises			14.4	39.3	33.3	30.3
小微企业 Small Enterprises			65.0	40.6	37.3	38.2
八、建筑业 **Construction**						
建筑业总产值经济类型结构 **Composition of Gross Output Value ofConstruction Industry**						
国有企业 State-owned Enterprise	56.8	41.1	48.6	14.6	5.9	5.8
集体企业 Collective-owned Enterprises	39.9	34.7	33.0	2.0	1.4	1.3
港澳台商投资企业 Enterprises with Funds from Hong Kong, Macao & Taiwan				1.1	1.1	1.1
外商投资企业 Foreign Funded Enterprises				0.1	0.0	0.0
其他 Other Enterprises				82.2	91.5	91.8
九、交通运输业 **Transportation**						
（一）货运量结构 **Composition of Freight Traffic**						
铁路 Railways	25.9	9.4	8.4	5.7	3.0	2.5
公路 Highways	54.8	82.2	77.8	68.9	73.9	71.9
水运 Waterways	19.1	8.4	13.8	25.4	23.1	25.6
民航 Civil Aviation			0.020	0.024	0.019	0.020
（二）客运量结构 **Composition of Passenger Traffic**						
铁路 Railways	9.1	3.1	3.2	4.7	13.7	17.1
公路 Highways	79.3	92.8	94.3	91.7	79.9	74.8
水运 Waterways	11.7	4.0	1.6	1.9	3.0	3.7
民航 Civil Aviation	0.0	0.1	0.8	1.8	3.4	4.4

1-3 续表3

Continued

单位：%　　　　(%)

项目 Item	1978	1990	2000	2010	2014	2015
十、国内贸易						
Domestic Trade						
社会消费品零售总额结构						
Composition of Retail Sales of Consumer Goods						
按销售单位所在地分组						
By Place of Sales Unit						
城镇 Urban				89.0	90.1	89.9
乡村 Rural				11.0	9.9	10.1
按商品形态分						
By Commodity Form						
餐饮收入额 Catering Income					10.8	10.6
商品零售额 Retail Sale					89.2	89.4
十一、海关货物进出口						
Imports and Exports of Goods						
（一）进口货物总额						
Composition of Imports						
初级产品 Primary Goods			12.3	27.5	45.3	40.6
工业制成品 Manufactured Goods			87.7	72.5	54.7	59.4
（二）出口货物总额						
Composition of Exports						
初级产品 Primary Goods			10.6	7.4	8.1	8.1
工业制成品 Manufactured Goods			89.4	92.6	91.9	91.9
十二、国际旅游						
International Tourism						
来华旅游人数结构						
Composition of Tourists Visiting China						
#外国人 Foreigners		14.9	30.8	31.3	35.8	36.2
港澳同胞 Hong Kong and Macao Compatriots		51.3	29.6	42.6	41.4	40.3
台湾同胞 Taiwan Compatriots		33.9	39.5	26.1	22.9	23.5
十三、科技						
Science and Technology						
（一）研究与试验发展经费来源						
Composition of Funds for Scientific andTechnological Activities						
#政府资金 Government Funds			14.6	10.3	8.4	8.7
企业资金 Enterprises Funds			74.5	86.9	89.1	88.2

1-3 续表4

Continued

单位：%　　　　(%)

项目 Item	1978	1990	2000	2010	2014	2015
国外资金 Abroad Funds			1.7	0.8	0.2	0.2
（二）研究与试验发展经费支出 Composition of Expenditure onR&D						
基础研究 Basic Research			3.1	2.5	2.1	2.5
应用研究 Applied Research			6.7	5.6	4.6	5.2
试验发展 Experimental Development			86.4	92.0	93.3	92.2
十四、居民消费 **People's Consumption Conditions**						
（一）城镇居民消费结构 **Consumption Composition of Urban Residents**						
食品烟酒 Food			44.7	39.3	33.2	33.0
衣着 Clothing			8.7	8.7	6.6	6.3
居住 Residence			9.4	10.9	24.5	24.7
生活用品及服务 Household Appliances and Service			8.6	6.6	5.9	5.7
交通通信 Transport and Communications			8.6	14.9	12.3	12.9
教育文化娱乐服务 Education, Cultural and Recreation Services			10.4	12.1	9.8	9.8
医疗保健 Health Care and Medical Services			4.7	4.2	4.8	5.0
其他用品及服务 Other Goods and Services			4.9	3.4	3.0	2.6
（二）农村居民消费结构 Consumption Composition of Rural Residents						
食品烟酒 Food			48.7	46.1	38.2	37.6
衣着 Clothing			4.9	5.6	5.2	5.1
居住 Residence			14.6	15.7	23.6	24.3
生活用品及服务 Household Appliances and Services			4.6	5.3	5.8	5.2
交通通信 Transport and Telecommunications			8.6	11.6	9.9	10.4
教育文化娱乐服务 Education, Cultural and Recreation and Services			10.6	8.4	8.5	8.4
医疗保健 Health Care and Medical Services			3.6	4.6	6.7	6.9
其他用品及服务 Other Goods and Services			4.6	2.6	2.1	2.1

1-4 国民经济和社会发展比例和效益指标
Indicators on National Economic and Social Development

项目 Item	1978	1990	2000	2010	2014	2015
一、人口与就业 **Population and Employment**						
出生率（‰） Birth Rate(‰)	25.35	24.44	11.60	11.27	13.70	13.90
死亡率（‰） Death Rate(‰)	6.31	6.71	5.85	5.16	6.20	6.10
自然增长率（‰） Natural Growth Rate(‰)	19.04	17.73	5.75	6.11	7.50	7.80
城镇登记失业率（%） Registered Unemployment Rate in Urban Areas(%)	9.10	2.60	2.60	3.77	3.47	3.66
二、国民经济核算 **National Accounting**						
工业增加值占地区生产总值比重(%) Proportion of Value added of Industry to GDP(%)	35.9	28.8	37.8	43.4	43.3	41.6
人均地区生产总值（元） Per Capita GDP(yuan)	273	1763	11194	40025	63472	67966
三、固定资产投资 **Investment in Fixed Assets**						
全社会固定资产投资相当于地区生产总值比例（%） Proportion of Investment in Fixed Assets to GDP（%）	20.1	22.1	28.8	56.1	76.7	83.3
房地产投资占全部固定资产投资比重（%） Proportion of Investment in Real Estate toFixed Assets（%）		11.7	19.2	22.0	24.8	20.7
全社会房屋建筑面积竣工率（%） Rate of Total Floor Space of BuildingsCompleted in Construction（%）			47.5	23.3	22.7	24.9
四、财政金融 **Finance**						
一般公共预算总收入相当于地区生产总值比例（%） Proportion of Government Revenue to GDP（%）	22.8	10.9	9.8	14.0	15.9	16.0
一般公共预算支出相当于地区生产总值比例（%） Proportion of Government Expenditures to GDP（%）	22.8	13.1	8.6	11.5	13.7	15.4
金融机构年末人民币存款余额相当于地区生产总值比例（%） Bank Deposits as Percentage of GDP（%）	39.1	68.8	82.7	124.2	127.8	136.9

1-4 续表1

Continued

项目　Item	1978	1990	2000	2010	2014	2015
金融机构年末人民币贷款余额相当于地区生产总值比例（%） Bank Loans as Percentage of GDP（%）	47.4	73.1	64.8	103.4	118.1	123.7
五、能源 **Energy**						
能源消费弹性系数 Elasticity Ratio of Energy Consumption		0.52	0.66	0.72	0.83	0.06
电力消费弹性系数 Elasticity Ratio of Electricity Consumption		0.73	1.45	1.14	0.92	
单位地区生产总值能耗（吨标准煤/万元） Energy Consumption per Unit of GDP（ton of SCE/ 10 000 yuan)				0.783	0.575	0.531
六、农业 **Agriculture**						
每亩农产品产量（千克） Output of Farm Crops per Hectare of Sown Area(kg)						
粮食 Grain	219	282	312	358	371	369
油料 Oil-bearing Crops	85	105	138	159	170	172
七、工业 **Industry**						
规模以上工业 Industrial Enterprises above Designated Size						
工业增加值率（%） Ratio of Industrial Value-added to Gross IndustrialOutput Value(%)			27.46	27.60	25.09	24.51
总资产贡献率（%） Ratio of Total Assets to Industrial Output Value(%)			9.26	18.80	15.02	14.65
资产负债率（%） Assets-LiabilityRatio(%)			57.52	52.74	54.37	53.56
流动资产周转次数（次） Number of Times of Annual of TurnoverCirculating Funds (time)			1.89	2.87	2.64	2.71

1-4 续表2

Continued

项目 Item	1978	1990	2000	2010	2014	2015
成本费用利润率（%） Ratio of Profits to Industrial Cost(%)			4.76	8.83	6.74	6.38
产品销售率（%） Proportion of Products Sold(%)			96.95	97.76	97.31	96.71
八、建筑业 **Construction**						
建筑业劳动生产率(按增加值计算)（元/人） Overall Labor Productivity(in terms of value-added per employee)(yuan/person)			20402	42605	67648	70996
产值利税率（%） Ratio of Pre-tax Profit to Gross Output Value(%)		1.5	5.2	6.4	6.8	6.7
九、交通运输业 **Transportation**						
铁路网密度（公里/万平方公里） Railway Density(km/sq.km)	81.37	82.34	117.26	170.24	222.18	257.82
公路网密度（公里/万平方公里） Highway Density(km/sq.km)	2347.5	3307.34	4315.00	7339.92	8160.48	8434.27
十、对外贸易 **Trade**						
进出口总额相当于地区生产总值比例 Proportion of Total Value of Imports & Exports to GDP		43.4	46.7	50.0	45.3	40.3
#出口总额相当于地区生产总值比例（%） Proportion of Total Value of Exports to GDP(%)		24.5	28.4	32.8	29.0	26.9
机电产品出口占出口总额的比重（%） Proportion of Total Value of Mechanical and Electrical Products to Total Exports(%)				41.1	35.6	35.5
高新技术产品出口占出口总额的比重（%） Proportion of Total Value of High and New-tech Products to Total Exports(%)				18.4	13.3	13.0

1-4 续表3

Continued

项目 Item	1978	1990	2000	2010	2014	2015
十一、自然资源 **Natural Resources**						
森林覆盖率（%） Forest Coverage(%)	39.50	43.20	60.50	63.10	66.00	66.00
十二、居民生活 **People's Living Conditions**						
城镇恩格尔系数（%） Engle Coefficient of Urban(%)		63.50	44.70	39.30	33.2	33.0
农村恩格尔系数（%） Engle Coefficient of Rural(%)		60.00	48.70	46.10	38.2	37.6
城镇居民人均可支配收入与农村居民人均可支配（纯）收入之比 Proportion of Income in Urban Areas to in Rural Areas (Rural=1)	2.70	2.29	2.30	2.93	2.43	2.41
十三、科技教育卫生 **Science and Technology ,Education,Health Care**						
研究与试验发展经费（R&D）支出相当于地区生产总值比例（%） R&D Expenditures as Percentage of GDP			0.56	1.16	1.48	1.51
学龄前儿童毛入学率（%） Rough Enrollment Rate of Pre-primary Schools(%)		99.10	99.86	100.00	99.99	99.99
小学毕业生升学率（%） Graduation Rate of Primary Schools(%)		64.96	97.27	96.70	98.10	98.23
初中毕业生升学率（%） Graduation Rate of Junior high schools(%)		49.71	49.97	92.90	92.79	88.28
每千人口拥有卫生技术人员数（人） Number of Licensed(Assistant) Doctors per 1000 Population (person)	2.23	2.92	2.82	3.79	5.33	5.55
#医生 Doctor	0.9	1.2	1.2	1.5	1.9	2.0
每千人口拥有卫生机构床位数（张） Number of Hospital Beds per 1000 Population(set)	2.1	2.2	2.6	3.0	4.3	4.5

1-5 平均每天主要社会经济活动

Selected Indicators on Average Daily Social and Economic Activities

项目 Item	1978	1990	2000	2010	2014	2015
一、全省每天创造的财富 Daily Provice Production						
地区生产总值（亿元） Gross Domestic Product(100 million yuan)	0.18	1.43	10.29	40.38	65.91	71.18
农林牧渔总产值（亿元） Gross Output Value of Farming,Forestry, AnimalHusbandry and Fishery(100 million yuan)	0.10	0.62	2.83	6.32	9.65	10.19
工业总产值（亿元） Gross Output Value of Industry(100 million yuan)	0.17	1.46	10.91	65.22	113.92	120.24
一般公共预算总收入（亿元） Government Revenue(100 million yuan)	0.04	0.16	1.01	5.63	10.49	11.35
#地方一般公共预算收入 Local Government Revenue			0.64	3.15	6.47	6.97
一般公共预算支出（亿元） Government Expenditure(100 million yuan)	0.04	0.19	0.89	4.64	9.06	10.96
原煤(吨) Coal(ton)	11590	25353	10247	66924	41218	41966
原盐(吨) Salt(ton)	2594	1841	775	915	801	565
发电量(万千瓦时) Electricity(10000 kwh)	1114.79	3743.84	11030.87	37159.45	47920.82	48353.42
粗钢(吨) Crude Steel(ton)	443	1415	3414	29778	49885	43465
钢材(吨) Rolled Steel(ton)	379	1542	7754	36728	82730	77280
生铁(吨) Pig Iron(ton)	728	1715	4081	15310	24868	26852
水泥(吨) Cement(ton)	3300	14796	41356	158718	211845	212224
平板玻璃(重量箱) Plain Glass(weigh case)	1194	1810	13111	74385	143599	137245
布(万米) Cloth(10000 m)	30.68	61.92	152.64	854.80	1878.11	2018.46
纱(吨) Yarn(ton)	50	150	392	5061	10837	12201
服装(万件) Clothes(10000 pcs)		30.46	108.95	800.75	1026.10	1080.21
机制纸及纸板(吨) Machine-made Paper and Paperboard(ton)	550	1427	2324	11837	17915	18229
农用化肥(吨) Chemical Fertilizers(ton)	449	1196	1677	1586	1334	1426
烧碱(吨) Caustic Soda(ton)	118	238	427	551	691	883

1-5 续表1

Continued

项目　Item	1978	1990	2000	2010	2014	2015
彩色电视机(台) Color TV(set)		3374	5579	24742	40409	39127
卷烟(箱) Tobacco(unit)	558	2093	2695	4623	5314	5158
罐头(吨) Canned Food(ton)	112	395	732	5567	7383	7782
粮食(吨) Grain(ton)	20408	24100	23352	18134	18275	18112
油料(吨) Oil-bearing Crops(ton)	378	484	705	730	817	840
甘蔗(吨) Sugar Cane(ton)	7891	9432	2260	1686	1456	1194
茶叶(吨) Tea(ton)	56	159	344	747	1019	1102
水果(吨) Fruits(ton)	277	2076	9739	15465	19225	20405
肉类（吨） Meat(ton)		1968	3987	4937	5855	5933
水产品（吨） Aquatic Products(ton)	1492	3989	14423	16094	19068	20107
食用菌（吨） Edible Fungus(ton)		500	1264	2089	2856	3101
二、全省每天消费量 **Daily Provice Consumption**						
最终消费支出（亿元） Final Consumption Expenditure(100 million yuan)	0.15	1.04	5.60	17.64	25.48	28.30
居民消费支出 Household Consumption Expenditure	0.12	0.79	4.21	13.29	19.83	21.81
政府消费支出 Government Consumption Expenditure	0.02	0.25	1.39	4.35	5.65	6.49
能源消费量（万吨标准煤） Energy Consumption(10000 tons of SCE)	1.88	4.00	8.04	25.18	33.18	33.37
社会消费品零售总额（亿元） Total Retail Sales of Consumer Goods(100 million yuan)	0.08	0.57	3.61	14.55	25.61	28.78
三、每天其他经济活动 **Other Daily Economic Activities**						
资本形成总额(亿元) Gross Capital Formation(100 million yuan)	0.06	0.41	4.38	21.98	38.84	41.49
固定资产形成总额 Gross Fixed Capital Formation	0.04	0.30	3.32	20.11	35.72	38.74
存货增加 Changes in Inventories	0.03	0.12	1.05	1.87	3.12	2.75

1-5 续表2
Continued

项目 Item	1978	1990	2000	2010	2014	2015
全社会固定资产投资总额（亿元） Total Investment in Fixed Assets(100 million yuan)	0.04	0.32	2.96	22.67	50.55	59.26
固定资产投资 Investment in Fixed Assets	0.03	0.25	2.72	22.10	49.70	58.36
农户投资 Rural	0.01	0.07	0.24	0.56	0.84	0.90
住宅竣工面积（万平方米） Floor Space of Completed Building(10000 sq.m)	0.19	6.68	9.38	9.93	13.09	12.94
国际旅游外汇收入（万美元） Foreign Exchange Earnings from International Tourism(USD 10000)			244.21	815.96	1345.70	1523.67
能源生产总量（万吨标准煤） Total Energy Production(10000 tons of SCE)	1.26	2.65	4.52	8.93	8.01	9.77
货运周转量（亿吨公里） Freight Traffic(100 million ton-km)	0.20	0.75	1.88	8.17	13.11	14.93
客运周转量（万人公里） Passenger Traffic(10000 person-km)	978.90	4805.48	9124.86	17774.25	24722.19	25074.25
货物进出口总额（万美元） Total Value of Imports and Exports(USD 10000)	55.62	1188.79	5798.72	29802.81	48604.89	46259.16
出口总额（万美元） Total Exports	52.05	670.98	3526.85	19587.16	31082.82	30871.26
进口总额（万美元） Total Imports	3.56	517.81	2271.87	10215.66	17522.07	15387.90
主要港口货物吞吐量（万吨） Freight Handled at Principal Seaports(10000 tons)	1.12	4.10	18.97	89.55	134.70	137.76
邮电业务总量（万元） Business Volume of Postal and Telecommunication Services(10000 yuan)	27.67	200.55	6730.60	32717.53	23492.88	29202.47
邮寄函件（万件） Number of Letters(10000 piece)	24.08	44.46	66.02	69.04	49.40	36.16
图书出版总印数（万份） Books(10000 copies)	18.68	44.69	55.46	21.23	23.61	24.11
杂志出版总印数（万份） Magazines(10000 copies)	1.06	8.65	12.19	8.06	12.13	10.88
报纸出版总印数（万份） Newspapers(10000 copies)	40.50	113.58	188.24	273.92	306.70	290.61
四、全省每天婚姻变动 **Daily Marriages Changes**						
结婚对数（对） Marriages(couples)			714	1038	1028	957
离婚对数（对） Divorces(couples)			33	120	193	199

1-6 全省法人单位数和从业人员数(2015年)
Number of Legal Entities and Employed(2015)

项目	Item	法人单位数（个）Number of Legal Entities (unit)	单产业法人 Single Industry	多产业法人 Multi-Industry	从业人员数（万人）Number of Employed Persons (10000 persons)
按登记注册类型分	**Grouped by Status of Registration**	**664424**	**636892**	**27532**	**1716.25**
内资企业	Domestically funded enterprises	648703	621862	26841	1488.15
国有	State-owned Enterprises	43724	38905	4819	152.17
集体	Collective-owned Enterprises	9436	8489	947	19.91
股份合作	Cooperative Enterprises	2531	2417	114	10.89
联营	Joint Ownership Enterprises	1098	1057	41	2.60
国有联营企业	State-owned	198	191	7	0.57
集体联营企业	Collective-owned	458	433	25	1.02
国有与集体联营企业	State-owned and Collective-owned	87	84	3	0.30
其他联营企业	Others	355	349	6	0.71
有限责任公司	Limited-Liability Corporations	114072	110854	3218	391.32
国有独资公司	Limited-Liability Corporations	1439	1252	187	21.45
其他责任有限公司	State-owned	112633	109602	3031	369.87
股份有限公司	Share Holding Corporations Ltd.	7299	6671	628	63.38
私营	Private Enterprises	366786	360236	6550	718.56
私营独资企业	Private-owned	63175	62579	596	75.96
私营合伙企业	Private-cooperative	18435	18273	162	23.74
私营有限责任公司	Private-limited liability	276996	271417	5579	595.24
私营股份有限公司	Private-share holding	8180	7967	213	23.62
其他	Other Enterprises	103757	93233	10524	129.31
港澳台商投资	Funds from HongKong, Macao,TaiWan	10225	9806	419	144.90
合资经营企业（港或澳、台资）	Joint Venture	2025	1921	104	33.19
合作经营企业（港或澳、台资）	Cooperative Operation	173	167	6	0.84
港、澳、台商独资经营企业	Venture Exclusively	7634	7342	292	105.55
港、澳、台商投资股份有限企业	Share Holding	279	266	13	3.48
其他港澳台商投资企业	Others	114	110	4	1.84
外商投资	Foreign Funded Enterprises	5496	5224	272	83.20
中外合资	Joint Venture	1400	1321	79	24.36
中外合作	Cooperative Operation	100	93	7	0.79
外商独资	Venture Exclusively with Foreign Investment	3556	3392	164	54.91
外商投资股份有限公司	Share Holding with Foreign Investment	258	241	17	2.48
其他外商投资企业	Others	182	177	5	0.66
按机构类型分	**Grouped by Type of Institution**	**664424**	**636892**	**27532**	**1716.25**
企业	Enterprise	556225	543223	13002	1503.45
事业单位	Institution	29103	26989	2114	92.34

1-6 续表1

Continued

项目	Item	法人单位数（个）Number of Legal Entities (unit)	单产业法人 Single Industry	多产业法人 Multi-Industry	从业人员数（万人）Number of Employed Persons (10000 persons)
机关	Agencies Organizations	9117	6778	2339	33.69
社会团体	Community Organization	19022	18696	326	24.16
其他	Others	50957	41206	9751	62.61
按行业分	**Grouped by Sector**	**664424**	**636892**	**27532**	**1716.25**
农、林、牧、渔业	Farming, Forestry, Animal Husbandy and Fishery	41419	41212	207	52.45
农业	Agriculture	21656	21573	83	29.36
林业	Forestry	4738	4677	61	6.54
畜牧业	Animal Husbandry	5572	5544	28	5.94
渔业	Fishery	5831	5821	10	6.13
农、林、牧、渔服务业	Service of Farming,Forestry,Animal Husbandy and Fishery	3622	3597	25	4.48
采矿业	Mining	3241	3193	48	12.52
煤炭开采和洗选业	Coal Mining and Dressing	328	316	12	4.25
石油和天然气开采业	Petroleum and Natural Gas Mining				
黑色金属矿采选业	Ferrous Metals Mining and Dressing	325	313	12	1.48
有色金属矿采选业	Nonferrous Metals Mining and Dressing	343	338	5	1.13
非金属矿采选业	Nonmetal Minerals Mining and Dressing	2153	2135	18	5.54
开采辅助活动	Subsidiary Action	18	18		0.01
其他采矿业	Others Mining and Quarrying	74	73	1	0.10
制造业	Manufacturing	132616	130898	1718	656.61
农副食品加工业	Agricultural and Sideline Products Processing	6438	6342	96	29.66
食品制造业	Food Manufacturing	4188	4086	102	21.48
酒、饮料和精制茶制造业	Wine，Drink and Tea Manufacturing	4943	4831	112	17.62
烟草制品业	Tobacco Processing	14	13	1	0.59
纺织业	Textile Industry	5365	5311	54	32.94
纺织服装、服饰业	Textile Garments Products	12489	12297	192	73.41
皮革、毛皮、羽毛及其制品和制鞋业	Leather , Furs , Down and Relate Products	9245	9161	84	95.13
木材加工和木、竹、藤、棕、草制品业	Timber Processing,Bamboo,Cane, Palm Fiber and Straw Products	5508	5443	65	18.91
家具制造业	Furniture Manufacturing	2962	2912	50	11.01
造纸和纸制品业	Papermaking and Paper Products	3746	3721	25	15.66

1-6 续表2

Continued

项目	Item	法人单位数（个） Number of Legal Entities (unit)	单产业法人 Single Industry	多产业法人 Multi-Industry	从业人员数（万人） Number of Employed Persons (10000 persons)
印刷和记录媒介复制业	Printing and Record Medium Reproduction	3225	3183	42	8.89
文教、工美、体育和娱乐用品制造业	Cultural , Educational and Sports Goods	8557	8434	123	38.06
石油加工、炼焦和核燃料加工业	Petroleum Processing , Coking and Nuclear Fuel Processing	170	167	3	1.13
化学原料和化学制品制造业	Raw Chemical Materials and Chemical Products	4010	3925	85	16.40
医药制造业	Medical and Pharmaceutical Products	560	539	21	4.08
化学纤维制造业	Chemical Fiber	243	242	1	4.26
橡胶和塑料制品业	Rubber and Plastic Products	6783	6733	50	27.41
非金属矿物制品业	Nonmetal Minerals Products	14791	14647	144	61.12
黑色金属冶炼和压延加工业	Smelting and Pressing of Ferrous Metals	1201	1187	14	10.69
有色金属冶炼和压延加工业	Smelting and Pressing of Nonferrous Metals	621	606	15	5.95
金属制品业	Metal Products	8460	8374	86	24.06
通用设备制造业	General Equipment	5750	5677	73	20.20
专用设备制造业	Special Purpose Equipment	5614	5565	49	15.58
汽车制造业	Car Manufacturing	1777	1750	27	12.97
铁路、船舶、航空航天和其他运输设备制造业	Railway,Watercraft,Aviation and others transportation Manufacturing	1096	1083	13	5.91
电气机械和器材制造业	Electric Equipment and Machinery	6341	6265	76	30.66
计算机、通信和其他电子设备制造业	Computer,Communication and other Electronic Equipment	3385	3324	61	34.25
仪器仪表制造业	Instruments and Meters Machinery	1101	1085	16	5.45
其他制造业	Others Manufacturing	2771	2745	26	10.41
废弃资源综合利用业	Waste Resources and Materials Recovering	575	568	7	0.96
金属制品、机械和设备修理业	Metals,Machinery and Equipment maintenance	687	682	5	1.75
电力、热力、燃气及水生产和供应业	Production and Supply of Electric Power and Hot Power	7073	6864	209	16.15
电力、热力生产和供应业	Production and Supply of Electric Power and Hot Power	5909	5737	172	12.80
燃气生产和供应业	Production and Supply of Gas	159	143	16	0.67
水的生产和供应业	Production and Supply of Water	1005	984	21	2.67
建筑业	Construction	22421	21046	1375	358.18
房屋建筑业	Building Engineering	4987	4361	626	223.45
土木工程建筑业	Civil Engineering	3968	3635	333	51.41
建筑安装业	Installation	2671	2509	162	11.92

1-6 续表3

Continued

项目	Item	法人单位数（个） Number of Legal Entities (unit)	单产业法人 Single Industry	多产业法人 Multi-Industry	从业人员数（万人） Number of Employed Persons (10000 persons)
建筑装饰和其他建筑业	Building Decontion and Others	10795	10541	254	71.40
批发和零售业	Wholesale and Retail Trade	193734	189070	4664	166.97
批发业	Wholesale	130853	128526	2327	102.54
零售业	Retail Trade	62881	60544	2337	64.44
交通运输、仓储和邮政业	Transport,Storage and Post	15702	15026	676	42.41
铁路运输业	Railways	101	98	3	0.90
道路运输业	Highways	6893	6625	268	22.04
水上运输业	Waterways	1607	1570	37	4.26
航空运输业	Civil Aviation	86	73	13	1.44
管道运输业	Pipeline				
装卸搬运和运输代理业	Loading,Unloadingand Others	5066	4856	210	7.53
仓储业	Storages	1000	969	31	1.61
邮政业	Posts	949	835	114	4.63
住宿和餐饮业	Hotels and Catering Services	10556	10140	416	29.16
住宿业	Hotels	4301	4189	112	13.79
餐饮业	Catering Services	6255	5951	304	15.37
信息传输、软件和信息技术服务业	Information Transmission,Software and Information Technology Services	16932	16672	260	23.08
电信、广播电视和卫星传输服务	Telecommuni-cations and Others	767	686	81	5.75
互联网和相关服务	Internet Services	2966	2939	27	2.70
软件和信息技术服务业	Software and Information Technology Services	13199	13047	152	14.63
金融业	Financial Intermediation	4432	3954	478	22.72
货币金融服务	Monetary and Financial Services	1151	933	218	15.73
资本市场服务	Monetary Market Services	1782	1746	36	2.02
保险业	Insurances	523	310	213	4.34
其他金融业	Others	976	965	11	0.63
房地产业	Real Estate	16047	15072	975	33.79
房地产业	Real Estate	16047	15072	975	33.79
租赁和商务服务业	Leasing and Business Services	62384	61298	1086	55.57
租赁业	Leasing	3992	3941	51	2.62
商务服务业	Business Services	58392	57357	1035	52.96

1-6 续表4
Continued

项目	Item	法人单位数（个） Number of Legal Entities (unit)	单产业法人 Single Industry	多产业法人 Multi-Industry	从业人员数（万人） Number of Employed Persons (10000 persons)
科学研究和技术服务业	Scientific Research, Technical Service	21860	21164	696	26.19
研究和试验发展	Research and Development	4574	4533	41	3.55
专业技术服务业	Professional and Technical Services	10950	10408	542	16.75
科技推广和应用服务业	Science and Technology Exchange and Promotion Services	6336	6223	113	5.88
水利、环境和公共设施管理业	Management of Water Conservancy, Environment and Public Facilities	4419	4256	163	9.49
水利管理业	Water resources management	883	848	35	1.03
生态保护和环境治理业	Environmental management	616	589	27	0.76
公共设施管理业	Public Facilities Management	2920	2819	101	7.71
居民服务、修理和其他服务业	Services to Households and Other Services	11346	11061	285	13.32
居民服务业	Residents service	4419	4275	144	5.83
机动车、电子产品和日用产品修理业	Repair Services of Vehicle,Electronic Products and Daily Necessities	4434	4333	101	4.20
其他服务业	Others	2493	2453	40	3.29
教育	Education	16785	15670	1115	63.54
卫生和社会工作	Health, Social Security	8362	8010	352	22.99
卫生	Health	6960	6630	330	21.81
社会工作	Social Security	1402	1380	22	1.18
文化、体育和娱乐业	Culture, Sports and Entertainment	11493	11324	169	14.16
新闻和出版业	News Publish	348	339	9	0.90
广播、电视、电影和影视录音制作业	Radio,Television,Film,Phonotape and Videotape	886	854	32	1.94
文化艺术业	Culture art Industry	3607	3560	47	3.80
体育	Sports	1331	1289	42	1.57
娱乐业	Entertainment	5321	5282	39	5.94
公共管理、社会保障和社会组织	Public Management and Social Organizations	63602	50962	12640	96.96
中国共产党机关	The Communist Party of China	1332	1193	139	1.90
国家机构	National Organization	17158	14552	2606	43.49
人民政协、民主党派	People's Political Consultative and Democratic Party	291	277	14	0.44
社会保障	Social Security	605	603	2	0.64
群众团体、社会团体和其他成员组织	Mass Organizations,Social Organizations and Religious Organizations	26331	25988	343	30.07
基层群众自治组织	Grassroots Autonomous Organization of The People	17885	8349	9536	20.42

1-7 各设区市按机构类型分的法人单位数(2015年)

Number of Legal Entities by Type of Institutions and Region(2015)

单位：个 (unit)

地区	Region	法人单位数 Number of Legal Entities	企业法人 Business Entity	事业法人 Institution Entity	机关法人 Government Entity	社团法人 Social Organization	其他法人 Others
福建省	Fujian	664424	556225	29103	9117	19022	50957
福州市	Fuzhou	135714	117499	4734	1552	3003	8926
厦门市	Xiamen	126900	120582	1333	496	1850	2639
莆田市	Putian	31545	24950	1694	571	1150	3180
三明市	Sanming	38112	26806	3229	1179	1951	4947
泉州市	Quanzhou	132035	115826	4340	1199	3091	7579
漳州市	Zhangzhou	63966	51990	3993	1217	1645	5121
南平市	Nanping	49489	35967	4299	1097	2215	5911
龙岩市	Longyan	33124	23564	2458	771	2543	3788
宁德市	Ningde	53539	39041	3023	1035	1574	8866

1-8 各设区市按营业状态分的企业法人单位数(2015年)

Number of Business Entities by Region and Operation Status(2015)

单位：个 (unit)

地区	Region	企业法人单位数 Number of Business Entities	营业 In Business or Operating	停业(歇业) Closed	筹建 In Preparation	当年关闭 Closed in the Year	当年破产 Bankrupted in the Year	其他 Others
福建省	Fujian	556225	430175	27307	79153	11867	723	7000
福州市	Fuzhou	117499	96249	4008	13847	2215	80	1100
厦门市	Xiamen	120582	95455	4320	19275	677	58	797
莆田市	Putian	24950	18553	1291	4328	639	35	104
三明市	Sanming	26806	20788	1340	2431	1695	81	471
泉州市	Quanzhou	115826	91696	7376	11434	2035	158	3127
漳州市	Zhangzhou	51990	32166	3455	14258	1500	71	540
南平市	Nanping	35967	26208	2756	5634	919	131	319
龙岩市	Longyan	23564	20200	763	1469	917	41	174
宁德市	Ningde	39041	28860	1998	6477	1270	68	368

1-9 各设区市按行业门类分的法人单位数(2015年)

Number of Legal Entities by Region and Sector(2015)

单位：个　(unit)

项目 Item	福建省 Fujian	福州市 Fuzhou	厦门市 Xiamen	莆田市 Putian	三明市 Sanming	泉州市 Quanzhou	漳州市 Zhangzhou	南平市 Nanping	龙岩市 Longyan	宁德市 Ningde
农、林、牧、渔业 Farming, Forestry, Animal Husbandy and Fishery	41419	5988	2120	1965	4224	4548	5884	5838	2670	8182
采矿业 Mining	3241	333	24	53	734	550	284	331	710	222
制造业 Manufacturing	132616	17021	19915	7284	5150	45497	14837	7781	4405	10726
电力、热力、燃气及水生产和供应业 Production and Supply of Electric Power and Hot Power	7073	669	98	195	1309	950	848	943	1201	860
建筑业 Construction	22421	5508	5064	1128	914	3783	2167	1602	926	1329
批发和零售业 Wholesale and Retail Trade	193734	43532	49808	8989	8422	37159	15742	10929	7751	11402
交通运输、仓储和邮政业 Transport,Storage and Post	15702	3605	4058	571	828	2513	1612	1060	551	904
住宿和餐饮业 Lodgings and Catering Services	10556	2718	2511	390	443	1869	845	611	551	618
信息传输、软件和信息技术服务业 Information Transmission,Software,Information Technology Services	16932	5342	6388	423	473	1852	811	609	383	651
金融业 Financial Intermediation	4432	848	1035	154	243	686	274	485	234	473
房地产业 Real Estate	16047	3441	3561	685	864	2643	1804	1192	834	1023
租赁和商务服务业 Leasing and Business Services	62384	18272	16343	2105	2718	8385	4830	4487	2182	3062
科学研究和技术服务业 Scientific Research, Technical Service	21860	6220	4689	640	1210	3144	1897	1689	1177	1194
水利、环境和公共设施管理业 Management of Water Conservancy,Environment and Public Facilities	4419	701	554	228	445	548	618	545	362	418
居民服务、修理和其他服务业 Services to Households and Other Services	11346	2988	2892	334	481	1864	1016	741	427	603
教育 Education	16785	3684	1887	914	928	3587	2202	1415	1145	1023
卫生和社会工作 Health, Social Security	8362	2074	553	273	805	1013	512	639	368	2125
文化、体育和娱乐业 Culture, Sports and Entertainment	11493	2637	1745	520	763	1935	1269	1010	792	822
公共管理、社会保障和社会组织 Public Management and Social Organizations	63602	10133	3655	4694	7158	9509	6514	7582	6455	7902
国际组织 International Organizations										

1-10 各设区市按登记注册类型分的企业法人单位数(2015年)

Number of Business Entities by Region and Status of Registration(2015)

单位：个 (unit)

地区	Region	企业法人单位数 Number of Business Entities	内资企业 Domestic Funded Enterprises	#国有企业 State-owned Enterprises	#集体企业 Collective-owned Enterprises	#股份合作企业 Cooperative Enterprises	#联营企业 Joint Ownership
福建省	Fujian	556225	540583	6238	6705	2409	816
福州市	Fuzhou	117499	114331	1466	2010	515	249
厦门市	Xiamen	120582	116013	737	378	306	78
莆田市	Putian	24950	24395	275	302	128	48
三明市	Sanming	26806	26554	513	569	120	51
泉州市	Quanzhou	115826	111433	809	1059	524	153
漳州市	Zhangzhou	51990	50073	859	873	277	62
南平市	Nanping	35967	35680	722	754	274	77
龙岩市	Longyan	23564	23205	420	365	175	53
宁德市	Ningde	39041	38899	437	395	90	45

1-10 续表

Continued

单位：个 (unit)

地区	Region	#有限责任公司 Limited Liability Corporations	#股份有限公司 Share Holding Corporations Ltd.	#私营企业 Private Enterprises	港澳台商投资企业 Funds from HongKong, Macao,TaiWan	外商投资企业 Foreign Funded Enterprises
福建省	Fujian	113866	7258	362697	10178	5464
福州市	Fuzhou	22746	1810	79561	1856	1312
厦门市	Xiamen	30444	1062	80105	2723	1846
莆田市	Putian	12863	359	8409	367	188
三明市	Sanming	2116	296	20057	179	73
泉州市	Quanzhou	15120	1631	83507	3157	1236
漳州市	Zhangzhou	9971	583	32465	1384	533
南平市	Nanping	7354	676	21042	179	108
龙岩市	Longyan	4891	548	13965	254	105
宁德市	Ningde	8361	293	23586	79	63

主要统计指标解释

行政区划　指国家对行政区域的划分.根据宪法规定,我国的行政区域划分如下：(1)全国分为省、自治区、直辖市；(2)省、自治区分为自治州、县、自治县、市；(3)自治州分为县、自治县、市；(4)县、自治县分为乡、民族乡、镇；(5)直辖市和较大的市分为区、县；(6)国家在必要时设立的特别行政区。

平均增长速度　我国计算平均增长速度有两种方法：一种是习惯上经常使用的“水平法”，又称几何平均法，是以间隔期最后一年的水平同基期水平对比来计算平均每年增长(或下降)速度；另一种是“累计法”，又称代数平均法或方程法，是以间隔期内各年水平的总和同基期水平对比来计算平均每年增长(或下降)速度。在一般正常情况下，两种方法计算的平均每年增长速度比较接近；但在经济发展不平衡、出现大起大落时，两种方法计算的结果差别较大。

本《年鉴》所列的平均增长速度，均用“水平法”计算。从某年到某年平均增长速度的年份，均不包括基期年在内。如建国四十三年的平均增长速度是以1949年为基期计算的，则写为1950-1992年平均增长速度，其余类推。

国民经济行业分类　自2003年定期报表开始使用新的《国民经济行业分类》(GB/T4754-2002)，该分类是由国家统计局组织修订，经国家质量监督检验检疫总局批准，于2002年5月10日发布实施。这次修订是在1994年分类标准的基础上，参照联合国《全部经济活动的国际标准产业分类》(ISIC/Rev.3）进行的。修订后的《国民经济行业分类》(GB/T4754-2002）共有门类20个，大类95个，中类396个，小类913个。新增门类4个，大类增加3个，中类增加28个，小类增加67个。2011年，国家统计局发布了新修订的国家标准《国民经济行业分类》(GB/T4754-2011)。

企业(单位)登记注册类型　是以在工商行政管理机关登记注册的各类企业为划分对象，以工商行政管理部门对企业登记注册的类型为依据，将企业登记注册类型分为内资企业、港澳台商投资企业和外商投资企业三大类。内资企业包括国有企业、集体企业、股份合作企业、联营企业、有限责任公司、股份有限公司、私营公司和其他企业；港澳台商投资企业和外商投资企业分别包括合资经营企业、合作经营企业、独资经营企业和股份有限公司。对不在工商行政管理部门进行登记注册的行政机关、事业单位和社会团体，主要按其经费来源和管理方式进行划分。

国有企业　指企业全部资产归国家所有，并按《中华人民共和国企业法人登记管理条例》规定登记注册的非公司制的经济组织。不包括有限责任公司中的国有独资公司。

集体企业　指企业资产归集体所有，并按《中华人民共和国企业法人登记管理条例》规定登记注册的经济组织。

股份合作企业　指以合作制为基础，由企业职工共同出资入股，吸收一定比例的社会资产投资组建，实行自主经营，自负盈亏，共同劳动，民主管理，按劳分配与按股分红相结合的一种集体经济组织。

联营企业　指两个及两个以上相同或不同所有制性质的企业法人或事业单位法人，按自愿、平等、互利的原则，共同投资组成的经济组织。联营企业包括国有联营企业、集体联营企业、国有与集体联营企业和其他联营企业。

有限责任公司　指根据《中华人民共和国公司登记管理条例》规定登记注册，由两个以上、五十个以下的股东共同出资，每个股东以其所认缴的出资额对公司承担有限责任，公司以其全部资产对其债务承担责任的经济组织。有限责任公司包括国有独资公司以及其他有限责任公司。

股份有限公司　指根据《中华人民共和国公司登记管理条例》规定登记注册，其全部注册资本由等额股份构成并通过发行股票筹集资本，股东以其认购的股份对公司承担有限责任，公司以其全部资产对其债务承担责任的经济组织。

私营企业　指由自然人投资设立或由自然人控股，以雇佣劳动为基础的营利性经济组织。包括按照《公司法》、《合伙企业法》、《私营企业暂行条例》规定登记注册的私营有限责任公司、私营股份有限公司、私营合伙企业和私营独资企业。

其他内资企业　指上述企业之外的其他内资经济组织。

与港澳台商合资经营企业 指港澳台地区投资者与内地企业依照《中华人民共和国中外合资经营企业法》及有关法律的规定，按合同规定的比例投资设立、分享利润和分担风险的企业。

与港澳台商合作经营企业 指港澳台地区投资者与内地企业依照《中华人民共和国中外合作经营企业法》及有关法律的规定，依照合作合同的约定进行投资或提供条件设立、分配利润和分担风险的企业。

港澳台商独资经营企业 指依照《中华人民共和国外资企业法》及有关法律的规定，在内地由港澳台地区投资者全额投资设立的企业。

港澳台商投资股份有限公司 指根据国家有关规定，经外经贸部依法批准设立，其中港、澳、台商的股本占公司注册资本的比例达 25% 以上的股份有限公司。凡其中港、澳、台商的股本占公司注册资本的比例小于 25%的，属于内资企业中的股份有限公司。

中外合资经营企业 指外国企业或外国人与中国内地企业依照《中华人民共和国中外合资经营企业法》及有关法律的规定，按合同规定的比例投资设立、分享利润和分担风险的企业。

中外合作经营企业 指外国企业或外国人与中国内地企业依照《中华人民共和国中外合作经营企业法》及有关法律的规定，依照合作合同的约定进行投资或提供条件设立、分配利润和分担风险的企业。

外资企业 指依照《中华人民共和国外资企业法》及有关法律的规定，在中国内地由外国投资者全额投资设立的企业。

外商投资股份有限公司 指根据国家有关规定，经外经贸部依法批准设立，其中外资的股本占公司注册资本的比例达 25% 以上的股份有限公司。凡其中外资股本占公司注册资本的比例小于25%的，属于内资企业中的股份有限公司。

行政机关、事业单位和社会团体 参照企业登记注册类型，主要按其经费来源和管理方式划分。具体规定如下：

⑴行政机关：包括国家机关和政党机关，原则上均列为“国有”。但有特殊规定的，如供销社等，则列为“集体”。

⑵事业单位：包括经国家机构编制部门和有关业务主管部门批准成立的各类事业单位，不包括实行企业化管理的事业单位。事业单位的划分办法如下：

①由国家财政预算拨款或列入财政预算外资金管理以及经费主要来源于国有主管部门或国有上级单位的事业单位，列为“国有”。

②经费主要来源于集体单位的事业单位，列为“集体”。

③公民个人(或个人合伙)开办的事业单位，列为“私营”。

④上述以外的其他事业单位，如果其经费来源不明确，按管理方式进行归类。

⑶社会团体：包括经民政部门批准成立以及未纳入社会团体管理条例范围的工会、妇联等各类社会团体。社会团体的划分办法如下：

①未纳入民政部社会团体管理条例范围的工会、妇联、共青团、青联、工商联、科协、侨联等社会团体，国家拨款设立的基金会或基金管理组织以及经费主要来源于国有业务主管部门或国有上级单位的社会团体，列为“国有”。

②经费主要来源于集体单位的社会团体，列为“集体”。

③公民个人(或个人合伙)开办的社会团体，划为“私营”。

④上述以外的其他社会团体，如果其经费来源不明确，改按管理方式进行归类。

Explanatory Notes on Main Statistical Indicators

Administrative Division refers to the division of administrative areas by the state. The Constitution of the People's Republic of China stipulates that the administrative areas in China are divided as:1) The whole Country is divided into provinces, autonomous regions and municipalities directly under the central government; 2) Provinces and autonomous regions are divided into autonomous prefectures, counties, autonomous counties and cities; 3) Autonomous prefectures are divided into counties, autonomous counties and cities; 4) Counties and autonomous counties are divided into townships, nationality townships and towns; 5) Municipalities and large cities are divided into districts and counties, 6) The state shall, when necessary, establish special administrative regions.

Average Annual Growth Rate Two methods for calculating average annual growth rate are applied in China,one is often called level approachor the method of calculating geometric average,which is derived by comparing the level of the last year of the interval with that of the beginning year;the other is calledaccumulative approach or algebraic average or equation method,which is derived by the summation of the actual figure of each year in the interval divided by the figure in the base year.Usually the results calculated by the two methods are fairly close, but they differed sharply when uneven economic development occurred with striking fluctuations in growth.

The average annual growth rates listed in this statistical yearbook are calculated by level approach except for the growth rate of investment in fixed assets. The base years are not listed when the years are listed for average annual growth rates. For instance,the average annual growth rate of 43 years since 1949 is listed as average annual growth rate of 1950-1992 without listing the base year 1949.And the analogy of this is also the same for the rest of the years.

Industrial Classification of the National Economy The new *Industrial Classification of the National Economy* (GB/T 4754-2002) is introduced starting from the compilation of 2003 annual statistics. The new revision was based on the 1994 classification and organized by the National Bureau of Statistics taking into consideration of the *International Standards of the Industrial Classification of All Economic Activities* (ISIC/Rev.3) of the United Nations, and the new Classification was promulgated by the National Administration of Quality Supervision, Inspection and Quarantine on May 10, 2002. The revised version of the *Industrial Classification of the National Economy* (GB/T 4754-2002) is composed of 20 major divisions, 95 divisions, 396 major groups and 913 groups, including 4 new major divisions, 3 new divisions, 28 major groups and 67 groups.In 2011, the National Bureau of Statistics inspected *Industrial Classification of the National Economy* (GB/T 4754-2011).

Registration Status of Enterprises Enterprises are classified into 3 categories, namely domestic-funded enterprises, enterprises with investment from Hong Kong, Macau and Taiwan, and enterprises with foreign investment, in the light of the registration status of an enterprise in industrial and commercial administration agencies. Domestic-funded enterprises include state-owned enterprises, collective-owned enterprises, cooperative enterprises, joint ownership enterprises, limited liability corporations, share-holding corporations Ltd., private enterprises and other enterprises. Included in the enterprises with investment from Hong Kong, Macau and Taiwan and enterprises with foreign investment are joint-venture enterprises, cooperative enterprises, sole investment enterprises and share-holding corporations Ltd. For government agencies, institutions and social organizations which are not requested to be registered in industrial and commercial administration agencies, they are classified mainly by their sources of funds and way of management.

State-owned Enterprises refer to

registered in accordance with the *Regulation of the Peoples Republic of China on the Management of Registration of Corporate Enterprises*. Excluded from this category are sole state-funded corporations in the limited liability corporations.

Collective-owned Enterprises refer to economic units where the assets are owned collectively and which have registered in accordance with the *Regulation of the Peoples Republic of China on the Management of Registration of Corporate Enterprises*.

Cooperative Enterprises refer to a form of collective economic units (enterprises) where capitals come mainly from employees as their shares, with certain proportion of capital from the outside, where production is organized on the basis of independent operation, independent accounting for profits and losses, joint work, democratic management, and a distribution system that integrates remuneration according to work with dividend according to capital share.

Joint Ownership Enterprises refer to economic units established by two or more corporate enterprises or corporate institutions of the same or different ownership, through joint investment on the basis of equality, voluntary participation and mutual benefits. They include state joint ownership enterprises, collective joint ownership enterprises, joint state-collective enterprises, other joint ownership enterprises.

Limited Liability Corporations refer to economic units established with investment from 2-50 investors and registered in accordance with the *Regulation of the Peoples Republic of China on the Management of Registration of Corporations*, each investor bearing limited liability to the corporation depending on its share of investment, and the corporation bearing liability to its debt to the maximum of its total assets. Limited liability corporations include exclusive state-funded limited liability corporations and other limited liability corporations.

Share-holding Corporations Ltd. refer to economic units registered in accordance with the *Regulation of the Peoples Republic of China on the Management of Registration of Corporations*, with total registered capitals divided into equal shares and raised through issuing stocks. Each investor bears limited liability to the corporation depending on the holding of shares, and the corporation bears liability to its debt to the maximum of its total assets.

Private Enterprises refer to profit-making economic units invested and established by natural persons, or controlled by natural persons using employed labour. Included in this category are private limited liability corporations, private share-holding corporations Ltd., private partnership enterprises and private-funded enterprises registered in accordance with the *Corporation Law, Partnership Enterprises Law and Interim Regulations on Private Enterprises*.

Other Domestic-funded Enterprises refer to domestic-funded economic units other than those mentioned above.

Joint-venture Enterprises with Funds from Hong Kong, Macau and Taiwan refer to enterprises jointly established by investors from Hong Kong, Macau and Taiwan with enterprises in the mainland of China in accordance with the *Law of the Peoples Republic of China on Sino-foreign Joint Venture Enterprises* and other relevant laws, where the share of investment, profits and risks is stipulated in the contract.

Cooperative Enterprises with Funds from Hong Kong Macau and Taiwan established by investors from Hong Kong, Macau and Taiwan with enterprises in the mainland of China in accordance with the *Law of the Peoples Republic of China on Sino-foreign Cooperative Enterprises* and other relevant laws, where the investment or provision of facilities, and the share of profits and risks is stipulated in the cooperative contract.

Enterprises with Sole (exclusive) Investment from Hong Kong, Macau and Taiwan refer to enterprises established in the mainland of China with exclusive investment from investors from Hong Kong, Macau and Taiwan in accordance with the *Law of the Peoples Republic of China on Foreign-Funded Enterprises* and other relevant laws.

Share-holding Corporations Ltd. with Investment from Hong Kong, Macau and Taiwan refer to share-holding corporations Ltd. established with the approval from the Ministry of Foreign Trades and Economic Relations in line with relevant state regulations, where the share of investment from Hong Kong, Macau or Taiwan businessmen exceeds 25% of the total registered capital of the corporation. In case the share of investment from Hong Kong, Macau or Taiwan is less than 25% of the total registered capital, the enterprise is to be classified as domestic-funded share-holding corporation Ltd.

Joint-venture Enterprises with Foreign Investment refer to enterprises jointly established by foreign enterprises or foreigners with enterprises in the mainland of China in accordance with the *Law of the Peoples Republic of China on Sino-foreign Joint Venture Enterprises* and other relevant laws, where the share of investment, profits and risks is stipulated in the contract.

Cooperation Enterprises with Foreign Investment refer to enterprises jointly established by foreign enterprises or foreigners with enterprises in the mainland of China in accordance with the *Law of the Peoples Republic of China on Sino-foreign Cooperative Enterprises* and other relevant laws,where the investment or provision of facilities, and the share of profits and risks is stipulated in the cooperative contract.

Enterprises with Sole (exclusive) Foreign Investment refer to enterprises established in the mainland of China with exclusive investment from foreign investors in accordance with the *Law of the Peoples Republic of China on Foreign-Funded Enterprises* and other relevant laws.

Share-holding Corporations Ltd. with Foreign Investment refer to share-holding corporations Ltd. established with the approval from the Ministry of Foreign Trades and Economic Relations in line with relevant state regulations, where the share of investment from foreign investors exceeds 25% of the total registered capital of the corporation. In case the share of foreign investment is less than 25% of the total registered capital, the enterprise is to be classified as domestic-funded share-holding corporation Ltd.

Government Agencies, Institutions and Social Organizations are classified into following categories by source of funds and way of management taking reference of the registration status of enterprises:

(1) Government Agencies: include state and party agencies, classified in principle as “state-owned”. There are exceptions, such as supply and marketing cooperatives which are classified as “collective”.

(2) Institutions: include institutions of various types established with the approval by organization and staffing departments of the government, but exclude institutions where enterprise management system is introduced. Institutions are further classified as follows:

(a) Institutions whose main budget is listed in the government budget appropriations or extra-budget funds, or allocated from the budget of their competent government agencies. Such institutions are classified as “state-owned”.

(b) Institutions whose budget mainly comes from collective units. Such institutions are classified as “collective”.

(c) Institutions other than those mentioned above whose source of budget is not clear. Such institutions are classified by way of management.

(3) Social Organizations: include social organizations established with the approval from the Ministry of Civil Affairs, and organizations that are not covered by social organization management regulations such as Trades unions, women’s federations etc.. Social organizations are further classified as follows:

(a) Social organizations that are not covered by social organization management regulations of the Ministry of Civil Affairs such as Trades unions, women’s federations, communist youth leagues, youth associations, industrial and commerce associations, scientists associations, overseas

Chinese associations, etc., foundations and fund management organizations established with funds from the state, and social organizations whose funds mainly come from the budget of their competent government agencies. Such institutions are classified as “state-owned”.

(b) Social organizations whose budget mainly comes from collective units. Such institutions are classified as “collective”.

(c) Social organizations established by individual or a group of citizens, which are classified as “private”.

(d) Social organizations other than those mentioned above whose source of budget is not clear. Such organizations are classified by manner of management.

第二篇　国民经济核算

Chapter 2　National Economy Accounting

资料整理：张凌远 孙晶洁

Database Editor: Zhanglingyuan Sunjingjie

简要说明

本篇资料的主要内容及来源

国民经济核算篇主要包括福建省地区生产总值及其增长、结构、三次产业对经济增长的贡献、消费水平等方面的资料。

1993 年以后福建省地区生产总值的数据已按照国家统计局制定的统一方案，根据 2004 年经济普查资料采用国际上通用的“总趋势离差法”进行了调整。

本篇资料来源于国民经济核算统计报表，由省统计局国民经济核算处整理提供，其中 2015 年支出法 GDP 相关数据未经国家审定。

Brief Introduction

Main Content and Source of Data

Data in the chapter reflect the overall situation and development of economy on the macro level, including growth rate and components of GDP, share of the three industries to the increase of GDP and household consumption expenditure.

Historical data of GDP were recompiled in accordance with the uniform plan of NBS and revised by trend approach.

Data in this chapter are prepared according to the data of national accounts and compiled by the Division of National Accounts of Fujian Provincial Bureau of Statistics. Gross Domestic Product by Expenditure Approach in 2015 has not been approved.

2-1 主要社会经济效益指标

Main Indicators on Economic Efficiency

项目 Item	2000	2005	2010	2014	2015
社会劳动生产率（元/人） **Overall Labor Productivity(yuan/person)**	**22878**	**35599**	**66828**	**92444**	**95921**
总产出中间投入率（%） **Ratio of Input to Total Output(%)**	**61.9**	**61.4**	**62.1**	**66.0**	**65.9**
第一产业 Primary Industry	38.2	39.7	40.9	40.8	40.9
第二产业 Secondary Industry	73.5	72.1	71.7	74.8	75.0
第三产业 Tertiary Industy	44.2	34.2	41.4	45.9	47.0
按主要行业分 By Sector					
工业 Industry	73.9	72.2	72.4	75.6	75.8
建筑业 Construction	70.9	71.4	67.5	70.6	70.6
交通运输、仓储和邮政业 Transport,Storage and Post Services	47.2	46.6	55.7	56.3	58.3
批发和零售业 Wholesale,Retail Trade	44.0	22.9	28.6	31.8	31.1
增加值率（%） **Value-added Rate(%)**	**38.1**	**38.6**	**37.9**	**34.0**	**34.1**
第一产业 Primary Industry	61.8	60.3	59.1	59.2	59.1
第二产业 Secondary Industry	26.5	27.9	28.3	25.2	25.0
第三产业 Tertiary Industy	55.8	65.8	58.6	54.1	53.0
按主要行业分 By Sector	26.5	27.9	28.3	25.2	25.0
工业 Industry	26.1	27.8	27.6	24.4	24.2
建筑业 Construction	29.1	28.6	32.5	29.4	29.4
交通运输、仓储和邮政业 Transport,Storage and Post Services	52.8	53.4	44.3	43.7	41.7
批发和零售业 Wholesale and Retail Trade	56.0	77.1	71.4	68.2	68.9

注：1.本表均按当年价格计算。
Note:a)Data in this table are caculated at current prices.

2-2 主要年份总产出

Total Output in Selected Years

(100 million yuan)

年份 Year	总产出 (亿元) Output (100 million yuan)	第一产业 Primary Industy	第二产业 Secondary Industy	第三产业 Tertiary Industy	总产出指数 Indices 以1952为100 (year of 1952=100)	以上年为100 (preceding year=100)
1952	18.43	11.07	4.70	2.66	100.0	124.5
1957	35.64	17.05	10.59	8.00	192.6	105.5
1962	42.16	14.81	13.84	13.51	206.5	98.4
1965	54.35	18.80	21.45	14.10	287.7	113.4
1970	67.81	21.12	29.79	16.90	365.1	118.0
1975	96.03	27.06	51.33	17.64	506.0	104.8
1978	138.83	36.33	73.71	28.79	710.6	121.7
1979	155.69	43.11	83.80	28.78	764.6	107.6
1980	169.83	45.49	95.85	28.49	831.7	108.8
1981	204.17	56.11	103.73	44.33	960.5	115.5
1982	229.65	63.73	116.27	49.65	1057.9	110.1
1983	253.07	68.08	126.43	58.56	1140.8	107.8
1984	306.08	80.66	159.41	66.01	1344.9	117.9
1985	399.54	99.05	210.91	89.58	1645.3	122.3
1986	466.22	107.07	249.31	109.84	1802.0	109.5
1987	603.52	132.97	316.59	153.96	2156.0	119.6
1988	838.36	182.00	451.80	204.56	2565.6	119.0
1989	1040.95	209.92	554.54	276.49	2898.2	113.0
1990	1175.79	227.12	600.94	347.73	3244.1	111.9
1991	1428.36	253.51	747.33	427.52	3811.4	117.5
1992	1910.42	295.54	1053.44	561.44	4895.9	128.5
1993	2993.36	386.34	1743.08	863.94	6564.2	134.1
1994	4229.26	574.05	2422.96	1232.25	8562.5	130.4
1995	5483.28	738.63	3244.08	1500.57	10041.8	117.3
1996	6419.24	850.67	3776.66	1791.91	11642.0	115.9
1997	7436.80	925.56	4462.70	2048.54	13690.5	117.6
1998	8220.00	973.37	4978.46	2268.17	15280.3	111.6
1999	8877.25	1010.82	5410.96	2455.47	16989.2	111.2
2000	9870.58	1037.27	6154.43	2678.88	18759.6	110.4
2001	10506.33	1061.61	6591.76	2852.96	20560.0	109.6
2002	11324.01	1088.70	7252.42	2982.89	23028.4	112.0
2003	12866.74	1135.20	8462.96	3268.58	26154.9	113.6
2004	14912.98	1301.21	10008.78	3602.99	29629.1	113.3
2005	16995.93	1373.03	11385.95	4236.95	33523.8	113.2
2006	19833.74	1445.08	13329.91	5058.74	37533.4	112.0
2007	24160.16	1692.16	16197.54	6270.47	43725.7	116.5
2008	28960.02	1965.02	19557.35	7437.65	50656.1	115.8
2009	32436.81	2001.24	22110.23	8325.34	58001.2	114.5
2010	38915.25	2307.05	26616.53	9991.67	66974.0	115.5
2011	47739.92	2730.93	33045.93	11963.06	77555.9	115.8
2012	55107.00	3007.40	38491.18	13608.42	90895.5	117.2
2013	61780.20	3170.16	42949.47	15660.57	105620.6	116.2
2014	70742.78	3400.90	49719.02	17622.86	116710.7	110.5
2015	76180.53	3586.46	52230.65	20363.42	126164.3	108.1

2-3 总产出

Total Output

单位：亿元 (100 million yuan)

项目 Item	2000	2005	2010	2014	2015
总产出(亿元) Total Output(100 million yuan)	**9870.58**	**16995.93**	**38915.25**	**70742.78**	**76180.53**
第一产业 Primary Industry	1037.27	1373.03	2307.05	3400.90	3586.46
第二产业 Secondary Industry	6154.43	11385.95	26616.53	49719.02	52230.65
第三产业 Tertiary industy	2678.88	4236.95	9991.67	17622.86	20363.42
按主要行业分 By Sector					
工业 Industry	5447.13	10065.44	23152.34	42673.43	44658.0
建筑业 Construction	707.30	1320.52	3464.19	7183.77	7717.2
交通运输、仓储和邮政业 Transport,Storage,Post and Telecommunication Services	777.53	844.23	1965.92	3018.21	3710.8
批发和零售业 Wholesale,Retail Trade	713.07	741.74	1835.11	2875.12	2967.9
总产出指数(上年=100) Indices of Total Output(preceding year=100)	**110.40**	**113.20**	**115.47**	**110.50**	**108.1**
第一产业 Primary Industry	103.10	102.90	103.52	104.40	103.8
第二产业 Secondary Industry	112.20	113.50	117.54	111.90	106.9
第三产业 Tertiary industy	107.50	116.00	112.16	107.10	112.8
按主要行业分 By Sector					
工业 Industry	113.10	114.40	119.50	112.00	106.3
建筑业 Construction	101.20	105.70	103.30	110.80	111.0
交通运输、仓储和邮政业 Transport,Storage,Post and Telecommunication Services	108.90	107.50	112.06	106.50	120.8
批发和零售业 Wholesale,Retail Trade	105.60	110.00	114.06	111.80	109.1
总产出构成(%) Composition of Total Output(%)	**100.00**	**100.00**	**100.00**	**100.00**	**100.0**
第一产业 Primary Industry	10.50	8.10	5.90	4.80	4.7
第二产业 Secondary Industry	62.40	67.00	68.40	70.30	68.6
第三产业 Tertiary industy	27.10	24.90	25.70	24.90	26.7
按主要行业分 By Sector					
工业 Industry	55.20	59.20	59.50	60.30	58.6
建筑业 Construction	7.20	7.80	8.90	10.20	10.1
交通运输、仓储和邮政业 Transport,Storage,Post and Telecommunication Services	7.90	5.00	5.10	4.30	4.9
批发和零售业 Wholesale,Retail Trade	7.20	4.40	4.70	4.10	3.9

2-4 主要年份地区生产总值

Gross Domestic Product in Selected Years

单位：亿元 (100 million yuan)

年份 Year	地区生产总值 Gross Domestic Product	第一产业 Primary Industry	第二产业 Secondary Industry	第三产业 Tertiary Industy	工业 Industry	建筑业 Construction	人均GDP（元） Per Capita GDP (yuan)
1952	12.73	8.39	2.42	1.92	2.17	0.25	102
1957	22.03	12.31	5.20	4.52	4.23	0.97	154
1962	22.12	10.26	5.12	6.74	4.00	1.12	137
1965	28.81	13.48	8.31	7.02	6.55	1.76	166
1970	34.70	15.34	10.64	8.72	8.56	2.08	173
1975	46.48	19.43	17.81	9.24	14.29	3.52	203
1978	66.37	23.93	28.19	14.25	23.85	4.34	273
1979	74.11	27.97	31.37	14.77	26.20	5.17	300
1980	87.06	31.95	35.68	19.43	29.55	6.13	348
1981	105.62	39.30	39.75	26.57	33.16	6.59	416
1982	117.81	44.24	42.92	30.65	35.25	7.67	457
1983	127.76	47.27	46.05	34.44	37.76	8.29	487
1984	157.06	55.72	56.39	44.95	44.47	11.92	591
1985	200.48	68.13	72.56	59.79	62.09	10.47	737
1986	222.54	72.24	82.19	68.11	67.06	15.13	809
1987	279.24	89.24	101.28	88.72	82.69	18.59	999
1988	383.21	118.16	141.82	123.23	120.45	21.37	1349
1989	458.40	135.77	163.82	158.81	142.45	21.37	1589
1990	522.28	147.01	174.47	200.80	150.55	23.92	1763
1991	619.87	168.64	217.74	233.49	188.29	29.45	2041
1992	784.68	194.87	291.60	298.21	241.78	49.82	2557
1993	1114.20	254.36	455.79	404.05	381.95	73.84	3556
1994	1644.39	362.90	720.97	560.52	618.06	102.91	5193
1995	2094.90	464.82	882.34	747.74	748.92	133.42	6526
1996	2484.25	537.38	1026.64	920.23	875.50	151.14	7646
1997	2870.90	576.63	1214.81	1079.46	1039.62	175.19	8775
1998	3159.91	610.04	1335.05	1214.82	1132.79	202.26	9603
1999	3414.19	628.86	1434.30	1351.03	1230.22	204.08	10323
2000	3764.54	640.57	1628.45	1495.52	1422.34	206.11	11194
2001	4072.85	651.11	1803.50	1618.24	1586.48	217.02	11691
2002	4467.55	664.78	2036.97	1765.80	1808.95	228.02	12739
2003	4983.67	692.94	2340.82	1949.91	2061.31	279.51	14125
2004	5763.35	786.84	2770.49	2206.02	2438.62	331.87	16235
2005	6554.69	827.36	3175.92	2551.41	2801.88	374.05	18353
2006	7583.85	865.98	3695.04	3022.83	3230.49	464.56	21105
2007	9248.53	1002.11	4476.42	3770.00	3896.76	579.66	25582
2008	10823.01	1158.17	5318.44	4346.40	4593.24	725.20	29755
2009	12236.53	1182.74	6005.30	5048.49	5106.38	898.92	33437
2010	14737.12	1363.67	7522.83	5850.62	6397.71	1125.12	40025
2011	17560.18	1612.24	9069.20	6878.74	7675.09	1394.11	47377
2012	19701.78	1776.71	10187.94	7737.13	8541.94	1646.00	52763
2013	21868.49	1874.23	11329.60	8664.66	9455.32	1895.48	58145
2014	24055.76	2014.80	12515.36	9525.60	10426.71	2112.03	63472
2015	25979.82	2118.10	13064.82	10796.90	10820.22	2268.86	67966

2-5 主要年份地区生产总值构成

Composition of Gross Domestic Product in Selected Years

单位：% (%)

年份 Year	地区生产总值 Gross Domestic Product	第一产业 Primary Industry	第二产业 Secondary Industry	第三产业 Tertiary Industy	工业 Industry	建筑业 Construction
1952	100.0	65.9	19.0	15.1	17.0	2.0
1957	100.0	55.9	23.6	20.5	19.2	4.4
1962	100.0	46.4	23.1	30.5	18.1	5.1
1965	100.0	46.8	28.8	24.4	22.8	6.1
1970	100.0	44.2	30.7	25.1	24.7	6.0
1975	100.0	41.8	38.3	19.9	30.7	7.6
1978	100.0	36.0	42.5	21.5	35.9	6.5
1979	100.0	37.8	42.3	19.9	35.4	7.0
1980	100.0	36.7	41.0	22.3	33.9	7.0
1981	100.0	37.2	37.6	25.2	31.4	6.2
1982	100.0	37.6	36.4	26.0	29.9	6.5
1983	100.0	37.0	36.0	27.0	29.6	6.5
1984	100.0	35.5	35.9	28.6	28.3	7.6
1985	100.0	34.0	36.2	29.8	31.0	5.2
1986	100.0	32.5	36.9	30.6	30.1	6.8
1987	100.0	31.9	36.3	31.8	29.6	6.7
1988	100.0	30.8	37.0	32.2	31.4	5.6
1989	100.0	29.6	35.7	34.7	31.1	4.7
1990	100.0	28.1	33.4	38.4	28.8	4.6
1991	100.0	27.2	35.1	37.7	30.4	4.8
1992	100.0	24.8	37.2	38.0	30.8	6.3
1993	100.0	22.8	40.9	36.3	34.3	6.6
1994	100.0	22.1	43.8	34.1	37.6	6.3
1995	100.0	22.2	42.1	35.7	35.7	6.4
1996	100.0	21.6	41.3	37.1	35.2	6.1
1997	100.0	20.1	42.3	37.6	36.2	6.1
1998	100.0	19.3	42.3	38.4	35.8	6.5
1999	100.0	18.4	42.0	39.6	36.0	6.0
2000	100.0	17.0	43.3	39.7	37.8	5.5
2001	100.0	16.0	44.3	39.7	39.0	5.3
2002	100.0	14.9	45.6	39.5	40.5	5.1
2003	100.0	13.9	47.0	39.1	41.4	5.6
2004	100.0	13.7	48.1	38.3	42.3	5.8
2005	100.0	12.6	48.5	38.9	43.3	5.4
2006	100.0	11.4	48.7	39.9	43.7	5.7
2007	100.0	10.8	48.4	40.8	43.4	5.7
2008	100.0	10.7	49.1	40.2	42.4	6.7
2009	100.0	9.7	49.1	41.2	41.7	7.4
2010	100.0	9.3	51.0	39.7	43.4	7.6
2011	100.0	9.2	51.6	39.2	43.7	7.9
2012	100.0	9.0	51.7	39.3	43.4	8.3
2013	100.0	8.6	51.8	39.6	43.2	8.7
2014	100.0	8.4	52.0	39.6	43.3	8.8
2015	100.0	8.2	50.3	41.5	41.6	8.7

注：2004年以前年份和2014年及以后第一产业增加值不含农林牧渔服务业。

Note:The value-added of primary industry before 2004 and in 2014 exclude services of Farming,Forestry,Animal,Husbandry and Fishery.

2-6 分行业地区生产总值

Gross Domestic Product by Sector

单位：亿元　　　　(100 million yuan)

项目 Item	2000	2005	2010	2014	2015
地区生产总值 Gross Domestic Product	**3764.54**	**6554.69**	**14737.12**	**24055.76**	**25979.82**
第一产业 Primary Industry	640.57	827.36	1363.67	2014.80	2118.1
第二产业 Secondary Industry	1628.45	3175.92	7522.83	12515.36	13064.82
第三产业 Tertiary Industy	1495.52	2551.41	5850.62	9525.60	10796.9
按主要行业分 By Sector					
农、林、牧、渔业 Agriculture , Forestry , Animal Husbandry and Fishery		827.36	1363.67	2085.04	2194.06
农业 Agriculture		356.10	616.32	963.23	1017.1
林业 Forestry		65.23	122.08	207.75	201.58
畜牧业 Animal Husbandry		143.36	198.53	272.43	297.4
渔业 Fishery		227.84	376.37	571.39	602.02
农、林、牧、渔服务业 Services of Agriculture , Forestry , Animal Husbandry and Fishery		34.83	50.37	70.24	75.96
工业 Industry	1422.34	2801.88	6397.71	10426.71	10820.22
采矿业 Mining and Quarrying		83.25	313.39	317.50	262.56
制造业 Manufacturing		2496.73	5731.47	9523.39	9859.8
电力、热力、燃气及水生产和供应业 Supply of Electric Power, Gas,Water		221.90	352.85	585.77	697.86
建筑业 Construction	206.11	374.05	1125.12	2112.03	2268.86
交通运输、仓储和邮政业 Transport, Storage and Post Services	410.66	447.20	871.16	1320.35	1547.3
信息传输、软件和信息技术服务业 Information Transmission, Software and Information Technology Services		184.93	344.19	438.11	555.03
批发和零售业 Wholesale and Retail Trade	399.11	571.30	1310.94	1961.18	2046.29
住宿和餐饮业 Lodgings and Catering Services		120.84	266.47	374.61	398.35
金融业 Finance	118.85	186.12	767.58	1449.82	1681.33
房地产业 Real Estate	147.60	331.80	679.03	1090.22	1077.88
租赁和商务服务业 Rent and Business Services		82.03	237.04	613.21	800.04
科学研究和技术服务业 Scientific Reseach, Ploytechnic Services		36.83	103.13	165.50	235.97
水利、环境和公共设施管理业 Water Conservancy, Environment and Public Facilities Management		18.28	51.18	81.86	84.36
居民服务、修理和其他服务业 Resident Services,Repairing and Others		113.65	265.81	404.70	492.4
教育 Education		169.62	269.91	389.38	540.36
卫生和社会工作 Health Care, Social Ensure		75.49	206.54	260.34	374.86
公共管理、社会保障和社会组织 Public Management and Social Organizations		167.40	352.77	573.80	530.99
文化、体育和娱乐业 Culture, Sports and Entertainment		45.94	124.87	308.90	331.52
国际组织 National Organizations					

2-7 主要年份地区生产总值指数(上年=100)

Indices of Gross Domestic Product in Selected Years(preceding year=100)

单位：以上年为100 (preceding year=100)

年份 Year	地区生产总值 Gross Domestic Product	第一产业 Primary Industry	第二产业 Secondary Industry	第三产业 Tertiary Industy	工业 Industry	建筑业 Construction	人均GDP Per Capita GDP
1952	123.3	112.1	131.5	119.3	145.7	138.9	121.1
1957	106.7	109.5	95.3	117.3	124.2	50.4	103.0
1962	98.6	107.6	94.2	94.6	79.4	155.7	96.4
1965	110.9	111.5	120.3	100.4	126.2	101.2	107.5
1970	109.9	105.0	123.2	101.0	112.9	101.9	105.7
1975	102.9	100.5	106.6	101.1	108.7	98.2	100.5
1978	117.8	101.5	132.4	121.5	138.7	90.4	115.6
1979	105.5	104.9	109.7	99.0	107.0	137.4	103.9
1980	118.4	113.9	118.1	125.7	113.5	155.1	117.2
1981	115.5	108.5	110.3	136.3	113.8	91.0	114.0
1982	109.3	106.8	108.2	114.2	104.5	134.9	107.5
1983	106.2	104.7	107.3	106.5	107.4	106.7	104.4
1984	117.9	110.1	120.3	124.3	124.9	93.7	116.3
1985	117.6	105.3	123.3	123.5	124.2	115.8	114.9
1986	105.7	102.1	113.0	99.4	105.2	177.0	104.5
1987	113.6	110.5	110.0	121.9	117.1	75.4	111.8
1988	114.3	102.6	125.1	109.7	132.7	67.6	112.6
1989	107.8	109.7	104.9	110.7	108.5	51.2	106.1
1990	107.5	101.7	108.1	111.4	109.3	63.6	104.7
1991	114.2	109.1	122.0	111.5	123.7	111.2	111.4
1992	120.3	110.5	128.5	120.0	126.8	140.6	119.0
1993	122.6	109.4	135.9	118.3	139.5	112.8	120.1
1994	120.3	109.3	132.6	113.0	133.9	122.0	119.0
1995	114.6	109.5	117.3	114.2	116.4	125.2	113.0
1996	113.3	108.8	114.3	114.6	115.2	107.6	112.0
1997	114.0	108.0	116.1	114.5	116.5	113.4	113.2
1998	110.8	106.7	112.4	110.8	112.5	111.6	110.2
1999	109.9	105.7	111.5	109.9	112.5	101.9	109.3
2000	109.3	102.6	111.2	110.0	112.2	100.4	107.5
2001	108.7	103.5	110.2	109.2	110.8	105.6	104.9
2002	110.2	102.7	113.8	109.2	115.1	104.2	109.1
2003	111.5	103.3	115.6	109.7	115.4	117.7	110.8
2004	111.8	104.4	114.9	110.8	115.3	111.3	111.2
2005	111.6	102.7	112.3	113.7	112.3	111.7	110.9
2006	114.8	100.8	116.6	117.1	116.0	121.5	114.1
2007	115.2	103.9	118.2	114.6	118.5	116.4	114.5
2008	113.0	105.0	115.1	112.3	115.0	115.6	112.3
2009	112.3	104.7	113.7	112.3	113.0	118.8	111.6
2010	113.9	103.3	118.1	110.6	118.0	119.3	113.2
2011	112.3	104.4	116.2	109.1	116.7	113.3	111.6
2012	111.4	104.2	114.3	109.1	113.8	117.4	110.5
2013	111.0	104.3	113.2	109.4	112.8	115.2	110.2
2014	109.9	104.4	111.9	108.1	112.1	111.0	109.1
2015	109.0	103.7	107.4	112.3	107.0	110.1	108.0

2-8 主要年份地区生产总值指数(1952年=100)

Indices of Gross Domestic Product in Selected Years(year of 1952=100)

单位：以1952年为100 (year of 1952=100)

年份 Year	地区生产总值 Gross Domestic Product	第一产业 Primary Industry	第二产业 Secondary Industry	第三产业 Tertiary Industy	工业 Industry	建筑业 Construction	人均GDP Per Capita GDP
1952	100.0	100.0	100.0	100.0	100.0	100.0	100.0
1957	172.0	137.1	226.0	233.3	200.7	452.0	150.0
1962	159.8	86.4	259.5	317.5	193.1	885.4	122.3
1965	215.1	132.1	363.8	348.9	319.7	759.5	153.2
1970	255.9	146.5	480.3	400.0	425.5	969.2	157.4
1975	331.5	171.0	810.3	423.9	723.4	1495.8	179.7
1978	451.2	188.5	1207.1	698.2	1197.8	1095.1	229.5
1979	476.1	197.7	1324.7	690.9	1282.1	1505.1	238.3
1980	563.9	225.3	1564.4	868.4	1455.1	2334.6	279.3
1981	651.1	244.4	1725.4	1183.8	1655.8	2124.0	318.2
1982	711.6	261.1	1866.4	1351.6	1731.0	2865.6	342.1
1983	755.3	273.2	2002.4	1439.1	1858.8	3057.8	357.2
1984	890.7	300.8	2408.9	1788.3	2321.9	2865.6	415.3
1985	1047.5	316.7	2968.2	2207.8	2884.7	3318.8	477.4
1986	1107.3	323.4	3354.0	2194.6	3033.9	5873.0	498.8
1987	1257.9	357.5	3689.9	2674.7	3554.0	4426.5	557.7
1988	1437.6	366.7	4616.0	2933.4	4716.4	2993.7	627.7
1989	1549.3	402.3	4842.1	3246.6	5118.2	1533.5	665.9
1990	1665.8	409.0	5233.3	3615.6	5595.3	975.0	696.9
1991	1902.8	446.1	6384.1	4030.9	6919.7	1084.3	776.4
1992	2288.8	492.8	8205.4	4835.4	8776.3	1524.9	924.1
1993	2806.2	539.0	11153.4	5720.9	12245.5	1719.7	1109.8
1994	3375.7	589.0	14790.3	6461.8	16402.4	2097.4	1320.9
1995	3869.0	644.9	17347.3	7376.8	19090.2	2625.3	1493.2
1996	4384.0	701.5	19836.0	8455.2	21987.4	2824.9	1671.7
1997	4998.3	757.7	23037.7	9679.2	25605.2	3204.0	1893.1
1998	5538.0	808.3	25890.5	10720.4	28798.0	3576.2	2085.4
1999	6086.9	854.3	28860.0	11777.1	32407.2	3644.2	2279.9
2000	6653.7	876.2	32080.0	12954.3	36372.6	3660.4	2451.1
2001	7229.8	906.9	35339.6	14150.5	40308.3	3865.7	2570.9
2002	7964.4	931.4	40210.4	15453.7	46395.4	4029.4	2805.6
2003	8877.3	962.2	46501.5	16958.1	53537.1	4741.1	3108.2
2004	9927.7	1004.9	53417.5	18784.7	61744.0	5276.4	3455.0
2005	11079.3	1031.5	59968.7	21357.2	69361.6	5892.1	3831.0
2006	12719.0	1039.4	69938.6	25010.5	80438.8	7160.7	4371.8
2007	14652.3	1079.5	82670.5	28655.6	95284.9	8335.3	5004.6
2008	16557.1	1133.2	95139.3	32174.5	109593.1	9632.7	5619.0
2009	18595.9	1186.5	108138.7	36143.2	123788.4	11444.8	6272.6
2010	21180.7	1225.7	127711.8	39974.4	146008.6	13655.5	7101.4
2011	23785.9	1279.6	148401.1	43612.1	170392.0	15471.7	7925.2
2012	26497.5	1333.3	169622.5	47580.8	193906.1	18163.8	8757.3
2013	29412.2	1390.6	192012.7	52053.4	218726.1	20924.7	9650.5
2014	32324.0	1451.8	214862.2	56269.7	245191.9	23226.4	10529.0
2015	35233.2	1505.5	230762.0	63190.9	262355.3	25572.3	11371.3

2-9 三次产业对经济增长的贡献及拉动(1980-2015年)

Contribution Share and Contribution of the Three Components of GDP to the Growth of GDP(1980-2015)

单位：% (%)

年份 Year	贡献率 Contribution Share				地区生产总值增长率 Gross Domestic Product Growth Rate	拉动（百分点） Contribution(percentage point)			
	第一产业 Primary Industry	第二产业 Secondary Industry	第三产业 Tertiary Industry	工业 Industry		第一产业 Primary Industry	第二产业 Secondary Industry	第三产业 Tertiary Industry	工业 Industry
1980	25.1	43.2	31.7	28.6	18.4	4.6	8.0	5.8	5.3
1981	20.6	26.6	52.8	29.9	15.5	3.2	4.1	8.2	4.6
1982	26.0	33.5	40.5	16.3	9.3	2.4	3.1	3.8	1.5
1983	26.1	44.7	29.2	38.6	6.2	1.6	2.8	1.8	2.4
1984	19.2	43.1	37.7	45.1	17.9	3.4	7.7	6.8	8.1
1985	9.5	51.4	39.1	47.3	17.6	1.7	9.0	6.9	8.3
1986	10.4	92.8	-3.2	32.9	5.7	0.6	5.3	-0.2	1.9
1987	21.3	32.1	46.6	45.6	13.6	2.9	4.4	6.3	6.2
1988	4.9	74.1	21.0	85.3	14.3	0.7	10.6	3.0	12.2
1989	29.9	29.1	41.0	47.4	7.8	2.3	2.3	3.2	3.7
1990	5.4	48.3	46.3	55.0	7.7	0.4	3.6	3.5	4.1
1991	19.0	50.9	30.1	47.4	14.4	2.7	7.2	4.3	6.7
1992	14.7	49.5	35.8	40.8	20.3	3.0	10.0	7.3	8.3
1993	10.8	59.8	29.4	56.9	22.6	2.4	13.5	6.7	12.9
1994	10.6	67.0	22.4	62.0	20.3	2.2	13.6	4.5	12.6
1995	13.7	54.4	31.9	46.2	14.6	2.0	7.9	4.7	6.8
1996	13.3	50.7	36.0	47.7	13.3	1.8	6.7	4.8	6.4
1997	11.0	54.7	34.3	50.0	14.0	1.5	7.7	4.8	7.0
1998	11.4	55.4	33.2	50.2	10.8	1.2	6.0	3.6	5.4
1999	10.1	56.8	33.1	55.8	9.9	1.0	5.6	3.3	5.5
2000	4.7	59.6	35.7	59.4	9.3	0.4	5.6	3.3	5.5
2001	6.9	50.7	42.4	47.2	8.7	0.6	4.4	3.7	4.1
2002	4.3	59.5	36.2	57.3	10.2	0.4	6.1	3.7	5.8
2003	4.3	62.0	33.7	54.2	11.5	0.5	7.1	3.9	6.2
2004	5.2	59.2	35.6	54.2	11.8	0.6	7.0	4.2	6.4
2005	3.0	51.3	45.7	46.0	11.6	0.3	6.0	5.3	5.3
2006	0.7	54.4	45.0	46.1	14.8	0.1	8.0	6.7	6.8
2007	2.8	59.1	38.1	52.5	15.2	0.4	9.0	5.8	8.0
2008	3.8	58.8	37.4	51.4	13.0	0.5	7.6	4.9	6.7
2009	3.6	57.1	39.3	47.6	12.3	0.5	7.0	4.8	5.9
2010	2.1	67.9	30.0	58.7	13.9	0.3	9.4	4.2	8.2
2011	3.3	67.2	29.5	59.0	12.3	0.4	8.3	3.6	7.3
2012	3.2	66.1	30.7	54.4	11.4	0.4	7.5	3.5	6.2
2013	3.0	64.6	32.4	53.6	11.0	0.3	7.1	3.6	5.9
2014	3.2	66.0	30.8	56.8	9.9	0.3	6.5	3.1	5.6
2015	2.9	46.6	50.5	37.2	9.0	0.3	4.2	4.5	3.3

2-10 主要年份按收入法计算的地区生产总值

Gross Domestic Product by Income Approach in Selected Years

单位：亿元 (100 million yuan)

年份 Year	地区生产总值 Gross Domestic Product	劳动者报酬 Compensation of Employees	生产税净额 Net Taxes on Production	固定资产折旧 Depreciation of Fixed Assets	营业盈余 Operating Surplus	占地区生产总值比重（%） Ratio(%) 劳动者报酬 Compensation of Employees	生产税净额 Net Taxes on Production	固定资产折旧 Depreciation of Fixed Assets	营业盈余 Operating Surplus
1978	66.37	42.16	7.07	5.85	11.29	63.5	10.7	8.8	17.0
1979	74.11	47.78	7.75	6.48	12.10	64.5	10.5	8.7	16.3
1980	87.06	55.96	8.97	7.55	14.58	64.3	10.3	8.7	16.7
1981	105.62	68.13	10.45	9.22	17.82	64.5	9.9	8.7	16.9
1982	117.81	76.46	11.34	10.21	19.80	64.9	9.6	8.7	16.8
1983	127.76	82.74	12.24	11.12	21.66	64.8	9.6	8.7	17.0
1984	157.06	101.47	14.80	13.84	26.95	64.6	9.4	8.8	17.2
1985	200.48	126.06	19.89	18.38	36.15	62.9	9.9	9.2	18.0
1986	222.54	139.73	21.78	20.54	40.49	62.8	9.8	9.2	18.2
1987	279.24	175.22	27.25	25.84	50.93	62.7	9.8	9.3	18.2
1988	383.21	241.25	39.27	35.49	67.20	63.0	10.2	9.3	17.5
1989	458.40	281.50	46.73	43.13	87.04	61.4	10.2	9.4	19.0
1990	522.28	322.04	50.90	51.24	98.10	61.7	9.7	9.8	18.8
1991	619.87	376.87	62.25	63.31	117.44	60.8	10.0	10.2	18.9
1992	784.68	472.85	80.58	79.79	151.46	60.3	10.3	10.2	19.3
1993	1114.20	623.02	125.34	114.12	251.72	55.9	11.2	10.2	22.6
1994	1644.39	832.09	184.89	155.70	471.71	50.6	11.2	9.5	28.7
1995	2094.90	1101.69	210.71	231.67	550.82	52.6	10.1	11.1	26.3
1996	2484.25	1291.05	247.08	284.74	661.38	52.0	9.9	11.5	26.6
1997	2870.90	1498.69	275.15	345.43	751.62	52.2	9.6	12.0	26.2
1998	3159.91	1650.26	316.66	388.04	804.95	52.2	10.0	12.3	25.5
1999	3414.19	1769.60	345.36	431.13	868.11	51.8	10.1	12.6	25.4
2000	3764.54	1824.79	371.62	491.48	1076.64	48.5	9.9	13.1	28.6
2001	4072.85	1960.79	392.29	555.29	1164.49	48.1	9.6	13.6	28.6
2002	4467.55	2172.30	434.87	630.30	1230.08	48.6	9.7	14.1	27.5
2003	4983.67	2412.18	522.41	735.98	1313.10	48.4	10.5	14.8	26.3
2004	5763.35	2539.45	780.60	704.03	1739.27	44.1	13.5	12.2	30.2
2005	6554.69	2890.79	868.51	914.15	1881.24	44.1	13.3	13.9	28.7
2006	7583.85	3334.30	1019.66	989.48	2240.42	44.0	13.4	13.0	29.5
2007	9248.53	3997.16	1314.35	1070.74	2866.27	43.2	14.2	11.6	31.0
2008	10823.01	5728.03	1334.19	1317.13	2443.65	52.9	12.3	12.2	22.6
2009	12236.53	6510.05	1553.20	1412.19	2761.08	53.2	12.7	11.5	22.6
2010	14737.12	7400.03	1867.67	1562.99	3906.43	50.2	12.7	10.6	26.5
2011	17560.18	8741.77	2287.51	1834.11	4696.79	49.8	13.0	10.4	26.7
2012	19701.78	9979.11	2809.74	2114.83	4798.10	50.7	14.3	10.7	24.4
2013	21868.49	11277.57	3093.63	2239.74	5257.54	51.6	14.1	10.2	24.0
2014	24055.76	12504.55	3653.71	2491.08	5406.42	52.0	15.2	10.4	22.5
2015	25979.82	13845.37	3884.42	2895.55	5354.48	53.3	15.0	11.1	20.6

2-11 主要年份第三产业增加值

Value-added of the Tertiary Industry in Selected Years

单位：亿元 (100 million yuan)

年份 Year	第三产业 Tertiary Industy	#批发和零售业 Wholesale and Retail Trade	#交通运输、仓储和邮政业 Transport, Storage and Post Services	#金融业 Finance	#房地产业 Real Estate
1952	1.92	1.00	0.27		
1957	4.52	2.21	0.64		
1962	6.74	2.29	0.88		
1965	7.02	1.57	1.10		
1970	8.72	2.23	1.47		
1975	9.24	1.15	1.85		
1978	14.25	3.47	3.35	3.01	0.69
1979	14.77	3.29	3.32	3.08	0.81
1980	19.43	5.08	4.40	4.03	0.92
1981	26.57	7.01	6.01	5.49	1.26
1982	30.65	8.12	6.85	6.34	1.46
1983	34.44	9.38	7.29	7.19	1.65
1984	44.95	11.82	9.69	9.48	2.18
1985	59.79	15.17	12.35	13.00	2.98
1986	68.11	16.53	14.54	14.98	3.43
1987	88.72	23.14	19.37	18.71	4.29
1988	123.23	40.58	32.50	17.40	4.40
1989	158.81	41.31	42.60	29.06	5.23
1990	200.80	49.53	48.56	34.40	8.31
1991	233.49	60.46	55.05	40.52	12.50
1992	298.21	79.64	70.51	48.34	18.89
1993	404.05	115.99	99.48	53.76	33.66
1994	560.52	146.90	134.95	90.76	52.70
1995	747.74	203.09	189.55	93.76	71.37
1996	920.23	257.03	235.07	105.58	83.47
1997	1079.46	306.22	283.44	109.07	93.27
1998	1214.82	341.19	326.63	114.01	105.50
1999	1351.03	364.97	366.27	113.40	126.22
2000	1495.52	399.11	410.66	118.85	147.60
2001	1618.24	429.56	428.87	124.84	165.31
2002	1765.80	465.91	445.06	138.28	188.09
2003	1949.91	520.56	478.84	150.09	215.84
2004	2206.02	595.35	537.41	171.00	248.44
2005	2551.41	571.30	447.20	186.12	331.80
2006	3022.83	641.13	521.16	243.90	435.22
2007	3770.00	769.15	626.32	385.84	511.50
2008	4346.40	897.32	703.72	497.65	506.98
2009	5048.49	1043.42	751.42	612.20	656.61
2010	5850.62	1310.94	871.16	767.58	679.03
2011	6878.74	1511.29	963.85	862.41	911.16
2012	7737.13	1670.26	1090.07	1015.37	1039.71
2013	8664.66	1789.88	1176.19	1264.72	1095.08
2014	9525.60	1961.18	1320.35	1449.82	1090.22
2015	10796.90	2046.29	1547.30	1681.33	1077.88

2-12 第三产业增加值构成（1978-2015年）

Composition of Value-added of the Tertiary Industry(1978-2015)

单位：%　　(%)

年份 Year	第三产业 Tertiary Industy	#交通运输、仓储和邮政业 Transport,Storage and Post	#批发和零售业 Wholesale and Retail Trade	#金融业 Finance	#房地产业 Real Estate
1978	100.0	23.5	24.4	21.1	4.8
1979	100.0	22.5	22.3	20.9	5.5
1980	100.0	22.6	26.1	20.7	4.7
1981	100.0	22.6	26.4	20.7	4.7
1982	100.0	22.3	26.5	20.7	4.8
1983	100.0	21.2	27.2	20.9	4.8
1984	100.0	21.6	26.3	21.1	4.8
1985	100.0	20.7	25.4	21.7	5.0
1986	100.0	21.3	24.3	22.0	5.0
1987	100.0	21.8	26.1	21.1	4.8
1988	100.0	26.4	32.9	14.1	3.6
1989	100.0	26.8	26.0	18.3	3.3
1990	100.0	24.2	24.7	17.1	4.1
1991	100.0	23.6	25.9	17.4	5.4
1992	100.0	23.6	26.7	16.2	6.3
1993	100.0	24.6	28.7	13.3	8.3
1994	100.0	24.1	26.2	16.2	9.4
1995	100.0	25.3	27.2	12.5	9.5
1996	100.0	25.5	27.9	11.5	9.1
1997	100.0	26.3	28.4	10.1	8.6
1998	100.0	26.9	28.1	9.4	8.7
1999	100.0	27.1	27.0	8.4	9.3
2000	100.0	27.5	26.7	7.9	9.9
2001	100.0	26.5	26.5	7.7	10.2
2002	100.0	25.2	26.4	7.8	10.7
2003	100.0	24.6	26.7	7.7	11.1
2004	100.0	24.4	27.0	7.8	11.3
2005	100.0	17.5	22.4	7.3	13.0
2006	100.0	17.2	21.2	8.1	14.4
2007	100.0	16.6	20.4	10.2	13.6
2008	100.0	16.2	20.6	11.4	11.7
2009	100.0	14.9	20.7	12.1	13.0
2010	100.0	14.9	22.4	13.1	11.6
2011	100.0	14.0	22.0	12.5	13.2
2012	100.0	14.1	21.6	13.1	13.4
2013	100.0	13.6	20.7	14.6	12.6
2014	100.0	13.9	20.6	15.2	11.4
2015	100.0	14.3	19.0	15.6	10.0

2-13 第三产业增加值指数(上年=100)

Indices of Value-added of the Tertiary Industry(preceding year=100)

单位：以上年为100　　(preceding year=100)

年份 Year	第三产业 Tertiary Industy	#交通运输、仓储和邮政业 Transport,Storage and Post	#批发和零售业 Wholesale and Retail Trade	#金融业 Finance	#房地产业 Real Estate
1979	99.0	93.8	86.8	100.0	114.3
1980	125.7	132.5	143.7	124.5	108.0
1981	136.3	136.4	136.4	136.2	136.8
1982	114.2	114.2	114.1	114.1	114.6
1983	106.5	106.4	106.4	106.5	106.0
1984	124.3	124.3	124.2	124.3	124.7
1985	123.5	123.5	123.5	123.4	123.4
1986	99.4	100.5	96.7	100.1	100.0
1987	121.9	120.4	125.2	121.0	121.0
1988	109.7	135.7	129.5	76.1	84.0
1989	110.7	110.2	90.8	140.2	99.6
1990	111.4	98.2	110.4	103.1	138.2
1991	111.5	107.2	116.7	113.8	145.4
1992	120.0	120.1	127.1	113.5	139.2
1993	118.3	116.8	121.7	99.1	164.5
1994	113.0	118.9	108.4	122.8	115.3
1995	114.2	117.3	120.8	99.9	117.2
1996	114.6	116.1	118.6	104.5	108.7
1997	114.5	116.0	117.9	104.6	109.1
1998	110.8	109.6	114.8	102.4	103.7
1999	109.9	110.5	111.1	97.8	116.4
2000	110.0	109.1	110.5	106.0	116.8
2001	109.2	107.2	109.8	106.5	113.1
2002	109.2	104.7	109.3	110.8	112.4
2003	109.7	108.3	111.5	107.8	112.5
2004	110.8	111.3	111.4	109.8	108.7
2005	113.7	106.8	108.6	107.4	130.3
2006	117.1	112.6	111.9	129.5	126.2
2007	114.6	110.0	112.6	121.7	110.2
2008	112.3	108.3	110.7	117.8	93.4
2009	112.3	101.9	115.8	125.4	115.7
2010	110.6	112.1	115.2	114.9	101.2
2011	109.1	108.5	109.5	106.6	108.6
2012	109.1	107.5	107.9	115.1	110.1
2013	109.4	107.6	107.8	116.4	105.7
2014	108.1	111.4	108.3	116.0	96.5
2015	112.3	116.1	105.9	113.7	105.0

2-14 第三产业增加值指数(1978年=100)

Indices of Value-added of the Tertiary Industry(year of 1978=100)

单位：以1978年为100 (year of 1978=100)

年份 Year	第三产业 Tertiary Industy	#交通运输、仓储和邮政业 Transport,Storage and Post	#批发和零售业 Wholesale and Retail Trade	#金融业 Finance	#房地产业 Real Estate
1979	99.0	93.8	86.8	100.0	114.3
1980	124.4	124.3	124.7	124.5	123.4
1981	169.6	169.5	170.1	169.6	168.9
1982	193.7	193.6	194.1	193.5	193.5
1983	206.3	206.0	206.5	206.1	205.1
1984	256.4	256.0	256.5	256.1	255.8
1985	316.7	316.2	316.8	316.1	315.7
1986	314.8	317.8	306.4	316.4	315.7
1987	383.7	382.6	383.6	382.8	382.0
1988	420.9	519.2	496.7	291.3	320.8
1989	466.0	572.2	451.0	408.4	319.6
1990	519.1	562.0	498.1	421.1	441.6
1991	578.8	602.4	581.4	479.4	642.0
1992	694.6	723.4	738.9	543.9	893.9
1993	821.8	845.1	899.4	538.9	1470.7
1994	928.2	1005.0	975.2	661.6	1696.0
1995	1059.6	1179.2	1178.4	661.1	1986.9
1996	1214.5	1368.8	1397.2	691.0	2159.1
1997	1390.3	1588.1	1647.0	722.9	2356.6
1998	1539.9	1740.9	1890.5	740.2	2444.3
1999	1691.7	1924.6	2100.4	723.8	2845.8
2000	1860.8	2099.4	2320.4	767.0	3323.9
2001	2032.6	2251.2	2548.4	817.1	3760.5
2002	2219.8	2357.6	2786.0	905.8	4227.4
2003	2435.9	2553.6	3107.4	976.4	4755.9
2004	2698.2	2842.6	3461.4	1072.5	5170.8
2005	3067.7	3034.5	3760.7	1151.6	6738.3
2006	3592.5	3417.7	4207.8	1491.8	8501.2
2007	4116.1	3758.2	4739.5	1815.1	9364.8
2008	4621.5	4068.9	5244.9	2138.7	8750.4
2009	5191.6	4144.2	6073.8	2681.5	10128.4
2010	5741.9	4644.2	6997.0	3081.0	10249.9
2011	6246.4	5039.0	7661.7	3284.3	11131.4
2012	6814.8	5416.9	8267.0	3780.2	12255.7
2013	7455.4	5828.6	8911.8	4400.2	12954.3
2014	8059.3	6493.0	9651.5	5104.2	12500.9
2015	9076.8	7538.4	10220.9	5803.5	13125.9

2-15 主要年份地区生产总值收入法构成项目
Income Approach Components of GDP in Selcted Years

单位：亿元 (100 million yuan)

项目 Item	2000	2005	2010	2014	2015
劳动者报酬 Compensation of Employees	**1824.79**	**2890.79**	**7400.03**	**12504.55**	**13845.37**
第一产业 Primary Industry	550.52	785.71	1352.56	2003.97	2106.62
第二产业 Secondary Industry	635.86	1209.53	3372.40	6006.62	6164.71
第三产业 Tertiary industy	638.41	895.55	2675.07	4493.96	5574.04
按主要行业分 By Sector					
工业 Industry	511.27	996.77	2554.42	4357.59	4412.06
交通运输、仓储和邮政业 Transport,Storage,Post and Telecommunication Services	154.70	130.44	429.09	641.28	739.68
批发和零售业 Wholesale and Retail Trade	173.17	102.01	558.19	813.49	923.18
生产税净额 Net Taxes on Production	**371.62**	**868.51**	**1867.67**	**3653.71**	**3884.42**
第一产业 Primary Industry	20.10	13.56	3.29	4.43	4.68
第二产业 Secondary Industry	213.86	539.43	1091.51	2352.75	2451.84
第三产业 Tertiary industy	137.67	315.52	772.87	1296.53	1427.90
按主要行业分 By Sector					
工业 Industry	185.40	524.46	960.61	2143.66	2219.63
交通运输、仓储和邮政业 Transport,Storage,Post and Telecommunication Services	35.24	58.46	58.73	84.54	104.94
批发和零售业 Wholesale and Retail Trade	63.09	127.88	393.63	594.09	495.53
固定资产折旧 Depreciation of Fixed Assets	**491.48**	**914.15**	**1562.99**	**2491.08**	**2895.55**
第一产业 Primary Industry	18.07	28.09	7.82	6.40	6.80
第二产业 Secondary Industry	204.18	435.75	701.16	1166.50	1404.38
第三产业 Tertiary Industy	269.23	450.31	854.01	1318.18	1484.37
按主要行业分 By Sector					
工业 Industry	185.07	388.25	665.46	1136.49	1369.72
交通运输、仓储和邮政业 Transport,Storage,Post and Telecommunication Services	85.46	65.80	156.66	264.93	319.88
批发和零售业 Wholesale and Retail Trade	30.80	22.95	65.32	98.89	108.28
营业盈余 Operating Surplus	**1076.64**	**1881.24**	**3906.43**	**5406.42**	**5354.48**
第一产业 Primary Industry	51.88				
第二产业 Secondary Industry	574.56	991.21	2357.76	2989.49	3043.89
第三产业 Tertiary Industy	450.21	890.03	1548.67	2416.93	2310.59
按主要行业分 By Sector					
工业 Industry	540.60	892.39	2217.22	2788.97	2818.81
交通运输、仓储和邮政业 Transport,Storage,Post and Telecommunication Services	135.27	192.50	226.68	329.60	382.80
批发和零售业 Wholesale and Retail Trade	132.04	318.45	293.80	454.71	519.30

注：2014年行业分类为按新国民经济行业分类(GB/T 4754-2011)划分。

Note:The classified standards of national ecomonic sector in 2014 are adopted GB/T 4754-2011.

2-16 分行业地区生产总值收入法构成项目(2015年)

Income Approach Components of GDP by Sector(2015)

单位：亿元　　　　(100 million yuan)

项目 Item	增加值 Value-added	劳动者报酬 Compensation of Employees	生产税净额 Net Taxes on Production	固定资产折旧 Depreciation of Fixed Assets	营业盈余 Operating Surplus
地区生产总值 Gross Pomestic Product	**25979.82**	**13845.37**	**3884.42**	**2895.55**	**5354.48**
第一产业 Primary Industry	2118.10	2106.62	4.68	6.80	
第二产业 Secondary Industry	13064.82	6164.71	2451.84	1404.38	3043.89
第三产业 Tertiary Industry	10796.90	5574.04	1427.90	1484.37	2310.59
按主要行业分 By Sector					
工业 Industry	10820.22	4412.06	2219.63	1369.72	2818.81
建筑业 Construction	2268.86	1765.13	234.38	38.32	231.03
交通运输、仓储和邮政业 Transport, Storage and Post Services	1547.30	739.68	104.94	319.88	382.80
信息传输、软件和信息技术服务业 Information Transmission, Software and Information Technology Services	555.03	134.99	43.85	179.10	197.09
批发和零售业 Wholesale and Retail Trade	2046.29	923.18	495.53	108.28	519.30
住宿和餐饮业 Lodgings and Catering Services	398.35	329.56	26.54	30.30	11.95
金融业 Finance	1681.33	880.99	387.06	74.54	338.74
房地产业 Real Estate	1077.88	79.64	220.40	493.37	284.47
租赁和商务服务业 Rent and Business Services	800.04	275.59	61.29	80.71	382.45
科学研究和技术服务业 Scientific Reseach, Ploytechnic Services	235.97	117.57	21.41	20.81	76.18
水利、环境和公共设施管理业 Water Conservancy, Environment and Public Facilities Management	84.36	57.89	3.48	7.90	15.09
居民服务、修理和其他服务业 Resident Services,Repairing and Others	492.40	418.95	21.35	27.90	24.20
教育 Education	540.36	482.45	2.45	55.43	0.03
卫生和社会工作 Health Care, Social Ensure	374.86	325.71	3.40	9.30	36.45
文化、体育和娱乐业 Culture, Sports and Entertainment	331.52	231.76	29.69	39.31	30.76
公共管理、社会保障和社会组织 Public Management and Social Organizations	530.99	488.68	4.34	32.84	5.13

2-17 主要年份支出法地区生产总值

Gross Domestic Product by Expenditure Approach in Selected Years

单位：亿元 (100 million yuan)

年份 Year	支出法地区生产总值 Gross Domestic Product by Expenditure Approach	最终消费 Final Consumption Expenditure	资本形成总额 Gross Capital Formation	货物和服务净流出 Net Exports of Goods and Services	资本形成率(%) Capital Formation Rate(%)	最终消费率(%) Consumption Rate(%)
1952	12.73	11.86	1.42	-0.55	11.2	93.2
1957	22.03	18.19	5.67	-1.83	25.7	82.6
1962	22.12	21.87	0.13	0.12	0.6	98.9
1965	28.81	24.38	6.31	-1.88	21.9	84.6
1970	34.70	32.47	9.68	-7.45	27.9	93.6
1975	46.48	39.66	10.54	-3.72	22.7	85.3
1978	66.37	53.02	22.59	-9.24	34.0	79.9
1979	74.11	60.51	23.07	-9.47	31.1	81.6
1980	87.06	68.06	27.08	-8.08	31.1	78.2
1981	105.62	79.02	28.48	-1.88	27.0	74.8
1982	117.81	91.16	33.21	-6.56	28.2	77.4
1983	127.76	98.26	35.61	-6.11	27.9	76.9
1984	157.06	116.36	43.76	-3.06	27.9	74.1
1985	200.48	145.82	64.54	-9.88	32.2	72.7
1986	222.54	165.37	81.72	-24.55	36.7	74.3
1987	279.24	192.92	97.92	-11.60	35.1	69.1
1988	383.21	262.23	124.64	-3.66	32.5	68.4
1989	458.40	325.85	139.14	-6.59	30.4	71.1
1990	522.28	381.13	151.46	-10.31	29.0	73.0
1991	619.87	443.55	190.40	-14.08	30.7	71.6
1992	784.68	542.90	261.23	-19.45	33.3	69.2
1993	1114.20	682.09	440.95	-8.84	39.6	61.2
1994	1644.39	946.94	735.23	-37.78	44.7	57.6
1995	2094.90	1174.13	953.71	-32.94	45.5	56.0
1996	2484.25	1406.39	1135.23	-57.37	45.7	56.6
1997	2870.90	1630.58	1278.88	-38.56	44.5	56.8
1998	3159.91	1723.93	1451.90	-15.92	45.9	54.6
1999	3414.19	1831.55	1513.82	68.82	44.3	53.6
2000	3764.54	2049.66	1601.29	113.59	42.5	54.4
2001	4072.85	2214.11	1693.63	165.11	41.6	54.4
2002	4467.55	2412.57	1826.23	228.75	40.9	54.0
2003	4983.67	2651.77	2077.08	254.82	41.7	53.2
2004	5763.35	2975.97	2469.87	317.51	42.9	51.6
2005	6568.93	3295.55	2943.65	329.73	44.8	50.2
2006	7820.76	3837.08	3637.46	346.22	46.5	49.1
2007	9426.46	4356.31	4704.56	365.59	49.9	46.2
2008	11569.19	5191.28	5975.76	402.15	51.7	44.9
2009	12777.09	5576.66	6819.66	380.77	53.4	43.6
2010	14931.73	6440.40	8022.95	468.38	53.7	43.1
2011	17932.85	7300.48	10074.75	557.62	56.2	40.7
2012	19701.78	7882.88	11304.77	514.13	57.4	40.0
2013	21759.64	8389.94	12804.67	565.03	58.8	38.6
2014	24055.76	9299.33	14177.73	578.70	58.9	38.7
2015	25979.82	10328.90	15142.82	508.10	58.3	39.8

2-18 主要年份支出法地区生产总值结构

年份 Year	最终消费支出 Final Consumption Expenditure 绝对数(亿元) Level (100 million yuan) 合计 Total	居民消费支出 Household Consumption Expenditure	农村居民 Rural Household	城镇居民 Urban Household	政府消费支出 Government Consumption Expenditure
1952	11.86	10.96	8.68	2.28	0.90
1957	18.19	16.42	11.89	4.53	1.77
1962	21.87	19.44	12.30	7.14	2.43
1965	24.38	21.73	14.77	6.96	2.65
1970	32.47	29.07	20.48	8.59	3.40
1975	39.66	33.89	22.69	11.20	5.77
1978	53.02	44.52	29.36	15.16	8.50
1979	60.51	51.08	33.75	17.32	9.43
1980	68.06	58.04	37.12	20.92	10.02
1981	79.02	68.42	43.71	24.70	10.60
1982	91.16	79.14	49.99	29.15	12.02
1983	98.26	84.99	53.60	31.39	13.27
1984	116.36	101.28	63.38	37.89	15.08
1985	145.82	127.72	75.96	51.76	18.10
1986	165.37	140.94	81.88	59.05	24.43
1987	192.92	163.04	93.28	69.76	29.88
1988	262.23	214.16	122.70	91.46	48.07
1989	325.85	261.21	147.41	113.80	64.64
1990	381.13	289.33	165.17	124.15	91.80
1991	443.55	338.57	177.61	160.95	104.98
1992	542.90	419.67	211.55	208.12	123.23
1993	682.09	534.45	242.40	292.06	147.63
1994	946.94	741.05	327.95	413.10	205.89
1995	1174.13	951.68	397.38	554.29	222.45
1996	1406.39	1100.78	443.46	657.32	305.61
1997	1630.58	1270.82	501.53	769.29	359.76
1998	1723.93	1318.23	526.40	791.83	405.71
1999	1831.55	1374.02	548.91	825.11	457.53
2000	2049.66	1539.58	559.80	979.78	510.09
2001	2214.11	1634.83	592.39	1042.44	579.28
2002	2412.57	1753.57	595.01	1158.56	659.00
2003	2651.77	1920.99	595.26	1325.73	730.79
2004	2975.97	2150.13	635.50	1514.63	825.84
2005	3295.55	2393.17	700.94	1692.23	902.38
2006	3837.08	2846.57	773.60	2072.97	990.51
2007	4356.31	3218.08	856.23	2361.85	1138.23
2008	5191.28	3859.43	1007.07	2852.36	1331.85
2009	5576.66	4140.44	1048.71	3091.73	1436.22
2010	6440.40	4852.20	1158.48	3693.72	1588.20
2011	7300.48	5544.31	1326.20	4218.11	1756.17
2012	7882.88	6028.12	1474.40	4553.72	1854.76
2013	8389.94	6436.96	1519.58	4917.38	1952.98
2014	9299.33	7238.38	1747.52	5490.86	2060.95
2015	10328.90	7961.52	1969.68	5991.84	2367.38

Components of Gross Domestic Product by Expenditure Approach in Selected Years

构成(%) Composition (%)				资本形成总额 Gross Capital Formation				
				绝对数（亿元） Level(100 million yuan)			构成(%) Composition (%)	
最终消费支出=100 Final Consumption Expenditure=100		居民消费支出=100 Household Consumption Expenditure=100		合计 Total	固定资本形成总额 Fixed Capital Formation	存货增加 Changes in Invertories	固定资本形成总额 Fixed Capital Formation	存货增加 Changes in Invertories
居民消费支出 Houserhold Consumption Expenditure	政府消费支出 Government Consumption Expenditure	农村居民 Rural Household	城镇居民 Urban Household					
92.4	7.6	79.2	20.8	1.42	0.85	0.57	59.9	40.1
90.3	9.7	72.4	27.6	5.67	3.11	2.56	54.9	45.1
88.9	11.1	63.3	36.7	0.13	2.11	-1.98	1623.1	-1523.1
89.1	10.9	68.0	32.0	6.31	4.79	1.52	75.9	24.1
89.5	10.5	70.5	29.5	9.68	7.24	2.44	74.8	25.2
85.5	14.5	67.0	33.0	10.54	7.35	3.19	69.7	30.3
84.0	16.0	65.9	34.1	22.59	13.25	9.34	58.7	41.3
84.4	15.6	66.1	33.9	23.07	16.35	6.72	70.9	29.1
85.3	14.7	64.0	36.0	27.08	19.70	7.38	72.7	27.3
86.6	13.4	63.9	36.1	28.48	19.64	8.84	69.0	31.0
86.8	13.2	63.2	36.8	33.21	23.36	9.85	70.3	29.7
86.5	13.5	63.1	36.9	35.61	28.71	6.90	80.6	19.4
87.0	13.0	62.6	37.4	43.76	33.51	10.25	76.6	23.4
87.6	12.4	59.5	40.5	64.54	45.16	19.38	70.0	30.0
85.2	14.8	58.1	41.9	81.72	61.19	20.53	74.9	25.1
84.5	15.5	57.2	42.8	97.92	73.76	24.16	75.3	24.7
81.7	18.3	57.3	42.7	124.64	84.36	40.28	67.7	32.3
80.2	19.8	56.4	43.6	139.14	90.45	48.69	65.0	35.0
75.9	24.1	57.1	42.9	151.46	108.02	43.44	71.3	28.7
76.3	23.7	52.5	47.5	190.40	143.21	47.19	75.2	24.8
77.3	22.7	50.4	49.6	261.23	198.45	62.78	76.0	24.0
78.4	21.6	45.4	54.6	440.95	348.16	92.79	79.0	21.0
78.3	21.7	44.3	55.7	735.23	549.29	185.94	74.7	25.3
81.1	18.9	41.8	58.2	953.71	707.12	246.59	74.1	25.9
78.3	21.7	40.3	59.7	1135.23	849.23	286.01	74.8	25.2
77.9	22.1	39.5	60.5	1278.88	960.86	318.01	75.1	24.9
76.5	23.5	39.9	60.1	1451.90	1116.58	335.32	76.9	23.1
75.0	25.0	39.9	60.1	1513.82	1150.19	363.62	76.0	24.0
75.1	24.9	36.4	63.6	1601.29	1216.91	384.38	76.0	24.0
73.8	26.2	36.2	63.8	1693.63	1269.93	423.71	75.0	25.0
72.7	27.3	33.9	66.1	1826.23	1383.54	442.69	75.8	24.2
72.4	27.6	31.0	69.0	2077.08	1672.63	404.45	80.5	19.5
72.2	27.8	29.6	70.4	2469.87	2100.48	369.39	85.0	15.0
72.6	27.4	29.3	70.7	2943.65	2654.95	288.70	90.2	9.8
74.2	25.8	27.2	72.8	3637.46	3310.15	327.31	91.0	9.0
73.9	26.1	26.6	73.4	4704.56	4344.88	359.68	92.4	7.6
74.3	25.7	26.1	73.9	5975.76	5601.36	374.40	93.7	6.3
74.2	25.8	25.3	74.7	6819.66	6438.28	381.38	94.4	5.6
74.8	25.2	24.4	75.6	8022.95	7341.57	681.38	91.5	8.5
75.9	24.1	23.9	76.1	10074.75	9060.53	1014.22	89.9	10.1
76.5	23.5	24.5	75.5	11304.77	10270.16	1034.61	90.8	9.2
76.7	23.3	23.6	76.4	12804.67	11678.58	1126.09	91.2	8.8
77.8	22.2	24.1	75.9	14177.73	13038.04	1139.69	92.0	8.0
77.1	22.9	24.7	75.3	15142.82	14140.30	1002.52	93.4	6.6

2-19 居民消费支出

Household Consumption Expenditure

单位：亿元　　(100 million yuan)

项目　Item	2005	2010	2011	2012	2013	2014	2015
总计 Total	**2393.17**	**4852.20**	**5544.31**	**6028.12**	**6436.96**	**7238.38**	**7961.52**
农村居民 Rural Household	**700.94**	**1158.48**	**1326.20**	**1474.40**	**1519.58**	**1747.52**	**1969.68**
食品类支出 Food	285.22	428.49	476.66	522.94	539.21	531.41	566.98
衣着类支出 Clothing	35.09	52.38	62.16	72.44	72.42	72.03	88.58
居住类支出 Residence	52.27	86.92	86.27	101.02	94.18	237.52	479.22
家庭设备、用品及服务类支出 Household Facilities, Articles and Services	29.02	52.96	58.36	67.78	74.62	80.88	92.50
医疗保健类支出 Health Care and Personal Articles	28.95	74.60	94.06	132.21	147.48	92.61	126.51
交通和通信类支出 Transportation and Communications	68.71	115.45	119.06	126.69	125.28	138.14	174.89
文教娱乐用品及服务类支出 Recreation, Education and Culture Articles	67.01	78.06	79.65	86.94	88.77	118.39	126.65
金融服务消费支出 Financial Service	42.67	114.23	106.61	126.65	125.64	209.56	250.77
保险服务消费支出 Insurance Service		11.93	25.81	7.12	8.26	12.77	21.26
其它支出 Others	92.00	148.63	217.56	230.61	243.72	254.21	42.32
城镇居民 Urban Household	**1692.23**	**3693.72**	**4218.11**	**4553.72**	**4917.38**	**5490.86**	**5991.84**
食品类支出 Food	590.89	1211.32	1394.88	1471.62	1514.50	1715.70	1724.03
衣着类支出 Clothing	116.49	268.02	319.10	328.66	343.73	340.17	331.02
居住类支出 Residence	176.17	336.00	354.72	385.41	410.72	507.80	880.62
家庭设备、用品及服务类支出 Household Facilities, Articles and Services	74.84	207.45	259.54	283.43	295.97	310.86	326.00
医疗保健类支出 Health Care and Personal Articles	78.63	151.56	187.17	199.37	224.89	382.14	420.02
交通和通信类支出 Transportation and Communications	172.36	459.55	527.26	595.65	656.71	637.46	782.34
文教娱乐用品及服务类支出 Recreation, Education and Culture Articles	181.93	373.60	401.08	423.31	499.43	505.26	514.15
金融服务消费支出 Financial Service	42.94	131.49	144.75	156.33	325.51	370.20	585.12
保险服务消费支出 Insurance Service		20.90	30.60	58.62	67.01	134.30	204.70
其它支出 Others	257.98	514.13	599.01	651.32	578.91	586.97	223.84

注：2015年居住类支出含自有住房。

Note:The Expenditure of Residence in 2015 include Self-Owned Housing.

2-20 主要年份居民消费水平

Household Consumption Expenditure in Selected Years

年份 Year	居民消费水平(元/人) Households Consumption(yuan/person)			城乡居民消费水平对比(农村居民=1) Urban/Rural Consumption Ratio(Rural Households=1)	居民消费水平指数 Households Consumption					
					(以上年为100) Preceding Year=100			(以1952为100) Year of 1952=100		
	总计 All Households	农村 Rural	城镇 Urban		总计 All Households	农村 Rural	城镇 Urban	总计 All Households	农村 Rural	城镇 Urban
1952	88	79	159	2.0				100.0	100.0	100.0
1957	115	98	214	2.2	101.6	97.8	122.1	122.0	116.8	122.5
1962	120	92	252	2.7	104.1	107.7	106.3	93.7	83.6	100.2
1965	125	102	246	2.4	107.3	107.1	107.9	116.5	103.0	132.3
1970	145	119	304	2.6	102.2	105.5	100.4	133.1	118.2	165.3
1975	148	115	357	3.1	98.9	97.5	102.2	134.4	112.7	192.1
1978	183	140	455	3.3	111.2	110.9	111.2	162.1	134.7	235.9
1979	206	162	473	2.9	106.8	105.9	102.1	173.2	142.7	240.8
1980	231	180	533	3.0	106.9	105.6	104.8	185.1	150.7	252.2
1981	269	211	546	2.6	114.3	114.4	99.8	211.6	172.4	251.8
1982	305	238	607	2.6	107.2	107.3	102.4	226.8	185.0	257.9
1983	322	252	609	2.4	106.7	106.8	102.6	242.0	197.5	264.5
1984	378	297	672	2.3	109.6	108.5	106.1	265.3	214.3	280.6
1985	465	358	818	2.3	116.0	116.4	107.3	307.7	249.4	301.0
1986	507	384	880	2.3	102.9	101.3	100.6	316.6	252.8	302.9
1987	577	432	987	2.3	104.3	103.0	102.5	330.2	260.3	310.5
1988	744	560	1218	2.2	102.4	102.9	97.1	338.2	267.8	301.5
1989	893	659	1462	2.2	100.9	100.3	101.7	341.4	268.7	306.7
1990	979	718	1473	2.1	104.7	104.4	99.4	357.4	280.4	304.8
1991	1118	775	1867	2.4	110.2	104.2	122.3	393.9	292.1	372.8
1992	1371	923	2342	2.5	118.3	117.1	115.4	465.9	342.1	430.4
1993	1725	1146	2931	2.6	109.4	108.7	107.1	509.7	371.8	460.8

2-20 续表

Continued

年份 Year	居民消费水平(元/人) Households Consumption(yuan/person) 总计 All Households	农村 Rural	城镇 Urban	城乡居民消费水平对比(农村居民=1) Urban/Rural Consumption Ratio(Rural Households=1)	居民消费水平指数 Households Consumption (以上年为100) Preceding Year=100 总计 All Households	农村 Rural	城镇 Urban	(以1952为100) Year of 1952=100 总计 All Households	农村 Rural	城镇 Urban
1994	2375	1564	3812	2.4	108.7	107.6	103.7	554.2	399.9	477.8
1995	3019	1997	4590	2.3	110.7	111.6	103.4	613.7	446.4	494.1
1996	3446	2265	5080	2.2	107.9	107.6	103.6	662.3	480.4	511.7
1997	3935	2540	5765	2.3	112.2	110.7	110.7	743.3	531.9	566.5
1998	4052	2548	6025	2.4	103.2	100.8	104.5	767.4	536.2	591.8
1999	4194	2597	6159	2.4	103.8	101.7	103.6	796.6	545.6	613.1
2000	4574	2788	6648	2.4	107.1	106.0	104.6	852.9	578.4	641.2
2001	4770	2811	7125	2.5	105.1	101.7	107.7	896.1	588.1	690.9
2002	5076	2915	7642	2.6	107.2	103.7	109.4	960.5	610.1	756.0
2003	5524	3052	8571	2.8	108.7	104.8	111.5	1044.0	639.6	843.1
2004	6144	3335	9502	2.8	107.3	105.6	106.4	1120.2	675.3	896.9
2005	6793	3730	10296	2.8	108.5	109.1	106.6	1215.5	736.9	956.1
2006	7971	4325	11630	2.7	111.5	108.6	107.9	1355.3	806.9	1054.6
2007	8943	4846	12896	2.7	106.7	105.2	105.9	1446.1	862.6	1114.7
2008	10645	5811	15072	2.6	108.0	109.8	105.7	1561.8	924.4	1154.8
2009	11336	6248	15662	2.5	111.1	112.3	108.4	1735.2	1038.1	1251.8
2010	13187	7169	17900	2.5	108.1	104.9	106.7	1894.6	1125.6	1366.8
2011	14958	8436	19762	2.3	106.8	106.2	105.3	2003.4	1156.5	1406.5
2012	16144	9596	20722	2.2	107.0	110.4	104.6	2143.6	1276.8	1471.2
2013	17115	10147	21725	2.1	107.1	108.1	105.4	2295.8	1380.2	1550.6
2014	19099	11908	23642	2.0	107.9	111.1	105.9	2477.2	1533.4	1642.1
2015	20828	13631	25202	1.8	108.8	114.0	106.5	2695.2	1748.1	1748.9

2-21 三大需求对经济增长的贡献及拉动(1980-2015年)

Contribution Share and Contribution of the Three Components of GDP to the Growth of GDP(1980-2015)

单位：% (%)

年份 Year	贡献率(%) Contribution Share(%) 最终消费 Final Consumption Expenditure	资本形成总额 Gross Capital Formation	货物和服务净流出 Net Exports of Goods and Services	地区生产总值增长率(%) Growth rate of Gross Domestic Product(%)	拉动（百分点） Contribution（percentage point） 最终消费 Final Consumption Expenditure	资本形成总额 Gross Capital Formation	货物和服务净流出 Net Exports of Goods and Services
1980	35.8	27.1	37.2	18.4	6.6	5.0	6.8
1981	68.1	5.0	26.9	15.5	10.5	0.8	4.2
1982	71.0	41.7	-12.7	9.3	6.6	3.9	-1.2
1983	108.7	20.7	-29.3	6.2	6.7	1.3	-1.8
1984	51.2	30.6	18.2	17.9	9.2	5.5	3.2
1985	74.5	46.0	-20.5	17.6	13.1	8.1	-3.6
1986	93.3	77.0	-70.4	5.7	5.3	4.4	-4.0
1987	44.0	23.7	32.4	13.6	6.0	3.2	4.4
1988	46.1	32.7	21.3	14.3	6.6	4.7	3.0
1989	43.7	59.7	-3.4	7.8	3.4	4.7	-0.3
1990	140.4	-37.2	-3.3	7.7	10.8	-2.9	-0.2
1991	64.9	37.6	-2.4	14.4	9.3	5.4	-0.3
1992	63.6	35.8	0.5	20.3	12.9	7.3	0.1
1993	30.7	66.8	2.5	22.6	6.9	15.1	0.6
1994	26.4	76.1	-2.5	20.3	5.4	15.4	-0.5
1995	38.6	61.0	0.5	14.6	5.6	8.9	0.1
1996	45.2	58.5	-3.6	13.3	6.0	7.8	-0.5
1997	52.8	52.7	-5.4	14.0	7.4	7.4	-0.8
1998	30.4	61.4	8.2	10.8	3.3	6.6	0.9
1999	38.2	37.7	24.2	9.9	3.8	3.7	2.4
2000	54.4	31.7	13.9	9.3	5.1	2.9	1.3
2001	52.6	31.3	16.1	8.7	4.6	2.7	1.4
2002	50.8	34.2	15.0	10.2	5.2	3.5	1.5
2003	47.0	47.6	5.4	11.5	5.4	5.5	0.6
2004	36.6	54.1	9.3	11.8	4.3	6.4	1.1
2005	36.0	62.5	1.5	11.6	4.2	7.2	0.2
2006	37.2	61.3	1.5	14.8	5.5	9.1	0.2
2007	24.6	74.9	0.5	15.2	3.7	11.4	0.1
2008	32.5	65.0	2.5	13.0	4.2	8.5	0.3
2009	39.2	63.5	-2.7	12.3	4.8	7.8	-0.3
2010	22.9	73.1	4.0	13.9	3.2	10.1	0.5
2011	22.5	74.2	3.3	12.3	2.8	9.1	0.4
2012	26.3	75.2	-1.5	11.4	3.0	8.6	-0.2
2013	24.8	73.9	1.3	11.0	2.7	8.2	0.1
2014	27.6	72.1	0.3	9.9	2.7	7.1	0.1
2015	34.9	66.3	-1.2	9.0	3.1	6.0	-0.1

注：2004年以前年份和2014年第一产业增加值不含农林牧渔服务业。

Note:The value-added of primary industry before 2004 and in 2014 exclude services of farming , forestry , animal , husbandry and fishery.

主要统计指标解释

国内生产总值(GDP)　指按市场价格计算的一个国家(或地区)所有常住单位在一定时期内生产活动的最终成果。国内生产总值有三种表现形态，即价值形态、收入形态和产品形态。从价值形态看，它是所有常住单位在一定时期内生产的全部货物和服务价值超过同期投入的全部非固定资产货物和服务价值的差额，即所有常住单位的增加值之和；从收入形态看，它是所有常住单位在一定时期内创造并分配给常住单位和非常住单位的初次收入之和；从产品形态看，它是所有常住单位在一定时期内最终使用的货物和服务价值减去货物和服务进口价值。在实际核算中，国内生产总值有三种计算方法，即生产法、收入法和支出法。三种方法分别从不同的方面反映国内生产总值及其构成。

对于一个地区来说，称为地区生产总值或地区GDP。

三次产业　三次产业的划分是世界上较为常用的产业结构分类，但各国的划分不尽一致。我国的三次产业划分是：

第一产业是指农、林、牧、渔业。

第二产业是指采矿业，制造业，电力、煤气及水的生产和供应业，建筑业。

第三产业是指除第一、二产业以外的其他行业。

劳动者报酬　指劳动者因从事生产活动所获得的全部报酬。包括劳动者获得的各种形式的工资、奖金和津贴，既包括货币形式的，也包括实物形式的，还包括劳动者所享受的公费医疗和医药卫生费、上下班交通补贴、单位支付的社会保险费、住房公积金等。对于个体经济来说，其所有者所获得的劳动报酬和经营利润不易区分，这两部分统一作为劳动者报酬处理。

生产税净额　指生产税减生产补贴后的余额。生产税指政府对生产单位从事生产、销售和经营活动以及因从事生产活动使用某些生产要素(如固定资产、土地、劳动力)所征收的各种税、附加费和规费。生产补贴与生产税相反，指政府对生产单位的单方面转移支出，因此视为负生产税，包括政策亏损补贴、价格补贴等。

固定资产折旧　指一定时期内为弥补固定资产损耗按照规定的固定资产折旧率提取的固定资产折旧，或按国民经济核算统一规定的折旧率虚拟计算的固定资产折旧。它反映了固定资产在当期生产中的转移价值。各类企业和企业化管理的事业单位的固定资产折旧是指实际计提的折旧费；不计提折旧的政府机关、非企业化管理的事业单位和居民住房的固定资产折旧是按照统一规定的折旧率和固定资产原值计算的虚拟折旧。原则上，固定资产折旧应按固定资产当期的重置价值计算，但是目前我国尚不具备对全社会固定资产进行重估价的基础，所以暂时只能采用上述办法。

营业盈余　指常住单位创造的增加值扣除劳动者报酬、生产税净额和固定资产折旧后的余额。它相当于企业的营业利润加上生产补贴，但要扣除从利润中开支的工资和福利等。

支出法国内生产总值　是从最终使用的角度反映一个国家(或地区)一定时期内生产活动最终成果的一种方法，包括最终消费、资本形成总额及货物和服务净出口三部分。计算公式为：

支出法国内生产总值=最终消费+资本形成总额+货物和服务净出口

最终消费　指常住单位为满足物质、文化和精神生活的需要，从本国经济领土和国外购买的货物和服务的支出。它不包括非常住单位在本国经济领土内的消费支出。最终消费分为居民消费和政府消费。

居民消费　指常住住户在一定时期内对于货物和服务的全部最终消费支出。居民消费除了直接以货币形式购买的货物和服务的消费支出外，还包括以其他方式获得的货物和服务的消费支出，即所谓的虚拟消费支出。居民虚拟消费支出包括如下几种类型：单位以实物报酬及实物转移的形式提供给劳动者的货物和服务；住户生产并由本住户消费了的货物和服务，其中的服务仅指住户的自有住房服务和付酬的家庭雇员提供的家庭和个人服务；金融机构提供的金融媒介服务；保险公司提供的保险服务。

政府消费　指政府部门为全社会提供的公共服务的消费支出和免费或以较低的价格向居民住户提供的货物和服务的净支出，前者等于政府服务的产出价值减去政府单位所获得的经营收入的价值，后者等于政府部门免费或以较低价格向居民住户提供的货物和服务的市场价值减去向住户收取的价值。

资本形成总额 指常住单位在一定时期内获得减去处置的固定资产和存货的净额，包括固定资本形成总额和存货增加两部分。

固定资本形成总额 指生产者在一定时期内获得的固定资产减处置的固定资产的价值总额。固定资产是通过生产活动生产出来的，且其使用年限在一年以上、单位价值在规定标准以上的资产，不包括自然资产。可分为有形固定资本形成总额和无形固定资本形成总额。有形固定资本形成总额包括一定时期内完成的建筑工程、安装工程和设备工器具购置(减处置)价值，以及土地改良、新增役、种、奶、毛、娱乐用牲畜和新增经济林木价值。无形固定资本形成总额包括矿藏的勘探、计算机软件等获得减处置。

存货增加 指常住单位在一定时期内存货实物量变动的市场价值，即期末价值减期初价值的差额，再扣除当期由于价格变动而产生的持有收益。存货增加可以是正值，也可以是负值，正值表示存货上升，负值表示存货下降。存货包括生产单位购进的原材料、燃料和储备物资等存货，以及生产单位生产的产成品、在制品和半成品等存货。

货物和服务净出口 指货物和服务出口减货物和服务进口的差额。出口包括常住单位向非常住单位出售或无偿转让的各种货物和服务的价值；进口包括常住单位从非常住单位购买或无偿得到的各种货物和服务的价值。由于服务活动的提供与使用同时发生，一般把常住单位从非常住单位得到的服务作为进口，非常住单位从常住单位得到的服务作为出口。货物的出口和进口都按离岸价格计算。

Explanatory Notes on Main Statistical Indicators

Gross Domestic Product (GDP) refers to the final products at market prices produced by all resident units in a country (or a region) during a certain period of time. Gross domestic product is expressed in three different forms, i.e. value, income, and products respectively. GDP in its value form refers to the total value of all goods and services produced by all resident units during a certain period of time, minus the total value of input of goods and services of the nature of non-fixed assets; in other term, it is the sum of the value-added of all resident units. GDP in the form of income includes the income created by all resident units and distributed to resident and non-resident units. GDP in the form of products refers to the value of all goods and services for final consumption by all resident units minus the imports of goods and services during a given period of time. In the practice of national accounting, gross domestic product is calculated with three approaches, i.e. production approach, income approach and expenditure approach, which reflect gross domestic product and its composition from different aspects.

For a Region, Gross Domestic Product. is called Region GDP.

Three Industries Classification of economic activities into three branches of industries is a common practice in the world, although the grouping varies to some extent form country to country. In China economic activities are categorized into following industries:

Primary industry: refers to agriculture, forestry, animal husbandry and fishery.

Secondary industry: refers to mining and quarrying, manufacturing, production and supply of electricity, water and gas, and construction.

Tertiary industry: refers to all other economic activities not included in primary or secondary industry.

Labourers Remuneration refers to the whole payment of various forms earned by the labourers from the productive activities they are engaged in. It includes wages, bonuses and allowances the labourers earned in monetary form and in kind. It also includes the free medical services provided to the labourers and the medicine expenses, traffic subsidies and social insurance, housing fund paid by the employers. As the individual economy is concerned, since the labourers remuneration is not easily distinguished from the operating profit, both are treated as labourers remuneration.

Net Taxes on Production refers to the difference of the taxes on production minus the subsidies on production. The taxes on production refers to the various taxes, extra charges and fees levied on the production units on their production, sale and business activities as well as on the use of some factors of production, such as fixed assets, land and labour in the production activities they are engaged in. In contrast to the taxes on production, the subsidies on production refer to the unilateral government transfer to the production units and are therefore regarded as negative taxes on production. They include subsidies on the loss due to implementation of government policies, price subsidies, etc.

Depreciation of Fixed Assets refers to the depreciation of fixed assets of a given period, drawn in accordance with the stipulated depreciation rate for the purpose of compensating the wear loss of the fixed assets or the depreciation of fixed assets calculated in a fictitious way in accordance with the stipulated unified depreciation rate in the national economic accounting system. It reflects the value of transfer of the fixed assets in the production of the current period. The depreciation of fixed assets in various enterprises and institutions managed as enterprises refers to the depreciation expenses actually drawn. In government agencies and institutions not managed as enterprises which do not draw the depreciation expenses, as well as for the houses of residents, the depreciation of fixed assets is the imputed depreciation, which is calculated in accordance with the stipulated unified depreciation rate. In principle, the depreciation of fixed assets should be calculated on the basis of the re-purchased value of the fixed assets. However, there is no actual condition to re-evaluate all the fixed assets in China. Therefore, the above-mentioned methods are temporarily adopted at present.

Operating Surplus refers to the balance of the value added created by the resident units after deducting the labourers remuneration, net taxes on production and the depreciation of fixed assets. It is equivalent to the business profit of the enterprises plus subsidies on production, but the wages and welfare expenses paid from the profits should be deducted.

GDP by Expenditure Approach refers to the method of measuring the final results of production activities of a country (region) during a given period from the perspective of final use. It includes final consumption, gross capital formation and net export of goods and services, i.e.:

GDP by expenditure approach = final consumption + gross capital formation + net export of goods and services

Final Consumption refers to the total expenditure of resident units for purchases of goods and services from domestic economic territory and abroad to meet the requirements of material, cultural and spiritual life. It excludes the expenditure of non-resident units on consumption in the economic territory of the country. The final consumption is broken down into household consumption and government consumption.

Households Consumption refers to the total expenditure of resident households on the final consumption of goods and services. In addition to the consumption of goods and services bought by the households directly with money, the households consumption also includes expenditure on goods and services obtained by the households in other ways, i.e. the so-called imputed consumption expenditure, which includes the following: (a) the goods and services provided to the households by the employer in the form of payment in kind and transfer in kind; (b) goods and services produced and consumed by the households themselves, in which the services refer only to the owner-occupied housing and domestic and individual services provided by the paid household workers; (c) financial intermediate services provided by financial institutions; (d) insurance services provided by insurance companies.

Government Consumption refers to the expenditure on the consumption of the public services provided by the government to the whole society and the net expenditure on the goods and services provided by the government to the households free of charge or at low prices. The former equals to the output value of the government services minus the value of operating income obtained by the government departments. The latter equals to the market value of the goods and services provided by the government free of charge or at low prices to the households minus the value received by the government from the households.

Gross Capital Formation refers to the fixed assets acquired minus those disposed of and the net value of inventory, including the gross fixed capital formation and the increase in inventory.

Gross Fixed Capital Formation refers to the value of fixed assets acquired minus those disposals of during a given period. Fixed assets are the assets produced through production activities with specified unit value which could be used for over one year, excluding natural assets. Gross fixed capital formation can be categorized into total tangible capital formation and total intangible capital formation. The total tangible capital formation include the value of the construction projects, installation projects completed and the equipment, apparatus and instruments purchased as well as the value of land improved, the value of draught animals, breeding stock, animals for milk, for wool and for recreational purpose, and the newly increased forest with economic value during a given period. The total intangible capital formation includes the prospecting of minerals, the acquisition of computer software minus the disposal of them.

Increase in Inventory refers to the market value of the change in inventory of resident units during a given period, i.e. the difference of value minus the current gains due to the change in prices. The increase in inventory can be positive or negative. A positive value indicates the increase in inventory while a negative value indicates the decrease in inventory. The inventory includes the raw materials, fuels and reserve materials purchased by the production units as well as the inventory of finished products, semi-finished products, work-in-progress, etc.

Net Export of Goods and Services refers to the difference of the exports of goods and services minus the imports of goods and services. The imports include the value of various goods and services sold or gratuitously transferred by the resident units to the non-resident units. The imports include the value of various goods and services purchased or gratuitously acquired by the resident units from the non-resident units. Because the provision of services and the use of them happen simultaneously, the acquisition of services by the resident units from abroad is usually treated as import while the acquisition of services by non-resident units in this country is usually treated as export. The export and import of goods are calculated at FOB.

第三篇　人口、就业和职工工资

Chapter 3　Population,Employment and wages

资料整理：李丽精 林增武

Database Editor:Lilijing linzengwu

简 要 说 明

本篇资料的主要内容及来源

本篇主要包括人口、计划生育、就业、工资等资料。人口资料还包括了建国以来进行的六次人口普查主要数据。

户籍人口数由省公安厅提供；城镇私营和个体劳动者资料由省工商局提供；失业统计资料由省人力资源和社会保障厅提供；常住人口数由省统计局根据人口抽样调查推算，人口普查主要数据、就业和工资资料由省统计局提供。

Brief Introduction

Main Content and Source of Data

Data in this chapter show the basic condition of population, employment ,wage of staff and works ,family planning. Data of population include the six national population censuses.

The data on household registered population are provided by Fujian Provincial Department of Public Security. Data on Private Enterprise and Self-employed Individuals come from Fujian Provincial Commerce Ministry. Total region population are estimated by Fujian Provincial Bureau of Statistics in according with the annual national sample survey on population changes. The data of population census, employment and wages are provided by Fujian Provincial Bureau of Statistics.

3-1 主要年份年末常住人口及人口变动

Total Population and Changes at the Year-end

年份 Year	常住总人口（万人） Total Population (10000 persons)	按性别分类 By Sex		按城乡分 By Rural		人口出生率（‰） Birth Rate (‰)	人口死亡率（‰） Death Rate (‰)	人口自然增长率（‰） Natural Growth Rate (‰)	人口密度（人/平方公里） Population of Per Sq.km(Person/Sq.km)
		男 Male	女 Female	城镇 Urban	农村 Rural				
1952	1270					37.92	13.32	24.60	102
1957	1461					37.56	9.80	27.76	118
1962	1602					41.14	11.65	29.49	129
1965	1759					41.19	7.92	33.27	142
1970	2020					34.23	6.98	27.25	163
1975	2297					29.19	6.58	22.61	185
1978	2446					25.35	6.31	19.04	197
1979	2487					22.91	6.28	16.63	201
1980	2519					18.68	6.27	12.41	203
1981	2563					23.40	6.25	17.15	207
1982	2620					27.91	6.35	21.56	211
1983	2668					24.53	6.31	18.22	215
1984	2720					25.68	6.25	19.43	219
1985	2769					23.88	6.18	17.70	223
1986	2820					24.02	5.85	18.17	227
1987	2875					24.91	5.79	19.21	232
1988	2929					24.34	5.81	18.53	236
1989	2984					24.67	6.10	18.57	241
1990	3037					24.44	6.71	17.73	245
1991	3079					20.03	6.26	13.77	248
1992	3116					18.18	6.02	12.16	251
1993	3150					16.72	5.62	11.10	254
1994	3183					16.24	5.95	10.29	257
1995	3227					15.20	5.90	9.30	261
1996	3261					13.22	5.94	7.28	263
1997	3282					12.41	6.09	6.32	265
1998	3299					11.53	6.20	5.33	266
1999	3316					11.06	5.85	5.21	267
2000	3410	1757	1653	1432	1978	11.60	5.85	5.75	275
2001	3445	1775	1670	1473	1972	11.56	5.52	6.04	278
2002	3476	1790	1686	1587	1889	11.35	5.57	5.78	280
2003	3502	1805	1697	1624	1878	11.43	5.58	5.85	282
2004	3529	1818	1711	1681	1848	11.58	5.62	5.96	285
2005	3557	1793	1764	1758	1799	11.60	5.62	5.98	287
2006	3585	1810	1775	1807	1778	12.00	5.75	6.25	289
2007	3612	1824	1788	1856	1756	12.00	5.90	6.10	291
2008	3639	1830	1809	1929	1710	12.20	5.90	6.30	293
2009	3666	1848	1818	2019	1647	12.20	6.00	6.20	296
2010	3693	1900	1793	2109	1584	11.27	5.16	6.11	298
2011	3720	1912	1808	2161	1559	11.41	5.20	6.21	300
2012	3748	1927	1821	2234	1514	12.74	5.73	7.01	302
2013	3774	1938	1836	2293	1481	12.20	6.01	6.19	304
2014	3806	1936	1870	2352	1454	13.70	6.20	7.50	307
2015	3839	1949	1890	2403	1436	13.90	6.10	7.80	310

3-2 人口年龄构成

Population by Age

单位：%　　(%)

年龄组 Age Group	1990			2000			2010			2014			2015		
	合计 Total	男 Male	女 Female	合计 Total	男 Male	女 Female	合计 Total	男 Male	女 Female	合计 Total	男 Male	女 Female	合计 Total	男 Male	女 Female
总　计 Total	**100.00**	**51.36**	**48.64**	**100.00**	**51.53**	**48.47**	**100.00**	**51.45**	**48.55**	**100.00**	**50.87**	**49.13**	**100.00**	**50.77**	**49.23**
0—4岁 Aged 0-4	11.28	5.91	5.37	4.76	2.63	2.13	5.77	3.20	2.57	5.84	3.03	2.81	6.07	3.11	2.96
5—9岁 Aged 5-9	10.35	5.35	5.00	7.44	4.07	3.37	5.03	2.73	2.30	5.54	3.03	2.51	5.41	2.97	2.44
10—14岁 Aged 10-14	9.84	5.07	4.77	10.80	5.59	5.21	4.67	2.55	2.12	4.72	2.54	2.18	4.74	2.55	2.19
15—19岁 Aged 15-19	11.00	5.63	5.37	9.77	4.91	4.86	7.63	4.03	3.60	4.89	2.65	2.24	4.59	2.48	2.11
20—24岁 Aged 20-24	10.78	5.43	5.35	8.95	4.51	4.44	10.62	5.32	5.30	8.60	4.41	4.19	7.45	3.89	3.56
25—29岁 Aged 25-29	8.91	4.51	4.40	10.60	5.43	5.17	8.94	4.50	4.44	9.82	4.87	4.95	10.36	5.13	5.23
30—34岁 Aged 30-34	7.57	3.93	3.64	10.11	5.18	4.93	8.26	4.23	4.03	8.30	4.15	4.15	8.72	4.34	4.38
35—39岁 Aged 35-39	6.89	3.56	3.33	8.34	4.28	4.06	9.77	5.01	4.76	8.53	4.33	4.20	8.05	4.07	3.98
40—44岁 Aged 40-44	4.73	2.55	2.18	6.49	3.38	3.11	9.29	4.75	4.54	9.70	4.91	4.79	9.49	4.80	4.69
45—49岁 Aged 45-49	3.61	1.98	1.63	6.04	3.11	2.93	7.54	3.85	3.69	8.81	4.45	4.36	8.99	4.53	4.46
50—54岁 Aged 50-54	3.67	1.99	1.68	4.13	2.21	1.92	5.76	2.98	2.78	6.60	3.32	3.28	7.24	3.63	3.61
55—59岁 Aged 55-59	3.35	1.77	1.58	3.02	1.63	1.39	5.30	2.68	2.62	5.64	2.85	2.79	5.48	2.77	2.71
60—64岁 Aged 60-64	2.95	1.52	1.43	2.87	1.52	1.35	3.52	1.83	1.69	4.64	2.31	2.33	4.96	2.45	2.51
65—69岁 Aged 65-69	2.10	1.01	1.09	2.49	1.26	1.23	2.47	1.29	1.18	2.91	1.48	1.43	3.07	1.55	1.52
70—74岁 Aged 70-74	1.44	0.63	0.81	1.99	0.96	1.03	2.16	1.09	1.07	2.08	1.05	1.03	2.08	1.04	1.04
75—79岁 Aged 75-79	0.90	0.34	0.56	1.23	0.53	0.70	1.64	0.77	0.87	1.73	0.81	0.92	1.65	0.78	0.87
80岁及以上 80 and over	0.63	0.18	0.45	0.97	0.33	0.64	1.63	0.65	0.98	1.65	0.68	0.97	1.65	0.68	0.97

注：1990年、2000年及2010年为人口普查数，2014年和2015年为人口抽样调查样本数。
Note:Data in 1990, 2000 and 2010 are census data.Data in 2014 and 2015 are from Sample Survey Population.

3-3 各年龄组人口占总人口的比重

Percentage of Population Group by Age to Total

单位：% (%)

年龄组 Age Group	1982	1990	1995	2000	2010	2014	2015
总计 Total	**100.0**	**100.0**	**100.0**	**100.0**	**100.0**	**100.0**	**100.0**
#育龄妇女(15-49岁) Childbearing Age Woman(15-49)	23.5	25.9	26.7	29.5	30.4	28.9	28.4
不满周岁婴儿(0岁) Not-Full-One-Year (0)	2.4	2.3	1.3	1.0	1.1	1.4	1.4
学龄前儿童(1-6岁) Preschool Age(1-6)	13.3	13.3	11.2	6.4	6.8	6.8	6.8
小学学龄组(7-12岁) Primary(7-12)	15.6	11.6	13.4	11.6	5.6	6.1	6.2
初中学龄组(13-15岁) Junior Middle School(13-15)	7.5	6.3	5.5	5.9	3.2	2.7	2.7
劳动年龄组 Laborous							
男(16-59岁) Male (16-59)	28.4	30.3	29.8	33.7	36.7	35.5	35.2
女(16-54岁) Female (16-54)	24.3	26.6	27.6	30.5	32.6	31.8	31.6
超过劳动年龄组 Over-Laborous							
男（60岁及以上） Male（60 and Over）	3.0	3.7	4.5	4.6	5.6	6.3	6.5
女（55岁及以上） Female（55 and Over）	5.5	5.9	6.7	6.3	8.4	9.5	9.6

注：1982年、1990年、2000年及2010年为人口普查数，1995年、2014年和2015年为人口抽样调查样本数。
Note:Data in 1982,1990,2000 and 2010 are Census data,Data in 1995,2014 and 2015 are from Sample Survey Population.

3-4 出生孩次构成

Composition of Women Population by Number of Living Children Born

单位：% (%)

项目 Item	1981	1989	1995	2000	2010	2014	2015
一孩 1st Birth	40.9	46.2	64.6	74.5	68.2	52.7	49.0
二孩 2nd Birth	29.8	32.2	28.6	23.3	28.7	44.0	47.0
三孩及以上 3rd Birth and Over	29.3	21.6	6.8	2.2	3.1	3.3	4.0

注：1981年、1989年、2000年及2010年为人口普查数,1995年、2014年和2015年为人口抽样调查样本数。
Note:Data in 1981, 1989，2000 and 2010 are Census data, Data in 1995,2014 and 2015 are from Sample Survey Population.

3-5 各种受教育程度人口占总人口的比重

Percentage of Population by Educational Attainment

单位：% (%)

项目 Item	1982	1990	1995	2000	2010	2014	2015
大专以上 College and Higher Lever	0.6	1.2	1.4	3.0	8.4	9.4	9.8
高中(含中专) Senior Secondary School (Specialized Secondary School)	5.7	7.0	6.7	10.6	13.9	14.7	15.0
初中 Junior Secondary School	12.6	16.9	20.4	33.5	37.9	38.6	38.7
小学 Primary School	36.3	43.2	43.8	37.8	29.8	27.9	27.4

注：1982年、1990年、2000年及2010年为人口普查数,1995年、2014年和2015年为人口抽样调查样本数。
Note:Data in 1982, 1990，2000 and 2010 are Census data, Data in 1995,2014 and 2015 are from Sample Survey Population.

3-6 家庭户类型构成

Composition of Family Household

单位：% (%)

项目 Item	1982	1990	2000	2010
一人户 One Person	7.7	5.8	9.1	12.1
二人户 Two Persons	8.2	8.6	15.5	17.2
三人户 Three Persons	12.2	16.8	25.4	24.3
四人户 Four Persons	17.1	23.6	24.7	21.7
五人户 Five Persons	18.4	21.4	15.8	13.7
六人户 Six Persons	14.7	11.8	5.9	6.4
七人户 Seven Persons	10.1	5.9	2.2	2.6
八人户 Eight Persons	11.6	2.9	0.8	1.1
九人户 Nine Persons		1.4	0.3	0.5
十人及以上户 Ten Persons and Over		1.8	0.3	0.4

3-7 劳动年龄人口负担系数

Number of Persons Raised per Capita at Working Age

单位：% (%)

项目 Item	1982	1990	1995	2000	2010	2014	2015
总负担系数 Total Dependency Ratio	**69.2**	**57.6**	**57.5**	**42.2**	**30.5**	**32.4**	**32.8**
负担少年系数 The Juvenile and Children Dependency Ratio	61.8	49.6	47.3	32.7	20.2	21.3	21.5
负担老年系数 The Aged Dependency Ratio	7.4	8.0	10.2	9.5	10.3	11.1	11.2

注：1982年、1990年、2000年及2010年为人口普查数,1995年、2014年和2015年为人口抽样调查样本数。
Note:Data in 1982，1990，2000 andu 2010 are Census data, Data in 1995,2014 and 2015 are from Sample Survey Population.

3-8 15岁以上人口婚姻状况构成

Composition of Marital Status above Fifteen Age

单位：% (%)

项目	Item	1982	1990	1995	2000	2010
未婚	Single	28.4	25.1	22.5	24.1	22.9
男	Male	33.9	29.7	26.5	27.7	26.1
女	Female	22.6	20.4	18.5	20.4	19.8
有配偶	Married	63.4	67.8	70.3	69.6	70.6
男	Male	61.4	66.1	69.0	68.4	70.0
女	Female	65.5	69.5	71.6	70.7	71.2
离婚	Divorce	0.6	0.6	0.6	0.7	1.1
男	Male	1.0	0.9	1.0	1.0	1.2
女	Female	0.2	0.2	0.3	0.5	0.9
丧偶	Wid owed	7.6	6.5	6.6	5.6	5.4
男	Male	3.7	3.3	3.5	2.9	2.7
女	Female	11.7	9.9	9.6	8.4	8.1

3-9 六次全国人口普查人口基本情况

Basic Statistics on National Population Census in 1953,1964,1982,1990,2000 and 2010

项目 Item	1953	1964	1982	1990	2000	2010
一、总户数和总人口 Total Population and Family Household						
家庭户（万户） Family Household(10000 household)	320	360	514	658	874	1121
总人口（万人） Total Population (10000 persons)	1285	1676	2587	3005	3410	3689
男 Male	662	869	1331	1543	1757	1898
女 Female	623	807	1256	1462	1653	1791
性别比（女性=100） Sex Ratio (female=100)	106.4	107.8	105.9	105.6	106.3	106.0
平均每户人数（人／户） Population by Age Group(person/household)	4.0	4.7	4.9	4.4	3.6	3.0
二、城乡人口（万人） Population by Residence (10000 persons)						
城镇人口 Urban Population		223	548	642	1432	2106
乡村人口 Rural Population		1453	2039	2363	1978	1583
城镇化率（%） Proportion of Urban Population in Total Population(%)		13.3	21.2	21.4	42.0	57.1
三、民族人口（万人） Population by Ethnicity(10000 persons)						
汉族人口 Han			2562	2958	3351	3610
占总人口比重(%) Percentage to Total Population(%)			99.0	98.4	98.3	97.8
少数民族人口 Ethnic Minorities			25	47	59	80
占总人口比重(%) Percentage to Total Population(%)			1.0	1.6	1.7	2.2
四、人口年龄构成 Population by Age Group						
0-14岁人口(万人) Aged 0-14(10000 persons)	460	709	945	946	760	571
占总人口比重(%) Percentage to Total Population(%)	35.8	42.3	36.5	31.5	22.3	15.5
15－64岁人口(万人) Aged 15-64(10000 persons)	782	914	1530	1907	2422	2828

3-9 续表1

Continued

项目 Item	1953	1964	1982	1990	2000	2010
占总人口比重(%) Percentage to Total Population(%)	60.9	54.5	59.1	63.5	71.0	76.7
65岁及65岁以上人口(万人) Aged 65 and Ovre(10000 persons)	43	53	113	152	228	291
占总人口比重(%) Percentage to Total Population(%)	3.3	3.2	4.4	5.0	6.7	7.9
百岁老年人口(人) Population of 100 and over (persons)	16	14	45	143	373	1058
男 Male	3	2	7	16	46	221
女 Female	13	12	38	127	327	837
总抚养比（%） **Total Dependency Ratio(%)**	**64.2**	**83.3**	**69.2**	**57.6**	**42.2**	**30.5**
少儿抚养比 The Juvenile and Children Dependency Ratio	58.8	77.6	61.8	49.6	32.7	20.2
老年抚养比 The Aged Dependency Ratio	5.4	5.8	7.4	8.0	9.5	10.3
老少比（%） Population in Juvenile and Children to Aged(%)	9.2	7.4	12.0	16.1	30.1	51.0
平均预期寿命(岁) **Life Expectancy(year old)**			**68.50**	**70.50**	**72.55**	**75.76**
男 Male			66.20	68.40	70.30	73.27
女 Female			70.70	72.60	75.07	78.64
五、受教育人口 **Population with Various Education Attainments**						
每十万人拥有小学及以上文化程度人口(人) Population with Various Education Attainments Per 100 000 Persons (person)						
小学 Primary School		26716	36334	43213	40200	29801
初中 Junior Secondary School		5070	12601	16891	35700	37886
高中及中专 Senior Secondary School andTechnical Secondary School		1826	5716	6991	11300	13876
大专以上 Junior College and Above		439	608	1228	3200	8361
文盲人口 Illiterate Population			651	477	327	90
文盲率（%） Illiterate Rate(%)		58.8	25.2	15.9	9.6	2.4

3-9 续表2

Continued

项目　Item	1953	1964	1982	1990	2000	2010
六、劳动力和就业状况 Labor and Employment						
劳动适龄人口(万人) Population in suit of Employment	701	816	1364	1710	2188	2556
男(16–59岁) Male (aged 16-59)	367	444	736	911	1148	1353
女(16–54岁) Female(aged 16-54)	335	372	628	799	1040	1203
占总人口比重(%) Percentage to Total Population(%)	54.6	48.7	52.7	56.9	64.2	69.3
七、各种婚姻人口占15岁及以上人口比重(%) Population Aged 15 and Over(%)			**100**	**100**	**100**	**100**
未婚 Never Married			28.4	25.1	24.1	22.9
有配偶 Married			63.4	67.8	69.6	70.6
离婚 Divorced			0.6	0.6	0.7	1.1
丧偶 Widowed			7.6	6.5	5.6	5.4
八、婚姻状况 Basic status of Marital						
育龄妇女人数（万人） Childbearing Women(10000 person)	319	354	608	778	1006	1121
生育旺盛期组(女20－29岁) High Ratio of Childbearing Women	106	109	212	293	328	359
生育率（‰） Fertility Rate (‰)			94.4	90.8	32.9	
总和生育率 Total Fertility Rate			2.7	2.4	1.0	
九、人口自然变动 Natural Growth						
出生率（‰） Birth Rate(‰)	36.67	38.59	27.91	24.44	11.60	11.27
死亡率（‰） Death Rate(‰)	12.55	8.68	6.35	6.71	5.85	5.16
自然增长率（‰） Natural Growth Rate(‰)	24.12	29.91	21.56	17.73	5.75	6.11

3-10 就业基本情况

Basic Statistics of Employment

项目 Item	2000	2005	2010	2014	2015
就业人员合计（万人） **Number of Employed Persons(10000 persons)**	**1660.19**	**1868.50**	**2241.59**	**2648.51**	**2768.41**
第一产业 Primary Industry	776.43	702.49	636.54	615.77	617.87
第二产业 Secondary Industry	407.05	582.31	820.89	1011.70	1025.70
第三产业 Tertiary Industry	476.71	583.69	784.16	1021.04	1124.84
就业人员构成（%） **Composition in Percentage(%)**					
第一产业 Primary Industry	46.8	37.6	28.4	23.2	22.3
第二产业 Secondary Industry	24.5	31.2	36.6	38.2	37.1
第三产业 Tertiary Industry	28.7	31.2	35.0	38.6	40.6
按城乡分就业人数（万人） **Employment in Urban and Rural Areas(10000 persons)**					
城镇单位就业人员 **Urban**	**325.88**	**400.07**	**507.14**	**654.64**	**663.08**
#国有单位 State-Owned Units	170.82	150.88	155.51	159.54	155.18
集体单位 Collective-Owned Units	34.18	19.10	16.58	12.96	11.40
股份合作单位 Cooperative Units	3.64	5.80	8.14	6.81	6.38
联营单位 Ownership Units	3.35	2.67	1.95	1.16	0.98
有限责任公司 Limited Liability Corporations	12.07	35.88	87.40	246.17	268.61
股份有限公司 Share-Holding Corporations Ltd.	9.32	16.19	31.28	39.81	43.34
港澳台商投资单位 Units With Funds From Hong Kong, Macao and Taiwan	51.51	99.45	110.25	106.70	103.34
外商投资单位 Foreign Funded Units	40.26	64.05	81.88	73.49	66.60
城镇私营和个体从业人员 **Private Enterprise and Self-employed Individuals**	**90.19**	**155.42**	**338.64**	**562.90**	**666.49**
乡村就业人员 **Rural**	**1244.12**	**1313.01**	**1395.81**	**1430.97**	**1438.83**
城镇单位在岗职工人数（万人） **Staff and Workers in Urban Units(10000 persons)**	**318.00**	**386.99**	**485.94**	**559.95**	**567.50**
国有单位 State-Owned Units	166.78	144.51	145.74	135.75	132.70
城镇集体单位 Collective-Owned Units	33.15	18.19	15.38	10.32	8.94
其他单位 Others	118.07	224.29	324.83	413.88	425.85
私营单位从业人员数（万人） **Private Enterprise and Self-employed Individuals (10000 persons)**			**362.67**	**467.30**	**505.40**
城镇登记失业人数（万人） **Number of Urban Registered Unemployment(10000 persons)**	**9.10**	**14.86**	**14.49**	**14.35**	**15.41**
城镇登记失业率（%） **Rate of Urban Registered Unemployment(%)**	**2.60**	**4.00**	**3.77**	**3.47**	**3.66**

3-11 主要年份全社会就业情况(年底数)

Total Employment in Selected Years(End of Year)

年份 Year	从业人员数（万人）Total(10000 persons)									城镇登记失业人数（万人）Number of Urban Registered Unemploy-ment (10000 persons)	城镇登记失业率（%）Rate of Urban Registered Unemploy-ment (%)
	合计 Total	城镇单位在岗职工 Staff and Workers	国有单位 State-Owned Units	城镇集体单位 Urban Collective Owned Units	其他单位 Others	城镇个私劳动者 Self-Employed Individuals and Private Enterprise	乡村劳动者 Employed Persons in Rural Areas	劳务派遣人员 Labor Dispatching Personnel	其他从业人员 Others		
1952	473.66	19.43	19.02	0.41		32.83	421.40				
1957	531.68	63.05	51.40	11.65		5.54	463.09				
1962	582.96	103.49	77.34	26.15		4.75	474.72				
1965	633.15	118.08	83.83	34.25		4.48	510.59				
1970	759.43	133.12	93.36	39.75		3.91	622.40				
1975	854.32	160.88	111.42	49.47		3.24	690.20				
1978	924.41	205.66	148.49	57.17		1.88	716.87			20.82	9.10
1979	953.72	217.99	156.70	61.29		1.72	734.00			23.35	9.60
1980	963.72	231.12	167.45	63.66		2.77	729.83			16.76	6.70
1981	1001.75	242.45	176.35	66.09		3.22	756.08			14.48	5.60
1982	1027.96	249.80	183.03	66.77		4.25	773.91			12.39	4.70
1983	1056.72	254.02	187.30	66.72		7.65	795.05			9.10	3.40
1984	1101.82	262.78	182.82	79.24	0.72	9.15	829.89				
1985	1152.09	274.11	191.37	80.93	1.81	13.78	864.20			16.50	5.40
1986	1188.93	283.86	198.50	81.79	3.57	15.26	889.81			17.45	2.50
1987	1237.74	293.34	205.34	82.26	5.75	19.33	925.07			5.65	1.80
1988	1281.07	301.71	211.00	81.93	8.78	22.59	956.77			7.90	2.40
1989	1301.81	302.50	211.16	78.49	12.85	25.15	974.16			9.50	2.90
1990	1348.38	310.86	214.65	78.12	18.09	25.28	1012.24			9.00	2.60
1991	1436.50	322.28	219.43	77.43	25.41	37.82	1076.40			7.93	2.20
1992	1489.61	338.80	222.04	78.67	38.09	31.46	1119.35			7.08	1.90
1993	1531.42	344.79	220.48	71.32	52.99	46.61	1131.33		8.69	7.65	1.90
1994	1553.57	352.60	218.77	66.25	67.59	59.82	1134.16		7.00	7.60	1.90
1995	1567.09	344.11	217.06	60.30	66.75	66.04	1148.47		8.48	7.20	1.90
1996	1594.37	351.30	217.97	57.47	75.86	68.58	1166.89		7.59	8.08	1.90
1997	1613.41	357.71	215.60	54.80	87.31	66.49	1181.39		7.82	7.80	1.90
1998	1621.87	334.53	187.80	41.36	105.37	78.57	1200.32		8.46	7.98	2.10
1999	1630.85	320.38	175.04	35.71	109.63	88.07	1213.90		8.49	7.93	2.30
2000	1660.19	318.00	166.78	33.15	118.07	90.19	1244.12		7.87	9.10	2.60
2001	1677.79	314.27	158.27	28.91	127.09	98.90	1255.15		9.47	13.23	3.80
2002	1711.32	315.32	149.10	26.54	139.67	111.35	1274.53		10.12	14.96	4.20
2003	1756.71	334.08	147.07	23.13	163.89	128.40	1283.68		10.55	14.60	4.10
2004	1814.03	365.56	145.42	20.96	199.18	128.32	1311.52		8.63	14.51	4.00
2005	1868.50	386.99	144.51	18.19	224.29	155.42	1313.01		13.07	14.86	4.00
2006	1949.58	412.21	144.06	17.23	250.92	182.15	1340.00		15.22	15.13	3.93
2007	2015.33	429.30	142.73	17.24	269.33	222.77	1342.07		21.19	14.85	3.90
2008	2079.78	441.58	144.23	16.70	280.65	263.33	1357.76		17.11	14.95	3.86
2009	2168.86	452.76	142.73	14.41	295.63	319.57	1375.33		21.20	15.19	3.90
2010	2241.59	485.94	145.74	15.38	324.83	338.64	1395.81		21.20	14.49	3.77
2011	2459.99	538.32	142.25	13.60	382.47	445.99	1417.67	33.01	25.00	14.64	3.69
2012	2568.93	561.29	143.75	13.17	404.36	507.48	1423.59	42.88	33.69	14.55	3.63
2013	2555.86	555.66	133.88	10.69	411.09	485.78	1426.04	47.85	40.51	14.70	3.55
2014	2648.51	559.95	135.75	10.32	413.88	562.90	1430.97	49.78	44.90	14.35	3.47
2015	2768.41	567.50	132.70	8.94	425.85	666.49	1438.83	50.25	45.33	15.41	3.66

注：1.1998年起职工的统计口径为“在岗职工”。1998年以前国有单位统计口径为国有经济单位，集体单位统计口径为集体经济单位，其他单位统计口径为其他各种经济类型单位。2.2006年乡村劳动者人数为推算数。

Note:The statistic scope of staff and workersfrom 1998 refers to staff and workers on the job. Before 1998, the statistic scope of state-owned units refers to state-owned economic units, collective-owned units refers to collective economic units, others refer to the various other economic types.

3-12 主要年份按三次产业分全社会从业人员及构成

Employment and Compoition by Three Strata of Industry in Selected Years

年份	从业人员数(万人) Number of Employed Persons (10000 Persons)				构成（%） Composition in Percentage（%）		
Year	合计 Total	第一产业 Primary Industry	第二产业 Secondary Industry	第三产业 Tertiary Industry	第一产业 Primary Industry	第二产业 Secondary Industry	第三产业 Tertiary Industry
1952	473.66	388.16	24.79	60.71	81.9	5.2	12.8
1978	924.41	694.37	124.23	105.81	75.1	13.4	11.4
1980	963.72	702.81	130.58	130.33	72.9	13.6	13.5
1985	1152.09	709.10	223.80	219.19	61.5	19.4	19.0
1986	1188.93	723.44	236.75	228.74	60.8	19.9	19.2
1987	1237.74	741.67	253.70	242.37	59.9	20.5	19.6
1988	1281.07	756.38	269.08	255.61	59.0	21.0	20.0
1989	1301.81	764.93	275.45	261.43	58.8	21.2	20.1
1990	1348.38	786.95	277.09	284.34	58.4	20.6	21.1
1991	1436.50	829.55	300.81	306.14	57.7	20.9	21.3
1992	1489.61	837.82	326.87	324.92	56.2	21.9	21.8
1993	1531.42	819.53	355.25	356.64	53.5	23.2	23.3
1994	1553.57	795.03	371.87	386.67	51.2	23.9	24.9
1995	1567.09	788.09	371.03	407.98	50.3	23.7	26.0
1996	1594.37	786.86	383.50	424.00	49.4	24.1	26.6
1997	1613.41	781.38	398.69	433.34	48.4	24.7	26.9
1998	1621.87	785.77	390.54	445.56	48.4	24.1	27.5
1999	1630.85	788.14	390.49	452.22	48.3	23.9	27.7
2000	1660.19	776.43	407.05	476.71	46.8	24.5	28.7
2001	1677.79	766.93	420.92	489.94	45.7	25.1	29.2
2002	1711.32	765.79	445.95	499.58	44.7	26.1	29.2
2003	1756.71	744.79	488.32	523.60	42.4	27.8	29.8
2004	1814.03	728.89	533.59	551.55	40.2	29.4	30.4
2005	1868.50	702.49	582.31	583.69	37.6	31.2	31.2
2006	1949.58	686.28	646.87	616.43	35.2	33.2	31.6
2007	2015.33	658.08	707.46	649.79	32.7	35.1	32.2
2008	2079.78	647.84	739.70	692.24	31.1	35.6	33.3
2009	2168.86	638.63	775.68	754.55	29.5	35.8	34.8
2010	2241.59	636.54	820.89	784.16	28.4	36.6	35.0
2011	2459.99	647.53	928.81	883.66	26.3	37.8	35.9
2012	2568.93	642.23	996.75	929.95	25.0	38.8	36.2
2013	2555.86	615.96	999.34	940.56	24.1	39.1	36.8
2014	2648.51	615.77	1011.70	1021.04	23.2	38.2	38.6
2015	2768.41	617.87	1025.70	1124.84	22.3	37.1	40.6

3-13 按产业和登记注册类型分城镇单位从业人员数(2015年)

Number of Employed in Urban Units by Registration Status ,Region and Industry(2015)

单位：万人　　　　(10000 persons)

行业 Sector	从业人员 Employment	国有单位 State- Owned Units	城镇集体单位 Urban Collective-Owned Units	其他单位 Others
总计 Total	**663.08**	**155.18**	**11.40**	**496.50**
第一产业 Primary Industry	4.48	4.11	0.03	0.34
第二产业 Secondary Industry	409.94	10.09	3.98	395.88
第三产业 Tertiary Industry	248.65	140.98	7.39	100.28
按主要行业分 By Sector				
农、林、牧、渔业 Farming, Forestry, Animal Husbandy and Fishery	4.48	4.11	0.03	0.34
采矿业 Mining and Quarrying	2.50	0.59	0.42	1.49
制造业 Manufacturing	235.47	1.26	1.07	233.14
电力、热力、燃气及水生产和供应业 Production and Supply of Electricity Gas and Water	9.03	1.81	0.25	6.97
建筑业 Construction	162.93	6.43	2.23	154.28
批发和零售业 Wholesale and Retail Trade	28.36	3.40	0.90	24.06
交通运输、仓储和邮政业 Transport, Storage and Post Services	24.50	9.49	0.27	14.74
住宿和餐饮业 Lodgings and Catering Services	9.80	0.97	0.11	8.72
信息传输、软件和信息技术服务业 Information Transmission, Software and Information Technology Services	9.00	1.19	0.01	7.80
金融业 Finance	17.88	6.35	1.00	10.53
房地产业 Real Estate	15.29	1.48	0.25	13.56
租赁和商务服务业 Rent and Business Services	12.56	3.69	0.79	8.08
科学研究和技术服务业 Scientific Reseach and Ploytechnic Services	8.57	4.35	0.12	4.10
水利、环境和公共设施管理业 Water Conservancy, Environment and Public Facilities Management	5.53	4.49	0.20	0.85
居民服务、修理和其他服务业 Resident Services and Others	1.78	0.72	0.03	1.02
教育 Education	50.33	46.07	0.31	3.95
卫生和社会工作 Health Care and Social Work	21.56	16.67	3.38	1.51
文化、体育和娱乐业 Culture, Sports and Entertainment	4.31	2.95	0.03	1.33
公共管理、社会保障和社会组织 Public Management, Social Ensure and Social Organizations	39.19	39.15		0.02

注：本表国民经济行业分类标准采用GB/T 4754-2011。

Note: The classified Standards of national ecomonic sector are adopted GB/T 4754-2011.

3-14 按产业分城镇单位在岗职工人数(年底数)

Number of Staff and Workers in Urban Units by Sector(End of Years)

单位：万人 (10000 persons)

行业 Sector	2003	2005	2010	2014	2015
总计 Total	**334.08**	**386.99**	**485.94**	**559.95**	**567.50**
第一产业 Primary Industry	7.32	7.04	4.47	2.75	2.55
第二产业 Secondary Industry	187.93	237.95	309.03	348.93	347.56
第三产业 Tertiary Industry	138.84	142.00	172.44	208.27	217.39
按主要行业分 By Sector					
农、林、牧、渔业 Farming, Forestry, Animal Husbandy and Fishery	7.32	7.04	4.47	2.75	2.55
采矿业 Mining and Quarrying	3.49	4.14	4.69	2.33	2.31
制造业 Manufacturing	152.14	197.82	238.99	231.76	224.89
电力、热力、燃气及水生产和供应业 Production and Supply of Electricity Heat Gas and Water	7.81	7.79	9.02	8.40	8.37
建筑业 Construction	24.49	28.20	56.33	106.44	112.00
交通运输、仓储和邮政业 Transport, Storage and Post Services	13.56	13.73	15.55	18.98	20.47
信息传输、软件和信息技术服务业 Information Transmission,Software and Information Technology Services	2.97	2.92	4.18	5.55	7.76
批发和零售业 Wholesale and Retail Trade	11.72	10.54	13.47	24.70	26.10
住宿和餐饮业 Lodgings and Catering Services	4.00	4.69	7.45	9.58	9.48
金融业 Finance	8.14	8.33	10.01	11.87	12.34
房地产业 Real Estate	3.31	4.78	8.60	13.33	14.28
租赁和商务服务业 Rent and Business Services	3.41	4.66	12.07	9.74	11.07
科学研究和技术服务业 Scientific Reseach and Ploytechnic Services	3.53	3.70	5.16	7.78	7.77
水利、环境和公共设施管理业 Water Conservancy, Environment and Public Facilities Management	3.11	3.53	4.06	4.58	4.33
居民服务、修理和其他服务业 Resident Services, Repair and Others	1.26	1.16	1.38	1.37	1.59
教育 Education	41.69	41.44	43.24	46.44	46.26
卫生和社会工作 Health Care and Social Work	10.89	11.53	14.56	18.74	19.24
文化、体育和娱乐业 Culture, Sports and Entertainment	3.03	3.04	3.45	3.46	3.66
公共管理、社会保障和社会组织 Public Management, Social Ensure and Social Organizations	28.23	27.95	29.26	32.15	33.03

注：本表国民经济行业分类标准采用GB/T 4754-2002。

Note: The classified Standards of national ecomonic sector are adopted GB/T 4754-2002.

3-15 按登记注册类型和产业分城镇单位在岗职工人数(2015年)

Number of Staff and Workers in Urban Units by Status of Registration and Industry(2015)

单位：万人　　　　(10000 persons)

行业 Sector	在岗职工 Staff and Workers of Urban Units on the Job	国有单位 State-Owned Units	城镇集体单位 Urban Collective Owned Units	其他单位 Others
总计 **Total**	**567.50**	**132.70**	**8.94**	**425.85**
第一产业 Primary Industry	2.55	2.22	0.02	0.30
第二产业 Secondary Industry	347.56	7.78	2.61	337.17
第三产业 Tertiary Industry	217.39	122.70	6.31	88.38
按主要行业分 By Sector				
农、林、牧、渔业 Farming, Forestry, Animal Husbandy and Fishery	2.55	2.22	0.02	0.30
采矿业 Mining	2.31	0.55	0.41	1.34
制造业 Manufacturing	224.89	1.14	1.04	222.71
电力、热力、燃气及水生产和供应业 Production and Supply of Electric Power and Hot Power	8.37	1.70	0.24	6.42
建筑业 Construction	112.00	4.39	0.92	106.70
批发和零售业 Wholesale and Retail Trade	26.10	3.18	0.84	22.08
交通运输、仓储和邮政业 Transport, Storage and Post Services	20.47	7.76	0.22	12.50
住宿和餐饮业 Lodgings and Catering Services	9.48	0.93	0.10	8.45
信息传输、软件和信息技术服务业 Information Transmission, Software and Information Technology Services	7.76	0.92	0.01	6.83
金融业 Finance	12.34	4.79	0.84	6.71
房地产业 Real Estate	14.28	1.30	0.19	12.79
租赁和商务服务业 Rent and Business Services	11.07	3.29	0.69	7.09
科学研究和技术服务业 Scientific Reseach and Ploytechnic Services	7.77	3.81	0.11	3.85
水利、环境和公共设施管理业 Water Conservancy, Environment and Public Facilities Management	4.33	3.39	0.17	0.77
居民服务、修理和其他服务业 Resident Services and Others	1.59	0.67	0.03	0.90
教育 Education	46.26	42.25	0.29	3.72
卫生和社会工作 Health Care and Social Work	19.24	14.95	2.81	1.47
文化、体育和娱乐业 Culture, Sports and Entertainment	3.66	2.43	0.02	1.21
公共管理、社会保障和社会组织 Public Management,Social Ensure and Social Organizations	33.03	33.02		0.01

注：本表国民经济行业分类标准采用GB/T 4754-2011。

Note: The classified Standards of national ecomonic sector are adopted GB/T 4754-2011.

3-16 按产业分城镇单位女性从业人员数(年底数)

Number of Employed Women in the Urban Units by Sector(End of Years)

单位：人 (10000 persons)

行业 Sector	2003	2005	2010	2014	2015
总计 Total	**1513006**	**1800430**	**2168427**	**2452217**	**2451280**
第一产业 Primary Industry	28678	26559	23336	12809	14326
第二产业 Secondary Industry	926778	1191904	1387397	1415126	1355836
第三产业 Tertiary Industry	557550	581967	757694	1024282	1081118
按主要行业分 By Sector					
农、林、牧、渔业 Farming, Forestry, Animal Husbandy and Fishery	28678	26559	23336	12809	14326
采矿业 Mining and Quarrying	9520	8789	7722	4748	4665
制造业 Manufacturing	854236	1112785	1256958	1171917	1101006
电力、热力、燃气及水生产和供应业 Production and Supply of Electricity Heat Gas and Water	24341	24563	27109	25459	25155
建筑业 Construction	38681	45767	95608	213002	225010
交通运输、仓储和邮政业 Transport, Storage and Post Services	40577	40798	43157	63215	63414
信息传输、软件和信息技术服务业 Information Transmission,Software and Information Technology Services	12567	12710	17072	26685	33325
批发和零售业 Wholesale and Retail Trade	49552	44584	62060	129923	136532
住宿和餐饮业 Lodgings and Catering Services	24892	28374	43034	54571	54520
金融业 Finance	43921	46080	66260	86996	93573
房地产业 Real Estate	10836	14580	28777	51364	54677
租赁和商务服务业 Rent and Business Services	11855	16836	48718	33510	39094
科学研究和技术服务业 Scientific Reseach and Ploytechnic Services	10566	10895	18046	26316	26025
水利、环境和公共设施管理业 Water Conservancy, Environment and Public Facilities Management	12956	14384	17032	20508	21007
居民服务、修理和其他服务业 Resident Services, Repair and Others	5691	4550	4449	6780	7673
教育 Education	193401	197494	224198	271110	279175
卫生和社会工作 Health Care and Social Work	64490	70714	95954	135805	141151
文化、体育和娱乐业 Culture, Sports and Entertainment	12423	12757	14978	17357	18815
公共管理、社会保障和社会组织 Public Management, Social Ensure and Social Organizations	63823	67211	73959	100142	112137

注：本表国民经济行业分类标准采用GB/T 4754-2002。

Note: The classified Standards of national ecomonic sector are adopted GB/T 4754-2002.

3-17 城镇私营及个体劳动者人数(年底数)

Number of Employed Persons in Private Enterprises and Self-employed Individuals in Urban Areas(End of Years)

单位：人 (person)

行业 Sector	2005	2010	2014	2015
合　计 Total	**1554192**	**3386400**	**5629038**	**6664931**
第一产业 Primary Industry	28092	61273	123772	140764
第二产业 Secondary Industry	426762	819053	1285711	1434391
第三产业 Tertiary Industry	1073960	2506160	4219555	5089776
按主要行业分 By Sector				
农、林、牧、渔业 Farming, Forestry, Animal Husbandy and Fishery	28092	61273	123772	140764
采矿业 Mining and Quarrying	6875	8588	10380	10976
制造业 Manufacturing	361152	704300	1008941	1111323
电力、燃气及水的生产和供应业 Production and Supply of Electricity Gas and Water	17264	19962	21195	22263
建筑业 Construction	41471	86203	245195	289829
交通运输、仓储和邮政业 Transport, Storage and Post Services	25175	50624	110477	131056
信息传输、计算机服务和软件业 Information Transmission, Computer Software and Services	36173	62011	145832	197779
批发和零售业 Wholesale and Retail Trade	666150	1623900	2459906	2871301
住宿和餐饮业 Lodgings and Catering Services	86834	170600	329135	416922
金融业 Finance		11140	20484	26429
房地产业 Real Estate	32316	62229	105601	116481
租赁和商务服务业 Rent and Business Services	87222	227400	509091	642404
科学研究、技术服务和地质勘查业 Scientific Reseach, Ploytechnic Services and Geological Prospecting		46699	171636	240434
水利、环境和公共设施管理业 Water Conservancy, Environment and Public Facilities Management		7895	15154	18072
居民服务和其他服务业 Resident Services and Others	124935	205800	276791	324785
教育 Education		3285	5738	7994
卫生、社会保障和社会福利业 Health Care, Social Ensure and Walfare	4005	7927	10756	13295
文化、体育和娱乐业 Culture, Sports and Entertainment	11150	26144	58765	82622
公共管理和社会组织 Public Management and Social Organizations		506	189	202

注：本表国民经济行业分类标准采用GB/T 4754—2002。

Note:The classified Standards of national ecomonic sector are adopted GB/T 4754-2002.

3-18 城镇单位企业 事业 机关年末在岗职工人数(1990-2015年)

Number of Staff and Workers in Enterprises, Institutions and Agencies in Ubran Units(1990-2015)

单位：万人 (10000 persons)

年份 Year	总计 Total	企业 Enterprise	事业 Institution	机关 Agencies Organizations
1990	310.86	231.35	56.08	23.43
1991	322.28	238.78	58.89	24.60
1992	338.80	251.24	62.27	25.29
1993	344.79	259.72	58.90	26.18
1994	352.60	263.95	61.56	27.09
1995	344.11	252.76	64.44	26.91
1996	351.30	255.42	68.51	27.38
1997	357.71	260.51	69.76	27.44
1998	334.53	236.48	71.29	26.76
1999	320.38	223.23	70.58	26.57
2000	318.00	221.41	69.62	26.97
2001	314.27	216.69	69.81	27.78
2002	315.32	220.38	67.52	27.42
2003	334.08	238.72	67.09	28.27
2004	365.56	269.41	67.68	28.47
2005	386.99	291.09	67.40	28.51
2006	412.21	315.43	68.14	28.63
2007	429.30	331.12	69.42	28.76
2008	441.58	341.83	70.48	29.27
2009	452.76	361.24	62.52	28.84
2010	485.94	385.88	70.50	29.27
2011	538.32	436.91	72.20	28.12
2012	561.29	457.33	72.60	29.70
2013	555.66	450.40	72.70	31.00
2014	559.95	452.39	74.10	31.50
2015	567.50	459.86	73.78	31.87

注：1.1998年起“职工人数”统计口径为“在岗职工人数”。2.2009年起按机构类型分组有变化，企业、事业、机关合计比总计小。
Note:Statistic scope of staff and workers from 1998 refers to staff and workers on the job.

3-19 按登记注册类型分城镇单位职工平均工资

Average Wage of Staff and Workers in Urban Units by Status of Registration

单位：元 (yuan)

年份	平均货币工资（元） Average Earning (yuan)				指数(上年=100) Indices (preceding year=100)			
Year	总计 Total	国有单位 State-owned Units	集体单位 Collective-owned Units	其他单位 Others	合计 Total	国有单位 State-owned Units	集体单位 Collective-owned Units	其他单位 Others
1978	567	594	520					
1979	610	642	530		107.6	108.1	101.9	
1980	703	737	613		115.2	114.8	115.7	
1981	715	746	637		101.7	101.2	103.9	
1982	765	792	691		107.0	106.2	108.5	
1983	827	861	730		108.1	108.7	105.6	
1984	921	966	813	1742	111.4	112.2	111.4	
1985	1059	1115	912	1855	115.0	115.4	112.2	106.5
1986	1243	1328	1027	1498	117.4	119.1	112.6	80.8
1987	1319	1402	1097	1571	106.1	105.6	106.8	104.9
1988	1644	1742	1342	2100	124.6	124.3	122.3	133.7
1989	1895	2009	1499	2532	115.3	115.3	111.7	120.6
1990	2162	2288	1704	2674	114.1	113.9	113.7	105.6
1991	2420	2502	1936	3217	111.9	109.4	113.6	120.3
1992	2780	2846	2192	3649	114.9	113.7	113.2	113.4
1993	3480	3506	2735	4420	125.2	123.2	124.8	121.1
1994	4890	5001	3644	5763	140.5	142.6	133.2	130.4
1995	5857	5790	4481	7305	119.8	115.8	123.0	126.8
1996	6683	6608	5078	8076	114.1	114.1	113.3	110.6
1997	7559	7621	5582	8636	113.1	115.3	109.9	106.9
1998	8531	8682	6662	8999	112.9	113.9	119.3	104.2
1999	9490	9867	7320	9587	111.2	113.6	109.9	106.5
2000	10584	11170	8140	10422	111.5	113.2	111.2	108.9
2001	12013	13313	9098	11028	113.5	119.2	111.8	105.6
2002	13306	15026	10119	11987	110.8	112.9	111.2	108.7
2003	14310	16460	11386	12719	107.5	109.5	112.5	106.1
2004	15603	18529	12307	13745	109.0	112.6	108.1	108.1
2005	17146	20897	13811	14947	109.9	112.8	112.2	108.7
2006	19318	23926	15695	16880	112.7	114.5	113.6	112.9
2007	22283	28011	18856	19443	115.3	117.1	120.1	115.2
2008	25702	33097	22108	22205	115.3	118.2	117.2	114.2
2009	28666	37345	25588	24556	111.5	112.8	115.7	110.6
2010	32647	41689	27234	28802	113.9	111.6	106.4	117.3
2011	38989	48587	34527	35550	119.4	116.5	126.8	123.4
2012	44979	55957	39774	41231	115.4	115.2	115.2	116.0
2013	49328	60317	43145	45960	109.7	107.8	108.5	111.5
2014	54235	65170	50570	50796	109.9	108.0	117.2	110.5
2015	58719	73714	54201	54138	108.3	113.1	107.2	106.6

注：本表1998年起“职工平均工资”统计口径为“在岗职工平均工资”。1998年以前“国有单位”统计口径为“国有经济单位”，“集体单位”统计口径为“集体经济单位”，“其他单位”统计口径为“其他各种经济类型单位”，不含私营企业。

Note:The statistic scope from 1998 in this table refers to average wages of staff and workers on the job.Before 1998, the statistic scope of state-owned units refers to state-owned economic units, collective-owned units refers to collective economic units, others refer to the various other economic types.This table is not including Private Enterprises.

3-20 城镇单位企业 事业 机关在岗职工平均工资

Average Wage of Staff and Workers in Urban Enterprises, Institution and Government Agencies

单位：元 (yuan)

年份 Year	平均货币工资（元） Average Wage(yuan)				指数(上年=100) Indices (preceding year=100)			
	总计 Total	企业 Enterprises	事业 Institutions	机关 Agencies & Organizations	合计 Total	企业 Enterprises	事业 Institutions	机关 Agencies & Organizations
1978	567	565	526	657				
1979	610	609	587	672	107.6	107.8	111.6	102.3
1980	703	691	725	828	115.2	113.5	123.5	123.2
1981	715	710	729	777	101.7	102.8	100.6	93.8
1982	765	752	826	805	107.0	105.9	113.3	103.6
1983	827	807	887	949	108.1	107.3	107.4	117.9
1984	921	866	955	995	111.4	107.3	107.7	104.8
1985	1059	1035	1167	1119	115.0	119.5	122.2	112.5
1986	1243	1217	1343	1334	117.4	117.6	115.1	119.2
1987	1319	1261	1585	1412	106.1	103.6	118.0	105.8
1988	1644	1576	1997	1649	124.6	125.0	126.0	116.8
1989	1895	1834	2408	1960	115.3	116.4	120.6	118.9
1990	2162	2048	2698	2235	114.1	111.7	112.0	114.0
1991	2420	2310	3003	2376	111.9	112.8	111.3	106.3
1992	2780	2656	3439	2723	114.9	115.0	114.5	114.6
1993	3480	3403	4049	3222	125.2	128.1	117.7	118.3
1994	4890	4626	5979	5435	140.5	135.9	147.7	168.7
1995	5857	5983	5470	5605	119.8	129.3	91.5	103.1
1996	6683	6809	6304	6476	114.1	113.8	115.2	115.5
1997	7559	7562	7470	7752	113.1	111.1	118.5	119.7
1998	8531	8555	8302	8922	112.9	113.1	111.1	115.1
1999	9490	9298	9671	10604	111.2	108.7	116.5	118.9
2000	10584	10306	10990	11812	111.5	110.8	113.6	111.4
2001	12013	11468	13000	13794	113.5	111.3	118.3	116.8
2002	13306	12641	14614	15251	110.8	110.2	112.4	110.6
2003	14310	13766	15221	16627	107.5	108.9	104.2	109.0
2004	15603	14900	17151	18416	109.0	108.2	112.7	110.8
2005	17146	16157	19520	21357	109.9	108.4	113.8	116.0
2006	19318	18208	22232	24413	112.7	112.7	113.9	114.3
2007	22283	20822	26501	28809	115.3	114.4	119.2	118.0
2008	25702	23804	31422	34587	115.3	114.3	118.6	120.1
2009	28666	26491	35557	40448	111.5	111.3	113.2	116.9
2010	32647	30488	39905	43063	113.9	115.1	112.2	106.5
2011	38989	37102	47060	48038	119.4	121.7	117.9	111.6
2012	44979	43011	53371	55692	115.4	115.9	113.4	115.9
2013	49328	47338	58392	58983	109.7	110.1	109.4	105.9
2014	54235	52219	63753	62516	109.9	110.3	109.2	106.0
2015	58719	55562	73414	71808	108.3	106.4	115.1	114.9

注：本表1998年起"职工平均工资"统计口径为"在岗职工平均工资"。

Note:The statistic scope from 1998 in this table refers to average wages of staff and workers on the job.

3-21 按行业分城镇单位在岗职工平均工资

Average Wage of Staff and Workers in Urban Units by Sector

单位：元　　(yuan)

行业 Sector	2003	2005	2010	2013	2014	2015
合　计 Total	**14310**	**17146**	**32647**	**49328**	**54235**	**58719**
按企事业机关分 Grouped by Enterprises, Institutions and Agencies						
企业 Enterprises	13766	16157	30488	47338	52219	55562
事业 Institutions	15221	19520	39905	58392	63753	73414
机关 Agencies & Organizations	16627	21357	43063	58983	62516	71808
按国民经济行业分 By Sector						
农、林、牧、渔业 Farming, Forestry, Animal Husbandy and Fishery	7975	10017	22923	32391	35107	45764
采矿业 Mining and Quarrying	10860	16664	29399	38383	44623	44558
制造业 Manufacturing	12217	14229	26383	42662	46727	50514
电力、热力、燃气及水生产和供应业 Production and Supply of Electricity Heat Gas and Water	20562	26695	51335	71839	77942	81889
建筑业 Construction	13779	16161	30344	44814	50362	51191
交通运输、仓储和邮政业 Transport, Storage and Post Services	18181	22623	41046	57427	62445	66657
信息传输、软件和信息技术服务业 Information Transmission,Software and Information Technology Services	33158	40326	61552	75204	79832	85318
批发和零售业 Wholesale and Retail Trade	13373	16491	33155	46827	52480	56162
住宿和餐饮业 Lodgings and Catering Services	10333	12570	22175	33660	36331	39738
金融业 Finance	26245	34993	84307	119375	125165	130422
房地产业 Real Estate	16582	18944	36990	53426	58801	63167
租赁和商务服务业 Rent and Business Services	14538	16986	24595	51172	50241	52281
科学研究和技术服务业 Scientific Reseach and Ploytechnic Services	19913	24346	42553	64811	65853	78987
水利、环境和公共设施管理业 Water Conservancy, Environment and Public Facilities Management	12948	16433	28073	39984	45282	48662
居民服务、修理和其他服务业 Resident Services, Repair and Others	15009	15707	34346	39512	44896	46997
教育 Education	15029	19111	41333	57399	61545	71615
卫生和社会工作 Health Care and Social Work	16589	21733	42629	66728	74615	82945
文化、体育和娱乐业 Culture, Sports and Entertainment	16919	21018	36812	55118	60735	64064
公共管理、社会保障和社会组织 Public Management, Social Ensure and Social Organizations	16567	21616	43077	58818	62486	71704
按三次产业分 By Three Strata of Industry						
第一产业 Primary Industry	7839	10017	22923	32391	35107	45764
第二产业 Secondary Industry	12711	14914	27828	43988	48651	51447
第三产业 Tertiary Industry	16710	21131	41457	59217	63885	70779

3-22 城镇单位从业人员平均劳动报酬(2015年)

Per Capita Payment in Urban Units(2015)

单位：元 (yuan)

项目 Item	单位从业人员 Persons Employed in Units	在岗职工 Staff and Workers on the Job	其他从业人员 Other Employed Persons
合　计 Total	**57628**	**58719**	**41983**
按企事业机关分 Grouped by Enterprises, Institutions and Agencies			
企业 Enterprises	54873	55562	45160
事业 Institutions	70713	73414	28443
机关 Agencies & Organizations	68725	71808	23652
按国民经济行业分 By Sector			
农、林、牧、渔业 Farming, Forestry, Animal Husbandy and Fishery	32510	45764	12897
采矿业 Mining	44099	44558	34932
制造业 Manufacturing	50675	50514	62745
电力、热力、燃气及水生产和供应业 Production and Supply of Electric Power and Hot Power	80986	81889	44579
建筑业 Construction	50819	51191	48538
批发和零售业 Wholesale and Retail Trade	54866	56162	28057
交通运输、仓储和邮政业 Transport, Storage and Post Services	65313	66657	33538
住宿和餐饮业 Lodgings and Catering Services	39599	39738	34382
信息传输、软件和信息技术服务业 Information Transmission, Software and Information Technology Services	84288	85318	45371
金融业 Finance	108537	130422	36589
房地产业 Real Estate	62253	63167	42372
租赁和商务服务业 Rent and Business Services	51926	52281	37796
科学研究和技术服务业 Scientific Reseach and Ploytechnic Services	76955	78987	42782
水利、环境和公共设施管理业 Water Conservancy, Environment and Public Facilities Management	46143	48662	23258
居民服务、修理和其他服务业 Resident Services and Others	46396	46997	34572
教育 Education	69225	71615	27045
卫生和社会工作 Health Care and Social Work	80313	82945	38917
文化、体育和娱乐业 Culture, Sports and Entertainment	61038	64064	25890
公共管理、社会保障和社会组织 Public Management,Social Ensure and Social Organizations	68727	71704	23397
按三次产业分 By Three Strata of Industry			
第一产业 Primary Industry	32510	45764	12897
第二产业 Secondary Industry	51368	51447	50185
第三产业 Tertiary Industry	68333	70779	32030

3-23 按行业分城镇单位在岗职工平均工资(2015年)

Average Wage of Staff and Workers on the Job in Urban Units by Sector(2015)

单位：元　　(yuan)

行业 Sector	在岗职工平均工资 Average Wage	国有单位 Stated-owned units	集体单位 Collective-owned units	其他单位 Others
合　计 Total	**58719**	**73714**	**54201**	**54138**
按企事业机关分 Grouped by Enterprises, Institutions Agencies				
企业 Enterprises	55562	74283	51816	54168
事业 Institutions	73414	74335	58210	57157
机关 Agencies & Organizations	71808	71836	40141	38042
按国民经济行业分 By Sector				
农、林、牧、渔业 Farming, Forestry, Animal Husbandy and Fishery	45764	47689	37881	31786
采矿业 Mining	44558	34666	42681	48965
制造业 Manufacturing	50514	72945	39538	50448
电力、热力、燃气及水生产和供应业 Production and Supply of Electric Power and Hot Power	81889	75885	61811	84148
建筑业 Construction	51191	56387	47507	50971
批发和零售业 Wholesale and Retail Trade	56162	83949	29566	53129
交通运输、仓储和邮政业 Transport, Storage and Post Services	66657	73056	38112	62953
住宿和餐饮业 Lodgings and Catering Services	39738	43525	40425	39308
信息传输、软件和信息技术服务业 Information Transmission, Software and Information Technology Services	85318	68961	42094	87794
金融业 Finance	130422	116512	102156	144096
房地产业 Real Estate	63167	53772	49248	64438
租赁和商务服务业 Rent and Business Services	52281	50055	34469	55027
科学研究和技术服务业 Scientific Reseach and Ploytechnic Services	78987	89945	85391	67384
水利、环境和公共设施管理业 Water Conservancy, Environment and Public Facilities Management	48662	48732	41240	48824
居民服务、修理和其他服务业 Resident Services and Others	46997	47768	32220	46857
教育 Education	71615	73241	58322	53620
卫生和社会工作 Health Care and Social Work	82945	89120	59440	64491
文化、体育和娱乐业 Culture, Sports and Entertainment	64064	69704	67058	51550
公共管理、社会保障和社会组织 Public Management,Social Ensure and Social Organizations	71704	71725	74200	20102
按三次产业分 By Three Strata of Industry				
第一产业 Primary Industry	45764	47689	37881	31786
第二产业 Secondary Industry	51447	60826	44586	51252
第三产业 Tertiary Industry	70779	75097	57600	65617

注：本表不含私营企业。

Note:This table is not including Private Enterprises.

3-24 私营单位从业人员平均劳动报酬

Per Capita Payment in Urban Units

单位：元 (yuan)

项目 Item	2010	2014	2015	2015年比上年增长(%)
合　计 Total	**21039**	**40813**	**43385**	**6.3**
按国民经济行业分 By Sector				
农、林、牧、渔业 Farming, Forestry, Animal Husbandy and Fishery	18670	35335	34730	-1.7
采矿业 Mining and Quarrying	20428	39407	40954	3.9
制造业 Manufacturing	20082	39370	41581	5.6
电力、燃气及水的生产和供应业 Production and Supply of Electricity Gas and Water	21435	35080	33573	-4.3
建筑业 Construction	23914	44163	48804	10.5
交通运输、仓储和邮政业 Transport, Storage and Post Services	21681	42365	43608	2.9
信息传输、计算机服务和软件业 Information Transmission, Computer Software and Services	27749	55090	63736	15.7
批发和零售业 Wholesale and Retail Trade	21512	35354	37131	5.0
住宿和餐饮业 Lodgings and Catering Services	16881	29407	30927	5.2
金融业 Finance	32156	42528	52688	23.9
房地产业 Real Estate	24411	47722	42700	-10.5
租赁和商务服务业 Rent and Business Services	20618	42965	38003	-11.5
科学研究、技术服务和地质勘查业 Scientific Reseach, Ploytechnic Services and Geological Prospecting	23329	44517	44547	0.1
水利、环境和公共设施管理业 Water Conservancy, Environment and Public Facilities Management	18073	34966	30670	-12.3
居民服务和其他服务业 Resident Services and Others	19168	29576	31675	7.1
教育 Education	24306	37229	31730	-14.8
卫生、社会保障和社会福利业 Health Care, Social Ensure and Walfare	23527	37695	43063	14.2
文化、体育和娱乐业 Culture, Sports and Entertainment	19582	34014	31468	-7.5
公共管理和社会组织 Public Management and Social Organizations	17113	26546	28989	9.2
按三次产业分 By Three Strata of Industry				
第一产业 Primary Industry	18670	35335	34730	-1.7
第二产业 Secondary Industry	20940	41264	44593	8.1
第三产业 Tertiary Industry	21502	38025	38799	2.0

主要统计指标解释

人口数　指一定时点、一定地区范围内的有生命的个人的总和。年度统计的年末人口数指每年12月31日24时的人口数。

市、镇、县人口　其定义有两种口径：

第一种口径(按行政建制)

市人口：市管辖区域内的全部人口(含市辖镇，不含市辖区县)；

镇人口：县辖镇的全部人口(不含市辖镇)；

县人口：县辖乡人口。

第二种口径(按常住人口划分)

市人口：设区的市的区人口和不设区的市所辖的街道人口；

镇人口：不设区的市所辖镇的居民委员会人口和县辖镇的居民委员会人口；

县人口：除上述两种人口以外的全部人口。

出生率(又称粗出生率)　指在一定时期内(通常为一年)平均每千人所出生的人数的比率，一般用千分率表示。计算公式为：

出生率＝(年出生人数／年平均人数)×1000‰

式中：出生人数指活产婴儿，即胎儿脱离母体时(不管怀孕月数)，有过呼吸或其他生命现象。年平均人数指年初、年底人口数的平均数，也可用年中人口数代替。

死亡率(又称粗死亡率)　指在一定时期内(通常为一年)一定地区的死亡人数与同期平均人数(或期中人数)之比，一般用千分率表示。计算公式为：

死亡率＝(年死亡人数／年平均人数)×1000‰

人口自然增长率　指在一定时期内(通常为一年)人口自然增加数(出生人数减死亡人数)与该时期内平均人数(或期中人数)之比，一般用千分率表示。计算公式为：

人口自然增长率＝[(本年出生人数－本年死亡人数)／年平均人数]×1000‰＝人口出生率－人口死亡率

在业人口(又称就业人口)　指十五周岁及十五周岁以上人口中从事一定的社会劳动并取得劳动报酬或经营收入的人口。

不在业人口　指十五周岁及十五周岁以上人口中未从事社会劳动的人口，包括在校学生、料理家务、待升学、市镇待业、离退休、退职、丧失劳动能力等非在业人口。

经济活动人口　指在16岁以上，有劳动能力，参加或要求参加社会经济活动的人口；包括就业人员和失业人员。

各单位的就业人员　指在各级国家机关、政党机关、社会团体及企业、事业单位中工作，取得工资或其他形式的劳动报酬的全部人员。包括在岗职工、再就业的离退休人员、民办教师以及在各单位中工作的外方人员和港澳台方人员、兼职人员、借用的外单位人员和第二职业者。不包括离开本单位仍保留劳动关系的职工。各单位的从业人员反映了各单位实际参加生产或工作的全部劳动力。

城镇私营和个体就业人员　指在工商管理部门注册登记，其经营地址设在县城关镇(含城关镇)以上的私营企业从业人员；包括私营企业投资者和雇工。城镇个体就业人员指在工商管理部门注册登记，并持有城镇户口或在城镇长期居住，经批准从事个体工商经营的从业人员；包括个体经营者和在个体工商户劳动的家庭帮工和雇工。

城镇登记失业人员　指有非农业户口，在一定的劳动年龄内，有劳动能力，无业而要求就业，并在当地就业服务机构进行求职登记的人员。

城镇登记失业率　指城镇登记失业人数同城镇从业人数与城镇登记失业人数之和的比。计算公式为：

城镇登记失业率=城镇登记失业人数／(城镇从业人数+城镇登记失业人数)×100%

职工　指在国有经济、城镇集体经济、联营经济、股份制经济、外商和港、澳、台投资经济、其他经济单位及其附属机构工作，并由其支付工资的各类人员，不包括返聘的离退休人员、民办教师、在国有经济单位工作的外方人员和港、澳、台人员(1998年以后的数据均为在岗职工数据，其他相关指标如职工工资总额，职工平均工资等指标也从1998年按此口径进行了相应调整)。

国有单位职工　指在国有经济单位及其附属机构工作，并由其支付工资的各类人员。

城镇集体单位职工　指在城镇集体经济单位及其管理部门工作，并由其支付工资的各类人员。

其他单位职工　指在联营经济、股份制经济、外商投资经济、港、澳、台投资经济单位工作，并由其支付工资的各类人员。

在岗职工　指在本单位工作并由单位支付工资的人员，以及有工作岗位，但由于学习、病伤产假等原因暂未工作，仍由单位支付工资的人员。

工资总额　指各单位在一定时期内直接支付给本单位全部职工的劳动报酬总额。工资总额的计算原则应以直接支付给职工的全部劳动报酬为根据。各单位支付给职工的劳动报酬以及其他根据有关规定支付的工资，不论是计入成本的还是不计入成本的，不论是按国家规定列入计征奖金税项目的，还是未列入计征奖金税项目的，不论是以货币形式支付的还是以实物形式支付的，均包括在工资总额内。

奖金　指支付给职工的超额劳动报酬和增收节支的劳动报酬。

津贴和补贴　指为了补偿职工特殊或额外的劳动消耗和因其他特殊原因支付给职工的津贴，以及

为了保证职工工资水平不受物价影响支付给职工的物价补贴。

平均工资　指企业、事业、机关单位的职工在一定时期内平均每人所得的货币工资额。它表明一定时期职工工资收入的高低程度，是反映职工工资水平的主要指标。计算公式为：

职工平均工资＝报告期实际支付的全部职工工资总额／报告期全部职工平均人数

平均工资指数　指报告期职工平均工资与基期职工平均工资的比率，是反映不同时期职工货币工资水平变动情况的相对数。计算公式为：

职工平均工资指数＝报告期职工平均工资／基期职工平均工资

平均实际工资指数　指扣除物价变动因素后的职工平均工资。职工平均实际工资指数是反映实际工资变动情况的相对数，表明职工实际工资水平提高或降低的程度。计算公式为：

职工平均实际工资指数＝(报告期职工平均工资指数／报告期城镇居民消费价格指数)×100%

Explanatory Notes on Main Statistical Indicators

Total Population refers to the total number of people alive at a certain point of time within a given area.The annual statistics on total population is taken at midnight,the 31st of December.

To City，Town and County Population,there are two definitions.The first definition (according to the administrative organizational system):

City Population: Total population under the jurisdiction of City (including population of the town under the jurisdiction of City. excluding the population of counties under the jurisdiction of City).

Town Population: Total population of town under the jurisdiction of County (excluding the population of town under the jurisdiction of City).

County Population: Total population of country under the jurisdiction of County).

The second definition (classified by the permanent population):

City Population: Total population of districts under the jurisdiction of City with district establishment and the population of street under the jurisdiction of City without district establishment.

Town Population: Total resident-committees population of towns under the jurisdiction of City without district establishment and the resident-committees population of towns under the jurisdiction of County.

County Population: Total population except City population and town population.

Birth Rate(or Crude Birth Rate) refers to the ratio of the number of births to the average population during a certain period of time(usually a year) which is often expressed in ‰. The following formula is used:

Brith Rate= (Number of Births/Annual Average Number of Population) ×1000‰

Number of births refers to live births i.e. the births when babies had showed any vital phenomena regardless of the length of pregnancy.

Annual average number of population is the average of the number of population at the beginning of the year and that at the end of the year. Sometimes it is substituted for with the mid year population.

Death Rate(or Crude Death Rate) refers to the ratio of the number of deaths to the average population (or mid year population) during a certain period of time (usually a year) which is often expressed in‰. The following formula is used:

Death Rate =(Number of Deaths/ Annual Average Number of Population)×1000‰

Natural Growth Rate of Population refers to the ratio of natural increase in population(number of births minus number of deaths)in a certain period of time(usually a year)to the average population(or mid year population)of the same period which is often expressed in‰. The following formula is applied:

Natural Growth Rate of Population= [(Number of Births-Number of Deaths)/ Average Number of Population]×1000‰

Natural Growth Rate of Population=Birth Rate-Death Rate

Employed Population refers to population aged 15 or over engaging in social labour which generates income.

Unemployed Population refers to population aged 15 or over not engaging in any social labour which generates income, including students enrolled in schools, house wives,students waiting for entering schools with higher level, urban job seekers, retirees, job quitters, disabled, etc.

Economically Active Population refers to the population aged 16 and over who are capable to work, are participating in or willing to participate in economic activities, including employed persons and unemployed persons.

Persons Employed in Various Units refer to all the persons working in government agencies of various levels, political and party organizations, social organizations, enterprises and institutions, and receiving wages or other forms of payment. They include fully-employed staff and workers, re-employed retirees, teachers in schools run by the local people, foreigners and Chinese compatriots from Hong Kong, Macao, and Taiwan working in various units, part-time employees, employees of other units working temporarily at current posts, and employees holding the second job, but exclude staff and workers who have left their working units while keeping their labour contract (employment relation) unchanged. This indicator reflects the total number of laborers actually engaged in production or other operations in various units.

Persons Employed in Private Enterprises and Self-Employed Individuals in Urban Areas Persons employed in private enterprises refer to the persons employed in the private enterprises which have been registered at the departments of industrial and commercial administration and are situated at a County town (i.e. a town where the County government is located) for business operation or at urban areas with the level higher than a County town. The self-employed individuals in urban areas refer to persons who hold the certificates of residence in urban areas or have resided in the urban areas for a long time and have been registered at the departments of industrial and commercial administration and approved to be engaged in individual industrial or commercial business, including self-employed persons as well as helpers and hired labourers who work in the individual households engaged in industrial or commercial business.

Registered Urban Unemployed Persons The registered unemployed persons in urban areas refer to the persons who are registered as permanent residents in the urban areas engaged in non-agricultural activities, aged within the range of working age, capable to labour, unemployed but desirous to be employed and have been registered at the local employment service agencies to apply for a job.

Registered Urban Unemployment Rate Registered unemployment rate in urban areas refers to the ratio of the number of the registered unemployed persons to the sum of the number of employed persons and the registered unemployed persons . The formula is as follows:

Registered urban unemployment rate = [number of registered urban unemployed persons/(number of urban employed persons + number of registered urban unemployed persons)]×100%

Staff and Workers refer to the persons who work in(and receive payment therefrom)enterprises and institutions of state ownership, collective ownership, joint ownership, share holding, foreign ownership, and ownership by entrepreneurs from Hong Kong, Macao, and Taiwan, and other types of ownership and their affiliated units, excluding the retired persons invited to work in the units again, teachers in the schools run by the local people and foreigners and persons coming from Hong Kong, Macao and Taiwan and working in the state-owned economic units. (Number of staff and workers in this yearbook include only fully employed staff and workers, excluding those who have left their working units while keeping their labour contract/employment relation unchanged).

Staff and Workers in State-owned Economic Units refer to the persons who work in the state-owned economic units or their attached units and are listed in their payrolls.

Staff and Workers of Collective Owned Units in Urban Areas refer to the persons who work in collective owned units in urban areas and their administration departments and receive payment therefrom.

Staff and Workers in Units of Other Types of Ownership refer to those who work in(and receive payment therefrom)enterprises and institutions of joint ownership, share holding, foreign ownership, and ownership by entrepreneurs from Hong Kong, Macao, and Taiwan.

Fully Employed Staff and Workers refer to persons who work in, and receive wages from their working units, as well as persons who have their work posts, but are temporarily absent from work for reasons of study or on sick, injury or maternal leave and still receive wages from their working units.

Total Wages refer to the total remuneration payment to staff and workers in various units during a certain period of time. The calculation of total wages is based on the total remuneration payment to the staff and workers. Therefore，all the wages and salaries and other payments to staff and workers are included in the total wages regardless of their sources，category，and forms (in kind or cash). (Total wages of staff and workers in this yearbook include only total wages of fully employed staff and workers, excluding the living allowances distributed to those who have left their working units while keeping their labour contract/employment relation unchanged).

Bonus refers to remuneration payment to workers for extra work and for increasing earnings and practicing economy.

Subsidies and Allowances refer to subsidies paid to staff and workers for compensating special or extra labour and allowances paid to staff and workers to offset the impact of inflation on real wages.

Average Wage refers to the average wage in money terms per person during a certain period of time for staff and workers in enterprises, institutions, and government agencies, which reflects the general level of wage income during a certain period of time and is calculated as follows:

Average Wage of Staff and Workers =Total Wages of Staff and Workers in Reference Period/Average Number of Staff and Workers in Reference Period

Index of Average Wage refers to the ratio of average wage of staff and workers at the report time to that at the reference time. It reflects the relative changing degree of average wage in money terms at the various of time, which is calculated as following:

Index of Average Wage of Staff and Worker = average wage of staff and workers at the report time/average wage of staff and workers at the reference time

Index of Average Real Wage refers to the average wage which has removed the factor of price change. Index of average real wage of staff and worker reflects the relative changing degree of average real wage, and indicates the degree of the rising or declining degree of real wage of staff and worker, which is calculated as following:

Index of Average Real Wage of Staff and Worker = (Index of Average Wage of Staff and Worker at the Report Time/Urban Consumer Prices Index at the Report Time) ×100%.

第四篇　固定资产投资

Chapter 4　Investment in Fixed Assets

资料整理：张丹峰 郑懿 范李功

Database Editor:Zhangdanfeng Zhengyi Fanligong

简 要 说 明

本篇资料的主要内容及来源

本篇资料反映全省固定资产投资和房地产开发企业的基本情况，包括固定资产投资的规模、结构、资金来源和投资的效果等资料。

固定资产投资统计资料来源为：除农户投资由国家统计局福建调查总队居民收支调查处提供外，其他资料均由省统计局固定资产投资统计处提供。

本篇的统计调查方法除农户投资统计采用抽样调查方法外，其他均为全面统计报表。

Brief Introduction

Main Content and Source of Data

Data in this chapter show the basic conditions of investment in fixed assets and the basic conditions of enterprises for real estate development of Fujian Province etc. mainly including the total investment in fixed assets, the structure of investment, the resources of investment and the results of investment;

Data on the individual investment in fixed assets in rural areas are provided by the fixed assets and construction Census division of NBS Survey office in Fujian; others statistical data on the investment in fixed assets are provided by the Division of Investment in Fixed Assets, Fujian Statistical Bureau.

Method of data collection: All Data on the investment in fixed assets are collected by the statistical reporting scheme with the coverage of complete enumeration, except data on the investment in fixed assets in rural areas which are collected through sample surveys.

4-1 主要年份全社会固定资产投资

Total Investment in Fixed Assets in the Whole Country in Selected Years

单位：万元 (10000 yuan)

年份 Year	全社会固定资产投资额 Total Investment in Fixed Assets	固定资产投资 Investment in Fixed Assets	项目投资 Project Investment	房地产开发投资 Real Estate	农村农户投资 Individuals	全社会固定资产投资比上年增长(%) Ratio(%)
1952	6223	3866			2357	68.1
1957	24214	18728			5486	-55.2
1962	32257	21509			10748	-16.6
1965	49352	33943			15409	14.9
1970	72125	48581			23544	111.4
1975	102585	67822			34763	12.8
1978	133421	94467			38954	55.2
1979	153027	112732			40295	14.6
1980	183177	135820			47357	19.6
1981	184696	161862			22834	0.9
1982	244579	195592			48987	32.4
1983	269664	224177			45487	10.3
1984	346107	294844			51263	28.3
1985	556154	487733			68421	60.7
1986	644605	528075	492367	35708	116530	15.9
1987	815963	666929	634469	32460	149034	26.6
1988	1002887	794631	723316	71315	208256	22.9
1989	1016412	802013	691957	110056	214399	1.4
1990	1154072	905109	770383	134726	248963	13.5
1991	1456253	1172804	962126	210678	283449	26.2
1992	2275484	1932090	1521767	410323	343394	56.3
1993	3684495	3204533	2595218	609315	479962	61.9
1994	5388669	4724916	3705087	1019829	663753	46.3
1995	6811714	5944466	4430778	1513688	867248	26.4
1996	7900000	6969100	5452170	1516930	930900	16.0
1997	8984678	7943278	6459964	1483314	1041400	13.7
1998	10485178	9412536	7756216	1656320	1072642	16.7
1999	10400049	9522224	7736053	1786171	877825	3.4
2000	10824716	9953786	7880095	2073691	870930	4.1
2001	11344756	10538443	8283525	2254918	806313	4.8
2002	12307621	11487621	8997752	2489869	820000	8.5
2003	15078725	14114495	10493838	3620657	964230	22.5
2004	18990974	17983841	13205900	4777941	1007133	25.9
2005	23447330	22417041	17013139	5403902	1030289	23.5
2006	31150775	29984488	22110864	7873624	1166287	38.0
2007	43217404	41866681	30541783	11324898	1350723	38.7
2008	53016939	51483063	40192142	11290921	1533876	22.7
2009	63620327	61809360	50445865	11363495	1810967	20.0
2010	82734186	80673339	62484769	18188570	2060847	30.0
2011	101194678	98856652	74830596	24026056	2338026	27.1
2012	127096604	124522414	96281165	28241249	2574190	25.5
2013	155268688	152452358	115422631	37029727	2816330	22.2
2014	184494785	181413708	135739680	45674028	3081077	18.8
2015	216283061	213009101	168313028	44696073	3273960	17.2

注：1950-1980年固定资产投资（不含农户）为城镇投资，农户投资为农村投资口径；1981年后为正式定义口径。

Note:1950-1980,Investment in Fixed Assets(Excluding Rural Households) is the Investment of Urban Areas,Since 1981,Scope was Defined.

4-2 按类型分全社会固定资产投资额

Total Investment in Fixed Assets in the Whole Country by Types

项目　Item	2000	2005	2010	2014	2015
投资总额（亿元） **Total Investment in Fixed Assets(100 million yuan)**	**1082.47**	**2344.73**	**8273.42**	**18449.48**	**21628.31**
按隶属关系分 By Ownership					
中央 Central	63.50	99.80	757.85	739.30	659.06
地方 Local	1018.97	2244.93	7515.57	17710.18	20969.24
#省级 Province	158.60	293.63	912.52	1088.68	988.63
按三次产业分 **Gruoped By Three stata of Industry**					
第一产业 Primary Industry	19.41	60.69	154.15	413.36	536.88
第二产业 Secondary Industry	481.26	928.73	2897.37	6473.86	7516.67
第三产业 Tertiary Industry	581.80	1355.32	5221.90	11562.26	13574.76
按构成分 **Gruop By Construction**					
建筑工程 Construction	578.28	1202.74	4407.14	11909.11	14139.85
安装工程 Installation	90.46	120.11	325.34	891.72	1006.28
设备工器具购置 Purchase of Equipment and Instruments	288.75	542.42	1457.82	2746.92	3317.75
其他费用 Others	124.98	479.47	2083.11	2901.73	3164.42
本年实际到位资金合计 **Total Source of Funds This Year**	**1242.90**	**2946.95**	**9645.21**	**20967.98**	**23728.14**
上年末结余资金 Funds of LastYear-end	131.84	303.45	711.13	1654.37	1843.19
本年实际到位资金小计 Total Source of Funds This Year	1111.06	2643.51	8934.08	19313.61	21884.94
国家预算资金 StateBudgetary Appropriation	54.26	165.29	672.50	1336.90	1529.95
国内贷款 DomesticLoans	181.76	531.26	1543.17	2071.29	2196.25
债券 Bonds	4.90	0.69	54.74	20.43	0.62
利用外资 ForeignInvestment	136.26	132.95	286.57	187.39	85.58
自筹资金 Fundraising	511.07	1309.41	4950.82	12726.60	15047.14
其他资金来源 Others	222.81	503.91	1426.28	2971.01	3025.41
房屋建筑面积（万平方米） **Floor Space of Buildings(10000 sq.m)**					
施工面积 Floor Space Under Construction	10118.93	17805.02	30754.70	57914.73	59342.48
#住宅 Residential Buildings	6191.93	8832.24	15359.26	23567.64	23098.12
竣工面积 Floor Space Completed	4806.13	7140.36	7166.91	13139.30	14763.17
#住宅 Residential Buildings	3432.91	4005.03	3624.84	4778.30	4722.91

注：从2011年起，固定资产投资中建设项目投资统计起点标准调整为计划总投资500万元及以上。

Note: Since 2011, Project Investment standard statistical point had adjusted to 5 million yuan or more of total investment.

4-3 按产业和行业分全社会固定资产投资额

Total Investment in Fixed Assets in the Whole Country by Status of Registration and Industry

单位：亿元 (100 million yuan)

行业 Sector	2010	2011	2013	2014	2015
总计 Total	**8273.42**	**10119.47**	**15526.87**	**18449.48**	**21628.31**
第一产业 Primary Industry	**154.15**	**175.70**	**323.39**	**413.36**	**536.88**
第二产业 Secondary Industry	**2897.37**	**3744.26**	**5737.05**	**6473.86**	**7516.67**
第三产业 Tertiary Industry	**5221.90**	**6199.50**	**9466.42**	**11562.26**	**13574.76**
按主要行业分 By Sector					
农、林、牧、渔业 Agriculture,Forestry,Animal Husbandry and Fishery	154.15	175.62	294.41	472.78	638.90
采矿业 Mining and Quarrying	113.23	111.09	239.95	247.07	278.10
制造业 Manufacturing	2252.09	3057.46	4645.75	5108.59	6108.55
电力、热力、燃气及水生产和供应业 Production and Supply of Electric Power, Gas,Water	505.00	538.08	764.73	918.05	908.45
建筑业 Construction	22.93	30.26	80.70	210.14	229.46
批发和零售业 Wholesale and Retail Trade	155.01	172.15	289.28	388.57	517.27
交通运输、仓储和邮政业 Transport, Storage and Post Services	1349.37	1384.58	1669.09	1993.21	2500.84
住宿和餐饮业 Lodgings and Catering Services	100.47	142.70	218.92	227.43	264.41
信息传输、软件和信息技术服务业 Information Transmission, Computer Software and Services	140.37	142.49	204.28	207.93	319.05
金融业 Finance	23.17	23.25	55.08	46.59	57.10
房地产业 Real Estate	2246.15	2873.87	4433.22	5606.33	5643.14
租赁和商务服务业 Rent and Business Services	95.96	86.95	178.67	233.22	269.37
科学研究和技术服务业 Scientific Reseach and Ploytechnic Services	17.23	35.90	36.99	52.69	82.97
水利、环境和公共设施管理业 Water Conservancy, Environment and Public Facilities Management	706.94	810.02	1355.52	1787.28	2669.14
居民服务、修理和其他服务业 Resident Services and Others	18.70	23.10	38.05	53.40	72.07
教育 Education	112.96	147.81	185.91	214.45	273.38
卫生和社会工作 Health Care and Social Work	55.37	55.37	109.25	118.64	171.94
文化、体育和娱乐业 Culture, Sports and Entertainment	78.47	129.18	206.64	257.89	265.73
公共管理、社会保障和社会组织 Public Management and Social Organizations	125.84	179.59	238.81	305.21	358.43
国际组织 National Organizations					

注：本表国民经济行业分类标准采用GB/T 4754-2011。

Note: The classified Standards of national ecomonic sector are adopted GB/T 4754-2011.

4-4 全社会固定资产投资资金来源(1981-2015年)

Sources of Funds for Investment in Fixed Assets in the Whole Country(1981-2015)

单位：亿元　　(100 million yuan)

年份 Year	本年实际到位资金小计 Total Source of Funds	国家预算资金 State Budgetary Appropriation	国内贷款 Domestic Loans	债券 Bonds	利用外资 Foreign Investment	自筹资金 Fundraising	其他资金来源 Others
1981	14.98	5.17	2.41		0.19	6.54	0.67
1982	18.36	3.65	5.02		0.82	7.68	1.19
1983	20.38	4.05	5.52		0.43	8.38	2.00
1984	25.66	5.44	9.21		0.32	9.16	1.53
1985	41.67	6.47	15.19		3.39	13.29	3.33
1986	43.80	6.92	17.99		2.29	12.65	3.95
1987	58.47	9.64	19.85		1.93	21.55	5.50
1988	77.88	5.98	24.69		3.89	30.37	12.95
1989	83.28	6.74	18.62		5.52	34.71	17.69
1990	103.45	8.30	22.88		9.57	42.69	20.01
1991	125.24	6.76	32.16		4.13	55.84	26.35
1992	163.43	5.58	53.68		9.47	80.41	14.29
1993	351.73	8.81	84.08		37.37	158.42	63.05
1994	480.87	7.80	91.55		75.84	227.54	78.14
1995	600.66	9.83	113.19		103.74	253.80	120.10
1996	728.83	11.78	144.05		139.92	306.13	126.95
1997	930.40	10.63	146.67		167.47	363.31	242.32
1998	1051.10	23.41	170.86		230.08	436.39	190.36
1999	997.16	38.36	181.87		133.67	423.74	219.52
2000	1111.06	54.26	181.76	4.90	136.26	511.07	222.81
2001	1205.85	66.97	187.52	3.40	132.01	530.73	285.22
2002	1345.83	78.98	266.11	3.74	150.85	576.90	269.25
2003	1664.60	92.84	307.16	2.22	124.06	802.91	335.41
2004	2139.92	84.62	406.01	3.71	135.91	1048.19	461.48
2005	2643.51	165.29	531.26	0.69	132.95	1309.41	503.91
2006	3557.87	175.07	764.60	9.56	146.59	1669.64	792.41
2007	5011.51	286.69	1048.91	15.29	215.67	2437.05	1007.90
2008	5755.23	400.70	1070.99	11.40	206.24	3124.85	941.05
2009	7091.68	538.15	1420.96	42.58	200.43	3469.15	1420.41
2010	8934.08	672.50	1543.17	54.74	286.57	4950.82	1426.28
2011	11453.72	789.52	1630.84	22.83	388.41	6573.07	2049.06
2012	14085.05	1195.21	1773.87	65.07	352.83	8085.37	2612.70
2013	17429.54	1303.44	1977.06	2.04	256.35	10458.63	3432.02
2014	19313.61	1336.90	2071.29	20.43	187.39	12726.60	2971.01
2015	21884.94	1529.95	2196.25	0.62	85.58	15047.14	3025.41

4-5 全社会固定资产投资资金来源构成(1981-2015年)

Composition of Funds for Investment in Fixed Assets in the Whole Country(1981-2015)

单位：%　　(%)

年份 Year	国家预算资金 State Budgetary Appropriation	国内贷款 Domestic Loans	债券 Bonds	利用外资 Foreign Investment	自筹资金 Fundraising	其他资金来源 Others
1981	34.5	16.1		1.3	43.7	4.4
1982	19.9	27.3		4.5	41.8	6.5
1983	19.9	27.1		2.1	41.1	9.8
1984	21.2	35.9		1.2	35.7	6.0
1985	15.5	36.5		8.1	31.9	8.0
1986	15.8	41.1		5.2	28.9	9.0
1987	16.5	33.9		3.3	36.9	9.4
1988	7.7	31.7		5.0	39.0	16.6
1989	8.1	22.4		6.6	41.7	21.2
1990	8.0	22.1		9.2	41.3	19.3
1991	5.4	25.7		3.3	44.6	21.0
1992	3.4	32.8		5.8	49.2	8.7
1993	2.5	23.9		10.6	45.0	17.9
1994	1.6	19.0		15.8	47.3	16.2
1995	1.6	18.8		17.3	42.3	20.0
1996	1.6	19.8		19.2	42.0	17.4
1997	1.1	15.8		18.0	39.0	26.0
1998	2.2	16.3		21.9	41.5	18.1
1999	3.8	18.2		13.4	42.5	22.0
2000	4.9	16.4	0.4	12.3	46.0	20.0
2001	5.6	15.6	0.3	10.9	44.0	23.6
2002	5.9	19.8	0.3	11.2	42.9	20.0
2003	5.6	18.5	0.1	7.5	48.2	20.1
2004	4.0	19.0	0.2	6.4	49.0	21.6
2005	6.3	20.1		5.0	49.5	19.1
2006	4.9	21.5	0.3	4.1	46.9	22.3
2007	5.7	20.9	0.3	4.3	48.6	20.1
2008	7.0	18.6	0.2	3.6	54.3	16.4
2009	7.6	20.0	0.6	2.8	48.9	20.0
2010	7.5	17.3	0.6	3.2	55.4	16.0
2011	6.9	14.2	0.2	3.4	57.4	17.9
2012	8.5	12.6	0.5	2.5	57.4	18.5
2013	7.5	11.3		1.5	60.0	19.7
2014	6.9	10.7	0.1	1.0	65.9	15.4
2015	7.0	10.0		0.4	68.8	13.8

4-6 全社会固定资产投资构成(1993-2015年)

Composition of Fixed Assets in the Whole Country(1993-2015)

年份 Year	本年完成投资 Composition	建筑工程 Construction	安装工程 Installation	设备工器具购置 Purchase of Equipment and Instruments	其他费用 Others
总量（亿元） Total(100 million yuan)（亿元）					
1993	368.44	235.36	16.85	78.44	37.79
1994	538.87	352.39	23.51	103.99	58.98
1995	681.17	455.78	31.67	119.14	74.58
1996	790.00	503.53	38.78	154.85	92.84
1997	898.47	534.67	49.41	212.38	102.00
1998	1048.52	624.06	59.18	237.70	127.58
1999	1040.00	578.05	63.74	267.97	130.25
2000	1082.47	578.28	90.46	288.75	124.98
2001	1134.48	588.88	83.49	321.91	140.20
2002	1230.76	685.69	61.96	312.04	171.07
2003	1507.87	849.02	73.93	334.87	250.05
2004	1899.10	1040.66	96.46	443.35	318.62
2005	2344.73	1202.74	120.11	542.42	479.47
2006	3115.08	1566.78	138.67	610.26	799.36
2007	4321.74	2250.77	185.50	808.66	1076.81
2008	5301.69	2845.35	238.58	1127.87	1089.90
2009	6362.03	3445.72	286.35	1333.59	1296.37
2010	8273.42	4407.14	325.34	1457.82	2083.11
2011	10119.47	6045.05	410.16	1693.92	1970.33
2012	12709.66	7871.48	611.65	2038.97	2187.56
2013	15526.87	9854.13	752.14	2535.96	2384.64
2014	18449.48	11909.11	891.72	2746.92	2901.73
2015	21628.31	14139.85	1006.28	3317.75	3164.42
构成（%） Composition（%）					
1993	100.0	63.9	4.6	21.3	10.2
1994	100.0	65.4	4.4	19.3	10.9
1995	100.0	66.9	4.6	17.5	10.9
1996	100.0	63.7	4.9	19.6	11.8
1997	100.0	59.5	5.5	23.6	11.4
1998	100.0	59.5	5.6	22.7	12.2
1999	100.0	55.6	6.1	25.8	12.5
2000	100.0	53.7	8.4	26.6	11.4
2001	100.0	51.9	7.4	28.4	12.4
2002	100.0	55.7	5.0	25.4	13.9
2003	100.0	56.3	4.9	22.2	16.6
2004	100.0	54.8	5.1	23.3	16.8
2005	100.0	51.3	5.1	23.1	20.4
2006	100.0	50.3	4.5	19.6	25.7
2007	100.0	52.1	4.3	18.7	24.9
2008	100.0	53.7	4.5	21.3	20.6
2009	100.0	54.2	4.5	21.0	20.4
2010	100.0	53.3	3.9	17.6	25.2
2011	100.0	59.7	4.1	16.7	19.5
2012	100.0	61.9	4.8	16.1	17.2
2013	100.0	63.5	4.8	16.3	15.4
2014	100.0	64.6	4.8	14.9	15.7
2015	100.0	65.4	4.7	15.3	14.6

4-7 投资项目数及计划总投资(1993-2015年)

Number of Investment Projects and Value of Investment(1993-2015)

年份 Year	施工项目（个） Number of Projects Under Construction (unit)	全部建成投产项目（个） Number of Projects Completed and Put Into Use (unit)	计划总投资（亿元） Total Investment of Planned (100 million yuan)	年份 Year	施工项目（个） Number of Projects Under Construction (unit)	全部建成投产项目（个） Number of Projects Completed and Put Into Use (unit)	计划总投资（亿元） Total Investment of Planned (100 million yuan)
1993	6256	3018	767.30	2005	7543	2891	5870.27
1994	5495	2810	1083.79	2006	15635	6461	8623.00
1995	5310	2819	1317.22	2007	17559	8036	10928.56
1996	6123	3458	1532.51	2008	19209	9562	13812.67
1997	5616	3057	1771.04	2009	19903	10396	16540.21
1998	6491	3546	2117.06	2010	19183	10165	21281.86
1999	7488	4149	2218.53	2011	17659	9033	21912.59
2000	6231	3579	2121.71	2012	20650	12210	25974.02
2001	5763	3153	2230.89	2013	23836	13718	28976.03
2002	6066	3269	2281.43	2014	26590	17018	33562.57
2003	5571	2438	3222.88	2015	28507	21074	36571.15
2004	8857	2594	4308.45				

注：本表不含房地产开发；2005年及以前年份投资项目指城镇投资项目，2006年及以后年份为城镇及非农户投资项目。

Note:Data in this table exclude the investment of the real estate development.It including Urban Investment before 2005.Since 2006,it including Urban Investment and Non-Individuals.

4-8 按三次产业分新增固定资产（不含农户）

Newly Increased Total Investment in Fixed Assets(Excluding Rural Households) by Sector

单位：万元 (10000 Yuan)

行业	新增固定资产投资（不含农户） Newly Increased Fixed Assets(Excluding Rural Households)	第一产业 Primary Industry	第二产业 Secondary Industry	第三产业 Tertiary Industry
1995	3138438	26542	961562	2150334
1996	4171918	29567	1372641	2769710
1997	6213913	34270	2080800	4098843
1998	6029888	53699	2634906	3341283
1999	6542937	104613	2378326	4059998
2000	6749598	35593	2863561	3850444
2001	6622464	54362	2353141	4214961
2002	7581186	73912	2813120	4694154
2003	6914113	43138	2356325	4514650
2004	7908627	50759	2988540	4869328
2005	9246365	70219	3489972	5686174
2006	11420066	206623	5881937	5331506
2007	14774673	289313	7013751	7471609
2008	21009125	593552	9011335	11404238
2009	28100758	703448	13399102	13998208
2010	30467401	891108	14234925	15341368
2011	46961799	1162216	24509465	21290118
2012	63522670	1797175	32287486	29438009
2013	83802909	2415153	42373139	39014617
2014	111509634	3282362	52749149	55478123
2015	155654585	5049385	67673111	82932089

注：本表国民经济行业分类标准采用GB/T 4754-2011,2005年及以前年份为城镇新增固定资产投资。

Note: The classified Standards of national ecomonic sector are adopted GB/T 4754-2011.It including Urban Investment before 2005.

4-9 按各类型分固定资产投资（不含农户）

Investment in Fixed Assets(Excluding Rural Households) By Types

单位：万元 (10000 Yuan)

项目 Item	2010	2011	2012	2013	2014	2015
总计 Total	**80673339**	**98856652**	**124522414**	**152452358**	**181413708**	**213009101**
按登记注册类型分 Grouped by Status of Registration						
国有企业 Stated-owned Enterprises	26536637	28746345	38549513	42292209	47240148	58003421
集体企业 Collective-owned Enterprises	2263986	2388081	3098676	4372611	5802784	9583036
股份合作 Share Holding Cooperative Enterprises	386441	256901	110430	146983	347011	333949
联　营 Cooperative Enterprises	571334	650198	393770	551598	625764	408384
有限责任公司 Limited Liability Corporations Enterprises	15983641	23633805	33080087	40568787	51947197	58567354
股份有限公司 Share Holding Enterprises	2504742	3518266	4369396	4667366	4785493	5199906
私营企业 Private Enterprises	19784508	24150764	28253783	41168554	51143327	57950391
港澳台商投资企业 Enterprises with Funds from HongKong, Macao,TaiWan	6372079	7420607	7711168	8255204	8061717	8630059
外商投资企业 Foreign Funded Enterprises	4344108	5487799	5258530	5260796	5049007	4963990
其他 Other Enterprises	1925863	2603886	3697061	5168250	6411260	9368611
按隶属关系分 By Ownership						
中央 Central	7578460	7236994	7700553	7030889	7392985	6590614
地方 Local	73094879	91619658	116821861	145421469	174020723	206418487
#省 Province	9125243	9119555	11616207	11795751	10886795	9886299
按建设性质分 By Kind of Construction						
#新建 New Construction	34825066	42551691	55734999	62672485	70255050	84435031
扩建 Expansion	16126599	19350047	24059899	29523348	35776709	46126433
改建 Reconstruction	7778158	8563115	12052416	17209067	22281054	28569287

4-10 按行业分固定资产投资（不含农户）

Investment in Fixed Assets(Excluding Rural Households) by Sector

单位：万元 (10000 Yuan)

行业 Sector	2010	2011	2012	2013	2014	2015
总计 Total	80673339	98856652	124522414	152452358	181413708	213009101
第一产业 Primary Industry	1300158	1525815	2167951	2944067	3827861	5150882
第二产业 Secondary Industry	28894167	37275688	45961346	57311349	64671069	75066346
第三产业 Tertiary Industry	50479014	60055149	76393117	92196942	112914778	132791873
按主要行业分 By Sector						
农、林、牧、渔业 Farming, Forestry, Animal Husbandy and Fishery	1300158	1525815	2167951	2944067	3827861	6171061
采矿业 Mining and Quarrying	1126345	1110509	1629871	2399546	2440134	2779014
制造业 Manufacturing	22502139	30523275	37643926	46457503	50987388	61028779
电力、热力、燃气及水生产和供应业 Production and Supply of Electricity Gas and Water	5050039	5380754	6208107	7647258	9179094	9084438
建筑业 Construction	215644	261150	479442	807042	2064453	2253094
批发和零售业 Wholesale and Retail Trade	1531984	1667544	2004885	2892818	3822055	5116284
交通运输、仓储和邮政业 Transport, Storage and Post Services	13434479	13782856	16682506	16690908	19794500	24918483
住宿和餐饮业 Lodgings and Catering Services	995708	1420066	2033187	2189223	2264514	2633925
信息传输、软件和信息技术服务业 Information Transmission, Software and Information Technology Services	1397348	1424852	1736521	2042770	2079260	3190539
金融业 Finance	231658	232456	301365	550760	465885	570995
房地产业 Real Estate	20808585	26863924	34392665	44332184	53584054	53661704
租赁和商务服务业 Rent and Business Services	955769	858775	1473818	1786727	2322436	2689572
科学研究和技术服务业 Scientific Reseach and Ploytechnic Services	172344	358964	224937	369863	526942	829746
水利、环境和公共设施管理业 Water Conservancy, Environment and Public Facilities Management	7068030	8099983	10722581	13555155	17872846	26691357
居民服务、修理和其他服务业 Resident Services and Others	166743	229682	306904	380549	530668	695540
教育 Education	1127649	1478072	1948802	1859074	2144515	2733799
卫生和社会工作 Health Care and Social Work	551387	553673	729576	1092470	1186291	1719397
文化、体育和娱乐业 Culture, Sports and Entertainment	778900	1288431	1860365	2066391	2574474	2657052
公共管理、社会保障和社会组织 Public Management, Social Ensure and Social Organizations	1258430	1795871	1975005	2388050	3052147	3584322
国际组织 Intenational Organzition						

注：本表国民经济行业分类标准采用GB/T 4754-2011。

Note: The classified Standards of national ecomonic sector are adopted GB/T 4754-2011.

4-11 按行业、构成、性质分固定资产投资（不含农户）（2015年）

单位：万元

项目	Item	合计 Total	按投资构成分 By Composition of Funds 建筑工程 Construction
本年完成投资	**Total**	**213009101**	**138494327**
农、林、牧、渔业	**Agriculture,Forestry,Animal Husbandry and Fishery**	**6171061**	**4253861**
农业	Agriculture	2572139	1905194
林业	Forestry	620544	395085
畜牧业	Animal Husbandry	692996	490936
渔业	Fishery	1265203	636349
农、林、牧、渔服务业	Services of Agriculture,Forestry,Animal Husbandry and Fishery	1020179	826297
采矿业	**Mining and Quarrying**	**2779014**	**2054887**
煤炭开采和洗选业	Coal Mining and Dressing	1078256	935433
石油和天然气开采业	Petroleum and Natural Gas Mining		
黑色金属矿采选业	Ferrous Metals Mining and Dressing	402946	288975
有色金属矿采选业	Nonferrous Metals Mining and Dressing	324618	246394
非金属矿采选业	Nonmetal Minerals Mining and Dressing	868429	519272
开采辅助活动	Subsidiary Action	15915	11344
其他采矿业	Others Mining and Quarrying	88850	53469
制造业	**Manufacturing**	**61028779**	**35304419**
农副食品加工业	Agricultural and Sideline Products Processing	4488144	2967688
食品制造业	Food Manufacturing	2012259	1281980
酒、饮料和精制茶制造业	Wine，Drink and Tea Manufacturing	3004017	1942614
烟草制品业	Tobacco Processing	73571	49751
纺织业	Textile Industry	3355191	1449097
纺织服装、服饰业	Textile Garments Products	2406000	1414856
皮革、毛皮、羽毛及其制品和制鞋业	Leather,Furs,Down and Relate Products	2156187	1321455
木材加工和木、竹、藤、棕、草制品业	Timber Processing,Bamboo,Cane,Palm Fiber and Straw Products	3763034	2354754
家具制造业	Furniture Manufacturing	1633789	1028248
造纸和纸制品业	Papermaking and Paper Products	1236954	689562
印刷和记录媒介复制业	Printing and Record Medium Reproduction	512876	229066
文教、工美、体育和娱乐用品制造业	Cultural , Educational and Sports Goods	1407315	832085
石油加工、炼焦和核燃料加工业	Petroleum Processing , Coking and Nuclear Fuel Processing	610677	181643
化学原料和化学制品制造业	Raw Chemical Materials and Chemical Products	3812731	2063770
医药制造业	Medical and Pharmaceutical Products	786886	497797
化学纤维制造业	Chemical Fiber	1519046	518446
橡胶和塑料制品业	Rubber and Plastic Products	2024651	1184620
非金属矿物制品业	Nonmetal Minerals Products	5804431	3331890
黑色金属冶炼和压延加工业	Smelting and Pressing of Ferrous Metals	1595027	691004
有色金属冶炼和压延加工业	Smelting and Pressing of Nonferrous Metals	853971	429978
金属制品业	Metal Products	2750075	1637528
通用设备制造业	General Equipment	2378530	1523889
专用设备制造业	Special Purpose Equipment	2133576	1283935
汽车制造业	Car Manufacturing	1071658	621858
铁路、船舶、航空航天和其他运输设备制造业	Railway,Watercraft,Aviation and others transportation Manufacturing	545895	419053
电气机械和器材制造业	Electric Equipment and Machinery	3080612	1820047
计算机、通信和其他电子设备制造业	Computer,Communication and other Electronic Equipment	4076773	2140847

Investment in Fixed Assets(Excluding Rural Households) by Sector,Composition of Funds and Properties(2015)

(10000 yuan)

			按建设性质分 By Properties		
安装工程 Installation	设备工器具购置 Purchase of Equipment and Instruments	其他 Others	#新建 New Construction	#扩建 Expansion	#改建和技术改造 Reconstruction and Technical Renovation
10062838	**32862315**	**31589621**	**84435031**	**46126433**	**28569287**
263560	**1034426**	**619214**	**3675694**	**1583812**	**497928**
112349	304932	249664	1562573	793879	186686
8314	62585	154560	374729	185708	60107
25613	114182	62265	351212	271160	67159
80399	471975	76480	578568	240200	98319
36885	80752	76245	808612	92865	85657
57300	**575025**	**91802**	**328156**	**829562**	**1563731**
8848	116382	17593	49485	138717	852979
9503	94321	10147	32111	95333	275502
5787	61526	10911	23058	172661	128899
32104	269346	47707	186173	393873	267893
350	3556	665	10965	4950	
708	29894	4779	26364	24028	38458
2716449	**18699438**	**4308473**	**22405317**	**23864515**	**10851041**
202344	1014350	303762	1850540	1708616	771116
45743	527678	156858	745045	861262	269576
136943	736783	187677	950403	1374226	627886
1890	21325	605	6291	36110	30820
210070	1463772	232252	931037	1040665	1092261
166063	597146	227935	1207842	697830	336830
74393	604697	155642	669480	837175	437150
172420	974680	261180	790736	2190749	709332
58566	430203	116772	628686	662686	290385
45206	401069	101117	263774	597339	262016
39297	212696	31817	182297	138571	128633
70717	421190	83323	485543	527534	173455
165104	217178	46752	194416	372532	39129
100231	1391553	257177	1639925	1272383	661207
24494	170480	94115	387821	234322	135969
133901	779455	87244	821096	394477	275485
92877	606764	140390	696238	905830	327360
230259	1672082	570200	1941452	2271540	1369762
149956	707410	46657	495079	407366	468813
50954	344355	28684	322208	236468	250241
108404	793231	210912	826166	1526608	224909
78268	585501	190872	559465	1319709	332008
80169	592891	176581	800897	842319	378870
72434	296143	81223	315609	553103	141537
17370	91236	18236	352894	87190	45085
70736	1045973	143856	1054894	1238311	395418
74683	1624287	236956	2295767	969208	387192

4-11 续表1

单位：万元

项目	Item	合计 Total	按投资构成分 By Composition of Funds 建筑工程 Construction
仪器仪表制造业	Instruments and Meters Machinery	301418	193509
其他制造业	Others Manufacturing	1235695	960519
废弃资源综合利用业	Waste Resources and Materials Recovering	334726	207186
金属制品、机械和设备修理业	Metals,Machinery and Equipment maintenance	63064	35744
电力、热力、燃气及水生产和供应业	**Production and Supply of Electric Power, Gas,Water**	**9084438**	**3790081**
电力、热力生产和供应业	Production and Supply of Electric Power and Hot Power	6297347	1994866
燃气生产和供应业	Production and Supply of Gas	696690	425641
水的生产和供应业	Production and Supply of Water	2090401	1369574
建筑业	**Construction**	**2253094**	**1302533**
房屋建筑业	Building Engineering	573908	225413
土木工程建筑业	Civil Engineering	1355803	905938
建筑安装业	Installation	122621	64095
建筑装饰和其他建筑业	Building Decontion and Others	200762	107087
批发和零售业	**Wholesale and Retail Trade**	**5116284**	**3183160**
批发业	Wholesale	3381195	1958037
零售业	Retail Trade	1735089	1225123
交通运输、仓储和邮政业	**Transport, Storage and Post Services**	**24918483**	**17064505**
铁路运输业	Railways	2357169	1598241
道路运输业	Highways	16296468	11707784
水上运输业	Waterways	2462294	1542263
航空运输业	Civil Aviation	1147812	352039
管道运输业	Pipeline	206913	168862
装卸搬运和运输代理业	Loading,Unloading and Other Transport Services	538429	388072
仓储业	Warehousing	1873540	1281738
邮政业	Posts	35858	25506
住宿和餐饮业	**Lodgings and Catering Services**	**2633925**	**1847651**
住宿业	Lodgings	2237498	1564680
餐饮业	Catering Services	396427	282971
信息传输、软件和信息技术服务业	**Information Transmission, Computer Software and Services**	**3190539**	**954022**
电信、广播电视和卫星传输服务	Telecom,Radio and Television,Satellite Transmission Service	1884808	417112
互联网和相关服务	Internet and Related Services	765819	232769
软件和信息技术服务业	Software and Information Technology Services	539912	304141
金融业	**Finance**	**570995**	**328178**
货币金融服务	Money Services	359281	164580
资本市场服务	Capital Market Services	118066	108098
保险业	Insurance	5010	
其他金融业	Other Financial Sectors	88638	55500

Continued

(10000 yuan)

			按建设性质分 By Properties		
安装工程 Installation	设备工器具购置 Purchase of Equipment and Instruments	其他 Others	#新建 New Construction	#扩建 Expansion	#改建和技术改造 Reconstruction and Technical Renovation
1118	79370	27421	84922	141818	32060
22844	191109	61223	729957	285591	186051
14314	83487	29739	131041	130300	66285
4681	21344	1295	43796	2677	4200
1092684	**3113295**	**1088378**	**3500167**	**3334409**	**2157133**
745887	2732972	823622	2172953	2708869	1370400
79849	107048	84152	333458	138729	210358
266948	273275	180604	993756	486811	576375
93348	**638757**	**218456**	**1326341**	**266648**	**215150**
27551	289685	31259	216748	83109	2668
49932	228731	171202	962791	108525	198742
8609	47122	2795	53142	23110	9180
7256	73219	13200	93660	51904	4560
232291	**1239001**	**461832**	**2489978**	**1383728**	**634819**
178983	1024649	219526	1398772	946838	487665
53308	214352	242306	1091206	436890	147154
340475	**2586455**	**4927048**	**16165939**	**3546211**	**3213315**
	5763	753165	2194143	104923	58103
188502	760296	3639886	10915488	2087422	2812682
41492	734987	143552	1263805	283036	217001
2739	756504	36530	240443	165052	17912
13604	15846	8601	196580	3128	
14835	50332	85190	325730	172226	27885
77112	255381	259309	1020753	723588	60877
2191	7346	815	8997	6836	18855
123479	**319392**	**343403**	**1870202**	**435480**	**280780**
110232	236971	325615	1648846	319115	251045
13247	82421	17788	221356	116365	29735
605580	**1524484**	**106453**	**800667**	**967781**	**1317456**
395708	1003451	68537	376192	815542	688766
146807	363228	23015	166297	65878	524587
63065	157805	14901	258178	86361	104103
44815	**121638**	**76364**	**295633**	**64386**	**192936**
27015	110566	57120	121962	47115	181936
2800	3420	3748	93675	11271	11000
	5010				
15000	2642	15496	79996	6000	

4-11 续表2

单位：万元

项目	Item	合计 Total	按投资构成分 By Composition of Funds 建筑工程 Construction
房地产业	**Real Estate**	**53661704**	**35762995**
房地产业	Real Estate	53661704	35762995
租赁和商务服务业	**Rent and Business Services**	**2689572**	**1886643**
租赁业	Rent	162301	39989
商务服务业	Business Services	2527271	1846654
科学研究和技术服务业	**Scientific Reseach and Ploytechnic Services**	**829746**	**440074**
研究和试验发展	Research and Experimental Development	142578	92005
专业技术服务业	Services of Professional and Technology	401859	207328
科技推广和应用服务业	Popularization and Application of Science and Technology	285309	140741
水利、环境和公共设施管理业	**Water Conservancy, Environment and Public Facilities Management**	**26691357**	**21547698**
水利管理业	Water Conservancy Management	3344163	2842150
生态保护和环境治理业	Ecological Protection and Environmental Governance	1025747	771107
公共设施管理业	Public Facility Management	22321447	17934441
居民服务、修理和其他服务业	**Resident Services and Others**	**695540**	**470200**
居民服务业	Resident Services	448371	312794
机动车、电子产品和日用产品修理业	Repair of Motor Vehicles,Electronic Products,Daily Necessities.	175075	109779
其他服务业	Other Services	72094	47627
教育	**Education**	**2733799**	**2278563**
教育	Education	2733799	2278563
卫生和社会工作	**Health Care and Social Work**	**1719397**	**1150504**
卫生	Health Care	1315768	784660
社会工作	Social Work	403629	365844
文化、体育和娱乐业	**Culture, Sports and Entertainment**	**2657052**	**1894953**
新闻和出版业	News and Publication	12366	9653
广播、电视、电影和影视录音制作业	Radio,Television,Film and TV Recordings	198410	66123
文化艺术业	Cuiture Arts	1487271	1061161
体育	Sports	485666	398244
娱乐业	Entertainment	473339	359772
公共管理、社会保障和社会组织	**Public Management and Social Organizations**	**3584322**	**2979400**
中国共产党机关	the Communist Party of China	7190	7190
国家机构	National Institutions	1873410	1499790
人民政协、民主党派	Chinese People's Political Consultative Conferences, the Democratic Parties		
社会保障	the Social Security	1606	1606
群众团体、社会团体和其他成员组织	Mass Organizations,Social Groups and others	439510	377662
基层群众自治组织	the Grassroots Autonomous Organizations	1262606	1093152
国际组织	**National Organizations**		

Continued

(10000 yuan)

			按建设性质分 By Properties		
安装工程 Installation	设备工器具购置 Purchase of Equipment and Instruments	其他 Others	#新建 New Construction	#扩建 Expansion	#改建和技术改造 Reconstruction and Technical Renovation
3266685	**561416**	**14070608**	**6438856**	**1261319**	**1066181**
3266685	561416	14070608	6438856	1261319	1066181
153348	**386994**	**262587**	**1582733**	**688326**	**189080**
4510	116002	1800	30074	36132	
148838	270992	260787	1552659	652194	189080
28957	**238950**	**121765**	**624209**	**138279**	**40160**
6018	13550	31005	93546	43214	
12178	101831	80522	310744	59723	14270
10761	123569	10238	219919	35342	25890
709786	**776590**	**3657283**	**16861496**	**4606861**	**4805640**
114473	99052	288488	1911379	584890	797520
35303	81785	137552	509175	140969	234206
560010	595753	3231243	14440942	3881002	3773914
27006	**105267**	**93067**	**296823**	**145943**	**220564**
13860	42173	79544	188998	53993	194698
6230	52339	6727	75281	57917	20349
6916	10755	6796	32544	34033	5517
50592	**166037**	**238607**	**1428514**	**921669**	**166722**
50592	166037	238607	1428514	921669	166722
62090	**241450**	**265353**	**900402**	**445598**	**149155**
51629	236110	243369	575319	379227	142476
10461	5340	21984	325083	66371	6679
83983	**268902**	**409214**	**1736262**	**375489**	**503693**
2713			8973	3393	
6641	68618	57028	39381	6075	152954
43073	99067	283970	990298	200797	281634
16910	34563	35949	338916	120242	19470
14646	66654	32267	358694	44982	49635
110410	**264798**	**229714**	**1707642**	**1266417**	**503803**
			250	6940	
62707	218279	92634	987637	557603	243417
			1606		
6946	22260	32642	231113	181479	22125
40757	24259	104438	487036	520395	238261

4-12 按各类型分新增固定资产（不含农户）

Newly Increased Total Investment in Fixed Assets(Excluding Rural Households) By Types

单位：万元　(10000 Yuan)

项目　Item	2010	2011	2012	2013	2014	2015
合计 Total	**30467401**	**46961799**	**63522670**	**83802909**	**111509634**	**155654585**
按登记注册类型分 Grouped by Status of Registration						
国有企业 Stated-owned Enterprises	7167563	10940183	16977710	19464468	27784193	40049441
集体企业 Collective-owned Enterprises	1396870	1451733	2358506	3735620	4530988	8711436
股份合作 Share Holding Cooperative Enterprises	634134	172137	100524	64146	224604	119832
联　营 Cooperative Enterprises	329272	425274	224842	224118	154856	298650
有限责任公司 Limited Liability Corporations Enterprises	5187265	9100915	13089823	20608995	26021504	31809139
股份有限公司 Share Holding Enterprises	1024869	1466337	2802721	2943808	2731565	5649168
私营企业 Private Enterprises	9853749	14616845	18079135	25664422	34413211	50608009
港澳台商投资企业 Enterprises with Funds from HongKong, Macao, TaiWan and Foreign	2074805	3794667	3920577	4707084	5876388	5738365
外商投资企业 Foreign Funded Enterprises	1914285	3526102	3339817	3121346	4700393	4129110
其他 Other Enterprises	884589	1467606	2629015	3268902	5071932	8541435
按隶属关系分 By Ownership						
中央 Central	2178130	2251960	2243396	3196806	2673693	4473151
地方 Local	28289271	44709839	61279274	80606103	108835941	151181434
#省 Province	1751269	3221904	4594588	4258830	4692994	5867162
按建设性质分 By Kind of Construction						
#新建 New Construction	10596718	17703854	26934186	33337313	45897694	67358548
扩建 Expansion	7785123	12808548	17099890	21615798	27383724	40157282
改建 Reconstruction	4463555	5925201	9414503	12847460	18326941	26276034

4-13 按行业分新增固定资产（不含农户）

Newly Increased Total Investment in Fixed Assets(Excluding Rural Households) by Sector

单位：万元 (10000 Yuan)

行业 Sector	2010	2011	2012	2013	2014	2015
合计 Total	**30467401**	**46961799**	**63522670**	**83802909**	**111509634**	**155654585**
第一产业 Primary Industry	**891108**	**1162216**	**1797175**	**2415153**	**3282362**	**5049385**
第二产业 Secondary Industry	**14234925**	**24509465**	**32287486**	**42373139**	**52749149**	**67673111**
第三产业 Tertiary Industry	**15341368**	**21290118**	**29438009**	**39014617**	**55478123**	**82932089**
按主要行业分 By Sector						
农、林、牧、渔业 Farming, Forestry, Animal Husbandy and Fishery	891108	1162216	1797175	2415153	3282362	6015752
采矿业 Mining and Quarrying	824556	957910	1329814	2065335	2122643	2748811
制造业 Manufacturing	11372783	20722925	27088138	34040815	43382056	56879439
电力、热力、燃气及水生产和供应业 Production and Supply of Electricity Gas and Water	1978916	2735895	3566751	5739255	5811631	6562319
建筑业 Construction	58670	92735	302783	527734	1432819	1581122
批发和零售业 Wholesale and Retail Trade	743616	925507	1211554	1804021	2834309	5111270
交通运输、仓储和邮政业 Transport, Storage and Post Services	3652219	4469165	5604207	6467191	8853763	13936887
住宿和餐饮业 Lodgings and Catering Services	326256	794137	990763	1282296	1891096	2086843
信息传输、软件和信息技术服务业 Information Transmission, Software and Information Technology Services	971907	1292032	1337163	1565031	1596598	2911263
金融业 Finance	150547	135638	201935	346937	225213	598028
房地产业 Real Estate	5531472	7716083	9394926	13962930	18193357	21259936
租赁和商务服务业 Rent and Business Services	253269	272443	656957	590626	1134758	2614692
科学研究和技术服务业 Scientific Reseach and Ploytechnic Services	49702	147019	72200	215672	390625	639449
水利、环境和公共设施管理业 Water Conservancy, Environment and Public Facilities Management	2097897	3063344	5986390	8071539	12532120	21888729
居民服务、修理和其他服务业 Resident Services and Others	66849	128260	164618	250134	477582	764429
教育 Education	380694	765813	1275026	1017868	1395946	2472465
卫生和社会工作 Health Care and Social Work	218727	251771	394964	521771	803322	1439435
文化、体育和娱乐业 Culture, Sports and Entertainment	283543	622754	835480	1366713	1844630	2238683
公共管理、社会保障和社会组织 Public Management, Social Ensure and Social Organizations	614670	706152	1311826	1551888	2687594	3905033
国际组织 Intenational Organzition						

注：本表国民经济行业分类标准采用GB/T 4754-2011。

Note: The classified Standards of national ecomonic sector are adopted GB/T 4754-2011.

4-14 房地产开发企业（单位）主要指标

Main Indicators of Enterprises for Real Estate Development

项目 Item	2000	2005	2010	2014	2015
企业个数（个） **Number of Enterprises(unit)**	**1922**	**2596**	**3634**	**3280**	**3151**
内资企业 Domestically funded enterprises	1151	1866	2926	2857	2773
#国有 Stated-owned	356	225	216	74	71
集体 Collective-owned	170	91	52	19	17
港澳台商投资企业 EnterPries with Funds from HongKong,Macao and TaiWan	543	470	529	315	283
外商投资企业 Foreign Funded Enterprises	228	260	179	108	95
土地开发及购置(万平方米) **Development and Purchase of Land (10000 sq.m)**					
土地购置面积 Purchased Land Space	901.07	1822.55	1540.42	1294.16	1056.72
本年完成投资（亿元） **Investment of Completed (100 million yuan)**	**207.37**	**540.39**	**1818.86**	**4567.40**	**4469.61**
#住宅 Residential Building	125.07	363.72	975.13	2917.17	2864.95
本年资金来源(亿元) Source of Funds this Year	276.86	803.93	2631.31	5726.13	5639.33
#国内贷款 Domestic Loans	44.78	156.85	432.46	752.62	846.73
利用外资 Foreign Investment	24.94	14.81	18.17	23.32	7.98
自筹资金 Fundraising	54.21	217.15	1099.64	2479.19	2300.58
房屋建筑面积（万平方米） **Floor Space of Buildings Completed (10000 sq.m)**					
施工面积 Floor Space Under Construction	3422.88	6107.75	14189.73	30051.77	30891.14
本年竣工面积 Floor Space Completed this Year	1009.36	1576.16	2242.47	3583.57	3436.56
本年新开工面积 Newiy Started This Year	1102.85	2196.57	4679.56	6754.06	5244.85
#住宅 Residential Buildings	891.87	1727.38	3399.53	4193.81	3185.57
商品房销售面积（万平方米） **Real Floor Spale Building Sold (10000 sq.m)**	**810.65**	**1913.84**	**2575.62**	**4119.48**	**4037.76**
#住宅 Residential Buildings	675.73	1720.56	2139.26	3324.10	3315.69

4-15 房地产开发企业（单位）主要指标(1986-2015年)
Main Indicators of Enterprises for Real Estate Development(1986-2015)

年份 Year	本年完成投资（亿元） Investment of Completed (100 million yuan)	#住宅 Residential Buildings	商品房销售额（亿元） Real Value of House Sold (100 million yuan)	#住宅 Residential Buildings	商品房销售面积（万平方米） Real Floor Space Sold (10000 sq.m)	#住宅 Residential Buildings
1986	3.57				73.14	
1987	3.25				51.33	
1988	7.13				92.88	
1989	11.01				102.55	
1990	13.47				107.79	
1991	21.07		9.16		111.44	
1992	41.03		16.77		134.99	
1993	60.93		26.61		248.91	
1994	101.98	69.96	39.37	26.03	241.31	188.96
1995	151.37	88.51	66.16	46.14	368.65	309.44
1996	151.69	75.29	48.59	37.61	273.51	234.28
1997	148.33	72.49	83.50	62.04	426.88	346.14
1998	165.63	85.44	105.10	78.71	515.20	441.67
1999	178.62	105.08	123.75	92.54	599.68	511.64
2000	207.37	125.07	168.96	119.39	810.65	675.73
2001	225.49	145.22	199.08	150.75	987.81	843.00
2002	248.99	160.78	225.28	153.95	1047.05	882.92
2003	362.07	237.67	287.16	222.46	1250.10	1083.79
2004	477.79	308.45	354.47	281.26	1384.83	1224.61
2005	540.39	363.72	605.09	481.90	1913.84	1720.56
2006	787.36	511.68	807.46	637.34	2021.69	1743.39
2007	1132.49	778.39	1134.53	938.33	2421.97	2096.39
2008	1129.09	735.93	712.61	562.26	1625.67	1250.00
2009	1136.35	743.27	1477.83	1299.09	2723.23	2420.83
2010	1818.86	975.13	1611.32	1300.13	2575.62	2139.26
2011	2402.61	1591.56	2101.58	1649.34	2706.72	2213.30
2012	2824.12	1751.98	2817.70	2293.90	3258.94	2741.96
2013	3702.97	2402.08	4232.08	3410.57	4676.16	3957.46
2014	4567.40	2917.17	3763.52	2939.58	4119.48	3324.10
2015	4469.61	2864.95	3585.81	2839.76	4037.76	3315.69

4-16 房地产开发投资完成情况(1986-2015)

Main Indicators of Enterprises for Real Estate Development(1986-2015)

年份 Year	企业个数（个） Number of Enterprises (unit)	本年完成投资（亿元） Investment of Completed (100 million yuan)	施工面积（万平方米） Floor Space Under Construction (10000 sq.m)	竣工面积（万平方米） Floor Space Completed (10000 sq.m)	商品房销售面积（万平方米） Real Floor Spale Building Sold (10000 sq.m)	商品房销售额（亿元） Real Value of House Sold (100 million yuan)
1986	102	3.57	220.84	133.25	73.14	
1987	118	3.25	216.38	98.74	51.33	
1988	174	7.13	368.04	154.12	92.88	
1989	168	11.01	413.56	183.73	102.55	
1990	190	13.47	427.57	193.92	107.79	
1991	241	21.07	561.56	215.98	111.44	9.16
1992	391	41.03	842.30	258.48	134.99	16.77
1993	856	60.93	1258.69	307.55	248.91	26.61
1994	1279	101.98	1889.94	470.78	241.31	39.37
1995	1256	151.37	2506.77	732.63	368.65	66.16
1996	1407	151.69	2283.80	526.28	273.51	48.59
1997	1465	148.33	2401.24	662.77	426.88	83.50
1998	1783	165.63	2748.79	578.74	515.20	105.10
1999	1909	178.62	3166.96	788.82	599.68	123.75
2000	1922	207.37	3422.88	1009.36	810.65	168.96
2001	1941	225.49	3717.31	1280.79	987.81	199.08
2002	1869	248.99	4114.64	1323.49	1047.05	225.28
2003	1900	362.07	4891.04	1362.95	1250.10	287.16
2004	2433	477.79	5795.69	1523.91	1384.83	354.47
2005	2596	540.39	6107.75	1576.16	1913.84	605.09
2006	2755	787.36	6992.74	1408.32	2021.69	807.46
2007	2693	1132.49	9651.58	1711.33	2421.97	1134.53
2008	3268	1129.09	11459.72	1906.15	1625.67	712.61
2009	3316	1136.35	11668.17	2240.26	2723.23	1477.83
2010	3634	1818.86	14189.73	2242.47	2575.62	1611.32
2011	3576	2402.61	18937.98	2651.71	2706.72	2101.58
2012	3140	2824.12	21121.50	2232.78	3258.94	2817.70
2013	3187	3702.97	26287.28	3369.76	4676.16	4232.08
2014	3280	4567.40	30051.77	3583.57	4119.48	3763.52
2015	3151	4469.61	30891.14	3436.56	4037.76	3585.81

4-17 按各类分组房地产开发投资

Investment of Real Estate Development by Groups

单位：万元 (10000 Yuan)

项目 Item	2000	2005	2010	2014	2015
完成投资额 Investment of Completed	**2073691**	**5403902**	**18188570**	**45674028**	**44696073**
按登记注册类型分 Grouped by Status of Registration					
国有 Stated-owned	452819	572840	1282208	988020	1212893
集体 Collective-owned	95298	189259	276575	136306	168696
股份合作 Share Holding Cooperative	41709	23884	28630		
联营 Cooperative	41002	89344	5548	16350	
有限责任公司 Limited Liability Corporations	214898	1072799	7056662	27180773	29324555
股份有限公司 Share Holding Enterprises	103805	74467	580501	718484	867916
私营企业 Private Enterprises	264209	1785456	5863922	11628877	8662293
港澳台商投资企业 Enterprises with Funds from HongKong, Macao and TaiWan	544809	1061142	2277563	3346293	3411400
外商投资企业 Foreign Funded Enterprises	304170	514713	701494	1599054	991976
其他企业 Other Enterprises	10972	19998	115467	59871	56344
按构成分 By Type of Construction					
建筑工程 Construction	1401960	3343117	8778945	29227264	28692567
安装工程 Installation	77820	225972	537215	2728360	2987848
设备工器具购置 Purchase of Equitment and Instruments	39495	39738	93941	348266	398670
其他费用 Others	554416	1795075	8778469	13370138	12616988
按工程用途分 By Use of Project					
商业营业用房 House for Busines Use	299123	478198	1623334	6548765	6709732
住宅 Residential Building	1250655	3637199	9751349	29171687	28649524
办公楼 Office Buildings	152004	107594	496714	3585835	3277625
其他 Others	371909	1180911	6317173	6367741	6059192
按隶属关系分 By Ownership					
中央 Central	7188	1943	92324	72363	492745
地方 Local Project	2066503	5401959	18096246	45601665	44203328
#省 Province	178567	94526	241353	540149	577062

4-18 商品房竣工面积(1986-2015)

Main Indicators of Enterprises for Real Estate Development(1986-2015)

单位：万平方米　　(10000 sq.m)

年份 Year	竣工房屋面积 Floor Space Completed	住宅 Residential Buildings	#别墅、高档公寓 High-grade Apartment	办公楼 Office Buildings	商业营业用房 House for Business Used	其他 Others
1986	133.25	112.40				
1987	98.74	72.21				
1988	154.12	114.75				
1989	183.73	145.78				
1990	193.92	139.42				
1991	215.98	147.03		2.50	19.63	46.82
1992	258.48	181.24		2.90	26.91	47.43
1993	307.55	238.46		4.13	28.31	36.65
1994	470.78	359.14	31.86	30.97	51.67	29.00
1995	732.63	585.82	54.07	34.93	80.46	31.42
1996	526.28	419.56	47.28	28.33	61.86	16.53
1997	662.77	500.07	69.60	55.37	80.41	26.92
1998	578.74	450.90	43.15	34.50	70.05	23.29
1999	788.82	604.21	45.05	64.75	82.33	37.53
2000	1009.36	771.81	44.24	71.48	114.68	51.39
2001	1280.79	1020.46	70.99	50.39	153.42	56.52
2002	1323.49	1011.33	32.95	46.53	207.54	58.09
2003	1362.95	1074.29	45.06	45.98	142.37	100.32
2004	1523.91	1260.55	54.46	29.93	154.43	78.99
2005	1576.16	1304.85	39.53	22.22	156.54	92.55
2006	1408.32	1128.59	43.93	44.35	145.36	90.03
2007	1711.33	1344.42	89.66	55.49	163.30	148.12
2008	1906.15	1422.84	83.05	97.64	174.98	210.70
2009	2240.26	1690.85	82.18	47.44	209.32	292.65
2010	2242.47	1715.87	58.22	35.20	165.39	326.01
2011	2651.71	2007.34	78.00	54.75	286.07	303.55
2012	2232.78	1564.62	59.57	119.20	238.83	310.13
2013	3369.76	2338.06	85.70	98.33	404.85	528.52
2014	3583.57	2568.02	65.95	145.51	308.55	561.48
2015	3436.56	2398.99	30.24	142.78	341.16	553.64

4-19 按工程用途分房地产开发投资(1986-2015)

Main Indicators of Enterprises for Real Estate Development(1986-2015)

单位：亿元 (100 million yuan)

年份 Year	本年完成投资 Investment of Completed	住宅 Residential Buildings	#别墅、高档公寓 High-grade Apartment	办公楼 Office Buildings	商业营业用房 House for Business Used	其他 Others
1986	3.57					
1987	3.25					
1988	7.13					
1989	11.01					
1990	13.47					
1991	21.07					
1992	41.03					
1993	60.93					
1994	101.98	46.23				
1995	151.37	88.51	18.89	18.80	19.06	25.01
1996	151.69	75.29	12.63	16.80	23.57	36.03
1997	148.33	72.49	11.83	20.31	23.63	31.90
1998	165.63	85.44	10.79	19.61	22.69	37.90
1999	178.62	105.08	10.47	16.08	22.78	34.68
2000	207.37	125.07	14.00	15.20	29.91	37.19
2001	225.49	145.22	13.47	12.20	30.63	37.45
2002	248.99	160.78	11.27	9.99	29.85	48.37
2003	362.07	237.67	11.86	10.64	38.27	75.49
2004	477.79	308.45	24.82	9.15	43.93	116.27
2005	540.39	363.72	17.79	10.76	47.82	118.09
2006	787.36	511.68	32.34	24.25	56.29	195.15
2007	1132.49	778.39	52.75	20.91	76.35	256.84
2008	1129.09	735.93	46.18	24.74	80.87	287.55
2009	1136.35	743.27	43.64	37.84	87.30	267.93
2010	1818.86	975.13	55.26	49.67	162.33	631.72
2011	2402.61	1591.56	94.07	100.19	264.51	446.34
2012	2824.12	1751.98	102.13	189.22	370.38	512.54
2013	3702.97	2402.08	137.86	270.28	491.43	539.18
2014	4567.40	2917.17	220.01	358.58	654.88	636.77
2015	4469.61	2864.95	121.27	327.76	670.97	605.92

4-20 商品房销售面积(1986-2015)

Main Indicators of Enterprises for Real Estate Development(1986-2015)

单位：万平方米　(10000 sq.m)

年份 Year	商品房销售面积 Real Floor Spale Building Sold	住宅 Residential Buildings	#别墅、高档公寓 High-grade Apartment	办公楼 Office Buildings	商业营业用房 House for Business Used	其他 Others
1986	73.14	73.14				
1987	51.33	42.87				
1988	92.88	72.65				
1989	102.55	92.58				
1990	107.79	88.36				
1991	111.44	93.98				
1992	134.99	113.70				
1993	248.91	209.60				
1994	241.31	188.96				
1995	368.65	309.44		21.36	26.67	11.18
1996	273.51	234.28	29.79	10.96	23.96	4.32
1997	426.88	346.14	26.30	27.89	41.55	11.30
1998	515.20	441.67	36.87	24.70	40.39	8.45
1999	599.68	511.64	40.87	21.41	54.30	12.34
2000	810.65	675.73	45.57	41.74	77.89	15.30
2001	987.81	843.00	42.54	33.31	89.66	21.84
2002	1047.05	882.92	29.91	31.19	114.41	18.54
2003	1250.10	1083.79	66.37	34.64	104.86	26.81
2004	1384.83	1224.61	32.24	21.88	100.39	37.95
2005	1913.84	1720.56	37.18	21.05	120.76	51.47
2006	2021.69	1743.39	113.13	41.03	141.95	95.33
2007	2421.97	2096.39	149.21	80.19	155.38	90.00
2008	1625.67	1250.00	62.18	66.52	94.32	214.83
2009	2723.23	2420.83	116.99	32.94	121.26	148.20
2010	2575.62	2139.26	83.01	82.20	176.35	177.81
2011	2706.72	2213.30	78.46	109.17	183.86	200.40
2012	3258.94	2741.96	84.58	150.83	209.88	156.27
2013	4676.16	3957.46	98.75	211.42	242.53	264.75
2014	4119.48	3324.10	92.55	181.01	286.94	327.44
2015	4037.76	3315.69	91.51	155.42	296.25	270.40

4-21 房地产开发施工、竣工和销售情况(2015年)

Condition of Real Estate Under Construction,Completed and Sale(2015)

项目 Item	合计 Total	住宅 Residen-tial Buildings	#90平方米以下 Floor Space Under 90 sq.m	#90-144平方米 Floor Space between 99 and 144 sq.m	#144平方米以上 Floor Space Over 144 sq.m	#别墅、高档公寓 High-grade Apart -ment	办公楼 Office Buildings	商业营业用房 House for Business Used	其他 Others
房屋施工面积（万平方米） Floor Space Under Construction (10000 sq.m)	**30891.14**	**19558.92**	**5347.59**	**11023.08**	**3188.25**	**714.63**	**2150.88**	**3875.01**	**5306.33**
#新开工面积 New Building	5244.85	3185.57	768.92	2022.17	394.49	75.74	345.68	684.68	1028.91
房屋竣工面积（万平方米） Floor Space of Completed(10000 sq.m)	**3436.56**	**2398.99**	**567.15**	**1430.15**	**401.69**	**30.24**	**142.78**	**341.16**	**553.64**
商品住宅竣工套数（万套） Set of Completed Buildings(10000 sets)		**21.55**	**7.76**	**11.70**	**2.10**	**0.12**			
竣工房屋价值（亿元） Value of Completed Buildings (100 million yuan)	**938.70**	**629.23**	**141.71**	**357.04**	**130.49**	**12.28**	**52.19**	**104.62**	**152.65**
出租房屋面积（万平方米） Floor Space of Houses Leased (10000 sq.m)	**101.67**	**8.64**	**7.11**	**0.92**	**0.61**		**3.13**	**70.62**	**19.27**
商品房销售面积（万平方米） Floor Space Sold(10000 sq.m)	**4037.76**	**3315.69**	**586.37**	**2198.62**	**530.70**	**91.51**	**155.42**	**296.25**	**270.40**
#现房销售面积 Buildings Now Availabal	560.41	416.00	82.41	241.35	92.25	14.13	20.86	54.27	69.28
期房销售面积 Forward Buildings	3477.35	2899.68	503.97	1957.27	438.45	77.38	134.56	241.98	201.13
商品房销售额（亿元） Value of House Sold(100 million yuan)	**3585.81**	**2839.76**	**445.25**	**1737.84**	**656.67**	**133.90**	**195.07**	**371.86**	**176.13**
#现房销售额 Buildings Now Availabal	392.65	269.63	44.50	135.27	89.86	28.21	19.89	66.85	36.28
期房销售额 Forward Buildings	3193.17	2570.13	400.75	1602.57	566.82	105.69	175.18	308.00	139.85
商品住宅销售套数（万套） Set of Commercial Residential Buildings Sold(10000 sets)		**29.64**	**7.80**	**19.25**	**2.59**	**0.48**			
年末待售面积（万平方米） Floor Space of Buildings no Sold (10000 sq.m)	**2010.43**	**1001.31**	**195.87**	**533.54**	**271.90**	**79.37**	**67.47**	**460.19**	**481.46**
#待售1-3年 One-three Years	953.52	457.52	80.33	247.05	130.14	42.21	41.16	212.30	242.54
待售3年以上 Over Three Years	98.78	30.91	11.38	9.29	10.24	7.56	3.11	36.24	28.53

主要统计指标解释

全社会固定资产投资　指以货币形式表现的在一定时期内全社会建造和购置固定资产的工作量以及与此有关的费用的总称。该指标是反映固定资产投资规模、结构和发展速度的综合性指标,又是观察工程进度和考核投资效果的重要依据。全社会固定资产投资按登记注册类型可分为国有、集体、个体、联营、股份制、外商、港澳台商、其他等。

固定资产投资（不含农户）　指城镇和农村各种登记注册类型的企业、事业、行政单位及城镇个体户进行的计划总投资 500 万元及 500 万元以上的建设项目投资和房地产开发投资，包含原口径的城镇固定资产投资加上农村企事业组织项目投资，该口径自 2011 年起开始使用。

房地产开发投资　指各种登记注册类型的房地产开发公司、商品房建设公司及其他房地产开发法人单位和附属于其他法人单位实际从事房地产开发或经营活动的单位统一开发的包括统代建、拆迁还建的住宅、厂房、仓库、饭店、宾馆、度假村、写字楼、办公楼等房屋建筑物和配套的服务设施，土地开发工程(如道路、给水、排水、供电、供热、通讯、平整场地等基础设施工程)的投资;不包括单纯的土地交易活动。

农村固定资产投资　指包括在农村区域范围内进行固定资产投资活动的企业、事业、行政单位及农村个人投资。

固定资产投资的资金来源　根据固定资产投资的资金来源不同，分为国家预算内资金、国内贷款、债券、利用外资、自筹资金和其他资金来源。(1)国家预算内资金:分为财政拨款和财政安排的贷款两部分。包括中央财政的基本建设基金(分经营性基金和非经营性基金两部分)、专项支出(如煤代油专项等)、收回再贷、贴息资金，财政安排的挖潜改造和新产品试制支出、城建支出、商业部门简易建筑支出、不发达地区发展基金等资金中用于固定资产投资的资金;地方财政中由国家统筹安排的资金等。(2)国内贷款:指报告期固定资产投资单位向银行及非银行金融机构借入的用于固定资产投资的各种国内借款，包括银行利用自有资金及吸收的存款发放的贷款、上级主管部门拨入的国内贷款、国家专项贷款(包括煤代油贷款、劳改煤矿专项贷款等)、地方财政专项资金安排的贷款、国内储备贷款、周转贷款等。(3) 债券: 指企业(公司)或金融机构通过发行各种债券，筹集用于固定资产投资的资金。包括由银行代理国家专业投资公司发行的重点企业债券和基本建设债券。(4)利用外资:指报告期收到的用于固定资产建造和购置的国外资金(包括设备、材料、技术在内)。计算利用外资时，需要折算成人民币，折算中所使用的外汇汇率按现汇计算，即按使用外汇时的汇率计算。包括外商直接投资、对外借款(外国政府贷款、国际金融组织贷款、出口信贷、外国银行商业贷款、对外发行债券和股票)及外商其他投资(包括补偿贸易和加工装配由外商提供的设备价款、国际租赁)。不包括我国自有外汇资金(包括国家外汇、地方外汇、留成外汇、调济外汇和中国银行自有资金发行的外汇贷款等)。(5)自筹资金:指固定资产投资单位报告期收到的，由各地区、各部门及企、事业单位筹集用于固定资产投资的预算外资金，包括中央各部门、各级地方和企、事业单位的自筹资金。(6)其他资金来源:指在报告期收到的除以上各种资金之外其他用于固定资产投资的资金，包括社会集资、个人资金、无偿捐赠的资金及其他单位拨入的资金等。

固定资产投资按国民经济行业分　国民经济行业类别是按企业、事业、行政单位所从事的生产或其他社会经济活动性质的同一性进行的分类。如果项目投产后仍属于原投资单位，则该项目行业类别参照现有单位行业类别；如果项目投产后成为新的独立核算法人单位，则按投产后新法人单位主要产品种类或主要用途及社会经济活动种类来划分行业；审核、核准、备案项目按批文描述划分行业。

固定资产投资按建设性质分　建设项目的性质一般分为新建、扩建、改建和技术改造、单纯建造生活设施、迁建、恢复。单纯购置房地产开发单位、农村投资不划分建设性质。 (1)新建:一般指从无到有“平地起家”开始建设的企业、事业和行政单位或独立的工程。现有企业、事业、行政单位一般不属于新建。但如有的单位原有基础很小，经过建设后新增的固定资产价值超过该企、事业、行政单位原有固定资产价值(原值)三倍以上的也应作为新建。(2)扩建:指在厂内或其他地点，为扩大原有产品的生产能力(或效益)或增加新的产品生产能力，而增建主要的生产车间(或主要工程)、分厂、独立的生产线. 行政、事业单位在原单位增建业务用房(如学校增建教学用房、医院增建门诊部、病房等)也作为扩建。现有企、事业单位为扩大原有主要产品生产能力或增加新的产品生产能力，增建一个或几个主要生产车间(或主要工程)、分厂，同时进行一些更新改造工程的，也应作为扩建。(3)改建和技术改造:指对原有设施进行技术改造或更新(包括相应配套的辅助性生产、生活福利设施)，没有增建主要生产车间、分厂等。现有企、事业单位为适应市场变化的需要，而改变企业的主要产品种类(如军工企业转产民品等)，或原有产品生产作业线由于各工序(车间)之间能力不平衡，为填平补齐充分发挥原有生产能力而增建不增加本企业主要产品设计能力的车间，也应作为改建。

固定资产投资按构成分 固定资产投资活动按其工作内容和实现方式分为建筑工程、安装工程、设备工具器具购置、其他费用四个部分。（1）建筑工程：是指各种房屋、建筑物的建造工程，又称建筑工作量。这部分投资额必须兴工动料，通过施工活动才能实现，是固定资产投资额的重要组成部分。（2）安装工程：是指各种设备、装置的安装工程，又称安装工作量。在安装工程中，不包括被安装设备本身价值。（3）设备工具器具购置：是指建设单位或企、事业单位购置或自制的，达到固定资产标准的设备工具器具的价值。新建单位及扩建单位的新建车间，按照设计或计划要求购置或自制的全部设备工具器具，不论是否达到固定资产标准均计入“设备工具器具购置”中。（4）其他费用：指在固定资产建造和购置过程中发生的，除上述几项内容以外的各种应分摊计入固定资产的费用。

施工项目 指报告期内进行过建筑或安装施工活动的项目。凡是报告期内施过工的建设项目，不论施工时间长短，均作为施工项目统计。施工项目个数可以反映一定时期固定资产投资的实际规模，与同期建成投产的建设项目个数相比，可以从建设速度的角度反映固定资产投资的效果。根据建设项目施工活动的不同性质，施工项目又分为:本年正式施工项目、本年收尾项目和以前年度全部停缓建项目。

房屋建筑面积 指房屋建筑物勒脚以上外墙外围的水平截面面积，包括房屋建筑物的有效面积和结构面积。该指标是从实物形态上反映建设规模和建设成果的重要指标之一，也是检查工程形象进度、计算工程造价、分析投资效果、研究施工任务和建筑材料之间平衡情况的重要依据。

住宅建筑面积 指施工和竣工房屋建筑面积中供居住用的房屋建筑面积。

施工面积 指报告期内施工的全部房屋建筑面积。包括本期新开工的面积和上期开工跨入本期继续施工的房屋面积，以及上期已停建在本期恢复施工的房屋面积。本期竣工和本期施工后又停缓建的房屋，其建筑面积仍计入本期房屋施工面积中。

竣工面积 指在报告期内房屋建筑按照设计要求已经全部完工，达到住人和使用条件，经验收鉴定合格(或达到竣工验收标准)，正式移交使用单位的各栋房屋建筑面积的总和。

新增固定资产 指报告期内已经完成建造和购置过程，并已交付生产或使用单位的固定资产价值。该指标是表示固定资产投资成果的价值指标，也是反映建设进度，计算固定资产投资效果的重要指标。

竣工房屋住宅套数 指报告期内按照设计要求全部完工，经验收合格，达到居住和使用条件并正式交付使用的成套住宅数量。包括独立厨房、独立卫生间、若干卧室、室内走廊等设施在内的供一户居住和使用的房屋。该指标可以反映住宅建设的产业化程度和城市化进程以及人民居住水平提高的情况。

别墅、高档公寓 指建筑造价和销售价格明显高于一般商品住宅的商品住宅。别墅一般指地处郊区，独立成栋的商品住宅;高档公寓一般指地处市内高尚社区，高层或多层的商品住宅。别墅、高档公寓的确定标准:一是经有房地产投资计划审批权的主管部门审批建设的别墅、高档公寓开发项目;二是销售价格高于当地同等地段商品住宅平均销售价格一倍以上的别墅、公寓开发项目。该指标可以分析房地产投资结构，反映高收入家庭商品住宅的供求平衡情况。

Explanatory Notes on Main Statistical Indicators

Total Investment in Fixed Assets in the Whole Country refers to the volume of activities in construction and purchases of fixed assets and related fees, expressed in monetary terms. It is a comprehensive indicatorwhich shows the size, structure and growth of the investment in fixed assets, providing basis for observing the progress of construction projects and evaluating results of investment. Total investment in fixed assets in the whole country includes, by type of ownership, the investment by the state-owned units, collective units, individuals, joint ownership units, share-holding units, as well as investment by businessmen from foreign countries and from Hong Kong, Macau and Taiwan, and by other units.

Investment in fixed assets (excluding farmers) refers to the construction project investment and real estate development investment of enterprises, the registration of towns, soho, administrative units which the total investment is more than 5 million yuan(including 5 million yuan) , contains the original diameter of urban and rural enterprises and organizations of investment in fixed assets investment project, the diameter started to use since 2011.

Investment in Real Estate Development refers to the investment by the real estate development companies, commercial buildings construction companies and other real estate development units of various types of ownership in the construction of house buildings, such as residential buildings, factory buildings, warehouses, hotels, guesthouses, holiday villages, office buildings, and the complementary service facilities and land development projects, such as roads, water supply, water drainage, power supply, heating, telecommunications, land leveling and other projects of infrastructure. It excludes the activities in pure land transactions.

Investment in Housing Construction in Urban Areas and in Industrial and Mining Areas refers to all private housing construction under the jurisdictionof cities, county towns and industrial and mining areas, no matter whether the owner of the house is registered as the permanent resident in the locality or not.

Investment in Rural Areas refers to investment in fixed assets by enterprises, institutions and individuals in rural areas.

Sources of Funds for Investment in Fixed Assets include fund from state budget, domestic loans, foreign investment, self-raised funds, and others depending on the source of investment. (1) Fund from state budget consists of budgetary appropriation and loans from state budget. More specifically, it includes, from the budget of the central government, capital construction fund (operation fund and non-operational fund), special expenses (e.g. expenses on substituting petroleum with coal), loans from repayment, discount fund, expenses on innovation and trial production of new products, expenses on urban construction, expenses on temporary construction by Trades departments, development fund for less developed areas, as well as local budgetary fund transferred from the central budget. (2) Domestic loans refer to loans of various forms borrowed by investing units from banks and non-bank financial institutions during the reference period for the purpose of investment in fixed assets, including loans issued by banks from their self-owned funds and deposit, loans appropriated by higher responsible authorities, special loans by government (including loan for substituting petroleum with coal, special loan for reform-through-labour coal mines), loans arranged by local government from special funds, domestic reserve loan, and working loan, etc. (3)Bonds, refers to the enterprise (company) or financial institutions through the issuance of bonds, raise funds for investment in fixed assets,including bank acting national professional investment by the key enterprise bond issue company bonds and basic construction.(4) Foreign investment refers to foreign funds received during the reference period for the construction and purchase of investment in fixed assets (covering equipment, materials and technology), including foreign borrowings (loans from foreign governments and international financial institutions, export credit, commercial loans from foreign banks, issue of bonds and stocks overseas), foreign direct investment and other foreign investment. Excluded in this category are capitals in foreign exchanges owned by China (foreign exchanges owned by the central and local governments, foreign exchanges retained by enterprises, foreign exchanges by enterprises through regulating mechanism, loans in foreign exchanges issued by the Bank of China with its own fund, etc.). In calculating the utilization of foreign capitals, foreign currencies are converted into Chinese Renminbi applying the current exchange rate when the foreign capitals are actually used. (5) Self-raised funds refer to extra-budgetary funds for investment in fixed assets received by investing units from central government ministries, local governments, enterprises and institutions, including their self-raised funds. (6) Others refer to funds for investment in fixed assets received from the sources other than those listed above, including capitals raised through issuing bonds by enterprises or financial institutions, funds raised from individuals and through donations, and funds transferred from other units.

Investment in Fixed Assets by Sector The classification of construction projects by sector is determined by the major products or the purpose of the projects when they are put into production or use, and by the nature of their social economic activities. In general, one project or one enterprise or institution can only be classified into one sector.

Investment in Fixed Assets by Type of Construction The construction projects in general can be classified, by the type of construction, into new construction, expansion, reconstruction and technical transformation, moving and restoration. However, investment by type of construction is not applied to investment by real-estate development units, investment in rural areas and investment in housing by urban individuals. (1) New construction in general refers to newly constructed enterprises, institutions, administrative agencies or independent projects from scratch. Construction in the existing enterprises, institutions or agencies is not considered as new construction. In case the assets of the existing unit is quite small, and the value of newly added fixed assets exceeds the original value of assets by three times, the expansion will be considered as new construction.(2) Expansion refers to construction of new major production workshop, branch factory or independent production line within a factory or in other locations, for the purpose of increasing the productioncapacity (or improving efficiency) of the original products. Newly constructed houses for the operation of institutions and administrative organizations (such as thc ncwly constructed buildings for teaching in schools, buildings for clinics or wards in hospitals, etc.) are also classified as expansion.Also included in the expansion are investments by existing enterprises or institutions in building major production line(s) or branch factory(ies) along with some work on innovation, for the purpose of expending the productioncapacity of original products or producing new products. (3) Reconstruction refers to construction projects by existing enterprises or institutions in innovation or technical transformation of the old facilities (including auxiliary production equipment and welfare facilities). Also considered as reconstruction is the construction of new workshops by the existing enterprises or institutions to change the variety of products to meet the market demand (such as the production of civil products by defence industries), or to bring the designed productioncapacity into full play through a more balanced production process on production lines. Technical transformation refers to replacement of old technology or equipment by new technology or equipment, in order to expand the reproduction through improvement of technology contents in production, to improve product quality, to promote new products, to save energy and reduce consumption and to improve overall social-economic efficiency. Contents of technical transformation include: updating of machinery, equipment and tools; reforming production process by using energy or materials saving technology; construction of factory workshops and transformation of public facilities; improvement of working conditions and environment, etc.

Investment in Fixed Assets by Structure By their contents, investment activities are classified into 4 categories, i.e. construction and installation, purchase of equipment and instrument, and other expenses.(1) Construction refers to the construction of various houses and buildings and installation of various kinds of equipment and instruments.They include construction of various houses; equipment foundations, industrial kilns and stoves, and metal structure work; preparation works for project construction, and clearing up works post project construction; pavement of railways and roads, drilling of mines and putting up of oil pipes; construction of projects of water conservancy; construction of underground air-raid shelters and construction of other special projects; value of equipment for heating, sanitation, ventilation, lighting, gas, painting, etc. that are covered by the budget of housing projects; laying out of various pipelines (for steam, compressed air, petroleum, tap water and sewage) and lines for electric power and for communications; installation of various machinery equipment, testing operation for pre-testing the quality of installation projects, and land and other development work conducted by real estate developers for commercial housing. The value of equipment installed is not included in the value of installation projects. (2) installation: refers to various equipment, equipment installation, also called the installation work. In the installation of equipment is installed, not including itself value.(3) Purchase of equipment and instruments refers to the total value of equipment, tools, and instruments purchased or self-produced which come up to standards for fixed assets by the construction units or investing enterprises or institutions. Equipment, tools and instruments purchased or self-produced for new workshops by newly established or expanded units are categorized as “purchase of equipment and instruments” no matter whether they come up to the standards for fixed assets.(4) Other expenses refer to expenses occurring during the construction or purchase of fixed assets other than those mentioned above.

Projects under Construction refer to projects with construction and installation activities undertaken in the reference period. All projects that have construction activities undertaken during the reference period are reported as projects under construction irrespective of the length of construction work. The number of projects under construction can reflect the actual size of investment in fixed assets during a given period, and when compared with the number of projects completed and put into use during the same period, it demonstrates the results of investment in fixed assets. Depending on the nature of const ruction activities, projects under construction can also be classified into projects under construct ion in current y ear, winding-up projects in current year and stopped or suspended projects in previous years (with preservation work in current year).

Projects Completed and Put into Use Industrial projects refer to the major projects and accessory facilities completed which result in forming productioncapacity and have been checked and accepted while the living and welfare facilities have been completed and can ensure normal production and formally put into production. Non-industrial projects refer to the major project s and accessory facilities completed which possess the designedcapacity and have been checked, accepted and formally put into production.

Floor Space of Buildings under Construction refers to total floor space of the horizontal section of outer walls above the plinth of the building, including the effective area and the area occupied by the structure. This indicator is one of the important indicators in physical terms to reflect the scale and accomplishment of the construction industry, and important basis for monitoring the pr ogress, calculating the cost, analyzing the efficiency and studying the supply of building materials in relation with the construction projects.

Floor Space of Residential Buildings refers to the floor space of the residential buildings among the total space of buildings under construction or completed.

Floor Space under Construction refers to total floor space of all buildings under construct ion during the reference period, including floor space of newly start ed buildings during the reference period, floor space of construction extended from the previous period to the current period, and floor space of construction suspended during the previous period and resumed in the current period. Floor space of const ruction completed in the current period, and floor space of const ruction started and then suspended in the current period are also included in the floor space under const ruction of the current year.

Floor Space of Buildings Completed refers to the floor space of all buildings completed in the reference period, which have been appraised and accepted (or come up to the designed standards) and have been transferred to the owners for use.

Newly Increased Fixed Assets refer to the newly increased value of fixed assets, constructed or purchased, that have been transfer red to the investors. This is an indicator that demonstrates the results of investment in fixed assets in monetary terms, and an important indicator to reflect the speed of construct ion and to calculate the efficiency of investment.

Number of Flats in Completed Residential Buildings refers to total number of flats completed during the reference period, appraised and accepted as meeting the standards for living, and transfer red for use. A flat includes separate kitchen and bathroom, several bedrooms and corridor, suitable for one household. This indicator reflects the degree of industrialization of the residential building construction, the process of urbanization and the improvement of the living standard of people.

Villas, High-Grade Apartments refers to commercial houses whose construction costs and marketing prices are significantly higher than ordinary housing. Villas are independent structures generally located in the suburbs; high-grade apartments are multi-story buildings located in elegant urban neighborhoods. Criteria for villas and high-grade apartments include: 1) projects for the construction of villas or high-grade apartments have to be approved by competent departments in charge of real estate development and investment plans, and 2) prices for projects on villas or high- grade apartments are higher by over 100% compared with the average prices of ordinary commercial housing projects in similar location. This indicator helps to analyze the investment structure of the real estate industry and the demand and supply of housing for high-income households.

第五篇　对外经济

Chapter 5　Foreign Trade

资料整理：薛萍　戴斌　叶玲

Database Editor:Xueping Daibin Yeling

简 要 说 明

本篇资料的主要内容及来源

本篇资料反映了全省外经外贸，主要包括进出口、利用外资、对外承包工程和劳务合作、人民币外汇牌价基本情况等方面的内容。

进、出口数据来源于海关统计，利用外资、对外承包工程和劳务合作等资料来源于省商务厅,外商投资企业工商注册数、资本金、投资总额数据来源于省工商局。历年人民币对主要外币的年平均汇价资料来源于国家外汇管理局，是根据当年国家外汇管理局提供的每日汇价进行加权平均计算而得出的当年年平均汇价。

本篇资料由省统计局贸易外经统计处整理提供。

Brief Introduction

Main Content and Source of Data

Data in this chapter show the basic conditions of foreign trade and tourism , mainly including imports and exports, utilization of foreign capitals, contracted projects and labor services cooperation, exchange rate of RMB to other currencies etc.

Data on foreign trade are based on the statements made by the Administration of Customs. Data on utilization of foreign capitals, contracted projects and labor services cooperation are provided by Fujian Department Foreign Trade and Economic Cooperation. Data on Registered Foreign Funded Enterprises are provided by Fujian Industrial and Commercial Bureau. Average exchange rates of RMB yuan to other currencies over the years come from the State Administration of Exchange Control. The annual average exchange rate is calculated as the weighted mean of the daily exchange rates provided by the State Administration of Exchange Control.

Data in this chapter are collected and compiled by the Division of Trade and External Economic Relations Statistics of Fujian Provincial Bureau of Statistics.

5-1 对外经济基本情况

Basic Statisics on Foreign Trade

项目 Item	2000	2005	2010	2014	2015
海关货物进出口总额（人民币万元） Total Value of Imports and Exports in Customs (RMB 10000 yuan)	**17568664**	**44572105**	**73638807**	**108973325**	**104783887**
出口总额 Exports	10685474	28541480	48397273	69689226	69917645
进口总额 Imports	6883190	16030625	25241534	39284099	34866242
进出口差额 Balance	3802284	12510855	23155739	30405127	35051403
海关货物进出口总额（万美元） Total Value of Imports and Exports in Customs(USD 10000)	**2122332**	**5441130**	**10878027**	**17740784**	**16884593**
出口总额 Exports	1290828	3484195	7149313	11345229	11268011
初级产品 Primary Goods		215205	529791	918602	912125
工业制品 Industry Goods		3268990	6619522	10426627	10355886
进口总额 Imports	831504	1956935	3728715	6395555	5616582
初级产品 Primary Goods		333239	1024135	2900036	2280514
工业制品 Industry Goods		1623696	2704521	3495518	3335955
进出口差额 Balance	459324	1527260	3420598	4949674	5651429
外商直接投资 Foreign Investment Utilized					
新签合同数（个） Number of Projects for Contracted Foreign Direct Investment(unit)		1988	1139	1044	1689
合同投资金额（万美元） Total Amount of Contracted Foreign Investment(USD 10000)		595715	737557	849079	1446277
实际利用外资（万美元） Foreign Investment Actually Utilized(USD 10000)		260775	580279	711499	768339
外商投资企业工商注册情况 Registration Status of Foreign Funded Enterprises					
年末注册数（个） Number of Enterprises(unit)	16013	17854	17886	24322	25895
投资总额（万美元） Total Investment(USD 10000)	4708446	7533131	12483059	17324503	19671281
注册资本（万美元） Registered Capital(USD 10000)	2758492	4307474	6935845	9448456	11090110
对外承包工程（万美元） Contracted Projects(USD 10000)					
合同金额 Contracted Value	12486	24713	8607	35842	57701
完成营业额 Value of Turnover Fulfilled	10373	19537	23531	71559	92656
对外劳务合作（万美元） Labor Services(USD 10000)					
劳务人员合同工资总额 Contracted Pay	29562	32539	20580	113856	67482
劳务人员实际收入总额 Value of Real Income	34479	31014	23209	65235	62364

注：1.劳务人员合同工资总额、劳务人员实际收入总额，2012年以前分别为对外劳务合作合同金额、对外劳务合作完成营业额。2.外商投资企业年末注册数、投资总额、注册资本2013年以前不含其他外商投资企业和外商投资企业分支机构。

Note:a) Before 2012,the Contract Pay is Contracted Value,the Real Income is Value of Turnover Fulfilled. b) Before 2013,Number of Foreign Funded Enterprise Registrations,Total Amount of Investment and Registered Capital Exclude other Foreign Funded Enterprises and Branches.

5-2 进出口总额(1981-2015年)

Gross Value of Imports and Exports(1981-2015)

年份 Year	进出口总额（万美元） Total Imports and Exports(USD 10000)	出口 Exports	进口 Imports	进出口总额（万元人民币） Total Imports and Exports (RMB 10000 yuan)	出口 Exports	进口 Imports
1981	60827	40127	20700	108272	71426	36846
1982	55067	37023	18044	106279	71454	34825
1983	56366	36995	19371	110477	72510	37967
1984	66472	39167	27305	185457	109276	76181
1985	90084	55718	34366	263946	163254	100692
1986	134771	68647	66124	501348	255367	245981
1987	184500	90400	94100	686340	336288	350052
1988	284300	141600	142700	1057596	526752	530844
1989	342200	182800	159400	1611762	860988	750774
1990	433908	244906	189002	2265000	1278409	986591
1991	574776	314746	260030	3115286	1709071	1406215
1992	805873	438666	367207	4633770	2522330	2111440
1993	1004181	515874	488307	5814208	2986911	2827297
1994	1218953	643020	575933	10397669	5484961	4912708
1995	1444569	790806	653763	12105488	6626954	5478534
1996	1551972	838239	713733	12881368	6957384	5923984
1997	1795280	1025560	769720	14861328	8489586	6371742
1998	1716065	996387	719678	14205586	8248092	5957494
1999	1761956	1035193	726763	14585472	8569328	6016144
2000	2122332	1290828	831504	17568664	10685474	6883190
2001	2262601	1392232	870369	18729811	11524896	7204915
2002	2839882	1737086	1102796	23508543	14379598	9128945
2003	3532551	2113173	1419378	29242457	17492846	11749611
2004	4752704	2939476	1813228	39338131	24330043	15008088
2005	5441130	3484195	1956935	44572105	28541480	16030625
2006	6265921	4126174	2139747	49375457	32514251	16861206
2007	7445081	4994039	2451042	56612396	37974673	18637723
2008	8482094	5699184	2782910	58908991	39581403	19327588
2009	7964937	5331902	2633034	54408483	36422225	17986258
2010	10878027	7149313	3728715	73638807	48397273	25241534
2011	14352244	9283779	5068465	92698273	59962074	32736199
2012	15593796	9783259	5810536	98435836	61756825	36679010
2013	16932174	10647442	6284731	104864338	65941740	38922598
2014	17740784	11345229	6395555	108973325	69689226	39284099
2015	16884593	11268011	5616582	104783887	69917645	34866242

5-3 按主要贸易方式分进出口商品贸易额

Value of Imports and Exports by Main Trade Mode

单位：万美元 (USD 10000)

项目 Item	2000	2005	2010	2014	2015
出口总额 Total Exports	**1290828**	**3484195**	**7149313**	**11345229**	**11268011**
#一般贸易 General Trade	609737	1674278	4384049	8108668	8233216
来料加工贸易 Processing and Assembling with Customer's Materials	114888	185823	380759	291589	269224
进料加工贸易 Processing and Assembling with Import Materials	519328	1434781	1979050	2428270	2287439
保税监管场所进出境货物 Import and Export Goods in Bonded Area				211277	198149
海关特殊监管区域物流货物 Goods in Customs Special Area				293943	272749
进口总额 Total Imports	**831504**	**1956935**	**3728715**	**6395555**	**5616582**
#一般贸易 General Trade	271095	755531	1924371	4343084	3717038
来料加工装配贸易 Processing And Assembling With Customer's Materials	59377	149781	528723	313991	277058
进料加工贸易 Processing And Assembling With Imports Materials	358368	697131	911150	1199804	1089848
来料加工装配进口的设备 Processing Equipments	246	1345	2492	151	87
外商投资企业作为投资进口的设备、物品 Foreign Funded Equipments	80631	86086	71502	23224	19444
保税监管场所进出境货物 Import and Export Goods in Bonded Area				320949	279541
海关特殊监管区域物流货物 Goods in Customs Special Area				138055	199179
海关特殊监管区域进口设备 Import Equipment in Customs Special Area				14222	480238

5-4 按企业性质分进出口商品贸易额

Value of of Imports and Exports by Ownership of Enterprises

单位：万美元 (USD 10000)

项目	Item	2000	2005	2010	2014	2015
进出口总额	**Total Imports and Exports**	**2122332**	**5441130**	**10878027**	**17740784**	**16884593**
出口总额	**Exports**	**1290828**	**3484195**	**7149313**	**11345229**	**11268011**
#国有企业	State Owned Enterprises	473050	552753	753742	935248	838017
集体企业	Collective Owned Enterprises	21980	64248	101156	89238	80727
私营企业	Privited Enterprises	36109	691823	2798921	6060733	6353410
外商投资企业	Foreign Funded Enterprises	759661	2175297	3495247	4259253	3995657
进口总额	**Imports**	**831504**	**1956935**	**3728715**	**6395555**	**5616582**
#国有企业	State Owned Enterprises	174169	362330	673896	1011167	1474150
集体企业	Collective Owned Enterprises	3963	33200	25754	30024	26451
私营企业	Privited Enterprises	7195	160348	684201	1595459	1459923
外商投资企业	Foreign Funded Enterprises	646028	1400940	2338407	3198466	2656054

5-5 进出口主要分类情况

Value of of Imports and Exports by Major Classification

单位：万美元 (USD 10000)

项目	Item	2000	2005	2010	2014	2015
进出口总额	**Imports and Exports**	**2122332**	**5441130**	**10878027**	**17740784**	**16884593**
出口商品总额	**Exports**	**1290828**	**3484195**	**7149313**	**11345229**	**11268011**
初级产品	Primary Goods	136769	215205	529791	918602	912125
工业制品	Manufactured Goods	1154106	3268990	6619522	10426627	10355886
进口商品总额	**Imports**	**831504**	**1956935**	**3728715**	**6395555**	**5616582**
初级产品	Primary Goods	102179	333239	1024135	2900036	2280514
工业制品	Manufactured Goods	729315	1623696	2704521	3495518	3335955
机电产品进出口	**Total of mechanical and electronic products**		**2602702**	**4703884**	**5847895**	**5814949**
出口总额	Exports		1572365	2939330	4040913	4003707
进口总额	Imports		1030337	1764554	1806982	1811242
高新技术产品进出口	**High-tech products**		**1279609**	**2560582**	**2802582**	**2820459**
出口总额	Exports		782175	1317431	1504180	1463361
进口总额	Imports		497434	1243151	1298402	1357098
外商投资企业进出口	**Foreign-Funded Enterprises**	**1405689**	**3576237**	**5833654**	**7457719**	**6651711**
出口总额	Exports	759661	2175297	3495247	4259253	3995657
进口总额	Imports	646028	1400940	2338407	3198466	2656054
一般贸易进出口	**General Trade**	**880832**	**2429809**	**6308421**	**12451752**	**11950254**
出口总额	Exports	609737	1674278	4384049	8108668	8233216
进口总额	Imports	271095	755531	1924371	4343084	3717038
加工贸易进出口	**Processing and Assembling**	**1051961**	**2467516**	**3799681**	**4233654**	**3923568**
出口总额	Exports	634216	1620604	2359808	2719859	2556662
进口总额	Imports	417745	846912	1439872	1513795	1366906

5-6 按主要国别(地区)分出口商品贸易额

Value of Exports by Country (Region)

单位：万美元 (USD 10000)

国别(地区)	Country (Region)	2000	2005	2010	2014	2015
总计	**Total**	**1290828**	**3484195**	**7149313**	**11345229**	**11268011**
亚洲	**Asia**	**598838**	**1451213**	**2902323**	**5255192**	**5266707**
#中国香港	Hong Kong China	150910	287749	455702	1014479	939367
中国澳门	Macao China	1712	1049	2998	5662	5032
中国台湾	TaiWan China		7863	221178	382087	373726
日本	Japan	235623	575271	540847	652844	584127
菲律宾	Philippines	13669	42498	167682	373544	490750
泰国	Tailand	9247	26149	93315	207663	295293
马来西亚	Malaysia	17160	47458	194220	345729	285293
新加坡	Singapore	33553	64781	112406	211588	170879
阿拉伯联合酋长国	United Arab Emirates	13850	54608	121220	273249	318401
欧洲	**Europe**	**243597**	**782456**	**1640547**	**2376570**	**2104301**
#德国	Germany	50336	129290	338727	436279	373550
法国	France	17232	51731	110858	152132	131068
意大利	Italy	20560	59350	125495	155722	136432
芬兰	Finland	2243	11766	20697	29129	15451
英国	United Kingdom	32751	86154	187950	361195	361784
丹麦	Denmark	3295	11986	29589	36118	31504
瑞典	Sweden	4921	14360	24651	41351	40527
瑞士	Switzerland	2219	30875	14742	9401	10450
西班牙	Spain	16783	50610	112045	132833	124895
北美洲	**North America**	**342526**	**934389**	**1605509**	**2148484**	**2338100**
#加拿大	Canada	23586	70914	118966	152896	141566
美国	United States	318940	863366	1486505	1995562	2196480
大洋洲	**Oceania**	**22229**	**58104**	**133950**	**223618**	**215514**
#澳大利亚	Australia	19539	49842	114185	178638	176434
拉丁美洲及非洲	**South America and Africa**	**83638**	**258032**	**864546**	**1341365**	**1343390**

5-7 按主要国别(地区)分进口商品贸易额

Value of Imports by Country (Region)

单位：万美元 (USD 10000)

国别(地区)	Country (Region)	2000	2005	2010	2014	2015
总计	**Total**	**831504**	**1956935**	**3728715**	**6395555**	**5616582**
亚洲	**Asia**	**625345**	**1397806**	**2466713**	**3665521**	**3039067**
#中国香港	Hong Kong China	28314	20269	16226	23513	26473
中国澳门	Macao China	220	8	33	6	5
中国台湾	TaiWan China		40911	817830	861382	743041
日本	Japan	131488	248474	363345	297027	274091
菲律宾	Philippines	3934	27452	38813	122794	72030
泰国	Tailand	14143	34576	122670	132612	157431
马来西亚	Malaysia	28086	77553	121207	164468	145446
新加坡	Singapore	13641	50249	51225	88707	84775
阿拉伯联合酋长国	United Arab Emirates	3788	4144	2258	8783	14438
欧洲	**Europe**	**88734**	**205506**	**436401**	**759150**	**768166**
#德国	Germany	17143	61429	121344	148434	40899
法国	France	4959	10947	26250	47727	114827
意大利	Italy	9633	21073	40692	41074	64022
芬兰	Finland	2277	6635	10893	18496	14230
英国	United Kingdom	15857	29740	37122	48921	40899
丹麦	Denmark	1632	3251	4216	6845	8889
瑞典	Sweden	2963	5114	9386	14312	9048
瑞士	Switzerland	6064	14145	8924	167991	241887
西班牙	Spain	3157	6017	31233	29386	23184
北美洲	**North America**	**86030**	**209506**	**420234**	**827324**	**906748**
#加拿大	Canada	6106	16665	46738	162164	156478
美国	United States	79910	192836	373471	665081	750270
大洋洲	**Oceania**	**12342**	**27841**	**108206**	**422353**	**301455**
#澳大利亚	Australia	9636	22275	86550	355804	262324
拉丁美洲及非洲	**South America and Africa**	**19053**	**116276**	**296951**	**720947**	**600876**

5-8 按类分进出口总额(2010-2015年)

Value of of Imports and Exports by Category(2010-2015)

单位：万美元 (USD 10000)

项目 Item	2010		2014		2015	
	出口 Exports	进口 Imports	出口 Exports	进口 Imports	出口 Exports	进口 Imports
一、初级产品 Primary Goods	**529791**	**1024135**	**918602**	**2900036**	**912125**	**2280514**
食品及活动物 Food and Live Animals	481404	109572	847653	270228	841885	374018
活动物 Live Animals	5	113	4	117	.	102
肉及肉制品 Meat and Meat Products	6648	1774	10980	7954	10370	17398
乳品及蛋品 Dairy Products and Eggs	1007	5045	1523	15370	1480	13152
鱼、甲壳及软体类动物及其制品 Fish, Shellfish, Mollusks and Other Aquatic Invertebrates	264914	8278	553192	28170	548672	30608
谷物及其制品 Cereals and Products	3482	10945	3877	95039	2584	158218
蔬菜及水果 Vegetable and Fruits	165117	10981	215063	23882	210376	30763
糖、糖制品及蜂蜜 Sugar ,Sugar Products and Honey	10683	1049	18938	4609	19434	6891
咖啡、茶、可可、调味料及其制品 Coffee, Tea, Coca, Spices and Their Products	12197	2037	20962	2085	24380	3272
饲料 Forage	4879	66477	4878	86027	5272	103749
杂项食品 Others	12388	2382	18234	6975	19289	8926
饮料及烟类 Beverages and Tobacco	3267	7023	4494	17564	5855	29138
饮料 Beverages	1122	6960	2742	17419	4344	28957
烟草及其制品 Tobacco and Tobacco Products	2145	64	1751	145	1512	182
非食用原料 Non-edible Raw Materials	24373	674926	56071	1482631	55036	1160112
生皮及生毛皮 Raw Hides and Furs		12142	19	45736	16	46879
油籽及含油果实 Oil Seeds and Kernels	18	150830	171	267894	276	230630
生橡胶 Raw Rubber	1133	56506	513	42741	396	35739
软木及木材 Cork and Wood	2280	60281	7651	206365	8116	148819
纸浆及废纸 Paper Pulp and Waster Paper	230	75143	185	121487	367	123905
纺织纤维(羊毛条除外)及其废料 Textile Fiber and Related Scrap (Excluding Fleece)	2112	8342	12199	11924	13152	7991
天然肥料及矿物(煤、石油及宝石除外) Natural Fertilizers and Mineral (Excluding Coal, Petroleum and Germ)	8714	152323	16100	247438	14315	193338
金属矿砂及金属废料 Metals Ore and Scrap	677	153940	1145	527150	1382	362923
其他动、植物原料 Other Animal And Vegetable Raw Materials	9210	5417	18089	11895	17016	9887
矿物燃料、润滑油及有关原料 Mineral Fuels, Lubrication Oil and Related Materials	20321	201031	6882	1120552	4052	696137

5-8 续表1

Continued

单位：万美元　　(USD 10000)

项目 Item	2010 出口 Exports	2010 进口 Imports	2014 出口 Exports	2014 进口 Imports	2015 出口 Exports	2015 进口 Imports
煤、焦炭及煤砖 Coal, Coke and Briquette	10	91023	1713	211105	375	123427
石油、石油产品及有关原料 Petroleum, Petroleum Products and Related Materials	20312	56052	5151	827764	3659	470600
天然气及人造气 Natural Gas and Man-made Gas		53957	3	81683	18	102110
动植物油、脂及蜡 Animal and Vegetable Oil ,Fats and Wax	426	31583	3502	9061	5297	21109
动物油、脂 Animal Oil and Fats	190	2356	2331	1245	4288	2080
植物油、脂 Vegetable Oils and Fats	199	28278	323	5900	164	17603
已加工的动植物油、脂及动植物蜡 Processed Animal and Vegetable Oils,Fats and Wax	37	949	848	1916	845	1427
二、工业制品 Industry Goods	**6619522**	**2704521**	**10426627**	**3495518**	**10355886**	**3335955**
化学成品及有关产品 Chemicals and Related Products	224427	515450	334319	663886	295122	526568
有机化学品 Organic Chemicals	32115	152647	51702	195165	39879	164388
无机化学品 Inorganic Chemicals	69541	3766	100924	7964	73201	6241
染料、鞣料及着色料 Dyestuff , Tanning Extracts and Dye Materials	3949	14920	9052	12904	8424	10025
医药品 Medicines	25959	2564	21266	7450	21361	2345
精油、香料及盥洗、光洁制品 Essential Oils, Perfumed Materials and Cosmetics	22884	4227	32308	4766	31523	4705
制成废料 Waste Products	15300		24030	320	34370	163
初级形状的塑料 Plastics of Primary Pattern	18904	255793	30136	328482	25142	255106
非初级形状的塑料 Plastics of non Primary Pattern	16281	49303	34952	45227	35699	36768
其他化学原料及产品 Other Chemical Raw and Products	19495	32229	29949	61609	25523	46827
按原料分类的制成品 Products by Raw material	1190460	387399	2065587	413111	2182810	396538
皮革、皮革制品及已鞣毛皮 Leather, Leather Products and Tanned Hides	6037	29037	9565	46305	10788	40847
橡胶制品 Rubber Products	67670	26524	87361	35175	71265	30603
软木及木制品(家具除外) Cork and Wooden Products	65278	590	106345	3165	108311	2517
纸及纸板；纸浆、纸及纸板制品 Paper and Paperboard, Articles of Paper Pulp or Paper and Paperboard Products	47806	20045	92187	13593	96115	12257
纺纱、织物、制成品及有关产品 Spin Textile Products and Related Products	282851	71234	582252	93410	645430	97095
非金属矿物制品 Non Metal Minerals products	401494	36492	640539	43178	727443	40593

5-8 续表2

Continued

单位：万美元 (USD 10000)

项目 Item	2010		2014		2015	
	出口 Exports	进口 Imports	出口 Exports	进口 Imports	出口 Exports	进口 Imports
钢铁 Steel	60745	78804	160410	79040	135685	83900
有色金属 Non-ferrous Metal	75223	95225	89033	67141	80165	58740
金属制品 Metal Products	183357	29448	297897	32104	307608	29987
机械及运输设备 Machinery and Transport Equipments	2119813	1104787	2697253	1209388	2605232	1237973
动力机械及设备 Power Machinery and Equipments	110109	63665	200489	117581	176805	106190
特种工业专用机械 Special Industry Equipment	57327	146878	124074	103860	130362	125403
金工机械 Metal working Machinery	7441	27949	16130	17712	13432	17006
通用工业机械设备及零件 Ordinary Industry Machinery and Parts	210267	119513	347364	102484	338603	97772
办公用机械及自动数据处理设备 Clerical Machinery and Automatic Data Processing Equipments	208199	151123	239212	158213	193777	126265
电信及声音的录制及重放装置设备 Telecommunications and Sound Record and Replay Equipment	744159	81723	785560	121681	838371	122226
电力机械、器具及其电气零件 Power Machinery and Parts	467608	400344	596293	487578	596648	469849
陆路车辆(包括气垫式) Land Vehicles	147999	38517	227014	39454	208211	37230
其他运输设备 Other Transportation Equipment	166705	75074	161117	60825	109024	136031
杂项制品 Miscellaneous Manufactured Articles	3081697	690622	5329369	648703	5272628	631603
活动房屋、卫生、水道、供热及照明装置 Movable Room, Sanitary Equipment, Supply of Hotand Lighting Apparatus	59979	1629	237182	2049	292908	1710
家具及其零件、褥垫及类似填充制品 Furniture and Related Parts	268221	2903	375411	16993	370742	8321
旅行用品、手提包及类似品 Tour Goods, Handbags and Related Products	192981	266	287684	364	283515	295
服装及衣着附件 Garments and Related Parts	869783	1732	1702955	3130	1639912	3089
鞋靴 Footwears	724771	5599	1226753	5871	1194311	7458
专业、科学及控制用仪器和装置 Special, Scientific and Controlled Instruments and Equipment	338551	575275	461207	510398	451185	489998
摄影器材、光学物品及钟表 Photographic, Optical Instruments and Clocks	102640	72822	138246	78310	153881	83901
未列名杂项制品 Other Miscellaneous Manufactured Articles	524770	30396	899931	31588	886172	36830
未分类的商品及交易品 Unclassified Goods	3125	6263	99	560430	94	543273

5-9 人民币汇率(年平均价)

Refercene Exchange Rate of RMB （Period Average）

单位：元 (yuan)

年份 Year	100美元 100 US Dollars	100日元 100 Japanese Yen	100港元 100 Hong Kong Dollars	100欧元 100 Euros
1985	293.66	1.25	37.57	
1986	345.28	2.07	44.22	
1987	372.21	2.58	47.74	
1988	372.21	2.91	47.70	
1989	376.51	2.74	48.28	
1990	478.32	3.32	61.39	
1991	532.33	3.96	68.45	
1992	551.46	4.36	71.24	
1993	576.20	5.20	74.41	
1994	861.87	8.44	111.53	
1995	835.10	8.92	107.96	
1996	831.42	7.64	107.51	
1997	828.98	6.86	107.09	
1998	827.91	6.35	106.88	
1999	827.83	7.29	106.66	
2000	827.84	7.69	106.18	
2001	827.70	6.81	106.08	
2002	827.70	6.62	106.07	800.58
2003	827.70	7.15	106.24	936.13
2004	827.68	7.66	106.23	1029.00
2005	819.17	7.45	105.30	1019.53
2006	797.18	6.86	102.62	1001.90
2007	760.40	6.46	97.46	1041.75
2008	694.51	6.74	89.19	1022.27
2009	683.10	7.30	88.12	952.70
2010	676.95	7.73	89.13	897.25
2011	645.88	8.11	82.97	900.11
2012	631.25	7.90	81.38	810.67
2013	619.32	6.33	79.85	822.19
2014	614.28	5.82	79.22	816.51
2015	622.84	5.15	80.34	691.41

注：欧元自2002年开始进入市场流通。
Note:Since 2002,the Euros circulates in market.

5-10 外商直接投资合同数和合同金额(1979-2015年)

Number and Value of Signed Contracts for Direct Foreign Investment(1979-2015)

年份 Year	合同数(项) Numbers (unit)	合资企业 Joint Ventures	合作企业 Cooperative Operation	独资企业 Sole-Foreign Enterprises	合同外资金额(万美元) Value (USD 10000)	合资企业 Joint Ventures	合作企业 Cooperative Operation	独资企业 Sole-Foreign Enterprises
1979	5	2	3		105	19	86	
1980	15	6	9		464	378	86	
1981	16	1	15		1906	56	1850	
1982	14	4	9	1	1612	1034	128	450
1983	18	8	10		2120	1930	190	
1984	236	113	116	7	20097	12187	6473	1437
1985	395	206	182	7	37681	24276	12906	499
1986	109	70	34	5	6456	5355	941	160
1987	215	140	60	15	11753	7771	1950	2032
1988	813	496	188	129	46260	24545	7524	14191
1989	872	436	123	313	90258	27039	5618	57601
1990	1043	432	94	517	116183	28488	7259	80436
1991	1219	575	80	564	144871	36082	23457	85332
1992	3113	1375	191	1547	635101	157962	91108	386031
1993	4714	1775	264	2675	1136617	239879	146164	750574
1994	3026	1017	179	1830	717946	211903	87943	418100
1995	2728	829	119	1780	890647	175384	101147	614116
1996	1987	505	67	1415	653572	97635	32303	523634
1997	2298	408	41	1849	453751	89035	25428	338988
1998	2006	420	45	1541	500150	105163	36999	357988
1999	1439	281	41	1117	489996	103378	37356	349262
2000	1463	281	27	1155	431373	51242	9971	370160
2001	1670	260	14	1395	500717	100566	9592	388661
2002	1825	233	66	1526				
2003	2274	330	18	1922				
2004	2277	318	16	1942				
2005	1988	301	24	1663				
2006	2164	385	10	1766				
2007	1722	298	3	1418				
2008	1101	185	9	906				
2009	939	153	5	779				
2010	1139	242	4	890				

注：1997年起外商直接投资含股份制。

Note:The data of foreign direct investment from 1997 include share holding enterprises.

5-10 续表

Continued

年份	Year	合同数(项) Numbers (unit)	合资企业 Joint Ventures	合作企业 Cooperative Operation	独资企业 Sole-Foreign Enterprises	合同外资金额(万美元) Value (USD 10000)	合资企业 Joint Ventures	合作企业 Cooperative Operation	独资企业 Sole-Foreign Enterprises
2011		1039	230	6	803				
2012		916	222	3	684				
2013		840	225	3	608				
2014		1044	256	2	784				
2015		1689	440		1242				
报表口径	**New Scope**								
2002						390089	45016	21686	317205
2003						477321	63373	6168	403697
2003									
历史可比口径	**Old Scope**								
2002						694419	71616	28398	588223
2003						725117			
2004						754307			
2005						855655			
2006						1080190			
2007						1233624			
2008						1141475			
2009						907597			
2010						1211979			
2011						1357766			
2012						1525389			
全口径	**Full Scope**								
2004						537299	48124	3247	477771
2005						595715	77223	20319	496142
2006						862069	87666	15165	745280
2007						867422	190832	4093	649397
2008						715201	62787	11403	633626
2009						536095	61881	7592	463511
2010						737557	101453	2472	599438
2011						921880	167519	10836	743631
2012						929083	136383	757	667066
2013						833644	164356	-294	671119
2014						849079	208541	12182	609880
2015						1446277	269111	2000	976580

5-11 按行业分外商直接投资合同数(1979-2015年)

Number of Signed Contracts for Direct Foreign Investment by Sector(1979-2015)

单位：个 (unit)

年份 Year	总计 Total	农业 Agriculture	工业 Industry	建筑业 Construction	交通运输仓储及邮电通信业 Transport, Storage,Post and Telecommunica -tions	批发和零售贸易餐饮业 Wholesale & Retail Trade and Catering Services	其他服务业 Other Services
1979	5	2	1				2
1980	15	1	5	1	3		5
1981	16		5	1	4		6
1982	14		10		1	1	2
1983	18	1	6		2	1	8
1984	236	13	113	15	11	22	62
1985	395	21	266	24	13	63	8
1990	1043	42	930	1	5	10	55
1991	1219	57	1077		6	11	68
1992	3113	134	2520	21	11	22	405
1993	4714	161	3536	67	21	124	805
1994	3026	133	2068	41	22	176	586
1995	2728	166	1973	29	15	130	415
1996	1987	114	1431	14	10	184	234
1997	2298	140	1755	28	6	179	190
1998	2006	168	1482	12	21	98	225
1999	1439	132	1052	11	9	40	195
2000	1463	117	1129	5	4	55	153
2001	1670	102	1304	5	15	34	210
2002	1825	97	1382	14	14	50	268
2003	2274	110	1839	14	25	60	226
2004	2277	93	1837	11	26	100	210
2005	1988	81	1570	4	25	92	216
2006	2164	85	1633	12	34	207	193
2007	1722	69	1204	3	21	234	191
2008	1101	67	627	10	15	229	153
2009	939	73	431	4	39	258	134
2010	1139	79	504	5	23	320	208
2011	1039	69	374	7	22	345	222
2012	916	77	270	7	12	320	230
2013	840	45	200	8	17	353	217
2014	1044	53	190	11	8	475	307
2015	1689	95	199	20	19	790	566

5-12 按行业分外商直接投资合同金额(1979-2015年)

Value of Signed Contracts for Direct Foreign Investment by Sector(1979-2015)

单位：万美元 (USD 10000)

年份 Year	总计 Total	农业 Agriculture	工业 Industry	建筑业 Construction	交通运输仓储及邮电通信业 Transport, Storage, Post and Telecommunications	批发和零售贸易餐饮业 Wholesale & Retail Trade and Catering Services	其他服务业 Other Services
1979	105	78	10				17
1980	464	33	247	5	12		167
1981	1906		99	72	206		1529
1982	1612		1542		50	13	7
1983	2120	10	900		62	25	1123
1984	20097	245	7080	918	779	1110	9965
1985	37681	1228	15977	1254	586	12085	6551
1990	116183	3462	90126	91	331	488	21685
1991	144871	5256	98215		978	737	39685
1992	635101	8128	338783	1088	2817	27068	257217
1993	1136617	17482	574966	6931	2692	23151	511395
1994	717946	11607	394043	4132	7683	11583	288898
1995	890647	20790	660166	3187	17270	27927	161307
1996	653572	12678	469257	15031	8825	21286	126495
1997	453751	15932	323558	21977	17486	28839	45959
1998	500150	31810	336922	21773	8597	7308	93740
1999	489996	28748	359611	4806	2161	8877	85793
2000	431373	18083	318217	1666	2038	7481	83888
2001	500717	17589	371725	1464	7915	2420	99604
报表口径 New Scope							
2002	390089	12453	310522	6224	7404	3866	49620
2003	477321	14166	398730	7144	7288	4076	45917
历史可比口径 Old Scope							
2002	694419	19599	581954	11153	8799	4812	68102
全口径 Full Scope							
2004	537299	12674	426684	321	15651	13838	68131
2005	595715	22415	467697	754	21674	15222	67953
2006	862069	17158	659295	6121	26289	38025	115181
2007	867422	16497	648414	-197	12301	36543	153864
2008	715201	27219	444674	3221	36966	56566	146555
2009	536095	23235	316771	1455	31770	38370	124494
2010	737557	24439	452840	813	16826	93832	148807
2011	921880	41513	542046	2571	16260	86200	233290
2012	929083	67531	364064	17019	35616	154028	290825
2013	833644	22851	415880	12501	28152	125156	229104
2014	849079	34766	367882	10625	19551	133299	282956
2015	1446277	71592	411956	653	24364	322761	614951

5-13 分国别(地区)外商直接投资合同数和合同金额

Number and Value of Contracts for Signed Direct Foreign Investment by Country(Region)

国别(地区)	Country(Region)	2000	2005	2010	2012	2013	2014	2015
合同数（个）	**Number(unit)**	**1463**	**1988**	**1139**	**916**	**840**	**1044**	**1689**
#中国香港	Hong Kong China	602	921	446	317	328	382	468
中国澳门	Macao China	28	66	16	17	8	13	19
中国台湾	Taiwan China			408	358	314	447	890
日本	Japan	72	64	22	18	12	7	21
菲律宾	Philippines	60	96	11	7	3	9	7
泰国	Tailand	5	2			1		2
马来西亚	Malaysia	14	25	18	14	10	7	14
新加坡	Singapore	58	41	27	28	35	28	37
印度尼西亚	Indonesia	9	13	5	6	5	1	10
德国	Germany	8	8	6	4	4	5	11
法国	France	3	7	2	1			2
英国	United Kingdom	20	9	2	3	7	3	13
加拿大	Canada	15	31	11	12	7	14	10
美国	United States	79	98	33	29	25	31	52
澳大利亚	Australia	18	28	18	12	7	8	27
合同金额（万美元）	**Volume（10000 USD)**	**431373**	**595715**	**737557**	**929083**	**833644**	**849079**	**1446277**
#中国香港	Hong Kong China	212533	286810	559446	530652	472234	561081	765753
中国澳门	Macao China	4958	15623	8243	7019	19905	5772	8158
中国台湾	Taiwan China			76162	136196	117022	110092	282112
日本	Japan	16943	10575	4135	4398	2533	11143	4676
菲律宾	Philippines	17611	19213	-6765	1690	-985	1909	-421
泰国	Thailand	270	292	-85	-192	1998	-320	53
马来西亚	Malaysia	4643	7559	5728	2780	-546	1750	6675
新加坡	Singapore	10246	12343	21747	22210	53789	21212	27949
印度尼西亚	Indonesia	1026	1892	730	2084	2908	-539	462
德国	Germany	3107	251	261	1165	907	1201	1428
法国	France	102	881	429	649	-28	-120	31
英国	United Kingdom	15504	-4364	260	995	539	750	3246
加拿大	Canada	2495	3510	6948	2971	2222	1512	2292
美国	United States	21012	25534	1288	12727	5609	2096	28221
澳大利亚	Austrialia	985	5138	4493	13115	3822	82	73995

注：当期外商投资企业减资或外商股权转让金额超过当期新批合同外资或外商投资企业增资金额，差额部分用负数表示。

Note:When the data of reduction of Signed Value or the transfer stock value surpass the data of Signed Value or the supplementary value of direct foreigh investment, the discrepancy is expressed by negative number.

5-14 实际利用外商直接投资金额(1979-2015年)

Direct Foreign Capital Actually Used(1979-2015)

单位：万美元　　(USD 10000)

年份 Year	合计 Total	合资企业 Joint Ventures	合作企业 Cooperative Operation	独资企业 Sole-Foreign Enterprises
1979	83	15	68	
1980	363	288	75	
1981	150	40	110	
1982	121	5	16	100
1983	1438	1026	158	254
1984	4828	3526	1179	123
1985	11782	8566	2950	266
1986	6149	4121	1913	115
1987	5139	3097	1479	563
1988	13017	9273	2369	1375
1989	32880	13814	6384	12682
1990	29002	12617	2780	13605
1991	64449	22682	14775	26992
1992	141633	48528	26132	66973
1993	286745	98484	33498	154763
1994	371200	145518	34469	191213
1995	403881	124872	54073	224936
1996	407876	129778	50497	227601
1997	419666	112293	60175	247198
1998	421211	90295	50778	280138
1999	402403	99542	42121	260180
2000	380386	74548	13263	291365
2001	391804	74092	7248	309068
历史可比口径 (Old Scope)				
2002	424995	84669	11587	316240
2003	499329			
2004	531802			
2005	622984			
2006	718489			
2007	813093			
2008	1002556			
2009	1006481			
2010	1031552			
2011	1104447			
2012	1218541			
全口径 (Full Scope)				
2004	222120	41952	4324	163490
2005	260775	31021	670	222422
2006	322047	49684	2327	268789
2007	406058	68686	4670	332015
2008	567171	137758	2284	416441
2009	573747	104761	1372	458815
2010	580279	97974	2126	475199
2011	620111	94469	774	479782
2012	633774	130747	1325	399721
2013	667896	93411	3349	554906
2014	711499	136702	1200	558117
2015	768339	176361	2010	504258

5-15 分国别(地区)实际利用外商直接投资金额

Direct Foreign Capital Actually Used by Country(Region)

单位：万美元 (USD 10000)

国别(地区)	Country (Region)	2000	2005	2010	2014	2015
总计	**Total**	**380386**	**260775**	**580279**	**711499**	**768339**
亚洲	Asia					
#中国香港	Hong Kong China	151678	121783	354634	451525	469850
中国澳门	Macao China	2689	6162	5156	4624	2649
中国台湾	Taiwan China			23805	36820	55331
印度尼西亚	Indonesia	1760	593	1883	3213	1396
日本	Japan	7655	7445	6287	6710	12343
新加坡	Singapore	12282	7727	25545	51836	28795
韩国	Korea	410	1069	3254	2538	
泰国	Tailand	979	662	153	123	166
欧洲	Europe					
#英国	United Kingdom	16179	1352	1007	403	538
德国	Germany	4553	48	1443	170	627
法国	France	74	708	278		
俄罗斯	Russian		109		6	14
拉丁美洲	Latin America					
#巴哈马	Bahamas	431		1769	2429	3750
开曼群岛	Cayman Islands	20552	9242	12662	6819	5490
墨西哥	Mexico			957		
英属维尔京群岛	British Virgin Islands	21766	35134	42153	73300	64527
北美洲	North America					
#加拿大	Canada	1851	424	1099	1714	758
美国	United States	64652	17015	5096	3758	7117
大洋洲	Oceania					
#澳大利亚	Australia	2212	988	1823	276	153
新西兰	New Zealand		467	336	106	

注：2005年以后年份为全口径。
Note:Since 2005,Scope by Fund Examination.

5-16 外商投资企业工商注册数

Number of Registered Foreign Funded Enterprises

单位：个 (unit)

项目 Item	2005	2010	2011	2012	2013	2014	2015
总计 Total	**17854**	**17886**	**17830**	**17954**	**23546**	**24322**	**25895**
按企业登记注册类型分 Grouped by Status of Registration							
#中外合资 Joint Venture	3844	3674	3670	3713	3701	3815	4142
中外合作 Cooperative Operation	396	230	229	217	204	198	193
外商独资 Venture Exclusively with Foreign Investment	13598	13924	13868	13948	13814	13978	14933
按行业分 Grouped by Sector							
农、林、牧、渔业 Agriculture, Forestry, Animal Husbandryand Fishery	646	596	630	624	611	628	695
采矿业 Mining	61	46	45	39	36	34	35
制造业 Manufacturing	13762	13103	12644	12362	12296	11953	11854
电力、燃气及水的生产和供应业 Production and Supply of Electric Power, Gas and Water	169	146	137	135	197	173	196
建筑业 Construction	152	137	132	136	203	211	235
交通运输、仓储和邮政业 Transport,Storage and Post	265	205	221	225	575	587	618
信息传输、计算机服务和软件业 Information Transmission, Computer Software and Services	209	330	353	441	768	830	958
批发和零售业 Wholesale and Retail Trade	234	1153	1406	1623	4423	5036	5721
住宿和餐饮业 Lodgings and Catering Services	307	300	310	280	878	1001	1146
金融业 Financial Intermediation	6	24	25	27	264	304	337
房地产业 Real Estate	1283	1057	1052	1066	1107	1098	1105
租赁和商务服务业 Leasing and Business Services	212	415	457	511	1372	1506	1780
科学研究、技术服务和地质勘查业 Scientific Research, Technical Service and Geologic Prospecting	117	160	187	230	338	467	681

注：2013年以前不含其他外商投资企业和外商投资企业分支机构。
Note:Before 2013, Exclude other Foreign Funded Enterprises and Branches.

5-16 续表

Continued

单位：个 (unit)

项目 Item	2005	2010	2011	2012	2013	2014	2015
水利、环境和公共设施管理业 Management of Water Conservancy,Environment and Public Facilities	54	56	63	61	74	79	82
居民服务和其他服务业 Services to Households and Other Services	119	125	134	132	226	224	230
教育 Education	11	2	2	2	6	6	12
卫生、社会保障和社会福利业 Health, Social Security and Social Welfare	9	3	3	3	9	8	11
文化、体育和娱乐业 Culture, Sports and Entertainment	204	28	29	57	160	174	196
其他行业 Others	34				3	3	3
按国别（地区）分 **By Country**							
#中国香港 Hong Kong China	8586	8443	8311	8365	8365	8463	8769
中国澳门 Macao China	400	387	380	384	373	383	403
中国台湾 TaiWan China	3879	3796	3884	3953	3907	4117	4906
日本 Japan	610	558	559	547	529	506	495
英国 United Kingdom	90	87	85	76	73	71	83
德国 Germany	51	74	76	75	75	73	81
加拿大 Canada	148	185	186	183	178	194	193
美国 United States	706	730	721	697	674	660	680
澳大利亚 Australia	150	198	197	196	190	184	210

5-17 外商投资企业工商注册资本金

Registered Capitals of Foreign Funded Enterprises

单位：万美元 (USD 10000)

项目 Item	2005	2010	2011	2012	2013	2014	2015
总计 Total	**4307474**	**6935845**	**7538621**	**8044264**	**8537482**	**9448456**	**11090110**
按企业登记注册类型分 Grouped by Status of Registration							
#中外合资 Joint Venture	1143952	1776709	1982884	2200834	2422716	2844702	3478528
中外合作 Cooperative Operation	158309	103869	116869	107549	108091	108675	105447
外商独资 Venture Exclusively with Foreign Investment	2920326	4697783	5048302	5299896	5549691	5957338	6803156
按行业分 Grouped by Sector							
农、林、牧、渔业 Agriculture,Forestry,Animal Husbandry and Fishery	103957	120696	144498	181393	171303	188822	238271
采矿业 Mining	7155	11496	16054	14540	11293	11906	22900
制造业 Manufacturing	2917604	4681053	5044573	5188727	5263352	5522739	5907219
电力、燃气及水的生产和供应业 Production and Supply of Electric Power,Gas and Water	140493	201131	201034	199359	205287	213214	244888
建筑业 Construction	57264	66442	67553	63600	78726	89855	103441
交通运输、仓储和邮政业 Transport,Storage and Post	115210	205581	227474	240617	326240	345288	374779
信息传输、计算机服务和软件业 Information Transmission, Computer Software and Services	27189	132824	76801	127987	77745	99601	221456
批发和零售业 Wholesale and Retail Trade	23880	196146	259397	401920	458198	602470	861339
住宿和餐饮业 Lodgings and Catering Services	87187	116264	127556	91480	135085	146806	149615
金融业 Financial Intermediation	16391	94131	102311	124708	202255	292729	352692
房地产业 Real Estate	662639	793120	887417	946886	1009915	1163710	1204345
租赁和商务服务业 Leasing and Business Services	28410	153048	194244	255898	311467	425101	806390

注：2013年以前不含其他外商投资企业和外商投资企业分支机构。

5-17 续表

Continued

单位：万美元 (USD 10000)

项目 Item	2005	2010	2011	2012	2013	2014	2015
科学研究、技术服务和地质勘查业 Scientific Research, Technical Service and Geologic Prospecting	18376	42605	52282	70934	96847	140651	214465
水利、环境和公共设施管理业 Management of Water Conservancy,Environment and Public Facilities	13758	52069	55612	55111	64009	71245	72330
居民服务和其他服务业 Services to Households and Other Services	11442	40136	49631	47755	49493	52862	64785
教育 Education	1240	125	125	125	568	544	617
卫生、社会保障和社会福利业 Health, Social Security and Social Welfare	6603	5189	5931	5931	7851	7709	11527
文化、体育和娱乐业 Culture, Sports and Entertainment	55245	23788	26127	27294	60728	66086	231930
其他行业 Others	13431				7119	7119	7119
按国别（地区）分 By County							
#中国香港 Hong Kong China	2185021	3720362	4194701	4565974	4927410	5521531	6428139
中国澳门 Macao China	72789	100150	115287	117156	106152	113002	127430
中国台湾 TaiWan China	574517	527170	577046	574434	574975	642939	949004
日本 Japan	104534	146104	152260	140774	131731	139987	141422
英国 United Kingdom	59149	52014	54050	37988	38286	32866	137182
德国 Germany	24018	31011	30954	29692	31585	31520	32791
加拿大 Canada	28771	44392	47235	33110	33802	41186	41104
美国 United States	220843	195581	212144	192703	170990	167837	224771
澳大利亚 Australia	25066	37420	39851	75045	73729	105641	109590

5-18 外商投资企业工商注册投资总额

Total Registered Investment Value of Foreign-Funded Enterprises

单位：万美元 (USD 10000)

项目 Item	2005	2010	2011	2012	2013	2014	2015
总计 Total	**7533131**	**12483059**	**13689837**	**14574439**	**15651558**	**17324503**	**19671281**
按企业登记注册类型分 Grouped by Status of Registration							
#中外合资 Joint Venture	1987294	3455996	3842247	4304512	4835558	5634095	6547303
中外合作 Cooperative Operation	303047	190773	217071	196204	197429	197406	189572
外商独资 Venture Exclusively with Foreign Investment	5151428	8456761	9233953	9607351	10216813	11032077	12320789
按行业分 Grouped by Sector							
农、林、牧、渔业 Agriculture,Forestry,Animal Husbandry and Fishery	170682	208623	256721	314074	302959	338674	402367
采矿业 Mining	10786	22242	31189	27704	16970	18277	48768
制造业 Manufacturing	4727634	8350872	9110847	9462680	9864473	10550653	11277703
电力、燃气及水的生产和供应业 Production and Supply of Electric Power, Gas and Water	444184	617253	612910	606912	630190	654108	751810
建筑业 Construction	89864	133944	135792	121713	159139	184110	203600
交通运输、仓储和邮政业 Transport,Storage and Post	198500	356884	416140	450552	671636	720512	758250
信息传输、计算机服务和软件业 Information Transmission, Computer Software and Services	58572	167493	117783	221100	141396	173964	426674
批发和零售业 Wholesale and Retail Trade	35960	330624	422896	597738	693993	920742	1197492
住宿和餐饮业 Lodgings and Catering Services	157919	212732	229088	148714	242751	258508	258433
金融业 Financial Intermediation	16393	98633	107813	132312	164164	212406	242006
房地产业 Real Estate	1366522	1430093	1596699	1696257	1766002	2008410	2063174
租赁和商务服务业 Leasing and Business Services	42397	247703	294837	403379	441466	604471	1042150

注：2013年以前不含其他外商投资企业和外商投资企业分支机构。

5-18 续表

Continued

单位：万美元 (USD 10000)

项目 Item	2005	2010	2011	2012	2013	2014	2015
科学研究、技术服务和地质勘查业 Scientific Research, Technical Service and Geologic Prospecting	33317	72538	83872	109577	174381	252492	366765
水利、环境和公共设施管理业 Management of Water Conservancy,Environment and Public Facilities	24334	85376	102907	115140	132750	153109	143795
居民服务和其他服务业 Services to Households and Other Services	16226	92034	107879	103250	112623	123958	152374
教育 Education	2061	161	161	161	912	888	961
卫生、社会保障和社会福利业 Health, Social Security and Social Welfare	17165	14907	16738	16738	20811	20527	30486
文化、体育和娱乐业 Culture, Sports and Entertainment	95283	40948	45565	46439	105772	119523	295306
其他行业 Others	25332				9169	9169	9169
按国别（地区）分 By County							
#中国香港 Hong Kong, China	3517597	6484905	7356801	7974297	8831523	9976273	11285092
中国澳门 Macao ,China	110177	158195	185745	191006	166669	172165	197072
中国台湾 TaiWan China	996935	860503	973707	961262	956547	1043173	1462385
日本 Japan	184722	253939	279184	265892	249738	278067	283398
英国 United Kingdom	131979	110470	113138	80712	79702	65092	169509
德国 Germany	52451	65886	64616	61620	64153	63923	64286
加拿大 Canada	47181	73944	78285	51831	51989	65584	64188
美国 United States	547389	321559	339244	341423	311025	300768	387364
澳大利亚 Austrial	40684	62774	66785	110578	103890	132573	137682

5-19 涉外税收主要指标(1980-2015年)

Basic Statistics of Taxes on Enterprises with Foreign Capital(1980-2015)

单位：万元 (10000 yuan)

年份 Year	合计 Total	工商统一税 Industrial and Commercial Tax	外商投资企业和外国企业所得税 Income Tax of Foreign Capital Enterprises	个人所得税 Individual Income Tax	城市房地产税 Tax on Urban Real Estate	车船使用牌照税 Tax on License of Vehicle Use	其他各税 Others
1980	3	2		1			
1981	15	7	2	4	1		1
1982	100	71	21	5	2	1	
1983	466	406	51	6	2	1	
1984	1595	1322	256	11	3	3	
1985	3294	2833	388	48	9	16	
1986	5019	3511	1288	119	76	25	
1987	7539	6432	570	305	200	32	
1988	15201	12928	1552	396	290	35	
1989	31979	28087	3557	86	216	33	
1990	64361	43075	4310	403	759	74	15740
1991	69004	57651	6008	686	1296	88	3275
1992	96684	80544	10440	796	1928	108	2868
1993	165151	141073	18734	1171	3142	135	896
1994	241239	196943	33886	2945		195	7270
1995	314491	253985	40346	6433	8221	223	5283
1996	321385	259037	36909	10512	10290	222	4415
1997	399596	270700	49891	16566	10712	143	51584
1998	427978	323294	61466	23612	15188	153	4265
1999	615278	480920	80203	31404	17197	160	5394
2000	805058	606864	128522	41010	20717	137	7808
2001	1185431	943648	149662	58104	24468	324	9225
2002	1752684	1388974	259337	59850	31262	295	12966
2003	2083532	1647965	310246	73144	35981	233	15963
2004	2750440	2205541	396195	93732	37712	129	17131
2005	3297179	2647888	451434	117050	47531	149	33127
2006	3762352	2970472	550005	126135	54669	158	60913
2007	4432889	3431652	662730	164291	63786	146	110284
2008	5583964	4148765	915063	199179	70376	677	249904
2009	6352558	4831800	1032001	186644	76143	931	225039
2010	7621798	5551535	1450124	236470	89401	845	293423
2011	8837795	5962118	1890808	279397	115425	920	589127
2012	10367041	7679230	1973281	222036	81930	1113	409451
2013	10888732	7930345	2051444	242027	197124	3058	464734
2014	11387280	8181647	2194065	279574	156912	4100	570982
2015	10951399	7798575	2219127	302050	158093	4532	469022

注：1.1988年后含海关代征税；2.工商统一税含增值税、营业税、消费税。

Note:a)Tax from 1998 Includes Commissioned Customs Tax .b)The Industrial and Commercial Tax has contained Value-added Tax, Operation Tax and Consumption Tax.

5-20 对外承包工程和劳务合作主要指标(1980-2015年)

Contracted Projects and Labor Service Cooperation with Foreign Countries(1980-2015)

年份 Year	对外承包工程合同金额（万美元） Contracted Projects(USD 10000)	劳务人员合同工资总额（万美元） Labor Services Cooperation(USD 10000)	年末在外人数（人） Number of Persons Abroad at the Year-end (person)	承包工程 Contracted Projects	劳务合作 Labor Services Cooperation
1980		113	34		34
1981	4	93	213	4	209
1982	7	145	341	6	335
1983	139	632	447	8	439
1984	716	2894	2157	20	2137
1985	3175	1093	2432	72	2360
1986	8232	2331	4134	85	4049
1987	6620	2398	6206	103	6103
1988	9816	6612	8109	189	7920
1989	12884	5753	9144	143	9001
1990	11098	6499	9686	125	9561
1991	16378	15281	16262	66	16196
1992	33190	16627	21439	93	21346
1993	43596	24426	29791	82	29709
1994	48461	22464	34289	85	34204
1995	35641	27544	43859	148	43711
1996	24890	23419	48337	38	48299
1997	14068	28680	55358	137	55221
1998	19436	24356	54618	119	54497
1999	6227	29805	56757	117	56638
2000	12486	29562	53847	162	53685
2001	16262	36934	59688	126	59561
2002	23765	17141	50513	329	50184
2003	27047	39024	52586	239	52347
2004	25013	31770	50478	216	50262
2005	24713	32539	50528	236	50292
2006	26108	31844	50964	335	50629
2007	26395	32003	51371	350	51021
2008	41862	26348	27842	560	27282
2009	14476	27884	28063	223	27840
2010	8607	20580	24240	367	23873
2011	49016	63444	27601	571	27030
2012	49828	52926	35162	1787	33375
2013	31044	58675	41787	2795	38992
2014	35842	113856	56199	4074	52125
2015	57701	67482	59213	3714	55499

注：劳务人员合同工资总额，2012年以前为对外劳务合作合同金额。
Note:Before 2012,Value of Labor Services Cooperation is Labour Services

5-21 各设区市进出口商品总额(2000-2015年)

Total Exports by City(2000-2015)

单位：万美元　　(USD 10000)

年份 Year	福州市 Fuzhou	厦门市 Xiamen	莆田市 Putian	三明市 Sanming	泉州市 Quanzhou	漳州市 Zhangzhou	南平市 Nanping	龙岩市 Longyan	宁德市 Ningde
2000	509255	1004873	98834	14830	178896	98946	15837	5341	7972
2001	532465	1107475	106044	14853	180320	100768	18336	4825	11002
2002	639492	1518320	108328	16712	215214	122499	20807	5333	15399
2003	848874	1870494	114437	21119	272468	207130	24380	10360	21131
2004	1397840	2408334	141408	32109	368739	324330	30648	22468	26829
2005	1458299	2856534	157815	53674	454785	370639	38091	17696	33597
2006	1664715	3278961	170934	60488	548956	426352	52071	19685	43758
2007	1864051	3977772	214891	87122	685054	464780	62570	27110	61732
2008	2032079	4537749	232095	79506	850291	531874	76195	53941	88362
2009	1784900	4330731	234660	88111	817939	479873	82778	68134	77812
2010	2458595	5703059	342180	127982	1125573	739920	108292	151288	121139
2011	3464525	7015759	464670	177518	1706361	971308	147271	240136	164696
2012	3105087	7449656	442147	318738	2508724	983086	191484	349870	245004
2013	3179300	8408356	477181	166815	2912461	973898	166980	321558	325624
2014	3488517	8348881	524195	204307	3084998	1132438	159576	396297	401576
2015	3322657	8320211	479405	211060	2699212	933380	123345	370665	424660

5-22 各设区市出口商品总额(2000-2015年)

Total Exports by City(2000-2015)

单位：万美元　　(USD 10000)

年份 Year	福州市 Fuzhou	厦门市 Xiamen	莆田市 Putian	三明市 Sanming	泉州市 Quanzhou	漳州市 Zhangzhou	南平市 Nanping	龙岩市 Longyan	宁德市 Ningde
2000	271664	587923	68355	10732	118118	57527	11340	4922	7402
2001	295034	650355	74509	11047	126086	62263	11597	4260	10496
2002	353357	879270	76809	11783	153466	77823	14320	4832	14732
2003	481722	1055105	82102	14449	191588	121759	16780	9713	20543
2004	875230	1394036	100712	24861	259737	215546	22444	21097	25814
2005	941996	1726576	111541	46025	320660	259766	28654	16439	32538
2006	1091458	2050723	127998	53759	403559	298106	42889	15609	42073
2007	1230907	2555392	154842	80942	498036	341715	50266	24432	57508
2008	1358662	2939860	171604	70192	579465	387622	63386	45913	82479
2009	1201088	2765804	167386	76232	589098	338669	64456	59226	69944
2010	1630771	3532398	219007	112725	827935	506838	90868	131333	97437
2011	2411420	4264534	278077	154573	1078254	649076	119086	185168	143590
2012	2112982	4539982	294791	300604	1237473	699034	168601	210837	218954
2013	1952293	5234264	316949	137464	1646988	710774	153164	211724	283821
2014	2133264	5316103	331182	177830	1817799	813160	146514	241464	367913
2015	2087807	5347405	316449	189548	1819003	746529	112320	256807	392142

5-23 各设区市进口商品总额(2000-2015年)

Total Imports by City(2000-2015)

单位：万美元 (USD 10000)

年份 Year	福州市 Fuzhou	厦门市 Xiamen	莆田市 Putian	三明市 Sanming	泉州市 Quanzhou	漳州市 Zhangzhou	南平市 Nanping	龙岩市 Longyan	宁德市 Ningde
2000	237591	416950	30479	4098	60778	41419	4497	419	570
2001	237431	457120	31535	3806	54234	38505	6739	565	506
2002	286135	639050	31519	4929	61748	44676	6487	501	667
2003	367152	815389	32335	6670	80880	85371	7600	647	588
2004	522610	1014298	40696	7248	109002	108784	8204	1371	1015
2005	516303	1129958	46274	7649	134125	110873	9437	1257	1059
2006	573257	1228238	42936	6729	145397	128246	9182	4076	1685
2007	633144	1422380	60049	6180	187018	123065	12304	2678	4224
2008	673417	1597889	60491	9314	270826	144252	12809	8028	5883
2009	583812	1564927	67274	11879	228841	141204	18322	8908	7868
2010	827824	2170661	123173	15256	297638	233082	17424	19954	23702
2011	1053105	2751225	186593	22945	628107	322232	28185	54968	21105
2012	992104	2909673	147356	18133	1271251	284053	22883	139033	26049
2013	1227006	3174092	160232	29351	1265472	263124	13817	109834	41803
2014	1355253	3032778	193013	26477	1267198	319278	13062	154832	33663
2015	1234850	2972806	162955	21513	880208	186851	11025	113858	32517

5-24 各设区市外商直接投资合同数(2000-2015年)

Number of Signed Contracts for Direct Foreign Investment by City(2000-2015)

单位：项 (Unit)

年份 Year	福州市 Fuzhou	厦门市 Xiamen	莆田市 Putian	三明市 Sanming	泉州市 Quanzhou	漳州市 Zhangzhou	南平市 Nanping	龙岩市 Longyan	宁德市 Ningde
2000	295	259	56	36	416	257	84	29	31
2001	319	343	64	35	513	261	81	30	24
2002	385	380	65	52	578	217	92	24	32
2003	360	374	52	66	904	268	178	40	32
2004	414	435	66	87	776	269	134	58	38
2005	326	364	71	107	561	344	136	47	32
2006	327	569	81	83	524	342	110	88	40
2007	234	472	43	71	394	346	80	64	18
2008	155	355	36	53	140	191	68	84	19
2009	144	325	25	46	103	154	61	64	17
2010	186	398	25	65	156	186	46	58	19
2011	170	368	35	32	170	149	44	28	20
2012	148	331	25	42	106	129	43	16	18
2013	135	331	14	37	111	84	30	17	20
2014	126	416	11	40	126	94	26	18	20
2015	339	726	24	27	102	125	19	25	18

5-25 各设区市外商直接投资合同金额

Value of Signed Contracts for Direct Foreign Investment by City

单位：万美元 (USD 10000)

地区 Area	2000	2005	2008	2009	2010	2011	2012	2013	2014	2015
福州市 Fuzhou	95479	116672	148883	122969	167297	176966	205643	205700	146368	317473
厦门市 Xiamen	100400	129492	190847	139531	166157	225037	225010	190805	285337	416303
莆田市 Putian	20744	22852	14216	15034	36294	39283	35891	26725	3666	26662
三明市 Sanming	6596	14594	21470	20401	24499	24513	31682	35644	26113	24286
泉州市 Quanzhou	87014	170025	186888	95910	161089	198154	120592	132803	154609	99498
漳州市 Zhangzhou	94420	69657	77214	78500	102339	126049	141580	130555	98080	131223
南平市 Nanping	18586	44437	39325	39067	43001	51542	56251	35294	42784	53806
龙岩市 Longyan	2601	15978	22556	17567	28321	43336	25335	18653	34039	56501
宁德市 Ningde	5533	12008	13802	7116	8560	26963	28747	31653	37301	45068

5-26 各设区市实际利用外商直接投资金额

Direct Foreign Capital Actually Used by City

单位：万美元 (USD 10000)

地区 Area	2003	2005	2008	2009	2010	2011	2012	2013	2014	2015
福州市 Fuzhou	68751	64017	100150	103227	118524	127745	133877	143063	154651	167852
厦门市 Xiamen	42200	70740	204244	168674	169651	172583	177453	187204	197101	209373
莆田市 Putian	13235	7152	13038	18302	22952	25264	25559	30164	34092	37750
三明市 Sanming	4855	4632	6600	7460	8635	9201	10300	12500	14033	15636
泉州市 Quanzhou	74406	70974	169991	172002	149342	161511	131960	139112	148950	158036
漳州市 Zhangzhou	40585	31017	50051	55018	70076	88739	89025	94552	101207	108500
南平市 Nanping	12948	5356	5857	6167	6787	7794	8733	10501	12000	14532
龙岩市 Longyan	2841	5161	13426	15225	16506	17762	19908	21598	24082	26853
宁德市 Ningde	1497	1726	3814	5672	7098	9512	12007	14433	17463	21007

进出口总额 指实际进出我国国境的货物总金额。包括对外贸易实际进出口货物，来料加工装配进出口货物，国家间、联合国及国际组织无偿援助物资和赠送品，华侨、港澳台同胞和外籍华人捐赠品，租赁期满归承租人所有的租赁货物，进料加工进出口货物，边境地方贸易及边境地区小额贸易进出口货物(边民互市贸易除外)，中外合资企业、中外合作经营企业、外商独资经营企业进出口货物和公用物品，到、离岸价格在规定限额以上的进出口货样和广告品(无商业价值、无使用价值和免费提供出口的除外)，从保税仓库提取在中国境内销售的进口货物，以及其他进出口货物。进出口总额用以观察一个国家在对外贸易方面的总规模。我国规定出口货物按离岸价格统计，进口货物按到岸价格统计。

外商直接投资 指外国企业和经济组织或个人(包括华侨、港澳台胞以及我国在境外注册的企业)按我国有关政策、法规，用现汇、实物、技术等在我国境内开办外商独资企业、与我国境内的企业或经济组织共同举办中外合资经营企业、合作经营企业或合作开发资源的投资(包括外商投资收益的再投资)，以及经政府有关部门批准的项目投资总额内企业从境外借入的资金。

对外承包工程 指各对外承包公司以招标议标承包方式承揽的下列业务:(1)承包国外工程建设项目，(2)承包我国对外经援项目，(3)承包我国驻外机构的工程建设项目,(4)承包我国境内利用外资进行建设的工程项目,(5)与外国承包公司合营或联合承包工程项目时我国公司分包部分,(6)对外承包兼营的房屋开发业务。对外承包工程的营业额是以货币表现的本期内完成的对外承包工程的工作量，包括以前年度签订的合同和本年度新签订的合同在报告期内完成的工作量。

对外劳务合作 指以收取工资的形式向业主或承包商提供技术和劳动服务的活动。我国对外承包公司在境外开办的合营企业，中国公司同时又提供劳务的，其劳务部分也纳入劳务合作统计。劳务合作营业额按报告期内向雇主提交的结算数(包括工资、加班费和奖金等)统计。

Explanatory Notes on Main Statistical Indicators

Total Imports and Exports at Customs refer to the value of commodities imported into and exported from the boundary of China. They include the actual imports and exports through foreign Trades, imported and exported goods under the processing and assembling Trades and materials, supplies and gifts as aid given gratis between governments and by the United Nations and other international organizations, and contributions donated by overseas Chinese, compatriots in Hong Kong and Macao and Chinese with foreign citizenship, leasing commodities owned by tenant at the expiration of leasing period, the imported and exported commodities processed with imported materials, commodities trading in border areas(excluding mutual exchange goods), the imported and exported commodities and articles for public use of the Sino-foreign joint ventures, cooperative enterprises and ventures exclusively with foreign own investment .Also included are import or export of samples and advertising goods for whose CIF or FOB value are beyond the permitted ceiling (excluding goods of no trading or use value and free commodities for export),imported goods sold in China from bonded warehouses and other imported or exported goods.The indicator of the total imports and exports at customs can be used to observe the total size of external Trades in a country.In accordance with the stipulation of the Chinese government,imports are calculated at CIF, while exports are calculated at FOB

Foreign Direct Investment refers to the investments inside China by foreign enterprises and economic organizations or individuals(including overseas Chinese,compatriots from Hong Kong and Macao,and Chinese enterprises registered abroad), following the relevant policies and laws of China, for the establishment of ventures exclusively with foreign own investment, Sino-foreign joint ventures and cooperative enterprises or for co-operative exploration of resources with enterprises or economic organizations in China. It includes the re investment of the foreign entrepreneurs with the profits gained from the investment and the funds that enterprises borrow from abroad in the total investment of projects which are approved by the relevant department of the government.

Contracted Projects with Foreign Countries refer to projects undertaken by Chinese contractors (project contracting companies)through bidding process.They include: (1)overseas civil engineering construction projects financed by foreign investors; (2)overseas projects financed by the Chinese government through its foreign aid programs; (3)construction projects of Chinese diplomatic missions,Trades offices and other institutions stationed abroad; (4)construction projects in China financed by foreign investment; (5)sub-contracted projects to be taken by Chinese contractors through a joint umbrella project with foreign contractor(s); (6)housing development projects.The business income from international contracted projects is the work volume of contracted projects completed during the reference period, expressed in monetary terms, including completed work on projects signed in previous years.

Foreign Exchange Earnings from International Tourism refer to the total expenditures of foreigners, overseas Chinese, Chinese compatriots from Hong Kong, Macao and Taiwan during their stay in the mainland of China, which are earnings of foreign exchange from international tourism from the point of view from China.

第六篇　能源

Chapter 6　Energy

资料整理：林红 陈浩明
Database Editor:Linhong Chenhaoming

简 要 说 明

本篇资料的主要内容及来源

本篇资料主要包括能源生产、消费及品种构成，能源和电力消费弹性系数，生活用能源消费量及综合能源平衡表，全省及各设区市主要发展约束性指标，以及规模以上工业分行业能耗情况。

行业分类采用现行统一的国民经济行业分类国家标准。综合能源平衡表中的库存量、进口量、出口量和消费量，根据有关部门和企业提供的数据综合评估得出。本篇出现的“煤炭”，包括原煤、洗精煤、其它洗煤和煤制品（即型煤），不包括焦炭。

本篇资料 2005-2013 年数据，根据全国第三次经济普查资料进行相应调整，相关数据以本年鉴公布数据为准。

本篇资料由省统计局能源统计处依据能源年报整理提供。

Brief Introduction

Main Content and Source of Data

Data in this chapter show the mainly energy production and consumption and their composition of Fujian Province, the elasticity ratio of energy consumption, the consumption of energy for residential use, main binding indicators on development of administrative areas of Fujian, and the energy consumption of industrial enterprises grouped by sector over designated size.

Data by industries in this chapter are based on the new National Industrial Classification of All Economic Activities; In the energy balance, data on stock, imports, exports and consumption are based on data provide by relevant departments and enterprises; Coal includes crude coal, washing coal, other washing coal and coal products and excludes coke.

According to the National Econimic Sensus III,the data had been adjusted from 2005 to 2013.

Data on this chapter are provided and processed in accordance with the statistical reporting scheme on energy by the Division of Energy of the Fujian Provincial Bureau of Statistics.

6-1 一次能源生产总量及构成(1978-2015年)

Total Production of Primary Energy and Its Composition(1978-2015)

单位：万吨标准煤 (10000 tons of SCE)

年份 Year	能源生产总量 Total Energy Production	占能源生产总量的比重(%) Percentage of Total Energy Production(%)				
		原煤 Coal	水电 Hydro-power	风电 Wind Power	核电 Nuclear Power	其他一次电力 Others
1978	461.00	65.5	34.5			
1979	491.00	69.9	30.1			
1980	492.00	67.3	32.7			
1981	493.00	60.2	39.8			
1982	522.00	60.5	39.5			
1983	609.00	61.4	38.6			
1984	641.00	64.3	35.7			
1985	690.00	62.7	37.3			
1986	724.00	67.0	33.0			
1987	806.00	69.7	30.3			
1988	918.00	67.2	32.8			
1989	950.00	71.0	29.0			
1990	966.52	68.4	31.6			
1991	854.43	71.7	28.3			
1992	1013.39	64.1	35.9			
1993	1051.43	66.7	33.3			
1994	1169.96	59.7	40.3			
1995	1396.24	58.0	42.0			
1996	1406.04	59.3	40.7			
1997	1256.30	44.1	55.9			
1998	1177.00	44.1	55.9			
1999	1634.16	59.9	40.1			
2000	1654.17	60.3	39.7			
2001	1850.44	49.9	50.1			
2002	1923.40	61.3	38.7			
2003	1816.80	68.4	31.6			
2004	1805.75	72.6	27.4			
2005	2488.47	61.5	38.5			
2006	2668.15	57.8	42.2			
2007	2625.28	61.5	38.1	0.4		
2008	2989.93	60.1	39.3	0.6		
2009	2939.48	61.2	37.9	0.9		
2010	3260.42	56.1	42.8	1.1		
2011	2802.72	66.8	30.8	2.4		
2012	2989.65	49.0	48.2	2.8		
2013	2739.76	43.8	44.0	4.0	8.2	
2014	2924.01	38.9	42.6	3.9	14.6	
2015	3566.60	32.1	39.5	3.7	24.6	0.1

注：1.2005-2013年数据根据第三次全国经济普查资料进行相应调整（下同）。2.电力折算标准煤的系数根据当年年平均发电煤耗计算（下同）。

Note:The coefficient for conversion of electric power into SCE (standard coal equivalent) is calculated on the basis of the data on average coal consumption in generating electric power in the same year.

6-2 能源消费总量及构成(1978-2015年)

Total Consumption of Energy and Its Composition(1978-2015)

单位：万吨标准煤 (10000 tons of SCE)

年份 Year	能源消费总量 Total Energy Consumption	占能源消费总量的比重(%) As Percentage of Total Energy Production(%)					
		煤炭 Coal	石油 Crude Oil	天然气 Natural Gas	水电 Hydro-Power	风电 Wind Power	核电 Nuclear Power
1978	688.00	63.7	12.9		23.4		
1979	731.00	66.9	13.1		20.0		
1980	710.00	64.0	13.9		22.1		
1981	729.00	59.1	13.6		27.3		
1982	780.00	60.6	12.8		26.6		
1983	861.00	61.5	11.8		26.7		
1984	930.00	63.0	12.7		24.3		
1985	1043.00	64.0	11.2		24.8		
1986	1114.00	66.3	12.2		21.5		
1987	1215.00	67.0	12.9		20.1		
1988	1363.30	65.9	12.0		22.1		
1989	1404.00	68.3	12.1		19.6		
1990	1458.30	67.0	12.1		20.9		
1991	1530.56	70.9	13.3		15.8		
1992	1624.05	64.1	13.5		22.4		
1993	1848.00	61.9	19.2		18.9		
1994	1953.54	59.9	18.7		21.4		
1995	2279.91	54.8	19.5		25.7		
1996	2452.18	55.4	21.3		23.3		
1997	2499.11	50.8	21.1		28.1		
1998	2578.62	51.9	22.2		25.9		
1999	2771.64	53.9	22.7		23.4		
2000	2942.60	54.4	23.3		22.3		
2001	3163.09	51.4	22.0		26.6		
2002	3615.33	55.6	23.8		20.6		
2003	4062.55	61.4	24.5		14.1		
2004	4527.80	63.8	25.1	0.2	10.9		
2005	5753.99	59.4	23.8	0.1	16.7		
2006	6396.85	59.8	22.5	0.1	17.6		
2007	7109.26	62.9	22.8	0.1	14.1	0.1	
2008	7734.20	62.6	20.1	0.3	16.8	0.2	
2009	8353.67	65.5	19.5	1.4	13.3	0.3	
2010	9189.42	55.4	24.8	4.2	15.2	0.4	
2011	9980.23	62.0	24.0	4.6	8.7	0.7	
2012	10479.44	57.1	23.5	4.8	13.7	0.9	
2013	11189.91	56.9	23.4	5.9	10.8	1.0	2.0
2014	12109.72	53.0	26.8	5.5	10.3	0.9	3.5
2015	12179.97	50.5	24.6	5.0	11.6	1.1	7.2

6-3 综合能源平衡表

Overall Energy Balance Sheet

单位：万吨标准煤 (10000 tons of SCE)

项目 Item	2000	2005	2010	2014	2015
可供消费的能源总量 Total Energy Available for Comsumption	**2962.28**	**5752.29**	**9189.40**	**12109.70**	**12179.96**
一次能源生产量 Primary Energy Output	1654.17	2488.47	3260.42	2924.01	3566.60
省外调入量 Take-in Quantity from Outside of the Province	1531.68	3638.98	6726.75	10184.68	9934.69
本省调出量(-) Take-out Quantity from Native Province(-)	246.59	323.32	786.26	905.18	1296.53
年末年初库存差额 Stock Changes in The Year	23.04	-51.84	-11.51	-93.81	-24.79
能源消费总量 Total Energy Consumption	**2942.60**	**5753.99**	**9189.42**	**12109.72**	**12179.97**
在总量中: Consumption by Sector					
1.农、林、牧、渔、水利业 Farming,Forestry,Animal Husbandry,Fishery And water Conservancy	99.36	107.14	124.06	144.15	150.82
2.工业 Industry	1923.19	4030.36	6543.05	8728.98	8685.94
3.建筑业 Construction	30.07	72.48	190.23	243.02	246.22
4.交通运输、仓储和邮政业 Transport,Storage,Post And Telecommunication Services	223.94	469.40	753.38	1004.55	1060.62
5.批发、零售业和住宿、餐饮业 Wholesale and Retail Trades,Hotels and Catering Services	63.80	148.85	228.58	267.62	282.69
6.其他行业 Others Sectors	214.72	286.71	334.50	414.54	434.69
7.生活消费 Residential Consumption	387.52	639.05	1015.62	1306.86	1318.99
在总量中: Consumption by Sector					
（一）终端消费 Final Consumption	2833.43	5545.55	9064.35	11839.07	12050.40
#工业 Industy	1814.00	3821.92	6417.98	8448.03	8556.37
（二）加工转换损失量 Losses in Processing And Transformation	7.97	-20.17	126.87	46.73	121.81
#炼焦 Coking	0.08	-2.45	-14.61	-17.29	-7.90
炼油 Petroleum Refining	7.55	-16.88	-64.12	-118.66	-117.96
回收能 Recovery of Energy		202.62	236.55	241.50	293.87
（三）损失量 Other Losses	101.20	188.27	251.94	317.38	251.37
平衡差额 Balance	**19.67**	**-1.70**	**-0.02**	**-0.02**	**-0.02**

注： 1.电力、热力按等价热值折算。2.省外调入量包括进口量，本省调出量包括出口量。

Note:a)Electric Power and Heat are calculated by Caloric Value of Equal Price. b)Take-in quantity from outside of the province includes imports; Take-out quantity from native province includes exports.

6-4 电力平衡表

Electricity Balance Sheet

单位：亿千瓦小时 (100 million kmh)

项目 Item	2000	2005	2010	2014	2015
可供量 Total Available Energy	**403.02**	**756.59**	**1315.08**	**1855.78**	**1851.86**
生产量 Output	405.21	778.25	1356.32	1869.96	1882.80
火电 Thermal Power	208.45	486.88	890.61	1277.26	1108.96
水电、风电、核电、其它发电 Hydro-power, Wind-Power, Nuclear-Power and Others	196.76	291.37	465.71	592.70	773.84
本省调出量(-) Take-out Quantity from Native Province(-)	2.20	26.64	42.95	16.94	32.87
省外调入量 Take-in Quantity from Outside of the Province		4.98	1.71	2.76	1.93
消费量 Consumption	**403.02**	**756.59**	**1315.08**	**1855.78**	**1851.86**
在总量中: Consumption by Sector					
1.农、林、牧、渔业、水利业 1.Agriculture,Forestry,Animal Husbandry, and Fishery	15.91	8.78	13.35	23.59	25.61
2.工业 2.Industry	273.77	537.90	892.81	1239.36	1220.78
3.建筑业 3.Construction	6.06	6.59	20.73	26.43	25.85
4.交通运输.仓储和邮政业 4.Transport, Storage and Post	8.78	11.44	17.43	24.26	25.64
5.批发、零售业和住宿、餐饮业 5.Wholesale and Retail Trades, Hotels and Catering Services	11.83	23.20	48.29	77.88	82.76
6.其他行业 6.Others	21.46	46.71	83.59	119.23	126.26
7.生活消费 7.Household Consumption	65.21	121.97	238.88	345.03	344.96
在总量中: Consumption by Use					
1.终端消费 1.End-use Consumption	372.67	699.43	1233.09	1750.61	1768.69
#工业 Industry	243.42	480.74	810.82	1134.19	1137.61
2.输配电损失量 2.Losses in Transmission	30.35	57.16	81.99	105.17	83.17
平衡差额 Balance	**-0.01**	**-0.35**			

6-5 能源消费弹性系数(1990-2015年)

Elasticity Ratio of Energy(1990-2015)

年份 Year	能源消费比上年增长(%) Growth Rate of Energy Consumption over Preceding Year (%)	电力消费比上年增长(%) Growth Rate of Electricity Consumption over Preceding Year (%)	能源消费弹性系数 Elasticity Ratio of Energy Consumption	电力消费弹性系数 Elasticity Ratio of Electricity Consumption
1990	3.87	5.48	0.52	0.73
1991	4.96	11.03	0.35	0.78
1992	6.11	16.32	0.30	0.80
1993	13.79	10.63	0.61	0.47
1994	5.71	17.24	0.28	0.85
1995	16.71	14.13	1.14	0.97
1996	7.56	9.03	0.67	0.80
1997	1.91	8.88	0.14	0.63
1998	3.18	3.78	0.29	0.35
1999	7.49	10.36	0.76	1.05
2000	6.17	13.44	0.66	1.45
2001	7.49	9.17	0.86	1.05
2002	14.30	21.74	1.40	2.13
2003	12.37	17.73	1.08	1.54
2004	11.45	5.35	0.97	0.45
2005	13.00	13.88	1.12	1.20
2006	11.17	14.57	0.75	0.98
2007	11.14	15.40	0.73	1.01
2008	8.79	7.32	0.68	0.56
2009	8.01	5.72	0.65	0.47
2010	10.00	15.87	0.72	1.14
2011	8.61	15.27	0.70	1.24
2012	5.00	4.20	0.44	0.37
2013	6.78	7.68	0.62	0.70
2014	8.22	9.12	0.83	0.92
2015	0.58	-0.21	0.06	

注：因2015年电力消费负增长，无法计算电力消费弹性系数。
Note:Due to the negative Growth Rate of Electricity Consumption,Elasticity Ratio of Electricity Consumption in 2015 can't be calculated.

6-6 能源加工转换效率(1985-2015年)

Efficiency of Energy Conversion(1985-2015)

单位：%　　(%)

年份 Year	总效率 Total Efficiency	发电及电站供热 Power Generation and Heating by Power Station	炼焦 Coking	炼油 Petroleum Refining
1985	36.87	25.50	86.40	
1986	34.20	25.98	87.01	
1987	33.32	26.60	88.94	
1988	33.91	27.43	88.19	
1989	35.93	30.50	88.43	
1990	36.74	31.43	87.00	
1991	37.37	31.84	88.25	
1992	38.78	32.01	87.08	
1993	58.38	32.26	87.35	98.00
1994	57.74	32.26	87.70	97.97
1995	61.94	32.43	90.61	94.96
1996	60.54	32.51	91.10	95.41
1997	66.72	33.95	89.31	96.92
1998	59.35	33.95	97.36	96.95
1999	62.08	34.62	95.28	97.69
2000	63.63	36.04	98.01	95.38
2001	62.55	35.94	97.13	93.47
2002	57.24	36.25	97.95	94.74
2003	54.42	37.02	97.90	92.91
2004	54.81	39.65	95.39	96.44
2005	55.00	39.77	97.88	96.61
2006	55.23	39.84	98.32	99.46
2007	53.14	40.52	94.74	99.45
2008	52.21	41.16	96.84	99.15
2009	58.63	42.48	93.88	97.97
2010	63.50	42.72	92.08	96.06
2011	57.39	42.48	94.62	94.12
2012	61.30	43.24	95.83	96.21
2013	57.53	42.87	96.20	94.18
2014	64.40	44.05	93.28	95.19
2015	68.65	44.24	95.98	96.06

6-7 平均每天能源消费量

Average Daily Energy Consumption by Type of Energy

单位：万吨标准煤

年份 Year	合计（万吨标准煤） Total (10000 tons of SCE)	煤炭（万吨） Coal (10000 tons)	焦炭（万吨） Coke (10000 tons)	原油（万吨） Crude Oil (10000 tons)	燃料油（万吨） Fuel Oil (10000 tons)	汽油（万吨） Gasoline (10000 tons)	柴油（万吨） Diesel Oil (10000 tons)	液化石油气（万吨） Liquefied Gas (10000 tons)	天然气（万立方米） Natural Gas (10000 m3)	电力（亿千瓦小时） Electricity (100 million kwh)
1990	4.00	3.57	0.15		0.04	0.11	0.17			0.37
1995	6.25	4.59	0.22	0.62	0.09	0.19	0.43	0.05		0.72
2000	8.06	5.92	0.27	0.98	0.15	0.29	0.58	0.11		1.10
2003	11.13	8.96	0.36	0.99	0.26	0.38	0.73	0.22		1.60
2004	12.40	10.43	0.56	1.07	0.22	0.53	0.89	0.24		1.77
2005	15.76	11.63	0.77	0.95	0.44	0.55	1.01	0.27		2.07
2006	17.53	13.06	0.82	1.03	0.48	0.57	1.07	0.26		2.37
2007	19.48	15.31	0.98	0.97	0.34	0.72	1.30	0.29		2.74
2008	21.19	16.42	1.01	0.85	0.39	0.69	1.19	0.28	41.92	2.94
2009	22.89	17.57	1.79	1.93	0.45	0.72	1.13	0.25	232.60	3.11
2010	25.18	17.76	1.88	3.13	0.50	0.91	1.40	0.23	797.26	3.60
2011	27.34	21.89	2.00	2.64	0.52	1.02	1.46	0.23	1038.08	4.15
2012	28.71	21.01	1.78	3.03	0.51	1.09	1.41	0.22	1027.12	4.33
2013	30.66	22.13	1.80	2.76	0.50	1.12	1.43	0.22	1353.15	4.66
2014	33.18	22.46	1.85	5.60	0.52	1.21	1.41	0.22	1376.99	5.09
2015	33.37	20.99	1.71	5.93	0.48	1.27	1.22	0.17	1243.29	5.07

6-8 生活能源消费量

Average Annual Energy Consumption for Households

单位：万吨标准煤

年份 Year	合计 (万吨标准煤) Total (10000 tons of SCE)	煤炭 (万吨) Coal (10000 tons)	汽油 (万吨) Gasoline (10000 tons)	柴油 (万吨) Kerosene (10000 tons)	天然气 (亿立方米) Natural Gas (100 million tons)	液化石油气 (万吨) Liquefied Gas (10000 tons)	电力 (亿千瓦小时) Electricity (100 million kwh)
1990	219.38	196.00				1.57	18.48
1995	290.95	181.17				14.22	34.68
2000	387.52	155.00				30.96	65.21
2003	504.29	138.70	6.72			53.80	98.11
2004	558.71	135.98	12.63			58.17	110.12
2005	639.05	145.26	13.65	3.58		53.68	121.97
2006	701.06	139.00	16.95	4.91		57.57	141.12
2007	766.85	124.50	18.07	6.58		61.37	163.08
2008	845.62	112.78	22.33	6.12	0.05	64.14	188.78
2009	912.85	107.79	47.13	6.41	0.25	57.94	209.65
2010	1015.62	106.90	67.52	9.93	0.77	45.24	238.88
2011	1088.21	89.00	68.60	10.50	0.94	50.78	266.09
2012	1157.69	83.00	70.00	10.77	0.96	50.38	289.86
2013	1224.10	54.95	84.50	10.89	1.18	50.37	311.19
2014	1306.86	31.30	89.77	11.20	1.25	45.30	345.03
2015	1318.99	30.10	93.80	13.30	1.43	45.00	344.96

6-9 年人均生活能源消费量(1990-2015年)

Annual per Capita Energy Consumption of Households(1990-2015)

年份 Year	合计 （千克标准煤） Total (kg of SCE)	煤炭(千克) Coal(kg)	汽油(千克) Gasoline(kg)	液化石油气(千克) Liquefied Petroleum Gas(kg)	天然气(立方米) Natural Gas(cu.m)	电力(千瓦小时) Electricity(Kwh)
1990	72.87	65.11		0.52		61.39
1991	74.70	62.86		0.59		71.09
1992	84.79	63.92		0.66		95.69
1993	59.66	57.95		2.86		102.23
1994	63.32	57.79		4.19		106.77
1995	90.78	56.53		4.44		108.21
1996	101.97	50.40		8.35		130.02
1997	106.12	50.44		7.46		150.42
1998	114.26	48.97		8.86		171.74
1999	120.30	48.37		8.88		191.56
2000	115.23	46.09		9.21		193.90
2001	127.20	44.93		9.62		209.69
2002	136.03	42.32	1.19	13.49		244.41
2003	144.82	39.83	1.93	15.45		281.75
2004	159.19	38.74	3.60	16.57		313.75
2005	180.37	41.00	3.85	15.15		344.26
2006	196.32	38.92	4.75	16.12		395.18
2007	213.10	34.60	5.02	17.05		453.19
2008	233.24	31.11	6.16	17.69	0.14	520.70
2009	249.92	29.51	12.90	15.86	0.68	573.99
2010	276.02	29.05	18.35	12.30	2.09	649.22
2011	293.60	24.01	18.51	13.70	2.54	717.90
2012	310.04	22.23	18.75	13.49	2.57	776.27
2013	325.47	14.61	22.47	13.39	3.14	827.41
2014	344.82	8.26	23.69	11.95	3.30	910.37
2015	345.06	7.87	24.54	11.77	3.74	902.45

6-10 规模以上工业企业能源购进、消费及库存(2015年)

Purchases, Consumption and Inventory of Energy in Industrial Enterprises above Designated Size(2015)

项目 Item	购进量 Purchases	消费量 Consumption			年末库存 Inventory at the Year-end
			工业生产消费 Industry Consumption	非工业生产消费 Non-Industry Consumption	
原煤(吨) Coal(tons)	66214053	66526589	66430116	96474	4559103
洗精煤(吨) Concentratc Coal Washing(tons)	1951944	1975946	1975906	40	80070
其他洗煤(吨) Other Coal Washing(tons)	10219	10245	10245		
煤制品（吨） Coal Products	312213	310183	309962	221	8156
焦炭(吨) Coke(tons)	5349952	6055872	6055824	48	291313
其他焦化产品(吨) Other Coke Ratio Products(tons)	10981	11118	11118		356
焦炉煤气(万立方米) Coking Gas(10000 cu.m)		45608	45608		
高炉煤气(万立方米) Furnace Gas(10000 cu.m)	39313	1466272	1466272		
其他煤气(万立方米) Other Gas(10000 cu.m)	20530	118056	118056		
天然气(万立方米) Natural Gas(10000 cu.m)	402883	402900	400606	2294	224
液化天然气(吨) Liquefied Natural Gas(tons)	2791867	72007	71280	727	150422
原油(吨) Crude Oil(tons)	21828847	21648487	21633261	15226	1639662
汽油(吨) Gasoline(tons)	100621	101482	58263	43219	489
煤油(吨) Kerosene(tons)	10067	9795	9716	79	1256
柴油(吨) Diesel Oil(tons)	409764	434206	393938	40267	10151
燃料油(吨) Fuel Oil(tons)	754398	1045956	1044614	1342	121991
液化石油气(吨) Liquefied Petroleum Gas(tons)	37363	66987	59263	7724	370
炼厂干气(吨) Dry Gas from Refinery(tons)		1561876	1556795	5081	
其他石油制品(吨) Other(tons)	610953	1373681	1372779	902	40900
热力(百万千焦) Heat(million kilo joule)	30522058	66566480	66531293	35188	
电力(万千瓦小时) Electricity(10000 kmh)	10064692	11668841	11541378	127507	
其他燃料(吨标准煤) Other(ton of SCE)	861471	1229044	1228267	778	4072

注：本表“规模以上”指“年主营业务收入2000万元及以上工业法人企业”。

Note:Industrial enterprises above designated size are those with annual revenue from principal business over 20 million yuan.

6-11 按行业分规模以上工业企业主要能源产品消费量(2015年)

Consumption of Major Energy in Industrial Enterprises above Designated Size by Industrial sector(2015)

单位：吨 (ton)

行业 Sector	原煤 Coal	焦炭 Coke	汽油 Gasoline	煤油 Kerosene	柴油 Diesel Oil	燃料油 Fuel Oil	电力(万千瓦小时) Electricity (10000 kwh)
合　计 Total	**66526589**	**6055872**	**101482**	**9795**	**434206**	**1045956**	**11668841**
煤炭开采和洗选业 Coal Mining and Dressing	686813		691		1534		39039
石油和天然气开采业 Petroleum and Natural Gas Mining							
黑色金属矿采选业 Ferrous Metals Mining and Dressing	24328	34615	874	2	9424		42349
有色金属矿采选业 Nonferrous Metals Mining and Dressing			105	266	1752		23298
非金属矿采选业 Nonmetal Minerals Mining and Dressing	94740		581		12501	1360	28351
开采辅助活动 Subsidiary Action							
其他采矿业 Others Mining and Quarrying							
农副食品加工业 Agricultural and Sideline Products Processing	556914	683	5172	991	14962	5140	261533
食品制造业 Food Manufacturing	503923		2355	3	7473	5267	168968
酒、饮料和精制茶制造业 Wine，Drink and Tea Manufacturing	216178	433	1304		1337	1653	92511
烟草制品业 Tobacco Processing	26415		119		1169	3861	13569
纺织业 Textile Industry	959203		4336	10	3068	28110	854707
纺织服装、服饰业 Textile Garments Products	65932		6125	93	7243	224	182911
皮革、毛皮、羽毛及其制品和制鞋业 Leather , Furs , Down and Relate Products	79640		9045		5852	2466	366469
木材加工和木、竹、藤、棕、草制品业 Timber Processing , Bamboo , Cane , Palm Fiber and Straw Products	82200		1234		2469		102573
家具制造业 Furniture Manufacturing	1304		1180	2	1097		51509
造纸和纸制品业 Papermaking and Paper Products	1870532		2750		8519	3118	371812
印刷和记录媒介复制业 Printing and Record Medium Reproduction	14720		2980	9	1646		43833
文教、工美、体育和娱乐用品制造业 Cultural , Educational and Sports Goods	16902		3355	17	5437	284	137482
石油加工、炼焦和核燃料加工业 Petroleum Processing , Coking and Nuclear Fuel Processing	51214		882		25983	648057	312120

6-11 续表
Continued

单位：吨 (ton)

行业 Sector	原煤 Coal	焦炭 Coke	汽油 Gasoline	煤油 Kerosene	柴油 Diesel Oil	燃料油 Fuel Oil	电力（万千瓦小时） Electricity (10000 kwh)
化学原料和化学制品制造业 Raw Chemical Materials and Chemical Products	4855773		6739	5639	8836	6616	811515
医药制造业 Medical and Pharmaceutical Products	178764		1099	1	2775	1800	54276
化学纤维制造业 Chemical Fiber	712076		394	408	695	4852	509652
橡胶和塑料制品业 Rubber and Plastic Products	794532		6885	5	7542	2544	404975
非金属矿物制品业 Nonmetal Minerals Products	8009266	17734	5906	309	231000	306229	1563755
黑色金属冶炼和压延加工业 Smelting and Pressing of Ferrous Metals	2831324	5297356	1067	29	5395	3589	1298259
有色金属冶炼和压延加工业 Smelting and Pressing of Nonferrous Metals	799312	696350	1678	669	16038	9211	848581
金属制品业 Metal Products	10724	935	3182	31	4102	4162	197646
通用设备制造业 General Equipment	1883	4941	3799	456	5587	319	152629
专用设备制造业 Special Purpose Equipment	1842	123	2578	156	4014	85	84830
汽车制造业 Automobile manufacturing industry	7057	2248	3712	83	8051	19	146304
铁路、船舶、航空航天和其他运输设备制造业 Railway,Watercraft,Aviation and others transportation Manufacturing	128		1716	260	9898	549	41788
电气机械和器材制造业 Electric Equipment and Machinery	28699	453	4602	5	4690	26	210128
计算机、通信和其他电子设备制造业 Computer,Communication and other Electronic Equipment	7609		3105		1127	493	327249
仪器仪表制造业 Instruments and Meters Machinery	36	2	1483	9	304		25316
其他制造业 Others Manufacturing	94624		1128	21	900	99	52320
废弃资源综合利用业 Waste Resources and Materials Recovering	45398		1250	107	1810		19887
金属制品、机械和设备修理业 Metals,Machinery and Equipment maintenance			24	215	871	1657	7837
电力、热力生产和供应业 Production and Supply of Electric Power and Hot Power	42863354		7120		8623	4168	1738459
燃气生产和供应业 Production and Supply of Gas	33233		330		357		7629
水的生产和供应业 Production and Supply of Water			598		126		72773

6-12 按行业分规模以上工业综合能源消费量(2015年)

Consumption of Energy in Industrial Enterprises above Designated Size by Sector(2015)

单位：吨标准煤 (ton of SCE)

项目	Item	综合能耗 Consumption of Energy	比上年增长(%) Ratio(%)
合计	**Total**	**70199973**	**-9.2**
采矿业	Mining and Quarrying	334118	-11.8
煤炭开采和洗选业	Coal Mining and Dressing	56040	-6.9
石油和天然气开采业	Petroleum and Natural Gas Mining		
黑色金属矿采选业	Ferrous Metals Mining and Dressing	116719	-8.4
有色金属矿采选业	Nonferrous Metals Mining and Dressing	31321	-38.7
非金属矿采选业	Nonmetal Minerals Mining and Dressing	130039	-7.3
开采辅助活动	Subsidiary Action		
其他采矿业	Others Mining and Quarrying		
制造业	Manufacturing	50476332	-7.8
农副食品加工业	Agricultural and Sideline Products Processing	804932	4.5
食品制造业	Food Manufacturing	719357	0.3
酒、饮料和精制茶制造业	Wine，Drink and Tea Manufacturing	311517	-5.6
烟草制品业	Tobacco Processing	46642	-7.6
纺织业	Textile Industry	2120564	0.7
纺织服装、服饰业	Textile Garments Products	289657	0.5
皮革、毛皮、羽毛及其制品和制鞋业	Leather , Furs , Down and Relate Products	543491	-2.1
木材加工和木、竹、藤、棕、草制品业	Timber Processing , Bamboo , Cane , Palm Fiber and Straw Products	606912	-3.6
家具制造业	Furniture Manufacturing	82734	-3.1
造纸和纸制品业	Papermaking and Paper Products	1696984	-1.2
印刷和记录媒介复制业	Printing and Record Medium Reproduction	87862	-0.2
文教、工美、体育和娱乐用品制造业	Cultural , Educational and Sports Goods	358656	-0.8
石油加工、炼焦和核燃料加工业	Petroleum Processing , Coking and Nuclear Fuel Processing	9273146	8.1
化学原料和化学制品制造业	Raw Chemical Materials and Chemical Products	5990828	-36.5
医药制造业	Medical and Pharmaceutical Products	277093	10.0
化学纤维制造业	Chemical Fiber	1228702	
橡胶和塑料制品业	Rubber and Plastic Products	1251466	0.3
非金属矿物制品业	Nonmetal Minerals Products	11515830	-4.4
黑色金属冶炼和压延加工业	Smelting and Pressing of Ferrous Metals	8939281	-11.5
有色金属冶炼和压延加工业	Smelting and Pressing of Nonferrous Metals	2487236	9.6
金属制品业	Metal Products	315242	3.4
通用设备制造业	General Equipment	205292	-4.2
专用设备制造业	Special Purpose Equipment	117488	-13.6
汽车制造业	Automobile manufacturing industry	237171	-9.5
铁路、船舶、航空航天和其他运输设备制造业	Railway,Watercraft,Aviation and others transportation Manufacturing	74217	-0.4
电气机械和器材制造业	Electric Equipment and Machinery	289617	5.0
计算机、通信和其他电子设备制造业	Computer,Communication and other Electronic Equipment	412578	0.3
仪器仪表制造业	Instruments and Meters Machinery	32709	-2.6
其他制造业	Others Manufacturing	83203	6.2
废弃资源综合利用业	Waste Resources and Materials Recovering	62872	-3.3
金属制品、机械和设备修理业	Metals,Machinery and Equipment maintenance	13053	11.0
电力、热力、燃气及水生产和供应业	Production and Supply of Electric Power,Hot Power and Water	19389523	-12.6
电力、热力生产和供应业	Production and Supply of Electric Power and Hot Power	19271052	-12.7
燃气生产和供应业	Production and Supply of Gas	29028	5.3
水的生产和供应业	Production and Supply of Water	89443	4.5

注：1.规模以上工业电力折算标准煤的系数用当量系数1.229。2.本表"比上年增长"以当量值计算。

Note:a)The coefficient for conversion of electric power into SCE is 1.229.b)The ratio of energy is calculated on the basis of the data on average consumption in the same year.

6-13 各设区市万元地区生产总值能耗指标

Indicators of Energy Consumption Per 10000 yuan of GDP by City

单位：吨标准煤/万元 (ton of SCE/10000 yuan)

地区	Area	2005	2010		2014		2015	
		数值 Value	数值 Value	比上年上升或下降(±%) Ratio(%)	数值 Value	比上年上升或下降(±%) Ratio(%)	数值 Value	比上年上升或下降(±%) Ratio(%)
全　省	**Total**	**0.937**	**0.783**	**-3.42**	**0.575**	**-1.53**	**0.531**	**-7.70**
福州市	Fuzhou	0.735	0.637	-2.78	0.489	-3.76	0.455	-7.00
厦门市	Xiamen	0.648	0.569	-1.76	0.477	-1.47	0.437	-8.33
莆田市	Putian	0.760	0.644	-2.14	0.498	0.16	0.468	-5.94
三明市	Sanming	2.181	1.751	-3.65	1.093	-5.23	0.802	-12.17
泉州市	Quanzhou	0.898	0.776	-2.40	0.634	2.54	0.604	-4.78
漳州市	Zhangzhou	0.728	0.639	-2.21	0.616	21.30	0.448	-27.30
南平市	Nanping	1.445	1.184	-3.62	0.832	-6.89	0.775	-6.85
龙岩市	Longyan	1.487	1.184	-3.19	0.724	-3.88	0.680	-6.07
宁德市	Ningde	0.548	0.531	-0.48	0.527	13.74	0.518	-1.64

注：2005-2010年地区生产总值采用2005价，2014-2015年地区生产总值采用2010价。

Note:a)Data of 2005-2010 are calculated at 2005 prices.b)Data of 2014-2015 are calculated at 2010 prices.

6-14 各设区市万元地区生产总值电耗升降情况

Indicators of Electricity Consumption per 10000 yuan of GDP by City

单位：% (%)

地区	Area	2007	2008	2009	2010	2011	2012	2013	2014	2015
全　省	**Total**	**0.56**	**-4.98**	**-5.87**	**1.73**	**2.73**	**-6.42**	**-2.96**	**-0.27**	**-8.42**
福州市	Fuzhou	4.20	-4.65	-4.03	0.09	0.32	-8.82	-1.23	-3.21	-8.23
厦门市	Xiamen	2.38	-5.19	-5.16	1.32	-2.14	-4.09	-2.37	-2.31	-6.32
莆田市	Putian	5.03	-6.94	-2.64	5.69	-0.52	-5.41	-0.13	-0.11	5.67
三明市	Sanming	-2.33	-6.51	-15.58		0.76	-7.79	-5.97	-4.34	-11.02
泉州市	Quanzhou	-0.15	-5.93	-1.10	0.86	-2.60	-7.91	-6.53	-2.11	-8.58
漳州市	Zhangzhou	2.14	-1.00	-5.45	-1.83	2.47	-4.12	0.97	5.77	-12.21
南平市	Nanping	1.45	-8.71	12.57	7.56	11.21	-11.51	-8.63	-9.90	-13.43
龙岩市	Longyan	7.61	-0.27	-18.40	3.43	3.00	-6.18	-3.67	-5.97	-11.20
宁德市	Ningde	12.91	-3.28	-6.85	7.11	17.86	-8.99	8.90	10.19	0.08

6-15 各设区市规模以上工业万元增加值能耗升降情况

Indicators of Energy Consumption per 10000 yuan of Value-added of Industrial Enterprises above Designated Size by City

单位：%

地区	Area	2007	2008	2009	2010	2011	2012	2013	2014	2015
全　省	**Total**	**-3.83**	**-10.05**	**-2.70**	**-6.08**	**-1.13**	**-14.11**	**-4.83**	**-1.01**	**-16.43**
福州市	Fuzhou	14.56	-4.78	0.89	-11.97	9.50	-18.58	-5.07	-10.75	-18.97
厦门市	Xiamen	-2.18	-10.71	-3.43	-6.42	-6.11	-18.30	-6.92	-10.22	-16.81
莆田市	Putian	-20.05	-22.72	4.83	-6.19	-3.16	-15.94	-5.55	-10.41	-16.92
三明市	Sanming	-7.89	-14.73	-18.69	-12.81	-6.84	-8.03	-9.35	-11.87	-18.19
泉州市	Quanzhou	-7.15	-11.44	7.15	13.49	-11.06	-8.89	-9.49	2.96	-2.87
漳州市	Zhangzhou	-15.11	-13.82	-5.61	-7.65	1.53	-25.16	12.77	22.43	-40.34
南平市	Nanping	-8.19	-15.14	-13.43	-5.83	-8.52	-12.51	-10.91	-12.56	-9.97
龙岩市	Longyan	-0.32	-18.57	-16.97	-4.36	-3.72	-15.20	-5.89	-11.13	-16.52
宁德市	Ningde	55.52	-13.01	14.81	-7.19	10.47	-25.15	-6.70	11.01	-10.50

注：本表以当量值计算。

Note:The data of the table is Equivalent Value calculation.

主要统计指标解释

能源生产总量　指一定时期内一次能源生产量的总和。一次能源生产量指本地区原煤、原油、天然气、水电、风电、核电和其他非燃料能源发电（地热电、太阳能电）的生产量。

能源消费总量　指一定地域（行政或地理区域）内，国民经济各行业和居民家庭在一定时期消费的各种能源的总和。能源消费总量在消费环节上包括终端能源消费量、能源加工转换损失量、能源运输和管理过程的损失量；在能源类别上包括全部化石能源，以及作为能源使用、作为商品流通并使用的可再生能源和新能源。

(1)终端能源消费量：指一定时期内生产和生活消费的各种能源在扣除了用于加工转换二次能源消费量和损失量以后的数量。

(2)能源加工转换损失量：指一定时期内投入加工转换的各种能源数量之和与产出各种能源产品之和的差额，是观察能源在加工转换过程中损失量变化的指标。

(3)能源损失量：指一定时期内能源在输送、分配、储存过程中发生的损失和由客观原因造成的各种损失量，不包括各种气体能源放空、放散量。

能源生产弹性系数　指研究能源生产增长速度与国民经济增长速度之间关系的指标。计算公式为：

能源生产弹性系数＝能源生产总量年增长速度／国民经济年增长速度

国民经济年增长速度，可根据不同的目的或需要，用国民生产总值、国内生产总值等指标来计算，本年鉴是采用国内生产总值指标计算的。

电力生产弹性系数　指研究电力生产增长速度与国民经济增长速度之间关系的指标。计算公式为：

电力生产弹性系数＝电力生产量年增长速度／国民经济年增长速度

能源消费弹性系数　指反映能源消费增长速度与国民经济增长速度之间比例关系的指标。计算公式为：

能源消费弹性系数＝能源消费量年增长速度／国民经济年增长速度

电力消费弹性系数　指反映电力消费增长速度与国民经济增长速度之间比例关系的指标。计算公式为：

电力消费弹性系数＝电力消费量年增长速度／国民经济年增长速度

能源加工转换效率　指一定时期内能源经过加工、转换后，产出的各种能源产品的数量与同期内投入加工转换的各种能源数量的比率。它是观察能源加工转换装置和生产工艺先进与落后、管理水平高低等的重要指标。计算公式为：

能源加工转换效率＝(能源加工、转换产出量／能源加工、转换投入量)×100%

单位地区生产总值能耗　指一定时期内，一个国家或地区每生产一个单位的地区生产总值所消耗的能源。计算公式为：

单位地区生产总值能耗=能源消费总量/地区生产总值

单位工业增加值能耗　指一定时期内，一个国家或地区每生产一个单位的工业增加值所消耗的能源。计算公式为：

单位工业增加值能耗=工业能源消费量/工业增加值

单位地区生产总值电耗　指一定时期内，一个国家或地区每生产一个单位的地区生产总值所消耗的电力。计算公式为：

单位地区生产总值电耗=全社会用电量/地区生产总值

Explanatory Notes on Main Statistical Indicators

Total Energy Production refers to the total production of primary energy by all energy producing enterprises in the region in a given period of time. It is a comprehensive indicator to show the capacity, scale, composition and development of energy production of the region. The production of primary energy includes that of coal, crude oil, natural gas, hydropower and electricity generated by nuclear energy and other means such as wind power and geothermal power. However, it excludes the production of fuels of low calorific value, bio-energy, solar energy and the secondary energy converted from the primary energy.

Total Domestic Energy Consumption refers to the total consumption of energy of various kinds by material production sectors, non material production sectors and households in the region in a given period of time. It is a comprehensive indicator to show the scale, composition and development of energy consumption. The total energy consumption includes that of coal, crude oil and their products, natural gas and electricity. However it excludes the consumption of fuel of low calorific value, bio-energy and solar energy. Total domestic energy consumption can be divided into three parts:

(1) Final Energy Consumption: It refers to the total energy consumption by material production sectors, non material production sectors and households in the region (region) in a given period of time, but excludes the consumption in conversion of the primary energy into the secondary energy and the loss in the process of energy conversion.

(2) Loss During the Process of Energy Conversion: It refers to the total input of various kinds of energy for conversion, minus the total output of various kinds of energy in the region in a given period of time. It is an indicator to show the loss that occurs during the process of energy conversion.

(3) Energy Loss: It refers to the total of the loss of energy during the course of energy transport, distribution and storage and the loss caused by any objective reason in a given period of time. The loss of various kinds of gas due to gas discharges and stocktaking is excluded.

Elasticity Ratio of Energy Production is an indicator to show the relationship between the growth rate of energy production and the growth rate of the national economy. The formula is:

Elasticity Ratio of Energy Production= Annual Growth Rate of Energy Production/ Annual Growth Rate of National Economy

The annual growthrate of the national economy can be shown by the gross national product, gross domestic product and other indicators, depending upon the purposes or needs. The gross domestic product is used in calculation of the ratio in this chapter.

Elasticity Ratio of Electricity Production is an indicator to show the relationship between the growth rate of electricity production and the growth rate of the national economy. Generally speaking, the growth rate of electricity production should be higher than that of the national economy.The formula is:

Elasticity Ratio of Electricity Production= Annual Growth Rate of Electricity Production/ Annual Growth Rate of National Economy

Elasticity Ratio of Energy Consumption is an indicator to show the relationship between the growth rate of energy consumption and the growth rate of the national economy. The formula is:

Elasticity Ratio of Energy Consumption= Annual Growth Rate of Energy Consumption/ Annual Growth Rate of National Economy

Elasticity Ratio of Electricity Consumption is an indicator to show the relationship between the growth rate of electricity consumption and the growth rate of the national economy. The formula is:

Elasticity Ratio of Electricity Consumption= Annual Growth Rate of Electricity/ Annual Growth Rate of National Economy

Efficiency of Energy Processing and Conversion refers to the ratio of the total output of energy products of various kinds after processing and conversion and the total input of energy of various kinds for processing and conversion in the same reference period. It is an important indicator to show the current conditions of energy processing and conversion equipment, production technique and management. The formula is:

Efficiency of Energy Processing & Conversion=(Output of Energy After Processing & Conversion/Input of Energy for Processing & Conversion)×100%

Energy Consumption per Unit of GDP refers to the energy consumption per unit of gross domestic production in a country or the gross region production in the same reference period. The formula is:

Energy Consumption per Unit of GDP=Total Energy Consumption/Gross Domestic Production

Electricity Consumption per Unit of Industrial Value-added refers to the energy consumption per unit of industrial value-added in a country or region in the same reference period. The formula is:

Energy Consumption per Unit of Industrial Value-added=Total Energy Consumption/Industrial Value-added

Electricity Consumption per Unit of GDP refers to the electricity consumption per unit of gross domestic production in a country or the gross region production in the same reference period. The formula is:

Electricity Consumption per Unit of GDP=Total Electricity Consumption/Gross Domestic Production

第七篇　人民生活

Chapter 7　People's Living Conditions

资料整理：杨威 张凤园 李君 陈思

Database Editor: Yangwei Zhangfengyuan Lijun Chensi

简 要 说 明

本篇资料的主要内容及来源

本篇资料反映了全省城乡人民生活状况，分为城镇居民生活和农村居民生活两个部分，主要包括居民家庭基本情况，家庭收入、支出情况，主要商品购买数量及支出金额，居住状况和耐用消费品的拥有量等。

城镇居民家庭相关资料来源于城乡住户一体化调查年报，农村居民家庭相关资料来源于城乡住户一体化调查年报，均由国家统计局福建调查总队居民收支调查处整理提供。

Brief Introduction

Main Content and Source of Data

Data in this chapter show the basic conditions of the people’s livelihood in Fujian Province , consisting of two parts on the life of urban and rural households respectively ,including mainly basic condition of people’s household , income and expenditure of the household, the quantity and the expenditure on major commodities purchased, the housing condition and the possession of the durable consumer goods, etc.

Data on the livelihood of urban resident and Data on the livelihood of rural residents are prepared and provided by the Division of Residents Payments Survey of Survey Office of the National Bureau of Statistics in Fujian.

7-1 城乡居民家庭人均收入(1978-2015年)

Per Capita Annual Income of Urban and Rural Households(1978-2015)

单位：元 (yuan)

年份 Year	居民人均可支配收入 Annual Per Capita Disposable Income of Households			城镇居民人均可支配收入 Annual Per Capita Disposable Income of Urban Households			农村居民人均可支配（纯）收入 Annual Per CapitaNet Income of Rural Households		
	数值 Vaule	比上年增长（%）Ratio(%) 名义 Ration	比上年增长（%）Ratio(%) 实际 Actual	数值 Vaule	比上年增长（%）Ratio(%) 名义 Ration	比上年增长（%）Ratio(%) 实际 Actual	数值 Vaule	比上年增长（%）Ratio(%) 名义 Ration	比上年增长（%）Ratio(%) 实际 Actual
1978				371			138		
1979							142	3.4	0.4
1980				450			172	20.8	15.5
1981				452	0.4	-3.4	232	34.9	32.4
1982				520	15.0	11.6	268	15.8	11.7
1983				573	10.2	8.0	302	12.6	11.6
1984				582	1.6	-1.2	345	14.3	13.0
1985				733	25.9	10.5	396	14.9	6.9
1986				929	26.7	18.6	419	5.6	0.2
1987				1021	9.9	-0.6	485	15.9	7.4
1988				1236	21.1	-4.7	613	26.5	0.4
1989				1555	25.8	5.9	697	13.7	-4.4
1990				1749	12.5	12.4	764	9.6	11.2
1991				1953	11.7	6.8	850	11.2	8.6
1992				2351	20.4	11.5	984	15.8	11.2
1993				2923	24.3	6.4	1211	23.0	7.7
1994				3935	34.6	7.6	1578	30.3	3.9
1995				4853	23.3	6.0	2049	29.8	13.5
1996				5574	14.9	7.4	2492	21.7	15.4
1997				6144	10.2	7.5	2786	11.8	10.3
1998				6486	5.6	5.6	2946	5.8	6.3
1999				6860	5.8	7.2	3091	4.9	5.8
2000				7432	8.3	5.0	3230	4.5	3.2
2001				8313	11.9	13.8	3381	4.7	5.4
2002				9189	10.5	11.4	3539	4.7	4.9
2003				10000	8.8	8.1	3734	5.5	4.5
2004				11175	11.8	7.7	4089	9.5	5.0
2005				12321	10.3	8.2	4450	8.8	5.9
2006				13753	11.6	10.4	4835	8.6	8.3
2007				15505	15.7	10.1	5467	13.1	7.3
2008				17961	15.8	10.8	6196	13.3	8.3
2009				19577	9.0	10.9	6680	7.8	10.1
2010				21781	11.3	8.0	7427	11.2	7.5
2011				24907	14.4	8.7	8779	18.2	12.3
2012				28055	12.6	10.0	9967	13.5	10.8
2013	21218			28174	9.8	7.0	11405	12.2	9.7
2014	23331	10.0	7.8	30722	9.0	6.8	12650	10.9	8.8
2015	25404	8.9	7.1	33275	8.3	6.5	13793	9.0	7.2

注：1978-2012年为老口径数据。

Note:Data from 1978 to 2012 are adopted Old Scope.

7-2 主要年份城镇居民家庭基本情况

Basic Conditions of Urban Households in Seletcted Years

年份 Year	平均每户家庭人口(人) Number of Average per Household Persons(person)	平均每户就业人数(人) Average Number of Employed Persons Per Household (person)	平均每户就业面(%) Percentage of Employment Per Household(%)	平均每一就业者负担人数(人) Number of Persons Supported By Each Employee(person)	平均每人全年可支配收入(元) Per Capita Annual Disposable Income(yuan)	平均每人消费性支出(元) Per Capita Living Ex- penditures for Consumption (yuan)	平均每人住房建筑面积(平方米) Per Capita Floor Space of Residential Buildings(sq.m)
1952					106	96	
1957					165	131	
1959	4.72	1.40	29.7	3.37	206	190	
1962	5.46	1.72	31.5	3.17	203	186	
1963	5.40	1.50	27.8	3.60	207	189	
1964	5.33	1.53	28.8	3.48	211	194	
1965	5.13	1.65	32.2	3.12	217	201	
1966	5.00	1.40	28.0	3.40	223	186	
1975	4.97	2.05	41.3	2.42	333	297	
1978	3.87	2.40	62.0	1.61	371	285	
1980	4.53	2.32	51.2	1.95	450	392	11.3
1981	4.51	2.40	53.2	1.88	452	405	11.7
1982	4.44	2.48	55.9	1.79	520	466	12.1
1983	4.36	2.41	55.3	1.80	573	504	13.2
1984	4.27	2.37	55.5	1.80	582	494	14.3
1985	4.06	2.25	55.4	1.81	733	675	15.3
1986	4.00	2.23	55.8	1.79	929	790	15.7
1987	3.97	2.25	56.6	1.77	1021	893	16.5
1988	3.77	2.10	55.7	1.79	1236	1077	17.2
1989	3.70	2.09	56.5	1.77	1555	1340	17.6
1990	3.64	2.09	57.4	1.74	1749	1431	18.1
1991	3.43	2.00	58.3	1.72	1953	1659	19.5
1992	3.39	2.03	59.9	1.67	2351	1942	20.9
1993	3.35	2.01	60.0	1.67	2923	2418	21.5
1994	3.29	1.92	58.4	1.71	3935	3351	24.1
1995	3.27	1.93	59.0	1.69	4853	4132	24.3
1996	3.25	1.94	59.7	1.68	5574	4568	24.5
1997	3.28	1.96	59.8	1.67	6144	4936	25.6
1998	3.23	1.90	58.8	1.70	6486	5181	26.8
1999	3.22	1.90	59.0	1.69	6860	5267	27.2
2000	3.23	1.80	55.7	1.79	7432	5639	28.0
2001	3.20	1.80	55.3	1.78	8313	6015	28.2
2002	3.13	1.73	55.3	1.81	9189	6632	28.4
2003	3.08	1.72	55.8	1.79	10000	7356	29.8
2004	3.05	1.58	51.8	1.93	11175	8161	31.1
2005	3.04	1.60	52.6	1.90	12321	8794	31.4
2006	3.04	1.64	53.9	1.86	13753	9808	32.1
2007	3.01	1.60	53.2	1.90	15505	11055	33.5
2008	3.14	1.69	53.8	1.86	17961	12501	37.5
2009	3.12	1.72	55.1	1.81	19577	13451	37.5
2010	3.08	1.71	55.5	1.80	21781	14750	38.5
2011	3.12	1.68	53.8	1.86	24907	16661	37.9
2012	3.10	1.68	54.2	1.85	28055	18593	38.2
2013	2.97	1.58	53.2	1.88	28174	20565	38.7
2014	2.99	1.61	53.8	1.86	30722	22204	40.7
2015	3.08	1.59	51.7	1.93	33275	23520	42.5

注：2012年以前为老口径数据。

Note:Data before 2012 are adopted Old Scope.

7-3 城镇居民人均可支配收入情况

Per Capita Income of Urban Households

单位：元 (yuan)

项目	Item	2013	2014	2015
可支配收入	**Disposable Income**	**28173.90**	**30722.39**	**33275.34**
工资性收入	Wages and Salaries	17813.38	19197.23	20714.28
经营净收入	Net Income from Business	3736.11	4246.81	4571.46
第一产业经营净收入	Primary Industry	198.73	237.73	244.33
农业	Agriculture	99.47	176.13	132.20
林业	Forestry	25.15	7.95	27.01
牧业	Animal Husbandry	29.87	23.65	16.71
渔业	Fishery	44.24	29.99	68.42
第二产业经营净收入	Secondary Industry	886.75	889.59	963.47
第三产业经营净收入	Tertiary Industry	2650.64	3119.50	3363.65
财产净收入	Property Income	3388.06	3648.56	3822.24
转移净收入	Transfer Net Income	3236.35	3629.79	4167.37
转移性收入	Transfer Income	4696.44	5225.93	6015.63
养老金或离退休金	Annuity and Pension	3457.20	3777.55	4446.09
转移性支出	Transfer Consumption	1460.09	1596.14	1848.26
社会保障支出	Social Security	864.91	1021.44	1230.32
可支配收入构成(%)	**Composition(%)**	**100.00**	**100.00**	**100.00**
工资性收入	Wages and Salaries	63.23	62.49	62.25
经营净收入	Net Income from Business	13.26	13.82	13.74
第一产业经营净收入	Primary Industry	0.71	0.77	0.73
农业	Agriculture	0.35	0.57	0.40
林业	Forestry	0.09	0.03	0.08
牧业	Animal Husbandry	0.11	0.08	0.05
渔业	Fishery	0.16	0.10	0.21
第二产业经营净收入	Secondary Industry	3.15	2.90	2.90
第三产业经营净收入	Tertiary Industry	9.41	10.15	10.11
财产净收入	Property Income	12.03	11.88	11.49
转移净收入	Transfer Net Income	11.49	11.82	12.52
转移性收入	Transfer Income	16.67	17.01	18.08
养老金或离退休金	Annuity and Pension	12.27	12.30	13.36
转移性支出	Transfer Consumption	5.18	5.20	5.55
社会保障支出	Social Security	3.07	3.33	3.70

7-4 城镇居民按收入五等分分组的人均可支配收入

Per Capita Income of Urban Households of Five Groups Divided Equally by Income Lever(2015)

单位：元 (yuan)

项目	Item	2013	2014	2015
低收入组	Low Income	11073.38	12883.32	14231.34
中低收入组	Lower Middle Income	19159.97	21513.33	23307.42
中等收入组	Middle Income	25513.81	28397.54	31234.26
中高收入组	Upper Middle Income	34358.10	37797.69	41306.30
高收入组	High Income	59699.49	64936.59	69131.21

7-5 城镇居民人均生活消费支出

Per Capita Expenditure of Urban Households

单位：元 (yuan)

项目	Item	2013	2014	2015
生活消费支出	Total Consumption Expenditures	20564.70	22204.06	23520.19
食品烟酒	Food,Cigarettes and Drinks	6718.41	7368.71	7759.14
食品	Food	4959.55	5434.78	5665.64
烟酒	Cigarettes and Wine	509.50	549.13	536.67
饮料	Drinks	-	186.64	192.81
饮食服务	Catering Services	1249.35	1198.17	1364.01
衣着	Clothing	1390.42	1460.99	1489.82
衣类	Clothes	1127.75	1201.97	1222.92
鞋类	Shoes	262.67	259.02	266.9
居住	Residence	5018.43	5434.70	5811.38
租赁房房租	Rent of Housing	402.31	399.32	464.91
住房维修及管理	Housing Maintenance and Management	540.69	508.39	489.39
水电燃料及其他	Water,Electricity and Fuel	883.93	1130.63	1054.52
自有住房折算租金	Personal Housing Rent	3191.50	3396.36	3802.56
生活用品及服务	Supplies and Services	1273.91	1301.97	1336.95
家具及室内装饰品	Household Facilities and Articles	300.44	193.34	190.91
家用器具	Household Appliance	296.76	334.40	340.48
家用纺织品	Household Textile	98.03	91.97	105.61
家庭日用杂品	Daily Groceries	312.15	384.60	377.11
个人用品	Personal Products	179.32	204.27	224.87
家庭服务	Household Services	87.21	93.39	97.97
交通通信	Transport and Communication	2572.19	2737.80	3021.53
交通	Transport	1703.92	1750.30	1941.45
通信	Conmunication	868.26	987.50	1080.09
教育文化娱乐	Education,Culture and Recreation	2019.87	2170.03	2314
教育	Education	1070.25	1153.27	1151.16
文化娱乐	Culture and Recreation	949.63	1016.76	1162.84
医疗保健	Health Care and Medical Services	924.84	1058.97	1165.3
医疗器具及药品	Medical Apparatus	349.96	378.42	412.17
医疗服务	Medical Services	574.88	680.55	753.13
其他用品及服务	Other Appliances and Services	646.63	670.90	622.07
其他用品	Other Appliances	418.69	402.98	363.95
其他服务	Other Services	227.94	267.92	258.12

7-6 城镇居民人均生活消费支出构成

Composition of Per Capita Expenditure of Urban Households

单位：% (%)

项目	Item	2013	2014	2015
生活消费支出	Composition	100.00	100.00	100.00
食品烟酒	Food,Cigarettes and Drinks	32.67	33.19	32.99
食品	Food	24.12	24.48	24.09
烟酒	Cigarettes and Wine	2.48	2.47	2.28
饮料	Drinks	-	0.84	0.82
饮食服务	Catering Services	6.08	5.40	5.80
衣着	Clothing	6.76	6.58	6.33
衣类	Clothes	5.48	5.41	5.20
鞋类	Shoes	1.28	1.17	1.13
居住	Residence	24.40	24.48	24.71
租赁房房租	Rent of Housing	1.96	1.80	1.98
住房维修及管理	Housing Maintenance and Management	2.63	2.29	2.08
水电燃料及其他	Water,Electricity and Fuel	4.30	5.09	4.48
自有住房折算租金	Personal Housing Rent	15.52	15.30	16.17
生活用品及服务	Supplies and Services	6.19	5.86	5.68
家具及室内装饰品	Household Facilities and Articles	1.46	0.87	0.81
家用器具	Household Appliance	1.44	1.51	1.45
家用纺织品	Household Textile	0.48	0.41	0.45
家庭日用杂品	Daily Groceries	1.52	1.73	1.60
个人用品	Personal Products	0.87	0.92	0.96
家庭服务	Household Services	0.42	0.42	0.42
交通通信	Transport and Communication	12.51	12.33	12.85
交通	Transport	8.29	7.88	8.25
通信	Conmunication	4.22	4.45	4.59
教育文化娱乐	Education,Culture and Recreation	9.82	9.77	9.84
教育	Education	5.20	5.19	4.89
文化娱乐	Culture and Recreation	4.62	4.58	4.94
医疗保健	Health Care and Medical Services	4.50	4.77	4.95
医疗器具及药品	Medical Apparatus	1.70	1.70	1.75
医疗服务	Medical Services	2.80	3.06	3.20
其他用品及服务	Other Appliances and Services	3.14	3.02	2.64
其他用品	Other Appliances	2.04	1.81	1.55
其他服务	Other Services	1.11	1.21	1.10

7-7 城镇居民消费主要食品数量

Per Capita Purchases of Daily Consumer Goods of Urban Residents

单位：公斤　(kg)

项目	Item	2013	2014	2015
粮食类	Grain	113.65	107.00	105.77
谷物	Cereal	104.74	97.90	96.07
薯类	Potato	1.70	1.77	2.07
豆类	Beans	7.22	7.34	7.64
油脂类	Oil	9.34	9.33	9.19
植物油	Vegetable Oil	8.76	8.75	8.57
蔬菜及菜制品	Vegetables and Vegetable Products	84.23	86.20	89.51
鲜菜	Vegetables	79.57	81.56	84.66
肉类	Meat	30.54	30.79	32.24
猪肉	Pork	23.64	23.83	25.29
牛肉	Beef	1.79	1.75	1.99
羊肉	Mutton	0.66	0.62	0.80
禽类	Poultry	8.69	9.13	9.50
水产品类	Aquatic Products	28.67	28.82	29.97
蛋类及蛋制品	Eggs	7.44	7.82	8.77
奶和奶制品(千克)	Milk	14.49	13.68	13.49
干鲜瓜果类	Fresh and Dried Fruits	40.86	41.85	43.18
鲜瓜果	Fresh Fruits	38.16	37.96	39.16
坚果类	Nuts	2.70	2.65	2.71

7-8 城镇居民家庭每百户耐用消费品拥有量

Number of Major Durable Consumer Goods Owned Per 100 Urban Households

项目	Item	2013	2014	2015
家用汽车(辆)	Automobile(unit)	19.91	23.25	28.30
摩托车(辆)	Motorcycle(set)	42.33	46.33	46.00
电冰箱(台)	Refrigerator(set)	93.03	92.47	94.34
洗衣机(台)	Washing Machine(set)	85.75	84.47	84.51
热水器(台)	Shower(unit)	96.40	94.22	97.53
太阳能热水器(台)	Solar Water Heater(unit)	4.54	5.04	5.13
空调机(台)	Air Conditioner(unit)	151.86	146.20	157.21
彩色电视机(台)	Color TV Set(set)	134.27	136.88	138.74
摄像机(台)	Pick up Camera(set)	6.15	7.02	5.96
照相机(台)	Camera(set)	30.54	33.35	29.78
计算机(台)	Computer(set)	91.80	91.27	88.67
接入互联网的计算机(台)	Computer Access to the Internet(set)	76.13	82.51	74.96
中高档乐器(件)	Medium and Grade Musical Instrument(unit)	5.29	5.73	5.12
固定电话(部)	Telephone(unit)	51.65	62.52	54.44
移动电话(部)	Mobile Telephone(unit)	225.00	232.78	240.09
接入互联网的移动电话(部)	Mobile Telephone Access to the Internet(unit)	100.62	122.00	129.42

7-9 主要年份农村居民家庭基本情况

Basic Conditions of Rural Household in Seleted Years

项目 Item	农民家庭调查户数（户） (household)	平均每户常住人口（人） Average Number of Permanent Residents Per Household (person)	平均每户整半劳动力（人） Average Number of Able-bodied and Semi-able-bodied Laborers Per Household (person)	平均每个劳动力负担人口（人） Average Number of Persons Supported by a Laborer (person)	农村居民人均住房使用面积（平方米） Per Capita Use Living Space (sq.m)	农村居民人均住房建筑面积（平方米） Per Capita Construction Space (sq.m)	农村居民人均可支配（纯）收入（元） Per Capita Net Income (yuan)	农村居民人均生活消费支出（元） Per Capita Living Expenditures (yuan)
1952				2.20			69.97	67.52
1957				2.39			112.13	101.60
1962				2.38			154.57	131.36
1965				2.87			128.74	114.15
1970				2.71			120.70	107.87
1978		6.50	2.22	2.92			137.54	112.73
1979		6.38	2.16	2.88			142.20	132.57
1980		6.25	2.06	3.03			171.74	157.67
1981		6.23	2.10	2.97	8.30		231.65	199.25
1982		6.27	2.27	2.76	7.67		268.16	231.14
1983		6.29	2.60	2.42	10.44		301.84	261.86
1984	1820	6.19	2.66	2.32	11.73		344.94	287.87
1985	1820	5.74	2.95	1.94	14.47		396.45	350.57
1986	1820	5.69	2.99	1.90	15.10		418.51	394.10
1987	1820	5.51	3.08	1.82	15.86		484.88	442.83
1988	1820	5.56	3.09	1.80	16.18		613.41	570.73
1989	1820	5.54	3.09	1.79	16.65		697.34	652.58
1990	1820	5.50	3.03	1.81	18.47		764.41	707.97
1991	1820	5.37	3.03	1.77	19.14		850.05	746.99
1992	1820	5.31	3.05	1.74	19.64		984.11	820.74
1993	1820	5.24	3.10	1.69	22.38		1210.51	1069.79
1994	1820	5.17	3.13	1.65	24.62		1577.74	1439.53
1995	1820	4.91	3.02	1.62	22.88		2048.59	1793.68
1996	1820	4.87	2.98	1.63	23.37		2492.49	2033.54
1997	1820	4.77	2.96	1.61	23.74		2785.67	2119.56
1998	1820	4.70	3.00	1.57	24.87		2946.37	2192.35
1999	1820	4.62	2.95	1.56	26.40		3091.39	2252.09
2000	1820	4.24	2.70	1.57	32.14		3230.49	2409.69
2001	1820	4.17	2.68	1.56	33.82		3380.72	2503.07
2002	1820	4.07	2.57	1.58	35.68		3538.74	2583.16
2003	1820	4.08	2.83	1.44	35.96		3733.93	2717.92
2004	1820	4.02	2.71	1.48	38.18		4089.38	3015.22
2005	1820	4.05	2.77	1.47	40.15		4450.36	3292.63
2006	1820	4.03	2.77	1.45	42.35		4834.75	3591.40
2007	1820	4.00	2.77	1.44	44.50		5467.08	4053.47
2008	1820	3.98	2.78	1.43	46.13		6196.07	4661.94
2009	1820	3.98	2.78	1.43	46.76		6680.18	5015.72
2010	1820	3.94	2.77	1.43	47.54		7426.86	5498.33
2011	1820	3.84	2.73	1.40	49.82		8778.55	6540.85
2012	1820	3.84	2.71	1.41	50.80		9967.17	7401.92
2013	1859	3.29	2.22	1.48		63.71	11404.85	9986.15
2014	1848	3.25	2.21	1.47		60.83	12650.19	11055.93
2015	1883	3.20	2.20	1.45		63.48	13792.70	11960.79

注：2013年、2014年为新口径数据，2012年以前为老口径数据。

Note:Data in 2013 and 2014 are adopted New Socpe,Data before 2012 are adopted Old Scope.

7-10 农村居民人均可支配收入情况

Per Capita Income of Rural Households

单位：元 (yuan)

项目	Item	2013	2014	2015
人均可支配收入	**Annual Per Capita Disposable Income**	**11404.85**	**12650.19**	**13792.70**
工资性收入	Wages and Salaries	5054.25	5655.21	6187.00
经营净收入	Net Income from Business	4684.58	5093.61	5455.57
第一产业经营净收入	Primary Industry	2803.26	3021.17	3178.35
农业	Agriculture	1935.45	1928.90	1940.68
林业	Forestry	279.54	331.28	390.40
牧业	Animal Husbandry	329.06	385.31	407.67
渔业	Fishery	259.22	375.68	439.59
第二产业经营净收入	Secondary Industry	547.52	623.02	700.05
第三产业经营净收入	Tertiary Industry	1333.80	1449.42	1577.17
财产净收入	Property Income	160.05	201.28	232.46
转移净收入	Transfer Net Income	1505.97	1700.09	1917.68
转移性收入	Transfer Income	1761.64	1968.93	2178.13
养老金或离退休金	Annuity and Pension	341.88	431.69	501.75
转移性支出	Transfer Consumption	255.68	268.83	260.45
社会保障支出	Social Security	140.27	171.54	183.21
人均可支配收入	Annual Per Capita Disposable Income	11404.85	12650.19	13792.70
可支配收入构成(%)	**Composition(%)**	**100.00**	**100.00**	**100.00**
工资性收入	Wages and Salaries	44.32	44.70	44.86
经营净收入	Net Income from Business	41.08	40.27	39.55
第一产业经营净收入	Primary Industry	24.58	23.88	23.04
农业	Agriculture	16.97	15.25	14.07
林业	Forestry	2.45	2.62	2.83
牧业	Animal Husbandry	2.89	3.05	2.96
渔业	Fishery	2.27	2.97	3.19
第二产业经营净收入	Secondary Industry	4.80	4.93	5.08
第三产业经营净收入	Tertiary Industry	11.70	11.46	11.43
财产净收入	Property Income	1.40	1.59	1.69
转移净收入	Transfer Net Income	13.21	13.44	13.90
转移性收入	Transfer Income	15.45	15.56	15.79
养老金或离退休金	Annuity and Pension	3.00	3.41	3.64
转移性支出	Transfer Consumption	2.24	2.13	1.89
社会保障支出	Social Security	1.23	1.36	1.33

7-11 农村居民按收入五等分分组的人均可支配收入

Per Capita Income of Rural Households of Five Groups Divided Equally by Income Lever

单位：元 (yuan)

项目	Item	2013	2014	2015
低收入组	Low Income	4360.76	4691.41	5099.66
中低收入组	Lower Middle Income	7741.66	8576.55	9700.01
中等收入组	Middle Income	10869.80	11955.23	12867.71
中高收入组	Upper Middle Income	14312.49	15607.56	17129.45
高收入组	High Income	21905.18	25534.43	27535.95

7-12 农村居民人均生活消费支出

Per Capita Expenditure of Rural Households

单位：元 (yuan)

项目	Item	2013	2014	2015
生活消费支出	Total Consumption Expenditures	9986.15	11055.93	11960.79
食品烟酒	Food,Cigarettes and Drinks	3884.94	4222.53	4493.83
食品	Food	3158.21	3420.20	3589.35
烟酒	Cigarettes and Wine	462.15	490.37	539.69
饮料	Drinks		114.27	123.99
饮食服务	Catering Services	264.58	197.69	240.80
衣着	Clothing	528.00	572.36	610.58
衣类	Clothes	427.84	453.93	487.34
鞋类	Shoes	100.16	118.43	123.24
居住	Residence	2331.04	2607.83	2907.57
租赁房房租	Rent of Housing	20.59	37.59	29.58
住房维修及管理	Housing Maintenance and Management	321.35	313.65	326.21
水电燃料及其他	Water,Electricity and Fuel	546.18	647.33	758.79
自有住房折算租金	Personal Housing Rent	1442.93	1609.26	1792.98
生活用品及服务	Supplies and Services	596.37	642.69	620.57
家具及室内装饰品	Household Facilities and Articles	141.58	105.08	77.74
家用器具	Household Appliance	161.25	186.04	166.62
家用纺织品	Household Textile	48.95	40.67	51.79
家庭日用杂品	Daily Groceries	196.26	244.06	234.37
个人用品	Personal Products	37.16	54.72	71.28
家庭服务	Household Services	11.17	12.12	18.77
交通通信	Transport and Communication	917.50	1097.70	1248.58
交通	Transport	520.64	615.61	693.08
通信	Conmunication	396.86	482.10	555.50
教育文化娱乐	Education,Culture and Recreation	937.31	940.72	1003.87
教育	Education	689.50	663.26	730.65
文化娱乐	Culture and Recreation	247.81	277.46	273.22
医疗保健	Health Care and Medical Services	562.91	735.94	826.94
医疗器具及药品	Medical Apparatus	138.80	178.31	200.16
医疗服务	Medical Services	424.11	557.63	626.78
其他用品及服务	Other Appliances and Services	228.08	236.16	248.87
其他用品	Other Appliances	160.58	151.74	169.80
其他服务	Other Services	67.50	84.41	79.07

7-13 农村居民人均生活消费支出构成

Composition of Per Capita Expenditure of Rural Households

单位：%　　　　(%)

项目	Item	2013	2014	2015
生活消费支出	Total Consumption Expenditures	100.00	100.00	100.00
食品烟酒	Food,Cigarettes and Drinks	38.90	38.19	37.57
食品	Food	31.63	30.94	30.01
烟酒	Cigarettes and Wine	4.63	4.44	4.51
饮料	Drinks		1.03	1.04
饮食服务	Catering Services	2.65	1.79	2.01
衣着	Clothing	5.29	5.18	5.10
衣类	Clothes	4.28	4.11	4.07
鞋类	Shoes	1.00	1.07	1.03
居住	Residence	23.34	23.59	24.31
租赁房房租	Rent of Housing	0.21	0.34	0.25
住房维修及管理	Housing Maintenance and Management	3.22	2.84	2.73
水电燃料及其他	Water,Electricity and Fuel	5.47	5.86	6.34
自有住房折算租金	Personal Housing Rent	14.45	14.56	14.99
生活用品及服务	Supplies and Services	5.97	5.81	5.19
家具及室内装饰品	Household Facilities and Articles	1.42	0.95	0.65
家用器具	Household Appliance	1.61	1.68	1.39
家用纺织品	Household Textile	0.49	0.37	0.43
家庭日用杂品	Daily Groceries	1.97	2.21	1.96
个人用品	Personal Products	0.37	0.49	0.60
家庭服务	Household Services	0.11	0.11	0.16
交通通信	Transport and Communication	9.19	9.93	10.44
交通	Transport	5.21	5.57	5.79
通信	Conmunication	3.97	4.36	4.64
教育文化娱乐	Education,Culture and Recreation	9.39	8.51	8.39
教育	Education	6.90	6.00	6.11
文化娱乐	Culture and Recreation	2.48	2.51	2.28
医疗保健	Health Care and Medical Services	5.64	6.66	6.91
医疗器具及药品	Medical Apparatus	1.39	1.61	1.67
医疗服务	Medical Services	4.25	5.04	5.24
其他用品及服务	Other Appliances and Services	2.28	2.14	2.08
其他用品	Other Appliances	1.61	1.37	1.42
其他服务	Other Services	0.68	0.76	0.66

7-14 农村居民消费主要食品数量

Per Capita Purchases of Daily Consumer Goods of Rural Residents

单位：千克 (kg)

项目	Item	2013	2014	2015
粮食类	Grain	186.21	172.54	157.52
谷物	Cereal	176.35	163.20	148.45
薯类	Potato	3.38	2.51	2.44
豆类	Beans	6.48	6.83	6.63
油脂类	Oil	11.70	9.99	9.44
植物油	Vegetable Oil	9.81	8.31	7.57
蔬菜及菜制品	Vegetables and Vegetable Products	94.16	89.24	87.43
鲜菜	Vegetables	91.30	86.45	84.60
肉类	Meat	38.64	28.04	29.86
猪肉	Pork	24.08	24.05	25.75
牛肉	Beef	0.74	0.68	0.83
羊肉	Mutton	0.31	0.30	0.43
禽类	Poultry	9.58	10.92	12.23
水产品类	Aquatic Products	19.26	19.47	20.14
蛋类及蛋制品	Eggs	5.76	6.49	7.30
奶和奶制品(千克)	Milk	6.90	7.08	6.88
干鲜瓜果类	Fresh and Dried Fruits	24.55	26.53	28.78
鲜瓜果	Fresh Fruits	22.00	23.52	25.85
坚果类	Nuts	2.00	2.30	2.27

7-15 农村居民家庭每百户耐用消费品拥有量

Number of Major Durable Consumer Goods owned per 100 Rural Households

项目	Item	2013	2014	2015
家用汽车(辆)	Automoile(unit)	8.08	10.08	12.90
摩托车(辆)	Motorcycle(unit)	84.94	90.08	91.50
电冰箱(台)	Refrigerator(unit)	92.29	91.96	93.80
洗衣机(台)	Washing Machine(unit)	69.78	68.46	73.20
热水器(台)	Shower(unit)	78.43	79.76	81.60
太阳能热水器(台)	Solar Water Heater	7.40	7.65	8.80
空调机(台)	Air Conditioner(unit)	47.30	47.55	54.30
彩色电视机(台)	Color TV(unit)	136.78	139.92	139.30
摄像机(台)	Pickup Camera(unit)	1.02	1.04	0.90
照相机(台)	Camera(unit)	7.31	8.92	6.30
计算机(台)	Computer(set)	33.24	34.67	34.90
接入互联网的计算机(台)	Computer Access to the Internet(unit)	25.14	26.08	25.60
中高档乐器(件)	Medium and High Grade Musical Instrument(unit)	0.65	0.88	0.60
固定电话(部)	Telephone(unit)	52.11	57.06	48.90
移动电话(部)	Mobile Telephone(unit)	230.37	238.89	246.40
接入互联网的移动电话(部)	Mobile Telephone Access to the Internet(unit)	78.16	85.25	107.90

7-16 设区市城镇居民人均可支配收入（2015年）

Per Capita Income of Urban Households by City(2015)

单位：元　(yuan)

项目	Item	人均可支配收入 Per Capita Annual Disposable Income	工资性收入 Wages and Salaries	经营净收入 Net Income from Business	财产净收入 Property Income	转移净收入 Transfer Net Income
福建省	**Fujian**	**33275**	**20714**	**4571**	**3822**	**4167**
福州市	Fuzhou	34982	21956	3128	4355	5543
厦门市	Xiamen	42607	30316	3873	4983	3436
莆田市	Putian	29272	15404	5538	4238	4093
三明市	Sanming	27393	17668	3902	2270	3553
泉州市	Quanzhou	37275	21327	8376	4700	2871
漳州市	Zhangzhou	28092	17113	4906	1783	4290
南平市	Nanping	26120	14292	4344	3078	4405
龙岩市	Longyan	28218	19981	3310	2717	2209
宁德市	Ningde	26029	12882	6943	2675	3529

7-17 设区市城镇居民人均生活消费支出（2015年）

Per Capita Expenditure of Urban Households by City(2015)

单位：元　(yuan)

项目	Item	生活消费支出 Total Consumption Expenditures	食品烟酒 Food,Cigarettes and Drinks	衣着 Clothing	居住 Residence	生活用品及服务 Supplies and Services	交通通信 Transport and Communication	教育文化娱乐 Education, Culture and Recreation	医疗保健 Health Care and Medical Services	其他用品及服务 Other Appliances and Services
福建省	**Fujian**	**23520**	**7759**	**1490**	**5811**	**1337**	**3022**	**2314**	**1165**	**622**
福州市	Fuzhou	24825	8081	1812	6320	1647	2891	2570	936	567
厦门市	Xiamen	28929	9411	1705	7504	1462	4048	2833	1178	788
莆田市	Putian	20210	7109	1253	5078	1313	2148	1831	1000	477
三明市	Sanming	19900	6947	1430	4578	1147	2131	2181	993	494
泉州市	Quanzhou	24016	8134	1642	5582	1669	3051	2004	1116	819
漳州市	Zhangzhou	19978	7512	1320	3939	1326	2447	1942	921	572
南平市	Nanping	17690	6470	1440	3645	1097	1688	1903	977	470
龙岩市	Longyan	19626	6996	1324	4357	1165	2549	1921	819	493
宁德市	Ningde	18763	6926	1500	4475	1044	1569	1716	1069	464

7-18 设区市农村居民人均可支配收入（2015年）

Per Capita Income of Rural Households by City(2015)

单位：元 (yuan)

项目	Item	人均可支配收入 Annual Per Capita Disposable Income	工资性收入 Wages and Salaries	经营净收入 Net Income from Business	财产净收入 Property Income	转移净收入 Transfer Net Income
福建省	**Fujian**	**13793**	**6187**	**5456**	**232**	**1918**
福州市	Fuzhou	15203	7964	4158	716	2365
厦门市	Xiamen	17558	11895	4120	652	890
莆田市	Putian	13882	6849	3421	308	3304
三明市	Sanming	12806	4956	6529	248	1072
泉州市	Quanzhou	15861	8869	5254	283	1455
漳州市	Zhangzhou	13866	6559	5984	106	1218
南平市	Nanping	12264	4389	6396	217	1262
龙岩市	Longyan	13274	5268	6517	91	1399
宁德市	Ningde	12391	3694	7444	151	1102

7-19 设区市农村居民人均生活消费支出（2015年）

Per Capita Expenditure of Rural Households by City(2015)

单位：元 (yuan)

项目	Item	生活消费支出 Total Consumption Expenditures	食品烟酒 Food,Cigarettes and Drinks	衣着 Clothing	居住 Residence	生活用品及服务 Supplies and Services	交通通信 Transport and Communication	教育文化娱乐 Education, Culture and Recreation	医疗保健 Health Care and Medical Services	其他用品及服务 Other Appliances and Services
福建省	**Fujian**	**11961**	**4494**	**611**	**2908**	**621**	**1249**	**1004**	**827**	**249**
福州市	Fuzhou	13152	4943	776	3119	911	1221	1027	841	314
厦门市	Xiamen	15262	5781	793	3987	969	2078	871	450	334
莆田市	Putian	11952	5023	599	2751	887	1071	864	405	350
三明市	Sanming	9834	3779	563	2258	526	1037	914	564	194
泉州市	Quanzhou	12605	4921	675	3331	702	1371	824	438	343
漳州市	Zhangzhou	10055	4071	503	2078	635	1100	910	545	212
南平市	Nanping	9349	3882	606	1807	534	941	802	565	213
龙岩市	Longyan	9961	4076	489	2345	510	1035	807	498	200
宁德市	Ningde	9820	3985	498	2429	459	782	819	677	171

主要统计指标解释

常住人口：指家庭住户成员中，经常在家居住、或者调查期内居住时间超过一半的人员，以及本住户供养的学生。

常住人口是住户收支的调查对象。

可支配收入：指调查户在调查期内获得的、可用于最终消费支出和储蓄的总和，即调查户可以用来自由支配的收入。可支配收入既包括现金，也包括实物收入。按照收入的来源，可支配收入包含四项，分别为：工资性收入、经营净收入、财产净收入和转移净收入。

工资性收入：指就业人员通过各种途径得到的全部劳动报酬和各种福利，包括受雇于单位或个人、从事各种自由职业、兼职和零星劳动得到的全部劳动报酬和福利。

经营净收入：指住户或住户成员从事生产经营活动所获得的净收入，是全部经营收入中扣除经营费用、生产性固定资产折旧和生产税之后得到的净收入。

财产净收入：指住户或住户成员将其所拥有的金融资产、住房等非金融资产和自然资源交由其他机构单位、住户或个人支配而获得的回报并扣除相关的费用之后得到的净收入。

转移净收入：计算公式为：转移净收入=转移性收入-转移性支出

转移性收入：指国家、单位、社会团体对住户的各种经常性转移支付和住户之间的经常性收入转移。

转移性支出：指调查户对国家、单位、住户或个人的经常性或义务性转移支付。包括缴纳的税款、各项社会保障支出、赡养支出、经常性捐赠和赔偿支出以及其他经常转移支出等。

消费支出：指住户用于满足家庭日常生活消费需要的全部支出，包括用于消费品的支出和用于服务性消费的支出。根据用途不同，消费支出可划分为食品烟酒、衣着、居住、生活用品及服务、交通通信、教育文化娱乐、医疗保健、其他用品及服务八大类。根据来源不同，消费支出可划分为现金消费支出、实物消费支出（含自产自用、来自单位、来自政府和其他社会组织）。

恩格尔系数：指食物支出占生活消费总支出的比重。计算公式为：恩格尔系数=食物支出/生活消费总支出×100%。恩格尔系数越大，表示生活越贫困；反之，表示生活越富裕。根据国际经验，恩格尔系数 60%以上为贫困，50%-60%为温饱，40%-50%为小康，30%-40%为富裕，30%以下为最富裕。

Explanatory Notes on Main Statistical Indicators

Number of Dependents per Urban Employee refers to the ratio between number of persons in an urban household and the number of employed persons.

Total Income of Urban Households refers to the sum of wage and salary, net business income, income from properties, and income from transfers of members of the households, excluding income from selling of properties and income from borrowings.

Disposable Income of Urban Households refers to the actual income at the disposal of members of the households which can be used for final consumption, other non-compulsory expenditure and savings. This equals to total income minus income tax, personal contribution to social security and sample household subsidy for keeping diaries. Following formula is used:

Disposable income = total household income - income tax - personal contribution to social security - sample household subsidy for keeping diaries

Consumption Expenditure of Urban Households refers to total expenditure of the sample households for consumption in daily life, including expenditure on eight categories such as food, clothing, household appliances and services, health care and medical services, transport and communications, recreation, education and cultural services, housing, miscellaneous goods and services.

Expenditure of Urban Households on Consumption of Services refers to expenditure of households on services of various kinds provided by the society.

Urban Households by Income Group All households in the sample are grouped, by per capita disposable income of the household, into groups of low income, lower middle income, middle income, upper middle income and high income, each group consisting of 20%, 20%, 20%, 20% and 20% of all households respectively.

Income from Rural Household Operations refers to income by the rural households as units of production and operations. Operations by rural households are classified by economic activities as agriculture, forestry, animal husbandry, fishery, manufacturing, construction, transportation, post and telecommunications, wholesale, retail and catering, social service, culture, education, health, and other household operations.

Income from Properties refers to the income received as returns by owners of financial assets or tangible non-productive assets by providing capitals or tangible non-productive assets to other institutional units.

Income from Transfers refers to the receipt by rural households and their members of goods, services, capital or rights of assets without giving or repaying accordingly, excluding capital provided to them for the formation of fixed assets. In general, it refers to all income received by rural households through redistribution.

Cash Income refers to income received by rural households and their members in the form of cash during the reference period. It is classified, by source of income, into income from wages and salaries, cash income from household operations, income from properties and income from transfers.

Net Income from Rural household refers to the total income of rural households from all sources minus all corresponding expenses. The formula for calculation is as follows:

Net income = total income – taxes and fees paid - household operation expenses – taxes and fees – depreciation of fixed assets for production – subsidy for participating in household survey – gifts to non-rural relatives

Net income is mainly used as input for reproduction and as consumption expenditure of the year, and also used for savings and non-compulsory expenses of various forms.Per capita net income of farmers is the level of net income averaged by population which reflects the average income level of rural households in a given area.

Engel Coefficient refers to the percentage of expenditure on food in the total consumption expenditure,using the following formula:

Engel Coefficient=(expenditure on food/total consumption expenditure)×100%

第八篇　价格指数

Chapter 8　Price Indices

资料整理：滕国达 刘挺云 郑扬 王娟 郭晓洁 笪贤流 杨秀慧

Database Editor: Tengguoda Liutingyun Zhengyang Wangjuan Guoxiaojie Daxianliu Yangxiuhui

简要说明

本篇资料的主要内容及来源

本篇资料反映了全省生产、投资、流通、消费等环节价格变动状况，主要包括居民消费、商品零售、生产资料、工业生产者出厂与购进、固定资产投资、房地产等价格指数。

居民消费、商品零售和农业生产资料价格指数来源于流通和消费价格统计调查年报，由国家统计局福建调查总队消费价格调查处整理提供。

工业生产者出厂与购进、固定资产投资、房地产等价格指数来源于工业生产者、固定资产投资、房地产价格统计调查，由国家统计局福建调查总队生产投资价格调查处整理提供。

Brief Introduction

Main Content and Source of Data

Data on the price indices in this chapter show the changing trend in production, investment, circulation and consumption, including mainly consumer price indices of residents, retail price indices, price indices of means of production, production price indices of industrial producers, purchasing price indices of raw materials, fuels and power, price indices of investment in fixed assets and real estate price indices.

Data on consumer price indices of residents, retail price indices and price indices of agricultural means of production are based on yearly report on consumer price and are provided by the Division of Consumer Price Survey of Survey Office of the National Bureau of Statistics in Fujian。

Data on production price indices of industrial products, purchasing price indices of raw materials, fuels and power, price indices of investment in fixed assets and real estate price indices are based on yearly report on production price and are provided by the Division of Production Price Survey of Survey Office of the National Bureau of Statistics in Fujian.

8-1 主要年份各种价格指数

Price Indices in Seletcted Year

单位：以上年为100 (preceding year=100)

年份 Year	居民消费价格指数 Consumer Price Index	城市 Urban	农村 Rural	商品零售价格指数 Retail Price Index	农业生产资料价格指数 Price Index of Agricultural Means of Production	工业生产者出厂价格指数 Ex-Factory Price Indices of Industrial Producers	工业生产者购进价格指数 Purchasing Price Indices of Industrial Producers	固定资产投资价格总指数 Price Index for Investment in Fixed Assets
1951	106.6	107.8	105.8	107.3	102.9			
1952	98.0	97.6	99.2	97.9	99.8			
1957	100.5	100.8	100.3	100.5	98.8			
1962	101.8	100.5	102.6	101.6	117.8			
1965	95.2	94.4	95.7	95.0	93.4			
1970	98.9	99.0	98.9	99.0	100.3			
1975	100.1	100.1	100.1	100.2	100.2			
1978	100.2	100.4	100.1	100.3	100.1			
1979	102.8	102.7	102.9	103.0	100.4			
1980	105.3	106.3	104.6	105.6	101.0			
1981	102.7	104.0	101.9	103.6	103.3			
1982	103.4	103.1	103.6	103.6	104.4			
1983	101.3	102.0	100.9	101.3	103.0			
1984	102.1	102.8	101.1	101.6	103.8			
1985	111.3	114.0	107.5	111.4	105.6			
1986	106.5	106.9	105.4	106.3	102.5			
1987	109.4	110.6	107.9	109.7	106.8			
1988	126.5	127.0	126.0	127.4	121.5			
1989	118.9	118.8	118.9	118.6	119.5			
1990	99.3	100.1	98.6	98.6	100.3			
1991	103.5	104.6	102.4	103.3	105.1			108.6
1992	105.9	108.0	104.1	105.5	102.2	102.7	109.3	114.9
1993	115.4	116.8	114.2	113.8	111.4	117.1	129.6	134.1
1994	125.3	125.1	125.5	123.0	117.8	116.9	115.2	107.3
1995	115.2	116.4	114.4	114.4	120.2	115.7	119.6	104.8
1996	105.9	106.9	105.4	104.5	106.2	101.8	104.3	104.7
1997	101.7	102.5	101.3	99.8	99.5	100.3	98.6	101.1
1998	99.7	100.0	99.5	98.5	94.6	95.7	92.5	98.0
1999	99.1	98.7	99.2	96.5	96.1	96.6	97.9	98.5
2000	102.1	103.2	101.3	98.9	97.4	100.5	112.4	100.2
2001	98.7	98.3	99.3	98.0	98.7	98.1	96.7	99.5
2002	99.5	99.2	99.8	98.3	99.9	97.6	97.6	99.7
2003	100.8	100.7	101.0	99.1	101.8	100.7	106.3	101.4
2004	104.0	103.8	104.3	102.7	112.5	102.6	113.3	103.4
2005	102.2	101.9	102.8	100.6	108.1	100.2	108.1	100.7
2006	100.8	101.1	100.3	100.5	100.9	99.2	103.9	102.0
2007	105.2	105.1	105.4	104.3	110.3	100.8	104.3	105.9
2008	104.6	104.5	104.6	105.7	123.6	102.7	110.2	105.9
2009	98.2	98.3	97.9	97.9	93.3	95.5	93.2	98.0
2010	103.2	103.1	103.4	103.4	102.4	103.2	107.7	103.3
2011	105.3	105.2	105.3	104.8	111.8	103.9	108.0	106.2
2012	102.4	102.4	102.4	101.8	103.3	98.7	97.7	100.3
2013	102.5	102.6	102.3	101.1	99.5	98.4	98.4	100.1
2014	102.0	102.1	101.9	101.1	99.5	98.6	98.3	100.4
2015	101.7	101.7	101.7	99.9	101.4	97.0	96.1	98.3

注：“工业生产者出厂价格指数”，2010年及以前称“工业品出厂价格指数”。“工业生产者购进价格指数”，2010年及以前称“工业企业原材料、燃料、动力购进价格指数”。

Note:Before 2010,"Ex-Factory Price Indices of Industrial Producers" is called "Ex-Factory Price Indices of Industrial Products"."Purchasing Price Indices of Industrial Producers" is called "Purchasing Price Index for Raw Material,Fuel and Power".

8-2 各种价格总指数(1979-2015年)

Price Indices(1979-2015)

单位：以1978年为100　　(year of 1978=100)

年份 Year	居民消费价格指数 Consumer Price Index	城市 Urban	农村 Rural	商品零售价格指数 Retail Price Index	农业生产资料价格指数 Price Index of Agricultural Means of Production
1979	102.8	102.7	102.9	103.0	100.4
1980	108.2	109.2	107.6	108.8	101.4
1981	111.2	113.5	109.7	112.7	104.8
1982	115.0	117.1	113.6	116.7	109.4
1983	116.4	119.4	114.6	118.3	112.6
1984	118.9	122.7	115.9	120.2	116.9
1985	132.3	139.9	124.6	133.8	123.5
1986	140.9	149.6	131.3	142.3	126.6
1987	154.2	165.4	141.7	156.1	135.2
1988	195.0	210.1	178.6	198.8	164.2
1989	231.9	249.8	212.3	235.8	196.2
1990	230.3	250.1	209.3	232.5	196.8
1991	238.3	261.6	214.3	240.2	206.9
1992	252.4	282.5	223.1	253.4	211.4
1993	291.3	329.9	254.8	288.4	235.5
1994	364.9	412.8	319.8	354.7	277.4
1995	420.4	480.5	365.9	405.8	333.5
1996	445.2	513.6	385.6	424.1	354.2
1997	452.8	526.4	390.6	423.2	352.4
1998	451.4	526.4	388.7	416.9	333.4
1999	447.4	519.6	385.6	402.3	320.4
2000	456.8	536.2	390.6	397.8	312.1
2001	450.9	527.1	387.8	389.9	308.0
2002	448.6	522.9	387.1	383.3	307.7
2003	452.2	526.6	390.9	379.8	313.2
2004	470.3	546.6	407.7	390.1	352.4
2005	480.6	557.0	419.1	392.4	380.9
2006	484.4	563.1	420.4	394.4	384.3
2007	509.6	591.8	443.1	411.4	423.9
2008	533.0	618.4	463.5	434.8	523.9
2009	523.3	607.9	453.9	425.5	488.9
2010	540.2	627.0	469.5	439.8	500.4
2011	568.6	659.9	494.5	461.1	559.6
2012	582.4	675.9	506.6	469.6	578.1
2013	596.8	693.1	518.0	474.9	575.3
2014	608.8	707.5	527.7	480.1	572.6
2015	619.3	719.7	536.8	479.8	580.7

8-3 居民消费价格分类指数

Consumer Price Indices by Category

单位：以1978年为100 (year of 1978=100)

项目 Item	2000	2005	2010	2014	2015
居民消费价格指数 Consumer Price Index	**456.8**	**480.6**	**540.2**	**608.8**	**619.3**
食品 Food	590.9	668.5	925.5	1156.8	1183.8
烟酒及用品 Totacco and Artides	252.5	257.9	279.1	290.8	297.5
衣着 Clothing	200.3	171.8	146.9	163.9	168.6
家庭设备用品及维修服务 Household Facilities,Articles and Services	204.4	185.3	195.2	203.5	205.2
医疗保健和个人用品 Medicine and Medical Services	507.3	489.0	537.7	583.0	609.4
交通和通讯 Transport,Post and Communication Services	390.9	344.8	325.6	328.9	323.1
娱乐教育文化用品及服务 Recreation,Education and Cultural Services	371.2	434.8	383.6	391.2	395.9
居住 Residence	549.9	624.1	723.8	820.6	831.3

8-4 居民消费价格指数(2015年)

Consumer Price Indices(2015)

单位：以上年为100 (preceding year=100)

项目 Item	全省 Province	城市 Urban	农村 Rural
居民消费价格指数 Consumer Price Index	**101.7**	**101.7**	**101.7**
一、按商品和非商品分 By Good			
消费品价格指数 Consumption Price Index	101.1	101.1	101.1
服务项目价格指数 Services Price Index	103.2	103.2	103.2
二、按类别分 By Category			
食品 Food	102.3	102.2	102.6
烟酒及用品 Tobacco and Artides	102.3	102.4	102.1
衣着 Clothing	102.9	102.8	103.1
家庭设备用品及维修服务 Household Facilities,Articles and Services	100.8	101.1	100.0
医疗保健和个人用品 Medicine and Medical Services	104.5	103.9	106.3
交通和通讯 Transport,Post and Communication Services	98.3	98.4	97.8
娱乐教育文化用品及服务 Recreation,Education and Cultural Services	101.2	101.3	100.9
居住 Residence	101.3	101.6	100.6

8-5 居民消费价格分类指数

Consumer Price Indices by Category

单位：以上年为100 (preceding year=100)

项目	Item	2000	2005	2010	2014	2015
居民消费价格指数	**Consumer Price Index**	**102.1**	**102.2**	**103.2**	**102.0**	**101.7**
1.食品	**Food**	**98.4**	**103.7**	**107.8**	**103.3**	**102.3**
#粮食	Grain	88.8	99.8	117.0	101.9	101.7
淀粉及制品	Oil or Fat	99.1	104.4	113.3	103.4	102.9
干豆类及豆制品	Starches and Tubers	101.1	102.7	111.8	106.3	102.7
油脂	Bean and Its Products	95.5	96.5	101.6	93.7	95.2
肉禽及其制品	Meal,Poultry and Their Products	97.0	103.7	102.3	100.4	105.9
蛋	Eggs	83.6	103.6	108.3	107.5	94.6
水产品	Aquatic Products	101.5	106.0	108.6	105.7	101.0
菜	Vegetables	109.8	111.0	121.2	101.9	107.9
调味品	Flavoring	98.6	100.3	104.3	104.5	101.7
糖	Sugar	112.0	103.5	107.9	99.9	99.4
茶及饮料	Tea and Drink	98.5	99.8	98.7	100.5	100.7
干鲜瓜果	Dride and Fresh Melons and Fruits	102.7	104.8	115.5	116.6	96.8
糕点饼干	Cake	100.4	99.5	101.5	101.7	101.4
液体乳及乳制品	Milk and Daily Products	99.5	98.1	100.4	106.0	100.2
在外用膳食品	Dining out	99.5	102.5	103.2	101.3	101.7
其他食品	Others	98.1	99.7	101.3	103.3	101.9
2.烟酒及用品	**Tobacco and Artides**	**100.8**	**99.8**	**101.4**	**99.2**	**102.3**
3.衣着	**Clothing**	**98.5**	**97.1**	**95.7**	**102.6**	**102.9**
#服装	Garments	98.1	96.4	96.0	102.7	103.1
衣着材料	Clothing material	99.3	100.5	103.4	99.7	101.2
鞋袜帽	Footgear and Hats	99.1	98.2	93.6	102.5	102.0
衣着加工服务费	Tailoring and Laundering Service Fees	100.4	102.1	102.4	105.6	106.4
4.家庭设备用品及维修服务费	**Household Facilities, Articles and Services**	**98.7**	**99.6**	**99.2**	**100.4**	**100.8**
#耐用消费品	Durable Consumer Goods	96.6	98.3	98.1	99.4	99.4
室内装饰品	Room Decorate	99.2	99.2	99.0	99.5	99.3
床上用品	Bed Using	99.2	98.4	97.5	98.0	99.5
家庭日用杂品	Daily Use Household Articles	98.3	100.2	100.2	100.9	100.8
5.医疗保健和个人用品	**Health Cares**	**107.9**	**98.8**	**103.1**	**100.7**	**104.5**
6.交通和通信	**Transportation and Communication**	**96.4**	**97.7**	**99.5**	**100.2**	**98.3**
#交通	Transportation	98.5	100.8	101.7	100.2	96.9
通信	Communication	94.5	95.4	97.9	100.2	99.9
7.娱乐教育文化用品及服务	**Recreation,Education and Culture Articles**	**120.6**	**104.7**	**100.2**	**101.7**	**101.2**
#文娱用耐用消费品及服务	Durable Consumer Goods for Recreation Use	92.3	94.7	95.3	95.5	97.9
教育	Education	170.7	109.6	100.6	102.3	102.3
文化娱乐类	Cultural and Entertainment	99.5	101.4	100.6	100.8	101.3
8.居住	**Residence**	**106.7**	**106.8**	**105.4**	**102.3**	**101.3**
#建房及装修材料	Building Materials	98.9	101.7	104.8	100.9	99.7
水、电、燃料	Water,Electricity ,Fuels	110.1	112.0	106.4	101.5	98.1

8-6 城市居民消费价格分类指数

Consumer Price Indices of Urban Households by Category

单位：以上年为100 (preceding year=100)

项目	Item	2000	2005	2010	2014	2015
居民消费价格指数	**Consumer Price Index**	**103.2**	**101.9**	**103.1**	**102.1**	**101.7**
1.食品	**Food**	**98.7**	**103.7**	**107.9**	**103.2**	**102.2**
#粮食	Grain	90.0	99.9	117.0	101.9	101.8
淀粉	Oil or Fat	98.8	105.3	114.0	103.3	103.2
干豆类及豆制品	Starches and Tubers	99.9	102.5	112.2	107.0	102.5
油脂	Bean and Its Products	94.8	96.8	101.9	92.8	94.8
肉禽及其制品	Meal,Poultry and Their Products	96.2	102.3	102.4	100.2	106.2
蛋	Eggs	83.5	103.5	109.2	108.0	94.0
水产品	Aquatic Products	103.3	106.4	108.5	105.1	100.5
菜	Vegetables	107.8	110.9	120.4	102.2	108.0
调味品	Flavoring	97.6	100.5	104.8	104.6	102.2
糖	Sugar	106.9	103.2	106.8	100.4	99.7
茶及饮料	Tea and Drink	98.0	99.5	98.2	100.0	100.4
干鲜瓜果	Dride and Fresh Melons and Fruits	101.8	105.3	115.6	116.0	96.0
糕点饼干	Cake	101.8	99.5	101.3	101.7	101.7
液体乳及乳制品	Milk and Daily Products	99.9	97.8	100.8	105.7	100.0
在外用膳食品	Dining out	97.4	102.9	103.8	101.4	102.0
其他食品	Others	100.8	101.1	102.1	102.8	102.3
2.烟酒及用品	**Tobacco and Articles**	**98.6**	**99.6**	**101.6**	**99.0**	**102.4**
3.衣着	**Clothing**	**97.8**	**96.3**	**95.6**	**102.9**	**102.8**
#服装	Garments	97.4	95.8	96.2	102.8	103.0
衣着材料	Clothing material	99.2	99.9	102.9	99.2	101.1
鞋袜帽	Footgear and Hats	98.7	97.2	93.0	103.5	102.0
衣着加工服务费	Tailoring and Laundering Service Fees	100.5	101.3	101.6	105.5	106.8
4.家庭设备用品及维修服务费	**Household Facilities, Articles and Services**	**100.0**	**99.2**	**99.0**	**100.5**	**101.1**
#耐用消费品	Durable Consumer Goods	98.7	97.7	97.8	99.3	99.3
室内装饰品	Room Decorate	99.9	98.9	98.5	99.5	99.0
床上用品	Bed Using	98.2	97.4	97.5	97.9	99.5
家庭日用杂品	Daily Use Household Articles	98.1	100.4	100.0	101.2	101.0
5.医疗保健和个人用品	**Health Cares**	**112.8**	**98.6**	**103.2**	**100.7**	**103.9**
6.交通和通信	**Transportation and Communication**	**96.9**	**96.9**	**99.2**	**100.3**	**98.4**
#交通	Transportation	99.5	101.1	101.3	100.3	97.1
通信	Communication	96.2	94.8	97.9	100.2	100.0
7.娱乐教育文化用品及服务	**Recreation,Education and Culture Articles**	**115.1**	**103.8**	**100.2**	**101.7**	**101.3**
#文娱用耐用消费品及服务	Durable Consumer Goods for Recreation Use	92.7	94.0	95.2	94.7	97.6
教育	Education	187.4	110.1	100.6	102.6	102.3
文化娱乐类	Cultural and Entertainment	100.9	101.9	100.7	100.9	101.4
8.居住	**Residence**	**107.5**	**106.2**	**104.9**	**102.5**	**101.6**
#建房及装修材料	Building Materials	99.0	101.9	104.5	101.3	99.8
水、电、燃料	Water,Electricity ,Fuels	108.3	108.7	105.5	101.7	98.3

8-7 农村居民消费价格指数

Consumer Price Indices Rural Households by Category

单位：以上年为100 (preceding year=100)

项目	Item	2000	2005	2010	2014	2015
居民消费价格指数	**Consumer Price Index**	**101.3**	**102.8**	**103.4**	**101.9**	**101.7**
1.食品	**Food**	**98.1**	**103.7**	**107.5**	**103.5**	**102.6**
#粮食	Grain	88.3	99.6	117.1	102.1	101.6
淀粉	Bean and Its Products	99.0	103.2	110.9	103.6	101.8
干豆类及豆制品	Starches and Tubers	101.5	102.9	110.6	104.5	103.4
油脂	Oil or Fat	95.9	96.2	101.0	95.4	96.0
肉禽及其制品	Meal,Poultry and Their Products	97.5	105.3	102.1	100.9	105.4
蛋	Eggs	83.7	103.8	106.0	106.3	95.9
水产品	Aquatic Products	100.2	105.1	109.2	107.7	102.6
菜	Vegetables	111.1	111.5	123.6	101.1	107.5
调味品	Flavoring	99.1	100.2	103.1	104.3	100.7
糖	Sugar	114.0	103.8	110.4	98.9	98.9
茶及饮料	Tea and Drink	98.9	100.9	100.6	102.0	101.4
干鲜瓜果	Dride and Fresh Melons and Fruits	103.3	103.4	115.5	118.5	99.2
糕点饼干	Cake	98.8	99.6	102.0	101.9	100.7
液体乳及乳制品	Milk and Daily Products	99.3	99.4	98.6	107.0	101.0
在外用膳食品	Dining Out	101.8	101.9	101.6	100.9	100.6
其他食品	Others	97.0	98.9	99.8	104.2	101.2
2.烟酒及用品	**Tobacco and Articles**	**101.5**	**100.1**	**101.0**	**99.6**	**102.1**
3.衣着	**Clothing**	**98.8**	**98.2**	**95.7**	**101.7**	**103.1**
#服装	Garments	98.5	97.5	95.5	102.3	103.5
衣着材料	Clothing material	99.4	101.0	104.6	100.4	101.2
鞋袜帽	Footgear and Hats	99.3	99.3	95.4	99.4	101.8
衣着加工服务费	Tailoring and Laundering Service Fees	100.2	103.5	104.4	105.7	105.3
4.家庭设备用品及维修服务费	**Household Facilities, Articles and Services**	**98.2**	**100.3**	**99.9**	**100.0**	**100.0**
#耐用消费品	Durable Consumer Goods	95.4	99.1	99.1	99.6	99.6
室内装饰品	Room Decorate	98.6	100.0	100.4	99.5	99.9
床上用品	Bed Using	99.7	100.0	97.4	98.3	99.5
家庭日用杂品	Daily Use Household Articles	98.4	100.0	100.8	100.3	100.2
5.医疗保健和个人用品	**Health Cares and Individual Articles**	**107.8**	**99.0**	**103.0**	**100.7**	**106.3**
6.交通和通信	**Transportation and Communication**	**95.4**	**98.7**	**100.3**	**100.2**	**97.8**
#交通	Transportation	98.1	100.5	102.5	100.2	96.1
通信	Communication	92.7	96.8	97.8	100.2	99.8
7.娱乐教育文化用品及服务	**Recreation,Education and Culture Articles**	**121.8**	**105.9**	**100.4**	**101.7**	**100.9**
#文娱用耐用消费品及服务	Durable Consumer Goods for Recreation Use	92.0	96.0	95.7	98.3	98.6
教育	Education	157.3	109.2	100.7	101.5	102.4
文化娱乐类	Cultural and Entertainment	98.7	100.1	100.2	100.4	100.9
8.居住	**Residence**	**106.0**	**107.5**	**106.9**	**101.7**	**100.6**
#建房及装修材料	Building Materials	98.8	101.5	105.4	99.9	99.3
水、电、燃料	Water,Electricity ,Fuels	111.3	118.9	110.2	100.9	97.4

8-8 农业生产资料价格指数

Price Indices of Means Agriculture Production

单位：以上年为100 (preceding year=100)

项目	Item	2000	2005	2010	2014	2015
总指数	**General Index**	**97.4**	**108.1**	**102.4**	**99.5**	**101.4**
1.农用手工工具	Small Farm Tools	102.0	107.2	101.5	100.7	101.8
2.饲料	Forage	94.3	102.8	105.5	102.4	100.2
3.幼禽家畜	Young Livestock & Fowls	112.3	102.5	107.8	99.2	109.8
4.半机械化农具	Semi-Mechanized Farm Tools	98.9	100.0	101.0	100.7	100.7
5.机械化农具	Mechanized Farm Machinery	98.4	103.0	101.5	100.2	100.1
6.化学肥料	Chemical Fertilizer	92.1	114.1	97.4	95.8	100.4
7.农药及农药械	Pesticide & Its Appliances	95.1	108.5	100.3	100.1	99.4
#化学农药	Chemical Pesticide	94.9	109.4	100.4	100.1	99.5
农药械	Pesticide Appliances	95.8	104.3	99.6	100.2	98.3
8.农机用油	Oil for Farm Machinery	126.2	110.2	109.3	98.8	89.7
9.其他农业生产资料	Others	98.0	105.3	106.2	101.7	100.7
10.农业生产服务				105.0	103.8	104.1

8-9 固定资产投资价格指数

Price Indices for Investment in Fixed Assets

单位：以上年为100 (preceding year=100)

项目	Item	2000	2005	2010	2014	2015
固定资产投资价格总指数	**General Index**	**100.2**	**100.7**	**103.3**	**100.4**	**98.3**
一、建筑安装工程投资	**Construction and Installation**	**102.4**	**101.1**	**104.9**	**100.4**	**97.6**
人工费	Labors	108.5	104.9	107.0	104.7	103.8
材料费	Materials	102.0	99.8	104.7	98.6	94.4
#钢材	Steel Products	103.1	98.8	105.6	95.3	87.7
水泥	Cement	99.5	96.7	104.3	99.6	96.5
机械费	Instruments	100.2	100.1	102.2	101.6	101.0
二、设备、工器具投资	**Purchase of Equipment,Tools And Instruments**	**94.9**	**97.6**	**99.8**	**99.7**	**99.5**
三、其他费用投资	**Others**	**98.8**	**102.8**	**102.4**	**100.7**	**100.1**

8-10 工业生产者购进价格指数

Purchasing Price Indices of Industrial Producers

单位：以上年为100 (preceding year=100)

项目 Item	2000	2005	2010	2014	2015
工业生产者购进价格总指数 Purchasing Price Indices of Industrial Producers	**112.4**	**108.1**	**107.7**	**98.3**	**96.1**
1.燃料、动力类 Fuel and Power	137.2	125.6	108.1	97.8	93.6
2.黑色金属材料类 Ferrous Metals Material	102.4	103.5	113.5	92.7	86.1
#钢材 Steel	103.6	106.4	109.6	93.9	87.4
3.有色金属材料和电线类 Nonferrous Metals Material and Wire	109.9	111.3	116.6	93.1	94.9
4.化工原料类 Raw Chemical Materials	112.2	106.1	110.8	98.2	94.6
5.木材及纸浆类 Timber and Paper Pulp	97.5	100.7	99.4	98.5	99.3
6.建筑材料及非金属矿类 Building Materials and Nonmetal Minerals	97.0	105.9	102.8	99.9	97.6
7.其他工业原材料及半成品类 Other Industrial Raw and Semi-products	105.6	104.8	101.9	100.0	98.8
8.农副产品类 Agricultural Products	96.2	94.0	117.8	97.1	96.4
9.纺织原料类 Textile Materials	107.8	102.9	106.9	100.3	98.0

8-11 工业生产者出厂价格指数

Ex-Factory Price Indices of Industrial Producers

单位：以上年为100 (preceding year=100)

项目	Item	2000	2005	2010	2014	2015
工业生产者出厂价格总指数	**Ex-Factory Price Indices of Industrial Producers**	**100.5**	**100.2**	**103.2**	**98.6**	**97.0**
按轻重分	**By Light and Heavy Industry**					
轻工业	Light Industry	99.9	98.4	101.5	99.8	99.7
以农产品为原料	Using Farm Products as Raw Materials	100.9	100.5	102.5	100.1	99.9
以非农产品为原料	Using Non-farm Products as Raw Materials	97.7	97.4	100.6	99.0	99.3
重工业	Heavy Industry	101.2	104.7	106.9	97.6	94.8
采掘工业	Mining and Quarrying	107.5	123.4	121.1	91.6	89.6
原料工业	Raw Materials Industry	103.4	107.8	107.9	97.5	91.2
加工工业	Manufacturing Industry	97.6	100.9	104.1	98.0	96.4
按两大部类分	**By Two Parts**					
生产资料	Means of Production	101.6	100.9	104.1	97.7	95.0
采掘工业	Mining and Quarrying	107.5	123.4	121.1	91.6	89.6
原料工业	Raw Materials Industry	104.3	107.5	108.9	97.3	91.3
加工工业	Manufacturing Industry	97.4	98.4	101.7	98.2	96.6
生活资料	Consumer Goods	98.7	99.1	101.7	100.0	100.5
食品	Food	98.5	98.4	104.7	100.3	100.3
衣着	Clothing	101.8	101.7	100.9	100.5	100.7
一般日用品	Articles for Daily Use	94.9	101.3	100.9	99.8	99.7
耐用消费品	Durable Consumer Goods	94.2	93.0	98.7	98.6	101.4
按工业部门分	**By Departments**					
冶金工业	Metallurgical Industry	100.8	104.3	113.0	93.5	88.2
电力工业	Power Industry	95.3	103.5	100.3	99.4	98.6
煤炭及炼焦工业	Coal and Coking Industry	114.1	137.3	108.4	89.7	90.7
石油工业	Petroleum Industry	138.4	123.5	124.4	95.5	74.8
化学工业	Chemical Industry	100.3	104.6	107.1	97.8	95.3
机械工业	Machine Building Industry	94.9	95.1	98.5	98.7	98.6
建筑材料工业	Building Materials Industry	95.8	98.5	103.0	99.5	97.4
森林工业	Timber Industry	104.2	103.0	102.7	100.6	99.5
食品工业	Food Industry	98.2	98.4	104.4	100.3	100.0
纺织工业	Textile Industry	108.4	100.9	102.9	98.6	96.8
缝纫工业	Tailoring Industry	103.4	101.0	100.9	100.0	100.4
皮革工业	Leather Industry	98.0	102.7	100.9	101.1	101.2
造纸工业	Paper Industry	105.7	101.4	104.1	99.0	99.8
文教艺术用品工业	Cultural,Educational & Handicrafts Articles	96.6	100.1	99.6	99.6	100.2
其它工业	Others	94.8	101.7	102.7	100.0	100.1

8-12 分行业工业生产者出厂价格指数

Ex-Factory Price Indices of Industrial Producers by Sector

单位：以上年为100　　(preceding year=100)

行业	Sector	2014	2015
煤炭开采和洗选业	Coal Mining and Dressing	89.7	90.8
黑色金属矿采选业	Ferrous Metals Mining and Dressing	87.1	80.6
有色金属矿采选业	Nonferrous Metals Mining and Dressing	94.7	95.4
非金属矿采选业	Nonmetal Minerals Mining and Dressing	99.9	99.7
农副食品加工业	Agricultural and Sideline Products Processing	99.8	99.6
食品制造业	Food Manufacturing	101.0	100.2
酒、饮料和精制茶制造业	Wine，Drink and Tea Manufacturing	101.2	100.0
烟草制品业	Tobacco Processing	100.1	100.6
纺织业	Textile Industry	99.0	97.6
纺织服装、服饰业	Textile Garments Products	99.5	100.1
皮革、毛皮、羽毛及其制品和制鞋业	Leather , Furs , Down and Relate Products	101.0	100.7
木材加工和木、竹、藤、棕、草制品业	Timber Processing,Bamboo,Cane,Palm Fiber and Straw Products	100.5	99.5
家具制造业	Furniture Manufacturing	99.9	99.6
造纸和纸制品业	Papermaking and Paper Products	99.0	99.8
印刷和记录媒介复制业	Printing and Record Medium Reproduction	99.1	99.3
文教、工美、体育和娱乐用品制造业	Cultural , Educational and Sports Goods	99.4	100.6
石油加工、炼焦和核燃料加工业	Petroleum Processing , Coking and Nuclear Fuel Processing	95.0	72.3
化学原料和化学制品制造业	Raw Chemical Materials and Chemical Products	97.8	92.9
医药制造业	Medical and Pharmaceutical Products	100.2	100.0
化学纤维制造业	Chemical Fiber	95.4	90.7
橡胶和塑料制品业	Rubber and Plastic Products	97.6	97.4
非金属矿物制品业	Nonmetal Minerals Products	99.5	97.3
黑色金属冶炼和压延加工业	Smelting and Pressing of Ferrous Metals	92.9	85.4
有色金属冶炼和压延加工业	Smelting and Pressing of Nonferrous Metals	93.7	91.4
金属制品业	Metal Products	99.0	97.6
通用设备制造业	General Equipment	99.8	99.6
专用设备制造业	Special Purpose Equipment	99.6	99.3
汽车制造业	Car Manufacturing	98.8	99.0
铁路、船舶、航空航天和其他运输设备制造业	Railway,Watercraft,Aviation and others transportation Manufacturing	101.6	101.0
电气机械和器材制造业	Electric Equipment and Machinery	98.6	98.0
计算机、通信和其他电子设备制造业	Computer,Communication and other Electronic Equipment	97.7	98.1
仪器仪表制造业	Instruments and Meters Machinery	99.2	100.1
其他制造业	Others Manufacturing	101.3	100.5
废弃资源综合利用业	Waste Resources and Materials Recovering	95.3	89.7
金属制品、机械和设备修理业	Metals,Machinery and Equipment maintenance	102.9	101.5
电力、热力生产和供应业	Production and Supply of Electric Power and Hot Power	99.4	98.6
燃气生产和供应业	Production and Supply of Gas	101.0	101.7
水的生产和供应业	Production and Supply of Water	101.6	105.4

注：本表行业分类依据2011年新颁布的《国民经济行业分类》（GB/T 4754-2011）标准。
Note:The classified Standards of national ecomonic sector are adopted GB/T 4754-2011.

8-13 主要城市房地产价格指数

Price Indices for Real Estate in Selected Cities

单位：以上年为100 (preceding year=100)

项目	Item	2014			2015		
		福州市 Fuzhou	厦门市 Xiamen	泉州市 Quanzhou	福州市 Fuzhou	厦门市 Xiamen	泉州市 Quanzhou
新建住宅销售价格指数	New Residential Buildings	103.9	108.6	102.3	95.4	101.1	93.3
新建商品住宅	Residential Buildings	104.0	108.8	102.4	95.4	101.1	93.0
90平方米及以下	under 90 sq.m.	104.3	109.6	102.8	96.0	102.3	93.7
90-144平方米	90-144 sq.m.	103.8	109.7	102.8	94.6	101.0	93.0
144平方米以上	Over 144 sq.m.	104.0	107.3	101.3	95.9	100.5	92.5
二手住宅销售价格指数	Secondhand Buildings	103.0	105.3	100.7	97.3	99.3	95.9
90平方米及以下	under 90 sq.m.	103.7	105.5	100.3	98.0	99.5	95.7
90-144平方米	90-144 sq.m.	103.3	106.0	101.1	97.2	99.6	96.0
144平方米以上	Over 144 sq.m.	101.4	103.8	100.4	96.9	98.8	96.2

8-14 农产品生产者价格指数

Producer Price Indices for Farm Products

单位：以上年为100 (preceding year=100)

项目	Item	2005	2010	2012	2013	2014	2015
总指数	**Total Price Index**	**103.9**	**111.5**	**102.7**	**103.0**	**100.3**	**101.2**
一、农业产品	**Agricultural Products**	**105.1**	**115.3**	**104.7**	**104.7**	**105.9**	**100.8**
谷物	Rice	97.6	107.6	103.5	102.0	106.7	106.3
早籼稻	Early Rice	95.3	103.3	103.8	102.9	105.1	103.4
晚籼稻	Late Rice	96.7	111.2	101.6	104.1	106.6	102.8
薯类	Potato	106.9	121.9	102.4	109.6	102.7	103.0
豆类	Bean	97.0	125.1	104.3	105.1	106.6	
大豆	Soybean	93.4	127.9	104.3	105.1	106.6	
油料	Oil-bearing Crops	106.3	115.8	105.3	107.6	103.9	101.5
蔬菜	Vegetables			120.5	112.7	105.9	105.3
烤烟叶	Flue-cured Tobacco	101.7	98.5	117.5	104.0	99.4	103.0
食用菌（干鲜混合）	Edible Bacterium	103.0	115.7	91.7	104.1	103.7	96.9
水果	Fruit	108.8	115.2	95.2	104.6	109.4	94.8
茶叶	Tea	101.3	111.5	101.1	104.5	101.9	96.8
二、林业产品	**Forest Products**	**104.0**	**107.6**	**105.7**	**106.4**	**101.7**	**93.3**
原木	Log	104.7	104.3	103.0	101.2	101.0	98.6
竹材	Bamboo	104.1	108.0	102.7	98.8	97.9	87.8
三、饲养动物及其产品	**Breeding Animals and Products**	**100.9**	**101.2**	**94.3**	**101.2**	**97.4**	**108.0**
活猪（毛重）	Pigs	97.4	97.9	90.9	99.4	93.9	111.2
家禽（毛重）	Poultry	104.2	107.0	109.8	103.9	109.5	103.3
四、渔业产品	**Fishery Products**	**103.7**	**113.7**	**107.0**	**102.1**	**96.9**	**100.5**
#海水养殖产品	Seawater Culturing			108.3	102.6	95.8	100.0
海水捕捞产品	Seawater Catching			108.6	102.7	102.2	100.9
淡水养殖产品	Freshwater Culturing			102.5	100.3	96.7	97.4

8-15 各设区市居民消费价格指数(2015年)

Consumer Price Indices by City(2015)

单位：以上年为100 (preceding year=100)

地区	Area	居民消费价格指数 Consumer Price Index	按城乡隶属分类 By Urban and Rural		按类别分 By Category		
			城市 urban	农村 Rural	食品 Food	烟酒及用品 Tobacco And Liquor	衣着 Clothing
福州市	Fuzhou	101.7	101.6	102.0	101.2	104.2	103.5
厦门市	Xiamen	101.7	101.7		102.1	101.6	103.8
莆田市	Putian	101.5	101.6	101.0	102.8	102.8	101.8
三明市	Sanming	101.4	101.4	101.4	103.5	100.7	101.3
泉州市	Quanzhou	101.8	101.8	101.7	103.6	103.5	103.2
漳州市	Zhangzhou	101.6	101.2	101.7	102.5	101.6	102.8
南平市	Nanping	101.6	101.3	102.2	102.2	102.7	102.7
龙岩市	Longyan	101.6	101.8	101.5	102.9	101.4	105.7
宁德市	Ningde	101.5	101.4	101.7	102.0	102.8	101.9

8-15 续表

Continued

单位：以上年为100 (preceding year=100)

地区	Area	按类别分 By Category					
		家庭设备用品及维修服务 Household Facilities,Articles And Services	医疗保健和个人用品 health Cares	交通和通信 Transportation And Communication	娱乐教育文化用品及服务 Recreation, Education And Culture And Articles	居住 Residence	#水电燃料 water, Electricity And Fuel
福州市	Fuzhou	100.7	106.1	97.8	101.0	102.3	98.5
厦门市	Xiamen	101.5	103.3	97.8	103.5	101.1	99.3
莆田市	Putian	100.4	101.4	98.2	101.6	100.8	98.8
三明市	Sanming	100.6	102.0	98.7	100.6	99.9	99.5
泉州市	Quanzhou	100.2	108.2	98.2	99.6	98.7	95.4
漳州市	Zhangzhou	101.5	104.7	98.6	100.3	100.4	96.6
南平市	Nanping	100.4	103.8	98.4	100.6	101.7	99.6
龙岩市	Longyan	99.8	104.4	97.9	99.1	97.6	97.9
宁德市	Ningde	99.8	107.1	97.9	101.2	100.6	95.9

主要统计指标解释

居民消费价格指数 指反映一定时期内城乡居民所购买的生活消费品价格和服务项目价格变动趋势和程度的相对数，是对城市居民消费价格指数和农村居民消费价格指数进行综合汇总计算的结果。利用居民消费价格指数，可以观察和分析消费品的零售价格和服务价格变动对城乡居民实际生活费支出的影响程度。

城市居民消费价格指数 指反映城市居民家庭所购买的生活消费品价格和服务项目价格变动趋势和程度的相对数。城市居民消费价格指数可以观察和分析消费品的零售价格和服务项目价格变动对职工货币工资的影响，作为研究职工生活和确定工资政策的依据。

农村居民消费价格指数 指反映农村居民家庭所购买的生活消费品价格和服务项目价格变动趋势和程度的相对数。农村居民消费价格指数可以观察农村消费品的零售价格和服务项目价格变动对农村居民生活消费支出的影响，直接反映农民生活水平的实际变化情况，为分析和研究农村居民生活问题提供依据。

商品零售价格指数 指反映城乡商品零售价格变动趋势的一种经济指数。零售物价的调整变动直接影响到城乡居民的生活支出和国家的财政收入，影响居民购买力和市场供需平衡，影响消费与积累的比例。因此，计算零售价格指数，可以从一个侧面对上述经济活动进行观察和分析。

工业生产者出厂价格指数 是反映一定时期内全部工业产品出厂价格总水平的变动趋势和程度的相对数，包括工业企业售给本企业以外所有单位的各种产品和直接售给居民用于生活消费的产品。该指数从生产角度反映工业品价格变动，通过它可以观察轻工业与重工业、生产资料与生活资料及各部门、各工业行业产品价格的变动趋势和变动幅度，消除价格变动因素，真实反映工业产品实际价值量。

工业生产者购进价格指数 是反映一定时期内工业企业所购进的原材料和能源价格变动幅度的相对数。它反映了企业成本的变动，往往预示了工业生产者出厂价格乃至消费价格水平的变动趋势。通过它可以观察工业企业购机九大类原材料和能源价格变动趋势和变动幅度及其对生产成本、效益的影响程度。

农业生产资料价格指数 指反映一定时期内农业生产资料价格变动趋势和程度的相对数。农业生产资料价格指数分为小农具、饲料、产品畜、役畜、半机械化农具、机械化农具、化学肥料、农药及农药械、农机用油、其他农业生产资料十大类。其编制目的是了解农业生产中物质资料投入价格的变动状况，服务于国民经济核算。1994 年以前，农业生产资料价格指数仅仅是商品零售价格指数的一个类别，此后，从商品零售价格指数中分离出来，单独编制。

固定资产投资价格指数 是反映固定资产投资价格在一定时期内变动幅度的相对数。通过它可以观察建筑安装工程（含材料费、人工费等项目）、设备工器具购置费和其他费用等方面的价格变动趋势和变动幅度，消除按现价计算的固定资产投资指标中的价格变动因素，反映固定资产投资的真实规模、速度、结构和效益。

房地产价格指数 是反映一定时期内房地产价格变动趋势和程度的相对数，包括住宅销售价格指数、住宅租赁价格指数、土地交易价格指数和物业服务价格指数。通过它们可以观察土地交易、住宅销售、住宅租赁、物业服务等方面价格的变动趋势和变动幅度，消除按现价计算的房地产投资中的价格变动因素，反映房地产投资的真实规模、速度和结构。

Explanatory Notes on Main Statistical Indicators

Consumer Price Indices reflect the trend and degree of changes in prices of consumer goods and services purchased by urban households during a given period,and is a composite index derived from the urban consumer price index and the rural consumer price index. Consumer price index can be used to analyze the impact of consumer price change on actual expenditure for living cost of urban and rural residents.

Urban Consumer Price Indices reflect the trend and degree of changes in prices of consumer goods and services purchased by urban households. It can be used to observe and analyze the impact of price changes in consumer goods and services on money wages of staff and workers, and provide basis for policymaking concerning the living cost and wages of staff and workers.

Rural Consumer Price Indices reflect the trend and degree of changes in prices of consumer goods and services purchased by rural households. It can be used to observe the impact of change in retail prices of consumer goods and service prices in rural areas on living expenditure of rural households, and to show the changes in the living standard of peasants. It provides basis for analysis and research on condition of life in rural areas.

Retail Price Indices reflect the trend and degree of change in retail prices of commodities during a given period. The change in retail prices of commodities directly affect the living expenses of urban and rural residents, government revenue, purchasing power of residents and the equilibrium of market supply and demand, and the ratio of consumption to accumulation. Therefore, the retail price indices are useful from an oblique perspective for observing and analyzing the changes of the above economic activities.

Ex-factory Price Indices of Industrial Products reflect the trend and degree of changes in general ex-factory prices of all industrial products during a given period,including sales of industrial products by an industrial enterprise to all units outside the enterprise,as well as sales of consumer goods to residents.It can be used to analyze the impact of ex-factory prices on gross output value and value-added of the industrial sector.

Purchasing Price Indices for Raw Materials, Fuels and Power reflect changes in the level and degree of prices paid by industrial enterprises when they purchase production input such as raw materials, fuels and power from the market or from other energy or raw materials producing enterprises. These indices provide an important basis for measuring the material consumption of industrial enterprises after removing the influence of price changes.

Indices of Producers' Prices for Farm Products reflect the trend and degree of changes in producers' prices received by farmers when they sell farm products during a given period. These indices depict the change in the level and structure of producers' prices of farm products of the country and meet the needs of agriculture statistics and national account statistics. The producers' price index of a given product is calculated through geometrical mean of individual indices of all surveyed units who sell such product, and the indices of a product category is obtained through weighted mean of price indices of all products in the category. Method for calculating accumulative quarterly indices is the same as for calculating the distinctive quarterly indices.

Price Indices of Investment in Fixed Assets reflects the trend and degree of changes in prices of investment in fixed assets. The investment in fixed assets consists of three components, namely the investment in construction and installation, the investment in purchases of equipment and instrument,and the investment in other items. Price index of investment in fixed assets is calculated as the weighted arithmetic mean of the price indices of the three components of investment in fixed assets.

Removing the factor of price change in the aggregates of investment at current prices, this indicator shows the changes in the prices of commodities and fees involved in the investment of fixed assets, and can be used to observe the actual size, growth, structure,and efficiency of investment in fixed assets and provides reliable and scientific data for government planning, management, decision making, and further improving the current national accounting system.

Price Indices for Real Estate reflect the trend and degree of changes in prices of real estate during a given period, including sale price indices for houses, price indices for renting houses, price indices for land transactions and price indices for management of properties. The methods for the compilation of these four sets of indices are similar in that they all use the super-collecting approach.

第九篇　城市概况

Chapter 9　General Survey of Cities

资料整理：林红 陈浩明

Database Editor:Linhong Chenhaoming

简 要 说 明

本篇资料的主要内容及来源

本篇资料反映我省社会、经济发展和城市建设的规模、效益及综合水平等基本情况，

城市资料主要包括城市公用事业基本情况，主要经济指标，市场设施，园林绿化，环境卫生，供水供气，公用交通等。

全省数据是全省 22 个城市市辖区的汇总数，22 个城市分别是福州市、厦门市、莆田市、三明市、泉州市、漳州市、南平市、龙岩市、宁德市、福清市、长乐市、永安市、石狮市、晋江市、南安市、龙海市、邵武市、武夷山市、建瓯市、漳平市、福安市、福鼎市。

本篇资料由省统计局能源统计处根据福建省住房和城乡建设厅、交通运输厅和福建省统计局相关处室提供的年度数据整理。

Brief Introduction

Main Content and Source of Data

Data in this chapter show the social and economic development as well as the scale, economic efficiency, overall level and other basic conditions of cities at the prefecture in Fujian Province.

Data on the general survey cities include the basic condition of urban public facilities ,main economic indicators, civil greenery , environment and sanitation ,supply of gas and water ,public transportation ,etc.

The total provice data is the sum of 22 cities, 22 cities were Fuzhou、Xiamen、Putian、Shanming、Quanzhou、Zhangzhou、Nanpin、Longyan、Linde、Fuqing、Changle、Yongan、Shishi、Jinjiang、Nan'an、Longhai、Shaowu、Wuyishan、Jian'ou、Zhangping、Fuan and Fuding。

Data on chapter are complied by the Division of Energy of the Fujian Bureau of Statistics according to the data of yearly statistics ,which are provided by the Construction Bureau of Fujian, Transportation Bureau of Fujian and related Departments of Fujian Provincial Bureau of Statistics.

9-1 各城市建设情况(2015年)

Statistics on City Construction by City(2015)

地区	Area	城市面积(平方公里) Area of City (sq km)	#建成区面积 Developed Area	本年征用土地面积(公顷) Area of The requisition land This Year (hectare)	城市人口密度(人/平方公里) Population Density of City Districts (person/sq.km)	年末实有道路长度(公里) Length of Paved Roads (km)	年末实有道路面积(万平方米) Area of Paved Roads (10000 sq.m)	城市桥梁数量(座) Number of City Bridges (unit)
合 计	**Total**	**4368.15**	**1413.54**	**10022**	**2704**	**8415**	**16302.53**	**1816**
福州市	Fuzhou	1043.00	260.05	873	2322	1256	2834.00	427
福清市	Fuqing	224.50	48.00	800	1507	189	418.00	29
长乐市	Changle	176.37	22.00	403	1250	121	170.40	98
厦门市	Xiamen	317.10	317.10	1704	9685	1828	3835.21	469
莆田市	Putian	244.00	86.90	280	2570	850	860.00	93
三明市	Sanming	220.00	37.45	1890	1011	290	357.52	45
永安市	Yong'an	300.00	24.43	191	561	155	262.80	27
泉州市	Quanzhou	539.00	206.50	250	2410	887	1956.70	142
石狮市	Shishi	40.00	33.91	138	8250	171	549.07	54
晋江市	Jinjiang	60.00	38.00	900	5583	316	871.49	34
南安市	Nan'an	130.00	32.73	276	2148	242	441.00	38
漳州市	Zhangzhou	95.24	65.65	430	5289	356	1122.53	78
龙海市	Longhai	27.00	21.08	253	7367	147	267.86	29
南平市	Nanping	199.51	41.24	374	1769	321	388.30	38
邵武市	Shaowu	95.00	18.89	97	1207	117	169.50	36
武夷山市	Wuyishan	135.10	9.75	125	689	123	186.76	14
建瓯市	Jian'ou	35.00	14.00	50	3920	121	147.19	7
龙岩市	Longyan	200.00	58.36	688	2089	430	590.65	70
漳平市	Zhangping	14.50	14.30		7517	73	127.46	6
宁德市	Ningde	107.50	29.81	111	2379	192	418.32	20
福安市	Fu'an	41.33	14.19	82	3690	125	132.19	17
福鼎市	Fuding	124.00	19.20	107	1326	105	195.58	45

9-2 各城市供水情况(2015年)

Basic Statistics on Tap Water Supply in Cities by City(2015)

地区	Area	年底供水综合生产能力（万立方米/日）Production Capacity of Top Water Supply at the Year-end (10000cu.m/day)	年末供水管道长度（公里）Length of Sewage Pipes (km)	全年供水总量（万立方米）Volume of Top Water Supply (10000 cu.m)	#生活用水 Water Consumption for Residential Use	#生产用水 Water Consumption for Productive Use	用水人口（万人）Number of Residents with Access to Tap Water (10000 persons)	人均日生活用水量（升）Per Capital Water Consumption for Residential Use(L)
合　计	**Total**	**717.03**	**15981.91**	**161598.18**	**75944.19**	**34353.54**	**1175.97**	**176.93**
福州市	Fuzhou	169.50	2561.17	40236.66	19132.34	1699.66	242.12	216.49
福清市	Fuqing	18.86	708.00	6930.96	2423.82	2666.79	33.82	196.35
长乐市	Changle	27.40	329.83	2197.05	1405.75	406.00	22.02	174.90
厦门市	Xiamen	154.90	3888.42	40729.78	18650.00	8998.00	307.11	166.38
莆田市	Putian	32.00	921.00	10211.00	3169.00	4900.00	62.55	138.80
三明市	Sanming	23.00	494.11	3401.07	1664.44	1378.66	22.22	205.23
永安市	Yong'an	16.50	401.16	4092.94	1490.43	2316.00	16.54	246.88
泉州市	Quanzhou	46.00	2870.05	12607.00	6616.00	1604.00	128.73	140.81
石狮市	Shishi	44.00	346.00	5075.90	2837.00	1170.00	32.95	235.89
晋江市	Jinjiang	25.00	599.50	5479.00	1826.13	2100.00	33.28	150.33
南安市	Nan'an	10.00	251.63	1967.49	1282.69	482.75	26.15	134.39
漳州市	Zhangzhou	32.50	490.60	5125.36	3301.27	1295.00	50.37	179.56
龙海市	Longhai	12.00	170.89	1054.00	884.81	48.49	19.87	122.00
南平市	Nanping	19.00	501.37	3693.43	2300.54	654.26	35.30	178.55
邵武市	Shaowu	7.50	147.00	1121.00	695.00	210.00	11.47	166.01
武夷山市	Wuyishan	4.00	128.98	937.44	763.44	11.00	9.06	230.86
建瓯市	Jian'ou	4.00	91.32	908.37	720.87	66.80	13.66	144.58
龙岩市	Longyan	36.90	359.71	8487.00	2452.00	3533.00	41.42	162.19
漳平市	Zhangping	4.00	103.80	979.82	462.73	266.85	10.55	120.17
宁德市	Ningde	13.70	297.13	2252.49	1275.62	83.20	25.37	137.76
福安市	Fu'an	8.27	130.90	1788.27	1120.99	87.19	15.13	202.99
福鼎市	Fuding	8.00	189.34	2322.15	1469.32	375.89	16.28	247.27

9-3 各城市排水和污水处理情况(2015年)

Basic Statistics on Drainage and Swage Treatment in Cities by City(2015)

地区	Area	排水管道长度（公里） Length of Sewage Pipes (km)	污水处理厂数（座） Number of Waste Water Treated Factory (unit)	城市污水厂日处理能力（万立方米／日） Per Day Volume of Waste Water Treated (10000 cu.m/day)	污水处理总量（万立方米） Volume of Waste Water Treated (10 000 cu.m)	污水处理率（%） Percentage of Sewage Disposal of City (%)	污水处理厂集中处理率（%） Percentage of Sewage Collection Disposal in Factory of City (%)
合　计	**Total**	**13340**	**50**	**353.60**	**106819**	**89.5**	**87.5**
福州市	Fuzhou	2238	8	93.00	25643	90.0	90.0
福清市	Fuqing	397	1	12.00	4066	83.5	83.5
长乐市	Changle	278	1	3.80	1628	87.5	74.6
厦门市	Xiamen	2674	8	88.50	27042	93.6	93.6
莆田市	Putian	1436	4	27.80	7033	85.0	85.0
三明市	Sanming	210	2	5.50	2048	86.0	62.6
永安市	Yong'an	150	1	4.00	2526	87.6	48.1
泉州市	Quanzhou	1391	5	29.00	9361	90.6	86.0
石狮市	Shishi	390	1	10.00	3685	88.0	88.0
晋江市	Jinjiang	1129	2	14.00	3346	87.2	87.2
南安市	Nan'an	362	1	5.00	1209	86.5	86.5
漳州市	Zhangzhou	827	2	12.00	3741	90.2	90.2
龙海市	Longhai	215	1	2.50	628	85.1	85.1
南平市	Nanping	247	3	9.50	2272	87.5	87.5
邵武市	Shaowu	108	1	2.00	705	89.8	89.8
武夷山市	Wuyishan	209	2	2.50	668	89.1	89.1
建瓯市	Jian'ou	78	1	1.50	459	71.6	71.6
龙岩市	Longyan	342	2	16.00	5381	89.6	89.6
漳平市	Zhangping	91	1	2.00	683	87.1	87.1
宁德市	Ningde	226	1	4.00	1377	87.3	87.3
福安市	Fu'an	187	1	5.00	1439	83.1	83.1
福鼎市	Fuding	157	1	4.00	1879	84.5	84.5

9-4 各城市公共交通情况(2015年)

Basic Statistics on Public Transportation in Cities by City(2015)

地区	Area	公交车标准运营车数（标台） Public Vehicles(set)	出租车运营车辆数（辆） Taxis(set)	总客运量（万人次） Total Passengers(10000 person)
合　计	**Total**	**18783**	**24785**	**322339**
福州市	Fuzhou	5142	6452	80088
福清市	Fuqing	270	428	4135
长乐市	Changle	144	270	2683
厦门市	Xiamen	5868	5667	110640
莆田市	Putian	826	1218	10502
三明市	Sanming	394	404	8721
永安市	Yong'an	179	148	3669
泉州市	Quanzhou	1359	2048	17283
石狮市	Shishi	227	250	2221
晋江市	Jinjiang	365	145	3403
南安市	Nan'an	141	150	2438
漳州市	Zhangzhou	500	1001	7296
龙海市	Longhai	137	128	1377
南平市	Nanping	411	607	8748
邵武市	Shaowu	83	203	2402
武夷山市	Wuyishan	174	174	2395
建瓯市	Jian'ou	95	134	1862
龙岩市	Longyan	271	599	9225
漳平市	Zhangping	16	20	148
宁德市	Ningde	260	669	7938
福安市	Fu'an	130	310	3596
福鼎市	Fuding	69	424	2720

注：总客运量仅包含公交车、出租车客运量，不含轮渡。
Note:Total Passengers is only including Public Vehicles and Taxis,excluding Ferry.

9-5 各城市绿地和园林(2015年)

Basic Statistics on Parks and Green Areas in Cities by City(2015)

地区	Area	绿化覆盖面积（公顷） Green Areas (hectare)	#建成区 Green Areas of Developed City	园林绿地面积（公顷） Park and Green Areas (hectare)	#建成区 Green Areas of Developed City	公园个数（个） Number of Parks and Zoos (unit)	公园面积（公顷） Area of Parks and Zoos (hectare)
合　计	**Total**	**72093**	**60736**	**64466**	**55576**	**555**	**11913**
福州市	Fuzhou	11975	11288	11310	10422	95	3223
福清市	Fuqing	2349	2232	2391	2094	34	443
长乐市	Changle	1115	910	966	872	33	330
厦门市	Xiamen	20373	13278	18861	11785	110	2500
莆田市	Putian	3748	3748	3373	3373	29	455
三明市	Sanming	1908	1649	1693	1518	6	154
永安市	Yong'an	1104	1085	1008	990	8	155
泉州市	Quanzhou	8914	8913	8317	8316	37	825
石狮市	Shishi	1515	1515	1336	1327	9	325
晋江市	Jinjiang	1670	1669	1648	1513	10	388
南安市	Nan'an	1353	1353	1237	1237	14	318
漳州市	Zhangzhou	2802	2795	2659	2616	33	636
龙海市	Longhai	943	901	857	843	14	266
南平市	Nanping	1883	1861	1710	1676	16	348
邵武市	Shaowu	928	830	786	778	10	172
武夷山市	Wuyishan	2839	384	423	367	22	120
建瓯市	Jian'ou	613	605	599	590	14	133
龙岩市	Longyan	2668	2421	2259	2259	28	311
漳平市	Zhangping	676	620	566	548	5	136
宁德市	Ningde	1246	1211	1127	1125	9	376
福安市	Fu'an	624	622	577	564	15	149
福鼎市	Fuding	847	847	762	762	4	150

9-6 各城市市容环境卫生情况(2015年)

Basic Statistics on Urban Sanitation in Cities by City(2015)

地区	Area	道路清扫保洁面积（万平方米） Area under Cleaning Program (10000 sq.m)	生活垃圾清运量（万吨） Volume of Garbage Disposal(10000 tons)	市容环卫专用车辆设备总数（台） Number of Special Vehicles for Environmental Sanitation (unit)	公共厕所（座） Number of Public Lavatories (unit)	#三类以上 Third Grade and Above
合　计	**Total**	**14881.00**	**608.06**	**2531**	**3185**	**3156**
福州市	Fuzhou	2626.00	105.90	457	928	928
福清市	Fuqing	416.00	21.50	39	63	63
长乐市	Changle	160.00	8.40	40	76	76
厦门市	Xiamen	3780.00	161.56	770	602	602
莆田市	Putian	821.00	42.57	191	131	131
三明市	Sanming	265.00	11.45	50	77	77
永安市	Yong'an	130.00	6.03	46	67	67
泉州市	Quanzhou	1950.00	51.40	177	436	420
石狮市	Shishi	356.00	30.30	46	41	36
晋江市	Jinjiang	747.00	32.52	144	114	114
南安市	Nan'an	432.00	17.33	97	54	54
漳州市	Zhangzhou	1004.00	22.24	78	121	121
龙海市	Longhai	151.00	11.62	44	38	38
南平市	Nanping	385.00	12.37	66	84	84
邵武市	Shaowu	111.00	4.30	31	43	38
武夷山市	Wuyishan	159.00	4.02	33	22	22
建瓯市	Jian'ou	142.00	5.15	34	30	30
龙岩市	Longyan	473.00	23.84	103	134	134
漳平市	Zhangping	110.00	3.81	11	20	20
宁德市	Ningde	359.00	14.17	34	41	38
福安市	Fu'an	126.00	8.49	23	34	34
福鼎市	Fuding	178.00	9.11	17	29	29

9-7 各城市设施水平(2015年)
Level of Public Facilities in Cities by City(2015)

地区	Area	城市用水普及率(%) Pecentage of Population with Access to Tap Water (%)	城市燃气普及率(%) Percentage of City Population with Access to Gas (%)	人均城市道路面积（平方米） Per Area of Paved Roads (sq.m)	人均公园绿地面积（平方米） Per Capita Public Green Areas (sq.m)	生活垃圾无害化处理率(%) Percentage of Garbage Disposal with Standard (%)	建成区绿化覆盖率(%) Ratio of Green Areas to City Areas(%)
合　计	**Total**	**99.6**	**98.6**	**13.80**	**12.98**	**99.2**	**43.0**
福州市	Fuzhou	100.0	99.5	11.70	13.52	100.0	43.4
福清市	Fuqing	99.9	98.9	12.35	14.69	99.2	46.5
长乐市	Changle	99.9	99.1	7.73	14.97	99.9	41.4
厦门市	Xiamen	100.0	97.6	12.49	11.46	100.0	41.9
莆田市	Putian	99.8	99.5	13.72	12.68	99.2	43.1
三明市	Sanming	99.9	99.6	16.07	14.56	98.5	44.0
永安市	Yong'an	98.3	98.0	15.62	12.07	98.5	44.4
泉州市	Quanzhou	99.1	97.4	15.06	14.10	98.7	43.2
石狮市	Shishi	99.9	99.5	16.64	13.00	98.7	44.7
晋江市	Jinjiang	99.3	97.2	26.01	11.57	98.7	43.9
南安市	Nan'an	93.6	98.6	15.79	12.00	98.5	41.3
漳州市	Zhangzhou	100.0	99.5	22.29	14.53	99.7	42.6
龙海市	Longhai	99.9	97.7	13.47	14.88	98.5	42.7
南平市	Nanping	100.0	99.7	11.00	13.19	97.0	45.1
邵武市	Shaowu	100.0	99.6	14.78	15.78	97.7	43.9
武夷山市	Wuyishan	97.3	100.0	20.06	13.21	98.4	39.4
建瓯市	Jian'ou	99.6	100.0	10.73	11.30	100.0	43.2
龙岩市	Longyan	99.2	99.6	14.14	12.39	99.6	41.5
漳平市	Zhangping	96.8	96.1	11.69	14.31	98.8	43.4
宁德市	Ningde	99.2	99.1	16.36	15.60	96.5	40.6
福安市	Fu'an	99.2	98.5	8.67	13.70	94.2	43.8
福鼎市	Fuding	99.0	97.1	11.90	10.38	95.4	44.1

主要统计指标解释

供水综合生产能力　指按供水设施取水、净化、送水、出厂输水干管等环节设计能力计算的综合生产能力。包括在原设计能力的基础上，经挖、革、改增加的生产能力。计算时，以四个环节中最薄弱的环节为主确定能力。

年末供水管道长度　指从送水泵到用户水表之间所有管道的长度。但不包括新安装未使用的管道长度。

全年供水总量　指报告期供水企业(单位)供出的全部水量。包括有效供水量和漏损水量。

生活用水量　包括公共服务用水和居民家庭用水。公共服务用水指为城市社会公共生活服务的用水。包括行政事业单位、部队营区和公共设施服务、社会服务业、批发零售贸易业、旅馆饮食业以及其他公共服务业等单位的用水。居民家庭用水指城市范围内所有居民家庭的日常生活用水。包括城市居民、农民家庭、公共供水站用水。

城市人口用水普及率　指城市用水的非农业人口数(不包括临时人口和流动人口)与城市非农业人口总数之比。计算公式为：

用水普及率＝(城市用水的非农业人口数／城市非农业人口数)×100%

人工煤气生产能力　指城市煤气厂制气、净化、输送等环节的综合实际生产能力。

供气管道长度　指报告期末从气源厂压缩机的出口或门站出口至各类用户引入管之间的全部已经通气投入使用的管道长度。不包括煤气生产厂、输配站、液化气储存站、灌瓶站、储配站、气化站、混气站、供应站等厂(站)内的管道。

全年供气总量　指全年燃气企业(单位)向用户供应的燃气数量。包括销售量和损失量。

城市用气普及率　指使用煤气(包括人工煤气、液化石油气、天然气)的城市非农业人口数(不包括临时人口和流动人口)与城市非农业人口总数之比。计算公式为：

城市煤气普及率＝(城市用气的非农业人口数／城市非农业人口总数)×100%

年底实有铺装道路长度　指除土路外，路面经过铺装宽度在3.5米以上的道路，包括高级、次高级道路和普通道路。

城市桥梁　指城市范围内，修建在河道上的桥梁和道路与道路立交、道路跨越铁路的立交桥及人行天桥。包括永久性桥和半永久性桥，不包括临时性桥、铁路桥、涵洞。

城市下水道总长度　指所有排水总管、干管、支管及暗渠、检查井、连接井进出水口等长度之和。

城市污水日处理能力　指污水处理厂每昼夜处理污水量的设计能力。

年末实有公共汽(电)车　指年底可参加营运的全部车辆数，包括营运车辆数和库存查封未参加营运的车辆。不包括非营运车辆，如架线车、油罐车、工程车、货车及其他专用车辆和借入的客运车辆。

城市园林绿地面积　指城市公共绿地、专用绿地、生产绿地、防护绿地、郊区风景名胜区的全部面积。

公共绿地　指供游览休息的各种公园、动物园、植物园、陵园以及花园、游园和供游览休息用的林荫道绿地、广场绿地，不包括一般栽植的行道树及林荫道的面积。

Explanatory Notes on Main Statistical Indicators

Production Capacity of Water Supply refers to the designed comprehensive production capacity of water facilities, covering the 4 links of water collection, purification, conveyance, and outflow through trunk pipelines. Increase capacity through transformation and innovation projects are included as well. The capacity is determined mainly on the weakest of the above-mentioned 4 links.

Length of Water Supply Pipelines at the Year-end refers to the total length of all the pipelines between the water pumps and the user water meters, excluding pipelines newly installed but not used yet.

Annual Volume of Water Supply refers to the total volume of water supplied by water-works (units) during the reference period, including both the effective water supply and loss during the water supply.

Consumption of Water for Residential Use refers to the water consumption of households for daily life and the water consumption of public service facilities. The latter refers to water consumption for urban public services, including the consumption of government agencies and public institutions, military barracks, public facilities, wholesale and retail outlets, restaurants, hotels, and other units providing public services. Household water consumption refers to consumption of water for daily life of all households in the boundary of cities, including households of urban residents and farmers, and public water supply stations.

Percentage of Urban Population with Access to Tap Water refers to the ratio of the urban non-agricultural population (excluing temporary and mobile population) with access to tap water to the total urban non-agricultural population.The formula is:

Percentage of Population with Access to Tap Water =（Urban Non-agricultural Population with Access to Tap Water /Urban Non-agricultural Population）×100%

Production Capacity of Gaswork Gas refers to the actual comprehensive production capacity of the urban gasworks in gas generation, purification and delivery.

Length of Gas Pipelines refers to the total length of pipelines between the outlet of the compressor, blower or gas tank and the gas meters of users. excluding pipelines within gasworks, delivery stations, LPG storage stations, refilling stations, gas-mixing stations and supply stations.

Volume of Gas Supply refers to the total volume of gas sold to users in a year, including the volume sold and the volume lost.

Percentage of Urban Population with Access to Gas refers to the ratio of the urban non-agricultural population with access to gas (including gas, liquefied petroleum gas and natural gas) to the urban non-agricultural population(excluding temporary and mobile population). The formula is:

Percentage of Population with Access to Gas =(Urban Non-agricultural Population with Access to Gas/Urban Non-agricultural Population)×100%

Length of Paved Roads at the Year-end refers to the length of roads with a paved surface, and with a width of more than 3-5 meters, including high quality,medium quality and ordinary roads.

Urban Bridges refer to bridges over river courses, great separated junctions and overpasses in urban areas.Permanent bridges and semi-permanent bridges are included.Temporary bridges,railway bridges and culverts are excluded.

Length of Urban Sewage Pipes refers to the total length of general drainage, trunks. branch and blind drainage, inspection wells, connection wells, inlets and outlets, etc.

Daily Disposal Capacity of Urban Sewage refers to the designed 24 hour capacity of sewage disposal at the sewage treatment works.

Number of Public Vehicles (Buses and Trolley buses) at the Year-end refers to the total number of operational buses available at the year-end, including the year-end operational vehicles and vehicles in stock.Non-operational vehicles such as stringing cars,tank cars,machine shop cars,trucks and other special vehicles and the borrowed passenger vehicles are excluded.

Area of Urban Gardens and Green Areas refers to the total area of urban public green land,special green land,production green land,protection green land and suburban scenic spots.

Public Green Area refers to green areas of various parks, zoos, botanical gardens, cemeteries, amusement parks, tree-flanked boulevards greenland squares for tourism and relaxing.Areas with trees planted along-side the streets and boulevards are excluded.

第十篇　财政金融

Chapter 10　Finance

资料整理：饶晓燕 廖捷

Database Editor:Raoxiaoyan Liaojie

简 要 说 明

本篇资料的主要内容及来源

本篇资料反映了全省财政收支、金融和保险、证券方面的情况，主要包括财政收入、财政支出、金融机构存贷款、现金收支、保险机构、保险业务开展和福建省辖区证券市场等方面的资料。

财政部分的资料来源于省财政厅；金融方面的资料来源于中国人民银行福州分行;保险方面的资料来源于中国保监会福建监管局;证券方面的资料来源于福建省发改委股证处。

本篇资料由省统计局综合统计处、社会和科技统计处根据以上资料整理。

Brief Introduction

Main Content and Source of Data

Data in this chapter show the conditions of local government budgetary finance, banking and insurance and securities, including government revenue and expenditure, credit funds, cash income and expenses, statistics on insurance companies and basic situation of securities markets under Fujian province.

Data on local government finance are provided by Fujian Provincial Department of Finance; Data on banking are provided by Fuzhou Branch of the People's Bank of China; Data on insurance are provide by China Insurance Regulatory Commission of Fujian Bureau; Data on securities are provided by China Securities Regulatory Commission of Fujian Bureau.

Data in this chapter are collected and compiled by the Division of Comprehensive Statistics and the Division of Social, Science and Technology Statistics of Fujian Provincial Bureau of Statistics on the basic of data from the relative departments.

10-1 主要年份一般公共预算收支总额及增长速度

Budgetary Revenue and Expenditure in Selected Years

单位：亿元 (100 million yuan)

年份	一般公共预算总收入 Total Revenue		地方一般公共预算收入 Expenditure of Local Government		一般公共预算支出 Total Expenditure	
Year	数值 Value	比上年增长(%) Ratio(%)	数值 Value	比上年增长(%) Ratio(%)	数值 Value	比上年增长(%) Ratio(%)
1952	2.20				1.25	
1957	3.22				2.47	
1962	5.07				3.60	
1965	6.60				4.99	
1970	6.45				8.34	
1975	9.59				9.86	
1978	15.13				15.14	
1979	12.72	-15.9			16.03	5.9
1980	15.33	20.5			15.05	-6.1
1981	14.52	-5.3			14.27	-5.2
1982	13.67	-5.9			16.42	15.1
1983	12.37	-9.5			17.55	6.9
1984	16.78	35.7			20.52	16.9
1985	25.08	49.5			30.64	49.3
1986	29.14	16.2			37.62	22.8
1987	33.16	13.8			39.99	6.3
1988	40.16	21.1			49.29	23.3
1989	53.01	32.0			60.48	22.7
1990	57.06	7.6			68.45	13.2
1991	69.70	22.2			78.13	14.1
1992	75.35	8.1			84.50	8.2
1993	110.58	46.8			113.88	34.8
1994	149.66	35.3			137.73	20.9
1995	184.58	23.3	117.37		171.58	24.6
1996	215.11	16.5	142.12	21.1	200.31	16.7
1997	251.30	16.8	162.91	14.6	224.36	12.0
1998	281.42	12.0	187.92	15.4	254.87	13.6
1999	312.57	11.1	208.92	11.2	279.24	9.6
2000	369.67	18.3	234.11	12.1	324.18	16.1
2001	428.33	15.9	274.28	17.2	373.19	15.1
2002	476.20	11.2	272.89	-0.5	397.56	6.5
2003	551.00	15.7	304.71	10.6	452.30	13.8
2004	622.57	13.0	333.52	10.5	516.68	14.2
2005	788.11	26.6	432.60	29.7	593.07	14.8
2006	1012.77	28.5	541.17	25.1	728.70	22.9
2007	1282.84	26.7	699.46	29.2	910.64	25.0
2008	1516.51	18.2	833.40	19.1	1137.72	24.9
2009	1694.63	11.7	932.43	11.9	1411.82	24.1
2010	2056.01	21.3	1151.49	23.5	1695.09	20.1
2011	2597.01	26.3	1501.51	30.4	2198.18	29.7
2012	3008.88	15.9	1776.17	18.3	2607.50	18.6
2013	3430.35	14.0	2119.45	19.3	3068.80	17.7
2014	3828.40	11.6	2362.21	11.5	3306.70	7.8
2015	4144.03	8.2	2544.24	7.7	4001.58	21.0

注：本部分所采用的财政数字均为当年决算定案数。2002年起口径有调整。

Note:Financial figures in this chapter are all final accounts of current year.Since 2002,The Statistic scope had adjusted.

10-2 地方一般公共预算收入
General Budgetary Revenue of Local Government

单位：万元 (10000 yuan)

项目 Item	2000	2005	2010	2014	2015
收入合计 Total Revenue	**2341061**	**4326003**	**11514923**	**23622138**	**25442357**
1.增值税 Value-added Tax	353461	731267	1411033	2627277	2717512
2.营业税 Operation Tax	582053	1246076	3197000	5818501	6082414
3.企业所得税 Enterprises' Income Tax	321959	542646	1569118	3229164	3417230
4.企业所得税退税 Return for Enterprises' Income Tax	-3243				
5.个人所得税 Individual Income Tax	247517	274137	563374	866747	948636
6.资源税 Resources Tax	7007	21436	64550	119556	114540
7.固定资产投资方向调节税 Tax on the Adjustment of the Investment in the Fixed Assets	8784	103			
8.城市维护建设税 Tax on Town Maintenance and Construction	97646	185544	431149	1013014	1086017
9.房产税 Tax on Real Estates	95496	169576	317362	619052	632318
10.印花税 Stamp Tax	18309	55267	171193	297716	295035
11.城镇土地使用税 Tax on the Use of Urban Land	15746	29400	263343	383356	375933
12.土地增值税 Land Value Added Tax	4326	40785	628057	2133747	1964286
13.车船税 Tax on the Use of Vehicles and Ships	6055	12662	59863	147832	164689
14.烟叶税 Tobacco Leaf Tax			32896	78042	68162
15.耕地占用税 Tax on The Occupancy of Cultivated Land	13474	32003	181050	336690	281268
16.契税 Contract Tax	55799	209093	770908	1266595	1239020
17.国有资本经营收入 State-downed Assets Profit			219530	461534	545135
18.国有资源(资产)有偿使用收入 Income from use of State-downed resources			414662	1530362	1793039
19.行政性收费收入 Income from Adiministr-ative Fees	74946	290876	481761	1159489	1032537
20.罚没收入 Penalty and Confiscatory Income	101764	213993	292226	509898	464079
21.专项收入 Expert Project Income	64036	120693	352274	807049	1930886
22.其他收入 Other Income	127716	48254	93574	216517	289621

10-3 一般公共预算支出

General Budgetary Expenditure of Local Government

单位：万元 (10000 yuan)

项目 Item	2010	2012	2013	2014	2015
支出合计 Total Expenditure	**16950906**	**26075020**	**30688006**	**33066986**	**40015778**
1.一般公共服务 Expenditure for General Public Service	2119124	2931509	3270569	2934031	3080207
2.外交 Expenditure for Foreign Affairs					10646
3.国防 Expenditure for National Defense	32680	55117	76108	65557	68544
4.公共安全 Expenditure for Public Safety	1206017	1623883	1894405	1916303	2252409
5.教育 Expenditure for Operating Expense of Education	3277681	5623008	5749113	6345984	7575096
6.科学技术 Expenditure for Operating Expense of Department of Science	323057	484695	606228	673956	766007
7.文化体育与传媒 Expenditure for Operating Expense of Culture , Sport Broadcasting	271014	460722	578796	641780	848159
8.社会保障和就业 Expenditure for Operating Expense of Social Welfare and Employment	1482366	2052848	2406553	2587105	3417705
9.医疗卫生 Expenditure for Public Health	1175835	1859917	2242313	2921356	3511905
10.环境保护 Expenditure for Enviromental Protection	397865	485982	586029	617958	955694
11.城乡社区事务 Expenditure for Neithbourhood Service Centre of Urbam and Rural	1076788	1788641	2597774	2697434	3786992
12.农林水事务 Expenditure for Agriculture , Foresty and Water Conservancy	1603355	2441622	3122226	3203234	4418607
13.交通运输 Expenditure for Transportation	1252071	2720829	2793122	3109307	3461952
14.工业商业金融等事务 Expenditure for Industry Trade and Finance	1044916	1649455	2316137	2459730	4080809
15.其他支出 Other Expenditure	1688137	1896792	2448633	2893251	1781046

10-4 金融机构人民币各项存款和贷款余额（1990-2015年）

RMB Deposits and Loans of Financial Institutions(1990-2015)

单位：亿元 (100 million yuan)

年份 Year	各项存款 Total Deposits	#城乡居民储蓄存款 Savings Deposit in Urban and Rural Household	财政存款 Fiscal Deposits	各项贷款 Total Loans	#短期贷款 Short-term Loans	中长期贷款 Medium-term &Long-term Loans
1990	359.45	183.26		381.93		
1991	477.45	245.60		453.10		
1992	667.01	327.00		589.74		
1993	824.37	394.06		774.65	554.06	153.33
1994	1101.81	558.97		954.73	698.86	180.89
1995	1451.68	795.43		1176.63	860.09	221.09
1996	1901.71	1106.33		1467.79	1060.12	294.42
1997	2192.74	1324.37	15.40	1750.38	1279.40	329.60
1998	2557.30	1565.18	28.11	1942.78	1423.39	368.87
1999	2924.61	1739.01	41.24	2255.50	1612.59	476.85
2000	3114.32	1767.59	39.59	2438.82	1728.01	510.32
2001	3614.26	2030.94	45.94	2864.76	1656.70	902.35
2002	4253.07	2430.46	55.21	3110.05	1809.88	1065.11
2003	5178.29	2924.65	51.74	3837.51	2039.25	1422.42
2004	5984.32	3322.26	92.63	4367.05	2213.05	1799.83
2005	7248.40	3903.05	128.33	5068.68	2366.93	2350.80
2006	8836.26	4478.26	219.38	6447.72	2956.98	3203.04
2007	10040.15	4711.23	328.32	8065.67	3555.92	4318.81
2008	11804.40	5861.17	457.26	9585.92	3895.16	5146.37
2009	14702.34	7078.81	549.46	12360.32	5215.58	6625.53
2010	18309.45	8101.02	678.08	15231.36	6594.50	8372.64
2011	21055.49	9068.62	834.38	18165.19	7836.03	9906.51
2012	24283.68	10507.39	741.75	21209.82	9451.96	11133.74
2013	28043.82	11847.25	905.62	24487.53	10752.70	13137.82
2014	30747.61	12578.95	1450.40	28417.70	11785.72	15861.63
2015	35576.06	13243.35	1169.62	32132.96	12209.64	18530.82

注：1.2004年起含外资银行。
Note:Since 2004,the data include foreign banks.

10-5 金融机构年末人民币分项存贷款余额（2015年）

RMB Deposits and Loans Balance of Financial Institutions by Item(2015)

单位：亿元 (100 million yuan)

项目 Item	数值 Value	比上年增长（%） Ratio(%)
金融机构各项存款余额	35576.06	10.6
境内存款	35079.58	11.7
住户存款	13931.21	8.9
储蓄存款	13243.35	8.7
保证金存款	32.34	-28.8
结构性存款	552.65	19.5
非金融企业存款	11981.79	15.3
企业活期存款	4535.32	27.1
企业定期存款	2372.66	16.4
企业保证金存款	1697.63	-20.4
企业结构性存款	1144.17	81.3
政府存款	6712.96	6.4
财政性存款	1169.62	-19.4
非银行业金融机构存款	2453.62	28.6
境外存款	496.49	-34.7
金融机构各项贷款余额	32132.96	13.1
境内贷款	32009.35	12.9
住户贷款	12733.75	12.8
短期贷款	4160.47	1.9
个人消费贷款	1919.36	12.9
个人经营性贷款	2241.10	-6.0
中长期贷款	8573.28	19.0
个人消费贷款	6911.14	19.1
个人经营性贷款	1662.14	18.7
非金融企业及机关团体贷款	19264.22	12.9
短期贷款	8049.17	4.5
单位经营贷款	7470.05	5.0
单位固定资产贷款	44.64	253.1
单位并购贷款	0.66	0.0
贸易融资	529.81	-3.4
中长期贷款	9957.54	15.0
单位经营贷款	1188.08	34.4
单位固定资产贷款	8626.30	25.6
单位并购贷款	53.03	4.6
贸易融资	90.14	27.2
融资租赁	11.55	-19.4
票据融资	1127.47	95.0
各项垫款	118.48	2.8
非银行业金融机构贷款	11.38	130.8
境外贷款	123.61	97.1

10-6 金融机构人民币存贷款基准利率

Benchmark Intetests rate of RMB Deposit and Loan for Financial Institutions

单位：年利率 %

调整时间 **Adjust Time**	金融机构存款基准利率 Deposit	金融机构贷款基准利率 Loan	中央银行对金融机构贷款基准利率 Loan
1978	3.24	5.04	
1980	3.96-5.76	5.04	
1985	5.40-7.20	3.60-7.92	
1990.01.01	11.34	11.34	
1990.04.15	10.08	10.08	
1990.08.21	8.64	9.36	
1991.04.21	7.56	8.64	
1993.05.15	9.18	9.36	
1993.07.11	10.98	10.98	
1995.07.01	10.98	12.06	
1996.05.01	9.18	10.98	10.98
1996.08.23	7.47	10.08	10.98
1997.10.23	5.67	8.64	9.36
1998.03.25	5.22	7.92	7.92
1998.07.01	4.77	6.93	5.67
1998.12.07	3.78	6.39	5.13
1999.06.10	2.25	5.85	3.78
2002.02.21	1.98	5.31	3.24
2004.03.25	1.98	5.31	3.87
2004.10.29	2.25	5.58	3.87
2006.04.28	2.25	5.85	3.87
2006.08.19	2.52	6.12	3.87
2007.03.18	2.79	6.39	3.87
2007.05.19	3.06	6.57	3.87
2007.07.21	3.33	6.84	3.87
2007.08.22	3.60	7.02	3.87
2007.09.15	3.87	7.29	3.87
2007.12.21	4.14	7.47	3.87
2008.09.16	4.14	7.20	4.68
2008.10.09	3.87	6.93	4.68
2008.10.30	3.60	6.66	4.68
2008.11.27	2.52	5.58	3.60
2008.12.23	2.25	5.31	3.33
2010.10.20	2.50	5.56	3.33
2010.12.26	2.75	5.81	3.85
2011.02.09	3.00	6.06	3.85
2011.04.06	3.25	6.31	3.85
2011.07.07	3.50	6.56	3.85
2012.06.08	3.25	6.31	3.85
2012.07.06	3.00	6.00	3.85
2014.11.22	2.75	5.60	3.85
2015.03.01	2.50	5.35	3.85
2015.05.11	2.25	5.10	3.85
2015.06.28	2.00	4.85	3.85
2015.08.26	1.75	4.60	3.85
2015.10.24	1.50	4.35	3.85
2015.11.05	1.50	4.35	3.50

注：本表数据由中国人民银行提供。

Note: Date in this table are provided by People's Bank of China.

10-7 企业在证券市场融资情况(1997-2015年)

Raised Capital of Enterprises on Securities Markets(1997-2015)

年份 Year	年底累计上市公司数(家) Number of Listed Companies at the Year-end(unit)			当年融资企业数（个） Number of Listed Companies (unit)			当年融资金额（亿元） Value of Issued(100 million yuan)		
	福建 Fujian	全国 National	占全国比重(%) Proportion of National(%)	福建 Fujian	首发 First Issue	再融资 Repeat Issue	总计 Total	首发 First Issue	再融资 Repeat Issue
1997	32	657	4.9	11	7	4	28.22	18.95	3.66
1998	34	768	4.4	9	2	7	14.56	6.07	8.48
1999	38	866	4.4	10	4	6	24.02	11.30	12.72
2000	41	1020	4.0	10	3	7	41.18	20.41	20.78
2001	40	1108	3.6	3	1	2	17.00	13.00	4.00
2002	41	1205	3.4	4	4		13.97	13.97	
2003	43	1287	3.3	4	2	2	21.94	8.10	13.84
2004	45	1378	3.3	3	3		8.14	8.14	
2005									
2006	48	1434	3.4	5	4	1	11.65	8.75	2.90
2007	50	1550	3.2	9	3	6	209.54	166.99	42.55
2008	55	1625	3.4	7	6	1	121.12	114.78	6.34
2009	57	1718	3.3	5	2	3	54.82	15.09	39.73
2010	70	2063	3.4	23	16	7	344.97	142.76	202.21
2011	81	2342	3.5	15	9	6	120.99	87.93	33.06
2012	87	2469	3.5	9	6	3	47.75	26.24	21.51
2013	88	2489	3.5	5		5	294.79		294.79
2014	92	2613	3.5	28	4	14	278.89	19.38	259.51
2015	99	2827	3.5	49	7	31	561.56	22.22	889.94

注：2015年再融资数据包括上市公司在资本市场股权融资和发行公司债券融资。

Note:The Repeat Issue of 2015 contains equity financing and bonds financing of listed company in capital market.

10-8 上市公司经营效益情况(1999-2015年)

Financial Indicators of Listed Companies(1999-2015)

年份 Year	加权平均每股收益（元） Weighted Average Income of per(yuan)		整体平均净资产收益率（%） Average Ratio of Income to Net Assets(%)	
	福建 Fujian	全国 National	福建 Fujian	全国 National
1999	0.14	0.18	1.84	2.08
2000	0.10	0.20	4.71	6.95
2001	0.02	0.12	5.09	6.45
2002	0.19	0.14	7.89	5.75
2003	0.18	0.18	6.28	6.09
2004	0.10	0.24	4.09	9.01
2005	0.02	0.15	4.41	15.08
2006	0.29	0.24	11.99	10.54
2007	0.67	0.42	17.65	14.79
2008	0.65	0.52	17.36	12.10
2009	0.81	0.41	17.05	12.66
2010	0.92	0.49	16.85	14.45
2011	0.93	0.53	16.22	14.15
2012	0.98	0.52	14.62	11.83
2013	0.91	0.55	10.80	10.65
2014	0.72	0.55	15.71	12.71
2015	0.66	0.49	13.13	10.99

10-9 主要年份保险业务情况

Basic Statistics of Insurance in Selected Years

单位：万元　　(10000 yuan)

项目	Item	2005	2010	2012	2013	2014	2015
保险费收入	**Premium Income**	**1490886**	**4236124**	**4776965**	**5748454**	**6858173**	**7775781**
财产保险	Property Insurance	413723	1327403	1843976	2160363	2517089	2745518
#机动车辆险	Motor Vehicle Insurance	273882	981696	1316263	1571722	1845415	2070193
企业财产险	Enterprise Property Insurance	45813	84930	113554	123125	127441	124024
家庭财产险	Family Property Insurance	2109	8965	10579	12603	11515	14044
人身保险	Life Insurance	1077163	2908721	2932989	3588091	4341084	5030263
人寿保险	Life Insurance	927841	2616312	2547692	3104130	3639254	4081091
健康保险	Health Insurance	121248	228322	293138	371586	562520	784114
意外伤害	Accident Insurance	28074	64086	92159	112374	139310	165058
有效保单赔款及给付金额	**Claim and Payment**	**405525**	**1028986**	**1498108**	**1873222**	**2149899**	**2450773**
财产保险	Property Insurance	272304	654417	947303	1102616	1301425	1472506
#机动车辆险	Motor Vehicle Insurance	173923	460282	726716	844220	962719	1068129
企业财产险	Enterprise Property Insurance	56455	75590	47014	60285	67858	92346
家庭财产险	Family Property Insurance	743	9198	3625	4963	4004	9729
人身保险	Life Insurance	133221	374569	550805	770606	848474	978267
人寿保险	Life Insurance	89362	271750	446447	634378	663594	729538
健康保险	Health Insurance	33285	82822	78159	110371	155290	210014
意外伤害	Accident Insurance	10575	19997	26198	25858	29589	38716

10-10 保险系统机构和人员数(2015年)

Number of Institutions and Members in Insurances System(2015)

项目 Item	财产保险公司 Property Insurance Companies			人寿保险公司 Life Insurance Companies		
	机构数（个） Institutions (unit)	职工人数（人） Staff and Workers (person)	代理制销售人员数（人） Agent Salesmen (person)	机构数（个） Institutions (unit)	职工人数（人） Staff and Workers (person)	代理制销售人员数（人） Agent Salesmen (person)
保险公司 Total	**1025**	**17028**	**20514**	**1421**	**13666**	**135139**
#省级分公司 Provincial Branches	41	3119	834	45	4868	2463
中心支公司 Central Branches	127	6808	2958	113	5262	24422
支公司 Branches	325	4895	11199	252	2251	31027
营业部 Business Departments	3	86	2230	5	47	596
营销服务部 Business Services	528	1753	3293	1005	1042	76607

10-11 各设区市保险业务情况(2015年)

Statistics of Insurance Business by City(2015)

单位：万元 (10000 yuan)

地区	Area	保险费收入 Premium Income	财产保险 Property Insurance	#机动车辆险 Motor Vehicle Insurance	#企业财产险 Enterprise Property Insurance	#家庭财产险 Family Property Insurance	人身保险 Life Insurance	人寿保险 Life Insurance	健康保险 Health Insurance	意外伤害 Accident Insurance
福建省	**Fujian**	**7775781**	**2745518**	**2070193**	**124024**	**14044**	**5030263**	**4081091**	**784114**	**165058**
福州市	Fuzhou	2069370	702380	497384	41143	1321	1366990	1028654	293764	44572
厦门市	Xiamen	1463619	632967	462451	29476	2330	830651	639256	155240	36155
莆田市	Putian	411456	138223	111929	5199	658	273233	232020	33185	8029
三明市	Sanming	455456	114492	86088	6101	776	340964	310853	23058	7053
泉州市	Quanzhou	1569975	539973	444985	23426	3806	1030002	854046	143769	32187
漳州市	Zhangzhou	627125	227139	170243	6063	893	399986	341396	45405	13185
南平市	Nanping	414546	115923	86230	4779	801	298623	263305	29364	5955
龙岩市	Longyan	428310	175092	135428	5607	2231	253218	213321	29955	9942
宁德市	Ningde	335924	99329	75457	2230	1227	236595	198240	30375	7980

10-11 续表

Continued

单位：万元 (10000 yuan)

地区	Area	有效保单赔款及给付金额 Claim and Payment	财产保险 Property Insurance	#机动车辆险 Motor Vehicle Insurance	#企业财产险 Enterprise Property Insurance	#家庭财产险 Family Property Insurance	人身保险 Life Insurance	人寿保险 Life Insurance	健康保险 Health Insurance	意外伤害 Accident Insurance
福建省	**Fujian**	**2450773**	**1472506**	**1068129**	**92346**	**9729**	**978267**	**729538**	**210014**	**38716**
福州市	Fuzhou	745337	409081	299507	29896	650	336256	220011	107353	8892
厦门市	Xiamen	527354	368018	237236	33762	1466	159335	115998	33612	9726
莆田市	Putian	110523	64187	50044	2821	149	46336	38508	5156	2672
三明市	Sanming	112730	57445	40275	3151	886	55285	48494	4759	2033
泉州市	Quanzhou	428664	256147	209395	9117	999	172517	141724	24798	5995
漳州市	Zhangzhou	191957	113174	81384	4559	223	78783	67156	8155	3473
南平市	Nanping	101387	56537	41636	1929	388	44850	34501	8738	1610
龙岩市	Longyan	140215	90784	63035	4894	3802	49432	40801	6183	2448
宁德市	Ningde	92606	57132	45617	2216	1165	35473	22346	11260	1867

10-12 保险公司业务经济技术指标(2015年)

Economic and Technical Indicators of Insurance Companies(2015)

单位：亿元 (100 million)

项目 Item	保险金额 Amount Insured	保费收入 Premium	赔款及给付 Claim and Payment
财产保险公司 Property Insurance Companies	**195720.15**	**274.55**	**147.25**
# 企业财产险 Enterprise Property Insurance	21995.23	12.40	9.23
家庭财产险 Family Property Insurance	1522.67	1.40	0.97
机动车辆险 Motor Vehicle Insurance	42500.68	207.02	106.81
船舶险 Ship Insurance	478.56	2.29	1.30
货物运输险 Freight Transport Insurance	9494.88	3.09	1.74
特殊风险保险 Special Risk Insurance	712.77	1.30	0.15
建筑、安装工程 Construction and Installation Projects	2133.38	4.19	1.43
责任险 Liability Insurance	38891.11	9.59	4.17
信用险 Credit Insurance	1644.03	6.55	6.67
保证保险 Guarantee Insurance	232.63	7.66	3.00
农业险 Agriculture Insurance	778.73	4.44	2.75
人寿保险公司 Life Insurance Companies	**63947.12**	**503.03**	**97.83**
人身保险 Personal Insurance	**9829.21**	**408.11**	**72.95**
个人业务 Ondividual	8957.47	406.76	69.09
团体业务 Team	871.74	1.35	3.87
健康险 Health Insurance	**10389.35**	**78.41**	**21.00**
人身意外伤害险 Unforeseen Human Insurance	**43728.55**	**16.51**	**3.87**

10-13 各设区市主要社会保险参保人数(2015年)

Basic Statistics on Social Insurance by City(2015)

单位：万人 (10000 persons)

地区	Area	参加城镇基本养老保险人数 Basic Pension Insurance in Urban	参加城乡居民社会养老保险人数 Social Endowment Insurance in Urban and Rural	参加基本医疗保险人数 Basic Medical Insurance	参加失业保险人数 Unemployment Insurance	参加工伤保险人数 Work Injury Insurance	参加生育保险人数 Maternity Insurance
全　省	**Total**	**883.67**	**1480.41**	**1301.24**	**546.27**	**691.03**	**598.32**
省　直	Province	36.49		35.76		19.93	24.23
福州市	Fuzhou	181.04	228.89	300.44	116.88	147.81	105.16
#平潭	Pingtan	4.20		6.30	1.61	2.82	2.63
厦门市	Xiamen	209.36	24.96	332.12	182.41	183.93	171.80
莆田市	Putian	32.91	151.26	55.66	26.63	44.96	32.11
三明市	Sanming	54.01	120.44	71.21	30.56	34.63	28.82
泉州市	Quanzhou	137.84	362.75	197.55	65.25	104.36	96.27
漳州市	Zhangzhou	78.01	208.22	79.67	37.12	45.61	40.10
南平市	Nanping	56.62	128.09	54.95	34.09	38.56	28.46
龙岩市	Longyan	53.82	131.48	111.91	33.89	39.80	43.10
宁德市	Ningde	43.57	124.34	59.60	19.44	31.44	28.26

注：参加城镇基本养老保险人数包含城镇职工参保人数和领取基本养老保险金离退休人数。
Note:Number of People Participated in Urban Employees Basic Pension Insurance includes Urban Employees and Retirees Beneficiary of Pension Insurance.

10-14 各设区市城镇基本养老保险人数(2015年)

Basic Statistics on the Coverage of Basic Insurance in Urban area by City(2015)

单位：万人 (10000 persons)

地区	Area	参加城镇基本养老保险职工人数 Population Vovered Pension Insurance in Urban	参加城镇企业基本养老保险人数 Coverd Enterprises Pension Insurance in Urban	参加城镇机关事业养老保险人数 Covered Institutions and state organs Insurance	期末领取基本养老保险金离退休人数 Retirees Beneficiary of Pension Insurance at the Year-end	企业单位领取人数 Enterprises	机关事业单位领取人数 Institutions and State Organs
全　省	**Total**	**736.58**	**676.76**	**59.82**	**147.09**	**124.10**	**22.99**
省　直	Province	26.45	24.98	1.48	10.03	8.44	1.59
福州市	Fuzhou	146.30	132.20	14.91	33.93	28.47	5.46
#平潭	Pingtan		2.16	0.82	1.22	0.78	0.44
厦门市	Xiamen	186.41	186.41		22.95	22.95	
莆田市	Putian	27.89	24.86	3.03	5.02	4.23	0.79
三明市	Sanming	39.32	32.70	6.62	14.69	12.05	2.64
泉州市	Quanzhou	126.48	119.35	7.14	11.35	9.14	2.21
漳州市	Zhangzhou	62.53	55.36	7.17	15.48	12.99	2.49
南平市	Nanping	40.57	35.18	5.39	16.05	13.62	2.43
龙岩市	Longyan	43.88	35.85	8.03	9.94	6.51	3.43
宁德市	Ningde	35.92	29.87	6.05	7.65	5.70	1.95

主要统计指标解释

地方一般公共预算收入　属于地方财政的收入包括营业税，地方企业所得税，个人所得税，城镇土地使用税，固定资产投资方向调节税，城镇维护建设税，房产税，车船使用税，印花税，屠宰税，牧业税，耕地占用税，契税，增值税25%部分，证券交易税(印花税)50%部分和除海洋石油资源税以外的其他资源税。

一般公共预算支出　包括地方行政管理和各项事业费，地方统筹的基本建设、技术改造支出，支援农村生产支出，城市维护和建设经费，价格补贴支出等。

信贷资金　指金融机构以信用方式积聚和分配的货币资金。金融机构信贷资金的来源有各项存款、对国际金融机构负债、流通中货币、银行自有资金及当年结益等；信贷资金的运用有各项贷款、黄金占款、外汇占款、财政借款及在国际金融机构中的资产等。

存款　指企业、机关、团体或居民根据资金必须收回的原则，把货币资金存入银行或其他信用机构保管并取得一定利息的一种信用活动形式。根据存款对象的不同可划分为企业存款、财政存款、机关团体存款、基本建设存款、城镇储蓄存款、农村存款等科目。它是银行信贷资金的主要来源。

贷款　指银行或其他信用机构根据资金必须归还的原则，按一定利率，为企业、个人等提供资金的一种信用活动形式。我国银行贷款分为流动资金贷款、固定资产贷款、城乡个体工商户贷款以及农业贷款等科目。

保险金额　指保险人承担赔偿或者给付保险金责任的最高限额。

保费　指投保人为取得保险人在约定范围内所承担赔偿责任而支付给保险人的费用。

赔款　指保险人根据保险合同的规定，向被保险人支付的赔偿保险责任损失的金额。

给付　包括死伤医疗给付和满期给付。死伤医疗给付是指保险人根据人寿保险及长期健康保险合同的规定，因被保险人在保险期内发生保险责任范围内的保险事故支付给被保险人(或受益人)的金额。满期给付是指被保险人生存期满，保险人按人寿保险合同规定支付给被保险人的满期保险金额。

基本养老保险

参加基本养老保险人数：指报告期末按照国家法律、法规和有关政策规定参加基本养老保险的职工人数。包括不能正常缴费、已中断缴费但未终止保险关系的职工人数。

基本医疗保险

参加基本医疗保险人数：指报告期末按国家有关规定参加基本医疗保险的人数。包括参加保险的职工人数和退休人员人数。

失业保险

参加失业保险人数：指报告期末按照国家法律、法规和有关政策规定参加了失业保险的城镇企业事业单位的职工及地方政府规定参加失业保险的其他人员的人数。

Explanatory Notes on Main Statistical Indicators

Revenue of the Local Governments The revenue of the local governments includes business tax, income tax of the enterprises subordinate to the local government, personal income tax, tax on the use of urban land, tax on the adjustment of the investment in fixed assets, tax on town maintenance and construction, tax on real estates, tax on the use of vehicles and ships, stamp tax, slaughter tax, tax on animal husbandry, tax on the occupancy of cultivated land, contract tax, 25% of the value added tax, 50% of the tax on stock dealing (stamp tax) and tax on resources other than the ocean petroleum resources.

Expenditure of the Local Governments The expenditure of the local governments includes mainly the administrative expenses and various operating expenses at the vel of local governments, the expenditure for capital construction and technological innovation with the funds raised by the local government, expenditure for supporting rural production, expenditure for city maintenance and construction and expenditure for price subsidies, etc.

Credit Funds refer to the funds issued as loans by banking institutions. The sources of credit funds of the banking institutions included deposits, liabilities to international financial institutions, currency in circulation, self-owned funds and current retained profits, etc. The credit funds can be used in forms of loans, gold, foreign exchange, government debt and assets in the international financial institutions.

Deposit is a form of credit by which enterprises, institutions, organizations or households can put money into banks and other credit institutions for safekeeping and interest earning under the principle of free withdrawal. According to different depositors, deposits are divided into enterprise deposits,treasury deposits, deposits of government agencies and organizations,capital construction deposits, urban savings deposits, rural deposits and other deposits. Deposits are major sources of the credit funds of banks.

Loan is a form of credit by which banks and other credit institutions provide funds at certain interest rate to enterprises and individuals in the light of the principle of unconditional repayment. Loans from Chinese banks include circulating capital loans, fixed assets loans, loans to urban and rural individuals engaged in industrial and commercial business and agricultural loans.

Amount Insured refers to the maximum that the insurant will get for the claim of the case insured.

Premium is the fee paid by the insurant to the insurer to obtain the obligation of compensation from the insurance within the agreed terms.

Settled Claim is the compensation paid by the insurer to the insurant in accordance with the insurance contract.

Payment includes payment for death, injury or medical treatment and mature payment. Payment for death, injury or medical treatment refers to the money paid to the insurant (or the beneficiary) in accordance with the life or health insurance contract when the insurant encounters accidents within the insured period covered in the contract. Mature payment refers to the mature payment to the insurant in accordance with the life insurance contract at the end of the insured period.

Basic Endowment Insurance

Number of people participating in the insurance program: by the end of reference period, number of staff and workers participating in the insurance program in line with national laws, regulations and related policies, including those who can not make regular payment or interrupt payment but not terminate the insurance program.

Basic Medical Care Insurance:

Number of people participated in the insurance program: refer to number of people participated in the basic medical care insurance program according to related regulation by the end of reference period, including: number of staff and workers and retired persons participated in this insurance program.

Unemployment Insurance

Number of people participated in unemployment insurance program: number of staff and workers in urban enterprises or institutions and other people according to local government regulations participated in unemployment insurance program in line with national law, regulations and related policies by the end of the reference period.

第十一篇　农业

Chapter 11　Agriculture

资料整理：吴新榕 林卿 周万春
Database Editor: Wuxinrong Linqing Zhouwanchun

简 要 说 明

本篇资料的主要内容及来源

本篇资料反映了全省农业生产和农村经济的基本情况，主要包括农林牧渔业总产值、增加值，农村劳动力，主要农产品产量，农业机械年末拥有量，农村电气化以及农田水利建设等方面的统计资料。

本篇资料的统计范围包括省内所属的各种经济类型、各个系统的全部农林牧渔业生产单位以及各非农行业附属的农林牧渔业生产活动单位。军委系统的农业生产（除军马外）也包括在内，但不包括农业科学试验机构进行的农业生产。

本篇资料中 2003 年及以后年份的农林牧渔业总产值、增加值按新口径计算。即取消农业中种植业和其他农业的分类，将原属于其他农业的农民家庭兼营商品性工业剔除，作为附记指标统计；林业中竹木采运统计范围由村及村以下改为全社会；增加农林牧渔服务业统计;2010 年起执行 2010《统计用品分类目录》，坚果类划归农业，采集野生植物划归林业。2002-2007 年主要农产品的生产情况以及农林牧渔业产值等数据，以全省第二次农业普查数据为基础，进行了调整和衔接。

本篇资料来源于农村综合统计年报，由省统计局农村统计处整理提供。

Brief Introduction

Main Content and Source of Data

Data in this chapter show the basic conditions of agricultural production and rural economy, mainly including agricultural output, value added, rural labor force, output of main agricultural produces, cultivated land, agricultural machinery and basic construction on irrigation and drainage.

The coverage of the comprehensive statistical reporting includes all productive units of farming, forestry, animal husbandry and fishery and those related non agricultural affiliated units with various ownership and the activities of horse raising for military purpose and those undertaken by agricultural research institutions are excluded.

Since 2003, data on the gross output value and value added have been calculated under the new classification of economic activities. Crop plantation and other agricultural activities have been excluded according to the classification. Value of industrial output by rural households is not included in agriculture and used only as supplementary indicators. Since 2010, we carry out the product of category statistics,nut fruits belongs to farming and collection of wild plants belongs to forestry. Transport of bamboo and timber cover all the units related. Services to farming, forestry, animal husbandry are included in farming In order to be comparable; data on Farming, Forestry, Animal Husbandry and Fishery in from 2002 to 2007 have been adjusted according to the data obtained from the Second National Agricultural Census.

Data in this chapter are based on the statistical reporting summary tables and are prepared and compiled by the Division of Countryside Statistics of Fujian Provincial Bureau of Statistics.

11-1 农村基层组织和劳动力情况

Basic Rural Units and Resource of Rural Labour

项目 Item	2000	2005	2010	2014	2015
农村基层组织情况 Basic Rural Units					
乡(镇)政府（个） Township and Town Governments(unit)	942	934	929	929	927
乡政府 Township Governments	365	341	334	303	296
镇政府 Town Governments	577	593	595	626	631
村民委员会（个） Villagers' Committees(unit)	14988	14630	14434	14412	14401
自来水受益村数（个） Number of Villages which have Running Water(unit)	8341	9589	12592	13406	13533
通有线电视村数（个） Number of Villages Where TV can used(unit)				13564	13634
通宽带村数（个） Number of Villages Where Network can used(unit)				14130	14146
农村劳动力资源情况 Resource of Rural Labour					
乡村劳动力资源总数（万人） Amount Resource of Rural Labour (10000 persons)	**1367.65**	**1490.55**	**1579.32**	**1644.59**	**1654.76**
乡村从业人员（万人） Actural Employment in Rural (10000 persons)	**1253.46**	**1320.51**	**1395.81**	**1430.97**	**1438.83**
按性别分 By Male					
男 Male	674.32	712.20	752.57	767.22	772.45
女 Female	579.15	608.31	643.23	663.75	666.39
#农林牧渔业从业人员 Employment of Farming, Forestry, Animal Husbandy and Fishery	778.07	699.67	623.73	600.34	599.31

11-2 农业机械化情况

Statistics on Agriculture Machinery

项目 Item	2000	2005	2010	2014	2015
农业机械动力（万千瓦） **Total Agricultural Machinery(10000kw)**	**873.28**	**999.99**	**1206.16**	**1368.41**	**1384.13**
柴油发动机 Diesel Engines	700.59	810.27	891.66	967.75	961.36
汽油发动机 Petrol Engines	38.46	37.47	64.01	114.12	123.77
电动机 Electric Engines	133.85	152.25	250.47	286.50	298.67
其它机械 Other	0.38		0.03	0.05	0.32
农业机械化拥有量情况 **Major Agricultural Machinery and Equipment**					
大中型拖拉机（台） Large and Medium Tractors(set)	1897	1409	2603	3471	3868
大中型拖拉机动力（万千瓦） Capacity(10000kw)	6.50	5.10	10.46	15.03	17.01
小型拖拉机（台） Mini-tractors(set)	153250	98806	107739	99574	97973
小型拖拉机动力（万千瓦） Capacity(10000kw)	158.70	94.01	107.02	105.24	106.01
大中型拖拉机配套农具（台） Number of Large and Medium Tractor Towing Farm Machinery(set)	435	406	2674	4081	5105
小型拖拉机配套农具（台） Number of Mini-Tractor Towing Farm Machinery(set)	58986	69970	115384	131714	133520
农用排灌电动机（台） Agricultural Electromotors(set)	31845	60351	55714	65936	71299
农用排灌电动机动力（万千瓦） Capacity(10000kw)	27.80	41.96	36.42	39.61	41.00
农用排灌柴油机（台） Agricultural Diesel Engines(set)	59150	81036	94944	101124	101600
农用排灌柴油机动力（万千瓦） Capacity(10000kw)	41.40	49.45	59.18	66.44	62.78
联合收割机（台） Combine Harvesters(set)	577	1253	4411	7467	8275
联合收割机动力（万千瓦） Capacity(10000kw)	0.80	3.02	15.48	27.52	32.13
自走式机动割晒机（台） Motorized Autormatic Cutter-rowers(set)		33	566	311	797
自走式机动割晒机动力（万千瓦） Capacity(10000kw)		0.02	0.09	0.05	0.12
机动脱粒机（台） Motorized Threshing Machines(set)	46512	59932	93484	110323	108401
农用运输车（台） Agricultural Transport Trucks(set)	55252	47758	45794	40300	38992
农用运输车动力（万千瓦） Capacity(10000kw)	119.33	112.61	130.63	126.57	125.12
养殖渔船（艘） Breeding Fishing Boats(set)				23603	23389
捕捞渔船（艘） Fishing Boats(set)				34841	33853
机电井（眼） Electrical Wells(set)	14781	15794	17866	313591	316231
农用水泵（台） Farm Water Pump(set)	71404	123181	150632	190785	197385
节水灌溉类机械（套） Water Saving Irrigation Machines(set)		8351	11608	19781	21267

11-3 主要年份农业生产条件

Agricultural Production Basic Conditions in Selected Years

年份 Year	农业机械动力（万千瓦） Total Power of Agricultural Machinery (10000 kw)	有效灌溉面积（千公顷） Irrigated Area (1000 hectare)	化肥施用量（吨） Consumption of Chemical Fertilizers (ton)	农药使用量（吨） Consumption of Chemical Pesticides (ton)	农村用电量（万千瓦小时） Electricity Consumed in Rural Area(10000 kwh)	农用塑料薄膜使用量（吨） Plastic Film Use for Agriculture (ton)
1952	0.25	643.33	7000			
1957	1.97	774.00	20300			
1962	6.83	950.00	24300			
1965	15.07	1066.67	80800		3900	
1970	34.64	852.00	105800		9800	
1975	87.83	904.21	118600		32239	
1978	167.72	862.55	212800		48946	
1979	204.60	878.63	295075		57597	
1980	240.19	933.07	369918		64315	
1981	271.27	836.05	389908		71252	
1982	310.76	812.62	455196		79882	
1983	323.99	822.90	475615		80056	
1984	344.42	804.22	502265		89244	
1985	374.85	925.00	491010		112380	
1986	455.77	917.62	572200		146500	
1987	508.10	921.66	624300		140600	
1988	546.94	924.00	670606		165286	
1989	574.17	910.61	749095		200384	
1990	587.09	933.63	763900	30400	203900	7200
1991	614.44	939.67	807194	34082	233902	10996
1992	645.62	943.87	930581	34769	269194	10510
1993	693.50	945.20	922399	37305	291718	13371
1994	729.70	937.57	1014537	42236	360372	17229
1995	757.25	936.52	1049699	48000	456814	18423
1996	786.49	935.18	1109907	55161	500352	25467
1997	792.42	933.66	1164151	52281	578096	21455
1998	818.42	931.88	1180778	50298	609966	19246
1999	838.71	932.23	1243322	56387	650923	19589
2000	873.28	940.18	1233311	51777	724290	21152
2001	889.59	942.35	1173704	52841	868090	22697
2002	915.84	938.80	1199068	55313	1065019	25553
2003	951.91	939.95	1202870	55266	1184550	26491
2004	980.99	941.45	1216646	53503	1375738	29538
2005	999.99	949.71	1220157	56044	1605843	36023
2006	1027.83	950.48	1209000	56498	1720000	48452
2007	1063.08	952.91	1196930	56951	1834388	60881
2008	1112.47	955.45	1186741	57500	2096791	61800
2009	1175.01	960.12	1206801	57844	2300894	58350
2010	1206.16	964.77	1210372	58238	2574895	57053
2011	1250.81	967.48	1209317	58276	2705792	57814
2012	1286.80	1120.98	1208660	57846	3128548	58692
2013	1336.76	1122.42	1205733	57804	3466813	59154
2014	1368.41	1118.78	1226138	56391	3676659	60932
2015	1384.13	1061.65	1238017	55770	3810646	62067

11-4 农业基础设施

Agricultural Fundamental Facilities

项目 Item	2000	2005	2010	2014	2015
1.农业机械使用 Use of Motorized Cultivation					
机耕地面积（千公顷） Cultivated Areas by Tractors(1000 hectare)	405.49	421.85	908.68	1042.36	1071.79
机械播种面积（千公顷） Sown Area by Machinery(1000 hectare)	1.95	0.75	25.77	124.70	135.50
机械收获面积（千公顷） Cut Area by Machinery(1000 hectare)	18.48	64.25	222.74	388.05	398.73
2.化肥施用量（万吨） Consumption of Chemical Fertilizer(10000 tons)					
按折纯量计算 By Pure	123.33	122.02	121.04	122.61	123.80
氮肥 Nitrogenous Fertilizer	55.66	51.29	47.74	47.47	47.64
磷肥 Phosphate Fertilizer	16.83	16.48	17.06	17.22	17.72
钾肥 Potash Fertilizer	23.78	24.41	24.67	24.81	24.86
复合肥 Compound Fertilizer	27.07	29.84	31.56	33.11	33.58
3.农用塑料薄膜使用量（万吨） Consumption of Agricultural Plastic Film(10000 tons)	**2.12**	**3.60**	**5.71**	**6.09**	**6.21**
#地膜使用量 Consumption of Agricultural Plastic Film	0.98	1.65	2.66	3.00	3.08
4.农用柴油使用量（万吨） Consumption of Agricultural Diesel(10000 tons)	**47.95**	**74.19**	**83.17**	**86.25**	**86.23**

11-5 主要年份农作物播种面积

Total Sown Areas of Farm Crops in Selected Years

单位：千公顷 (1000 hectares)

年份 Year	合计 Total	粮食作物 Grain Crops	#谷物 Cereal	#稻谷 Rice	非粮作物 Non-grain Crops	#油料作物 Oil-Bearing Crops
1952	2109.80	1938.87	1537.27	1431.07	170.93	93.81
1957	2377.67	2148.73	1646.67	1474.49	228.94	106.71
1962	2061.27	1897.60	1448.87	1303.49	163.67	74.26
1965	1976.27	1726.13	1425.40	1316.40	250.14	79.60
1970	2350.53	2000.47	1611.61	1477.67	350.06	
1975	2756.40	2290.87	1892.23	1715.40	465.53	106.08
1978	2701.05	2213.13	1879.52	1689.13	487.92	108.39
1979	2662.27	2149.54	1843.79	1670.13	512.73	126.43
1980	2573.93	2175.55	1800.39	1673.87	398.38	130.30
1981	2526.59	2137.51	1782.74	1650.77	389.08	135.65
1982	2469.47	2083.54	1729.99	1613.19	385.93	135.24
1983	2428.38	2008.99	1738.06	1617.99	419.39	108.36
1984	2386.71	2017.04	1686.64	1587.18	369.67	102.50
1985	2335.71	1888.49	1568.08	1477.22	447.22	105.71
1986	2401.03	1897.72	1602.25	1484.61	503.31	107.76
1987	2543.93	1961.53	1653.20	1493.69	582.40	119.54
1988	2588.62	1961.95	1606.84	1483.25	626.67	113.09
1989	2656.64	2045.34	1647.45	1509.22	611.30	109.20
1990	2745.92	2080.57	1657.72	1512.30	665.35	111.69
1991	2826.85	2087.23	1641.69	1492.51	739.62	115.11
1992	2881.05	2085.05	1628.47	1476.97	796.00	116.76
1993	2786.95	1967.21	1502.76	1383.12	819.74	114.22
1994	2800.97	2002.25	1512.07	1402.60	798.72	114.36
1995	2835.09	2017.35	1510.46	1406.25	817.74	118.19
1996	2900.75	2031.85	1507.09	1405.19	868.90	121.62
1997	2943.63	2041.29	1501.25	1401.53	902.34	119.56
1998	2918.81	2028.64	1484.80	1387.95	890.17	119.81
1999	2915.41	2009.52	1466.49	1373.21	905.89	121.62
2000	2793.25	1828.51	1303.21	1222.31	964.74	125.04
2001	2713.07	1725.72	1227.13	1156.57	987.35	123.65
2002	2661.37	1630.28	1146.67	1082.98	1031.09	121,87
2003	2486.90	1424.40	1016.87	957.88	1062.50	123.48
2004	2457.12	1389.77	1036.27	975.54	1067.36	125.10
2005	2392.92	1308.41	1003.53	937.78	1084.52	122.40
2006	2236.35	1226.94	932.99	890.64	1009.42	105.88
2007	2191.18	1201.05	911.88	868.69	990.13	101.54
2008	2220.68	1210.27	906.86	861.22	1010.41	107.36
2009	2258.01	1231.01	911.04	864.60	1027.00	110.42
2010	2270.89	1232.30	903.09	854.82	1038.59	111.66
2011	2285.80	1226.79	895.05	845.34	1059.02	112.54
2012	2281.64	1201.13	880.21	827.60	1080.51	113.56
2013	2317.05	1202.05	872.36	817.52	1115.00	115.20
2014	2335.48	1197.75	860.96	839.49	1137.73	117.11
2015	2367.01	1193.22	849.28	788.96	1173.79	119.00

11-6 粮食作物播种面积

Sown Areas of Grain Crops

单位：千公顷 (1000 hectares)

项目	Item	2000	2005	2010	2014	2015
总　　计	**Total**	**1828.51**	**1308.41**	**1232.30**	**1197.75**	**1193.22**
按收获季节分	By Harvest Season					
春收粮食	Spring Harvest	163.24	101.51	86.25	91.22	92.95
夏收粮食	Summer Harvest	509.57	322.23	275.68	267.03	260.30
秋收粮食	Autumn Harvest	1155.70	884.67	870.38	839.49	840.13
按品种分	By Crop					
稻谷	Rice					
早稻	Early Rice	414.30	267.94	208.01	189.19	180.09
中稻	Middle Rice	393.59	295.91	310.03	306.57	304.57
晚稻	Late Rice	414.41	373.92	336.78	308.73	304.30
大小麦	Barley and Wheat	51.13	6.78	4.58	2.90	2.53
#小麦	Wheat	38.68	5.34	3.59	2.31	2.09
甘薯	Sweet Potato	280.73	215.68	177.76	171.00	173.79
马铃薯	Potato	88.56	79.01	73.61	80.55	82.54
杂粮	Food Grains other than Wheat and Rice	47.03	40.41	43.69	53.56	57.79
大豆	Soybean	105.38	77.85	61.12	66.51	68.41
杂豆	Sundry Soybean	33.37	24.86	16.73	18.73	19.20

11-7 非粮作物播种面积

Sown Areas of Non-grain Crops

单位：千公顷 (1000 hectares)

项目	Item	2000	2005	2010	2014	2015
总计	**Total**	**964.74**	**1084.52**	**1038.59**	**1137.73**	**1173.79**
#油料	Oil-bearing Crops	125.04	122.40	111.66	117.11	119.00
#花生	Peanuts	106.05	107.16	99.06	103.25	104.81
油菜籽	Rape Seeds	17.40	13.76	11.23	12.43	12.73
芝麻	Sesame	1.41	1.25	1.27	1.30	1.35
甘蔗	Sugercane and Fruitcane	14.40	14.93	9.85	8.58	7.50
麻类	Fiber Crops	0.33	0.14	0.12	0.12	0.12
烟叶	Tobacco	55.30	66.78	64.85	72.01	68.03
#烤烟	Flue-cured Tobacco	53.72	65.85	64.30	71.46	67.44
莲籽	Lotus Seed	6.70	5.40	5.55	6.52	6.65
蔬菜	Vegetables	538.12	632.05	667.03	723.86	755.79
西瓜	Watermelon	25.41	29.46	28.52	30.23	30.46
绿肥	Green Manure	71.82	43.53	39.25	39.72	40.61
青饲料	Greenfeed	58.24	62.18	54.87	54.81	54.23

11-8 水产品养殖面积

Culture Areas of Aquatic Products

单位：千公顷 (1000 hectares)

项目	Item	2000	2005	2010	2014	2015
总　　计	**Total**	**221.46**	**205.62**	**231.47**	**261.88**	**267.95**
1.海水养殖	Seawter Culturing	130.28	124.01	137.64	161.42	166.08
#滩涂养殖	Beach Culturing	57.64	54.09	55.21	56.46	55.81
2.淡水养殖	Freshwater Culturing	91.18	81.61	93.83	100.46	101.87
#池塘养殖	Pond Culturing	35.53	32.15	34.36	39.61	40.76
湖泊养殖	Lakes Culturing	0.73	0.97	0.80	0.86	0.87
河沟养殖	Stream Culturing	6.20	5.16	4.91	4.80	4.95
水库养殖	Reservoir Culturing	44.91	40.29	51.63	53.00	52.98

11-9 年末各类园林水果实有面积

Actually Areas of Fruit and Subtropical Plant at the Year-end

单位：公顷 (hectare)

项目	Item	2000	2005	2010	2014	2015
园林水果合计	**Fruits**	**563700**	**550669**	**536152**	**541912**	**545673**
#柑　　桔	Citrus	137888	170327	175365	187768	191758
龙　　眼	Longan	90809	81605	70205	65149	63890
荔　　枝	Lychee	40210	39010	34094	29642	28986
香　　蕉	Banana	33017	29792	28892	26668	27508
枇　　杷	Loquat	19091	32728	35204	38014	35663
菠　　萝	Pineapple	3609	4031	3703	3027	3040
橄　　榄	Chinese Olive	13027	9966	10817	10890	10761
柿	Persimmon	29326	27091	24965	23958	24341
桃	Peach	25037	25735	26301	26075	25777
李	Plum	35066	33593	31987	32435	33363
梨	Pear	20921	22956	21940	22051	22134
苹　　果	Apple	234	31	15	10	2
葡　　萄	Grape	2615	4993	5837	8528	9127
杨　　梅	Red Bayberry	13808	15149	17542	18992	19173

11-10 主要年份农林牧渔业总产值和指数

Gross Output Value and Indices of Farming,Forest,Animal Husbandry and Fishery in Selected Years

年份 Year	农林牧渔业总产值（亿元） Gross Output Value(100 million yuan)					农林牧渔业总产值指数（1952年=100） Indices of Gross Output(Year of 1952=100)				
	总产值 Total	#农业 Agriculture	#林业 Forestry	#牧业 Animal Husbandry	#渔业 Fishery	总指数 Total	#农业 Agriculture	#林业 Forestry	#牧业 Animal Husbandry	#渔业 Fishing
1952	11.07	8.44	0.65	1.42	0.56	100.0	100.0	100.0	100.0	100.0
1957	17.05	11.32	2.16	2.35	1.22	143.8	126.6	283.6	165.0	189.6
1962	14.81	11.23	0.63	1.75	1.20	93.6	94.5	91.7	69.8	142.2
1965	18.80	13.50	1.23	2.84	1.23	140.4	130.7	188.5	162.6	175.8
1970	21.12	15.49	1.49	2.66	1.48	153.6	147.4	186.8	152.3	213.3
1975	27.06	20.45	1.86	3.24	1.51	181.6	166.0	249.8	209.6	237.0
1978	36.33	28.22	2.31	3.82	1.98	217.3	204.2	280.3	216.8	282.8
1979	43.11	29.29	3.27	7.00	3.55	232.0	214.5	301.1	257.0	304.1
1980	45.49	31.13	3.41	7.38	3.57	244.0	227.8	313.6	260.3	305.7
1981	56.11	37.93	4.62	8.75	4.81	258.2	239.4	366.3	276.5	312.2
1982	63.73	42.74	4.90	10.38	5.71	277.8	257.5	382.4	300.2	343.6
1983	68.08	44.11	5.57	11.48	6.92	292.0	259.8	447.7	339.8	403.8
1984	80.66	50.81	7.07	14.39	8.39	332.6	286.6	593.6	410.9	447.4
1985	99.05	59.34	9.13	19.62	10.96	360.6	302.9	644.5	478.7	515.5
1986	107.07	60.76	10.29	22.02	14.00	368.7	300.3	642.8	529.3	581.8
1987	132.97	72.08	13.57	27.75	19.57	402.1	324.6	703.0	553.0	722.2
1988	182.00	94.08	17.50	39.65	30.77	433.1	341.2	789.5	609.7	826.0
1989	209.92	108.10	18.41	51.95	31.46	461.4	360.9	834.4	646.9	926.3
1990	227.12	118.31	21.54	51.93	35.34	478.9	368.4	911.6	675.4	991.7
1991	253.51	133.34	25.40	54.36	40.40	517.7	398.6	974.0	722.0	1089.9
1992	295.24	150.64	29.21	61.75	53.63	560.7	424.1	1076.1	784.1	1212.8
1993	386.34	190.28	36.39	74.86	84.82	621.8	453.6	1220.0	838.2	1482.3
1994	574.05	260.69	46.95	113.35	153.06	710.1	493.1	1370.9	950.5	1882.9
1995	738.63	340.48	59.24	144.45	194.47	806.7	547.3	1510.7	1062.7	2288.2
1996	850.67	383.18	66.94	165.50	235.05	893.0	599.8	1654.2	1122.2	2613.1
1997	925.56	391.30	75.80	193.66	264.80	1002.8	645.4	1819.6	1268.1	3138.3
1998	973.37	410.96	78.35	200.18	283.78	1064.0	667.3	1874.2	1373.4	3439.6
1999	1010.82	425.19	80.16	201.99	303.48	1132.1	726.7	1932.3	1421.5	3642.5
2000	1037.27	420.98	82.29	208.18	325.82	1167.6	714.3	2046.2	1499.1	3907.6
2001	1061.61	433.25	82.34	215.50	330.52	1213.7	752.0	2021.9	1556.7	4073.3
2002	1125.29	450.75	78.49	213.08	332.92	1256.2	775.3	2064.4	1623.6	4236.2
2003	1170.54	461.72	79.25	234.54	341.40	1284.4	786.8	2095.5	1691.1	4307.6
2004	1315.10	514.53	86.18	284.86	374.26	1326.3	807.9	2217.0	1773.1	4438.7
2005	1373.01	552.74	96.92	266.81	396.78	1368.8	820.7	2383.3	1874.9	4539.3
2006	1449.78	602.00	105.78	266.75	410.75	1389.6	833.0	2500.1	1891.7	4554.2
2007	1692.16	685.34	120.72	340.27	474.32	1448.4	881.8	2663.8	1822.6	4835.7
2008	1965.02	763.02	149.76	425.68	549.35	1524.4	922.1	2880.1	1907.1	5136.8
2009	2001.24	826.22	162.20	366.91	565.58	1600.0	966.9	3074.7	1963.2	5446.2
2010	2307.06	976.58	189.35	380.28	674.18	1656.0	992.5	3297.5	2010.2	5677.5
2011	2730.94	1136.18	237.70	479.20	782.64	1723.8	1039.2	3528.5	2055.7	5870.8
2012	3007.40	1263.71	256.45	481.28	903.36	1798.8	1080.2	3638.2	2163.9	6142.6
2013	3281.96	1376.30	293.83	513.76	986.28	1879.4	1124.2	3837.9	2249.4	6440.3
2014	3522.31	1529.57	323.25	522.89	1025.19	1964.9	1174.2	4049.7	2284.1	6810.4
2015	3717.87	1618.59	314.28	571.27	1082.31	2042.4	1227.5	4214.3	2255.6	7175.9

注：1.2003年起采用国民经济行业分类GB/T 4754-2002，其他年份均采用GB/T 4754-94。2.2002-2007年数据根据2006年农普结果进行了调整。

Note: a)The data from 2003 are adopted the national economic classified standard of GB/T 4754-2002, others are adopted GB/T 4754-94. b) The data from 2002 to 2007 are adjusted according to the result of Agriculture census in 2006.

11-11 农林牧渔业分类产值和增速

Gross Output Value of and Ratio Farming,Forestry,Animal Husbandry and Fishery by Item

单位：万元 (10000 yuan)

项目	Item	数值（万元） Value(10000 yuan)			比上年增长(%) Ratio(%)		
		2013	2014	2015	2013	2014	2015
农林牧渔业总产值	**Total**	**32819612**	**35223053**	**37178711**	**4.5**	**4.5**	**3.9**
农业产值	**Agriculture**	**13762950**	**15295705**	**16185930**	**4.1**	**4.5**	**4.5**
谷物及其他作物	Cereal and Others	3075992	3238068	3402935	1.6	-0.2	0.6
谷物	Cereal	1524759	1574671	1623799			
薯类	Sweet Potato	496556	527080	502128			
油料	Oil-bearing Crops	241077	256128	357837			
豆类	Bean	124216	138185	151240			
棉花	Cotton	83	117	103			
麻类	Fiber Crops	212	206	204			
糖料	Sugar	47482	62571	61947			
烟草	Tobacco	373472	388913	417076			
其他农作物	Other Crops	268136	290197	288601			
蔬菜、食用菌及花卉盆景园艺作物	Vegetable、Edible Fungus and Gardening Crops	6395998	7112306	7657832	4.2	4.7	3.9
#蔬菜	Vegetable	4131912	4483756	4849579			
食用菌	Edible Fungus	1568138	1705868	1795339			
花卉	Flower	466156	585054	741754			
水果、坚果、茶、饮料和香料作物	Fruit、Tea、Drink and Perfume Crops	4105634	4678862	4806490	4.8	6.5	7.1
#水果	Fruit	2177305	2492796	2655068			
园林水果	Gardening Fruit	2017706	2315883	2486669			
果用瓜	Fruited Melon	159599	176914	168399			
茶叶	Tea	1840155	2083475	2042461			
香料作物	Perfume Crops	2477	1878	2906			
中草药材	Traditional Chinese Medicine Materials	185326	266469	318673	23.9	27.0	23.6
林业产值	**Forestry**	**2938325**	**3232506**	**3142803**	**5.5**	**5.5**	**4.1**
林木的培育和种植	Breeding and Planting of Forest	316709	299352	307865	-8.1	-17.3	5.3
木竹采运	Cutting and Transport of Bamboo and Trees	1395871	1549227	1496610	8.0	10.3	2.6
#村及村以下	Rural and under Rural	1107729	970521	953922			
林产品	Forest Products	1225745	1383928	1338329	6.5	6.0	5.4
牧业产值	**Animal Husbandry**	**5137557**	**5228944**	**5712734**	**4.0**	**1.5**	**-1.2**
牲畜饲养	Livestock Raising	426561	513123	614698	3.0	6.2	10.9
牛	Cow	137920	202752	264567			
羊	Sheep	173717	196928	207904			
奶类	Dairy	114924	113443	142226			
#牛奶	Milk	108052	105399	133248			
猪的饲养	Hogs Raising	3267602	2936107	2843381	0.6	-4.3	-14.2
家禽饲养	Poultry Raising	1175186	1493779	1949128	15.1	15.2	20.2
#肉禽	Meat Poultry	922039	1234948	1703597			
禽蛋	Poultry Eggs	253146	258831	245531			
捕猎野兽、野禽	Hunting Animals	34656	33690	35217	3.6	0.3	4.1
其他畜牧业	Other Poultry Products	233554	252244	270310	7.4	6.7	4.3
渔业产值	**Fishery**	**9862788**	**10251946**	**10823129**	**4.8**	**5.7**	**5.4**
海水产品	Seawater Products	7912233	8291407	8879843	4.9	6.0	5.4
淡水产品	Freshwate Products	1950554	1960539	1943285	4.8	4.6	5.2
农林牧渔服务业产值	**Services of Agriculture , Forestry ,Animal Husbandry and Fishery**	**1117993**	**1213952**	**1314114**	**6.3**	**6.5**	**6.5**

11-12 主要年份主要农业产品产量

Output of Major Farm Products in Selected Years

单位：万吨 (10000 tons)

年份 Year	粮食 Grain	油料 Oil- bearing Crops	蔬菜 Vegetable	园林水果 Fruits
1952	372.00	9.89		6.01
1957	444.00	9.42		11.77
1962	358.50	6.46		4.64
1965	455.50	8.03		8.26
1970	566.50	11.14		11.04
1975	640.50	13.56		9.01
1978	744.90	13.80		10.10
1980	801.90	13.48		12.66
1986	751.49	17.18		34.72
1987	839.26	17.48		45.68
1988	837.43	14.89		53.54
1989	884.57	16.20		69.90
1990	879.64	17.66		75.78
1991	889.65	15.64		110.53
1992	897.08	19.90		117.18
1993	869.00	20.66		153.75
1994	887.40	21.60		198.13
1995	919.93	23.28		239.33
1996	952.20	22.99		283.81
1997	961.78	24.36		334.34
1998	958.11	24.62		343.04
1999	942.17	25.81		394.10
2000	854.68	25.79	1161.11	356.44
2001	817.28	26.08	1099.96	401.19
2002	763.23	25.86	1233.77	424.93
2003	695.04	26.03	1289.23	441.68
2004	699.50	27.82	1317.83	468.90
2005	662.04	27.42	1346.66	479.36
2006	632.90	23.63	1358.16	495.40
2007	635.06	23.30	1376.10	517.29
2008	652.21	25.40	1409.15	553.37
2009	666.88	26.27	1449.30	564.08
2010	661.89	26.64	1487.34	564.48
2011	672.80	27.46	1541.42	605.93
2012	659.30	28.07	1586.14	625.82
2013	664.36	28.83	1633.72	658.54
2014	667.03	29.82	1697.10	701.72
2015	661.10	30.67	1790.37	744.79

11-13 主要年份粮食总产量及单产

Gross Output and Output Per Mu of Grain in Selected Years

年份	粮食总产量（万吨） Total Output of Grain(10000 tons)		粮食单产（公斤/亩） Output of Grain Rice per Mu(kg/mu)	
Year	产量 Value	#稻谷 Rice	产量 Value	#稻谷 Rice
1952	372.00	281.00	128	131
1957	444.00	328.50	138	149
1962	358.50	268.50	126	138
1965	455.50	355.00	176	180
1970	566.50	452.50	189	204
1975	640.50	511.00	186	199
1978	744.90	618.69	219	240
1980	801.90	669.25	246	267
1986	751.49	654.95	264	294
1987	839.26	715.80	285	319
1988	837.43	687.74	278	322
1989	884.57	744.36	288	338
1990	879.64	731.24	282	322
1991	889.65	725.66	284	324
1992	897.08	732.96	287	331
1993	869.00	694.47	295	335
1994	887.40	699.17	296	332
1995	919.93	724.92	304	344
1996	952.20	743.34	312	353
1997	961.78	739.24	314	352
1998	958.11	728.81	315	350
1999	942.17	712.28	313	346
2000	854.68	632.75	312	345
2001	817.28	606.80	316	350
2002	763.23	557.52	312	367
2003	695.04	520.89	322	363
2004	699.50	540.32	328	369
2005	662.04	518.91	326	372
2006	632.90	499.00	344	374
2007	635.06	501.00	352	384
2008	652.21	508.81	362	394
2009	666.88	515.33	361	397
2010	661.89	507.94	358	396
2011	672.80	514.15	366	405
2012	659.30	503.78	366	406
2013	664.36	502.02	368	409
2014	667.03	497.06	371	390
2015	661.10	485.03	369	410

注：1988年起粮食总产量及单产中稻谷部分为抽样调查数据。

Note:Total Output of grain and Output of grain Per Mu since 1988 are from the sample survey ,similarly in following tables.

11-14 主要年份非粮作物总产量及单位播种面积产量

Gross Output and Output per Mu of Non-grain Crops in Selected Years

年份	总产量（万吨） Total Output(10000 tons)				单产（公斤/亩） Output of per(kg/mu)			
Year	油料 Oil-bearing Grops	花生 Peanuts	甘蔗 Sugarcane and Fruit Cane	烤烟 Flue-cured Tobacco	油料 Oil-bearing Grops	花生 Peanuts	甘蔗 Sugarcane and Fruit Cane	烤烟 Flue-cured Tobacco
1952	9.89	9.15	71.26	0.10	70	84	2620	40
1957	9.42	8.64	123.57	0.14	59	78	3325	60
1962	6.46	6.05	41.55	0.12	58	72	1721	43
1965	8.03	7.51	130.35	0.27	67	80	3656	97
1970	11.14	10.60	125.48	0.45	91	106	3244	78
1975	13.56	12.56	120.83	0.85	85	111	2868	66
1978	13.80	12.68	288.03	1.23	85	110	4500	74
1980	13.48	11.17	351.21	1.30	69	92	4985	79
1985	17.39	16.34	536.67	3.40	110	126	4882	82
1986	17.18	16.20	472.90	2.38	106	121	4593	79
1987	17.48	16.32	413.46	2.61	97	119	4735	80
1988	14.89	13.53	387.37	3.59	88	101	4586	73
1989	16.20	14.83	338.67	3.59	99	113	4570	76
1990	17.66	16.05	344.28	4.26	105	121	4595	82
1991	15.64	13.64	385.43	5.48	91	101	4813	87
1992	19.90	17.91	364.85	8.59	114	132	4803	93
1993	20.66	19.03	279.34	12.43	121	135	4625	89
1994	21.60	20.08	276.77	6.06	126	139	4602	87
1995	23.28	21.35	248.60	5.72	131	146	4416	94
1996	22.99	20.91	253.94	7.56	126	140	4467	102
1997	24.36	22.25	249.90	12.32	136	150	4568	110
1998	24.62	22.64	219.33	7.18	137	151	4461	106
1999	25.81	23.69	138.76	8.57	142	155	4153	112
2000	25.79	23.82	82.71	9.14	138	150	3830	113
2001	26.08	24.17	95.54	9.87	141	152	4116	115
2002	25.86	24.05	117.91	10.72	141	151	4258	112
2003	26.03	24.25	118.12	10.13	141	149	4316	115
2004	27.82	25.88	101.57	11.31	148	157	4260	122
2005	27.42	25.47	93.33	11.51	149	158	4169	117
2006	23.63	25.01	58.10	12.20	148	157	4127	124
2007	23.30	21.91	56.36	12.39	153	161	4122	132
2008	25.40	23.95	70.90	13.85	158	166	4416	138
2009	26.27	24.62	65.85	14.46	159	167	4282	141
2010	26.64	25.03	61.55	12.45	159	168	4166	129
2011	27.46	25.70	55.97	14.22	163	172	4060	141
2012	28.07	26.22	56.47	14.71	165	174	4044	141
2013	28.83	26.88	58.62	16.14	167	176	4077	143
2014	29.82	27.80	53.12	15.38	170	180	4126	144
2015	30.67	28.60	43.57	14.35	172	182	3873	142

11-15 各类粮食产量

Output of Grain by Sort

单位：万吨 (10000 tons)

项目	Item	2000	2005	2010	2013	2014	2015
合　计	**Total**	**854.68**	**662.04**	**661.89**	**664.36**	**667.03**	**661.10**
按收获季节分	**By Harvest Season**						
春收粮食	Spring Harvest	51.24	35.46	31.66	35.47	36.54	37.92
夏收粮食	Summer Harvest	229.86	158.45	140.71	142.05	139.55	136.14
秋收粮食	Autumn Harvest	573.58	468.12	489.52	486.84	490.94	487.04
按品种分	**By Crop**						
稻谷	Rice	632.75	518.91	507.94	502.02	497.06	485.03
早稻	Early Rice	206.63	146.33	120.29	117.56	113.90	109.13
中稻	Middle Rice	221.96	173.12	192.87	193.59	194.15	190.41
晚稻	Late Rice	204.16	199.46	194.78	190.87	189.01	185.49
大小麦	Barley and Wheat	14.29	2.40	1.30	0.86	0.86	0.75
#小麦	Wheat	11.01	1.95	1.02	0.68	0.68	0.61
甘薯	Sweet Potato	136.81	88.20	90.90	88.43	92.98	94.93
马铃薯	Potato	29.04	25.55	26.47	30.89	32.01	33.46
杂粮	Food Grains other than Wheat and Rice	14.22	10.22	16.60	20.73	21.82	23.65
豆类	Bean						
大豆	Soybean	20.48	12.38	14.45	16.49	17.20	17.92
杂豆	Sundry Soybean	7.09	4.38	4.23	4.93	5.11	5.36

注：2004年之前中稻含一季晚稻，晚稻为双季晚稻。
Note:The data of middle rice before 2004 include one crop late rice,that of late rice include two crops.

11-16 非粮作物产量

Output of Non-grain Crops

单位：吨 (ton)

项目	Item	2000	2005	2010	2014	2015
蔬菜	Vegetables	11611096	13466611	14873438	16971043	17903729
油菜籽	Rape Seeds	18404	18007	14521	18238	18825
芝麻	Sesame	1120	1242	1508	1638	1757
黄(红)麻	Jute and Ambary Hemp	462	251	267	282	273
苎麻	Ramie	300	109	83	70	63
烟叶	Tobacco	93996	116643	125646	155111	144874
莲籽	Lotus Seed	4678	5638	6397	9334	9640
西瓜	Watermelon	533486	658063	639450	729044	756997

11-17 主要年份茶叶园林水果实有面积及产量

Actual Areas and Output of Tea and Fruits in Selected Years

年份 Year	茶叶 Tea		园林水果 Fruit	
	面积（千公顷） Areas(1000 hectare)	产量（万吨） Output(10000 tons)	面积（千公顷） Areas(1000 hectare)	产量（万吨） Output(10000 tons)
1952	23.16	0.49	12.10	6.01
1957	35.37	0.69	25.20	11.77
1962	31.04	0.43	31.57	4.64
1965	36.40	0.56	40.98	8.26
1970	51.93	1.05	40.33	11.04
1975	70.49	1.67	57.52	9.01
1978	94.15	2.03	70.84	10.10
1980	109.87	2.58	83.07	12.66
1986	119.85	4.42	183.43	34.72
1987	122.52	4.99	227.89	45.68
1988	120.33	5.54	250.65	53.54
1989	118.55	5.52	278.33	69.90
1990	116.74	5.82	298.40	75.78
1991	119.44	6.53	355.24	110.53
1992	125.22	7.05	415.79	117.18
1993	130.74	7.70	459.18	153.75
1994	133.53	8.24	504.76	198.13
1995	132.04	9.45	532.37	239.33
1996	130.41	10.18	556.55	283.81
1997	126.62	10.99	576.28	334.34
1998	124.23	11.89	568.60	343.04
1999	128.91	12.35	567.08	394.10
2000	129.21	12.60	563.70	356.44
2001	130.65	13.39	558.19	401.19
2002	133.35	14.33	553.81	424.93
2003	138.58	15.02	554.43	441.68
2004	145.06	16.44	547.65	468.90
2005	155.23	18.48	550.67	479.36
2006	159.82	20.01	542.08	495.40
2007	169.76	22.39	536.43	517.29
2008	189.07	24.73	541.43	553.37
2009	194.84	26.57	538.04	564.08
2010	201.20	27.26	536.15	564.48
2011	211.34	29.60	531.18	605.93
2012	221.46	32.10	534.93	625.82
2013	232.29	34.70	539.20	658.54
2014	242.93	37.21	541.91	701.72
2015	250.12	40.23	545.67	744.79

11-18 各类茶叶 园林水果 食用菌产量

Output of Tea, Fruits and Edible Fungus by Sort

单位：吨 (ton)

项目	Item	2000	2005	2010	2014	2015
茶叶	**Tea**	**126000**	**184800**	**272616**	**372087**	**402328**
#红茶	Black Tea	1615	1652	13473	43359	47419
绿茶	Green Tea	72431	88923	102438	114859	121239
青茶	Wulong Tea	50685	85924	147789	197461	215753
园林水果	**Fruit**	**3564400**	**4793600**	**5644800**	**7017183**	**7447893**
#柑桔	Critrus	1306027	2153154	2722988	3460049	3662541
龙眼	Longyan	104068	216452	241138	296532	316542
荔枝	Lychee	79580	160289	147281	183939	193948
香蕉	Banana	746454	855398	882087	917118	950147
枇杷	Loquat	54268	112596	222273	249554	272248
菠萝	Pineapple	30267	37731	39348	39257	40750
橄榄	Chinese Olive	24009	33714	54931	84192	88601
柿	Persimmon	99896	160475	141094	210808	217964
桃	Peach	143377	199653	222371	267634	285336
李	Plum	179121	243224	232943	324091	343091
梨	Pear	96394	147755	185345	224720	233874
苹果	Apple	380	198	309	240	13
葡萄	Grape	38702	59066	100171	153314	168715
杨梅	Red Bayberry	42734	63235	99003	119332	126472
食用菌	**Edible Fungus**	**462484**	**559993**	**762663**	**1042461**	**1131974**
#蘑菇	Mushroom	272106	283828	341758	402886	427667
香菇	Xianggu Mushroom	88292	77680	92345	110330	116731
白木耳	Tremella	12401	16508	30589	41659	42707
黑木耳	Black Tremella	29105	28009	35491	50331	56208

11-19 主要年份林业牧业水产品产量

Output of Forestry,Animal Husbandry and Fishery in Selected Years

年份 Year	造林面积（千公顷） Afforested Areas (1000 hectare)	肉类总产量(万吨） Output of Pork Beef and Mutton (10000 tons)	猪出栏数（万头） Number of Slaughtered Fattened Hogs(10000 heads)	奶类产量（万吨） Milk (10000 tons)	水产品产量（万吨） Output of Aquatic Products (10000 tons)
1952	34.31				15.93
1957	127.60				28.34
1962	55.89				23.82
1965	172.65				32.55
1970	173.49		219.18		38.75
1975	192.75		336.66	0.61	39.61
1978	194.71		321.86	0.93	54.44
1980	175.13		401.48	1.47	59.80
1985	282.83	49.70	578.09	4.21	100.26
1986	209.67	54.23	617.29	4.60	105.23
1987	166.12	59.32	665.12	5.05	126.22
1988	192.39	65.07	713.40	5.08	132.66
1989	242.94	69.44	750.40	4.82	137.97
1990	303.91	71.83	766.46	4.87	145.59
1991	306.02	75.07	780.72	5.12	166.23
1992	223.03	78.93	820.61	5.72	200.57
1993	63.77	84.10	863.20	5.94	237.04
1994	45.56	92.23	908.78	6.06	278.78
1995	41.74	102.66	1000.84	6.32	317.56
1996	34.45	107.49	1047.48	6.49	358.23
1997	29.99	125.02	1231.98	6.07	429.31
1998	25.12	135.24	1365.13	6.71	475.92
1999	23.93	138.84	1453.38	7.95	502.32
2000	24.50	145.92	1560.81	9.91	527.89
2001	21.01	153.91	1665.55	11.39	542.49
2002	17.49	162.09	1770.33	14.16	558.71
2003	16.72	161.96	1803.61	19.28	553.13
2004	16.31	163.92	1850.65	20.67	551.36
2005	24.22	164.85	1881.92	19.10	542.37
2006	23.18	161.81	1866.14	16.65	523.59
2007	35.45	150.65	1645.94	15.85	532.00
2008	32.81	169.42	1840.13	14.87	554.20
2009	33.26	175.15	1922.93	15.56	569.67
2010	29.87	180.21	1963.31	15.74	587.42
2011	212.72	182.96	1950.43	15.79	603.78
2012	63.06	200.85	2069.05	15.39	628.61
2013	100.18	211.21	2092.05	15.30	658.76
2014	44.34	213.71	1990.47	15.36	695.98
2015	87.11	216.55	1707.76	15.37	733.89

11-20 造林面积

Areas of Afforestation

项目	Item	2000	2005	2010	2014	2015
当年造林面积（千公顷）	**Afforested Area in Current Year(1000 hectare)**	**24.50**	**24.22**	**29.87**	**44.34**	**87.11**
#用材林	Commercial Forest	8.07	15.20	15.34	28.98	45.81
经济林	Economic Forest	6.47	3.14	3.35	7.52	32.47
防护林	Shelter Forest	8.04	5.66	11.15	5.68	7.25
薪炭林	Fuel Forest	1.90	0.19	0.03		
迹地更新面积（千公顷）	**Areas of Slash Reforestation (1000 hectare)**	**54.91**	**80.59**	**103.83**	**31.91**	**53.58**
零星植树(万株)	**Fragmentary Forest (10000 plants)**	**3559.00**	**1745.14**	**1806.89**	**3538.26**	**2845.61**
封山育林面积（千公顷）	**Areas of Afforestation in Hill (1000 hectare)**	**1060.37**	**412.41**	**419.34**	**696.13**	**522.03**
育苗面积(千公顷)	**Areas of Grown Seedings (1000 hectare)**	**0.32**	**0.54**	**1.40**	**7.70**	**8.40**
幼林抚育作业面积(千公顷)	**Areas of Tending Young Forest(1000 hectare)**	**232.00**	**223.00**	**340.22**	**542.61**	**471.45**
成林抚育作业面积(千公顷)	**Areas of Tending Grown Forest(1000 hectare)**	**188.05**	**150.56**	**101.93**	**276.99**	**418.11**

11-21 主要林产品产量

Output of Major Forest Products

项目	Item	2000	2005	2010	2014	2015
木材产量（万立方米）	Output of cut wood（10000 cu.m)	334.90	1446.40	1455.38	1585.39	1525.92
毛竹采伐量（万根）	Mao Bamboo(10000 unit)	15872	15504	26602	43923	46572
篙竹采伐量（万根）	Lofty Bamoo(10000 unit)	6631	10061	14787	23464	24960
油桐籽（吨）	Tung-oil Seeds(ton)	18121	20928	23244	26748	26959
油茶籽（吨）	Tea-oil Seeds(ton)	62983	72597	94815	155568	166949
乌桕籽（吨）	Chinese Tallow Tree Seeds(ton)	121	1145	532	430	437
棕片（吨）	Piece of Palm(ton)	10891	12162	14847	17346	17501
松脂（吨）	Rosin(ton)	72949	72299	87758	102414	105471
笋干（吨）	Dried Bamboo Shoots(ton)	120970	153497	215123	293249	319673
山苍籽（吨）	Litsea Cueba(ton)	7845	9552	12174	14457	15127
板栗（吨）	Chinese Chestnut(ton)	19439	49134	80793	109061	114866

11-22 主要畜禽产品产量

Output of Main Livestock Products

项目 Item	2000	2005	2010	2014	2015
肉类产量（万吨） Output of Meat(10000 tons)	**145.92**	**164.85**	**180.21**	**213.71**	**216.55**
#猪肉 Pork	114.79	134.69	146.62	151.12	134.53
牛肉 Beaf	2.12	2.17	2.25	2.85	3.07
羊肉 Mutton	1.33	1.45	1.82	2.22	2.36
禽肉 Meat of Poultry	26.21	24.57	26.32	54.16	73.17
兔肉 Rabbit Meat	1.47	1.97	2.56	2.83	2.91
牛奶产量（万吨） Output of Cow Milk(10000 tons)	**9.60**	**18.77**	**15.41**	**14.97**	**14.95**
羊奶产量（万吨） Output of Ewe Milk(10000 tons)	**0.31**	**0.34**	**0.33**	**0.40**	**0.42**
蜂蜜产量（万吨） Output of Honey(10000 tons)	**0.54**	**0.85**	**0.86**	**1.17**	**1.36**
禽蛋产量（万吨） Output of Poultry Eggs(10000 tons)	**40.69**	**37.91**	**26.28**	**25.42**	**25.51**
猪出栏数（万头） Number of Slaughtered Hogs (10000 heads)	**1560.81**	**1881.92**	**1963.31**	**1990.47**	**1707.76**
出栏率(%) Rate of Slaughter(%)	148.7	152.3	149.2	153.6	148.6
羊出栏数（万头） Number of Slaughtered Sheep(10000 heads)	**97.80**	**107.00**	**133.29**	**159.90**	**170.25**
出栏率(%) Rate of Slaughter(%)	104.3	96.2	128.9	138.0	140.2
牛出栏数（万头） Number of Slaughtered Cows(10000 heads)	**21.31**	**21.60**	**22.35**	**27.36**	**29.18**
家禽出栏数（万只） Number of Slaughtered Poultry(10000 heads)	**20633.89**	**19140.51**	**19934.33**	**39145.15**	**52882.52**
家兔出栏数（万只） Number of Slaughtered Domestic Rabbit(10000 heads)	**1178.96**	**1559.27**	**1825.38**	**1956.04**	**1995.20**

11-23 畜禽存栏数

Number of Livestock and Poultry on Hand

单位：万头

项目	Item	2000	2005	2010	2014	2015
牛存栏数（万头）	**Bull(10000 heads)**	**111.44**	**75.63**	**70.17**	**67.79**	**67.31**
#乳牛	Cow	3.59	4.99	5.04	5.05	5.02
猪存栏数（万头）	**Number of Hogs on Hand(10000 heads)**	**1087.66**	**1249.83**	**1272.57**	**1149.35**	**1066.16**
#能繁殖母猪	Number of Female Hogs with Fertility	76.27	97.97	125.56	118.90	110.61
羊存栏数（万头）	**Number of sheep on Hand(10000 heads)**	**96.22**	**93.56**	**106.24**	**121.44**	**127.73**
蜜蜂年末箱数（万箱）	**Number of Beehive at the Year-end(10000 cases)**	**23.09**	**35.32**	**36.26**	**47.19**	**48.63**
家兔年末数（万只）	**Number of Domestic Rabbit at the Year-end(10000 heads)**	**714.40**	**822.67**	**909.23**	**981.27**	**978.05**
家禽年末数（万只）	**Number of Poultry at the Year-end(10000 heads)**	**10930.19**	**9937.04**	**7707.70**	**10580.46**	**11048.74**

11-24 淡水产品产量

Output of Freshwater Products

单位：万吨 (10000 tons)

项目	Item	2000	2005	2010	2013	2014	2015
淡水产品产量	**Output of Freshwater Aquatic Products**	**57.39**	**63.47**	**74.16**	**86.80**	**92.45**	**97.58**
#养殖产量	Output of Freshwater Culturing	49.73	55.81	65.97	78.29	83.71	88.81
按类别分	By Kind						
#淡水鱼类	Freshwater-fish	50.11	54.05	62.68	72.52	77.00	81.18
虾蟹类	Shrimps,Prawns and Crabs	1.14	3.34	5.10	7.09	7.71	8.36
贝类	Shell-fish	4.46	4.43	4.84	5.20	5.54	5.89
主要品种产量	**By Product**						
淡水鳗	Freshwater Eel	6.99	8.29	8.75	8.15	8.49	9.15
草鱼	Grass Carp	10.97	12.24	13.84	16.96	18.65	19.44
鲢鱼	Silver Carp	8.27	6.06	6.21	7.55	7.94	8.26
鲤鱼	Carp	4.36	5.48	5.08	5.93	6.23	6.58
罗非鱼	Ribber Carp	10.56	9.50	11.08	12.81	13.30	13.68

11-25 海水产品产量

Output of Seawater Aquatic Products

单位：吨 (ton)

项目	Item	2000	2005	2010	2014	2015
海水产品产量	**Output of Seawater Aquatic Products**	**4705066**	**4788957**	**5132598**	**6035303**	**6363101**
#鱼类	Fish	1668816	1678551	1787085	1967972	2053885
虾蟹类	Shrimps,Prawns and Crabs	357794	319406	388610	502094	523982
贝类	Shell-fish	2318397	2226300	2221429	2558426	2662349
藻类	Algac	317830	420709	599357	815156	896791
#海水养殖产量	**Output of Seawater Culturing**	**2627057**	**2782535**	**3038990**	**3794298**	**4041301**
#鱼类	Fish	102040	133450	170308	281202	330575
虾蟹类	Shrimps,Prawns and Crabs	42875	64973	95816	163058	173962
贝类	Shell-fish	2161334	2163472	2171544	2508019	2610822
藻类	Algac	317106	417929	598225	813134	894083
主要品种产量	**Output of Main Seawater Culturing**					
大黄鱼	Big Yellow Croaker	48146	59398	75660	119208	135115
带鱼	Hairtail	173578	198905	240362	235325	199020
鲳鱼	Butterfish	52443	66244	62817	79040	65697
鳓鱼	Chinese Herring	11477	18640	15425	15239	14549
马鲛鱼	Spanish Mackerel	59519	40739	54226	59861	51773
鲷鱼	Porgy	10052	36078	76902	92612	103065
鲐鱼	Chub mackerel	52789	57966	62656	163409	234412
鳗鱼	Eel	50705	68734	70186	76527	72133
墨鱼	Inkfish	57263	27379	30085	38216	43076
海蜇皮	Jellyfish	13260	6944	11819	15540	15875
对虾	Prawn	28490	48767	72282	120005	130417
毛虾	Shrimp	65262	49057	56383	56432	60863
梭子蟹	Swimming Crab	58705	70032	89261	128269	133660
蛏	Razor Clam	168095	177891	193708	234856	249278
蛤	Clam	214264	260168	288793	335493	355506
蚶	Blood Clam	24203	40687	37469	48010	52909
牡蛎	Oyster	1558984	1539167	1456106	1612385	1659572
海带	Kelp	276867	337892	452096	600298	642494
紫菜	Laver	26828	34258	51313	53408	52908

主要统计指标解释

农林牧渔业总产值 指以货币形式表现的农、林、牧、渔业全部产品的总量和对农、林、牧、渔业生产活动进行的各种支持性服务活动的价值，它反映一定时期内农业生产总规模和总成果。农林牧渔业总产值的核算采用“产品法”进行计算，即用产品产量乘以价格求得各种产品的产值，然后把它们加总求得各业的产值，最后相加求得农林牧渔业总产值。1957年以前的农林牧渔业总产值中包括了厩肥和农民自给性手工业(如农民自制衣服、鞋、袜，自己从事粮食初步加工等)。1958年及以后，林业中增加了村及村以下竹木采伐产值；牧业中取消了厩肥产值；副业中取消了农民自给性手工业产值，增加了村及村以下办的工业产值;渔业中增加了海洋捕捞水产品产值。1980 年及以后，在副业中增加了农民家庭兼营工业商品部分的产值。从1984年起村及村以下工业产值划归工业。从 1993 年起取消副业，将野生动物的捕猎划入牧业、野生植物采集和农民家庭兼营商品性工业划归农业。1996 年第一次农业普查以后，由于畜牧业产品年报数据与普查数据之间存在一定的差距，国家统计局对畜牧业年报数据与普查数据进行衔接，相应的畜牧业产值进行调整。2002-2007年农林牧渔业产值，以全省第二次农业普查数据为基础，对农业、牧业、渔业和服务业进行了调整和衔接。

粮食产量 指稻谷、小麦、玉米、高粱等谷物及薯类和豆类的全社会产量。包括国有经济经营的、集体统一经营的和农民家庭经营的粮食产量，还包括工矿企业办的农场和其他生产单位的产量。其产量计算方法，豆类按去豆荚后的干豆计算；薯类(包括甘薯和马铃薯，不包括芋头和木薯)1963年以前按每4 公斤鲜薯折1 公斤粮食计算，从1964年开始改为按5 公斤鲜薯折1 公斤粮食计算。城市郊区作为蔬菜的薯类(如马铃薯等)按鲜品计算，并且不作粮食统计。其他粮食一律按脱粒后的原粮计算。1989年以前全国粮食产量数据的取得主要是靠全面报表取得，1989年以后开始使用抽样调查数据。

棉花产量 指春播棉和夏播棉的全社会产量。产量按皮棉计算。3 公斤籽棉折1 公斤皮棉，不包括木棉。

油料产量 指全部油料作物的生产量。包括花生、油菜籽、芝麻、向日葵籽、胡麻籽(亚麻籽)和其他油料。不包括大豆、木本油料和野生油料。花生以带壳干花生计算。

水产品产量 指人工养殖的水产品和天然生长的水产品的捕捞量。包括全部海水和淡水鱼类、虾蟹类、贝类、藻类和其他渔业产品的产品的最终产量。1995年及以前，贝类中牡蛎按鲜肉计算；蚶、蛤、蛙按5斤鲜品折1斤计算。1996 年以后则统一按鲜品计算。

猪、牛、羊肉产量 指当年出栏并已屠宰、除去头、蹄、下水后带骨肉(即胴体重) 的重量。其统计范围为全社会。1996 年前为各级逐级上报数据。1996 年第一次农业普查以后，由于畜牧业产品年报数据与普查数据之间存在一定的差距，国家统计局对畜牧业年报数据与普查数据进行了衔接。1999 年以后，国家统计局开展了猪、牛、羊、禽等主要畜禽品种的抽样调查，并用抽样数据作为国家定案数据使用。未开展抽样调查的品种，仍使用各级统计部门逐级上报数据。

期初(末)畜禽存栏头(只)数 指报告期初(末)农村各种合作经济组织和国营农场、农民个人、机关、团体、学校、工矿企业、部队等单位以及城镇居民饲养的大牲畜、猪、羊、家禽等畜禽的存栏数。数据上报方式及数据调整情况同猪、牛、羊肉产量。

农作物播种面积 指实际播种或移植有农作物的面积。凡是实际种植农作物的面积，不论种植在耕地上还是种植在非耕地上，均包括在农作物播种面积中。在播种季节基本结束后，因遭灾而重新改种和补种的农作物面积，也包括在内。该指标可以反映我国耕地面积的利用情况。目前，农作物播种面积主要包括粮食、棉花、油料、糖料、麻类、烟叶、蔬菜和瓜类、药材和其它农作物九大类。

有效灌溉面积 指具有一定的水源，地块比较平整，灌溉工程或设备已经配套，在一般年景下当年能够进行正常灌溉的耕地面积。在一般情况下，有效灌溉面积应等于灌溉工程或设备已经配备，能够进行正常灌溉的水田和水浇地面积之和。该指标可以反映我国耕地的抗旱能力。

农用化肥施用量 指本年内实际用于农业生产的化肥数量，包括氮肥、磷肥、钾肥和复合肥。化肥施用量要求按折纯量计算数量。折纯量是指把氮肥、磷肥、钾肥分别按含氮、含五氧化二磷、含氧化钾的百分之百成份进行折算后的数量。复合肥按其所含主要成分折算。

公式:折纯量= 实物量×某种化肥有效成份含量的百分比

农业机械总动力　指主要用于农、林、牧、渔业的各种动力机械的动力总和。包括耕作机械、排灌机械、收获机械、农用运输机械、植物保护机械、牧业机械、林业机械、渔业机械和其他农业机械〔内燃机按引擎马力折成瓦(特)计算、电动机按功率折成瓦(特)计算〕。不包括专门用于乡、镇、村、组办工业、基本建设、非农业运输、科学试验和教学等非农业生产方面用的动力机械与作业机械。这个指标的统计数据主要来源于农机部门。

乡村从业人员　指乡村人口中劳动年龄在 16 周岁以上实际参加生产经营活动并取得实物或货币收入的人员，包括劳动年龄内经常参加劳动的人员，也包括超过劳动年龄但经常参加劳动的人员，但不包括户口在家的在外学生、现役军人和丧失劳动能力的人，也不包括待业人员和家务劳动者。从业人员按从事主业时间最长(时间相同按收入)分为农业从业人员、工业从业人员、建筑业从业人员、交运仓储及邮电业从业人员、批零贸易及住宿餐饮业从业人员、其它行业从业人员。

Explanatory Notes on Main Statistical Indicators

Gross Output Value of Farming, Forestry, Animal Husbandry and Fishery refers to the total value of products of farming, forestry, animal husbandry and fishery, which reflects the total scale and result of agricultural production during a given period. Gross output value of agriculture is obtained by first multiplying the output of each product or by product by its price, resulting in t he output value of each s ingle item. For a small number of products, annual output of which is not available or difficult to get due to the long production growing process involved, t he output value is estimated through an indirect approach. The sum of out put value of all products of farming, forestry, animal husbandry, and fishery is then equal to the gross output value of agriculture. Prior to 1957, Chinas gross agricultural output value included barnyard manure and handicraft products for self-consumption (clothes, shoes, stockings, and initial grain processing undertaken by peasants). Since 1958, cutting and felling of bamboo and trees by villages and other cooperative organizations under villages have been included in forestry; value of barnyard manure has been excluded from animal husbandry; self consumed handicraft s has been excluded from sideline occupations, while the output value of industries run by villages and cooperative organizations under village had been included inside linc occupations and thc out put value of fish catches by motor fishing boats has been added to fishery. Since 1980, the value of handicraft products made for sale by individuals in households had been added to sideline occupations. Since 1984, industries run by villages and under villages have been included in the sector of industry. Since 1993, the subdivision of sideline occupations has been canceled, and the hunting of wild animals has been classified into animal husbandry, and the gathering of wild plants and commodity industry run by rural household have been included in farming. The Firs t Agriculture Census of China in 1996 revealed some discrepancy between the production of animal products from the annual reports and that from the census. Efforts were made by NBS to adjust the output value of animal husbandry to make the figures from the annual reports consistent with the census data. data on Farming, Forestry, Animal Husbandry and Fishery in from 2002 to 2007 have been adjusted according to the data obtained from the Second National Agricultural Census.

Grain Output refers to the total output of rice, wheat, corn, sorghum, millet and other miscellaneous grains as well as tubers and bean in the whole region including grains produced by state farms, collective units, industrial enterprises and mines. Output of beans refers to dry beans without pods. The output of tubers (sweet potatoes and potatoes, not including taros and cassava) was converted into that of grain at the ratio 4:1, i.e. 4 kilograms of fresh tubers was equivalent to 1 kilogram of grain up to 1963. Since 1964 the ratio for conversion has been 5:1.Tubers supplied as vegetables (such as potatoes) in cities and suburbs are calculated as fresh vegetables and their output is not included in the output of grain. Output of all other grains refers to husked grain. Data on grain production before 1989 were obtained through Comprehensive Statistical Reporting System, since then, sample survey data are used.

Cotton Output refers to the cotton production in the whole Region including cotton sown in spring and in autumn. Output is measured as the weight of ginned cotton. Three kilograms of seed-cotton are equivalent to 1 kilogram of ginned cotton, excluding ceiba.

Output of Oil-bearing Crops refers to the total production of oil-bearing crops of various kinds, including peanuts, (dry, in shell) rapeseeds, sesame, sunflower seeds, flax seeds, and other oil-bearing crops. Soybeans, oil-bearing woody plants, and wild oil-bearing crops are not included.

Output of Aquatic Products refers to catches of both artificially cultured and naturally grown aquatic products, including fish, shrimps, crabs and shellfish in sea and inland water as well as seaweed. Freshwater plants are not included. Data on output of aquatic products are reported by aquatic product and statistical agencies level by level. Before 1995, among the shellfish, the oyster was counted as fresh meat; 5 kilograms of ark shell, clams and frogs are equivalent to 1 kilogram of fresh aquatic products; they are all counted as fresh aquatic products since1996.

Output of Pork, Beef, and Mutton refers to the meat of slaughtered hogs, cattle, sheep and goats wit h head, feet, and offal taken away. The statistical scope is of the whole society. The first agriculture census of China in 1996 revealed some discrepancy between the production of animal products from the annual reports and that from the census. Efforts were made by NBS to adjust the output value of animal husbandry to make the figures from the annual rep orts consistent with the census data. Since 1999, NBS conducted sample survey for t he major animal husbandry products, such as hogs, cattle, sheep and goats and fowls, and the data from sample surveys are used as national finalized data. Those products, which are not covered by the sample survey, are still reported by statistical agencies level by level.

Number of Livestock or Poultry in Stock at Beginning (or End) of period refers to the total number of large animals, pigs, sheep, fowls, etc. raised by rural cooperative organizations, state farms, rural individuals, government agencies, schools, industrial and mining enterprises, army, and urban residents at the beginning (or end) of the reference period. Data reporting system and data adjustment are the same as that in the output of pork, beef and mutton.

Sown Area of Crops refers to area of land sown or transplanted with crops regardless of being in cultivated area or no cultivated area. Area of land re-sown due to natural disasters is also included. The indicator can reflect the utilization condition of the cultivated land in China. At p resent, t he sown area of crops mainly include the following 9 categories of crops: grain, cotton, oil-bearing crops, sugar crops, fiber crops, Tobacco, Vegetables and melons, medicinal materials and other farm crops.

Irrigated Area refers to areas that are effectively irrigated, i.e. level land, which has water source and complete sets of irrigation facilities to lift and move adequate water for irrigation purpose under normal conditions. Under normal conditions, irrigated area is the sum of watered fields and irrigated fields where irrigation systems or equipment have been installed for regular irrigation purpose. This indicator can reflect drought resistance capacity of the cultivated land in China.

Consumption of Chemical Fertilizers in Agriculture refers to the quantity of chemical fertilizers applied in agriculture in the year, including nitrogenous fertilizer, phosphate fertilizer, potash fertilizer, and compound fertilizer. The consumption of chemical fertilizers is required in calculation to convert the gross weight into weight containing 100% effective component (e.g. 100% nitrogen content in nitrogenous fertilizer, 100%phosphorous pent oxide contents in phosphate fertilizer, 100%potassium oxide contents in potash fertilizer). Compound fertilizer is converted with its major component. The formula is:

Volume of effective component = physical quantity × effective component of certain chemical fertilizer (%)

Total Power of Farm Machinery refers to total mechanical power of machinery used in farming, forestry, animal husbandry, and fishery, including ploughing, irrigation and drainage, harvesting, transport, plant protection, stock breeding, forestry and fishery. The power of internal combust ion engines is required to convert horsepower into watts and the power of electric motors is required to be converted into watts. Machinery employed for non-agricultural purposes, such as the machines used in township run and village-run industry, construction, nonagricultural transport, scientific experiments and teaching, is excluded. Data are mainly from agricultural machinery agencies.

Rural Employed Persons refer to rural labor forces aged over 16 years old who are engaged in real production and management activities and receive payment in kind or wages, including those covered within the age frame and regularly participating in production activities, and those who are out of the range of age frame and also participating in production activities regularly. Excluding students studying in other places with their permanent residence registered in local areas, servicemen and persons incapable of working; also excluding those who are waiting for jobs and those engaged in household work. Persons employed are classified as rural employed persons; industrial employed persons; construction industry employed persons; transport, storage and telecommunications industries employed persons; whole sales and retail sales Trades and catering industry employed persons and others according to the longest period of persons engaged in major activities (or using income indicator when periods are the same).

第十二篇　工业

Chapter　12　Industry

资料整理：林武兴 王洵 赵清
Database Editor: Linwuxing Wangxun Zhaoqing

简 要 说 明

本篇资料的主要内容及来源

本篇资料反映了全省工业生产和基本效益情况，主要包括历年工业总产值及指数、规模以上工业、国有控股工业、国有工业、集体工业、外商投资和港澳台投资工业、大中型工业企业的主要经济指标、相关的财务分析指标和主要工业产品产量等方面的内容。

本篇资料由省统计局工业交通统计处根据工业统计年报中有关资料整理。

Brief Introduction

Main Content and Source of Data

Data in this chapter show the basic condition of industry in Fujian, the output of major industrial products and major economic and relevant financial indicators of industrial enterprises , mainly including the gross industrial output value and indices.Industrial enterprises include enterprises above designated size, state share holding enterprises, state owned enterprises, collective owned enterprises, foreign funded enterprises, enterprises with funds from Hong Kong, Macao and Taiwan, large and medium sized enterprises.

Data in this chapter are based on the annual report of industrial statistics and are prepared and provide by the Division of Industry and Transport Statistics of Fujian Provincial Bureau of Statistics.

12-1 主要年份工业总产值

Gross Industrial Output Value in Selected Years

单位：亿元 (100 million yuan)

年份 Year	总计 Total	#国有企业 State-owned	#集体企业 Collective owned	#轻工业 Light Industry	#重工业 Heavy Industry
1952	4.20	0.51	0.02	3.74	0.46
1957	8.57	5.93	1.64	7.11	1.46
1962	11.23	8.72	2.44	8.17	3.06
1965	17.24	14.27	2.97	11.89	5.35
1970	24.41	20.78	3.63	15.72	8.69
1975	43.37	33.08	10.29	25.17	18.20
1978	63.14	46.85	16.29	36.91	26.23
1979	72.01	52.53	19.30	42.48	29.53
1980	81.45	57.65	23.77	49.48	31.97
1981	87.76	60.50	26.11	55.52	32.24
1982	95.77	65.97	28.29	60.04	35.73
1983	103.97	70.66	30.85	65.50	38.47
1984	131.11	82.74	40.53	82.60	48.51
1985	173.13	101.71	57.84	103.68	69.45
1986	205.10	114.28	72.75	122.61	82.49
1987	265.87	139.55	92.48	157.85	108.02
1988	388.85	192.69	132.41	237.87	150.98
1989	488.96	242.17	156.98	296.52	192.44
1990	531.49	239.82	166.91	329.72	201.77
1991	658.86	268.28	209.81	413.28	245.58
1992	915.51	314.17	323.69	587.20	328.31
1993	1522.37	391.55	566.47	908.20	614.17
1994	2128.61	422.58	785.29	1281.72	846.89
1995	2638.52	448.93	940.41	1600.51	1038.01
1996	2840.51	450.37	1060.49	1789.69	1050.82
1997	3066.76	433.55	946.14	1910.15	1156.61
1998	3218.51	368.30	219.60	1993.88	1224.63
1999	3479.84	376.66	202.71	2161.94	1317.90
2000	3994.86	395.67	211.49	2317.02	1677.84
2001	4398.08	360.54	192.92	2374.96	2023.12
2002	5260.20	329.12	216.11	2690.10	2570.10
2003	6616.61	358.20	236.63	3109.81	3506.80
2004	8544.50	598.92	171.41	3809.41	4735.09
2005	9995.89	403.26	185.99	4484.89	5511.00
2006	11855.68	753.56	228.55	5363.49	6492.19
2007	14425.06	720.16	271.92	6515.95	7909.11
2008	17141.44	750.36	221.12	7931.00	9210.44
2009	18681.48	917.66	228.10	8800.55	9880.93
2010	23805.32	1102.75	262.58	10935.92	12869.40
2011	30330.59	1410.10	310.90	13860.64	16469.95
2012	32379.94	1541.29	217.10	15267.35	17112.59
2013	36724.66	404.01	176.56	17611.81	19112.55
2014	41579.84	276.82	180.19	19914.45	21665.39
2015	43888.84	312.77	173.55	21682.76	22206.08

注：1.国有企业、集体企业1997年及以前年份的是按经济类型划分，1998年及以后年份是按登记注册类型划分。2.2013年，按登记注册国有企业类型有调整。

Note:1.The Stated-owned Enterprises and Collective-owned Enterprises were grouped by ownership before 1997,grouped by status of registration after 1998. 2.In 2013, The Division of the Stated-owned Enterprises grouped by status of Registration has been adjusted.

12-2 主要年份工业总产值指数

Realated Indices of Industrial Enterprises in Selected Years

年份 Year	工业总产值指数（1952=100） Indices of Gross Industrial Output Value(1952=100) 总计 Total	#国有企业 State-owned	#集体企业 Collective owned	#轻工业 Light Industry	#重工业 Heavy Industry	工业总产值本年比上年增长(%) Growth Rates(%) 总计 Total	#国有企业 State-owned	#集体企业 Collective owned	#轻工业 Light Industry	#重工业 Heavy Industry
1952	100.0	100.0	100.0	100.0	100.0	31.3	121.7		25.5	109.1
1957	209.8	1190.2	8550.0	195.5	326.1	17.2	25.2	14.0	13.5	38.9
1962	279.5	1780.3	12929.3	228.4	694.6	-18.2	-22.9	2.1	-10.5	-33.5
1965	434.2	2946.4	15953.0	336.2	1230.6	24.2	28.0	11.3	22.7	27.8
1970	626.1	4371.4	19811.0	452.8	2034.7	16.9	21.4	-3.6	10.3	31.1
1975	1132.5	7182.3	53688.6	750.4	4219.4	9.4	8.9	11.2	5.2	15.9
1978	1635.5	10089.1	84353.2	1091.7	6031.6	19.7	19.9	19.2	17.1	23.6
1979	1830.5	11129.4	98310.2	1233.6	6664.9	11.9	10.3	16.5	13.0	10.5
1980	2068.8	12173.9	120672.0	1435.1	7208.0	13.0	9.4	22.7	16.4	8.2
1981	2260.4	12955.7	134425.3	1632.9	7370.9	9.3	6.4	11.4	13.8	2.3
1982	2425.8	13814.7	142670.7	1739.7	8008.3	7.3	6.6	6.1	6.5	8.6
1983	2640.1	14657.1	155963.3	1851.7	9038.7	8.8	6.1	9.3	6.4	12.9
1984	3308.2	16952.0	203636.8	2311.0	11397.2	25.3	15.7	30.6	24.8	26.1
1985	4149.1	19473.0	289888.8	2944.3	13940.1	25.4	44.9	42.4	27.4	22.3
1986	4786.3	21157.8	350355.2	3404.5	16018.8	15.4	8.7	20.9	15.6	14.9
1987	5894.3	23774.3	430360.7	4213.8	19563.2	23.1	12.4	22.8	23.8	22.1
1988	7854.0	27911.6	580627.2	5825.5	24437.9	33.2	17.4	34.9	38.2	24.9
1989	9044.6	29955.4	662981.4	6661.8	28504.2	15.2	7.3	14.2	14.4	16.6
1990	10205.0	30086.1	719949.7	7689.2	30824.9	12.8	0.4	8.6	15.4	8.1
1991	12489.5	32848.3	897745.8	9498.9	37105.3	22.4	9.2	24.7	23.5	20.4
1992	17149.9	37953.2	1360582.9	13312.9	49059.4	37.3	15.5	51.6	40.2	32.2
1993	25624.1	38810.8	2193320.1	19145.7	78531.6	49.4	2.3	61.2	43.8	60.1
1994	34914.6	39505.1	3062020.4	25873.0	108508.9	36.3	1.8	39.6	35.1	38.2
1995	41709.8	38550.9	3254811.9	30200.8	134592.3	23.3	0.9	10.2	20.8	27.4
1996	50427.1	39444.8	4293096.9	38385.2	149397.5	20.9	2.3	31.9	27.1	11.0
1997	60916.0	36994.0	4288803.8	45678.4	185252.9	20.8	-6.2	-0.1	19.0	24.0
1998	70175.2	33664.5	3628328.0	53854.8	204519.2	15.2	-9.0	-15.4	17.9	10.4
1999	80210.3	34708.1	3726292.9	59725.0	246650.2	14.3	3.1	2.7	10.9	20.6
2000	91519.9	35228.7	3934965.3	66653.1	290553.9	14.1	1.5	5.6	11.6	17.8
2001	103234.5	31987.7	3635907.9	71918.7	347212.0	12.8	-9.2	-7.6	7.9	19.5
2002	121403.8	25750.1	3857698.3	82994.2	419432.0	17.6	-19.5	6.1	15.4	20.8
2003	143256.5	29303.6	4328337.5	95443.3	507512.8	18.0	13.8	12.2	15.0	21.0
2004	168183.1	32849.3	4233114.1	112432.2	593789.9	17.4	12.1	-2.2	17.8	17.0
2005	196269.7	35280.2	4643726.2	135480.8	673951.6	16.7	7.4	9.7	20.5	13.5
2006	234738.6	40783.9	5307779.0	160680.2	810089.8	19.6	15.6	14.3	18.6	20.2
2007	287789.5	45351.7	6167639.2	193780.4	997220.5	22.6	11.2	16.2	20.6	23.1
2008	337000.9	45623.8	6846079.5	226529.3	1168742.5	17.1	0.6	11.0	16.9	17.2
2009	386877.0	50003.7	8105758.1	266851.5	1311329.1	14.8	9.6	18.4	17.8	12.2
2010	483983.1	59654.4	9272987.3	327960.5	1665388.0	25.1	19.3	14.4	22.9	27.0
2011	563840.3	67827.1	10775211.2	380434.2	1948504.0	16.5	13.7	16.2	16.0	17.0
2012	650107.9	70947.1	11906608.4	441303.7	2232985.6	15.3	4.6	10.5	16.0	14.6
2013	742423.2	79602.6	11763729.1	503968.7	2550069.4	14.2	12.2	-1.2	14.2	14.2
2014	832998.8	88040.5	12610717.6	559405.3	2886678.6	12.2	10.6	7.2	11.0	13.2
2015	912966.7	89889.4	13581742.9	615905.2	3158026.4	9.6	2.1	7.7	10.1	9.4

注：1.国有企业、集体企业1997年及以前年份的是按经济类型划分，1998年及以后年份是按登记注册类型划分。2.2013年度数据是根据企业上报的当年数和上年数计算的。

Note:1.The Stated-owned Enterprises and Collective-owned Enterprises were grouped by ownership before 1997,grouped by status of registration after 1998. 2.The data of 2013 is calculated according to the data reported by Enterprises in this year and previous year.

12-3 规模以上工业企业主要指标(1998-2015年)

Main Indicators of Industrial Enterprises above Designated Size(1998-2015)

单位：亿元 (100 million yuan)

年份 Year	企业单位数（个） Number of Enterprises (unit)	工业总产值 Gross Industrial Output Value	工业增加值 Value- added of Industry	资产总计 Total Assets	流动资产合计 Circulating Funds	主营业务收入 Revenue from Principal Business	利润总额 Total Profits	税金总额 Total Tax
1998	6106	2037.52	601.54	2626.33	1101.12	1860.76	55.76	103.85
1999	5549	2210.28	665.02	2890.62	1209.61	2060.31	87.38	113.67
2000	6011	2616.12	797.12	3368.64	1401.27	2468.69	110.80	135.80
2001	6583	2945.02	875.39	3632.22	1514.43	2789.09	118.22	146.16
2002	7462	3676.37	1177.59	4059.60	1781.70	3522.47	204.30	164.91
2003	9208	4953.74	1448.50	4902.48	2306.49	4822.24	314.40	204.22
2004	11918	6783.42	1917.65	6034.04	2994.25	6581.07	382.00	253.11
2005	12396	8135.98	2291.26	6841.37	3393.30	7848.24	407.55	285.73
2006	13755	10005.08	2847.81	8168.75	4111.21	9661.48	586.52	377.21
2007	15178	12517.91	3598.69	10157.20	5056.06	12227.31	894.51	481.21
2008	17212	15212.81	4057.51	11694.91	5700.78	14816.17	896.11	560.87
2009	18154	16762.82	4675.31	13344.47	6564.47	16338.61	1104.05	649.12
2010	19227	21901.23	6111.44	16058.70	8420.83	21479.37	1754.18	824.27
2011	14116	27443.90	7378.62	18582.15	9797.20	26850.95	2114.54	992.88
2012	15333	29704.66	7810.89	21385.98	11419.24	29206.84	2023.27	1253.05
2013	16115	33853.36	8940.01	24959.37	12904.53	33111.10	2225.00	1396.21
2014	16744	38405.32	10051.67	27978.35	14189.64	37097.44	2344.27	1516.42
2015	17240	41251.49	10165.28	29647.54	14767.63	39591.28	2359.82	1614.97

注：从2011年起，规模以上工业划分标准由年主营业务收入（销售收入）500万元及以上调整为2000万元及以上。(下同)

Note:Since 2011,Revenue from Principal Business of Industrial Enterprises above Designated Size become 20 million yuan frome 5 million yuan. The same applies to the tables following.

12-4 规模以上工业企业主要经济效益指标(1998-2015年)

Main Indicators on Economic Benefit of Industrial Enterprises above Designated Size(1998-2015)

单位：% (%)

年份 Year	工业增加值率 Ratio of Value-added to Industrial Output Value	总资产贡献率 Ratio of Assets to Industrial Output Value	资产负债率 Assets- Liability Ratio	流动资产周转次数（次/年） Number of Times of Turnover of Circulating Funds(times/year)	工业成本费用利润率 Ratio of Profits to Industrial Cost	全员劳动生产率（元/人） Overall Labor Productivity(yuan /person)	产品销售率 Proportion of Products Sold
1998	26.99	7.95	56.10	1.76	3.13	38250	95.52
1999	27.29	8.95	57.35	1.78	4.50	44967	96.39
2000	27.46	9.26	57.52	1.89	4.76	51244	96.95
2001	26.82	8.84	56.76	1.91	4.47	53016	96.99
2002	29.06	10.91	55.82	2.10	6.22	65802	97.50
2003	26.43	12.74	54.34	2.30	7.07	65168	97.59
2004	25.54	12.74	52.96	2.39	6.21	70420	97.13
2005	27.47	11.89	52.71	2.41	5.52	78898	97.33
2006	27.74	14.08	53.81	2.51	6.58	87655	96.96
2007	27.98	16.27	55.53	2.58	8.05	100197	97.71
2008	27.89	14.86	53.72	2.67	6.44	116619	97.54
2009	27.50	15.27	53.44	2.66	7.28	123205	97.34
2010	27.60	18.80	52.74	2.87	8.83	148426	97.76
2011	26.47	18.04	52.20	2.77	8.42	182719	97.50
2012	26.17	16.70	53.39	2.58	7.40	188811	97.83
2013	26.31	15.79	54.43	2.59	7.16	210899	97.45
2014	25.09	15.02	54.37	2.64	6.74	239802	97.31
2015	24.51	14.65	53.56	2.71	6.38	244913	96.71

12-5 主要年份规模以上工业企业主要经济指标

单位：亿元

年份 Year	固定资产原价 Original Value of Fixed Assets				固定资产合计 Total Value of Fixed Assets			
	合计 Total	国有 State-owned	集体 Collective-owned	其他 Others	合计 Total	国有 State-owned	集体 Collective-owned	其他 Others
1978	44.84	40.62	4.22			29.52		
1980	56.78	49.65	7.13		41.11	35.83	5.28	
1985	103.41	83.83	17.26	2.32	74.01	59.40	12.57	2.04
1990	244.56	173.52	38.76	32.28	180.75	127.49	26.37	26.89
1995	991.98	482.24	93.97	415.77	783.88	368.76	69.46	345.66
1996	1197.03	551.93	107.01	538.09	923.98	411.57	77.81	434.60
1997	1444.47	585.53	128.06	730.88	1106.79	434.63	95.68	576.48
1998	1539.99	613.18	84.78	842.03	1150.38	450.25	62.28	637.85
1999	1768.61	681.74	82.28	1004.59	1307.18	493.17	59.01	755.00
2000	2032.18	679.99	85.13	1267.06	1479.53	477.71	60.21	941.61
2001	2351.09	711.63	76.29	1563.17	1690.78	492.17	53.55	1145.06
2002	2596.43	591.72	59.92	1944.79	1812.38	410.75	41.84	1359.79
2003	2979.24	624.78	58.20	2296.26	2020.47	416.94	40.99	1562.54
2004	3435.92	640.44	35.79	2759.69	2343.14	427.74	22.86	1892.53
2005	3838.40	330.01	36.72	3471.67	2565.23	204.17	24.82	2336.23
2006	4499.35	710.81	40.54	3747.99	2970.84	450.69	25.57	2494.57
2007	5227.60	712.79	45.22	4469.59	3504.89	472.30	28.72	3003.87
2008	5994.98	785.89	45.36	5163.73	4043.82	507.56	28.52	3507.74
2009	7039.82	1110.16	44.94	5884.71	4740.79	741.70	28.74	3970.35
2010	7967.50	1146.31	54.30	6766.88	5324.49	742.54	33.50	4548.45
2011	8855.37	1383.56	44.60	7427.21	5826.21	890.04	27.30	4908.86
2012	10220.10	1598.14	33.20	8588.76	6502.59	1011.83	19.47	5471.30
2013	11806.75	240.16	26.32	11540.27	7325.46	141.44	13.77	7170.25
2014	13572.81	128.40	22.56	13421.85	9246.62	79.22	13.04	9154.36
2015	14677.62	386.54	23.88	14267.20	9657.01	253.93	12.91	9390.17

注：1.表内1998年起统计口径为规模以上工业企业,以前为乡及乡以上独立核算工业企业；2.2013年，按登记注册类型分国有企业类型有调整。

Note:a)Statistics scope from 1998 covers industrial enterprises above designated size. b)In 2013, The Division of the Stated-owned Enterprises grouped by status of Registration has been adjusted.

Main Financial Indicators of Industrial Enterprises above Designated Size in Selected Years

(100 million yuan)

主营业务收入 Sale Revenue				利税总额 Total Profit and Tax			
合计 Total	国有 State-owned	集体 Collective-owned	其他 Others	合计 Total	国有 State-owned	集体 Collective- owned	其他 Others
				12.21	10.25	1.96	
67.25	52.86	14.38	0.01	14.44	12.13	2.31	
136.58	99.06	30.79	6.73	25.74	21.10	3.98	0.66
352.56	213.01	68.65	70.90	44.97	33.14	5.98	5.85
1469.28	442.04	225.29	801.95	130.54	58.91	18.30	53.33
1617.13	438.70	242.70	935.73	145.20	72.80	18.73	53.67
1858.56	417.02	269.98	1171.56	170.38	75.02	21.96	73.40
1860.76	387.59	183.71	1289.46	159.61	69.24	12.57	77.80
2060.31	424.73	170.05	1465.53	201.05	74.54	12.80	113.71
2468.69	445.30	176.52	1846.87	246.60	81.60	14.16	150.84
2789.09	431.74	169.13	2188.22	264.38	86.09	14.98	163.31
3522.47	344.91	146.80	3030.76	369.21	73.79	12.49	282.93
4822.24	390.11	163.67	4268.46	518.62	85.46	16.65	416.51
6581.07	590.08	101.07	5889.92	635.11	91.22	8.95	534.94
7848.24	398.85	106.91	7342.48	693.28	85.47	9.41	598.40
9661.48	738.51	137.89	8785.08	963.72	113.02	16.01	834.69
12227.31	709.38	168.53	11349.40	1375.71	122.57	22.34	1230.81
14816.17	727.08	176.15	13912.93	1456.97	101.75	20.00	1335.22
16338.61	898.97	192.06	15247.58	1753.17	97.57	22.26	1633.34
21479.37	1080.59	222.89	20175.89	2578.45	157.13	27.55	2393.77
26850.95	1373.72	249.65	25227.58	3107.42	240.36	31.85	2835.21
29206.84	1508.80	171.44	27526.60	3276.32	299.84	19.86	2956.62
33111.10	377.08	129.97	32604.05	3621.20	129.88	15.21	3476.11
37097.44	239.58	129.37	36728.49	3860.69	117.12	12.78	3730.79
39591.28	302.30	128.98	39160.00	3974.80	28.22	12.45	3934.12

12-5 续表

单位：亿元

年份 Year	利润总额 Total Profit				工业增加值 Value Added of Industry	
	合计 Total	国有 State-owned	集体 Collective- owned	其他 Others	合计 Total	国有 State-owned
1978	6.75	5.53	1.22			
1980	8.26	6.82	1.44			
1985	13.55	11.07	2.15	0.33		
1990	16.09	11.91	1.79	2.39		
1995	48.16	15.17	5.35	27.64	410.29	145.42
1996	55.12	25.28	5.31	24.53	488.04	144.34
1997	68.62	30.24	6.40	31.98	581.40	137.84
1998	55.76	18.47	3.40	33.89	601.54	158.49
1999	87.38	22.22	4.38	60.78	665.02	167.73
2000	110.80	24.21	5.29	81.30	797.12	172.80
2001	118.22	26.37	6.21	85.64	875.39	183.37
2002	204.30	20.11	5.73	178.46	1177.59	153.43
2003	314.40	24.82	7.97	281.60	1448.50	157.92
2004	382.00	21.92	3.73	356.35	1917.65	179.53
2005	407.55	19.84	3.47	384.25	2291.26	148.85
2006	586.52	26.61	8.04	551.87	2847.81	209.66
2007	894.51	44.99	12.39	837.13	3598.69	205.47
2008	896.11	25.45	9.68	860.98	4057.51	211.48
2009	1104.05	18.37	10.18	1075.50	4675.31	243.05
2010	1754.18	53.91	15.54	1684.73	6111.44	306.11
2011	2114.54	61.54	18.12	2034.88	7378.62	412.95
2012	2023.27	74.82	9.57	1938.88	7810.89	481.79
2013	2225.00	28.90	7.25	2188.84	8940.01	176.16
2014	2344.27	17.10	5.44	2321.73	10051.67	160.24
2015	2359.82	7.61	5.81	2346.41	10165.28	69.03

Continued

(100 million yuan)

		工业总产值 Gross Industrial Output Value			
集体 Collective- owned	其他 Others	合计 Total	国有 State-owned	集体 Collective- owned	其他 Others
		55.46	43.69	11.77	
		71.86	55.47	16.38	0.01
		141.40	98.35	34.00	9.05
		393.65	225.17	78.77	89.71
60.78	204.09	1558.04	433.67	240.51	883.86
78.45	265.25	1770.54	436.10	282.04	1052.40
92.35	351.21	2028.43	417.00	307.45	1303.98
57.99	385.06	2037.52	389.20	205.99	1442.33
51.10	446.19	2210.28	406.11	184.70	1619.47
52.37	571.95	2616.12	447.09	189.96	1979.07
49.19	642.83	2945.02	421.07	180.11	2343.84
45.06	979.10	3676.37	329.12	154.34	3192.91
52.23	1238.35	4953.74	358.20	171.78	4423.76
31.43	1706.69	6783.42	598.92	103.58	6080.91
38.24	2104.16	8135.98	403.27	111.97	7620.74
48.85	2589.30	10005.08	753.56	139.52	9112.00
55.56	3337.66	12517.91	717.16	168.56	11632.19
60.91	3785.12	15212.81	740.26	174.96	14297.59
64.82	4367.43	16762.82	908.68	190.23	15663.91
79.68	5725.65	21901.23	1092.57	219.84	20588.81
87.09	6878.58	27443.90	1394.67	246.11	25803.12
62.09	7267.01	29704.66	1526.17	174.09	28004.41
46.21	8717.64	33853.36	388.10	131.30	33333.96
47.73	9843.70	38405.32	259.20	130.07	38016.05
42.06	10054.19	41251.49	298.05	131.65	40821.80

12-6 规模以上工业企业单位数

Number of Industrial Enterprises above Designated Size

单位：个　　(unit)

项目 Item	2000	2005	2010	2014	2015
合　计 Total	**6011**	**12396**	**19227**	**16744**	**17240**
按轻重分 Grouped by Light &Heavy Industry					
轻工业 Light Industry	3656	7131	10654	9367	9703
重工业 Heavy Industry	2355	5265	8573	7377	7537
按注册类型分 Grouped by Status of Registration					
内资企业 Pomestic Funded Enterprises	3320	7453	13524	12650	13286
港澳台商投资企业 Enterprises With Funds from HongKong,Macao and TaiWan	2076	3165	3705	2604	2566
外商投资企业 Foreign Funded Enterprises	615	1778	1998	1490	1388
按经济类型分 Grouped by Ownership					
国有 Stated-owned	1046	481	273	174	169
集体 Collective-owned	1077	800	584	179	163
其他 Others	3888	11115	18370	16391	16908
#外商及港澳台商投资 Funds from HongKong,Macao,Taiwan and Foreign Area	2691	4943	5703	4094	3954
按经济组织分 Grouped by Organization					
独资 Sole Funded	3572	4871	5631	3459	3316
合作、合伙 Cooperated and Partnership	494	715	681	215	228
股份有限公司 Share Holding Enterprises	189	381	444	545	607
有限责任公司 Limited Liability Corporations	1756	6429	12471	12525	13089
按规模分 Grouped by Size					
大型 Large Scale	92	60	124	446	451
中型 Medium Scale	209	1142	2116	2929	2909
小型 Small Scale	5710	11194	16987	12681	13105
微型 Micro-Scale				688	775

12-7 规模以上工业企业增加值

Value-added of Industrial Enterprises above Designated Size

单位：亿元 (100 million yuan)

项目 Item	2000	2005	2010	2014	2015
合 计 Total	**797.12**	**2291.26**	**6111.44**	**10051.67**	**10165.28**
#国有及国有控股企业 State-owned and State-holding Industrial Enterprises	292.66	442.61	821.77	1319.42	1192.39
按轻重分 Grouped by Light &Heavy Industry					
轻工业 Light Industry	415.58	1121.49	2940.72	5130.92	5324.36
重工业 Heavy Industry	381.54	1169.76	3170.73	4920.75	4840.92
按经济类型分 Grouped by Ownership					
国有 Stated-owned	172.80	244.22	439.69	561.38	503.63
集体 Collective-owned	52.37	69.14	194.40	70.15	64.28
股份制 Share Holding	70.05	314.51	820.73	2292.88	2654.13
联营 Cooperation	1.87	3.91	5.85	12.66	14.88
私营 Private	36.55	395.39	1758.94	3243.03	3259.35
外商及港澳台商投资 Funds from HongKong,Macao, TaiWan and Foreign	462.12	1262.75	2881.16	3861.40	3646.10
其他 Others	1.36	1.34	10.69	10.17	22.90
按登记注册分 Grouped by Status of Registration					
国有 State-owned Enterprises	150.80	148.85	306.11	160.24	69.03
集体 Collective-owned Enterprises	52.37	38.24	79.68	47.73	42.06

注：1.工业增长速度按月报同口径计算，表内绝对数为年报数，因年度间调查单位数不同，不可直接对比。2.2003年起大中型企业划分标准改变，故大中型企业数与往年不可比。3.2011年起增加微型企业规模分类，故小型企业数与往年不可比。

Note:a)Increase rate of Industrial enterprises is according to monthly statistics.b)Changed by the standard of enterprise , number of enterprises by Large and Medium size from 2003 is not comparable with the previous years.c)Since 2011,including Micro-enterprises,Ssize from 2003 is not comparable with the previous years.

12-7 续表

Continued

单位：亿元 (100 million yuan)

项目　Item	2000	2005	2010	2014	2015
股份合作 Cooperative Enterprises	7.16	29.40	113.31	19.74	19.21
联　营 Cooperative	19.65	28.40	41.01	32.69	18.22
有限责任公司 Limited-Liability Corporations	29.72	291.38	709.24	2291.82	2640.34
股份有限公司 Share Holding Corporations Ltd.	46.39	95.50	211.30	384.84	448.07
私营企业 Private Enterprises	36.55	395.39	1758.94	3243.03	3259.35
港澳台商投资企业 Funds from HongKong, Macao,TaiWan	333.05	670.47	1583.93	2204.54	2163.91
外商投资企业 Foreign Funded Enterprises	129.07	592.28	1297.22	1656.86	1482.19
其他企业 Other Enterprises	1.36	1.34	10.69	10.17	22.90
按经济组织分 Grouped by Organization					
独资 Sole Funded	480.16	987.98	2390.18	2764.98	2554.61
合作、合伙 Cooperated and Partnership	44.36	96.10	231.23	111.44	115.04
股份有限公司 Share Holding Enterprises	49.57	170.39	388.26	674.90	681.90
有限责任公司 Limited Liability Corporations	223.03	1036.78	3101.77	6500.35	6813.72
按规模分 Grouped by Size					
大型 Large Scale	164.11	416.15	1230.26	2952.30	3164.41
中型 Medium Scale	115.19	926.30	2400.64	3345.45	3116.09
小型 Small Scale	517.81	948.80	2480.54	3632.34	3729.61
微型 Micro-Scale				121.58	155.17

12-8 按行业分规模以上工业企业增加值

Value-added of Industry Enterprises above Designated Size by Industrial Sector

单位：亿元 (100 million yuan)

项目 Item	2014	2015
合　计 Total	**10051.67**	**10165.28**
采矿业 Mining	**234.25**	**203.74**
煤炭开采和洗选业 Coal Mining and Dressing	72.58	62.45
石油和天然气开采业 Petroleum and Natural Gas Mining		
黑色金属矿采选业 Ferrous Metals Mining and Dressing	47.23	41.33
有色金属矿采选业 Nonferrous Metals Mining and Dressing	32.43	23.18
非金属矿采选业 Nonmetal Minerals Mining and Dressing	82.01	76.78
开采辅助活动 Subsidiary Action		
其他采矿业 Others Mining and Quarrying		
制造业 Manufacturing	**9214.06**	**9370.98**
农副食品加工业 Agricultural and Sideline Products Processing	528.31	535.41
食品制造业 Food Manufacturing	316.20	334.85
酒、饮料和精制茶制造业 Wine，Drink and Tea Manufacturing	273.58	283.87
烟草制品业 Tobacco Processing	228.16	214.29
纺织业 Textile Industry	496.05	513.76
纺织服装、服饰业 Textile Garments Products	515.98	505.72
皮革、毛皮、羽毛及其制品和制鞋业 Leather , Furs , Down and Relate Products	919.80	939.91
木材加工和木、竹、藤、棕、草制品业 Timber Processing,Bamboo,Cane,Palm Fiber and Straw Products	235.54	249.13
家具制造业 Furniture Manufacturing	109.21	114.33
造纸和纸制品业 Papermaking and Paper Products	225.46	219.51
印刷和记录媒介复制业 Printing and Record Medium Reproduction	72.46	71.75
文教、工美、体育和娱乐用品制造业 Cultural , Educational and Sports Goods	378.86	398.58
石油加工、炼焦和核燃料加工业 Petroleum Processing , Coking and Nuclear Fuel Processing	238.86	340.58
化学原料和化学制品制造业 Raw Chemical Materials and Chemical Products	312.20	287.52

12-8 续表

Continued

单位：亿元 (100 million yuan)

项目 Item	2014	2015
医药制造业 Medical and Pharmaceutical Products	92.29	100.63
化学纤维制造业 Chemical Fiber	174.51	179.92
橡胶和塑料制品业 Rubber and Plastic Products	404.19	372.87
非金属矿物制品业 Nonmetal Minerals Products	762.40	759.85
黑色金属冶炼和压延加工业 Smelting and Pressing of Ferrous Metals	361.54	294.80
有色金属冶炼和压延加工业 Smelting and Pressing of Nonferrous Metals	248.95	244.39
金属制品业 Metal Products	222.79	261.50
通用设备制造业 General Equipment	265.68	257.36
专用设备制造业 Special Purpose Equipment	170.36	172.81
汽车制造业 Car Manufacturing	234.90	250.81
铁路、船舶、航空航天和其他运输设备制造业 Railway,Watercraft,Aviation and others transportation Manufacturing	112.62	94.35
电气机械和器材制造业 Electric Equipment and Machinery	468.59	477.85
计算机、通信和其他电子设备制造业 Computer,Communication and other Electronic Equipment	689.21	731.29
仪器仪表制造业 Instruments and Meters Machinery	50.63	55.76
其他制造业 Others Manufacturing	64.91	71.48
废弃资源综合利用业 Waste Resources and Materials Recovering	14.10	10.93
金属制品、机械和设备修理业 Metals,Machinery and Equipment maintenance	25.73	25.21
电力、热力、燃气及水生产和供应业 Production and Supply of Electric Power and Hot Power	**603.36**	**590.56**
电力、热力生产和供应业 Production and Supply of Electric Power and Hot Power	536.45	526.44
燃气生产和供应业 Production and Supply of Gas	45.75	42.42
水的生产和供应业 Production and Supply of Water	21.16	21.71

12-9 主要年份规模以上工业企业主要工业产品产量

Industry Enterprises above Designated Size Output of Major Industrial Products in Selected Years

年份 Year	化学纤维（万吨） Chemical Fiber (10000 tons)	原煤(万吨) Coal (10000 tons)	发电量(亿千瓦小时) Electricity (100 million kwh)	粗钢(万吨) Crude Steel (10000 tons)	水泥(万吨) Cement (10000 tons)	化学肥料（万吨） Chemical Fertilizer (10000 tons)	汽车(辆) Motor Vehicles (unit)	移动通信手持机(万部) Mobile Telephone (10000 unit)	微型电子计算机(万部) Micro-computer (10000 sets)
1952		0.30	0.12						
1957		8.25	0.57		5.26				
1962		55.77	4.99	0.12	6.05	0.31			
1965	0.03	60.19	7.41	0.66	20.37	4.46			
1970	0.10	110.03	13.12	3.62	32.85	5.22	317		
1975	0.28	280.67	26.83	9.84	89.13	9.54	765		
1978	1.19	423.05	40.69	16.16	120.45	16.40	907		
1979	1.13	479.04	44.40	20.93	139.84	19.51	1110		
1980	1.35	462.99	49.47	24.16	155.30	24.32	1029		
1981	1.50	416.55	52.46	21.90	161.62	24.88	60		
1982	1.35	440.23	57.18	24.90	163.71	27.21	40		
1983	1.04	524.26	61.55	23.79	206.66	28.14	257		
1984	1.03	575.94	67.53	28.71	234.03	32.37	641		
1985	1.65	606.53	77.20	31.75	290.69	32.88	652		
1986	2.06	678.52	86.21	34.42	321.76	32.89	870		
1987	2.50	787.19	98.54	39.23	379.50	39.93	1201		
1988	2.62	864.36	114.14	40.39	452.97	40.62	3225		
1989	2.55	944.83	129.56	43.23	499.63	42.28	1607		
1990	3.13	925.37	136.65	51.66	540.04	43.64	676		
1991	3.40	857.19	151.76	56.47	646.87	44.09	1796		
1992	3.56	909.68	176.55	61.87	747.62	47.31	3407		
1993	3.60	982.52	195.27	61.72	902.39	44.39	3949		
1994	4.95	977.38	228.93	56.24	1104.20	47.34	3299		
1995	12.96	1134.18	261.55	55.49	1511.17	51.04	3636		
1996	24.12	1167.97	284.10	80.49	1504.52	56.66	3223		
1997	26.91	776.04	310.18	89.34	1522.42	54.74	6083		
1998	31.59	727.18	322.70	113.32	1594.46	63.51	6276		
1999	37.17	577.14	356.00	128.98	1825.81	61.15	9279		
2000	41.22	375.03	403.73	124.94	1513.64	61.38	29606		88.77
2001	47.95	512.33	446.32	155.27	1525.53	55.84	32498		88.79
2002	65.97	644.51	533.08	211.98	1698.69	60.69	48356		174.25
2003	59.39	778.22	610.70	256.04	2116.27	56.69	86679		241.74
2004	71.47	1076.05	659.64	319.20	2245.34	60.27	65811		295.02
2005	79.12	1331.74	778.25	382.33	2713.62	60.27	70260	1165.96	371.44
2006	106.32	1759.18	904.25	465.48	3343.93	64.76	73215	1358.78	445.73
2007	137.69	1991.74	1038.28	588.43	4449.69	62.95	86514	1097.48	513.23
2008	169.78	2306.07	1085.38	727.28	4593.36	69.60	95098	716.56	647.32
2009	183.66	2466.13	1170.71	765.04	5446.50	59.67	135044	671.50	607.20
2010	206.15	2442.73	1356.32	1086.88	5921.20	57.87	194963	1064.25	738.27
2011	223.98	2480.86	1578.90	1166.89	6570.86	52.14	190835	1658.82	898.56
2012	272.09	1947.55	1622.62	1318.55	7197.60	48.15	186465	2968.01	929.04
2013	376.65	1614.81	1643.16	1997.16	7890.37	46.69	205764	3841.85	1284.76
2014	454.94	1504.45	1746.15	1820.79	7732.33	48.71	180947	1277.99	985.40
2015	576.20	1531.77	1764.90	1586.48	7746.18	52.06	193875	2133.56	818.78

12-10 规模以上工业企业主要工业产品产量

Output of Major Industrial Products of Industrial Enterprise above Designated size

项目 Item	2000	2005	2010	2014	2015
原煤(吨) Coal(ton)	3750300	13317400	24427250	15044466	15317728
铁矿石原矿量(吨) Primary Iron ore(ton)	1690400	4838600	23272585	14767218	17009153
硫铁矿(折硫35%)(吨) Sulphur Iron(ton)	35000	16600	99177	158266	186436
原盐(吨) Salt(ton)	283700	344900	333929	292411	206200
配混合饲料(吨) Mixed Feed(ton)	974900	2185200	4830171	8263139	9107190
食用植物油(吨) Eatened Vegetable(ton)	62400	434800	1684343	1902774	2073867
糖(吨) Sugar(ton)	61100	62500	37279	8476	21003
罐头(吨) Tin(ton)	267800	785700	2032091	2694775	2840603
啤酒(千升) Beer(1000 L)	1104000	1573300	1887767	1821262	1702442
软饮料(吨) Soft Drink(ton)	398200	1112800	3869623	5361828	5186612
精制茶(吨) Highly Finished Tea(ton)	17000	39500	103310	208871	216541
卷烟(万箱) Cigarette(10000 cases)	98.62	121.00	168.75	193.95	188.26
纱(吨) Yarn(ton)	143641	680042	1847365	3955543	4453479
布(万米) Cloth(10000 m)	55867	201266	312003	685511	736739
棉布(万米) Cottoned Cloth(10000 m)	2938	13020	39708	81529	64800
棉混纺交织布(米) Blending Cloth(m)	11022	35790	110002	285506	334247
纯化纤布(米) Pure Chemical Fibre Cloth(m)	41907	152456	162292	318358	337692
印染布(万米) Printing and Dyeing Cloth(10000 m)	38744	162653	391229	472686	382163
毛线(吨) Kitting Wool(ton)	7523	9997	5020	2362	2148

12-10 续表1

Continued

项目 Item	2000	2005	2010	2014	2015
服装(万件) Clothes(10000 piece)	39877	81539	292273	374528	394276
轻革(平方米) Light Leather(10000 sq.m)	3591200	33335800	43511617	52309448	32053872
皮革鞋靴(万双) Leather Shoes(10000 pairs)	20931	50426	114358	148082	164947
人造板(立方米) Man-made Wood(cu.m)	677000	2664900	9979320	14162050	15836743
胶合板 Plywood	224800	1082700	4248677	7845637	8455731
纤维板 Fiberboond	294900	1145500	1936396	2467740	2380746
刨花板 Honghed Wood	145000	193600	2075427	2096762	1642342
机制纸及纸板(吨) Machine-made Paper and Paperboard(ton)	850700	1871100	4320636	6539119	6653716

#新闻纸(吨)
Newsprint(ton)
	241800	375300	159511	119984	57330

焦炭(吨) Coke(ton)	448900	909400	1430462	1954994	1522594
硫酸(折100%)(吨) Sulfuric Acid(ton)	338700	410600	597822	1866342	1874993
盐酸(含量31%以上)(吨) Hydrochloric(ton)	124500	140200	70749	166349	178072
烧碱(折100%)(吨) Caustic Soda(ton)	156400	255100	201120	252292	322273
纯碱(吨) Soda Ash(ton)	94500	192300	177867	8878	9680
电石(吨) Calcium Carbide(ton)	154900	142600	69599	39403	29333
合成氨(吨) Synthetic Ammonia(ton)	800900	941500	1021305	849192	872313
农用化肥(吨) Chemical Fertilizer(ton)	613800	602700	578746	487074	520643
#氮肥(吨) Nitrogerous Fertilizer(ton)	509600	557000	553717	309612	299923

#尿素(吨)
Carbamine(ton)
	278600	313400	329370	215728	177914

磷肥(吨) Phosphate Fertilizer(ton)	79600	45600	25028	177462	220720

12-10 续表2
Continued

项目 Item	2000	2005	2010	2014	2015
油漆(吨) Paint(ton)	19096	44851	319064	694203	746382
塑料(吨) Plastics(ton)	143470	337876	1524961	2271300	2279427
合成洗涤剂(吨) Synthetic Detergents(ton)	68	7004	39705	163581	167345
化学原料药(吨) Chemical Medicine(ton)	1205	2779	7266	24308	32091
中成药(吨) Mid-product chineses Medicine(ton)	3781	3904	6534	17151	16361
化学纤维(吨) Chemical Fiber(ton)	412198	791167	2061509	4549359	5761984
轮胎外胎(条) Tires(pcs)	9839600	17809700	27876136	37005352	34490276
塑料制品(吨) Plastics(ton)	557000	863000	1663088	3344326	3654469
水泥(吨) Cement(ton)	15136400	27136200	59212000	77323298	77461784
砖(万块) Bricks(10000 pcs)	23400	20700	303443	1089151	1490939
花岗石板材(平方米) Granite board(sq.m)	11266800	68322600	145464187	294677796	348597285
平板玻璃(重量箱) Plate glass(case)	4798700	6415100	27653500	52413544	50094507
生铁(吨) Pig Iron(ton)	1493700	3939600	5588053	9076955	9800866
粗钢(吨) Crude Steel(ton)	1249400	3823300	10868830	18207925	15864835
钢材(吨) Steel Products(ton)	2837900	7359000	13405616	30196366	28207310
铁合金(吨) Iron Alloy(ton)	39700	59000	240768	374497	355500
十种有色金属(吨) Ten Nonferrous Metals Total(ton)	34474	60362	138774	388450	409115
金属切削机床(台) Metal-cutting Machine Tools(set)	584	1815	3146	5961	6828
起重机械(吨) Crane Machine(ton)	1988	4105	4655	41152	61296
叉车(台) Fork Truck(set)	3301	6720	11081	17679	18097

12-10 续表3

Continued

项目 Item	2000	2005	2010	2014	2015
泵(台) Pump(set)	1676900	4907200	8358576	8933422	7281606
气体压缩机(台) Gas Compressor(set)	28506	42836	50472	74017	75437
轴承(万套) Bearing(10000 units)	1767	4690	11108	13511	13060
小型拖拉机(台) Small Tractors Motor(set)	17400	24700	6338	7006	5499
汽车(辆) Vehicles(unit)	29606	70260	194963	180947	193875
#载货汽车 Cargo Vehicles	10244	4158	8005	17124	21839
改装汽车(辆) Refitted Vehicles(unit)	7107	26555	16222	13701	12448
民用钢质船舶(总吨) Civil Steelen Boats(tons)	44457	146816	727031	578569	670798
交流电动机(千瓦) Alternating Current Electromotor(kw)	1799600	2484300	5827571	10894691	10131641
变压器(千伏安) Power Transformer(kva)	2549000	3489300	5728012	6002579	6316219
电力电缆(千米) Electric Cable(km)	14629	18381	105487	316130	272831
电话单机(台) Telephone Set(set)	6646300	9728900	8452845	7310106	9245355
微型电子计算机(台) Personal Computers(set)	887678	3714387	7382707	9854033	8187775
集成电路(万块) Semiconductor Integrated Circuit(10000 units)	6888.00	13996.22	1158.40	4450.54	7405.29
彩色电视机(台) Color TV Sets(set)	2041900	3739000	9031009	14749266	14281435
照相机(台) Cameras(set)	3221684	1101899	4510909	1361807	1376047
钟(台) Clocks(set)	27474800	92983300	85595769	81037251	87922075
发电量(万千瓦小时) Electricity(10000 kwh)	4037300	7782500	13563200	17491149	17648972
#水电 Hydropower	1952200	2910000	4536900	3126811	3305285

12-11 规模以上工业企业主要指标(2015年)

单位：万元

项目 Item	工业总产值 Gross Industrial Output Value	工业增加值 Value added of Industry	资产总计 Total Assets	固定资产原价 Original Value of Fixed Assets
合　计 **Total**	**412514918**	**101652822**	**296475372**	**146776247**
#国有控股企业 State-holding Enterprises	43370478	11923850	73678243	53420776
#农村工业 Industy in Country	701015	208524	245013	130630
#亏损企业 Deficitted Enterprises	34165245	6698984	47823092	26442371
按轻重分 **Group by Light & Heary Industry**				
轻工业 Light Industry	202743806	53243592	120011190	49673015
重工业 Heavy Industry	209771112	48409231	176464182	97103232
按经济类型分 **Grouped by Ownership**				
国有 Stated-owned	16426125	5036336	20788615	19381742
集体 Collective-owned	2122583	642850	837762	347523
股份 Share Holding	110710243	26541312	105042353	52093182
联营 Cooperation	595248	148822	117556	84525
私营 Private	135480609	32593471	62178610	27134017
外商及港澳台商投资 Funds from HongKong,Macao,TaiWan and Foreign Area	146406872	36461005	107072755	47611456
其他 Others	773239	229027	437721	123801
按登记注册分 **Grouped by Status of Registration**				
内资企业 Sole Funded	266108046	65191818	189402617	99164790
港、澳、台商投资 Enterprises with Funds from HongKong, Macao and TaiWan	88501885	21639068	65898347	27391616
外商投资企业 Foreign Funded Enterprises	57904988	14821937	41174408	20219840
按经济组织分 **Grouped by Organization**				
独资企业 Sole Funded	101601702	25546141	70316268	33069802
合作、合伙 Cooperated and Partnership	4677788	1150432	2308155	948927
股份有限公司 Share Holding Enterprises	29104277	6819026	42300058	16158638
有限责任公司 Limited Liability Corporations	277131150	68137223	181550892	96598881

Main Indicators of Industrial Enterprises above Designated Size(2015)

(10000 yuan)

固定资产合计 Total Value of Fixed Assets	流动资产合计 Circulating Finds	主营业务收入 Sale Revenue	利润总额 Total Profit	利税总额 Total Profits and Tax	所得税费用 Income Tax	应交增值税 Value Added Tax Payable
96570073	**147676282**	**395912800**	**23598237**	**39747951**	**2747935**	**10372044**
37615063	19568962	42450278	1576225	6408237	348393	1815060
94878	118698	685507	52022	79071	4164	18654
18279875	18682120	31354311	-2594040	-866057	-83683	643230
31785258	70568714	194727306	13111989	20775764	1347527	5196002
64784815	77107569	201185494	10486247	18972187	1400408	5176043
12453086	4535507	16601261	561269	3223293	107824	797130
193787	465283	2067124	118458	209800	12757	62681
38382795	44273881	106236806	6162560	10621234	747993	2977742
52617	42980	598549	29016	31166	181	2110
18231466	34713197	130913703	7678842	11446010	578530	2992916
27146351	63359021	138733193	9015288	14164770	1299393	3525618
109971	286412	762164	32805	51678	1258	13847
69423722	84317261	257179607	14582949	25583181	1448542	6846427
15705625	38760246	82788563	5737266	8180451	747420	2081181
11440725	24598775	55944630	3278022	5984319	551973	1444437
18827965	42301940	96470033	6021948	8813029	819036	2244035
603301	1333899	4412883	302275	421290	25787	86749
9815524	20867048	27244397	1963897	2913460	296994	783470
67323283	83173396	267785487	15310117	27600173	1606119	7257791

12-11 续表1

单位：万元

项目 Item	工业总产值 Gross Industrial Output Value	工业增加值 Value added of Industry	资产总计 Total Assets	固定资产原价 Original Value of Fixed Assets
按规模分 **Grouped by Size of Enterprises**				
大型企业 Large Scale	123591289	31644058	108136009	55871249
中型企业 Medium Scale	125101866	31160933	92710991	49101084
小型企业 Small Scale	157348335	37296138	89196241	40593622
微型企业 Micro-Scale	6473429	1551693	6432130	1210292
按行业分 **Grouped by Sector**				
煤炭开采和洗选业 Coal Mining and Dressing	1185506	624507	1079393	498301
石油和天然气开采业 Petroleum and Natural Gas Mining				
黑色金属矿采选业 Ferrous Metals Mining and Dressing	1559324	413292	941814	477985
有色金属矿采选业 Nonferrous Metals Mining and Dressing	624683	231799	324647	221306
非金属矿采选业 Nonmetal Minerals Mining and Dressing	2249905	767755	983086	580450
其他采矿业 Others Mining and Quarrying				
农副食品加工业 Agricultural and Sideline Products Processing	27299534	5354059	13600265	4368506
食品制造业 Food Manufacturing	12944881	3348481	6746615	2302568
酒、饮料和精制茶制造业 Wine，Drink and Tea Manufacturing	8660775	2838697	5162867	2743145
烟草制品业 Tobacco Processing	2600457	2142928	2631308	1194160
纺织业 Textile Industry	23757810	5137600	14643252	7395237
纺织服装、服饰业 Textile Garments Products	18354517	5057189	11044232	3650923
皮革、毛皮、羽毛及其制品和制鞋业 Leather , Furs , Down and Relate Products	32260674	9399100	16023526	5244124
木材加工和木、竹、藤、棕、草制品业 Timber Processing,Bamboo,Cane,Palm Fiber and Straw Products	9551351	2491309	3572974	1495900
家具制造业 Furniture Manufacturing	4208456	1143257	2327945	735859
造纸和纸制品业 Papermaking and Paper Products	9817554	2195070	7336973	4009185
印刷和记录媒介复制业 Printing and Record Medium Reproduction	2871792	717455	1734952	849860

Continued

(10000 yuan)

固定资产合计 Total Value of Fixed Assets	流动资产合计 Circulating Finds	主营业务收入 Sale Revenue	利润总额 Total Profit	利税总额 Total Profits and Tax	所得税费用 Income Tax	应交增值税 Value Added Tax Payable
38303618	50053498	117691484	6780819	14334338	916267	3420987
30382339	46159192	119443716	8000466	12233530	992982	3491170
26967479	48231751	152741627	8711719	12979177	829873	3390749
916637	3231842	6035974	105233	200906	8814	69139
417071	362605	1208596	32989	152608	2534	87731
492060	276158	1494658	42177	86000	2923	28363
142949	99340	548252	21149	42716	2107	11338
385400	336846	2214904	155239	270890	13242	73612
3252603	8750499	26515029	1420341	2243424	93914	748733
1595146	3528505	12509598	992320	1433689	117160	389057
1882895	2606485	8946466	818093	1237930	80513	293885
616287	1764922	2545945	191872	1955990	50478	316446
4646445	7856431	22667173	1180610	1620362	78988	358852
2140263	7006620	17616625	1334578	1906305	156667	476264
3153269	10705030	31234738	2243338	3301158	280521	846840
956423	1967150	9242346	464530	706481	29690	185785
475414	1481544	4092836	245263	380895	21750	108634
2548209	3886360	8812121	701997	1014056	63071	267369
496350	859053	2717438	169201	264535	23005	76532

12-11 续表2

单位：万元

项目 Item	工业总产值 Gross Industrial Output Value	工业增加值 Value added of Industry	资产总计 Total Assets	固定资产原价 Original Value of Fixed Assets
文教、工美、体育和娱乐用品制造业 Cultural , Educational and Sports Goods	14687801	3985839	6591476	2334457
石油加工、炼焦和核燃料加工业 Petroleum Processing , Coking and Nuclear Fuel Processing	10551503	3405778	7711861	6581653
化学原料和化学制品制造业 Raw Chemical Materials and Chemical Products	15800252	2875206	14729311	5457168
医药制造业 Medical and Pharmaceutical Products	2915730	1006274	2855382	1155035
化学纤维制造业 Chemical Fiber	10209587	1799192	8075468	5478025
橡胶和塑料制品业 Rubber and Plastic Products	15678063	3728663	9269120	4627282
非金属矿物制品业 Nonmetal Minerals Products	29068658	7598490	21012901	9481828
黑色金属冶炼和压延加工业 Smelting and Pressing of Ferrous Metals	16310402	2948039	10183932	5987215
有色金属冶炼和压延加工业 Smelting and Pressing of Nonferrous Metals	15104877	2443897	12376692	4056067
金属制品业 Metal Products	10785660	2615030	6519396	2416255
通用设备制造业 General Equipment	10140660	2573599	7454960	2981628
专用设备制造业 Special Purpose Equipment	8090953	1728080	6901434	2116487
汽车制造业 Car Manufacturing	11062060	2508074	8091342	3120980
铁路、船舶、航空航天和其他运输设备制造业 Railway,Watercraft,Aviation and others transportation Manufacturing	4157566	943501	3648765	1049145
电气机械和器材制造业 Electric Equipment and Machinery	17631034	4778485	13703052	3860661
计算机、通信和其他电子设备制造业 Computer,Communication and other Electronic Equipment	33357883	7312860	20502209	7183208
仪器仪表制造业 Instruments and Meters Machinery	1967170	557553	1173101	488475
其他制造业 Others Manufacturing	2794864	714802	1883237	519859
废弃资源综合利用业 Waste Resources and Materials Recovering	741709	109268	269504	100594
金属制品、机械和设备修理业 Metals,Machinery and Equipment maintenance	1469073	252069	930378	683468
电力、热力生产和供应业 Production and Supply of Electric Power and Hot Power	19209392	5264394	39640741	38196925
燃气生产和供应业 Production and Supply of Gas	2386361	424178	2033581	1221325
水的生产和供应业 Production and Supply of Water	446444	217057	2763679	1910999

Continued

(10000 yuan)

固定资产合计 Total Value of Fixed Assets	流动资产合计 Circulating Finds	主营业务收入 Sale Revenue	利润总额 Total Profit	利税总额 Total Profits and Tax	所得税费用 Income Tax	应交增值税 Value Added Tax Payable
1533475	4002495	14225234	972203	1375532	68374	318824
5097198	2031846	10465105	368324	2762077	99801	488047
3760105	5838754	15212014	389670	794216	71127	336773
674602	1633528	2632297	342701	461921	42108	101296
3290688	3950837	8952729	291039	439239	28780	134954
3079093	4959073	15145847	1034478	1486266	140045	379425
6325645	10820574	28517184	2015596	3015164	160672	778223
3865938	4224920	15571980	98705	569978	-10068	416349
2903618	5686661	13691432	467196	750379	77192	223280
1582908	4040419	10307734	778835	1071716	68318	244013
1781302	4589766	9855576	718403	1022486	74393	244513
1169783	4662779	7685660	432349	671449	53420	186156
1806110	5172769	10530667	735484	1183368	83410	340761
757559	2492614	3979073	194571	296961	25208	78857
2584544	8990518	16716272	1504342	2025213	221149	432949
4115093	13467177	31028488	1066581	1469534	150851	322122
298423	748239	1902585	57648	112084	7346	44200
312458	1158431	2743695	194939	284146	19121	78991
78023	149992	730526	16985	38292	824	17784
454643	334285	1459515	72327	81965	8719	7268
25314450	5893636	19362738	1588478	2901640	290737	866956
1093505	619211	2363377	213404	270175	43285	47535
1490128	720213	466346	30282	47117	6562	13332

12-12 规模以上工业企业主要经济效益指标(2015年)

Main Indicators of Economic Benefit of Industrial Enterprises above Designated Size(2015)

单位：% (%)

项目 Item	工业增加值率 Ratio of Value Added to Gross Industrial Output Value	总资产贡献率 Ratio of Total Assets to Industrial Output Value	资产负债率 Ratio of Assets to Liability	流动资产周转次数(次/年) Number of Times of Turnover Circulating Funds(times/year)	工业成本费用利润率 Ratio of Profits to Industrial Cost	产品销售率 Proportion of Products Sold
合计 **Total**	**24.51**	**14.65**	**53.56**	**2.71**	**6.38**	**96.71**
#国有控股企业 State-holding Enterprises	28.15	10.26	61.79	2.21	4.04	97.26
#农村工业 Industy in Country	27.64	33.25	42.13	5.80	8.30	97.56
按轻重分 **Group by Light & Heary Industry**						
轻工业 Light Industry	26.28	18.48	48.68	2.78	7.27	96.79
重工业 Heavy Industry	22.76	12.05	56.88	2.64	5.53	96.63
按经济类型分 **Grouped by Ownership**						
国有 Stated-owned	32.35	16.93	60.71	3.72	3.85	99.09
集体 Collective-owned	29.70	25.65	45.06	4.55	6.06	98.93
股份 Share Holding	23.64	11.58	57.59	2.43	6.18	96.55
联营 Cooperation	25.04	29.59	45.88	13.93	5.59	101.74
私营 Private	23.21	19.81	48.06	3.78	6.27	97.74
外商及港澳台商投资 Funds from HongKong, Macao,TaiWan and Foreign Area	24.94	14.14	51.45	2.22	6.95	95.55
其他 Others	30.35	12.31	63.86	2.68	4.56	98.68
按登记注册分 **Grouped by Status of Registration**						
内资企业 Sole Funded	24.23	14.95	54.75	3.07	6.07	97.35
港、澳、台商投资企业 Enterprises with Funds from HongKong, Macao and TaiWan	24.40	13.27	50.69	2.17	7.38	95.24

12-12 续表1

Continued

单位：% (%)

项目 Item	工业增加值率 Ratio of Value Added to Gross Industrial Output Value	总资产贡献率 Ratio of Total Assets to Industrial Output Value	资产负债率 Ratio of Assets to Liability	流动资产周转次数(次/年) Number of Times of Turnover Circulating Funds(times/year)	工业成本费用利润率 Ratio of Profits to Industrial Cost	产品销售率 Proportion of Products Sold
外商投资企业 Foreign Funded Enterprises	25.73	15.52	52.67	2.30	6.30	96.02
按经济组织分 Grouped by Organization						
独资企业 Sole Funded	25.10	13.27	48.07	2.30	6.67	96.06
合作、合伙 Cooperated and Partnership	23.86	18.51	45.31	3.34	7.47	94.29
股份有限公司 Share Holding Enterprises	23.27	7.89	49.54	1.37	7.30	95.48
有限责任公司 Limited Liability Corporations	24.43	16.72	56.73	3.24	6.16	97.12
按规模分 Grouped by Size of Enterprises						
大型企业 Large Scale	25.86	14.48	58.48	2.38	6.25	95.43
中型企业 Medium Scale	25.02	14.48	51.52	2.61	7.18	96.59
小型企业 Small Scale	21.62	15.78	49.37	3.18	6.06	97.78
微型企业 Micro-Scale	12.88	4.36	58.33	2.00	1.66	97.46
按行业分 Grouped by Sector						
煤炭开采和洗选业 Coal Mining and Dressing	50.32	14.75	47.51	3.40	2.79	101.28
石油和天然气开采业 Petroleum and Natural Gas Mining						
黑色金属矿采选业 Ferrous Metals Mining and Dressing	21.82	9.82	50.38	5.44	2.91	98.06
有色金属矿采选业 Nonferrous Metals Mining and Dressing	32.78	14.53	42.64	5.67	4.02	97.31
非金属矿采选业 Nonmetal Minerals Mining and Dressing	32.13	28.58	30.95	6.62	7.65	100.02
其他采矿业 Others Mining and Quarrying						

12-12 续表2

Continued

单位：% (%)

项目 Item	工业增加值率 Ratio of Value Added to Gross Industrial Output Value	总资产贡献率 Ratio of Total Assets to Industrial Output Value	资产负债率 Ratio of Assets to Liability	流动资产周转次数(次/年) Number of Times of Turnover Circulating Funds(times/year)	工业成本费用利润率 Ratio of Profits to Industrial Cost	产品销售率 Proportion of Products Sold
农副食品加工业 Agricultural and Sideline Products Processing	18.78	17.74	56.18	3.05	5.64	97.00
食品制造业 Food Manufacturing	25.43	22.41	42.17	3.56	8.61	97.22
酒、饮料和精制茶制造业 Wine，Drink and Tea Manufacturing	32.39	24.53	39.16	3.46	10.09	98.64
烟草制品业 Tobacco Processing	82.41	74.80	34.72	1.54	17.72	97.84
纺织业 Textile Industry	21.46	12.81	49.06	2.91	5.48	97.04
纺织服装、服饰业 Textile Garments Products	27.31	17.81	37.94	2.52	8.23	95.98
皮革、毛皮、羽毛及其制品和制鞋业 Leather , Furs , Down and Relate Products	29.16	21.68	47.29	2.92	7.82	96.92
木材加工和木、竹、藤、棕、草制品业 Timber Processing,Bamboo,Cane,Palm Fiber and Straw Products	24.58	21.62	43.11	4.71	5.31	97.81
家具制造业 Furniture Manufacturing	26.54	17.52	50.06	2.78	6.40	97.68
造纸和纸制品业 Papermaking and Paper Products	21.95	15.38	57.55	2.30	8.57	91.68
印刷和记录媒介复制业 Printing and Record Medium Reproduction	24.07	16.61	49.69	3.19	6.65	97.88
文教、工美、体育和娱乐用品制造业 Cultural , Educational and Sports Goods	26.57	22.53	44.48	3.57	7.42	97.83
石油加工、炼焦和核燃料加工业 Petroleum Processing , Coking and Nuclear Fuel Processing	32.62	38.67	67.25	5.18	4.44	99.30
化学原料和化学制品制造业 Raw Chemical Materials and Chemical Products	18.87	6.97	60.29	2.69	2.56	97.29
医药制造业 Medical and Pharmaceutical Products	33.98	17.06	33.24	1.62	14.89	94.73
化学纤维制造业 Chemical Fiber	17.49	7.14	64.65	2.31	3.32	94.08
橡胶和塑料制品业 Rubber and Plastic Products	23.07	17.03	47.25	3.10	7.24	98.17
非金属矿物制品业 Nonmetal Minerals Products	25.56	15.48	47.26	2.66	7.57	97.83

12-12 续表3

Continued

单位：% (%)

项目 Item	工业增加值率 Ratio of Value Added to Gross Industrial Output Value	总资产贡献率 Ratio of Total Assets to Industrial Output Value	资产负债率 Ratio of Assets to Liability	流动资产周转次数(次/年) Number of Times of Turnover Circulating Funds(times/year)	工业成本费用利润率 Ratio of Profits to Industrial Cost	产品销售率 Proportion of Products Sold
黑色金属冶炼和压延加工业 Smelting and Pressing of Ferrous Metals	17.77	7.37	66.85	3.74	0.63	95.70
有色金属冶炼和压延加工业 Smelting and Pressing of Nonferrous Metals	15.75	7.01	58.93	2.44	3.58	93.50
金属制品业 Metal Products	24.34	17.22	45.30	2.56	8.19	96.69
通用设备制造业 General Equipment	25.20	14.55	43.02	2.16	7.93	96.34
专用设备制造业 Special Purpose Equipment	20.48	10.90	52.84	1.66	6.00	94.94
汽车制造业 Car Manufacturing	21.91	15.15	56.48	2.07	7.45	96.28
铁路、船舶、航空航天和其他运输设备制造业 Railway,Watercraft,Aviation and others transportation Manufacturing	21.22	9.21	68.81	1.60	5.16	97.34
电气机械和器材制造业 Electric Equipment and Machinery	27.22	15.56	51.89	1.90	9.68	96.32
计算机、通信和其他电子设备制造业 Computer,Communication and other Electronic Equipment	21.59	7.77	56.18	2.32	3.55	94.44
仪器仪表制造业 Instruments and Meters Machinery	28.16	10.47	37.38	2.57	3.22	97.60
其他制造业 Others Manufacturing	25.66	16.00	40.76	2.37	7.64	97.44
废弃资源综合利用业 Waste Resources and Materials Recovering	8.96	15.18	53.97	4.88	2.38	98.33
金属制品、机械和设备修理业 Metals,Machinery and Equipment maintenance	16.32	9.05	47.42	4.37	5.21	99.74
电力、热力生产和供应业 Production and Supply of Electric Power and Hot Power	27.98	9.19	65.01	3.31	8.97	99.58
燃气生产和供应业 Production and Supply of Gas	17.72	14.10	57.05	3.90	9.81	99.50
水的生产和供应业 Production and Supply of Water	49.25	2.10	49.88	0.68	6.37	99.16

12-13 大中型工业企业主要经济指标(2015年)

单位: 万元

项目 Item	企业单位数(个) Number of Enterprises (unit)	工业总产值 Gross Industrial Output Value	工业增加值 Value added Of Industry	资产总计 Total Assets
合 计 **Total**	**3360**	**248693155**	**62804991**	**200847000**
#煤炭开采和洗选业 Coal Mining and Dressing	19	418331	256826	712779
黑色金属矿采选业 Ferrous Metals Mining and Dressing	4	241675	60522	530927
有色金属矿采选业 Nonferrous Metals Mining and Dressing	2	87155	51612	48796
非金属矿采选业 Nonmetal Minerals Mining and Dressing	14	534309	210642	414519
农副食品加工业 Agricultural and Sideline Products Processing	162	11794330	2182357	8015847
食品制造业 Food Manufacturing	131	7612554	1956245	4079003
酒、饮料和精制茶制造业 Wine，Drink and Tea Manufacturing	97	4308784	1532560	2974165
烟草制品业 Tobacco Processing	6	2600457	2142928	2631308
纺织业 Textile Industry	210	14730163	3241902	8816560
纺织服装、服饰业 Textile Garments Products	347	11952240	3354266	7373144
皮革、毛皮、羽毛及其制品和制鞋业 Leather , Furs , Down and Relate Products	543	25228275	7485653	12906669
木材加工和木、竹、藤、棕、草制品业 Timber Processing,Bamboo,Cane,Palm Fiber and Straw Products	56	2107937	534988	1145224
家具制造业 Furniture Manufacturing	61	2124390	565164	1108335
造纸和纸制品业 Papermaking and Paper Products	78	6126004	1359647	4983290
印刷和记录媒介复制业 Printing and Record Medium Reproduction	26	990465	223249	726770
文教、工美、体育和娱乐用品制造业 Cultural , Educational and Sports Goods	178	6078605	1751071	2715895
石油加工、炼焦和核燃料加工业 Petroleum Processing , Coking and Nuclear Fuel Processing	7	10135198	3328652	7488420
化学原料和化学制品制造业 Raw Chemical Materials and Chemical Products	79	5846404	1235914	8580452
医药制造业 Medical and Pharmaceutical Products	32	1449405	544919	1913085

Main Financial Indicators of Large and Medium Industrial Enterprises(2015)

(10000 yuan)

固定资产原价 Original Value of Fixed Assets	固定资产合计 Total Value of Fixed Assets	流动资产合计 Circulating Funds	主营业务收入 Sale Revenue	利润总额 Total Profit	利税总额 Total Profits and Tax	所得税费用 Income Tax	应交增值税 Value Added Tax Payable
104972333	**68685957**	**96212690**	**237135200**	**14781285**	**26567868**	**1909249**	**6912156**
274654	240667	232490	436760	-22962	38216	-518	44329
227673	341659	94398	234031	814	12618	649	8822
75557	40694	4136	79944	12281	21213	1170	4100
245368	186881	65008	529758	58951	99039	3194	25504
2460342	1895804	5245376	11266578	639080	1071616	28250	407100
1457321	972307	2132389	7320618	633060	927085	85761	264061
1790176	1129329	1480865	4710522	514540	801480	60479	202767
1194160	616287	1764922	2545945	191872	1955990	50478	316446
4918571	2824862	4758400	14044774	793067	1081813	58011	239431
2500837	1440892	4553960	11324005	950984	1340043	119586	328677
4159167	2435309	8783703	24288310	1833751	2690354	239248	683613
393285	252708	640918	2009039	136309	204113	7865	51713
363690	213843	732563	2055207	128133	201266	13567	58865
3057039	1877471	2562050	5192889	534220	736673	48177	176649
290940	179419	315588	944049	61312	99778	7732	31575
1104626	685324	1651689	5827947	462230	659115	32133	164753
6496376	5025523	1928156	10024784	363219	2745213	99186	480278
2978917	2119703	2560732	5563801	70827	257604	25296	156384
569421	414243	1085883	1291099	248525	328186	33077	70802

12-13 续表

单位：万元

项目 Item	企业单位数(个) Number of Enterprises (unit)	工业总产值 Gross Industrial Output Value	工业增加值 Value added Of Industry	资产总计 Total Assets
化学纤维制造业 Chemical Fiber	33	8172949	1433614	6766071
橡胶和塑料制品业 Rubber and Plastic Products	139	7952720	2014704	4761576
非金属矿物制品业 Nonmetal Minerals Products	257	11726175	3191116	11357126
黑色金属冶炼和压延加工业 Smelting and Pressing of Ferrous Metals	41	10173744	1874315	7045627
有色金属冶炼和压延加工业 Smelting and Pressing of Nonferrous Metals	31	12403274	1964311	11140017
金属制品业 Metal Products	83	5108880	1296564	3738260
通用设备制造业 General Equipment	79	4774698	1321350	4194878
专用设备制造业 Special Purpose Equipment	49	2556798	510425	3813766
汽车制造业 Car Manufacturing	77	7697558	1626856	5477160
铁路、船舶、航空航天和其他运输设备制造业 Railway,Watercraft,Aviation and others transportation Manufacturing	33	2433245	539451	2568973
电气机械和器材制造业 Electric Equipment and Machinery	158	11281319	3282203	9396262
计算机、通信和其他电子设备制造业 Computer,Communication and other Electronic Equipment	160	29083282	6336357	17034991
仪器仪表制造业 Instruments and Meters Machinery	33	945017	272691	619040
其他制造业 Others Manufacturing	49	1881276	488793	1276405
金属制品、机械和设备修理业 Metals,Machinery and Equipment maintenance	5	959852	165528	683374
电力、热力生产和供应业 Production and Supply of Electric Power and Hot Power	65	15274953	4012609	30308912
燃气生产和供应业 Production and Supply of Gas	6	1653673	334691	1631882
水的生产和供应业 Production and Supply of Water	10	247062	120298	1867495

Continued

(10000 yuan)

固定资产原价 Original Value of Fixed Assets	固定资产合计 Total Value of Fixed Assets	流动资产合计 Circulating Funds	主营业务收入 Sale Revenue	利润总额 Total Profit	利税总额 Total Profits and Tax	所得税费用 Income Tax	应交增值税 Value Added Tax Payable
4994085	2956257	3128601	6983061	186885	308701	18234	112000
2972382	2051239	2265934	7688102	660735	917091	101488	221936
5551210	3671715	5672642	11496271	913381	1342601	71109	353898
5115037	3291208	2553620	9702137	-32748	343905	-20574	340000
3681469	2686948	4931432	11047801	395350	647697	64480	200126
1343102	880998	2340900	4800796	463317	611108	41654	127897
1771952	1068778	2523616	4643619	421039	583261	50212	135952
808636	502754	2824498	2484673	61984	163063	21980	87328
2107457	1142579	3607930	7316796	503455	842978	55076	248940
658011	466247	1830416	2329230	116976	173321	15125	41658
2788493	1800994	6230173	10789791	1175807	1535278	187558	304071
6228513	3495264	11176960	27002463	878405	1184365	133447	244249
283029	189735	370814	910278	2691	23749	1601	16842
324020	175222	764517	1858068	142040	209071	14389	60601
534925	346026	211618	954653	41653	48985	7351	5451
28835557	18971610	4327084	15539557	1068744	2127890	199266	642464
1072651	968745	441206	1630892	170420	221717	32918	44414
1343685	1126713	417505	266952	942	11674	594	8463

12-14 国有控股工业企业主要经济指标(2015年)

单位：万元

项目 Item	企业单位数(个) Number of Enterprises (unit)	工业总产值 Gross Industrial Output Value	工业增加值 Value added of Industry	资产总计 Total Assets
合计 Total	**485**	**43370478**	**11923850**	**73678243**
按隶属关系分 Grouped by Subordination				
中央企业 Central Enterprises	73	17869948	5591847	32332821
地方企业 Local Enterprises	412	25500530	6332003	41345422
按轻重分 Grouped by Light &Heavy Industry				
轻工业 Light Industry	114	4451806	2724936	7565995
重工业 Heavy Industry	371	38918672	9198915	66112249
按规模分 Grouped by Size of Enterprises				
大型企业 Large Scale	45	25704586	7031158	44748470
中型企业 Medium Scale	137	12111522	3320660	17817267
小型企业 Small Scale	280	5107567	1458076	10189369
微型企业 Micro-Scale	23	446803	113956	923138
按行业分 Grouped by Sector				
#**煤炭开采和洗选业** Coal Mining and Dressing	14	269802	178466	659087
黑色金属矿采选业 Ferrous Metals Mining and Dressing	5	203292	59905	570119
有色金属矿采选业 Nonferrous Metals Mining and Dressing	8	135712	84098	107545
非金属矿采选业 Nonmetal Minerals Mining and Dressing	13	108028	55497	386750

Main Financial Indicators of State-holding Industrial Enterprise(2015)

(10000 yuan)

固定资产原价 Original Value of Fixed Assets	固定资产合计 Total Value of Fixed Assets	流动资产合计 Circulating Funds	主营业务收入 Sale Revenue	利润总额 Total Profit	利税总额 Total Profits and Tax	所得税费用 Income Tax	应交增值税 Value Added Tax Payable
53420776	**37615063**	**19568962**	**42450278**	**1576225**	**6408237**	**348393**	**1815060**
27335223	20474736	4923934	17629726	826404	3836680	141039	881523
26085552	17140328	14645028	24820552	749821	2571557	207354	933538
4603220	2715053	3452252	4343574	282156	2137968	80863	388900
48817556	34900010	16116710	38106705	1294069	4270269	267530	1426160
27381761	20789140	12705782	25306208	483929	4353797	68258	1048262
17061907	10709828	4136600	11892567	632659	1317296	183337	524195
8481439	5719495	2620557	5010499	466235	736295	95071	236237
495668	396601	106023	241005	-6598	849	1727	6366
244368	219891	200656	285496	-23414	22368	-712	31648
239889	346811	112694	196292	-2631	10637	867	9815
89960	50452	27501	135403	18743	30855	1611	6181
189397	159246	71599	105638	25624	38556	5496	10590

12-14 续表1

单位：万元

项目 Item	企业单位数(个) Number of Enterprises (unit)	工业总产值 Gross Industrial Output Value	工业增加值 Value added of Industry	资产总计 Total Assets
其他采矿业 Others Mining and Quarrying				
农副食品加工业 Agricultural and Sideline Products Processing	8	234060	33793	109784
食品制造业 Food Manufacturing	10	122647	28904	440116
酒、饮料和精制茶制造业 Wine，Drink and Tea Manufacturing	10	88375	36853	110483
烟草制品业 Tobacco Processing	6	2600457	2142928	2631308
纺织业 Textile Industry	3	133362	20625	90799
纺织服装、服饰业 Textile Garments Products	3	16390	4783	24759
木材加工和木、竹、藤、棕、草制品业 Timber Processing,Bamboo,Cane,Palm Fiber and Straw Products	3	237089	47732	526948
造纸和纸制品业 Papermaking and Paper Products	6	204161	19865	721909
印刷和记录媒介复制业 Printing and Record Medium Reproduction	13	144440	54190	138260
石油加工、炼焦和核燃料加工业 Petroleum Processing , Coking and Nuclear Fuel Processing	4	4132005	1258584	3560661
化学原料和化学制品制造业 Raw Chemical Materials and Chemical Products	23	1261623	188460	2155822
医药制造业 Medical and Pharmaceutical Products	8	309032	164874	596564
橡胶和塑料制品业 Rubber and Plastic Products	3	13154	3273	26259
非金属矿物制品业 Nonmetal Minerals Products	41	778248	197925	980836
黑色金属冶炼和压延加工业 Smelting and Pressing of Ferrous Metals	8	3143606	452522	4001925

Continued

(10000 yuan)

固定资产原价 Original Value of Fixed Assets	固定资产合计 Total Value of Fixed Assets	流动资产合计 Circulating Funds	主营业务收入 Sale Revenue	利润总额 Total Profit	利税总额 Total Profits and Tax	所得税费用 Income Tax	应交增值税 Value Added Tax Payable
43418	33227	67019	211517	-2681	-1585	87	957
87460	57146	85227	130813	8071	14406	1142	5682
107402	70123	32737	87112	3382	16015	840	5031
1194160	616287	1764922	2545945	191872	1955990	50478	316446
78492	29363	55611	105808	3253	6568	1038	2856
11789	6214	18266	15922	1790	4478		2394
131498	82999	272913	215068	5615	16267		9351
1092155	401502	204793	200387	-50045	-42706	741	6372
104169	44977	72515	128522	21011	29141	5158	6834
2785882	2714984	845677	3995876	-70940	1085354	-7611	210087
1615293	1356933	447646	1089351	-58914	-19520	796	37346
119165	75423	383106	290886	92726	119919	15275	24009
9529	3217	21850	13196	669	1750	20	936
664811	442808	420250	771161	12033	37971	6468	23367
2845831	1739835	1072939	2992037	-241196	-167142	-30893	66263

12-14 续表2

单位：万元

项目 Item	企业单位数(个) Number of Enterprises (unit)	工业总产值 Gross Industrial Output Value	工业增加值 Value added of Industry	资产总计 Total Assets
有色金属冶炼和压延加工业 Smelting and Pressing of Nonferrous Metals	10	3385881	553825	7189653
金属制品业 Metal Products	5	42193	6531	42533
通用设备制造业 General Equipment	12	232621	65589	517562
专用设备制造业 Special Purpose Equipment	9	326076	-11738	1234403
汽车制造业 Car Manufacturing	9	2119620	283925	2098981
铁路、船舶、航空航天和其他运输设备制造业 Railway,Watercraft,Aviation and others transportation Manufacturing	9	1325425	248644	1885709
电气机械和器材制造业 Electric Equipment and Machinery	13	296596	53896	449331
计算机、通信和其他电子设备制造业 Computer,Communication and other Electronic Equipment	19	1981430	555036	3119309
仪器仪表制造业 Instruments and Meters Machinery	1	20781	5999	22108
其他制造业 Others Manufacturing				
金属制品、机械和设备修理业 Metals,Machinery and Equipment maintenance	2	10150	1504	12748
电力、热力生产和供应业 Production and Supply of Electric Power and Hot Power	163	17796228	4659965	35327812
燃气生产和供应业 Production and Supply of Gas	7	1241113	278379	1455355
水的生产和供应业 Production and Supply of Water	32	315713	154597	2389667

Continued

(10000 yuan)

固定资产原价 Original Value of Fixed Assets	固定资产合计 Total Value of Fixed Assets	流动资产合计 Circulating Funds	主营业务收入 Sale Revenue	利润总额 Total Profit	利税总额 Total Profits and Tax	所得税费用 Income Tax	应交增值税 Value Added Tax Payable
1683892	1151444	2805765	3192764	181573	323033	23463	102804
9787	9723	22954	49276	-594	352	356	773
150353	95219	246530	227732	30489	40145	3270	8046
297764	172046	924449	420145	-103613	-88537	3302	13873
760693	411979	1308864	1916087	-10950	88742	-5481	27692
415931	316384	1366101	1286225	48346	48245	8098	-1112
93094	82416	289985	282699	12327	23337	1284	9147
1147275	942853	1416756	1848350	135818	189065	15948	44934
487	114	20516	20781	1050	1386	131	299
3722	601	7104	10128	713	837	129	106
34551897	23759693	3952598	17960077	1214263	2428333	211742	779073
948129	869814	401338	1241424	123288	167834	29855	38951
1573599	1297161	611785	336676	10805	22249	3437	8811

12-15 规模以上外商及港澳台投资工业企业主要经济指标(2015年)

单位：万元

项目 Item	企业单位数(个) Number of Enterprises (unit)	工业总产值 Gross Industrial Output Value	工业增加值 Value added of Industry	资产总计 Total Assets
合计 Total	**3954**	**146406872**	**36461005**	**107072755**
按登记注册类型分 Grouped by Status of Registration				
港、澳、台商投资企业 Enterprises with Funds from HongKong, Macao and TaiWan	**2566**	**88501885**	**21639068**	**65898347**
合资经营企业 Joint Ventures Enterprises	557	22866863	5331527	16748269
合作经营企业 Cooperative Operation Enterprises	13	310547	60201	112020
独资企业 Sole Investment	1947	61117030	15368374	42997980
股份有限公司 Share-holding Corporations Ltd with Investment	49	4207444	878967	6040079
外商投资企业 Foreign Funded Enterprises	**1388**	**57904988**	**14821937**	**41174408**
中外合资经营企业 Joint Ventures Enterprises	405	22735321	6082381	17279979
中外合作经营企业 Cooperative Operation Enterprises	10	511927	133554	406749
外资企业 Sole Foreign Investment Enterprises	935	33022108	8200662	21777416
外商投资股份有限公司 Foreign Investment share Enterprises	38	1635632	405339	1710264
按轻重分 Grouped by Light &Heavy Industry				
轻工业 Light Industry	2648	79598045	20746193	51335331
重工业 Heavy Industry	1306	66808828	15714812	55737424
按规模分 Grouped by Size of Enterprises				
大型企业 Large Scale	240	66607656	17204002	44007928
中型企业 Medium Scale	1153	47437377	11636958	38292313
小型企业 Small Scale	2445	31586151	7442983	23044089

Main Finanical Indicators of Industrial Enterprises with Foreign Capital above Designated Size(2015)

(10000 yuan)

固定资产原价 Original Value of Fixed Assets	固定资产合计 Total Value of Fixed Assets	流动资产合计 Circulating Funds	主营业务收入 Sale Revenue	利润总额 Total Profit	利税总额 Total Profits and Tax	所得税费用 Income Tax	应交增值税 Value Added Tax Payable
47611456	**27146351**	**63359021**	**138733193**	**9015288**	**14164770**	**1299393**	**3525618**
27391616	**15705625**	**38760246**	**82788563**	**5737266**	**8180451**	**747420**	**2081181**
6170504	3604594	9152581	21205942	1549167	2258655	170702	596684
32479	18395	56498	305273	14322	20542	1376	4280
19349426	11111026	26380311	57455306	3834026	5442458	525778	1373198
1839207	971610	3170856	3822042	339751	458796	49564	107018
20219840	**11440725**	**24598775**	**55944630**	**3278022**	**5984319**	**551973**	**1444437**
10313904	6269552	8711679	22352624	1305876	3143124	255639	740635
214975	100940	285193	553762	61010	75129	8732	10579
9124300	4652137	14564875	31562650	1811380	2619508	270085	652423
566661	418096	1037027	1475593	99756	146558	17517	40801
21200084	12073922	32497251	75401742	5408025	7740565	700940	1959958
26411373	15072429	30861770	63331451	3607263	6424205	598453	1565660
20809716	12110758	26692806	62976106	4115195	7033381	630170	1658537
17307158	9520529	21806086	44280182	3083525	4429119	422008	1122455
9280970	5387583	14086545	30758344	1896029	2771701	245401	737470

12-15 续表1

单位：万元

项目 Item	企业单位数(个) Number of Enterprises (unit)	工业总产值 Gross Industrial Output Value	工业增加值 Value added of Industry	资产总计 Total Assets
微型企业 Micro-Scale	116	775689	177063	1728425
按行业分 **Grouped by Sector**				
#有色金属矿采选业 Nonferrous Metals Mining and Dressing	4	38878	17996	12239
非金属矿采选业 Nonmetal Minerals Mining and Dressing	4	129069	45094	22666
农副食品加工业 Agricultural and Sideline Products Processing	165	6412137	1048168	3576828
食品制造业 Food Manufacturing	113	3877495	1035326	1734097
酒、饮料和精制茶制造业 Wine，Drink and Tea Manufacturing	70	2658308	945013	2432068
纺织业 Textile Industry	251	7019265	1521952	5060539
纺织服装、服饰业 Textile Garments Products	544	9840656	2717436	6658447
皮革、毛皮、羽毛及其制品和制鞋业 Leather , Furs , Down and Relate Products	495	17864265	5418194	9818607
木材加工和木、竹、藤、棕、草制品业 Timber Processing,Bamboo,Cane,Palm Fiber and Straw Products	41	872666	262823	495507
家具制造业 Furniture Manufacturing	75	1335295	358743	929738
造纸和纸制品业 Papermaking and Paper Products	102	4227971	880120	3464723
印刷和记录媒介复制业 Printing and Record Medium Reproduction	28	365892	118816	364196
文教、工美、体育和娱乐用品制造业 Cultural , Educational and Sports Goods	270	4833752	1281090	2272631
石油加工、炼焦和核燃料加工业 Petroleum Processing , Coking and Nuclear Fuel Processing	8	5737893	2023672	3857086
化学原料和化学制品制造业 Raw Chemical Materials and Chemical Products	117	3727569	730313	6103018
医药制造业 Medical and Pharmaceutical Products	23	650894	231190	739240
化学纤维制造业 Chemical Fiber	39	5540534	963316	4380903

Continued

(10000 yuan)

固定资产原价 Original Value of Fixed Assets	固定资产合计 Total Value of Fixed Assets	流动资产合计 Circulating Funds	主营业务收入 Sale Revenue	利润总额 Total Profit	利税总额 Total Profits and Tax	所得税费用 Income Tax	应交增值税 Value Added Tax Payable
213612	127482	773585	718562	-79461	-69431	1814	7155
517	539	7954	38878	534	2190		901
4961	4624	15096	130649	8509	19180	191	6073
961586	611244	2628938	6243160	347613	498033	29513	138022
670249	437354	1035986	3742800	324093	470306	40693	131400
1353843	829449	1290060	3082796	302077	491276	53808	129280
2483234	1251812	2954970	6464108	394000	551050	40861	130860
2274897	1298385	4436388	9378534	758527	1062965	105507	256889
3144961	1748558	6860700	17145938	1348324	1927070	180250	477924
163216	119537	275387	823779	50986	65312	3801	11870
327554	171126	647322	1298646	62263	95839	8603	27445
1441888	1014714	1989504	3289666	322350	457606	45565	122532
222030	100181	152180	362822	37781	56247	7486	15364
994717	558255	1320219	4677306	324877	470996	26746	120880
3661254	2262664	1039084	5777860	433683	1664539	106890	274206
1500891	929134	2204987	3324550	50314	143673	29780	75666
311169	257538	398216	608514	87859	115668	11112	24042
3246346	1655327	2191805	4570525	52279	143698	19065	86005

12-15 续表2

单位：万元

项目 Item	企业单位数(个) Number of Enterprises (unit)	工业总产值 Gross Industrial Output Value	工业增加值 Value added of Industry	资产总计 Total Assets
橡胶和塑料制品业 Rubber and Plastic Products	224	5908687	1510209	5458674
非金属矿物制品业 Nonmetal Minerals Products	205	4859966	1321157	6641147
黑色金属冶炼和压延加工业 Smelting and Pressing of Ferrous Metals	38	4702066	981822	2727389
有色金属冶炼和压延加工业 Smelting and Pressing of Nonferrous Metals	28	1629938	288365	1590528
金属制品业 Metal Products	132	3894365	1026665	3341380
通用设备制造业 General Equipment	127	3609839	1041651	3037748
专用设备制造业 Special Purpose Equipment	102	1756696	447729	1592044
汽车制造业 Car Manufacturing	156	7687086	1724235	5295326
铁路、船舶、航空航天和其他运输设备制造业 Railway,Watercraft,Aviation and others transportation Manufacturing	27	397071	86892	332501
电气机械和器材制造业 Electric Equipment and Machinery	167	7854355	2186847	6046866
计算机、通信和其他电子设备制造业 Computer,Communication and other Electronic Equipment	191	23076324	4622457	12304200
仪器仪表制造业 Instruments and Meters Machinery	57	1166997	330648	601618
其他制造业 Others Manufacturing	98	1904776	496297	1252694
废弃资源综合利用业 Waste Resources and Materials Recovering	3	17700	3841	45405
金属制品、机械和设备修理业 Metals,Machinery and Equipment maintenance	8	1132224	182632	790390
电力、热力生产和供应业 Production and Supply of Electric Power and Hot Power	22	974002	455081	3173454
燃气生产和供应业 Production and Supply of Gas	9	577494	98772	601404
水的生产和供应业 Production and Supply of Water	9	106573	45798	280732

Continued

(10000 yuan)

固定资产原价 Original Value of Fixed Assets	固定资产合计 Total Value of Fixed Assets	流动资产合计 Circulating Funds	主营业务收入 Sale Revenue	利润总额 Total Profit	利税总额 Total Profits and Tax	所得税费用 Income Tax	应交增值税 Value Added Tax Payable
3162524	2108794	2698568	5685593	393249	568716	48768	144937
2626642	1697424	3555555	4822658	404966	568482	24743	135264
1942163	1332881	1186725	4521653	106082	330791	2379	205123
1025075	668124	705632	1468433	49545	73800	8457	16573
1219295	700849	2233230	3648351	331030	427615	30917	82609
1444579	768186	1991907	3526697	281107	406531	42408	105477
504402	247904	1088943	1626870	163111	214687	14334	44361
2120618	1093133	3705556	7312019	586966	944706	67216	266491
128781	50204	264453	358871	13342	21284	3071	6075
2060565	1141755	4130375	7570582	800786	996622	149148	159467
4309068	2166377	8920654	21433275	421088	626612	84556	160625
293012	182497	372487	1124820	5974	33232	3244	22534
312311	180511	774570	1883216	151948	213565	14593	55305
5584	4539	29731	17486	168	778	164	491
600521	384967	285885	1125364	36218	39019	8154	1920
2411713	729925	1669279	967479	298512	380866	74163	75741
329721	229596	223393	554885	60455	69711	11130	7015
326491	190496	62980	105900	6359	11575	2077	4472

12-16 工业产品分行业三大市场销售情况(2015)

Sales Statisics in Three Major Markets of Industrial Products by Sector(2015)

单位：亿元 (100 million yuan)

项目	Item	产品销售收入 Product Sales Revenue	销售区域比重(%) Indicator 省内 In the Province	省外 Outside the Province	境外 Overseas
工业	**Industry**	**41718.27**	**45.16**	**37.68**	**17.16**
#采矿业	Mining	635.86	81.90	17.38	0.72
煤炭开采和洗选业	Coal Mining and Dressing	134.12	88.96	11.04	
黑色金属矿采选业	Ferrous Metals Mining and Dressing	149.44	86.60	13.40	
有色金属矿采选业	Nonferrous Metals Mining and Dressing	60.49	66.82	33.18	
非金属矿采选业	Nonmetal Minerals Mining and Dressing	291.81	79.37	19.06	1.57
#制造业	Manufacturing	38874.09	41.44	40.16	18.40
农副食品加工业	Agricultural and Sideline Products Processing	2716.01	53.06	27.19	19.75
食品制造业	Food Manufacturing	1292.21	33.02	54.06	12.92
酒、饮料和精制茶制造业	Wine，Drink and Tea Manufacturing	950.57	56.50	41.42	2.08
烟草制品业	Tobacco Processing	254.75	56.80	43.12	0.08
纺织业	Textile Industry	2417.49	43.10	49.78	7.12
纺织服装、服饰业	Textile Garments Products	1971.73	33.24	37.45	29.31
皮革、毛皮、羽毛及其制品和制鞋业	Leather , Furs , Down and Relate Products	3325.79	35.71	37.25	27.04
木材加工和木、竹、藤、棕、草制品业	Timber Processing,Bamboo,Cane,Palm Fiber and Straw Products	1026.08	48.31	42.44	9.25
家具制造业	Furniture Manufacturing	455.81	36.54	30.29	33.17
造纸和纸制品业	Papermaking and Paper Products	973.34	65.02	30.15	4.83
印刷和记录媒介复制业	Printing and Record Medium Reproduction	325.24	66.19	25.52	8.29
文教、工美、体育和娱乐用品制造业	Cultural , Educational and Sports Goods	1520.56	31.51	35.97	32.52
石油加工、炼焦和核燃料加工业	Petroleum Processing , Coking and Nuclear Fuel Processing	1049.32	68.76	31.22	0.02
化学原料和化学制品制造业	Raw Chemical Materials and Chemical Products	1557.20	49.06	44.94	6.00
医药制造业	Medical and Pharmaceutical Products	263.74	26.91	65.74	7.35
化学纤维制造业	Chemical Fiber	898.33	62.56	33.01	4.43
橡胶和塑料制品业	Rubber and Plastic Products	1693.57	29.37	58.83	11.80
非金属矿物制品业	Nonmetal Minerals Products	3266.47	51.92	37.91	10.17
黑色金属冶炼和压延加工业	Smelting and Pressing of Ferrous Metals	1612.75	62.30	36.05	1.65
有色金属冶炼和压延加工业	Smelting and Pressing of Nonferrous Metals	1377.20	42.30	52.57	5.13
金属制品业	Metal Products	1022.90	49.60	35.61	14.79
通用设备制造业	General Equipment	1046.24	37.04	47.54	15.42
专用设备制造业	Special Purpose Equipment	781.53	37.49	55.48	7.03
汽车制造业	Car Manufacturing	1089.31	28.78	58.52	12.70
铁路、船舶、航空航天和其他运输设备制造业	Railway,Watercraft,Aviation and others transportation Manufacturing	409.25	43.22	28.95	27.83
电气机械和器材制造业	Electric Equipment and Machinery	1694.94	28.20	44.64	27.16
计算机、通信和其他电子设备制造业	Computer,Communication and other Electronic Equipment	3143.70	13.23	29.87	56.90
仪器仪表制造业	Instruments and Meters Machinery	206.37	19.01	34.11	46.88
其他制造业	Others Manufacturing	305.20	36.57	27.21	36.22
废弃资源综合利用业	Waste Resources and Materials Recovering	81.18	51.15	48.85	
金属制品、机械和设备修理业	Metals,Machinery and Equipment maintenance	145.31	14.52	10.98	74.50

主要统计指标解释

工业　指从事自然资源的开采，对采掘品和农产品进行加工和再加工的物质生产部门。具体包括：(1)对自然资源的开采，如采矿、晒盐等(但不包括禽兽捕猎和水产捕捞)；(2)对农副产品的加工、再加工，如粮油加工、食品加工、缫丝、纺织、制革等；(3)对采掘品的加工、再加工，如炼铁、炼钢、化工生产、石油加工、机器制造、木材加工等，以及电力、自来水、煤气的生产和供应等；(4)对工业品的修理、翻新，如机器设备的修理、交通运输工具(包括小卧车)的修理等。

1984 年以前农村的村及村以下办工业归属农业，1984 年以后划归工业。

工业统计调查单位为独立核算法人工业企业。

独立核算法人工业企业指从事工业生产经营活动的单位。独立核算法人工业企业应同时具备以下条件：①依法成立，有自己的名称、组织机构和场所，能够承担民事责任；②独立拥有和使用资产，承担负债，有权与其他单位签订合同；③独立核算盈亏，并能够编制资产负债表。

轻工业

指主要提供生活消费品和制作手工工具的工业。按其所使用的原料不同，可分为两大类：(1)以农产品为原料的轻工业，是指直接或间接以农产品为基本原料的轻工业。主要包括食品制造、饮料制造、烟草加工、纺织、缝纫、皮革和毛皮制作、造纸以及印刷等工业；(2)以非农产品为原料的轻工业，是指以工业品为原料的轻工业。主要包括文教体育用品、化学药品制造、合成纤维制造、日用化学制品、日用玻璃制品、日用金属制品、手工工具制造、医疗器械制造、文化和办公用机械制造等工业。

重工业

指为国民经济各部门提供物质技术基础的主要生产资料的工业。按其生产性质和产品用途，可以分为下列三类：(1)采掘(伐)工业，是指对自然资源的开采，包括石油开采、煤炭开采、金属矿开采、非金属矿开采等工业；(2)原材料工业，指向国民经济各部门提供基本材料、动力和燃料的工业。包括金属冶炼及加工、炼焦及焦炭、化学、化工原料、水泥、人造板以及电力、石油和煤炭加工等工业；(3)加工工业，是指对工业原材料进行再加工制造的工业。包括装备国民经济各部门的机械设备制造工业、金属结构、水泥制品等工业，以及为农业提供的生产资料如化肥、农药等工业。

根据上述划分原则，修理业中以重工业产品为修理作业对象的划为重工业，反之划为轻工业。

工业总产值

(1)定义：工业总产值是以货币形式表现的，工业企业在一定时期内生产的工业最终产品或提供工业性劳务活动的总价值量。它反映一定时间内工业生产的总规模和总水平。

(2)计算原则：

工业生产的原则，即凡是企业在报告期生产的经检验合格的产品，不管是否在报告期销售，均包括在内。

最终产品的原则，即凡是计入工业总产值的产品，必须是本企业生产的经检验合格的，不需要再进行任何加工的最终产品。如果企业有中间产品(半成品)对外销售，则对外销售的中间产品应视为企业的最终产品。

工厂法原则，即工业总产值是以工业企业作为基本计算(核算)单位，即按企业的最终产品计算工业总产值。按这种方法计算的工业总产值，不允许同一产品价值在企业内部重复计算，不能把企业内部各个车间(分厂)生产的成果相加，但允许企业间的重复计算。

(3)内容及计算方法：1995 年全国工业普查对工业总产值(原规定)的内容及计算原则和方法做了某些修订，修订后的工业总产值(新规定)包括三项内容：即本期生产成品价值、对外加工费收入、在制品半成品期末期初差额价值三部分。

本期生产成品价值：指企业本期生产，并在报告期内不再进行加工，经检验、包装入库的全部工业成品(半产品)价值合计，包括企业生产的自制设备及提供给本企业在建工程、其他非工业部门和福利部门等单位使用的成品价值。本期生产成品价值为按自备原材料生产的产品的数量乘以本期不含增值税(销项税额)的产品实际销售平均单价计算；会计核算中按成本价格转帐的自制设备和自产自用的成品，按成本价格计算生产成品价值。生产成品价值中不包括用定货者来料加工的成品(半产品)价值。

对外加工费收入：指企业在报告期内完成的对外承接的工业品加工(包括用定货者来料加工产品)的加工费收入和对外工业修理作业所取得的加工费收入。对外加工费收入按不含增值税(销项税额)的价格计算，可根据会计“主营业务收入”科目的有关资料取得。

对于本企业对内非工业部门提供的加工修理、设备安装的劳务收入，如果企业会计核算基础较好，能取得这部分资料，而且这部分价值所占比重较大，应包括在对外加工费收入中。

自制半成品在制品期末期初差额价值：指企业报告期在制品期末减期初的差额价值，本指标一般可以从会计核算资料中取得。如果会计产品成本核算中不计算半成品、在制品的成本，则总产值中也不包括这部分价值，反之则包括。

(4)工业总产值统计范围变化和计算方法修订情况：

1984 年以前工业总产值不包括村办工业，村办工业总产值划归农业。1984 年以后工业总产值包括村办工业。

1995 年工业普查对工业总产值计算方法做了修订，即从 1995 年始按新修订(新规定)方法计算工业总产值。新规定与原规定的区别如下：

全价与加工费的计算原则不同：新规定为凡自备原材料，不论其生产繁简程度如何，一律按全价计算工业总产值；凡来料加工，允许按加工费计算工业总产值。原规定则视生产加工的繁简程度不同，规定哪些行业按全价，哪些行业按加工费计算工业总产值。

自制半成品、在产品期末期初差额价值的计算原则不同：新规定要求，凡会计产品成本核算时计算了成本的差额价值，总产值中就应包括，否则可不包括；原规定则按生产周期六个月的界限区分，凡生产周期六个月以上的企业，总产值计算中应包括这部分差额价值，否则可不包括。

计算价格不同：新规定按不含增值税(销项税额)的价格计算；原规定则按含增值税(销项税额)的价格计算。

工业增加值

指工业企业在报告期内以货币表现的工业生产活动的最终成果。

工业增加值有两种计算方法：一是生产法，即工业总产出减去工业中间投入加上应交增值税；二是收入法，即从收入的角度出发，根据生产要素在生产过程中应得到的收入份额计算，具体构成项目有固定资产折旧、劳动者报酬、生产税净额、营业盈余，这种方法也称要素分配法。本年鉴中的工业增加值是以生产法计算的。

生产法工业增加值的计算方法为：

工业增加值=工业总产出-工业中间投入+应交增值税

(1)工业总产出：指工业企业在一定时期内工业生产活动的总成果。工业总产出包括：成品生产价值，对外加工费收入，自制半成品、在产品期末期初差额价值。1995 年后用新规定计算的工业总产值代替。

(2)工业中间投入：指工业企业在工业生产活动中消耗的外购物质产品和对外支付的服务费用。服务费用包括支付给物质生产部门(工业、农业、批发零售贸易业、建筑业、运输邮电业)的服务费用和支付给非物质生产部门(如保险、金融、文化教育、科学研究、医疗卫生、行政管理等)的服务费用。工业中间投入的确定须遵循以下原则：必须从外部购入的，并已计入工业总产出的产品和服务价值；必须是本期投入生产，并一次性消耗掉(包括本期摊销的低值易耗品等)的产品和服务价值。

工业中间投入包括直接材料费用、制造费用中的工业中间投入、管理费用中的工业中间投入、销售费用中的工业中间投入和利息支出五部分。

资产总计

指企业拥有或控制的能以货币计量的经济资源，包括各种财产、债权和其他权利。资产按流动性分为流动资产、长期投资、固定资产、无形资产、递延资产和其他资产。该指标根据企业会计“资产负债表”中“资产总计”项目的期末数增列。

流动资产平均余额

指企业在报告期内全部流动资产的平均余额。

固定资产净值年平均余额

指固定资产净值在报告期内余额的平均数。计算公式为：

固定资产净值年平均余额=1至12月各月月初、月末固定资产净值之和/24

该指标根据“资产负债表”中“固定资产原价”、“累计折旧”指标的期初、期末数计算填列。

固定资产净值指固定资产原价减去历年已提折旧额后的净额。计算公式为：

固定资产净值=固定资产原价-累计折旧

负债合计

指企业所承担的能以货币计量，将以资产或劳务偿付的债务，偿还形式包括货币、资产或提供劳务。负债一般按偿还期长短分为流动负债和长期负债。根据会计“资产负债表”中“负债合计”的年末数填列。

所有者权益

指企业投资人对企业净资产的所有权。企业净资产等于企业全部资产减去全部负债后的余额，包括企业投资人对企业的最初投入的实际到位的资产及资本公积金、盈余公积金和未分配利润。所有者权益合计数小于零，表示企业资不抵债。

主营业务收入

指企业销售产品和提供劳务等主要经营业务取得的业务总额。

主营业务成本

指企业销售产品和提供劳务等主要经营业务的实际成本。

主营业务税金及附加

指企业销售产品和提供工业性劳务等主要经营业务应负担的城市维护建设税、消费税、资源税和教育费附加。

利润总额

指企业生产经营活动的最终成果，是企业在一定时期内实现的盈亏相抵后的利润总额(亏损以“-”号表示)，它等于营业利润加上补贴收入加上投资收益加上营业外净收入再加上以前年度损益调整。

本年应交增值税

指企业在报告期内应交纳的增值税额。它等于本年销项税额加上出口退税加上进项税额转出数减去本年进项税额。小规模纳税企业直接按全年计税销售额乘以征收率计算取得。

从业人员平均人数　是指报告期内每天拥有的从业人员人数。其计算公式为：

月平均人数=报告月内每天实有人数之和/报告月日历日数

季平均人数=季内各月平均人数之和/3

年平均人数=年内各月平均人数之和/12

工业经济效益综合指数

是指现行综合评价工业经济效益总体水平及工业经济运行质量的指数。它是以若干项代表性经济效益指标，分别除以各项指标的标准值，再乘以各自的权数，加总后除以总权数求得。其计算公式为：

工业经济效益综合指数=(某项经济效益指标报告期数值/该项指标标准值×权数)/总权数

上式总权数为100。

总资产贡献率

反映企业全部资产的获利能力，是企业经营业绩和管理水平的集中体现，是评价和考核企业盈利能力的核心指标。计算公式为：

总资产贡献率（%）=(利润总额+税金总额+利息支出/平均资产总额)×100%

公式中：税金总额为产品销售税金及附加与应交增值税之和；平均资产总额为期初期末资产之和的算术平均值。

资产负债率

该指标既反映企业经营风险的大小，也反映企业利用债权人提供的资金从事经营活动的能力。计算公式为：

资产负债率（%）=(负债总额/资产总额)×100%

资产与负债均为报告期期末数。

流动资产周转次数

指一定时期内流动资产完成的周转次数，反映投入工业企业流动资金的周转速度。计算公式为：

流动资产周转次数=产品销售收入/全部流动资产平均余额

公式中：全部流动资产平均余额为期初和期末的流动资产之和的算术平均值。

成本费用利润率

反映企业投入的生产成本及费用的经济效益，同时也反映企业降低成本所取得的经济效益。计算公式为：

成本费用利润率（%）=(利润总额/成本费用总额)×100%

公式中：成本费用总额为产品销售成本、销售费用、管理费用、财务费用之和。

Explanatory Notes on Main Statistical Indicators

Industry refers to the material production sector which is engaged in extraction of natural resources and processing and reprocessing of minerals and agricultural products, including (1) extraction of natural resources, such as mining, salt production (but not including hunting and fishing); (2) processing and reprocessing of farm and sideline produces, such as rice husking, flour milling, wine making, oil pressing, silk reeling, spinning and weaving, and leather making; (3) manufacture of industrial products, such as steel making, iron smelting, chemicals manufacturing, petroleum processing, machine building, timber processing; water and gas production and electricity generation and supply; (4)repairing of industrial products such as the repairing of machinery and means of transport (including cars).

Prior to 1984, the rural industry run by villages and cooperative organizations under village was classified into agriculture. Since 1984, it has been grouped into industry.

Units of industrial statistics survey corporate industrial enterprises with independent accounting system.

Corporate industrial enterprises with independent accounting system refer to enterprises engaging in industrial production activities, which meet the following requirements: ① They are established legally, having their own names, organizations, location, able to take civil liability; ②They possess and use their assets independently, assume liabilities, and are entitled to sign contracts with other units; ③ They are financially independent and compile their own balance sheets.

Light Industry refers to the industry that produces consumer goods and hand tools. It consists of two categories, depending on the materials used:

(1) Industries using farm products as raw materials. These are branches of light industry which directly or indirectly use farm products as basic raw materials, including the manufacture of food and beverages, tobacco processing, textile, clothing, fur and leather manufacturing, paper making, printing, etc.

(2) Industries using non farm products as raw materials. These are branches of light industry which use manufactured goods as raw materials, including the manufacture of cultural, educational articles and sports goods, chemicals, synthetic fiber, chemical products for daily use, glass products for daily use, metal products for daily use, hand tools, medical apparatus and instruments, and the manufacture of cultural and office machinery.

Heavy Industry refers to the industry which produces capital goods, and provides various sectors of the national economy with necessary material and technical basis. It consists of the following three branches according to the purpose of production or the use of products:

(1) Mining, quarrying and logging industry refers to the industry that extracts natural resources, including extraction of petroleum, coal, metal and non-metal ores.

(2) Raw materials industry refers to the industry that provides various sectors of the national economy with raw materials, fuels and power. It includes smelting and processing of metals, coking and coke chemistry, chemical materials and building materials such as cement, plywood, and power, petroleum refining and coal dressing.

(3) Manufacturing industry refers to the industry that processes raw materials. It includes machine-building industry which equips sectors of the national economy, industries of metal structure and cement products, industries producing means of agricultural production, such as chemical fertilizers and pesticides.

According to the above principle of classification, the repairing tradesss, which are engaged primarily in repairing products of heavy industry are classified as heavy industry while these engaged in repairing products of light industry are classified as light industry.

Gross Industrial Output Value

(1) Definition: Gross industrial output value is the total volume of final industrial products produced and industrial services provided during a given period. It reflects the total achievements and overall scale of industrial production during a given period.

(2) Principles for calculation:

Statistics on industrial production follow the principle that all products produced by the enterprises and accepted during the reference period are to be included no matter whether they are sold or not during the reference period.

Determination of final products follow the principle that all products that are included in the calculation of grow industrial output value are the final products of the enterprise which have been accepted through quality check and require no further processing. If an enterprise has intermediate (semi-finished) products to sell, these intermediate products are considered as the final products of the enterprise.

Gross industrial output value is calculated following the principle of factory approach, i.e. industrial enterprise is used as the basic accounting unit in calculating the gross industrial output value. By this approach, value of the same product is not to be double counted, and the output value of different workshops (branch factories) should not be added. However, this approach does not exclude the possibility of double counting between enterprises.

(3) Content and calculation method: The old definition of gross industrial output value was modified during the national industrial census in 1995. The revised (new) definition of gross industrial output value consists of 3 components: value of the finished products during the reference period, income from external processing, and value of change in semi-finished products at the end and at the beginning of the reference period.

Value of the finished products during the reference period: refers to the value of all finished (semi-finished) industrial products that are produced during the reference period without the need for further processing, checked for acceptance, packed and put into the warehouse of the enterprise, including the value of own-produced equipment and the value of products provided to the projects under construction of the enterprise, and to other non-industrial or welfare units. Value of finished products during the reference period is calculated by the quantity of products produced using own materials multiplied by the average unit prices at which products are sold (excluding value-added tax). Own-produced equipment and products produced for own use are value at cost prices as in the case of enterprise accounting. Value of finished products does not include the value of finished products (semi-finished products) that are produced using the materials from the clients who make the orders.

Income from external processing: refers to income from contracted external processing of industrial products (including processing of industrial products using materials from the clients), and the income from industrial repairing work provided to other units. Income from external processing is calculated using information from the item "products sales income" in the enterprise accounting at the prices excluding value-added tax.

For income from services such as processing, repairing and installation of equipment provided to non-industrial units within the enterprise, if the accounting work of the enterprise is good enough to separate it from other records, and the share of such services is significant, it should also be included in the income from external processing.

Value of change in semi-finished products at the end and at the beginning of the reference period: refers to the value of change in semi-finished products at the end and at the beginning of the reference period, which generally can be obtained from accounting records of enterprises. If the enterprise accounting excludes the cost of semi-finished products, then it should not be included in the gross industrial output value, and vice versa.

(4) Changes in the coverage and method of calculation of gross industrial output value

Prior to 1984, the value of rural industry run by villages was classified into agriculture instead of industry. Since 1984, it has been included in the gross industrial output value. Method of calculation for the gross industrial output value was modified in the industrial census in 1995. The difference in the new method as compared with the old one is outlined below:

Principle in using full value vs. processing fee: The new method stipulates that all products produced using own materials are to be calculated with full value in reporting the gross industrial output value irrespective of sophistication of production, and for external processing, it allows calculation using processing fee. In the old method, however, the use of full value or processing fee was determined by the degree of sophistication of production in different branches of industries.

Principle in determining the value of change in semi-finished products: The new method requires that value of the change in semi-finished products should be included in the gross industrial output value if it is included in the accounting record of the enterprise, otherwise it should not be included. By the old method, it is determined by the type of enterprises in terms of production cycle. If the production cycle is over 6 months, the value of change in semi-finished products is included in the gross industrial output value, otherwise it is excluded.

Difference in prices: The new method uses prices excluding value-added tax in the calculation of gross industrial output value, while the old method used prices including value-added tax.

Value-added of Industry refers to the final results of industrial production of industrial enterprises in money terms during the reference period.

Industrial value-added can be calculated by two approaches: the production approach, i.e. gross industrial output value minus intermediate input plus value-added tax, and the income approach, i.e. income for various factors used in the course of production, including depreciation of fixed assets, remuneration of labourers, net of production tax, and operating surplus. Value-added of industry in the Yearbook is calculated by production approach as following:

Value-added of industry = gross industrial output industrial intermediate input + value-added tax

(1) Gross industrial output: refers to the total achievements of industrial production during a given period. Gross industrial output includes value of finished products, income from external processing, and value of change in semi-finished products at the end and at the beginning of the reference period. Since 1995, it was substituted by the gross industrial output value by new method.

(2) Industrial intermediate input: refers to purchased goods and paid services consumed during the industrial production of enterprises. Fees paid for services include fees paid for the services provided by material production sectors (industry, agriculture, wholesale and retail Tradess, construction, transport, post and telecommunications) and by non-material production sectors (insurance, banking, culture, education, scientific research, health and medical care, public administration, etc.). The determination of industrial intermediate input follows the principle that the goods and services must be purchased from outside and included in the gross industrial output, and that the goods and services are inputted into production and consumed (include low-value consumables) during the reference period.

Industrial intermediate input includes 5 components, namely direct consumption of materials, industrial intermediate input in manufacturing cost, industrial intermediate input in management cost, industrial intermediate input in marketing cost and expenditure on interest.

Total Assets refer to all economic resources, in monetary terms, that is owned or controlled by enterprises, including properties, creditors Equities and other economic rights of all forms. Classified by the degree of equitability, total assets include circulating assets, long-term investment, fixed assets, intangible assets and deferred assets, and other assets. Data on this indicator can be obtained by the year-end figures of total assets in the Assets and Liability Table of accounting records of enterprises.

Annual Average Value of Working Capitals refers to the average value of all working capitals of the enterprise during the reference period.

Annual Average of Net Value of Fixed Assets refer to average of the net value of fixed assets during the reference period, calculated with the following formula:

Annual Average of Net Value of Fixed Assets = sum of net value of fixed assets at the beginning and at the end of each month from January to December / 24.

Information on this indicator can be obtained from the beginning and ending figures of the original value of fixed assets and cumulative depreciation from the Assets and Liability Table of enterprises.

Net value of fixed assets refers to the original value of fixed assets minus depreciation over the years, i.e.:

Net value of fixed assets = original value of fixed assets -cumulative depreciation

Total Liabilities refer to payable liabilities of enterprises that have to repay in terms of money, assets or labour services. In terms of payment, it can be divided into Total Working liabilities and long-term liabilities. Data on this item is obtained from the ending figures on total liabilities from the Assets and Liability Table from the enterprises.

Owner's Equities refers to the wonershiip of net assets of enterprises by its investors.The net assets equal the total assets minus total liabilities of the enterprise,including the actual assets invested into the enterprise by investors,accumulation of capitals and operating surplus and non-distributed profits.The enterprise's assets is less than its liabilities if the sum of owner's Equities is smaller than zero.

Revenue from Principal Business refers to the annual accumulation of corresponding item in the "profit table"of the accountant. For enterprises that do not follow the 2001 Enterprises Accounting Standards,the year-end accumulation of revenue from the sales of products is used as a substitute.

Cost of Principal Business refers to the annual accumulation of corresponding item in the "profit table" of the accountantForenterprises that do not follow the 2001 Enterprise Accounting Standards,the year-end accumulation of cost for the sales of products is used as a substitute.

Tax and Extra Charges from Principal Business refers to the annual accumulation of correspongding item in the "profit table"of the accountant.For enterprises that do not follow the 2001 Enerprise Accounting Standards,the year-end accumulation of tax and extra charges from the sales of products is used as a substitute.

Total Profits refer to the final achievements of production and operation of the enterprises, represented by the total profits after deducting losses (loss is expressed by the negative figure). It is the sum of profits from operation, income from subsidies, investment earnings, net income from activities other than operation, and adjustment of profits and losses of previous years.

Value-added Tax Payable refers to the amount of the value-added tax which should be paid by the enterprises during the reference period. It is the sum of tax on sales, export rebate, and transferred tax on purchases of the current year, minus the tax on purchases of the current year. Value-added tax payable of small-size enterprises is determined by the taxable sales of the year multiplied by the tax rate.

Average Annual Number of Employed Persons Employed persons refer to all those who are employed in enterprises and receive remunerations there from, including currently working employees, retirees who are re-employed, teachers of local-run schools, as well as foreigners, staff from Hong Kong, Macao and Taiwan, part-time employees and persons with second job who are employed by the enterprise, and employees of other units temporarily working in the enterprises, but excluding former employees who left the enterprise with their employment records still kept by the enterprises.

Average number of employed persons refers to the number of employees everyday during the reference period, calculated with the following formula:

calendar dates in reference month

Quarterly average number = sum of monthly average number in reference quarter/3

Annual average number = sum of monthly average number in reference year/12

Aggregative Index on Economic Results of Industry refers to the current comprehensive index to evaluate the general level of economic results of industry and the performance quality of industrial economy. It is calculated as follows:

Aggregative Index on Economic Results of Industry=(Value of an Indicator on Economic Results in Reference Period/Standard Value of the Indicator×Weight) ÷Total Weight

Total Weight=100

Ratio of Profits, Taxes and Interests to Average Assets reflects the profit-making capability of all assets of the enterprise and is a key indicator manifesting the performance and management and evaluating the profit-making potential of the enterprise. It is calculated as follows:

Ratio of Profits, Taxes and Interests to Average Assets (%) = [(total profits + total taxes + interest payment) / average assets]×100%

In the above formula, total taxes is the sum of tax and extra charges on the sales of products and value-added tax payable; and average assets is the arithmetic mean of the sum of beginning assets and ending assets.

Monthly average number = sum of actual employees everyday in reference month/number of

Ratio of Debts to Assets reflect both the operation risk and the capability of the enterprise in making use of the capital from the creditors. It is calculated as follows:

Ratio of Debts to Assets (%) = (total debts / total assets)×100%

Both assets and debts are figures at the end of the reference period.

Turnover of Working Capita refers to the number of times of turnover of working capital in a given period of time, which reflects the speed of the turnover of working capital of industrial enterprises, and is calculated as follows:

Turnover of Working Capital=(sales revenue of products) / (average balance of total working capital)

In the above formula, average balance of total working capital refers to the arithmetic mean of the sum of working capital at the beginning and at the end of the reference period.

Ratio of Profits to Total Industrial Costs refers to the ratio of profits realized in a given period to the total costs in the same period, which reflects the economic efficiency of input cost and is calculated as follows:

Ratio of Profits to Total Industrial Cost (%)=(total profits/ total costs)×100%

Total Costs in the above formula is the sum of cost of products sold, marketing cost, management cost and financial cost.

第十三篇　建筑业

Chapter 13　Construction

资料整理：吴锦洛
Database Editor: Wujinluo

简 要 说 明

本篇资料的主要内容及来源

本篇资料反映了全省建筑业基本情况，主要包括主要年份建筑业总产值及从业人员、建筑企业生产指标、财务指标等方面的内容。

本篇资料来源于建筑业统计年报，由省统计局固定资产投资统计处整理提供。

Brief Introduction

Main Content and Source of Data

Data in this chapter show the basic conditions of the construction industry in Fujian Province, mainly including the gross output value of construction, number of employed persons, major production indices and financial indicators.

Data in this chapter are based on the annual report of construction industry, and are compiled and provided by the Division of Investment and Construction Statistics of Fujian Provincial Bureau of Statistics.

13-1 建筑企业基本情况(1978-2015年)

Basic Situation of Construction Enterprises(1978-2015)

年份 Year	建筑业企业单位数（个） Number of Construction Enterprises (unit)	#国有 State- owned	#集体 Collective - owned	建筑业企业从业人员（万人） Number of Persons Employed (10000 persons)	#国有 State- owned	#集体 Collective - owned	建筑业企业总产值（亿元） Gross Output Value (100 million yuan)	#国有 State- owned	#集体 Collective - owned
1978	146	65	81	4.54	2.34	2.20	3.31	1.88	1.32
1979	152	33	119	12.79	6.60	6.19	4.33	2.39	1.94
1980	241	34	207	15.15	7.11	8.04	4.93	2.30	2.63
1981	257	41	216	15.88	7.58	8.30	5.44	2.43	3.01
1982	273	41	232	15.99	7.56	8.39	6.33	2.91	3.42
1983	267	43	224	17.06	8.30	8.76	7.11	3.49	3.62
1984	832	51	243	30.45	9.17	9.79	12.97	4.88	4.22
1985	956	51	278	30.62	9.12	11.18	16.66	6.80	5.87
1986	951	47	280	30.48	9.17	11.01	17.40	7.44	5.78
1987	1037	47	296	33.25	10.55	11.50	20.75	9.12	6.74
1988	1028	47	293	28.99	8.85	9.76	23.20	10.58	6.95
1989	1001	48	307	30.67	8.48	11.17	29.87	12.33	9.95
1990	1009	49	308	30.98	8.24	11.51	32.54	13.36	11.30
1991	967	49	315	31.75	9.07	11.98	39.11	16.32	14.09
1992	985	70	314	34.45	10.42	13.03	54.13	22.65	19.43
1993	1236	146	441	41.00	13.37	14.81	101.97	46.89	35.61
1994	1379	163	567	40.60	13.50	14.86	149.69	73.91	53.60
1995	1376	170	552	46.90	15.24	20.36	190.85	97.53	62.56
1996	1576	202	1051	47.15	15.44	27.11	211.88	106.21	84.94
1997	1585	236	1056	47.36	17.44	22.46	227.00	107.49	84.43
1998	1707	263	1133	47.93	13.96	28.65	244.67	115.66	95.61
1999	1849	295	1069	47.28	13.53	23.54	251.17	123.23	90.74
2000	1846	283	976	41.37	13.46	19.99	271.15	131.82	89.53
2001	1708	237	787	44.09	12.49	19.12	369.06	139.51	129.47
2002	1672	224	465	49.34	12.42	16.09	408.81	149.02	102.91
2003	1606	138	326	59.99	10.48	15.15	557.31	158.37	107.40
2004	1782	141	266	58.45	9.37	9.66	679.35	181.08	91.05
2005	1878	132	210	81.72	12.93	9.30	889.41	194.89	88.01
2006	1914	106	113	95.33	11.05	5.99	1189.37	198.12	57.81
2007	2022	104	114	124.97	11.96	8.09	1596.69	243.22	90.29
2008	2398	101	90	153.90	18.15	6.51	1921.26	282.88	85.13
2009	2479	93	75	182.97	26.39	5.41	2302.37	361.57	60.09
2010	2606	93	73	229.57	29.32	4.21	3062.17	448.16	61.44
2011	2734	92	79	219.09	14.82	4.28	3873.87	507.57	75.13
2012	2959	93	81	249.64	12.49	4.50	4713.38	535.97	84.08
2013	3233	68	50	300.60	10.97	5.70	5812.37	397.91	100.02
2014	3734	75	46	321.76	14.48	5.89	7056.89	415.15	102.31
2015	4011	78	43	339.06	12.48	6.02	8003.09	461.08	103.72

注：1996年及以前年份含农村建筑队；1997至2002年为乡及乡以上四级以上建筑企业；2003年起统计范围为具有新资质等级的建筑企业。

Note: In this table,the data in 1996 and before include the individual construction team in rural,the data since 1997 to 2002 include the construction enterprises over town and town level, from 2003 the statistical coverage include the construction enterprises with new grade.

13-1 续表

Continued

年份 Year	建筑业企业增加值（亿元） Total Value-added of Construction Enterprises (100 million yuan)	建筑业企业资产合计（亿元） Total Assets (100 million yuan)	建筑业企业利润总额（亿元） Total Profits (100 million yuan)	建筑业企业税金总额（亿元） Total Tax (100 million yuan)	房屋建筑面积(万平方米) Floor Space of Building Construction(10000 sq.m)		按总产值计算的劳动生产率（元/人） Overall Labor Productivity by Gross Output Value
					施工面积 Under Construction	竣工面积 Completed	
1978					416.57	183.40	3038
1979					610.14	275.90	3326
1980					673.38	30.70	3461
1981	1.87		0.30		758.34	358.86	3801
1982	1.74		0.46		802.22	366.12	4083
1983	2.80		0.59		805.37	385.80	4296
1984	3.53		0.65		832.13	426.68	7366
1985	3.34		0.70		951.87	475.25	8425
1986	3.50		0.60		892.56	457.40	9226
1987	4.58		0.66		930.84	463.20	9998
1988	5.03		0.44		987.97	399.30	12053
1989	6.12		0.48		1033.22	502.70	15359
1990	7.16		0.50		969.35	499.30	16788
1991	5.90		0.70		1061.58	519.10	19246
1992	11.78		0.77		1313.86	588.73	23863
1993	22.24	127.32	1.69	2.96	1863.70	747.20	28480
1994	31.78	189.05	2.16	4.21	2462.50	1029.30	37976
1995	41.72	237.86	1.86	5.43	3283.60	1371.10	48560
1996	57.14	312.93	2.39	7.42	3523.30	1424.10	47347
1997	63.32	357.46	2.84	8.16	3478.50	1546.70	47043
1998	74.74	410.03	2.61	10.34	3742.41	1494.34	56860
1999	81.39	427.84	2.55	9.54	3991.20	1825.00	63364
2000	82.26	445.80	2.55	11.65	4085.40	1729.00	64884
2001	101.56	461.10	8.85	14.72	4931.31	2436.95	86280
2002	76.26	511.06	9.04	13.28	5237.11	2393.50	93020
2003	103.23	631.12	11.58	19.10	6440.08	2952.12	108288
2004	132.71	641.72	15.70	23.10	7587.15	3587.05	117831
2005	205.50	784.23	19.46	31.42	10268.29	4191.35	120406
2006	298.41	906.31	30.98	40.60	13854.50	4825.62	127097
2007	440.45	1061.70	37.91	57.51	17743.89	6010.26	123490
2008	632.77	1274.48	52.40	71.76	20028.29	7637.76	111960
2009	756.18	1494.09	66.05	94.82	21690.97	7435.06	118616
2010	969.86	1767.68	87.91	107.69	28406.86	9095.78	134520
2011	1180.79	2147.00	127.02	139.61	35674.45	10943.78	120330
2012	1627.40	2628.52	152.82	166.44	41821.78	12343.77	182738
2013	2044.89	3236.95	187.17	204.90	48254.03	13860.99	183213
2014	2331.32	3925.84	235.38	245.39	57385.67	15392.71	204770
2015	2597.04	4395.38	264.56	275.24	59277.33	16631.27	218782

13-2 建筑企业主要经济指标

Major Indicators of Construction Enterprises

项目 Item	2000	2005	2010	2014	2015
企业单位数（个） **Number of Enterprises(unit)**	**1846**	**1878**	**2606**	**3734**	**4011**
建筑业总产值（亿元） **Gross Output Value (100 million yuan)**	**271.15**	**889.41**	**3062.17**	**7056.89**	**8003.09**
建筑业增加值 Value Added	82.26	205.50	969.86	2331.32	2597.04
建筑业竣工产值 Output Value of Completed	196.70	608.01	1742.46	3813.81	4730.97
房屋施工面积（万平方米） **Floor Space of Building under (10000 sq.m)**	**4085.40**	**10268.29**	**28406.86**	**57385.67**	**59277.33**
#本年新开工 Newly Started Building in Current Year	1937.23	5282.23	14349.31	20244.86	19474.59
房屋竣工面积（万平方米） **Floor Space of Building(10000 sq.m)**	**1729.00**	**4191.35**	**9095.78**	**15392.71**	**16631.27**
#住宅 Residential Building	995.08	2257.72	5474.72	9814.99	10715.31
年末从业人员（万人） **Number of Staff & Workers at the Year-end(10000 persons)**	**41.37**	**81.72**	**229.57**	**321.76**	**339.06**
全员劳动生产率（元/人） **Overall Labor productivity (yuan/person)**					
按总产值计算 In Terms of Gross Output Value	64884	120406	134520	204770	218782
按增加值计算 In Terms of Value-added	20402	26597	42605	67648	70996
工资总额（亿元） **Total Wages(100 million yuan)**	**34.21**	**146.97**	**713.35**	**1809.63**	**2027.20**
财务指标（亿元） **Financial Indicators(100 million yuan)**					
资本金合计 Total Capital	103.39	247.70	511.59	1145.32	1296.99
流动资产年末数 Circulating Funds at Year-end	343.64	608.16	1321.15	3054.96	3404.72
固定资产原值 Original Value of Fixed Assets	96.59	161.89	327.21	553.14	596.79
固定资产净值 Net Value of Fixed Assets	72.15	129.21	268.69	401.49	519.89
企业总收入 Total Income	274.06	883.22	2816.29	6409.51	7122.82
工程结算收入 Project Settle Accounts	267.96	872.12	2801.82	6391.91	7102.54
工程结算成本 Actual Cost of Projects Settle	239.53	787.44	2512.58	5675.54	6344.86
利润总额 Total Profits	2.55	19.46	87.91	235.38	264.56
#工程结算利润 Profits of Project Settle Accounts	17.24	51.10	168.45	479.91	495.18
利税总额 Total Pre-Tax Profits	14.20	51.46	195.61	480.77	539.79

13-3 国有经济建筑企业主要经济指标

Major Indicators of State-Owned Construction Enterprises

项目　Item	2000	2005	2010	2014	2015
企业单位数（个） Number of Enterprises(unit)	**283**	**132**	**93**	**75**	**78**
建筑业总产值（亿元） Gross Output Value (100 million yuan)	**131.82**	**194.89**	**448.16**	**415.15**	**461.08**
建筑业增加值 Value Added	42.15	41.90	113.77	106.45	109.02
建筑业竣工产值 Output Value of Completed	90.38	136.78	167.59	250.65	290.00
房屋施工面积（万平方米） Floor Space of Building under (10000 sq.m)	**1574.56**	**1862.81**	**3063.41**	**3548.77**	**3505.57**
#本年新开工 Newly Started Building in Current Year	606.60	774.05	1417.80	669.41	631.79
房屋竣工面积（万平方米） Floor Space of Building(10000 sq.m)	**546.36**	**655.17**	**498.51**	**738.92**	**1022.66**
#住宅 Residential Building	381.47	401.27	376.06	438.27	712.81
年末从业人员（万人） Number of Staff & Workers at the Year-end(10000 persons)	**13.46**	**12.93**	**29.32**	**14.48**	**12.48**
全员劳动生产率（元/人） Overall Labor productivity (person/yuan)					
按总产值计算 In Terms of Gross Output Value	96111	140828	158901	257177	330348
按增加值计算 In Terms of Value-added	30731	30277	40339	65941	78106
工资总额（亿元） Total Wages(100 million yuan)	**14.46**	**26.56**	**88.03**	**85.89**	**81.55**
财务指标（亿元） Financial Indicators(100 million yuan)					
资本金合计 Total Capital	29.60	33.00	44.25	57.77	69.60
流动资产年末数 Circulating Funds at Year-end	123.18	163.22	221.40	269.33	326.01
固定资产原值 Original Value of Fixed Assets	41.23	38.45	59.54	52.45	61.05
固定资产净值 Net Value of Fixed Assets	28.66	26.73	44.36	45.35	54.14
企业总收入 Total Income	133.52	219.39	424.75	387.21	418.20
工程结算收入 Project Settle Accounts	129.93	215.85	420.07	383.22	413.88
工程结算成本 Actual Cost of Projects Settle	115.89	196.03	386.16	353.89	377.53
利润总额 Total Profits	0.27	2.35	5.42	6.87	13.41
#工程结算利润 Profits of Project Settle Accounts	8.08	12.19	19.06	17.94	24.43
利税总额 Total Pre-Tax Profits	6.40	9.72	19.20	18.64	25.70

13-4 集体经济建筑企业主要经济指标

Major Indicators of Collective Construction Enterprises

项目 Item	2000	2005	2010	2014	2015
企业单位数（个） **Number of Enterprises(unit)**	**976**	**210**	**73**	**46**	**43**
建筑业总产值（亿元） **Gross Output Value (100 million yuan)**	**89.53**	**88.01**	**61.44**	**102.31**	**103.72**
建筑业增加值 Value Added	26.99	21.85	18.04	26.48	34.24
建筑业竣工产值 Output Value of Completed	69.59	63.57	43.29	72.58	78.73
房屋施工面积（万平方米） **Floor Space of Building under (10000 sq.m)**	**1783.01**	**1657.55**	**884.06**	**1352.76**	**1213.77**
#本年新开工 Newly Started Building in Current Year	944.55	724.47	339.27	553.60	248.32
房屋竣工面积（万平方米） **Floor Space of Building(10000 sq.m)**	**846.18**	**643.80**	**277.51**	**332.98**	**323.32**
#住宅 Residential Building	496.95	427.31	196.10	283.89	252.64
年末从业人员（万人） **Number of Staff & Workers at the Year-end(10000 persons)**	**19.99**	**9.30**	**4.21**	**5.89**	**6.02**
全员劳动生产率（元/人） **Overall Labor productivity (yuan/person)**					
按总产值计算 In Terms of Gross Output Value	44526	91269	137908	174722	200664
按增加值计算 In Terms of Value-added	13423	22659	40501	45223	66251
工资总额（亿元） **Total Wages(100 million yuan)**	**15.71**	**15.65**	**13.95**	**22.02**	**29.76**
财务指标（亿元） **Financial Indicators(100 million yuan)**					
资本金合计 Total Capital	43.55	26.27	9.97	10.47	11.35
流动资产年末数 Circulating Funds at Year-end	144.02	67.18	33.75	36.67	37.29
固定资产原值 Original Value of Fixed Assets	35.50	18.98	6.50	4.23	4.56
固定资产净值 Net Value of Fixed Assets	28.83	16.07	5.23	2.87	3.11
企业总收入 Total Income	93.00	89.07	51.92	87.28	81.29
工程结算收入 Project Settle Accounts	91.48	88.05	51.61	86.97	80.96
工程结算成本 Actual Cost of Projects Settle	82.83	80.92	46.52	80.88	74.40
利润总额 Total Profits	1.03	1.39	1.10	1.47	1.32
#工程结算利润 Profits of Project Settle Accounts	5.19	3.75	3.05	3.31	3.71
利税总额 Total Pre-Tax Profits	4.72	4.70	3.02	4.36	4.36

13-5 各种资质等级建筑企业主要经济指标(2015年)

Major Indicators of Construction Enterprises by Grade(2015)

项目 Item	合计 Total	#总承包 General Contract	一级及以上 First and Above	二级 Second	三级 Third	#专业承包 Special Contract	一级 First and Above	二级 Second	三级及不分等级 Third and Others
企业单位数（个） Number of Enterprises(unit)	**4011**	**2311**	**226**	**595**	**1490**	**1180**	**154**	**503**	**523**
建筑业总产值（亿元） Gross Output Value (100 million yuan)	**8003.09**	**6981.72**	**4236.04**	**1545.36**	**1200.31**	**624.09**	**297.62**	**161.17**	**165.30**
建筑业增加值 Value Added	2597.04	2060.46	1194.16	479.85	386.45	183.45	78.95	49.09	55.41
建筑业竣工产值 Output Value of Completed	4730.97	4292.25	2580.61	966.18	745.46	438.72	186.77	120.94	131.01
房屋施工面积（万平方米） Floor Space of Building under (10000 sq.m)	**59277.33**	**58638.62**	**40795.01**	**11168.21**	**6675.40**	**638.70**	**554.35**	**72.12**	**12.23**
#本年新开工 Newly Started Building in Current Year	19474.59	19094.56	11115.01	4674.58	3304.97	380.04	312.90	62.05	5.08
房屋竣工面积（万平方米） Floor Space of Building (10000 sq.m)	**16631.27**	**16411.38**	**10193.74**	**3798.22**	**2419.43**	**219.89**	**165.00**	**49.18**	**5.72**
#住宅 Residential Building	10715.31	10701.21	7435.77	2356.10	909.34	14.10	13.20	0.71	0.19
年末从业人员（万人） Number of Staff & Workers at the Year-end(10000 persons)	**339.06**	**239.71**	**137.43**	**57.50**	**44.78**	**18.57**	**6.84**	**6.02**	**5.72**
全员劳动生产率（元/人） Overall Labor productivity(yuan/person)									
按总产值计算 In Terms of Gross Output Value	218782	258806	271562	244133	237788	260349	276181	252749	242434
按增加值计算 In Terms of Value-added	70996	76380	76555	75805	76559	76529	73260	76987	81267
工资总额（亿元） Total Wages(100 million yuan)	**2027.20**	**1564.93**	**935.99**	**351.79**	**277.15**	**126.43**	**56.07**	**34.37**	**36.00**
财务指标（亿元） Financial Indicators (100 million yuan)									
资本金合计 Total Capital	1296.99	1082.76	413.49	325.81	343.46	193.61	47.36	69.56	76.69
流动资产年末数 Circulating Funds at Year-end	3404.72	2893.16	1570.20	758.13	564.83	511.56	162.01	172.43	177.12
固定资产原值 Original Value of Fixed Assets	596.79	494.74	213.80	147.43	133.50	95.49	25.02	30.96	39.51
固定资产净值 Net Value of Fixed Assets	519.89	448.97	238.22	103.99	106.76	65.20	17.29	20.44	27.47
企业总收入 Total Income	7122.82	6110.05	3635.56	1427.83	1046.67	610.82	277.86	166.42	166.53
工程结算收入 Project Settle Accounts	7102.54	6095.36	3628.14	1426.04	1041.18	606.15	276.94	164.94	164.26
工程结算成本 Actual Cost of Projects Settle	6344.86	5455.43	3307.96	1255.45	892.02	509.95	238.15	135.69	136.11
利润总额 Total Profits	264.56	233.43	118.00	61.67	53.76	29.47	11.60	7.06	10.82
#工程结算利润 Profits of Project Settle Accounts	495.18	411.78	192.55	113.80	105.43	75.71	29.17	23.74	22.79
利税总额 Total Pre-Tax Profits	539.79	472.10	248.78	122.26	101.05	51.69	21.85	13.22	16.62

13-6 按行业分建筑企业主要经济指标(2015年)

Major Indicators of Construction Enterprises by Sector(2015)

项目 Item	房屋建筑业 Building	土木工程建筑业 Civil Engineering	建筑安装业 Installation	建筑装饰和其他建筑业 Building Decontion and Others
企业单位数（个） **Number of Enterprises(unit)**	**1767**	**877**	**394**	**973**
建筑业总产值（亿元） **Gross Output Value(100 million yuan)**	**5594.69**	**1613.83**	**244.43**	**550.13**
建筑业增加值 Value Added	1743.32	476.65	75.67	301.40
建筑业竣工产值 Output Value of Completed	3317.05	1030.11	157.93	225.87
房屋施工面积（万平方米） **Floor Space of Building under(10000 sq.m)**	**55289.81**	**3672.14**	**126.13**	**189.25**
#本年新开工 Newly Started Building in Current Year	17189.54	2119.21	73.66	92.18
房屋竣工面积（万平方米） **Floor Space of Building(10000 sq.m)**	**15013.04**	**1483.03**	**52.44**	**82.76**
#住宅 Residential Building	10013.58	636.81		64.92
年末从业人员（万人） **Number of Staff & Workers at the Year-end(10000 persons)**	**219.63**	**47.92**	**9.27**	**62.24**
全员劳动生产率（元/人） **Overall Labor productivity (yuan/person)**				
按总产值计算 In Terms of Gross Output Value	236521	262572	247719	94963
按增加值计算 In Terms of Value-added	73701	77552	76683	52027
工资总额（亿元） **Total Wages(100 million yuan)**	**1359.22**	**353.64**	**52.98**	**261.35**
财务指标（亿元） **Financial Indicators(100 million yuan)**				
资本金合计 Total Capital	774.89	329.93	80.79	111.39
流动资产年末数 Circulating Funds at Year-end	2079.80	794.50	309.44	220.98
固定资产原值 Original Value of Fixed Assets	319.46	181.75	46.27	49.31
固定资产净值 Net Value of Fixed Assets	335.47	120.98	30.60	32.84
企业总收入 Total Income	4827.78	1497.35	262.66	535.04
工程结算收入 Project Settle Accounts	4821.06	1489.83	258.35	533.30
工程结算成本 Actual Cost of Projects Settle	4337.02	1319.24	215.11	473.49
利润总额 Total Profits	178.46	57.70	11.68	16.72
#工程结算利润 Profits of Project Settle Accounts	301.01	117.51	35.70	40.97
利税总额 Total Pre-Tax Profits	370.01	113.20	19.71	36.87

13-7 按经济类型分建筑企业主要经济指标(2015年)

Major Indicators of Construction Enterprises by Ownership(2015)

项目 Item	国有经济 State-owned	集体经济 Collect-owned	港澳台经济 Hong Kong, Macao and Taiwan Funded	外商经济 Foreign Funded	其他经济 Others
企业单位数（个） **Number of Enterprises(unit)**	**78**	**43**	**26**	**4**	**3860**
建筑业总产值（亿元） **Gross Output Value(100 million yuan)**	**461.08**	**103.72**	**89.81**	**2.29**	**7346.19**
建筑业增加值 Value Added	109.02	34.24	26.17	0.84	2426.77
建筑业竣工产值 Output Value of Completed	290.00	78.73	51.69	0.41	4310.14
房屋施工面积（万平方米） **Floor Space of Building under(10000 sq.m)**	**3505.57**	**1213.77**	**1326.55**	**4.18**	**53227.26**
#本年新开工 Newly Started Building in Current Year	631.79	248.32	353.58	1.87	18239.03
房屋竣工面积（万平方米） **Floor Space of Building(10000 sq.m)**	**1022.66**	**323.32**	**177.42**	**2.16**	**15105.71**
#住宅 Residential Building	712.81	252.64	177.42		9572.44
年末从业人员（万人） **Number of Staff & Workers at the Year-end(10000 persons)**	**12.48**	**6.02**	**1.56**	**0.07**	**318.93**
全员劳动生产率（元/人） **Overall Labor productivity(yuan/person)**					
按总产值计算 In Terms of Gross Output Value	330348	200664	508941	188095	213063
按增加值计算 In Terms of Value-added	78106	66251	148298	68752	70384
工资总额（亿元） **Total Wages(100 million yuan)**	**81.55**	**29.76**	**19.54**	**0.66**	**1895.69**
财务指标（亿元） **Financial Indicators(100 million yuan)**					
资本金合计 Total Capital	69.60	11.35	7.16	1.51	1207.36
流动资产年末数 Circulating Funds at Year-end	326.01	37.29	34.69	3.71	3003.02
固定资产原值 Original Value of Fixed Assets	61.05	4.56	1.71	1.24	528.23
固定资产净值 Net Value of Fixed Assets	54.14	3.11	0.82	0.70	461.12
企业总收入 Total Income	418.20	81.29	94.95	3.01	6525.38
工程结算收入 Project Settle Accounts	413.88	80.96	94.70	2.92	6510.09
工程结算成本 Actual Cost of Projects Settle	377.53	74.40	86.83	2.63	5803.48
利润总额 Total Profits	13.41	1.32	3.08	0.04	246.70
#工程结算利润 Profits of Project Settle Accounts	24.43	3.71	4.48	0.26	462.29
利税总额 Total Pre-Tax Profits	25.70	4.36	6.52	0.08	503.13

13-8 按构成分建筑企业增加值(2015年)

Value-added of Construction Enterprises by Composition(2015)

单位：亿元 (100 million yuan)

项目 Item	总计 Total	国有经济 state-Owned	集体经济 Collective-Owned	其他经济 Others
建筑业增加值 Value added	**2597.04**	**109.02**	**34.24**	**2453.78**
#固定资产折旧 Depreciation of Fixed Assets	34.52	2.38	0.17	31.97
应付工资 Wages Payable	2027.20	81.55	29.76	1915.89
工程结算税金及附加 Taxes and Extra charges on project Settle Accounts	262.50	11.92	2.84	247.73
管理费用中的税金 Taxes in Management Expenses	12.74	0.37	0.20	12.17
营业利润 Profits of project settle Account	260.08	12.80	1.27	246.01

13-9 房屋竣工建筑面积(2015年)

Floor Space of Completed Building(2015)

单位：万平方米 (10000 sq.m)

项目	Item	竣工面积 Floor Space Completed
合计	**Total**	**16631.27**
住宅房屋	Residential Building	10715.31
商业及服务用房屋	Building for Business and Service	1150.74
商厦房屋（批发和零售用房）	Wholesal and Retail Trade	498.94
宾馆用房屋（住宿用房）	Lodgings	126.68
餐饮用房屋（餐饮用房）	Gatering Services	30.60
商务会展用房屋	Business Showing	59.22
其他商业及服务用房屋（居民服务业用房）	Others	435.31
办公用房屋	Building for Office	969.45
科研、教育、医疗用房屋	Building for Scientific Research,Education,Medical	527.54
科学研究用房屋	Scientific Research	59.19
教育用房屋	Education	374.83
医疗用房屋（卫生医疗用房）	Medical	93.52
文化、体育、娱乐用房屋	Building for Culture, Sports and Enterainment	140.22
厂房及建筑物	Factory Building	2898.59
#厂房	Factory	1256.84
仓库	Storehouse	106.89
其他未列明的房屋建筑物	Others	122.53

13-10 各设区市建筑企业数(2015年)

Number of Construction Enterprises by City(2015)

单位：个 (unit)

地区 Area	合计 Total	#总承包 Gereral Contract	一级及以上 First and Above	二级 Second	三级 Third	#专业承包 Special Contract	一级 First	二级 Second	三级及不分等级 Third and Others
全　省 total	**4011**	**2311**	**226**	**595**	**1490**	**1180**	**154**	**503**	**523**
福州市 Fuzhou	1117	537	70	159	308	363	55	152	156
厦门市 Xiamen	759	294	43	54	197	333	37	163	133
莆田市 Putian	273	224	16	42	166	33	1	19	13
三明市 Sanming	227	167	17	37	113	43	5	8	30
泉州市 Quanzhou	616	319	41	107	171	245	40	107	98
漳州市 Zhangzhou	275	211	9	49	153	40	3	17	20
南平市 Nanping	262	201	2	31	168	42	1	16	25
龙岩市 Longyan	318	240	20	83	137	59	9	20	30
宁德市 Ningde	164	118	8	33	77	22	3	1	18

13-11 各设区市建筑企业从业人员数(2015年)

Number of persons employed by Construction Enterprises by City(2015)

单位：人 (person)

地区 Area	合计 Total	#总承包 Gereral Contract	一级及以上 First and Above	二级 Second	三级 Third	#专业承包 Special Contract	一级 First	二级 Second	三级及不分等级 Third and Others
全　省 total	**3390589**	**2397102**	**1374347**	**574989**	**447766**	**185720**	**68359**	**60195**	**57166**
福州市 Fuzhou	1155997	794672	500858	167021	126793	65470	23262	21070	21138
厦门市 Xiamen	765707	246163	162205	37484	46474	41738	14965	17040	9733
莆田市 Putian	173387	170250	78136	35535	56579	2059	126	1104	829
三明市 Sanming	158274	153073	65812	34613	52648	4648	1464	515	2669
泉州市 Quanzhou	504081	446144	299702	103065	43377	37031	15965	11074	9992
漳州市 Zhangzhou	168064	160296	72385	57624	30287	4587	790	1734	2063
南平市 Nanping	53659	45585	4899	14723	25963	7697		3517	4180
龙岩市 Longyan	310792	291060	146904	98208	45948	16908	10573	4141	2194
宁德市 Ningde	100628	89859	43446	26716	19697	5582	1214		4368

13-12 各设区市建筑企业劳动生产率(2015年)

Labor Productivity Construction Enterprises by City(2015)

单位：元/人 (yuan/person)

地区 Area	按总产值计算 In terms of Total Output value	#国有企业 State- Owned	#集体企业 Collective- Owned	按增加值计算 In terms of Added-value	#国有企业 State- Owned	#集体企业 Collective- Owned
全　省 total	**218782**	**330348**	**200664**	**70996**	**78106**	**24534**
福州市 Fuzhou	219237	416262	208202	71836	84524	44065
厦门市 Xiamen	157884	276400	130142	55929	87065	30161
莆田市 Putian	270797	141701	213500	89676	71001	63
三明市 Sanming	247370	365601		67772	85338	
泉州市 Quanzhou	261232	246054	139031	82801	64469	1022
漳州市 Zhangzhou	291379	267234	205880	90499	94682	13151
南平市 Nanping	239504	274532	267079	67017	43045	6148
龙岩市 Longyan	212754	202785		69565	65974	
宁德市 Ningde	246103	239818	291423	77210	84188	21333

13-13 各设区市建筑企业房屋施工情况(2015年)

Basic Statistics on Housing construction of Construction Enterprises by City(2015)

单位：万平方米 (10000 sq.m)

地区 Area	房屋建筑竣工面积 Floor Space of Buildings Completed	建筑业单位房屋建筑施工面积 Floor Space of Buildings under	本年新开工 Newly Started Building in Current Year
全　省 total	**16631.27**	**59277.33**	**19474.59**
福州市 Fuzhou	6068.51	24414.77	6680.80
厦门市 Xiamen	1482.26	7406.20	1715.49
莆田市 Putian	1007.00	3438.43	1278.49
三明市 Sanming	1605.97	4694.56	1919.47
泉州市 Quanzhou	3048.98	9606.17	3589.37
漳州市 Zhangzhou	723.66	2450.90	858.22
南平市 Nanping	231.10	715.52	210.90
龙岩市 Longyan	1986.93	5002.00	2730.95
宁德市 Ningde	476.87	1548.76	490.91

13-14 各设区市建筑企业总收入(2015年)

Gross Income of Construction Enterprises by City(2015)

单位：万元 (10000 yuan)

地区 Area	企业总收入 Total Incomes of Enterprises	#工程结算收入 Incomes of Project Settle Accounts	#工程结算成本 Costs ofProject Settle Accounts	#工程结算利润 Profits of Project Settle Accounts	#其他业务收入 Other Incomes	#其他业务利润 Profits of Others
全 省 total	**71228218**	**71025424**	**63448599**	**4951845**	**202794**	**31316**
福州市 Fuzhou	26140358	26025773	23576172	1501834	114586	15353
厦门市 Xiamen	11712466	11673774	10653124	668715	38692	9408
莆田市 Putian	4243018	4237087	3632312	423392	5931	428
三明市 Sanming	4453027	4442041	3934629	320272	10986	92
泉州市 Quanzhou	12465215	12457787	10854100	1122970	7427	2615
漳州市 Zhangzhou	3083495	3078774	2713932	249491	4721	1296
南平市 Nanping	1186978	1178259	1032785	101261	8720	804
龙岩市 Longyan	6154337	6145714	5434508	466454	8623	990
宁德市 Ningde	1789324	1786215	1617037	97456	3109	331

13-15 各设区市建筑企业利税总额(2015年)

Total Pre-tax Profits of Construction Enterprises by City(2015)

单位：万元 (10000 yuan)

地区 Area	利税总额 Total Pre-tax Profits	利润总额 Total Profits	工程结算税金及附加 Taxes and Extra Charges on Project Settle Accounts	管理费用中的税金 Taxes in Management Expenses	产值利税率(%) Ratio of pre-tax Profits to Gross Output Value (%)	资产利税率(%) Ratio of pre-tax Profit to Assets (%)
全 省 Total	**5397937**	**2645553**	**2624979**	**127405**	**6.7**	**12.3**
福州市 Fuzhou	1691301	716486	947766	27050	5.8	10.6
厦门市 Xiamen	673713	305638	351935	16140	5.2	7.5
莆田市 Putian	443959	251083	181383	11493	9.0	16.3
三明市 Sanming	402714	188642	187140	26931	7.2	19.3
泉州市 Quanzhou	1159212	652213	480718	26281	8.9	17.0
漳州市 Zhangzhou	290109	168197	115351	6562	6.7	11.6
南平市 Nanping	100273	52904	44213	3156	7.1	9.5
龙岩市 Longyan	511744	260152	244752	6841	7.7	19.6
宁德市 Ningde	124911	50238	71722	2951	6.0	10.1

建筑业统计单位 指从事房屋、构筑物建造和设备安装活动的法人企业。建筑业法人企业应同时具备的条件是：①依法成立，有自己的名称、组织机构和场所，能够承担民事责任；②独立拥有和使用资产，承担负债，有权与其他单位签订合同；③独立核算盈亏，能够编制资产负债表。

建筑业总产值(即自行完成施工产值) 指以货币表现的建筑安装企业在一定时期内生产的建筑业产品和提供的服务的总和。建筑业总产值包括：

(1)建筑工程产值：指列入建筑工程预算内的各种工程价值。

(2)设备安装工程产值：指设备安装工程价值，不包括被安装设备本身价值。

(3)房屋、构筑物修理产值：指房屋、构筑物修理所完成的价值，但不包括被修理房屋、构筑物本身的价值和生产设备的修理价值。

(4)非标准设备制造产值：指加工制造没有定型的、非标准的生产设备的加工费和原材料价值，以及附属加工厂为本企业承建工程制作的非标准设备的价值。

建筑业增加值 指建筑业企业在报告期内以货币表现的建筑业生产经营活动的最终成果。目前建筑业增加值采用分配法(收入法)计算，即从收入的角度出发，根据生产要素在生产过程中应得的收入份额计算。具体计算公式为：

建筑业增加值＝本年提取的固定资产折旧+主营业务应付工资+主营业务应付福利费+管理费用中的劳动待业保险费、税金+工程结算税金及附加+营业利润

房屋建筑施工面积 指在报告期内施工的全部房屋建筑面积，包括本期新开工的房屋面积、上期施工跨入本期继续施工的房屋面积、上期停缓建在本期恢复施工的房屋面积、本期竣工的房屋面积及本期施工后又停缓建的房屋面积。

房屋建筑竣工面积 指在报告期内房屋建筑按照设计要求全部完工，达到了住人和使用条件，经验收鉴定合格，正式移交使用单位的房屋建筑面积。

工程结算收入 指企业承包工程实现的工程价款结算收入，以及向发包单位收取的除工程价款以外的按规定列作营业收入的各种款项，如临时设施费、劳动保险费、施工机械调迁费等以及向发包单位收取的各种索赔款。

工程结算利润 指已结算工程实现的利润，如亏损以“－”号表示。计算公式为：

工程结算利润＝工程结算收入－工程结算成本－工程结算税金及附加

企业总收入 指与企业生产经营直接有关的各项收入，包括工程结算收入和其他业务收入。计算公式为：

企业总收入＝工程结算收入＋其他业务收入

Explanatory Notes on Main Statistical Indicators

Statistical Unit in the Construction Industry refers to corporate enterprise engaged in the construction of buildings and structures and in the installation of equipment.A corporate construction enterprise should have qualification certifieates with independent accounting system,and should meet the following 3 requirements:①being set up in line with relevant legal basis,having its full name,organization and location,and capable of taking civil liabilities;② independently possessing and using its assets and assuming its liabilities,and entitled to sign contracts with other institutions;and ③ making independent accounts of its profits and losses,and capable of compiling its own balance sheet.

Gross Output Value of Construction (Output Value of Projects Under Construction) refers to total of construction products and services, expressed in money terms, completed by construction and installation enterprises during a given period of time. It includes:

(1) Output value of construction projects, that is the value of projects covered by the project budgets;

(2) Output value of installation projects, that is the value of the installation of equipment, (excluding the value of the equipment to be installed);

(3) Output value of repair of buildings and structures, that is the value created through the repairs of buildings or structures,but does not include the value of buildings or structures being repaired and the value of the repair of production equipment;

(4) Output value of manufactured non-standard equipment, that is the value of non-standard production equipment (including raw materials and manufacturing cost) made for the construction project, and the equipment manufactured by subsidiary workshops.

Value-added of Construction refers to the final result of the activities of production and management of construction in monetary terms in the reference period. At present, the value-added of construction is calculated with the income approach. In other words, it is the sum of income of various production factors in the production process. The formula is as follows:

Value-added of construction=depreciation of fixed assets in the year+wages payable+welfare expenses payable+insurance premium and tax for waiting for employment in the administrative expenses +taxes and surcharges on project settlement+profit gained from project settlement.

Floor Space of Buildings Under Construction refers to floor space of buildings under construction during the reference period, including newly started buildings,buildings started earlier and Continued during the reference period,and buildings suspended earlier but restarted during the reference period, buildings completed during the reference period, and buildings under construction and then suspended during the reference period.

Floor Space of Buildings Completed refers to the floor space of buildings that are completed in the reference period in accordance with the requirements of the design, up to the standard for putting them into use, and have been checked and accepted by concerned departments as qualified ones.

Income from Settlement of Projects refers to the income received by the construction enterprise from the contracted project through settlement procedures, and other charges to the contractoree as operational costs in addition to the value of the project, such as temporary facility fee,labour insurance premium,moving cost of construction equipment,as well as various types of claims to the contractee.

Profit from Settlement of Projects refers to profit realized through settled projects. It is calculated with the following formula:

Profit from Settlement of Projects=Income from Settlement of Projects-Settled Cost-Settled Taxes and Other Cost

Total Revenue of Enterprises refers to the sum of income from production and operation of enterprises, including income from settlement of projects and other operational income, namely:

Total Revenue of Enterprises=Income from Settlement of Projects+Other Operational Income

第十四篇　交通运输和邮电通信业

Chapter 14　Transportation, Postal and Telecommunication Services

---

资料整理：陈姿 连晓毅

Database Editor:Zhenzi Lianxiaoyi

简要说明

本篇资料的主要内容及来源

本篇资料反映了全省交通运输业与邮电通讯业发展的基本状况，主要包括交通设施基本情况、客货运量及周转量、交通运输企业主要技术经济指标、沿海主要港口货物吞吐量、邮政和电信基本情况、民用汽车拥有量等方面的内容。

铁路资料来源于南昌铁路局，公路、水路和港口资料来源于福建省交通厅，民航运输资料来源于福建省民航局，邮电信资料来源于福建省通信管理局和省邮政公司。

本篇资料由省统计局服务业处收集整理。

Brief Introduction

Main Content and Source of Data

Data in this chapter cover mainly the basic conditions of the development of transport, post and telecommunications in Fujian Province, including the basic conditions of transport, the freight traffic and passenger traffic accomplished by various means, major financial indices of related enterprises, cargo handled at principal sea ports and the basic conditions of post and telecommunication services.

Data on railways transportation come from the Nanchang Bureau of the Railway. Data on highways waterway and port come from the Bureau of the Transportation. Data on the civil aviation transport come from the Bureau of Fujian Aviation Administration. Data on telecommunication services come from the Telecommunication Bureau. Data on post are provided by the Post Company.

Data in this chapter are compiled and provided by the Division of Services Statistics of Fujian Provincial Bureau of Statistics.

14-1 主要年份各类运输总量

Passenger Traffic and Freight Traffic in Selected Years

年份 Year	客运量（万人） Passenger Traffic (10000 persons)	旅客周转量（亿人公里） Passenger-Kilometers (100 million passenger-km)	货运量（万吨） Freight Traffic (10000 tons)	货物周转量（亿吨公里） Freight ton-kilometers (100 million ton-km)
1952	251	1.72	156	1.44
1957	1966	8.81	1553	10.07
1962	2634	16.97	1845	21.65
1965	3226	16.22	2948	39.47
1970	3324	17.59	2862	40.92
1975	5887	28.36	3747	53.73
1978	7928	35.73	4871	74.03
1979	9996	43.71	5149	80.63
1980	16676	62.37	7979	100.34
1981	20013	73.45	8302	103.34
1982	22570	82.01	9077	120.39
1983	24620	91.50	10175	131.78
1984	29155	109.50	11479	151.61
1985	33984	130.33	13317	161.97
1986	34426	137.09	16931	195.48
1987	35693	159.38	18231	225.02
1988	37216	175.91	20131	242.02
1989	39622	173.66	19859	270.06
1990	39495	175.40	20321	272.71
1991	34038	186.70	12124	267.26
1992	36283	205.17	19836	347.28
1993	40465	232.27	25824	434.02
1994	36416	240.56	28447	577.73
1995	40080	247.65	28922	608.61
1996	42956	267.20	30593	590.58
1997	43658	253.15	30496	605.78
1998	42047	279.76	30010	661.61
1999	41413	301.58	28637	746.71
2000	44203	333.97	29483	687.65
2001	47393	372.72	30547	779.92
2002	49134	392.00	31837	827.44
2003	48097	386.19	33422	1223.82
2004	53950	441.40	37279	1401.26
2005	55615	477.82	40400	1576.12
2006	59369	524.99	44304	1904.36
2007	64244	587.90	50500	2083.72
2008	72742	561.77	57254	2401.41
2009	76121	597.75	58231	2477.46
2010	77153	648.76	66159	2983.52
2011	81082	723.83	75272	3404.11
2012	83725	771.93	84417	3877.73
2013	56965	785.01	96718	3943.77
2014	60765	902.36	111779	4783.48
2015	54031	915.21	111063	5450.96

注：2013年客运量数据因交通运输业统计范围变化有调整。

Note:Because the scope of Transportation Statistics changes, The Data of Traffic Passengers in 2013 has been adjusted.

14-2 交通运输业基本情况

Basic Conditions of Transport

项目	Item	2000	2005	2010	2014	2015
铁路营业长度（公里）	**Length of Railways in Operation(km)**	**1454**	**1613**	**2110**	**2755**	**3197**
公路通车里程（公里）	**Length of Highway(km)**	**51073**	**58286**	**91015**	**101190**	**104585**
#高速公路	Expressway	351	1208	2350	4053	4813
内河通航里程（公里）	**Length of Navigable Inland Waterways(km)**	**3701**	**3245**	**3245**	**3245**	**3245**
客运量（万人）	**Passenger Traffic(10000 persons)**	**44203**	**55615**	**77153**	**60765**	**54031**
铁路	Railways	1428	1486	3640	8345	9256
公路	Highways	41696	52452	70714	48580	40394
水运	Waterways	726	985	1444	1794	1996
航空	Civil Aviation	353	692	1356	2046	2385
旅客周转量（亿人公里）	**Passenger-kilometers(100 million persons-km)**	**333.97**	**477.82**	**648.76**	**902.36**	**915.21**
铁路	Railways	71.57	87.90	137.70	284.91	305.34
公路	Highways	223.44	309.99	346.68	334.95	267.29
水路	Waterways	1.44	1.39	2.14	2.87	2.84
航空	Civil Aviation	37.52	78.54	162.23	279.63	339.74
货运量（万吨）	**Freight Traffic(10000 tons)**	**29483**	**40400**	**66159**	**111779**	**111063**
铁路	Railways	2475	3601	3765	3403	2820
公路	Highways	22924	27579	45575	82573	79802
水运	Waterways	4078	9210	16803	25782	28419
航空	Civil Aviation	6	10	16	21	22
货物周转量（亿吨公里）	**Freight Ton-Kilometers (100 million ton-km)**	**687.65**	**1576.12**	**2983.52**	**4783.48**	**5450.96**
铁路	Railways	152.51	201.95	184.20	149.80	128.71
公路	Highways	175.83	238.25	578.32	974.80	1020.25
水路	Waterways	358.63	1134.64	2218.88	3655.72	4298.52
航空	Civil Aviation	0.67	1.27	2.12	3.16	3.48
全社会机动车拥有量（辆）	**Number of Motor Vehicles(unit)**	**1954426**	**4198416**	**7249619**	**7994327**	**8541642**
汽车	Automobiles	321278	742611	1996529	3884930	4368030
沿海主要港口货物吞吐量（万吨）	**Freight Handled at Principal Seaports (10000 tons)**	**6944.17**	**19605.25**	**32687.01**	**49166.24**	**50282.09**
福州港	Fuzhou	2425.48	7443.45	7124.79	14391.14	13967.23
厦门港	Xiamen	1965.26	4770.76	12728.05	20503.96	21022.52
泉州港	Quanzhou	1712.18	4046.16	8455.37	11200.70	12241.21
漳州港	Zhangzhou	418.72	2081.31	1202.47		
湄州湾港	Meizhouwan	201.34	1050.03	1755.99	3070.44	3051.13
宁德港	Ningde	221.19	213.54	1420.33		

注：2011年起，漳州港并到厦门港，宁德港并到福州港。

Note:Since 2011, Zhangzhou seaports divided to Xiamen Seaports,Ningde seaports divided to Fuzhou Seaports.

14-3 运输线路长度（年底数）

Length of Transportation Routes,End of Year

单位：公里 (km)

项目 Item	2000	2005	2010	2014	2015
铁路营业长度 Length of Railways in Operation	**1454**	**1613**	**2110**	**2755**	**3197**
#电气化长度 Electrified Railways	821	821	1498	2142	2584
公路通车里程 Length of Highway	**53506**	**58286**	**91015**	**101190**	**104585**
#绿化里程 Length of Greened Highways	28068	31010	45906	87020	87807
#养护里程 Length of Maintenced Highways	52776	57430	91009	101190	104585
按行政等级分 By Administrative Level					
国道 National Highways	2443	3129	4206	5164	5616
省道 Provincial Highways	5451	5763	6151	6998	7355
县级公路 County Highways	12527	12814	13485	16974	16977
乡镇公路 Village Highways	27101	30579	35676	40986	41167
专用公路 Highway for Special Purpose	5984	6001	486	122	122
按技术等级分 By Technical Grade					
# 等级路里程合计 Total of Expressway and Class Highway	40637	47986	70655	82907	87494
高速公路 Expressway	351	1208	2351	4053	4813
一级 First Class	255	358	603	776	788
二级 Second Class	5515	6262	7373	9192	9507
三级 Third Class	3440	4518	6419	8178	8251
四级 Fourth Class	31076	35640	53910	60709	64134
内河通航里程 Length of Navigable Inland Waterways	**3701**	**3245**	**3245**	**3245**	**3245**

14-4 各类运输工具拥有量（年底数）

Number of Means of Transport, End of Year

项目	Item	2000	2005	2010	2014	2015
公路	**Highway**					
全社会机动车拥有量（辆）	**Number of Motor Vehicles(unit)**	**1954426**	**4198416**	**7246919**	**7994327**	**8541642**
#民用汽车	Automobiles	321278	742611	1996529	3884930	4368030
#载客汽车	Possenger Vehicles	156890	449592	1502963	3180576	3677895
大型	Large-Size		15623	24704	28833	31511
中型	Medium-Size		31203	39736	32621	30037
小型	Small-Size		362861	1384498	3059603	3560075
微型	Mini-Size		39905	54025	59519	56272
载货汽车	Trucks	154219	231351	451130	664812	654994
重型	Large-Capacity		16437	64942	102045	103154
中型	Medium-Capacity		40678	47062	34816	31005
轻型	Small-Capacity		147566	329155	522174	516264
微型	Mini-Capacity		26670	9971	5777	4571
水路	**Waterway**					
内河	**Island River**					
客轮	Passenger Vesssel					
艘数（艘）	Number of Passenger Vesssel (unit)	139	465	319	242	233
载客量（客位）	Passenger Capacity(seat)	7671	15319	9395	8675	8588
货轮	Cargo Vessel					
艘数（艘）	Number of Cargo Vessel(unit)	865	830	722	555	525
净载重量（吨位）	Payload(ton)	67493	154777	313962	340649	316315
沿海	**Coastal**					
客轮	Passenger Vesssel					
艘数（艘）	Number of Passenger Vesssel (unit)	167	212	259	297	242
总吨（吨位）	Total Weight(ton)	4527	10706	16617	18235	19338
载客量（客位）	Passenger Capacity(seat)	7221	9764	15259	17115	18610
货轮	Cargo Vessel					
艘数（艘）	Number of Cargo Vessel(unit)	1313	1290	952	882	840
总吨（吨位）	Total Weight(ton)	787442	1681411	2593122	4079684	4390863
净载重量（吨位）	Payload(ton)	1128810	2736521	4061378	6212187	6508127
远洋	**Ocean**					
货轮	Cargo Vessel					
艘数（艘）	Number of Cargo Vessel(unit)	190	81	91	90	91
总吨（吨位）	Total Weight(ton)	384749	543878	818337	1192715	1274830
净载重量（吨位）	Payload(ton)	589392	769838	1297002	1943441	2096537

14-5 主要年份客货平均运距

Average Transport Distance of Passenger and Freight Traffic in Selected Years

单位：公里 (km)

年份 Year	平均运距 Average Transport Distance	铁路 Railway	公路 Highway	水运 Waterway	民用航空 Civil Aviation
旅客运输平均运距 Average Transport Distance of Passenger					
1978	45	184	33	21	
1980	44	212	31	27	
1985	38	261	29	29	71
1990	44	309	35	26	897
1995	61	403	41	35	949
1996	62	400	44	32	963
1997	58	429	39	29	967
1998	67	438	47	22	982
1999	73	449	52	20	995
2000	76	501	54	20	1062
2001	79	539	57	17	1045
2002	80	530	57	16	1040
2003	80	528	57	16	1074
2004	82	544	56	15	1095
2005	86	592	59	14	1135
2006	88	570	60	13	1151
2007	92	528	62	13	1187
2008	77	524	49	13	1182
2009	78	497	50	14	1187
2010	84	378	49	15	1196
2011	89	367	49	15	1234
2012	92	349	49	16	1282
2013	138	322	71	17	1305
2014	148	341	69	16	1367
2015	169	330	66	14	1425
货物运输平均运距 Average Transport Distance of Freight					
1978	151	400	31	166	
1980	125	429	41	188	
1985	122	537	42	280	391
1990	134	547	55	454	964
1995	210	593	62	1051	1062
1996	193	565	58	908	1139
1997	199	603	57	908	1008
1998	220	611	63	993	1145
1999	261	603	84	1021	1086
2000	233	616	77	879	1135
2001	255	586	81	942	1143
2002	260	595	81	935	1132
2003	366	606	81	1320	1167
2004	376	586	83	1275	1214
2005	390	561	86	1232	1254
2006	430	553	89	1324	1279
2007	413	583	91	1281	1296
2008	419	565	126	1124	1326
2009	426	503	126	1251	1327
2010	450	489	127	1321	1339
2011	452	491	125	1354	1399
2012	459	469	130	1385	1450
2013	408	450	118	1276	1479
2014	428	440	118	1418	1505
2015	491	456	128	1513	1581

14-6 主要年份铁路运输情况

Railway Transportation in Selected Years

年份 Year	营业长度（公里） Length of Railways in Operation (km)	旅客发送量（万人） Passenger Traffic (10000 persons)	旅客周转量（亿人公里） Passenger-Kilometers (100 million person/km)	货物发送量（万吨） Freight Traffic (10000 tons)	货物周转量（亿吨公里） Freight Ton-kilometers (100 million ton-km)
1957	644	130	1.77	232	3.64
1962	841	476	8.17	267	12.47
1965	876	376	6.65	602	25.38
1970	876	432	7.56	694	27.97
1975	982	606	10.68	962	35.49
1978	1009	718	13.24	1261	50.40
1979	1009	840	16.20	1318	55.17
1980	1009	986	20.92	1320	56.56
1981	1009	997	23.16	1268	55.54
1982	1006	1102	24.34	1305	64.71
1983	1005	1223	28.44	1334	70.06
1984	1005	1349	32.71	1477	79.98
1985	1006	1349	35.25	1536	82.43
1986	1028	1363	37.18	1486	90.37
1987	1028	1423	40.40	1802	95.69
1988	1028	1551	46.24	1810	97.98
1989	1029	1485	44.49	1892	101.08
1990	1021	1234	38.13	1902	104.01
1991	1015	1235	41.10	1988	113.00
1992	1015	1332	49.01	2064	125.91
1993	1015	1556	62.28	2216	136.04
1994	1024	1685	68.01	2301	140.02
1995	1024	1662	67.05	2456	145.69
1996	1025	1466	58.63	2500	141.18
1997	1068	1401	60.09	2373	143.00
1998	1381	1399	61.25	2325	141.94
1999	1383	1480	66.38	2389	144.09
2000	1454	1428	71.57	2475	152.51
2001	1453	1372	73.90	2813	164.78
2002	1454	1446	76.65	2856	169.96
2003	1467	1417	74.85	3206	194.34
2004	1471	1568	85.30	3739	219.10
2005	1613	1486	87.90	3601	201.95
2006	1613	1730	98.60	3646	201.70
2007	1616	1911	100.98	3595	209.70
2008	1618	2066	108.30	3681	207.80
2009	2110	2083	103.60	3631	182.70
2010	2110	3640	137.70	3765	184.20
2011	2110	4696	172.30	3826	187.93
2012	2255	5295	184.78	3868	181.10
2013	2743	6502	209.21	3661	164.81
2014	2755	8345	284.91	3403	149.80
2015	3197	9256	305.34	2820	128.71

14-7 主要年份公路运输情况

Highway Transportation in Selected Years

年份 Year	公路通车里程（公里） Length of Highways (km)	汽车数(辆) Number of Vehicles(set)	客运量（万人） Passenger Traffic (10000 persons)	旅客周转量（亿人公里） Passenger-Kilometers (100 million person/km)	货运量（万吨） Freight Traffic (10000 tons)	货物周转量（亿吨公里） Freight Ton-kilometers (100 million ton-km)
1952	2839	1470	86	0.77	39	0.27
1957	6034	2118	1254	4.70	725	1.69
1962	13243	4872	1096	5.93	840	2.12
1965	14251	6304	2135	8.06	1455	3.30
1970	18136	7490	2195	8.52	1470	3.98
1975	24204	17189	4385	15.77	1972	6.46
1978	29109	26148	6285	20.53	2671	8.20
1979	32112	30611	8115	25.16	2832	9.14
1980	32577	35999	14593	38.54	5548	22.88
1981	32982	39862	17834	46.45	6041	24.54
1982	33827	44316	20197	53.73	6674	28.66
1983	34445	46662	22154	58.90	7633	31.72
1984	35020	50966	26487	72.51	8793	36.07
1985	35987	63062	31355	91.33	10531	44.54
1986	37175	74490	31643	96.04	13965	60.99
1987	38148	83405	32670	111.79	14970	78.65
1988	39124	92218	33955	121.30	16775	90.37
1989	39124	102413	36439	119.69	16276	89.53
1990	41011	110208	36639	128.27	16710	91.12
1991	41745	121247	31683	135.81	8924	74.43
1992	41882	137272	33668	142.47	15832	93.12
1993	43558	166299	37970	150.92	21276	111.48
1994	44608	210404	33916	149.08	23147	135.17
1995	46574	200765	37508	153.48	23444	145.41
1996	47196	201210	40474	177.30	24732	144.17
1997	47680	221208	41212	160.37	24562	139.18
1998	48021	248062	39618	187.37	23979	151.37
1999	50202	278218	38884	201.13	22162	185.35
2000	51073	321278	41696	223.44	22924	175.83
2001	53547	366707	44926	254.37	23193	187.03
2002	54155	436254	46570	264.89	24023	193.96
2003	54876	520751	45483	257.55	23884	193.50
2004	56208	632739	50862	286.52	25964	216.10
2005	58286	742611	52452	309.99	27579	238.25
2006	86560	935410	55713	335.28	29806	266.34
2007	86926	1143059	60088	375.46	34829	317.44
2008	88607	1339831	68409	338.06	38367	483.57
2009	89504	1622123	71586	360.26	40317	507.23
2010	91015	1996529	70714	346.68	45575	578.32
2011	92322	2422264	73259	360.15	52558	659.52
2012	94661	2861244	75044	368.52	59431	771.09
2013	99535	3349445	46895	330.64	69876	821.44
2014	101190	3884930	48580	334.95	82573	974.80
2015	104585	4368030	40394	267.29	79802	1020.25

注：1.2006年及以后年份公路通车里程含村道，以前年份不含村道。2.2013年公路客运量不包含城市公交，出租车在公路上的客运量。

Note:1. Lengh of Highways in 2006 include village highways, but not the before.2.In 2013, Highway Passengers exclude the city bus、taxi passengers on the highway.

14-8 民用汽车拥有量

年份 Year	民用汽车总计(辆) Total(units)	载客汽车 Passenger Vehicles	大型 Large	中型 Medium	小型 Small	微型 Minicar	载货汽车 Trucks
1978	26148	5436					19056
1979	30611	6388					22756
1980	35999	7803					26719
1981	39862	9101					29226
1982	44316	10642					32006
1983	46662	11750					33012
1984	50966	14755					34710
1985	63062	20908					40259
1986	74490	25125					47244
1987	83405	27341					53716
1988	92218	29915					59180
1989	102413	33722					63283
1990	110208	37351					67320
1991	121247	42267					73081
1992	137272	50379					81086
1993	166299	63815					95476
1994	210404	76411					126228
1995	200765	82319					111129
1996	201300	87416					107480
1997	221808	102238					111109
1998	248062	115711					125044
1999	278218	129613					140924
2000	321278	156890					154219
2001	366707	174359					172847
2002	436254	226854	13602	31433	150756	31063	198201
2003	520751	294034	14534	32526	209701	37273	214292
2004	632739	354640	15112	32240	268634	38654	221759
2005	742611	449592	15623	31203	362861	39905	231351
2006	935410	601426	17877	35720	504444	43385	272312
2007	1143059	773989	19171	37642	672830	44346	306995
2008	1339836	947323	20815	38216	842699	45593	328518
2009	1622123	1192518	22393	38913	1081539	49673	384572
2010	1996529	1502963	24704	39736	1384498	54025	451130
2011	2422264	1863029	26795	40178	1737509	58547	517735
2012	2861244	2244527	28079	38936	2116229	61283	574870
2013	3349445	2685948	28376	34761	2562331	60480	623600
2014	3884930	3180576	28833	32621	3059603	59519	664812
2015	4368030	3677895	31511	30037	3560075	56272	654994

Possession of Civil Vehicles

重型 Heavy	中型 Medium	轻型 Light	微型 Minicar	其他汽车 Other	机动车驾驶员（万人） Number of Motor Drivers (10000 persons)	#汽车 Automobile Drivers
				1656	12.93	3.41
				1467		
				1477	17.81	4.69
				1535		
				1668		
				1900		
				1501		
				1895	24.39	6.46
				2121	33.77	8.90
				2348	38.17	10.05
				3123	46.10	11.09
				5408	49.10	11.96
				5537	52.84	12.87
				5899	58.13	14.16
				5807	64.36	26.31
				7008	75.64	32.20
				7765	115.40	23.39
				7317	143.32	31.84
				6404	167.81	44.08
				8461	203.33	57.30
				7307	228.02	65.31
				7681	255.93	73.24
				10169	300.43	86.84
				19501	282.18	91.50
9808	50210	99815	38368	11199	315.51	104.59
9261	49862	117418	37751	12425	350.54	119.01
16420	41106	130409	33824	56340	379.30	148.29
16437	40678	147566	26670	61668	442.79	176.70
21261	45415	183797	21839	61672	485.50	201.19
25951	49610	213939	17495	62075	537.80	242.62
27647	48799	238084	13986	63995	571.65	248.55
51124	47155	274372	11921	45033	632.89	335.71
64942	47062	329155	9971	42436	692.10	395.26
75986	47773	385704	8272	41500	753.72	461.83
82234	45452	440384	6800	41847	818.16	533.87
91710	37363	487858	6669	39897	876.77	586.15
102045	34816	522174	5777	39542	943.46	662.96
103154	31005	516264	4571	35141	1014.52	743.58

14-9 私人汽车拥有量

Possession of Private Vehicles

单位：辆

年份 Year	私人汽车（辆） Total(units)	载客汽车 Passenger Vehicles	大型 Large	中型 Medium	小型 Small	微型 Minicar
1985	3610	308				
1986	5736	697				
1987	10869	1579				
1988	17537	3718				
1989	24894	7969				
1990	26786	8826				
1991	38693	11464				
1992	43801	13996				
1993	54632	17609				
1994	70125	21444				
1995	63513	23572				
1996	55805	19519				
1997	67289	26304				
1998	59282	20945				
1999	71788	24743				
2000	151664	64490				
2001	180452	81197				
2002	228318	116503	881	8759	82554	24309
2003	287760	167499	772	8896	128012	29819
2004	341427	217712	580	8422	177408	31302
2005	420734	292894	413	8327	250720	33434
2006	569852	414642	531	9812	367077	37222
2007	775574	564416	639	10879	513874	39024
2008	945292	717899	535	11349	665055	40960
2009	1206193	943872	630	12041	885907	45294
2010	1541509	1225667	720	12662	1162370	49915
2011	1915787	1550413	789	13364	1481737	54523
2012	2327918	1913841	795	13081	1842456	57509
2013	2792295	2337830	772	10528	2269122	57408
2014	3312330	2823431	858	9204	2756514	56855
2015	3792753	3308677	732	7540	3246439	53966

14-9 续表

Continued

单位：辆

年份 Year	载货汽车 Trucks	大型 Large	中型 Medium	小型 Small	微型 Minicar	其他汽车 Others
1985	3292					10
1986	5038					1
1987	9286					4
1988	13782					37
1989	16864					61
1990	17940					20
1991	26674					555
1992	29539					266
1993	36642					381
1994	48237					444
1995	39500					441
1996	35938					348
1997	38987					1998
1998	37908					429
1999	46542					503
2000	86256					918
2001	97975					1280
2002	111078	3471	28928	51773	26906	737
2003	119459	3113	27535	62485	26326	802
2004	122833	5661	22336	71715	23121	882
2005	126890	5016	19010	83288	19576	950
2006	153818	6135	21503	109414	16766	1392
2007	179081	7389	23363	134076	14253	32077
2008	196626	7749	22467	154577	11833	30767
2009	234951	11450	22723	190293	10485	27370
2010	290366	15584	23792	241991	8999	25476
2011	341324	18746	24986	290048	7544	24050
2012	390001	20770	24691	338251	6289	24076
2013	431485	22614	20546	382194	6131	22980
2014	465590	26378	19895	414362	4955	23309
2015	464115	27890	17864	414047	4314	19961

14-10 主要年份水路运输情况

Waterway Transportation in Selected Years

年份 Year	内河航运里程（公里） Length of Navigable Inland Waterways (km)	#通航里程 Length of Waterways	客运量（万人） Passenger Traffic (10000 persons)	旅客周转量（亿人公里） Passenger-Kilometers (100 million person/km)	货运量（万吨） Freight Traffic (10000 tons)	货物周转量（亿吨公里） Freight Ton-kilometers (100 million ton-km)
1952	4078		165	0.95	117	1.16
1957	4315		582	2.35	596	4.75
1962	5141		1062	2.87	742	7.06
1965	4723		715	1.51	891	10.79
1970	3726		697	1.51	698	8.97
1975	3793		895	1.91	812	11.78
1978	3629		924	1.96	939	15.43
1979	3857		1040	2.35	999	16.32
1980	3857		1095	2.91	1111	20.90
1981	3857		1179	3.54	993	23.26
1982	3857		1266	3.34	1098	27.02
1983	3857		1237	3.36	1208	30.00
1984	3849		1312	3.28	1209	35.56
1985	3888		1273	3.70	1250	35.00
1986	3888		1401	3.74	1480	44.09
1987	3888		1567	4.07	1458	50.63
1988	3888		1664	3.92	1545	53.59
1989	3888		1646	4.44	1689	79.36
1990	3888		1567	4.02	1708	77.50
1991	3888		1047	2.71	1211	79.72
1992	3888		1174	3.08	1938	128.08
1993	3888		784	3.53	2330	286.26
1994	3888		600	2.41	2996	302.28
1995	3888		649	2.30	3017	317.01
1996	3888		714	2.29	3355	304.57
1997	3725		729	2.13	3555	322.92
1998	3725		728	1.60	3700	367.55
1999	3701		721	1.44	4079	416.48
2000	3701		726	1.44	4078	358.63
2001	3701		680	1.13	4535	427.39
2002	3701		643	1.03	4950	462.62
2003	3955	3245	707	1.11	6324	835.07
2004	3955	3245	897	1.32	7567	964.99
2005	3955	3245	985	1.39	9210	1134.64
2006	3955	3245	1148	1.50	10841	1434.92
2007	3955	3245	1320	1.75	12130	1553.84
2008	3955	3245	1305	1.67	15193	1708.39
2009	3955	3245	1340	1.83	14271	1785.85
2010	3955	3245	1444	2.14	16803	2218.88
2011	3955	3245	1596	2.41	18872	2554.34
2012	3955	3245	1701	2.72	21100	2922.99
2013	3955	3245	1711	2.85	23162	2954.71
2014	3955	3245	1794	2.87	25782	3655.72
2015	3955	3245	1996	2.84	28419	4298.52

注：2003年起货物运输量及货物周转量含厦门远洋总公司，与往年不可比。

Note: Freight traffic and turnover ton-kilometers from 2003 include the data of Xiaman Ocean Company , and are not comparable with that in previous years.

14-11 民用航空情况（1978-2015年）

Basic Statistics of Civil Aviation(1978-2015)

年份 Year	空港数（个） Number of Air Ports (unit)	旅客发送量（万人） Passenger Departing (10000 persons)	货物发送量（万吨） Freight Departing (10000 tons)	旅客周转量（万人公里） Passenger-kilometers (10000 person km)	货物周转量（万吨公里） Freight Ton-kilometers (10000 ton-km)
1978	1	1.15	0.02		
1979	1	1.10	0.04		
1980	1	1.94	0.06		
1981	2	3.12	0.08		
1982	2	5.11	0.11		
1983	3	5.50	0.18		
1984	2	6.66	0.29		
1985	2	7.00	0.11	500	43
1986	2	18.94	0.28	1300	300
1987	2	32.61	0.54	31200	500
1988	2	45.55	0.69	44500	800
1989	2	51.55	0.82	50400	900
1990	2	55.49	0.83	49800	800
1991	2	72.90	1.06	70800	1100
1992	2	108.68	1.54	106100	1700
1993	3	155.20	2.27	155400	2400
1994	3	214.60	2.79	210600	2600
1995	3	261.50	4.71	248200	5000
1996	3	301.20	5.82	289799	6627
1997	4	316.10	5.81	305534	6856
1998	4	301.96	6.49	295519	7432
1999	4	327.85	7.20	326223	7816
2000	4	353.25	5.84	375163	6700
2001	4	414.56	6.30	433095	7200
2002	4	475.51	7.62	494742	8623
2003	4	490.61	7.84	526763	9146
2004	5	623.24	8.78	682610	10655
2005	5	692.19	10.09	785426	12655
2006	5	778.50	10.96	896084	14017
2007	5	924.92	12.15	1097429	15742
2008	5	961.89	12.41	1137307	16458
2009	5	1112.39	12.66	1320686	16770
2010	5	1356.10	15.81	1622300	21200
2011	5	1531.65	16.65	1889700	23300
2012	5	1684.39	17.58	2159100	25500
2013	5	1857.21	19.18	2423081	28087
2014	5	2045.90	20.98	2796316	31631
2015	5	2385.01	22.09	3397446	34789

14-12 主要年份沿海港口货物吞吐量

Freight Handled at Principal Seaports in Selected Years

单位：万吨　　(10000 tons)

年份 Year	总计 Total	福州港 Fuzhou	厦门港 Xiamen	泉州港 Quanzhou	宁德港 Ningde	湄州湾港 Meizhouwan	漳州港 Zhangzhou	吞吐总量指数(以1950年为100) Index(1950=100)
1952	56.68	32.00	5.76	6.50	5.00	7.42		169.6
1957	165.96	85.87	54.87	9.60	8.38	7.24		496.7
1962	135.14	49.33	48.68	13.49	5.56	18.08		404.5
1965	239.87	57.75	110.53	34.10	10.20	27.29		718.0
1970	211.23	59.26	102.94	25.37	9.91	13.75		632.2
1975	284.26	120.00	104.27	23.26	20.33	16.40		850.8
1978	408.13	172.04	120.44	29.54	18.75	22.11		1174.5
1980	685.40	208.89	164.87	31.30	25.60	19.77		1802.2
1981	761.05	217.98	162.28	25.36	26.49	17.85		1841.8
1982	816.44	259.87	190.44	21.54	28.26	21.77		2110.7
1983	869.55	311.15	200.02	24.29	29.31	22.06		2294.2
1984	943.46	347.00	250.52	23.36	30.36	22.38		2623.7
1985	1114.09	357.15	290.97	26.02	51.53	31.60	61.84	2813.8
1986	1159.90	442.46	203.89	38.04	44.39	33.52	107.90	3241.8
1987	1303.36	439.61	417.01	42.24	46.36	40.79	105.63	3565.0
1988	1396.79	445.36	457.12	60.01	43.67	57.88	124.34	3785.0
1989	1614.99	597.90	499.45	59.78	47.71	59.58	135.90	4833.9
1990	1496.50	560.89	519.11	52.65	49.27	27.55	115.60	4479.2
1991	1706.38	725.07	581.87	125.28	97.64	41.26	130.04	5107.4
1992	1862.12	720.51	661.07	217.27	46.53	92.75	120.24	5573.5
1993	2679.09	939.66	940.39	469.54	111.53	57.23	153.47	8018.8
1994	3002.33	914.39	1166.50	558.06	139.68	82.12	125.47	8986.3
1995	3460.80	1098.89	1313.87	680.47	137.94	99.65	116.61	10358.6
1996	3959.00	1248.00	1553.00	804.00	138.00	86.00	130.00	11849.7
1997	4485.00	1371.00	1754.00	1006.00	124.00	78.00	151.00	13424.1
1998	4518.00	1288.00	1639.00	1111.00	183.00	108.00	189.00	13522.9
1999	5285.00	1481.00	1773.00	1521.00	182.00	136.00	192.00	15818.9
2000	6944.17	2425.48	1965.26	1712.18	221.19	201.34	418.72	20785.1
2001	8278.42	2961.29	2098.91	2102.08	261.00	320.80	534.34	24778.7
2002	10200.62	3906.72	2734.51	2122.85	185.38	480.41	770.75	30532.2
2003	12495.48	4753.07	3403.88	2511.53	141.78	600.16	1085.06	37401.1
2004	15834.76	5938.63	4261.37	3093.82	184.17	836.04	1520.73	47396.1
2005	19605.25	7443.45	4770.76	4046.16	213.54	1050.03	2081.31	58681.8
2006	23687.61	8847.82	7792.07	5134.93	447.00	1301.11	164.68	70901.0
2007	23602.90	6433.32	8117.20	6215.32	691.13	1612.74	533.19	70647.5
2008	27070.06	6702.59	9701.96	7224.30	1007.26	1802.26	631.69	81025.2
2009	30541.81	8094.10	11096.28	7666.34	1240.45	1542.38	902.26	91416.7
2010	32687.01	7124.79	12728.05	8455.37	1420.33	1755.99	1202.47	97806.7
2011	37278.95	10221.08	15653.55	9330.48		2073.84		111546.8
2012	41359.23	11410.22	17227.32	10371.51		2350.19		123755.9
2013	45475.19	12759.03	19087.83	10804.09		2824.25		136071.8
2014	49166.24	14391.14	20503.96	11200.70		3070.44		147117.0
2015	50282.09	13967.23	21022.52	12241.21		3051.13		150455.9

注：2011年起，漳州港并到厦门港，宁德港并到福州港。

Note:Since 2011,Zhangzhou seaports divided to Xiamen Seaports,Ningde seaports divided to Fuzhou Seaports.

14-13 主要年份邮电通信业务情况

Basic Conditions of Postal and Telecommunication Services in Selected Years

年份 Year	邮电业务总量（亿元） Business Volume of Post and Telecommunications Service (100 million yuan)	邮政业务总量（亿元） Business Volume of Post (100 million yuan)	电信业务总量（亿元） Business Volume of Telecommunications Service (100 million yuan)	函件（亿件） Number of Letters Delivered(100 million piece)	本地电话用户（万户） Number of Fixed Telephone Subscribers at Year-end (10000 household)	移动电话用户（万户） Mobile Phones Users (10000 household)
1952	0.13			0.18	0.60	
1965	0.60			0.80	3.24	
1970	0.60			0.67	3.19	
1975	0.86			0.84	4.46	
1978	1.01			0.88	5.88	
1980	1.22			1.15	6.57	
1981	1.35			1.19	6.86	
1982	1.40			1.19	7.28	
1983	1.53			1.21	7.84	
1984	1.72			1.32	8.83	
1985	2.08			1.52	10.14	
1986	2.31			1.61	11.15	
1987	2.80			1.75	11.07	
1988	3.72			1.90	14.45	
1989	5.42			1.77	17.91	
1990	7.32			1.62	22.82	
1991	9.51			1.68	29.04	
1992	14.69			2.04	42.75	
1993	24.22			2.56	75.00	
1994	36.48			2.84	117.73	
1995	52.75	4.26	48.50	3.16	168.65	15.50
1996	73.02	4.85	68.17	3.29	219.26	35.65
1997	99.52	5.62	86.98	3.03	285.51	77.82
1998	131.84	6.59	125.25	2.95	347.46	142.20
1999	179.93	7.98	171.95	2.50	436.25	281.29
2000	246.34	10.22	236.12	2.42	562.70	441.00
2001	194.43	17.71	176.72	2.38	750.28	619.97
2002	257.49	19.49	238.00	2.70	937.10	792.04
2003	318.24	22.36	295.88	2.82	1124.87	965.00
2004	426.76	22.62	404.14	2.62	1266.00	1134.00
2005	519.76	25.61	494.15	2.29	1398.53	1302.00
2006	633.04	27.93	605.11	3.05	1485.53	1538.91
2007	787.79	29.24	758.55	2.54	1482.00	1809.00
2008	883.43	32.65	850.78	2.67	1431.00	2368.00
2009	995.77	35.66	960.11	2.60	1245.00	2639.00
2010	1194.20	35.98	1158.22	2.52	1046.00	3022.00
2011	513.50	59.31	454.19	2.45	1015.00	3553.00
2012	594.90	78.69	516.21	2.46	1017.00	4049.00
2013	667.54	114.10	553.44	2.15	984.00	4303.00
2014	857.49	162.67	694.82	1.80	933.32	4276.73
2015	1065.89	217.23	848.66	1.29	888.54	4240.16

注：2011年邮电业务总量以2010年不变价计算。

Note:Business Volume of Post and Telecommunications Service was calculated at 2010 constant prices.

14-14 邮电业务总量(1995-2015年)

Business Volume of Postal and Telecommunication Services(1995-2015)

年份 Year	邮电业务总量（亿元） Business Volume of Post and Telecommunications Service (100 million yuan)	电信业务总量（亿元） Business Volume of Telecommu- nication Services (100 million yuan)	快递业务量（万件） Express Mail Services (10000 piece)	集邮业务（万枚） Stamp Collection Business(10000 pcs)	互联网用户（万户） Internet Service Users (10000 household)	固定电话交换机容量（万户） Capacity of Telephone Exchanges (10000 household)
1995	52.75	48.50				353
1996	73.02	68.17				396
1997	99.52	86.98				453
1998	131.84	125.25		13050.82	3.85	547
1999	179.93	171.95		13308.40	13.10	655
2000	246.34	236.12		11007.97	70.70	808
2001	194.43	176.72		8871.11	183.29	1048
2002	257.49	238.00		7775.50	253.57	1182
2003	318.24	295.88		5409.86	298.08	1445
2004	426.76	404.14		5569.77	285.44	1671
2005	519.76	494.15		4375.56	600.21	1813
2006	633.04	605.11		4364.30	760.83	1959
2007	787.79	758.55		4379.70	876.00	1941
2008	883.43	850.78	5577.00	4509.00	1240.00	1973
2009	995.77	960.11	6961.00	4196.80	1640.00	1942
2010	1194.20	1158.22	10069.00	3526.30	2388.00	1807
2011	513.50	454.19	15765.00	4567.70	2872.00	1748
2012	594.90	516.21	22594.00	5267.00	3461.00	1626
2013	667.54	553.44	44536.00	5606.00	3590.00	1548
2014	857.49	694.82	65417.31	5423.00	3859.04	1232
2015	1065.89	848.66	88786.20	5314.95	3963.83	884

注：2011年起，邮电业务总量、电信业务总量按2010年不变价计算。

Note:Since 2011, Business Volume of Post and Telecommunications Service、Telecommu- nication Services were calculated at 2010 constant prices.

14-15 电信主要通信能力

Condition of Postal and Telecommunication Services

年份 Year	长途电话业务电路（路） Capacity of Long-distance Telephone Exchanges (circuit)	局用交换机容量（万门） Capacity of Local Telephone Exchanges (10 000 lines)	移动电话交换机容量（万户） Capacity of Mobile Telephone Exchanges (10000 household)	移动电话基站（个） Base Stations of Mobile Telephones (unit)	光缆线路长度（公里） Length of Optical Cable Lines (km)	长途光缆线路总长度（公里） Length of Long Distance Optical Cable Lines (km)
2002	254805	1200	1109	7758	93212	18322
2003	348171	1409	1174	9844	107085	19008
2004	487320	1651	1371	16992	133894	23600
2005	1066980	1795	1574	17310	152162	24532
2006	1460640	1908	2296	20757	170943	24270
2007	10994310	1969	3721	26963	182844	18121
2008	15786480	1956	4629	33292	237445	20314
2009	25093230	1925	5741	50096	302749	20262
2010	38357820	1809	6282	60136	392803	21061
2011	48453510	1748	7180	78013	484873	21622
2012	60438210	1630	7703	87717	570312	22159
2013	79894800	1548	7726	98495	699226	21692
2014	110531763	1232	7895	138892	738003	22471
2015	129019338	922	8204	186535	831928	23278

14-16 邮政业网点及邮递路线

Postal Network and Postal Routes

项目	Item	2010	2011	2012	2013	2014	2015
营业网点（处）	Number of Offices (unit)	2254	2288	3177	4275	4341	6467
快递营业网点	Outlets for Express Services	2254	2288	3117	4125	4222	6453
信筒信箱（个）	Number of Post Boxes(unit)	14429	14352	11414	9901	9623	8730
农村投递路线（公里）	Rural Delivery Routes(km)	89432	89999	93039	91687	93057	92262
城市投递路线（公里）	Urban Delivery Routes(km)	40401	34808	33904	32268	36047	33147
邮政总长度（公里）	Length of Postal Routes(km)	218405	195662	182584	182600	192848	203778
航空邮路	Airway	160227	130913		116466	129466	129466
铁路邮路	Railway	13416	13416	2834	2834	987	1302
汽车邮路	Moter	43770	50566	32648	62624	61700	72387

注：2012年航空、铁路、汽车邮路不含EMS部分。

14-17 设区市交通运输业基本情况（2015）

Basic Conditions of Transportation by City(2015)

项目	Item	客运量（万人）Passenger Traffic (10000 persons)	旅客周转量（亿人公里）Passenger-Kilometers(100 million passenger-km)	货运量（万吨）Freight Traffic (10000 tons)	货物周转量（亿吨公里）Freight Ton-kilometers (100 million ton-km)	全社会机动车拥有量（万辆）Possession of Motor Vehicles (10000 units)	汽车 Automobiles
福建省	**Total**	**42390.19**	**270.1**	**108220.84**	**5318.8**	**854.16**	**436.80**
福州市	Fuzhou	11160.36	58.6	22713.11	1692.0	120.89	98.07
厦门市	Xiamen	4734.70	34.6	25021.41	1465.6	135.15	95.92
莆田市	Putian	2979.43	27.3	5053.57	99.5	55.51	21.82
三明市	Sanming	2304.75	18.4	8543.85	94.6	47.17	18.67
泉州市	Quanzhou	7129.06	56.8	22865.57	1535.9	203.13	100.67
漳州市	Zhangzhou	2636.49	18.2	8935.53	102.4	91.52	35.13
南平市	Nanping	2128.34	13.5	3183.37	105.2	70.73	17.89
龙岩市	Longyan	2038.69	12.1	7708.38	108.1	88.26	31.63
宁德市	Ningde	7278.34	30.4	4196.06	115.5	39.5	15.27
平潭综合实验区	Pingtan	913.16	4.5	1068.18	158.8	2.87	1.78

14-18 设区市邮电通信业务基本情况（2015）

Basic Conditions of Postal and Telecommunication by City(2015)

项目	Item	邮政业务总量（亿元）Business Volume of Postal Services (100 million yuan)	电信业务总量（亿元）Business Volume of Telecommunication Services (100 million yuan)	本地电话用户（万户）Number of Fixed Telephone Subscribers at Year-end (10000 household)	移动电话用户（万户）Number of Mobile Telephone Subscribers at Year-end (10000 household)	快递业务（万件）Pieces of Express Mail Services (10000 piece)	互联网用户（万户）Number of Internet Users (10000 household)
福建省	**Total**	**217.23**	**848.66**	**888.54**	**4240.16**	**88786.20**	**3963.83**
福州市	Fuzhou	42.38	213.11	191.28	940.19	17044.14	891.79
厦门市	Xiamen	35.15	142.26	131.22	583.65	15086.70	604.29
莆田市	Putian	22.09	54.86	64.44	291.73	7690.48	268.53
三明市	Sanming	4.41	40.01	49.70	236.01	1099.10	201.84
泉州市	Quanzhou	79.66	184.87	205.52	921.27	37602.58	894.72
漳州市	Zhangzhou	14.96	80.63	90.38	459.57	4202.74	391.63
南平市	Nanping	6.50	41.01	51.15	260.12	1882.84	218.81
龙岩市	Longyan	5.24	41.81	55.19	265.16	1683.41	219.99
宁德市	Ningde	6.84	50.11	49.66	282.46	2494.22	243.86
平潭综合实验区	Pingtan	0.49	9.09	7.69	31.86	107.24	28.38

主要统计指标解释

铁路营业里程 又称营业长度(包括正式营业和临时营业里程)，指办理客货运输业务的铁路正线总长度。凡是全线或部分建成双线及以上的线路，以第一线的实际长度计算复线、站线、段管线、岔线和特殊用途线以及不计算运费的联络线都不计算营业里程。该指标可以反映铁路运输业基础设施的发展水平，也是计算客货周转量、运输密度和机车车辆运用效率等指标的基础资料。

铁路电气化里程 指在全部铁路营业里程中已安装了供电线路及设备，可以供电力机车牵引列车运行的区段的总里程。

公路里程 指在一定时期内实际达到《公路工程［WTBZ］技术标准 JTJ01-88》规定的等级公路，并经公路主管部门正式验收交付使用的公路里程数。包括大中城市的郊区公路以及通过小城镇街道部分的公路里程和桥梁、渡口的长度，不包括大中城市的街道、厂矿、林区生产用道和农业生产用道的里程。两条或多条公路共同经由同一路段，只计算一次，不得重复计算里程长度。该指标可以反映公路建设的发展规模，也是计算运输网密度等指标的基础资料。

货(客)运量 指在一定时期内，各种运输工具实际运送的货物(旅客)数量。该指标是反映运输业为国民经济和人民生活服务的数量指标，也是制定和检查运输生产计划、研究运输发展规模和速度的重要指标。货运按吨计算，客运按人计算。货物不论运输距离长短、货物类别，均按实际重量统计。旅客不论行程远近或票价多少，均按一人一次客运量统计；半价票、小孩票也按一人统计。

货物(旅客)周转量 指在一定时期内，由各种运输工具运送的货物(旅客)数量与其相应运输距离的乘积之总和。该指标可以反映运输业生产的总成果，也是编制和检查运输生产计划，计算运输效率、劳动生产率以及核算运输单位成本的主要基础资料。计算货物周转量通常按发出站与到达站之间的最短距离，也就是计费距离计算。计算公式为:

货物(旅客)周转量= 货物(旅客)运输量×运输距离

民用汽车拥有量 指报告期末，在公安交通管理部门按照《机动车注册登记工作规范》，已注册登记领有民用车辆牌照的全部汽车数量。汽车拥有量统计的主要分类：根据汽车结构分为载客汽车、载货汽车及其他汽车；根据汽车所有者不同分为个人(私人)汽车、单位汽车；根据汽车的使用性质分为营运汽车、非营运汽车和特种汽车；根据汽车大小规格不同载客汽车分为大型、中型、小型和微型，载货汽车分为重型、中型、轻型和微型。

邮电业务总量 指以价值量形式表现的邮电通信企业为社会提供各类邮电通信服务的总数量。邮电业务量按专业分类包括函件、包件、汇票、报刊发行、邮政快件、特快专递、邮政储蓄、集邮、公众电报、用户电报、传真、长途电话、出租电路、无线寻呼、移动电话、分组交换数据通信、出租代维等。计算方法为各类产品乘以相应的平均单价(不变价)之和，再加上出租电路和设备、代用户维护电话交换机和线路等的服务收入。该指标综合反映了一定时期邮电业务发展的总成果，是研究邮电业务量构成和发展趋势的重要指标。计算公式为:

邮电业务总量= Σ(各类邮电业务量×不变单价)+ 出租代维及其他业务收入= 邮电业务总量+电信业务总量

移动电话用户 指通过移动电话交换机进入移动电话网、占用移动电话号码的各类电话用户。包括签约用户和智能网预付费用户。一个移动电话号码统计为一户。

本地电话用户 指接入本地电信运营商固定电话网上的电话用户。包括: 住宅用户、单位用户、公用电话用户等。按电话用户位置又分为市内电话用户和农村电话用户。1997 年以前，“市内电话用户”是指接入县城及县以上城市的电话网上的电话用户；“农村电话用户”是指接入县邮电局农话台及县以下农村电话交换点，以县城为中心(除市话用户外)联通县、乡(镇)、行政村、村民小组的用户。从 1997 年起，电话用户数分组调整为以用户所在区域划分为“城市电话用户”和“乡村电话用户”，与过去的按市内电话和农村电话划分方法不同。而电话用户总数、电话机总部数统计范围不变。

移动电话交换机容量 指移动电话交换机根据一定话务模型和交换机处理能力计算出来的最大同时服务用户的数量。

Explanatory Notes on Main Statistical Indicators

Length of Railways in Operation refers to the total length of the trunk line under passenger and freight transportation (including both full operation and temporary operation). The calculation is based on the actual length of the first line even if this line has a full or partial double track or more tracks, excluding double tracks, station sidings, tracks under the charge of stations, branch lines, special-purpose lines and the non-payable connecting lines. The length of railways in operation is an important indicator to show the development of the infrastructure for the railway transport, and also the essential data to calculate volume of passenger freight transport, traffic density and utilization efficiency of the locomotives and carriages.

Length of Electrified Railways refers to the length of the section of railways in operation in which the power supply lines and other equipment are installed for the running of electrified locomotives. The proportion of the length of electrified railways to the total length of railways in operation is an important indicator to show the modernization of railways.

Length of Highways refers to the length of highways which are built in conformity with the grades specified by the highway engineering standard formulated by the Ministry of Communications, and have been formally checked and accepted by the departments of highways and put into use. The length of highways includes that of the suburb highways at large and medium sized cities, highways passing through streets at small cities and towns, and also the length of bridges and ferries. It does not include the length of streets in big and medium-sized cities and highways built for the production purpose at factories, mines, forest areas and agricultural areas. If two or more highways go the same section of the way, the length of the section is only calculated for once and no duplication is allowed. The length of highways is an important indicator to show the development of the highway construction and to provide essential information to calculate the transport network density.

Freight (Passenger) Traffic refers to the volume of freight (passenger) transported with various means within a specific period of time. This indicator reflects the service of the transport industry towards the national economy and people's living conditions, as well as an important indicator used in formulating and monitoring transport production plans and research into the scale and pace of transport development. Freight transport is calculated in tons and passenger traffic is calculated in terms of number of persons. Freight transport is calculated in terms of the actual weight of the goods and takes no account of the type of freight and distance of travel. Passenger traffic is calculated by the principle that one person can be counted only once in one trip and takes no account of the travelling distance and ticket price. The passengers who travel with a half price ticket or a child's ticket is also calculated as one person.

Freight Ton-kilometers (Passenger-kilometers) refer to the sum of the products of the volume of transported cargo (passengers) multiplying by the transport distance. It is an important indicator to reflect the achievement of transportation industry. Normally, the shortest distance between the departure station and the destination station (i.e., the payable distance) is the basis to calculate the freight ton-kilometers. This is an import ant indicator to show the total results of the transport industry, to prepare and examine the transport plan and to measure the efficiency, the lab our productivity and t he unit cost of transport.The formula is as follows:

Possession of Civil Motor Vehicles refer to the total numbers of vehicles that are registered and received vehicles' license tags according to the Work Standard for Motor Vehicles Registration formulated by transport management office under department of public security at the end of reference period. They are divided into following categories according to the structure of motor vehicles: passenger vehicles, trucks and others; and private vehicles and vehicles for units use according to ownerships; working vehicles, non-working vehicles and special motor vehicles according to kind of usage; large passenger vehicles, medium passenger vehicles and small passenger vehicles, heavy trucks, light-heavy trucks and light trucks according to sizes of vehicles.

Business Volume of Post and Telecommunications refers to the total amount of post and telecommunication services, expressed in value terms, provided by the post and telecommunications departments for the society. Post and telecommunication services can be classified as letters, parcels, remittance, issue of newspapers and magazines, fast mail service, express mail service, savings deposits, stamps for collection, public and individual telegraph service, facsimiles, long-distance telephone service, leasing of telephone lines, urban paging service, mobile telephone service, data transfer and transmission, etc. The accounting approach is to multiply the service products of all types with their average unit price (constant price) to get sum of business value, plus income from other services such as leasing of telephone lines and equipment, maintenance of telephone switchboards and lines on behalf of customers . This indicator reflects the overall results of post and telecommunications service during a given period, and is important to study the composition of business service and the development of post and telecommunications service.The formula is as follows:

Business Volume of Post and Telecommunications= ∑(Transaction of Post and Telecommunication Service × Constant Price) + Income from Leasing, Maintenance and other Services

Mobile Telephone Subscribers refer to the persons who own mobile telephone numbers and are connected with the mobile telephone communication network through the mobile telephones witch boards, including contracted subscribers and prepaid subscribers for intelligent network. One mobile telephone is taken as a subscriber.

Local Telephone Subscribers refer to subscribers that are connected to the local telecommunication service provider through fix line network, including household subscribers, institutional subscribers and public telephones. They are also classified as city subscribers and rural subscribers according to locations. Before 1997, city subscribers referred to those connected to city telephone networks in county towns and cities, while village subscribers referred to those connected to village telephone stations at and below counties. Since 1997, the classification of telephone subscribers was modified on the basis of physical location of the subscribers as urban telephone subscribers and rural telephone subscribers , which is different from the previous classification of categorizing local telephones and rural telephones , while the definition of total subscribers and total number of telephones remain unchanged.

Capacity of Mobile Telephone Exchanges refers to the capacity of the maximum services provided to subscribers at onetime basing on a certain model and transacting capacity of the mobile telephone exchanges.

第十五篇　批发零售、住宿餐饮和旅游业

Chapter 15　Wholesales, Retail Sales, Hotels,Catering Service and Tourism

资料整理：薛萍 许红琳 戴斌
Database Editor:Xueping Xuhonglin Daibin

简 要 说 明

本篇资料的主要内容及来源

本篇资料反映了全省国内市场发展情况、批发和零售业、住宿和餐饮业经营情况和旅游业发展情况，主要包括批发和零售业商品流转情况及财务状况、住宿和餐饮业经营情况及财务状况、社会消费品零售总额、旅游业等内容。

本篇资料中限额以上批发和零售业、住宿和餐饮业资料来源于批发和零售业、住宿和餐饮业统计年报资料，限额以下批发和零售业、住宿和餐饮业经营情况来源于抽样调查，旅游资料来源于省旅游局。

本篇资料由省统计局贸易外经统计处整理提供。

Brief Introduction

Main Content and Source of Data

Data in this chapter show the development of Fujian’s domestic market, wholesale and retail trade, hotels and catering services, mainly including the circulation of commodities in the wholesale and retail trade, the total retail sales of consumer goods and the financial indices of related businesses and tourism etc.

Except the data noted, all data in this chapter are based on the annual report of wholesale, retail, hotels and catering services and periodic statistical statements of 2011.Data on tourism are provided by Fujian Tourism Administration.

Data in this chapter are collected and compiled by the Division of Trade and External Economic Relations Statistics of Fujian Provincial Bureau of Statistics.

15-1 主要年份社会消费品零售总额

Total Retail Sales of Consumer Goods in Selected Years

单位：亿元 (100 million yuan)

年份 Year	社会消费品零售总额 Total Retail Sale of Consumer Goods	社会消费品零售总额指数 Ratio(%) 以上年为100 Preceding Year=100	以1950为100 Year of 1950=100	年份 Year	社会消费品零售总额 Total Retail Sale of Consumer Goods	社会消费品零售总额指数 Ratio(%) 以上年为100 Preceding Year=100	以1950为100 Year of 1950=100
1951	4.71	122.3	122.3	1994	504.66	134.9	13108.1
1952	5.54	117.6	143.9	1995	645.47	127.9	16765.5
1957	10.70	100.5	277.9	1996	801.67	124.2	20822.6
1962	13.96	118.1	362.6	1997	950.78	118.6	24695.6
1965	16.03	102.9	416.4	1998	1089.59	114.6	28301.0
1970	16.91	99.1	439.2	1999	1198.55	110.0	31131.2
1975	23.68	108.3	615.1	2000	1320.80	110.2	34306.5
1978	30.56	111.9	793.8	2001	1442.32	109.2	37462.9
1979	35.92	117.6	933.0	2002	1593.76	110.5	41396.4
1980	45.47	126.6	1181.0	2003	1797.76	112.8	46695.1
1981	51.47	113.2	1336.9	2004	2062.03	114.7	53559.2
1982	56.77	110.3	1474.5	2005	2351.72	114.0	61083.6
1983	62.59	110.3	1625.7	2006	2717.62	115.6	70587.5
1984	74.50	119.0	1935.1	2007	3212.34	118.2	83437.4
1985	96.04	128.9	2494.5	2008	3866.69	120.4	100433.5
1986	109.07	113.6	2833.0	2009	4481.00	115.9	116389.5
1987	126.06	115.6	3274.3	2010	5310.03	118.5	137922.9
1988	173.74	137.8	4512.7	2011	6276.17	118.2	163017.4
1989	202.30	116.4	5254.5	2012	7256.54	115.6	188481.6
1990	207.74	102.7	5395.8	2013	8275.35	114.0	214944.2
1991	230.99	111.2	5999.7	2014	9346.74	112.9	242772.5
1992	289.38	125.3	7516.4	2015	10505.93	112.4	272881.3
1993	374.10	129.3	9716.9				

15-2 限额以上批发零售与住宿餐饮业企业基本情况

Basic Conditions of Enterprises above Designated Size in Wholesale and Retail Trades,Hotels and Catering Services

项目	Item	2005	2010	2011	2012	2013	2014	2015
法人企业（个）	**Number of Corporation(unit)**	**3107**	**4997**	**6274**	**7655**	**9308**	**10948**	**12324**
批发和零售业	Wholesale and Retail Trades	2499	3924	5038	6254	7770	9275	10554
住宿和餐饮业	Hotels and Catering Services	608	1073	1236	1401	1538	1673	1770
批发和零售业（亿元）	**Wholesale and Retail Trades (100 million yuan)**							
商品购进总额	Total Goods Purchase	2796.41	7707.09	10475.45	12548.57	14595.24	16719.48	18567.79
商品销售总额	Total Goods Sales	3051.03	8304.12	11852.48	13785.84	16029.30	18709.01	20516.43
商品库存总额	Total Goods Inventory	192.07	657.42	848.54	974.00	1124.21	1122.82	1128.44
住宿和餐饮业营业收入（亿元）	**Total Sales in Hotels and Catering Services(100 million yuan)**	**79.36**	**197.63**	**237.95**	**289.28**	**306.18**	**299.33**	**320.84**

15-3 限额以上批发和零售企业基本情况(2015年)

Basic Conditions of Wholesale and Retail Trades(2015)

项目 Item	法人企业(个) Number of Corporation (unit)	商品购进额(万元) Total Goods Purchase (10000 yuan)	商品销售额(万元) Sales (10000 yuan)	#批发额(万元) Wholesale (10000 yuan)	期末商品库存额(万元) Inventory at the Year-end (10000 yuan)
合计 Total	**10554**	**185677877**	**205164293**	**156112688**	**11284445**
批发业 Wholesale	**5707**	**151416735**	**162875541**	**152906083**	**8306330**
按登记注册类型分 By Registration Category					
内资企业 Domestic Funded Enterprises	5541	141824452	152066276	144296526	7687681
#国有企业 State-owned Enterprises	88	7237430	9008036	8996497	467572
集体企业 Collective-owned Enterprises	36	362242	391951	379362	45361
股份合作企业 Cooperative Enterprises	2	42868	43788	43615	2558
有限责任公司 Limited Liability Corporations	2096	65231992	69569010	67230860	3594482
股份有限公司 Share-holding Corporations Ltd.	70	21106612	22112143	20059639	1356448
私营企业 Private Enterprises	3241	47763516	50860693	47524869	2215808
其他企业 Other Enterprises	7	50725	51762	32789	1633
港澳台商投资企业 Funds from Hong Kong, Macao and Taiwan	107	4570610	5108556	4855407	376915
外商投资企业 Foreign Funded Enterprises	59	5021674	5700709	3754150	241734
按行业分 By Sector					
农、林、牧产品批发 Wholesale of Farming,Forestry,Animal Husbandry Products	197	1724749	1764157	1660273	458549
食品、饮料及烟草制品批发 Wholesale of Food, Beverages and Tobaccos	630	20233842	22840112	21365232	1168584
#米、面制品及食用油批发 Sholesale of Rice, Wheat Products and Rdible Oil	103	2438310	2512437	2355655	325019
烟草制品批发 Wholesale of Tobaccos	18	8228753	9875829	9863224	317928

15-3 续表1

Continued

项目 Item	法人企业（个） Number of Corporation (unit)	商品购进额（万元） Total Goods Purchase (10000 yuan)	商品销售额（万元） Sales (10000 yuan)	#批发额（万元） Wholesale (10000 yuan)	期末商品库存额（万元） Inventory at the Year-end (10000 yuan)
纺织、服装及家庭用品批发 Wholesale of Textiles, Garments and Daily Consumer Articles	1496	24894319	27269638	26193796	1388089
#服装批发 Wholesale of Garments	374	8103589	8995520	8736456	352154
家用电器批发 Wholesale of Family Electrical Equipments	95	1413660	1583947	1479873	321832
文化、体育用品及器材批发 Wholesale of Culture, Sports Products and Appliances	170	3352876	3628166	3460065	140923
医药及医疗器材批发 Wholesale of Medicines and Medical Appliances	185	3611872	3942610	3485000	260001
矿产品、建材及化工产品批发 Wholesale of Mineral Products, Building Materials and Chemical Products	2179	80722666	85202836	79535675	3766883
#煤炭及制品批发 Wholesale of Coal and Its Products	171	4895506	5222820	5088162	166810
石油及制品批发 Wholesale of Petroleum and Its Products	263	20728411	22489563	18142531	620732
金属及金属矿批发 Wholesale of Metal and Metal Mineral	495	27919910	28884397	28713994	1643647
建材批发 Wholesale of Building Materials	632	12228381	12759284	12310866	620173
化肥批发 Wholesale of Chemical Fertilizer	73	1009156	1184607	1174228	116171
机械设备、五金产品及电子产品批发 Wholesale of Machinery, Equipment, Hardware,Transport and Electic Products	666	7859522	8875778	8030272	760938
#汽车批发 Wholesale of Motor Vehicles	107	932250	1077428	871230	97388
计算机、软件及辅助设备批发 Wholesale of Computer Software and Supplementary Equipments	59	790223	1031639	971468	54175
贸易经纪与代理 Trade Broker and Agent	40	1246202	1343620	1325709	59465
其他批发业 Other Wholesale not Classified Elsewhere	144	7770688	8008624	7850061	302899
零售业 **Retail Trade**	**4847**	**34261141**	**42288752**	**3206605**	**2978115**

15-3 续表2
Continued

项目 Item	法人企业（个） Number of Corporation (unit)	商品购进额（万元） Total Goods Purchase (10000 yuan)	商品销售额（万元） Sales (10000 yuan)	#批发额（万元） Wholesale (10000 yuan)	期末商品库存额（万元） Inventory at the Year-end (10000 yuan)
按登记注册类型分 **By Registration Category**					
内资企业 Domestic Funded Enterprises	4715	30803699	35482516	2719905	2652194
#国有企业 State-owned Enterprises	28	189706	208674	831	16088
集体企业 Collective-owned Enterprises	73	207341	223411	39647	10602
联营企业 Joint Ownership Enterprises	2	2219	2407		136
有限责任公司 Limited Liability Corporations	1905	14898660	17090263	1192953	1224931
股份有限公司 Share-holding Corporations Ltd.	70	1879330	2377102	287685	82757
私营企业 Private Enterprises	2603	13398155	15304068	1178991	1304080
其他企业 Other Enterprises	33	227197	275501	19797	13576
港澳台商投资企业 Funds from Hong Kong, Macao and Taiwan	72	2002768	2171092	87066	151685
外商投资企业 Foreign Funded Enterprises	60	1454674	4635145	399634	174236
按行业分 **By Sector**					
综合零售 General Retail	524	5391838	6200966	60825	397007
#百货零售 Retail of Consumer Goods	152	1663795	2294648	13401	110093
超级市场零售 Retail of Supermarkets	277	3429081	3569543	14386	264372
食品、饮料及烟草制品专门零售 Retail of Food, Beverages and Tobaccos	890	2771983	3221727	291802	169931
纺织、服装及日用品专门零售 Retail of Textiles, Garments, Shoes and Hats	422	2398268	2955614	309545	274240

15-3 续表3

Continued

项目 Item	法人企业（个） Number of Corporation (unit)	商品购进额（万元） Total Goods Purchase (10000 yuan)	商品销售额（万元） Sales (10000 yuan)	#批发额（万元） Wholesale (10000 yuan)	期末商品库存额（万元） Inventory at the Year-end (10000 yuan)
#服装零售 Retail of Garments	141	888691	1068957	73410	104767
文化、体育用品及器材专门零售 Retail of Culture, Sports Products and Equipments	243	1494856	1787627	332171	199510
#图书、报刊零售 Retail of Books,Newspapers and Magazines	7	386806	394551	172743	46858
医药及医疗器材专门零售 Retail of Medicines and Medical Appliances	158	1408482	1634310	322959	135514
#药品零售 Retail of Medicines	139	1316544	1520273	320787	126087
汽车、摩托车、燃料及零配件专门零售 Retail of Motor Vehicles, Motorcycles Fule and Parts	1249	14428554	19072359	1051590	1264451
#汽车零售 Retail of Motor Vehicles	874	11571699	12433687	463713	1184198
机动车燃料零售 Retail of Vehicles Fule	224	2464293	6164719	546202	45106
家用电器及电子产品专门零售 Retail of Family Electric Equipment and Product	529	2427705	2723007	262113	197809
#家用视听设备零售 Retail of Family Electric Equipment	53	215033	228679	33533	18512
日用家电设备零售 Retail of Daily-use Electric Equipment	259	1480307	1696092	136609	123806
计算机、软件及辅助设备零售 Wholesale of Computer Software and Supplementary Equipments	129	250494	273374	35252	18667
通信设备零售 Retail of Telecommunicate Equipment	62	399613	428221	42274	32508
五金、家具及室内装饰材料专门零售 Retail of Hardware, Furniture and Inside Decoration Materials	410	2063642	2295479	167915	116310
货摊、无店铺及其他零售业 Retail of No Stores and Others	422	1875814	2397663	407683	223343

15-4 限额以上批发和零售企业年末资产及负债情况(2015年)

Main Financial Indicators of Wholesale and Retail Trades Corporation Enterprises(2015)

单位：万元 (10000 yuan)

项目 Item	资产总计 Total Assess	#流动资产合计 Total Circulating Funds	固定资产原价 Oringinal Prices of Fixed Assets	负债总计 Total Liabilities	所有者权益合计 Total Creditors Equity
合计 Total	**98915469**	**74798262**	**7583686**	**65726074**	**33188779**
批发业 Wholesale	**84176648**	**64070444**	**4844670**	**56603306**	**27573342**
按登记注册类型分 By Type of Registration					
内资企业 Domestic Funded Enterprises	77170856	58615658	4309552	51936273	25234583
#国有企业 State-owned Enterprises	6250454	4398751	596018	2971523	3278931
集体企业 Collective-owned Enterprises	118552	105128	10804	96234	22319
股份合作企业 Cooperative Enterprises	5476	4339	2071	2667	2810
有限责任公司 Limited Liability Corporations	31939305	24708948	1647332	22525023	9414282
股份有限公司 Share-holding Corporations Ltd.	14424106	8955596	781912	8100031	6324074
私营企业 Private Enterprises	24395981	20409563	1267812	18222445	6173537
其他企业 Other Onterprises	18703	15062	3595	10123	8580
港澳台商投资企业 Funds from Hong Kong, Macao and Taiwan	4808903	3911054	201789	3319388	1489515
外商投资企业 Enterprises with Sole Foreign Investment	2196890	1543733	333329	1347645	849244
按行业分 By Sector					
农、林、牧产品批发 Wholesale of Farming,Forestry,Animal Husbandry Products	1299128	1047582	196562	995975	303154
食品、饮料及烟草制品批发 Wholesale of Food, Beverages and Tobaccos	9844985	7018917	1125167	4862698	4982287
#米、面制品及食用油批发 Sholesale of Rice, Wheat Products and Rdible Oil	1343493	1223321	66582	1103123	240370

15-4 续表1

Continued

单位：万元 (10000 yuan)

项目 Item	资产总计 Total Assess	#流动资产合计 Total Circulating Funds	固定资产原价 Oringinal Prices of Fixed Assets	负债总计 Total Liabilities	所有者权益合计 Total Creditors Equity
烟草制品批发 Wholesale of Tobaccos	4210712	2924193	557279	988032	3222680
纺织、服装及家庭用品批发 Wholesale of Textiles, Garments and Daily Consumer Articles	13518616	11505424	674693	9568674	3949942
#服装批发 Wholesale of Garments	5810900	4888336	212858	4106303	1704597
家用电器批发 Wholesale of Family Electrical Equipments	1019758	986637	16289	728176	291582
文化、体育用品及器材批发 Wholesale of Culture, Sports Products and Appliances	1414446	964097	109263	932673	481774
医药及医疗器材批发 Wholesale of Medicines and Medical Appliances	1698863	1467770	83238	1236296	462567
矿产品、建材及化工产品批发 Wholesale of Mineral Products, Building Materials and Chemical Products	43398853	32357056	2143013	30074096	13324757
#煤炭及制品批发 Wholesale of Coal and Its Products	1946844	1573501	73960	1371733	575111
石油及制品批发 Wholesale of Petroleum and Its Products	7428835	4946041	1009579	4706907	2721929
金属及金属矿批发 Wholesale of Metal and Metal Mineral	18499609	13524446	422160	13051498	5448111
建材批发 Wholesale of Building Materials	7740128	6099350	339520	5446780	2293348
化肥批发 Wholesale of Chemical Fertilizer	536697	503016	17139	446919	89778
机械设备、五金产品及电子产品批发 Wholesale of Machinery, Equipment, Hardware,Transport and Electic Products	8210822	5962668	370340	5489909	2720913
#汽车批发 Wholesale of Motor Vehicles	671133	612073	27040	547405	123728
计算机、软件及辅助设备批发 Wholesale of Computer Software and Supplementary Equipments	520165	470959	18318	241537	278629
贸易经纪与代理 Trade Broker and Agent	717649	425412	46961	509417	208232
其他批发业 Other Wholesale not Classified Elsewhere	4073286	3321520	95434	2933569	1139717

15-4 续表2

Continued

单位：万元 (10000 yuan)

项目 Item	资产总计 Total Assess	#流动资产合计 Total Circulating Funds	固定资产原价 Oringinal Prices of Fixed Assets	负债总计 Total Liabilities	所有者权益合计 Total Creditors Equity
零售业 Retail Trade	**14738821**	**10727818**	**2739015**	**9122768**	**5615437**
按登记注册类型分 By Type of Registration					
内资企业 Domestic Funded Enterprises	12871354	9276000	2349289	8149338	4721400
#国有企业 State-owned Enterprises	50811	29344	20828	35267	15544
集体企业 Collective-owned Enterprises	48879	22501	25053	23221	25659
联营企业 Joint Ownership Enterprises	965	846	303	360	605
有限责任公司 Limited Liability Corporations	5879545	4224009	1182279	3869236	2010123
股份有限公司 Share-holding Corporations Ltd.	1340029	764771	218669	558818	781211
私营企业 Private Enterprises	5465285	4178782	883494	3618560	1846296
其他企业 Other Onterprises	85789	55698	18657	43842	41947
港澳台商投资企业 Funds from Hong Kong, Macao and Taiwan	1097284	810350	240221	472729	624554
外商投资企业 Enterprises with Sole Foreign Investment	770183	641468	149506	500701	269483
按行业分 By Sector					
综合零售 General Retail	3042770	2106213	765703	1890775	1151995
#百货零售 Retail of Consumer Goods	1424981	923456	333829	916577	508405
超级市场零售 Retail of Supermarkets	1521124	1121906	404967	925906	595218
食品、饮料及烟草制品专门零售 Retail of Food, Beverages and Tobaccos	989113	623487	280011	366947	622166

15-4 续表3

Continued

单位：万元 (10000 yuan)

项目 Item	资产总计 Total Assess	#流动资产合计 Total Circulating Funds	固定资产原价 Oringinal Prices of Fixed Assets	负债总计 Total Liabilities	所有者权益合计 Total Creditors Equity
纺织、服装及日用品专门零售 Retail of Textiles, Garments, Shoes and Hats	733889	599507	91750	448725	284735
#服装零售 Retail of Garments	289848	258653	19151	207454	82394
文化、体育用品及器材专门零售 Retail of Culture, Sports Products and Equipments	1095984	785893	150771	515410	580574
#图书、报刊零售 Retail of Books,Newspapers and Magazines	389939	248037	108445	164480	225458
医药及医疗器材专门零售 Retail of Medicines and Medical Appliances	821201	667482	91663	548172	273029
#药品零售 Retail of Medicines	764794	614411	88415	504239	260555
汽车、摩托车、燃料及零配件专门零售 Retail of Motor Vehicles, Motorcycles Fule and Parts	5509619	3928527	1041729	3732004	1777615
#汽车零售 Retail of Motor Vehicles	4423222	3440615	747358	3435737	987485
机动车燃料零售 Retail of Vehicles Fule	886473	330282	247868	195781	690692
家用电器及电子产品专门零售 Retail of Family Electric Equipment and Product	1105751	935802	89634	757550	348014
#家用视听设备零售 Retail of Family Electric Equipment	156911	141200	6566	125091	31820
日用家电设备零售 Retail of Daily-use Electric Equipment	634580	520634	52457	422633	211761
计算机、软件及辅助设备零售 Wholesale of Computer Software and Supplementary Equipments	102652	91423	10468	53139	49513
通信设备零售 Retail of Telecommunicate Equipment	187883	162272	16820	147968	39916
五金、家具及室内装饰材料专门零售 Retail of Hardware, Furniture and Inside Decoration Materials	637574	476503	110479	359493	278081
货摊、无店铺及其他零售业 Retail of No Stores and Others	802920	604404	117275	503691	299229

15-5 限额以上批发和零售企业财务状况(2015年)

Main Financial Indicators of Wholesale and Retail Trades Corporation Enterprises(2015)

单位：万元　　(10000 yuan)

项目 Item	主营业务收入 Main Operating Income	主营业务成本 Main Operating Expenses	主营业务税金及附加 Main Operating Tax and Extra Charges	营业利润 Profits of Business
合计 Total	**177025002**	**164880431**	**897172**	**4086149**
批发业	**142790380**	**134528938**	**711683**	**3246538**
按登记注册类型分 By Type of Registration				
内资企业 Domestic Funded Enterprises	132923226	125479195	692297	2993544
#国有企业 State-owned Enterprises	7831253	6290310	478762	674437
集体企业 Collective-owned Enterprises	375566	359720	501	3069
股份合作企业 Cooperative Enterprises	52751	50236	59	32
有限责任公司 Limited Liability Corporations	58948160	56319782	83952	1378295
股份有限公司 Share-holding Corporations Ltd.	19585286	18716037	23113	303989
私营企业 Private Enterprises	46056730	43673912	105611	632568
其他企业 Other Onterprises	47910	43949	296	1087
港澳台商投资企业 Funds from Hong Kong, Macao and Taiwan	4488089	4089671	8479	140461
外商投资企业 Foreign Funded Enterprises	5379065	4960072	10907	112533
按行业分 By Sector				
农、林、牧产品批发 Wholesale of Farming,Forestry,Animal Husbandry Products	1687411	1599208	4501	-15529
食品、饮料及烟草制品批发 Wholesale of Food, Beverages and Tobaccos	17611152	15233905	504606	1113378
#米、面制品及食用油批发 Sholesale of Rice, Wheat Products and Rdible Oil	2246262	2189214	1721	-19443

15-5 续表1

Continued

单位：万元 (10000 yuan)

项目 Item	主营业务收入 Main Operating Income	主营业务成本 Main Operating Expenses	主营业务税金及附加 Main Operating Tax and Extra Charges	营业利润 Profits of Business
烟草制品批发 Wholesale of Tobaccos	7766015	6162167	479011	933509
纺织、服装及家庭用品批发 Wholesale of Textiles, Garments and Daily Consumer Articles	25175505	23186280	74495	718239
#服装批发 Wholesale of Garments	8293980	7653913	13493	169719
家用电器批发 Wholesale of Family Electrical Equipments	1386430	1291802	2235	16755
文化、体育用品及器材批发 Wholesale of Culture, Sports Products and Appliances	3306949	3031166	8476	63117
医药及医疗器材批发 Wholesale of Medicines and Medical Appliances	3435114	3222118	7257	52898
矿产品、建材及化工产品批发 Wholesale of Mineral Products, Building Materials and Chemical Products	75375400	72821353	82627	1038977
#煤炭及制品批发 Wholesale of Coal and Its Products	4681831	4559910	6012	-12207
石油及制品批发 Wholesale of Petroleum and Its Products	20005014	19194304	18881	372453
金属及金属矿批发 Wholesale of Metal and Metal Mineral	25235948	24477775	22937	484012
建材批发 Wholesale of Building Materials	11239565	10777831	19202	101433
化肥批发 Wholesale of Chemical Fertilizer	1124415	1068356	5325	7573
机械设备、五金产品及电子产品批发 Wholesale of Machinery, Equipment, Hardware,Transport and Electic Products	7829556	7305755	19036	255732
#汽车批发 Wholesale of Motor Vehicles	953869	894431	3147	15316
计算机、软件及辅助设备批发 Wholesale of Computer Software and Supplementary Equipments	888132	836288	1764	73353
贸易经纪与代理 Trade Broker and Agent	1256657	1182905	3014	17938
其他批发业 Other Wholesale not Classified Elsewhere	7112635	6946248	7672	1789

15-5 续表2

Continued

单位：万元 (10000 yuan)

项目 Item	主营业务收入 Main Operating Income	主营业务成本 Main Operating Expenses	主营业务税金及附加 Main Operating Tax and Extra Charges	营业利润 Profits of Business
零售业 **Retail Trade**	**34234621**	**30351492**	**185490**	**839611**
按登记注册类型分 **By Type of Registration**				
内资企业 Domestic Funded Enterprises	30914882	27560708	169974	687045
#国有企业 State-owned Enterprises	187795	170420	1483	-1970
集体企业 Collective-owned Enterprises	205511	181496	1645	5440
联营企业 Joint Ownership Enterprises	2236	1690	21	171
有限责任公司 Limited Liability Corporations	14618691	13079042	61535	256052
股份有限公司 Share-holding Corporations Ltd.	1988505	1793041	6368	43450
私营企业 Private Enterprises	13659391	12124131	97564	375812
其他企业 Other Onterprises	251694	209926	1353	8088
港澳台商投资企业 Funds from Hong Kong, Macao and Taiwan	1888292	1615797	9023	106163
外商投资企业 Foreign Funded Enterprises	1431447	1174987	6493	46403
按行业分 **By Sector**				
综合零售 General Retail	5387267	4550475	36566	147006
#百货零售 Retail of Consumer Goods	1990053	1665336	19787	52557
超级市场零售 Retail of Supermarkets	3085212	2617642	14548	79528
食品、饮料及烟草制品专门零售 Retail of Food, Beverages and Tobaccos	2984999	2410596	40278	167507

15-5 续表3

Continued

单位：万元 (10000 yuan)

项目 Item	主营业务收入 Main Operating Income	主营业务成本 Main Operating Expenses	主营业务税金及附加 Main Operating Tax and Extra Charges	营业利润 Profits of Business
纺织、服装及日用品专门零售 Retail of Textiles, Garments, Shoes and Hats	2700192	2239111	16006	118086
#服装零售 Retail of Garments	948439	799058	5722	46164
文化、体育用品及器材专门零售 Retail of Culture, Sports Products and Equipments	1572745	1336143	9604	66511
#图书、报刊零售 Retail of Books,Newspapers and Magazines	325007	268752	271	18328
医药及医疗器材专门零售 Retail of Medicines and Medical Appliances	1417281	1276405	3185	45955
#药品零售 Retail of Medicines	1317879	1197947	2737	43823
汽车、摩托车、燃料及零配件专门零售 Retail of Motor Vehicles, Motorcycles Fule and Parts	13822153	12945153	29584	95802
#汽车零售 Retail of Motor Vehicles	11232276	10612567	21465	19854
机动车燃料零售 Retail of Vehicles Fule	2172125	1960293	4836	64771
家用电器及电子产品专门零售 Retail of Family Electric Equipment and Electronic Products	2336978	2101393	11457	35581
#家用视听设备零售 Retail of Family Electric Equipment	190922	171285	1342	4153
日用家电设备零售 Retail of Daily-use Electric Equipment	1426165	1272140	6455	17939
计算机、软件及辅助设备零售 Wholesale of Computer Software and Supplementary Equipments	249812	218018	2268	11380
通信设备零售 Retail of Telecommunicate Equipment	379621	358938	995	-29
五金、家具及室内装饰材料专门零售 Retail of Hardware, Furniture and Inside Decoration Materials	1972409	1718329	28238	88135
货摊、无店铺及其他零售业 Retail of No Stores and Others	2040597	1773887	10572	75028

15-6 限额以上批发和零售企业主要效益指标(2015年)

Main Indicators Economic Benefit of Whole Sale Enterprises and Retail Trade above Designated Size(2015)

单位：%　　　　(%)

项目 Item	资产负债率 Assets Liability Rate	销售毛利率 Ratio of Gross Profits to Sales Revenue	经营费用率 Ratio of Operating Costs to Total Costs	成本费用利润率 Ratio of Profits to Costs
合计 Total	**66.4**	**6.9**	**5.0**	**2.4**
批发业 Wholesale	**67.2**	**5.8**	**3.9**	**2.4**
按登记注册类型分 By Registration Category				
内资企业 Domestic Funded Enterprises	67.3	5.6	3.8	2.4
#国有企业 State-owned Enterprises	47.5	19.7	5.7	11.2
集体企业 Collective-owned Enterprises	81.2	4.2	3.9	1.1
股份合作企业 Cooperative Enterprises	48.7	4.8	4.6	0.1
有限责任公司 Limited Liability Corporations	70.5	4.5	3.4	2.4
股份有限公司 Share-holding Corporations Ltd.	56.2	4.4	4.1	1.8
私营企业 Private Enterprises	74.7	5.2	3.7	1.3
其他企业 Other Enterprises	54.1	8.3	6.7	2.1
港澳台商投资企业 Funds from Hong Kong, Macao and Taiwan	69.0	8.9	6.7	3.4
外商投资企业 Enterprises with Sole Foreign Investment	61.3	7.8	5.7	2.2
按行业分 By Sector				
农、林、牧产品批发 Wholesale of Farming,Forestry,Animal Husbandry Products	76.7	5.2	6.3	1.6
食品、饮料及烟草制品批发 Wholesale of Food, Beverages and Tobaccos	49.4	13.5	5.9	7.1
#米、面制品及食用油批发 Sholesale of Rice, Wheat Products and Rdible Oil	82.1	2.5	3.7	-0.2

15-6 续表1

Continued

单位：%　　(%)

项目 Item	资产负债率 Assets Liability Rate	销售毛利率 Ratio of Gross Profits to Sales Revenue	经营费用率 Ratio of Operating Costs to Total Costs	成本费用利润率 Ratio of Profits to Costs
烟草制品批发 Wholesale of Tobaccos	23.5	20.7	5.5	14.4
纺织、服装及家庭用品批发 Wholesale of Textiles, Garments and Daily Consumer Articles	70.8	7.9	5.0	3.1
#服装批发 Wholesale of Garments	70.7	7.7	5.7	2.4
家用电器批发 Wholesale of Family Electrical Equipments	71.4	6.8	5.8	1.1
文化、体育用品及器材批发 Wholesale of Culture, Sports Products and Appliances	65.9	8.3	6.9	2.0
医药及医疗器材批发 Wholesale of Medicines and Medical Appliances	72.8	6.2	4.5	1.6
矿产品、建材及化工产品批发 Wholesale of Mineral Products, Building Materials and Chemical Products	69.3	3.4	2.9	1.4
#煤炭及制品批发 Wholesale of Coal and Its Products	70.5	2.6	2.8	-0.5
石油及制品批发 Wholesale of Petroleum and Its Products	63.4	4.1	2.6	1.9
金属及金属矿批发 Wholesale of Metal and Metal Mineral	70.6	3.0	3.2	2.1
建材批发 Wholesale of Building Materials	70.4	4.1	3.3	0.9
化肥批发 Wholesale of Chemical Fertilizer	83.3	5.0	3.9	0.9
机械设备、五金产品及电子产品批发 Wholesale of Machinery, Equipment, Hardware,Transport and Electic Products	66.9	6.7	4.9	3.2
#汽车批发 Wholesale of Motor Vehicles	81.6	6.2	4.2	1.7
计算机、软件及辅助设备批发 Wholesale of Computer Software and Supplementary Equipments	46.4	5.8	4.0	8.8
贸易经纪与代理 Trade Broker and Agent	71.0	5.9	4.8	1.6
其他批发业 Other Wholesale not Classified Elsewhere	72.0	2.3	2.6	0.2

15-6 续表2

Continued

单位：% (%)

项目 Item	资产负债率 Assets Liability Rate	销售毛利率 Ratio of Gross Profits to Sales Revenue	经营费用率 Ratio of Operating Costs to Total Costs	成本费用利润率 Ratio of Profits to Costs
零售业 **Retail Trade**	**61.9**	**11.3**	**9.4**	**2.3**
按登记注册类型分 **By Registration Category**				
内资企业 Domestic Funded Enterprises	63.3	10.8	8.8	2.0
#国有企业 State-owned Enterprises	69.4	9.3	10.8	0.6
集体企业 Collective-owned Enterprises	47.5	11.7	8.4	2.6
联营企业 Joint Ownership Enterprises	37.3	24.4	16.6	6.3
有限责任公司 Limited Liability Corporations	65.8	10.5	9.3	1.7
股份有限公司 Share-holding Corporations Ltd.	41.7	9.8	8.9	2.1
私营企业 Private Enterprises	66.2	11.2	8.1	2.4
其他企业 Other Enterprise	51.1	16.6	13.1	2.8
港澳台商投资企业 Funds from Hong Kong, Macao and Taiwan	43.1	14.4	15.0	6.0
外商投资企业 Foreign Funded Enterprises	65.0	17.9	16.0	2.0
按行业分 **By Sector**				
综合零售 General Retail	62.1	15.5	16.1	2.6
#百货零售 Retail of Consumer Goods	64.3	16.3	16.5	1.8
超级市场零售 Retail of Supermarkets	60.9	15.2	16.4	2.8
食品、饮料及烟草制品专门零售 Retail of Food, Beverages and Tobaccos	37.1	19.2	12.2	5.8

15-6 续表3

Continued

单位：%　　(%)

项目 Item	资产负债率 Assets Liability Rate	销售毛利率 Ratio of Gross Profits to Sales Revenue	经营费用率 Ratio of Operating Costs to Total Costs	成本费用利润率 Ratio of Profits to Costs
纺织、服装及日用品专门零售 Retail of Textiles, Garments, Shoes and Hats	61.1	17.1	12.3	3.4
#服装零售 Retail of Garments	71.6	15.8	10.6	5.1
文化、体育用品及器材专门零售 Retail of Culture, Sports Products and Equipments	47.0	15.0	11.2	4.2
#图书、报刊零售 Retail of Books,Newspapers and Magazines	42.2	17.3	16.2	6.0
医药及医疗器材专门零售 Retail of Medicines and Medical Appliances	66.8	9.9	7.7	3.4
#药品零售 Retail of Medicines	65.9	9.1	6.9	3.4
汽车、摩托车、燃料及零配件专门零售 Retail of Motor Vehicles, Motorcycles Fule and Parts	67.7	6.3	6.1	0.7
#汽车零售 Retail of Motor Vehicles	77.7	5.5	5.9	0.2
机动车燃料零售 Retail of Vehicles Fule	22.1	9.8	6.7	3.0
家用电器及电子产品专门零售 Retail of Family Electric Equipment and Product	68.5	10.1	8.8	1.5
#家用视听设备零售 Retail of Family Electric Equipment	79.7	10.3	7.5	1.4
日用家电设备零售 Retail of Daily-use Electric Equipment	66.6	10.8	9.9	1.4
计算机、软件及辅助设备零售 Wholesale of Computer Software and Supplementary Equipments	51.8	12.7	7.2	4.2
通信设备零售 Retail of Telecommunicate Equipment	78.8	5.4	6.2	0.1
五金、家具及室内装饰材料专门零售 Retail of Hardware, Furniture and Inside Decoration Materials	56.4	12.9	7.0	2.9
货摊、无店铺及其他零售业 Retail of No Stores and Others	62.7	13.1	9.4	3.9

15-7 亿元以上商品交易市场主要经济指标(2015年)

Statistics on Commodity Markets with Trade over 100 Million Yuan(2015)

项目	Item	市场数（个）Number of Markets (unit)	摊位数（个）Number of Stalls (unit)	营业面积（平方米）Operation Area(sq.m)	市场成交额（万元）Transaction Value (10000 yuan)
总计	**Total**	**135**	**56598**	**3604501**	**15826125**
按经营环境分	**By Operating Circumstance**				
封闭式	Indoor	111	48880	3313052	14027136
露天式	Outdoor	6	1256	76777	812842
其他	Others	18	6462	214672	986147
按营业状态分	**By Operating Status**				
常年营业	Perennial Operation	134	56569	3603001	15806325
季节性营业	Seasonal Operation	1	29	1500	19800
其他	Others				
按经营方式分	**By Operating Mode**				
批发（或以批发为主）	Whole Sale	61	29324	2386311	12155564
零售（或以零售为主）	Retail	74	27274	1218190	3670561
按市场类别分	**By Market Category**				
综合市场	General Markets	52	25925	1012175	3924466
生产资料综合市场	Product Materials Markets				
工业消费品综合市场	Industrial Products Consume Markets	5	6488	338849	821146
农副产品综合市场	Agricaltural Products General Markets	37	14377	294709	2107290
其他综合市场	Other Markets	10	5060	378617	996030
专业市场	and Hats	83	30673	2592326	11901659
生产资料市场	Markets for Food, Beverage, Tobacco	12	3405	720114	1799021
农产品市场	and Liquor	36	10075	687848	4998756
食品饮料及烟酒市场	Medicine and Medical Insurments	5	3638	204258	417458
纺织、服装、鞋帽市场	Markets for Furnitures	7	7391	309686	1760367
日用品及文化用品市场	Markets for Small Commodities	2	671	199360	168793
黄金、珠宝、玉器等首饰市场	Markets for Culture Products, VideoProducts	5	1624	56657	718011
电器、通讯器材、电子设备市场	Newspapers and Magazines	2	1014	46000	145633
医药、医疗用品及器材市场	Markets for Second Hand	1	29	1500	19800
家具、五金及装饰材料市场	Markets for Mechanically-propelled Vehicles	7	1934	279200	1371685
汽车、摩托车及零配件市场	Markets for Metal Materials	3	319	41128	375772
花、鸟、鱼、虫市场	Markets for Coal	2	205	31855	115938
旧货市场	Markets for Wood	1	368	14720	10425
其他专业市场	Other Markets				

15-8 亿元以上商品交易市场成交情况(2015年)

Transaction Value of Commodity Markets with Trade over 100 Million Yuan by Region(2015)

项目	Item	出租摊位数（个）Number of Stalls (unit)	市场成交额（万元）Transaction Value (10000 yuan)
总计	**Total**	**50958**	**15826125**
粮油、食品类	Grain,Oil and Foods	22291	7291839
饮料类	Beverages	2778	475088
烟酒类	Tobacco and Liquor	464	251980
服装、鞋帽、针纺织品类	Garments,shoes,Caps and Textiles	11761	2389276
服装类	Clothing	9857	2055363
鞋帽类	Shoes and Hats	1220	162565
针纺织品类	Knitwear and Textiles	684	171348
化妆品类	Cosmetics	105	21796
金银珠宝类	Gold,Silver and Jewelry	1831	754992
日用品类	Articles for Daily Use	1527	262753
#儿童玩具类	Children Toys	128	10805
五金、电料类	Hardware and Electrical Materials	755	79897
体育、娱乐用品类	Sports and Recreation Articles	116	60769
书报杂志类	Newspapers and Magazines	6	55
电子出版物及音像制品类	E-journal and Video Products	26	2012
家用电器和音像器材类	Household Appliances and Video Appliances	484	85162
中西药品类	Traditional Chinese and Western Medicines	99	22622
#西药类	Western Medicines	3	351
中草药及中成药类	Chinese Herbal Medicine and Mid-product Medicine	86	20475
文化办公用品类	Cultural and Official Goods	893	116097
家具类	Furniture	772	1081405
通讯器材类	Communication Appliances	133	17184
煤炭及制品类	Coal and Related Products		
木材及制品类	Wood and Wooden Products	537	88238
石油及制品类	Petroleum and Related Products	2	59
化工材料及制品类	Raw Chemical Materials	305	75145
金属材料类	Metal Materrials	102	186492
建筑及装潢材料类	Building and Decoration Materials	3083	1540355
机电产品及设备类	Mechanical and Electrical Products and Equipment	134	7226
汽车类	Vehicles	314	375772
种子饲料类	Seed and Feedstuff	181	276882
棉麻类	Cotton and Ramie		
其他类	Others	2259	363029

15-9 限额以上住宿业企业基本情况(2015年)

Basic Conditions of Enterprises above Designated Size in Hotels(2015)

项目	Item	法人企业（个）Number of Corporation (unit)	床位数（个）Number of Beds at the year- end (unit)	餐位数（位）Number of seats at the year- end
住宿业	**Hotels**	**849**	**176569**	**321754**
按登记注册类型分	**By Registration Category**			
内资企业	Domestic Funded Enterprises	774	152898	272562
国有企业	State-owned Enterprises	57	13472	25845
集体企业	Collective-owned Enterprises	9	983	2792
联营企业	Joint Ownership Enterprises	2	1136	1797
股份合作企业	Cooperative Enterprises	3	493	245
有限责任公司	Limited Liability Corporations	282	65136	117013
股份有限公司	Share-holding Corporations Ltd.	13	3356	4045
私营企业	Private Enterprises	395	66664	118201
其他企业	Other Enterprises	13	1658	2624
港澳台商投资企业	Funds from Hong Kong, Macao and Taiwan	44	12384	29949
外商投资企业	Foreign Funded Enterprises	31	11287	19243
按行业分	**By Sector**			
旅游饭店	Tourism Hotel	564	131294	262795
一般饭店	General Hotel	258	40818	50045
其他住宿服务	Other Hotel	27	4457	8914

15-10 限额以上餐饮业企业基本情况(2015年)

Basic Conditions of Enterprises above Designated Size in Catering Services(2015)

项目	Item	法人企业（个）Number of Corporation (unit)	年末餐饮营业面积（平方米）Operation Area (sq.m)	餐位数（位）Number of seats at the year- end
餐饮业	**Catering Services**	**921**	**1531978**	**404392**
按登记注册类型分	**By Registration Category**			
内资企业	Domestic Funded Enterprises	867	1273426	329503
#国有企业	State-owned Enterprises	5	17121	14660
集体企业	Collective-owned Enterprises	4	5713	1550
有限责任公司	Limited Liability Corporations	257	407119	95235
股份有限公司	Share-holding Corporations Ltd.	4	8328	3646
私营企业	Private Enterprises	569	795202	205317
其他企业	Other Enterprises	27	39583	8925
港澳台商投资企业	Funds from Hong Kong, Macao and Taiwan	34	119473	44223
外商投资企业	Foreign Funded Enterprises	20	139079	30666
按行业分	**By Sector**			
正餐服务业	Dinner	852	1291563	320578
快餐服务业	Snack	38	193369	66599
饮料及冷饮服务业	Drink and Cold Drink	11	13424	2039
其他餐饮服务业	Other	20	33622	15176

15-11 限额以上住宿业和餐饮业企业经营情况(2015年)

Basic Conditions of Enterprises above Designated Size in Hotels and Catering Services(2015)

单位：万元 (10000 yuan)

项目	Item	营业额 Business Revenue	客房收入 From Hotel Rooms	餐费收入 From Meals	商品销售额 From Commodities Income	其他收入 From Others
合计	**Total**	**3208448**	**786751**	**2154417**	**130442**	**136838**
住宿业	**Hotels**	**1681925**	**714288**	**761851**	**86537**	**119248**
按登记注册类型分	**By Registration Category**					
内资企业	Domestic Funded Enterprises	1321069	571878	608290	55484	85416
国有企业	State-owned Enterprises	126157	53933	60992	363	10871
集体企业	Collective-owned Enterprises	14125	3901	6721		3503
股份合作企业	Cooperative Enterprises	1104	432	508	151	14
联营企业	Joint Ownership Enterprises	21386	9025	11076	175	1110
有限责任公司	Limited Liability Corporations	595501	273185	253957	28229	40131
股份有限公司	Share-holding Corporations Ltd.	31196	16529	12030	196	2442
私营企业	Private Enterprises	524346	211104	260052	26214	26976
其他企业	Other Enterprises	7254	3771	2956	157	371
港澳台商投资企业	Funds from Hong Kong, Macao and Taiwan	234191	87008	98961	26826	21396
外商投资企业	Foreign Funded Enterprises	126665	55402	54600	4227	12437
按行业分	**Bye Sector**					
旅游饭店	Tourism Hotel	1373744	549430	647383	76656	100275
一般饭店	General Hotel	259032	145183	89987	7832	16030
其他住宿服务	Other Hotel	49149	19676	24481	2049	2943
餐饮业	**Catering Services**	**1526523**	**72462**	**1392566**	**43905**	**17589**
按登记注册类型分	**By Registration Category**					
内资企业	Domestic Funded Enterprises	1085581	57146	974593	41959	11884
#国有企业	State-owned Enterprises	10533	1729	8778	11	15
集体企业	Collective-owned Enterprises	12006	173	6392	5442	
有限责任公司	Limited Liability Corporations	283921	25144	237075	16491	5212
股份有限公司	Share-holding Corporations Ltd.	3688	1538	1860	290	
私营企业	Private Enterprises	759228	28474	704409	19690	6655
其他企业	Other Enterprises	16080	89	15955	35	2
港澳台商投资企业	Funds from Hong Kong, Macao and Taiwan	216257	13853	199441	1398	1566
外商投资企业	Foreign Funded Enterprises	224684	1463	218533	548	4140
按行业分	**Bye Sector**					
正餐服务业	Dinner	1043505	71030	933855	26571	12048
快餐服务业	Snack	404142		384648	14949	4544
饮料及冷饮服务业	Drink and Cold Drink	15680	997	13252	1402	29
其他餐饮服务业	Other	63197	435	60811	983	969

15-12 限额以上住宿和餐饮业企业年末资产及负债情况(2015年)

Main Financial Indicators of Hotels and Catering Sevices Corporation Enterprises(2015)

单位：万元 (10000 yuan)

项目	Item	资产总计 Total Assess	流动资产合计 Total Circhlating Funds	固定资产原价 Oringinal Prices of Fixed Assets	负债总计 Total Liabilities	所有者权益合计 Total Creditors Equity
合计	**Total**	**5690187**	**2099611**	**3052648**	**3617210**	**2072978**
住宿业	**Hotels**	**4643544**	**1615730**	**2609593**	**2997644**	**1645900**
按登记注册类型分	**By Registration Category**					
内资企业	Domestic Funded Enterprises	3571671	1314538	1926031	2221147	1350524
国有企业	State-owned Enterprises	327393	84318	275751	148555	178838
集体企业	Collective-owned Enterprises	12300	5331	10595	7838	4463
股份合作企业	Cooperative Enterprises	1137	426	2002	127	1009
联营企业	Joint Ownership Enterprises	49489	15821	52249	22084	27405
有限责任公司	Limited Liability Corporations	2092232	802580	1010576	1414001	678232
股份有限公司	Share-holding Corporations Ltd.	63611	23805	47251	19076	44535
私营企业	Private Enterprises	1012104	374691	520750	599784	412320
其他企业	Other Enterprises	13405	7566	6859	9682	3723
港澳台商投资企业	Funds from Hong Kong, Macao and Taiwan	690022	204321	355740	522936	167086
外商投资企业	Foreign Funded Enterprises	381850	96871	327822	253560	128290
按行业分	**By Sector**					
旅游饭店	Tourism Hotel	4108260	1426220	2373128	2660129	1448132
一般饭店	General Hotel	464646	157565	190869	279097	185549
其他住宿服务	Other Hotel	70638	31944	45597	58418	12220
餐饮业	**Catering Services**	**1046644**	**483882**	**443055**	**619566**	**427078**
按登记注册类型分	**By Registration Category**					
内资企业	Domestic Funded Enterprises	772064	385104	311686	407782	364283
#国有企业	State-owned Enterprises	6494	4520	6619	2982	3512
集体企业	Collective-owned Enterprises	7830	5820	1254	1412	6418
有限责任公司	Limited Liability Corporations	319832	158021	121417	210431	109402
股份有限公司	Cooperative Enterprises	4871	318	5524	441	4430
私营企业	Private Enterprises	423104	212989	169768	189516	233588
其他企业	Other Enterprises	9901	3428	7080	2992	6909
港澳台商投资企业	Funds from Hong Kong, Macao and Taiwan	168353	75614	68326	125089	43265
外商投资企业	Foreign Funded Enterprises	106226	23164	63043	86695	19530
按行业分	**By Sector**					
正餐服务业	Dinner	827363	401636	348006	481548	345815
快餐服务业	Snack	185140	60439	84534	127279	57861
饮料及冷饮服务业	Drink and Cold Drink	6936	2369	3710	2055	4882
其他餐饮服务业	Other	27204	19438	6805	8684	18520

15-13 限额以上住宿和餐饮业企业主要财务指标(2015年)

Main Financial Indicators of Hotels and Catering Sevices Corporation Enterprises(2015)

单位：万元 (10000 yuan)

项目	Item	主营业务收入 Main Operating Income	主营业务成本 Main Operating Expenses	主营业务税金及附加 Main Operating Tax and Extra Charges	营业利润 Profits of Business
合计	**Total**	**3134021**	**1576434**	**150525**	**4673**
住宿业	**Hotels**	**1638887**	**682494**	**85246**	**-44714**
按登记注册类型分	**By Registration Category**				
内资企业	Domestic Funded Enterprises	1290088	559548	67019	-28392
国有企业	State-owned Enterprises	123702	41484	6817	566
集体企业	Collective-owned Enterprises	14036	9702	615	594
股份合作企业	Cooperative Enterprises	1069	521	140	-269
联营企业	Joint Ownership Enterprises	21386	11518	1294	28
有限责任公司	Limited Liability Corporations	573564	220856	32414	-30049
股份有限公司	Share-holding Corporations Ltd.	32077	11778	1779	-1153
私营企业	Private Enterprises	517127	259748	23602	1502
其他企业	Other Enterprises	7128	3942	358	390
港澳台商投资企业	Funds from Hong Kong, Macao and Taiwan	228919	87005	11282	-3055
外商投资企业	Foreign Funded Enterprises	119879	35941	6945	-13267
按行业分	**By Sector**				
旅游饭店	Tourism Hotel	1335332	543380	70220	-51451
一般饭店	General Hotel	254571	113634	12494	1333
其他住宿服务	Other Hotel	48983	25480	2532	5404
餐饮业	**Catering Services**	**1495134**	**893939**	**65279**	**49387**
按登记注册类型分	**By Registration Category**				
内资企业	Domestic Funded Enterprises	1059926	690288	42897	43853
#国有企业	State-owned Enterprises	10519	6556	188	-383
集体企业	Collective-owned Enterprises	11082	5839	269	1259
有限责任公司	Limited Liability Corporations	279242	162335	12697	8922
股份有限公司	Share-holding Corporations Ltd.	3391	2402	121	303
私营企业	Private Enterprises	739747	503025	28603	33009
其他企业	Other Enterprises	15820	10057	1013	745
港澳台商投资企业	Funds from Hong Kong, Macao and Taiwan	214667	93328	10078	5302
外商投资企业	Foreign Funded Enterprises	220541	110323	12304	232
按行业分	**By Sector**				
正餐服务业	Dinner	1025251	640420	45350	39122
快餐服务业	Snack	390997	205094	16989	4501
饮料及冷饮服务业	Drink and Cold Drink	15703	7348	654	-226
其他餐饮服务业	Other	63183	41078	2287	5991

15-14 限额以上批发和零售业连锁企业基本经营情况(2015年)

Basic Conditions of Enterprises above Designated Size of Wholesale and Retail Trades(2015)

项目	Item	连锁总店数(个) Number of Head Chain Stores (unit)	年末门店数(个) Number of Stores (unit)	直营店(个) Regular Chain (unit)	加盟店(个) Franchi-se (unit)	年末营业面积(平方米) Operation Area (sq.m)	年末从业人员(人) Persons Employ (person)	商品销售总额(万元) Total Sales (10000 yuan)
总计	**Total**	**142**	**5782**	**4053**	**1729**	**8893341**	**88430**	**12347049**
批发业	Wholesale	8	1128	224	904	195351	4481	84804
零售业	Retail Trade	134	4654	3829	825	8697990	83949	12262246
按登记注册类型分	**Grouped by Status of Registration**							
内资企业	Domestic Funded Enterprises	126	4348	2713	1635	2499634	39996	5012721
#国有企业	State-owned Enterprises	6	198	198		168437	2064	806209
有限责任公司	Limited-Liability Corporations	53	944	909	35	744165	11679	1450835
股份有限公司	Share Holding Corporations Ltd.	11	670	669	1	651404	4349	1643020
私营企业	Private Enterprises	54	2512	913	1599	884050	21318	1014336
港澳台商投资企业	Funds from HongKong,Macao,TaiWan	5	605	511	94	5297333	39966	4243685
外商投资企业	Foreign Funded Enterprises	11	829	829		1096374	8468	3090644

15-15 限额以上住宿和餐饮业连锁企业基本经营情况(2015年)

Basic Conditions of Enterprises above Designated Size in Hotels and Catering Services(2015)

项目	Item	连锁总店数(个) Number of Head Chain Stores (unit)	连锁门店数(个) Number of Stores (unit)	直营店(个) Regular Chain (unit)	加盟店(个) Franchise (unit)	营业面积(平方米) Operation Area (sq.m)	年末从业人员(人) Persons Employed (person)	营业收入(万元) Total Sales (10000 yuan)
总计	**Total**	**12**	**548**	**382**	**166**	**154342**	**16561**	**224629**
住宿业	Hotels							
餐饮业	Catering Services	12	548	382	166	154342	16561	224629
按登记注册类型分	**Grouped by Status of Registration**							
内资企业	Domestic Funded Enterprises	5	195	29	166	16311	2127	18144
#有限责任公司	Limited-Liability Corporations	2	102	6	96	1730	593	7947
私营企业	Private Enterprises	3	93	23	70	14581	1534	10198
港澳台商投资企业	Funds from HongKong, Macao,TaiWan	3	99	99		29992	2801	79352
外商投资企业	Foreign Funded Enterprises	4	254	254		108039	11633	127133

15-16 入境游客人数(1979-2015年)

Foreign Tourists(1979-2015)

单位：人次 (person-time)

年份 Year	合计 Total	#外国人 Foreigner	台湾同胞 Compatriots from Taiwan	港澳同胞 Compatriots from Hong Kong and Macao	#香港同胞 Compatriots from Hong Kong
1979	115214	37522	59	77633	
1980	135059	43724	119	91216	
1981	173351	50498	874	121979	
1982	177835	52130	1670	124035	
1983	211529	69628	6832	135069	
1984	270443	82996	6654	180793	
1985	355748	102190	8593	244965	
1986	362320	126183	8709	227428	
1987	410821	135488	15693	259640	
1988	522082	110338	145838	265906	
1989	504594	81734	209491	213369	
1990	707903	105374	362815	239714	
1991	686023	141137	282003	262883	
1992	816076	182252	333290	300534	
1993	880344	211919	348037	320388	
1994	844503	228404	272194	343905	
1995	906406	256940	251509	397957	
1996	1045658	311861	271798	461999	
1997	1173932	360091	312767	501074	
1998	1217795	373884	355626	488285	
1999	1356042	409035	414622	532385	
2000	1613349	497466	477894	637989	
2001	1634841	465152	494211	675478	598004
2002	1848214	528015	571668	748531	685742
2003	1497164	459448	475220	562496	517123
2004	1728997	629173	491526	608298	565927
2005	1973894	723621	589373	660900	608059
2006	2298960	791160	740232	767568	706215
2007	2687453	1007969	801587	877897	799571
2008	2931908	986440	984761	960707	894813
2009	3120348	978350	1234255	907743	841895
2010	3681353	1152748	1569186	959419	879506
2011	4274232	1400156	1850715	1023361	928931
2012	4936738	1670078	2111586	1155074	1050746
2013	5121304	1782769	2136279	1202256	1091397
2014	5449833	1950628	2253899	1245306	1140972
2015	5914501	2142819	2381467	1390215	1279323

注：2000年起合计项含接待海外一日游游客人数。
Note:The data of total from 2000 include the foreign tourists of one day.

15-17 接待游客人数及旅游收入(1979-2015年)

Number of Tourists and Exchange Earnings(1979-2015)

年份 Year	入境旅游人数（人次） Number of International Tourists(person-time)	#外国人 Foreigners	国际旅游外汇收入（万美元） Foreigners Exchange Earnings(USD 10000)	国内旅游人数（万人次） Domestic Tourists (10000 person-time)	国内旅游收入（亿元） Domestic Tourism Earnings (100 million yuan)	国内游客人均花费（元） Domestic Per Capita Expenditure (yuan)
1979	115214	37522				
1980	135059	43724				
1981	173351	50498				
1982	177835	52130				
1983	211529	69628				
1984	270443	82996				
1985	355748	102190				
1986	362320	126183				
1987	410821	135488				
1988	522082	110338				
1989	504594	81734				
1990	707903	105374				
1991	686023	141137				
1992	816076	182252				
1993	880344	211919				
1994	844503	228404				
1995	906406	256940				
1996	1045658	311861	55486			
1997	1173932	360091	61373	1900	110	579
1998	1217795	373884	65109	2100	146	695
1999	1356042	409035	72536	2513	190	756
2000	1613349	497466	89382	2942	231	785
2001	1634841	465152	94202	3322	268	806
2002	1848214	528015	110022	3931	333	848
2003	1497164	459448	91487	3711	311	839
2004	1728997	629173	106507	4643	463	996
2005	1973894	723621	130529	5684	578	1017
2006	2298960	791160	147100	6779	694	1023
2007	2687453	1007969	216918	8041	838	1042
2008	2931908	986440	239353	8690	875	1007
2009	3120348	978350	259900	9851	981	996
2010	3681353	1152748	297824	11957	1202	1005
2011	4274232	1400156	363444	14230	1444	1015
2012	4936738	1670078	422567	16660	1702	1022
2013	5121304	1782769	457338	19542	2003	1025
2014	5449833	1950628	491179	22888	2406	1051
2015	5914501	2142819	556140	26129	2798	1071

注：由于2012年泉州市旅游局进行旅游普查，故调整从2008-2011年国内旅游人数和国内旅游收入。

Note:Due to quanzhou tourism census,the domestic tourism and domestic tourism income have been adjusted from 2008 to 2011.

15-18 入境外国游客人数

Number of Foreign Tourists Arrivals by Country

单位：人次 (Person-time)

国别(地区) Country (Region)	2000	2005	2010	2012	2013	2014	2015
合计 Total	**497466**	**723621**	**1152748**	**1670078**	**1782769**	**1950628**	**2142819**
亚洲小计 Total of Asia	**324260**	**478130**	**554661**	**917098**	**945299**	**1144093**	**1235503**
#日本 Japan	97816	163198	169913	256288	252440	284597	258934
菲律宾 Philippines	31974	30668	36655	43891	52799	55007	79534
新加坡 Singapore	83667	79658	95030	156724	157186	180930	215959
泰国 Thailand	4960	23093	12967	30228	28079	30856	29860
印度尼西亚 Indonesia	15748	16840	38728	63682	63100	75034	65965
马来西亚 Malaysia	69303	78826	94515	195487	187387	229024	318983
美洲小计 Total of Amercia	**66832**	**151136**	**426759**	**429813**	**450390**	**340181**	**391121**
#美国 United Kingdom	59256	136804	373081	362819	379367	253974	285481
加拿大 Canada	5727	11275	43576	41356	42641	46143	58021
欧洲小计 Total of Europe	**29824**	**75692**	**132425**	**236203**	**272606**	**345575**	**365247**
#英国 United Kingdom	5174	11832	24050	41852	39165	52588	67286
法国 France	3494	9233	15152	26010	30081	40038	40255
德国 German,FR	6887	17644	27639	39394	47010	59121	69749
意大利 Italy	3080	8414	15623	25269	24562	35387	33051
俄罗斯 Russia	1626	3063	8027	17515	20402	20983	17428
大洋洲小计 Total of Oceanic	**5845**	**12485**	**26010**	**56354**	**74708**	**75261**	**100762**
#澳大利亚 Australia	4587	10195	20125	45816	57854	54390	69907
新西兰 New Zealand	663	1606	5036	9842	14055	12451	24782
非洲小计 Total of Africa	**2185**	**6178**	**12895**	**30610**	**39765**	**45518**	**50186**

15-19 国内旅游人数及旅游收入

Number of Domestic Tourists and Exchange Earnings

项目　Item	2000	2005	2010	2012	2013	2014	2015
国内旅游者人数（万人次）Total Number of Domestic Tourist (10000 person-time)	**2942.00**	**5683.92**	**11956.61**	**16659.74**	**19542.03**	**22887.70**	**26128.60**
住宿设施接待人数 In Hotel	2010.00	3556.00	5935.03	8078.39	8854.94	9917.23	11088.24
居民家庭接待人数 In Household	262.00	373.36	736.47	1123.62	1673.25	2019.04	2077.49
一日游游客人数 For One Day	670.00	1754.56	5285.11	7457.73	9013.84	10951.43	12962.87
国内旅游收入（亿元）Domestic Tourism Receipts(100 million yuan)	**230.80**	**578.03**	**1202.25**	**1702.44**	**2003.41**	**2405.84**	**2798.16**
外省游客消费 Consumption of Tourists from Other Provinces	143.70	320.91	655.16	922.62	1034.66	1057.92	1285.42
本省多日游游客消费 Consumption of Tourists Inside the Province	77.20	208.87	342.28	512.55	620.39	962.23	1047.21
一日游游客消费 Consumption of Tourists for One Day	9.90	48.25	204.81	267.27	348.36	385.69	465.53

注：由于2012年泉州市旅游局进行旅游普查，故调整2010年和2011年国内旅游人数和收入及分项数。
Note:Due to quanzhou tourism census, the domestic tourism and domestic tourism income have been adjusted in 2010 and 2011

15-20 国内游客消费构成

Consumption Composition of Domestic Tourists

单位：%　　(%)

项目　Item	2000	2005	2010	2012	2013	2014	2015
交给旅行社 Fees Paid to Tour Agencies	12.3	14.4	11.5	11.1	11.2	7.8	6.1
长途交通 Long Distance Transportation	13.3	14.3	24.0	23.0	17.2	17.9	23.9
住宿 Accommodation	19.2	12.6	17.1	16.5	21.7	20.8	22.4
餐饮 Food	14.1	11.6	12.5	13.5	14.7	16.8	16.6
购物 Shopping	16.5	16.6	17.0	18.8	14.8	13.9	14.0
游览 Visiting	5.6	6.8	5.9	5.7	4.8	6.2	5.8
娱乐 Entertainment	5.5	5.0	5.1	4.7	5.2	5.7	4.9
市区交通 Transport within the City	3.0	2.5	2.3	2.1	2.0	4.5	4.2
邮电通讯 Postal and Telecommunications	2.0	1.8	1.2	1.0	0.7		
其他 Others	8.5	14.4	3.4	3.5	7.7	6.4	2.2

注：2014年报表将"邮电通讯"归入"其他"类。
Note:In 2014,Postal and Telecommunications Classified to Others.

15-21 国内游客构成

Composition of Domestic Tourists

单位：% (%)

项目 Item	2000	2005	2010	2012	2013	2014	2015
按性别分 **By Sex**							
男 Male	65.1	59.3	57.0	56.0	60.4	54.0	53.7
女 Female	34.9	40.7	43.0	44.0	39.6	46.0	46.3
按年龄分 **By Age**							
14岁以下 14 and under	1.3	1.5	0.9	1.1	0.9	1.2	0.9
15-24岁 Aged 15-24	26.9	25.6	18.8	16.5	29.7	24.6	27.2
25-44岁 Aged 25-44	48.8	50.9	54.9	53.4	53.1	54.3	58.0
45-59岁 Aged 45-59	18.1	17.7	20.4	23.7	14.8	17.8	12.6
60岁以上 60 and over	4.9	4.3	5.0	5.3	1.5	2.1	1.4
按旅游目的分 **By Aim of Tourist**							
休闲观光渡假 Sightseeing and Holiday	44.0	52.0	54.2	52.3	53.2	73.0	76.4
探亲访友 Visiting Relatives and Friends	12.3	13.1	10.7	12.6	10.9	7.4	6.8
公务 Offical	15.4	11.8	13.9	12.3	9.1	7.2	6.8
经商 Bussiness	11.1	8.1	7.5	6.3	9.8	2.0	1.7
会议 Meeting	4.7	4.4	6.1	7.4	4.5		
医疗 Medical Care	0.9	0.9	0.7	0.8	0.4	1.3	1.1
宗教朝拜 Religious Worship	2.8	1.9	1.6	2.1	1.2	1.8	2.2
文化科技交流 Exchange of Culture, Science and Technology	2.5	1.6	1.2	1.9	1.3		
其他 Others	6.3	6.2	4.0	4.5	9.8	7.3	4.9
按出游方式分 **By Mode**							
单位组织 Organized by Unit	20.9	20.8	24.4	24.4	17.0	7.9	7.6
旅行社 Travel Agency	10.3	13.2	13.8	15.5	6.8	4.8	4.6
个人亲友结伴 Relatives and Friends as Accompaniers	60.0	58.6	52.2	51.9	68.2	82.8	85.1
其他 Others	8.8	7.4	9.6	8.2	8.0	4.5	2.6

15-22 各设区市国际旅游外汇收入

Foreign Exchange Earnings from International Tourism by City

单位：万美元 (USD 10000)

地区	Area	2000	2005	2010	2012	2013	2014	2015
福州市	Fuzhou	22173	27266	84299	110817	128932	124515	119980
厦门市	Xiamen	29920	55233	108552	157728	160712	178450	238009
莆田市	Putian	3476	2585	12922	19242	20061	19988	23611
三明市	Sanming	79	541	2034	4095	3958	4438	4839
泉州市	Quanzhou	25428	37728	66737	90446	105483	117846	112834
漳州市	Zhangzhou	2902	1400	15455	22878	21855	25741	32168
南平市	Nanping	4792	5434	6680	12948	11593	14078	17012
龙岩市	Longyan	427	277	983	3568	3684	4795	6002
宁德市	Ningde	186	65	162	753	988	1182	1434
平潭综合实验区	Pingtan				93	70	147	251

注：2012年以前，福州数据含平潭。
Note:Before 2012,The data of Fuzhou include Pingtan.

15-23 各设区市入境游客人数

Number of Foreign Tourists by City

单位：人次 (Person-time)

地区	Area	2000	2005	2010	2012	2013	2014	2015
福州市	Fuzhou	300269	308883	698607	851328	904967	906886	966198
厦门市	Xiamen	494920	803144	1551864	2124164	2146923	2349245	2655924
莆田市	Putian	103103	110665	184737	245973	257301	248144	269872
三明市	Sanming	3037	9776	29018	48659	45805	52407	5274
泉州市	Quanzhou	485788	535381	770457	951423	1016133	1089454	1110946
漳州市	Zhangzhou	49886	42089	247469	330670	370846	406497	424399
南平市	Nanping	162104	153595	173400	305246	295477	288215	303955
龙岩市	Longyan	8961	7969	22417	59498	61432	80940	98168
宁德市	Ningde	5281	2392	3384	15019	18734	22986	25029
平潭综合实验区	Pingtan				4758	3686	5059	6836

注：2012年以前，福州数据含平潭。
Note:Before 2012,The data of Fuzhou include Pingtan.

主要统计指标解释

社会消费品零售总额 指批发和零售业、住宿和餐饮业以及其他行业直接售给城乡居民和社会集团的消费品零售额。其中，对居民的消费品零售额，是指售予城乡居民用于生活消费的商品金额；对社会集团的消费品零售额，是指售给机关、社会团体、部队、学校、企事业单位、居委会或村委会等，公款购买的用作非生产、非经营使用与公共消费的商品金额。社会消费品零售总额包括：售给城乡居民作为生活消费用的商品和修建房屋用的建筑材料的金额，以及售给来华的外国人、华侨、港澳台同胞的消费品金额；售给社会集团用作非生产、非经营使用与公共消费的商品金额。

商品购进额 指从本企业以外的单位和个人购进（包括从国外直接进口）作为转卖或加工后转卖的商品金额（含增值税）。商品包括：（1）从工农业生产者、批发和零售业企业、住宿和餐饮业企业、出版社或报社的出版发行部门和其他服务业企业购进的商品；（2）从机关团体、事业单位购进的商品；（3）从海关、市场管理部门购进的缉私和没收的商品；（4）从居民收购的废旧商品等。

商品销售额 指对本单位以外的单位和个人出售的商品金额（包括售给本单位消费用的商品，含增值税）。商品包括（1）售给城乡居民和社会集团消费用的商品；（2）售给农业、工业、建筑业、运输邮电业、服务业、公用事业等国民经济各行业用于生产、经营用的商品，包括售予批发和零售业作为转卖或加工后转卖的商品；（3）对国（境）外直接出口的商品。

期末商品库存额 指报告期末各种登记注册类型的批发和零售业企业(单位)已取得所有权的商品。它反映批发和零售业企业(单位)的商品库存情况和对市场商品供应的保证程度。商品库存包括：(1)存放在批发和零售业经营单位(如门市部、批发站、经营处)仓库、货场、货柜和货架中的商品；(2)挑选、整理、包装中的商品；(3)已记入购进而尚未运到本单位的商品，即发货单或银行承兑凭证已到而货未到的商品；(4)寄放他处的商品，如因购货方拒绝承付而暂时存放在购货方的商品和已办完加工成品收回手续而未提回的商品；(5)委托其他单位代销(未作销售或调出)尚未售出的商品；(6)代其他单位购进尚未交付的商品。不包括所有权不属于本单位的商品、委托外单位加工生产尚未收回成品的商品、外贸企业代理其他单位从国外进口尚未付给订货单位的商品、代国家物资储备部门保管的商品等。

亿元商品交易市场成交额 指年成交额在亿元及以上的商品交易市场。商品交易市场是指经有关部门和组织批准设立，有固定场所、设施，有经营管理部门和监管人员，若干市场经营者入内，常年或实际开业三个月以上，集中、公开、独立地进行生活消费品、生产资料等现货商品交易以及提供相关服务的交易场所，包括各类消费品市场、生产资料市场等。

连锁企业（或称连锁店、连锁公司） 指在核心企业或总店的领导下，由分散的、经营同类商品或服务的企业或活动单位，采取共同方针，实行集中采购和分散销售的有机结合，通过规范化经营，实现规模效益的经济联合组织形式。一般连锁店应由若干个分店组成。其经营特征:(1)经营同类商品；(2)使用统一商号；(3)统一采购配送，采购与销售相分离（部分商品可根据物流合理和保质保鲜原则，由供应商直接送货到门店，其余均由总部统一配送）。

连锁门店包括下列两种形式：

直营连锁：指正规连锁。连锁门店均由总部独资或控股开设，在总部的直接领导下统一经营。

加盟连锁：指特许连锁。各连锁门店（被特许人）通过合同形式，取得使用总部（特许人）商标、商号、经营技术和销售总部开发的商品的特许权，各加盟连锁门店为独立法人，在总部指导下统一经营。

入境国际旅游者人数 指来中国参观、访问、旅行、探亲、访友、休养、考察、参加会议和从事经济、科技、文化、教育、宗教等活动的外国人、华侨、港澳同胞和台湾同胞的人数。不包括外国在我国的常驻机构，如使领馆、通讯社、企业办事处的工作人员；来我国常住的外国专家、留学生以及在岸逗留不过夜人员。

国际旅游(外汇)收入 指入境旅游的外国人、华侨、港澳同胞和台湾同胞在中国大陆旅游过程中发生的一切旅游支出，对于国家来说就是国际旅游(外汇)收入。

Explanatory Notes on Main Statistical Indicators

Total Retail Sales of Consumer Goods refer to the sum of retail sales of commodities sold by wholesale and retail trades, hotel and catering services, and other industries to urban and rural households for household consumption and to social institutions for public consumption. Of which, the ratail sales to households refer to the amount of money of commodities of daily use sold to the urban and rural households. The ratail sales to social institutions refer to the amount of money of commodities sold to the government agencies, social organizations, military units, schools, institutions, neighbourhood (village) committees on public funds for the pupose of non-production and non-operation usage and public consumption. Total retail sale of consumer goods include the amount of money of commodities sold to the urban and rural households for daily consumption and the amount of money of construction materials for building and repairing houses, the amount of money of comsumer goods sold to foreigners, overseas Chinese and Chinese compatriots from Hong Kong, Macao and Taiwan, the amount of money of commodities sold to the social organizations for the purpose of non-production and non-operation usage and public consumption.

Total Purchases of Commodities refer to the total value of purchases of commodities by enterprises (establishments) from other establishments or individuals (including direct import from abroad) for the purpose of re-selling, either with or without further processing of the commodities purchased. The commodities include: (1) commodities purchased from agricultural and industrial producer, wholesaler, retailer, publishing hourse and other service business; (2) commodities purchased from institutions and government departments; (3) confiscated goods purchased from the custums authorities or market management agencies; (4) second-hand goods and wastes purchased from residents.

Total Sales of Commodities refer to value of commodities sold by the establishments to other establishments and individuals (including goods sold for self consumption, including the value-added tax). The commodities include: (1) commodities sold to urban and rural residents and social groups for their consumption; (2) commodities sold to establishments in all industries for their production and operation, including agriculture, industry, construction, transportation, post and telecommunications, catering services, and public utility including commodities sold to wholesale and retail establishments for re-selling, with or without further processing; and (3) commodities for direct export to abroad.

Total Stock of Commodities refers to total commodities possessed by wholesaler and retailer of various types of registration status at the end of the reference period, reflecting the commodity stock level of various wholesaler and retailer and the potential for market supply. It includes: (1) commodities located in storage, garages, counters, and shelves of operating places (such as sale stores, wholesale centres, and operating offices); (2) commodities in the process of being selected, sorted, and packed; (3) commodities not arrived but recorded as purchase in the account, i.e. commodities not arrived but payment receipts for the commodities from the sellers or the banks arrived; (4) commodities deposited in other places rather than places mentioned above, for instance: commodities in the hold of purchasers temporarily due to the refusal of payment and commodities not taken back after going through the formalities; (5) commodities entrusted to other units to sell but not sold yet; (6) commodities purchased for other units but not delivered yet. Commodities not included as stock are those not owned by the enterprises (units), commodities on commission for processing but not yet delivered, imported commodities of agency of foreign trade enterprise but not yet delivered to ordering units and finally those put in stock on behalf of the state material reserves units.

Volume of Transaction at Large Commodity Markets with Transaction Value over 100 Million Yuan refers to the commodity markets with an annual transaction of over 100 million. The commodity market refers to the markets approved and managed by related departments, where there are fixed sites, facilities, managers and administration offices, where there are a certain number of traders to operate for three month and above or all the year, where the commodities including the articles for daily comsuption and capital goods and services are traded in a centralized, independent and open way., Such market includes markets of daily goods and market of capital goods, etc.

Chain Enterprises(also called chain stores or chain corporations) refer to a form of joint economic entities under which scattered enterprises or establishments engaged in providing homogeneous commodities or services, with the central leadership of core enterprise or headquarters and guided by common policies, conduct centralized purchase and distributed selling of commodities, in order to gain better efficiency through standardized operation. Consisting of a number of branch stores, the chain stores have in general following features: 1) homogeneous commodities, 2) unique name of stores, 3) centralized purchase and delivery which is separated from distributed selling operation (most commodities are delivered from the headquarters except some items which, from logistics, quality or freshness considerations, might be delivered by the suppliers directly).

Chain stores have two categories:

a) Chain stores under direct management: These are formal chain stores invested or controlled by the headquarters. They operate under the direct and unified management from the headquarters.

b) Chain stores through license arrangement: Through contracts, chain stores (their owners) obtain licenses from the headquarters to use designated Trades marks, names, operation know-how, and to sell the commodity developed by the headquarters. Under this arrangement, each store in the chain is an independent legal entity and operates under the guidance from the headquarters.

Number of Tourists Visitor arrivals refer to the number of foreigners, Chinese compatriots from Hong Kong, Macao and Taiwan Chinese (mainland) who come to China (mainland) for sight-seeing, vacation, visiting relatives, medical treatment, shopping, attending conference, or to engage in economic, cultural, sports and religious activities. In compiling statistics, each time of entering China is counted as one person-time.

Foreign Exchange Earnings from International Tourism refer to the total expenditures of foreigners, overseas Chinese, Chinese compatriots from Hong Kong, Macao and Taiwan during their stay in the mainland of China, which are earnings of foreign exchange from international tourism from the point of view from China.

第十六篇　科学和教育

Chapter 16　Science and Education

资料整理：廖捷 许光洁 陈昉
Database Editor:Liaojie Xuguangjie Chenfang

简 要 说 明

本篇资料的主要内容及来源

本篇反映全省科学技术活动和教育事业的发展情况。

科学技术部分主要包括了全省科技活动的规模、构成、布局和发展状况的资料，收录了全省有关部门年度的科技统计数据。反映科研机构、大中型工业企业和高等院校三大科技活动主体单位的机构数、人员数和经费收支等情况，根据省科技厅、省教育厅、省统计局科技统计综合年报汇总。专利申请受理量和授权量由省知识产权局提供。

教育部分包括高等教育、中等教育、初等教育、幼儿教育和各种类型的各级成人教育等，主要指标有各级各类学校的校数、在校学生数、招生数、毕业生数、教职工数、教师数等。教育统计资料主要由省教育厅提供，技工学校的资料来源于省人力资源和社会保障厅。

本篇资料由省统计局社会和科技统计处整理提供。

Brief Introduction

Main Content and Source of Data

Data in this chapter show the basic conditions of the activities of science and technology and development of Fujian's education.

In addition, data on the technical training schools are provided by the Department of Labor and Social Security.Data on science and technology cover mainly the scale, composition, distribution and development of the scientific and technological activities, including the statistical data of the departments concerned under the provincial government on science and technology in the table on the basic conditions of the scientific and technological activities show in a summary way the number of institutions and personnel in scientific and technological institutions, large and medium-sized industrial enterprises and universities and colleges, the three main bodies engaged in the scientific and technological activities as well as their income and expenditure. Data are collected and tabulated in accordance with the annual reporting scheme on science and technology statistics of the Provincial Commission of Science, Provincial Commission of Education, Provincial Office of Science, Technology and Industry for National Defence and the provincial Statistical Bureau.Data on the number of patent applications examined and certified are provided by Fujian Patent Office.

Data on education cover the situations on higher education, secondary education, primary education, kindergartens and all kinds of adult education etc. The main indicators cover the number of schools of various levels and categories, students enrolled, new students enrolled, graduates, staff and workers and number of teachers etc. Data on education are mainly provided by the Provincial Commission of Education.

Data in this chapter are provided and compiled by the Division of Social, Science and Technology Statistics of Fujian Provincial Bureau of Statistics.

16-1 主要年份科技活动基本情况
Basic Statistics on Scientific and Technological Activities in Selected Years

项目 Item	2000	2005	2010	2014	2015
科技活动人员（人）Personnel Engaged in S&T Activities(person)	**68188**	**86184**	**179271**	**257397**	**252800**
#科学研究与开发机构 Science Research & Technical Development Institutions	5754	4852	5573	7005	7231
高等院校 Higher Education Institutions	6350	8563	28895	33041	48778
大中型工业企业 Large-scale and Medium-scale Industrial Enterprises	17343	37174	86111	141483	119465
研究与试验发展人员折合全时当量（人年）Full-time Equivalent of R&D Personnel(person/year)	**22420**	**35815**	**76737**	**135866**	**126572**
#科学研究与开发机构 Science Research & Technical Development Institutions	2200	1726	2756	3854	4091
高等院校 Higher Education Institutions	3208	3938	5892	7558	9915
大中型工业企业 Large-scale and Medium-scale Industrial Enterprises		16661	44062	88037	73920
研究与试验发展经费内部支出（亿元）Internal Expenditures on S&T Activities(100 million yuan)	**21.19**	**53.73**	**170.90**	**355.03**	**392.93**
#科学研究与开发机构 Science Research & Technical Development Institutions		2.15	6.54	12.91	15.48
高等院校 Higher Education Institutions		2.27	6.94	11.40	15.37
大中型工业企业 Large-scale and Medium-scale Industrial Enterprises		34.70	116.12	242.76	261.63
研究与试验发展经费支出相当于国内生产总值比例（%）Proportion of Expenditure on R&D to GDP Achievements in S&T and National Prizes Won(%)	**0.56**	**0.82**	**1.16**	**1.48**	**1.51**
技术市场成交额（万元）Transaction Value in Technical Market(10000 yuan)	**172601**	**171959**	**381217**	**508271**	**538645**
专利申请受理数（项）Number of Patents Application Acceptance(unit)	**4211**	**9460**	**21994**	**58075**	**83146**
#发明专利 Inventions	377	1202	5117	12529	17663
专利申请授权数（项）Number of Patents Application Granted(unit)	**3003**	**5147**	**18063**	**37857**	**61621**
#发明专利 Inventions	93	242	1224	3426	5730
发明专利拥有量（项）The Ownership of Invention Patents(unit)			3295	13057	17868
每万人口发明专利拥有量（件）The Ownership of Invention Patents per 10000 Persons(piece)			0.89	3.43	4.65

16-2 从事科技活动人员情况(1987-2015年)

Conditions of Personnel Engaged in Scientific and Technological Activities(1987-2015)

单位：人　　(person)

年份 Year	合计 Total	科研机构 Science Research & Technical Development Institutions	高等院校 Higher Education Institutions	大中型工业企业 Large-scale and Medium-scale Industrial Enterprises	其他 Others
1987	17893	9052	3557	5284	
1988	17778	8875	3565	5338	
1989	20010	9270	3985	6755	
1990	20428	8796	5392	6240	
1991	21012	9054	4452	7506	
1992	22263	7678	5291	9294	
1993	22305	7399	5516	9390	
1994	22990	6995	5423	10572	
1995	24085	6911	5883	11291	
1996	27621	6656	6051	14914	
1997	30988	6539	6618	17831	
1998	29316	6426	6626	16264	
1999	33621	6127	6563	20931	
2000	68188	5754	6350	17343	38741
2001	70860	4844	7149	26351	32516
2002	67508	4497	7764	25623	29624
2003	71504	4495	8280	28772	29957
2004	79953	4379	9018	30943	35613
2005	86184	4852	8563	37174	35595
2006	101099	5066	9296	46745	39992
2007	112758	5406	10479	53610	43263
2008	131454	5654	11475	65481	48844
2009	167132	5869	27036	77607	56620
2010	179271	5573	28895	86111	58692
2011	216082	5935	28900	118694	62553
2012	239938	6223	29778	130313	73624
2013	242094	6572	31325	135751	68446
2014	257397	7005	33041	141483	75868
2015	252800	7231	48778	119465	77326

注：1、高等院校科技活动人员不包括教学人员；2、2000年起统计范围扩大;3、其他包括小型工业企业、软件开发单位、农业企事业单位和卫生单位等;4、2004年数据为第一次全国经济普查数。

Note:a)Persons engaged in science and technology activities in higher education institutions exclude persons engaged in teaching. b)Statistic coverage has been enlarged since 2000. c)Others include small-scale industrial enterprises,software development units,agriculture enterprises and institutions, health care units,etc. d)The data of 2004 is from the first national ecomonic census.

16-3 主要年份研究与试验发展（R&D）活动指标

Indicators of Research and Development Activities in Selected Years

项目 Item	2000	2005	2010	2014	2015
R&D人员折合全时人员（人） **R&D Personnel(person)**	**22420**	**35815**	**76737**	**135866**	**126572**
基础研究 Fundamental Research	2033	1452	3435	4821	5568
应用研究 Applied Research	3635	7005	8090	9907	11811
试验发展 Experimental Development	16752	27358	65218	121138	109193
R&D经费内部支出(亿元) **Intramural Expenditure for R&D(100 million yuan)**	**21.19**	**53.73**	**170.90**	**355.03**	**392.93**
基础研究 Fundamental Research	0.66	1.17	4.19	7.54	10.00
应用研究 Applied Research	1.41	5.13	9.49	16.23	20.53
试验发展 Experimental Development	18.30	46.82	157.22	331.26	362.40
#科学研究与开发机构 Science Research & Technical Development Institutions	1.38	2.35	6.54	12.91	15.48
基础研究 Fundamental Research		0.56	1.99	3.55	6.07
应用研究 Applied Research		0.80	2.80	5.12	5.84
试验发展 Experimental Development		0.78	1.75	4.23	3.57
高等院校 Higher Education Institutions	1.31	2.31	6.94	11.40	15.37
基础研究 Fundamental Research		0.59	1.82	3.39	3.32
应用研究 Applied Research		1.11	4.31	7.36	11.19
试验发展 Experimental Development		0.57	0.82	0.65	0.85
大中型工业企业 Large-scale and Medium-scale Industrial Enterprises		34.89	116.12	242.76	261.63
基础研究 Fundamental Research				0.04	0.05
应用研究 Applied Research		1.34	0.43	1.12	0.79
试验发展 Experimental Development		33.36	115.68	241.60	260.79
R&D经费内部支出按支出来源分(亿元) Intramural Expenditure for R&D by Expenditure Source(100 million yuan)					
政府资金 Government Funds	3.09	5.32	17.61	29.80	33.99
企业资金 Enterprises Funds	15.79	47.14	148.45	316.47	346.51
国外资金 Abroad Funds	0.37	0.13	1.38	0.64	0.68
其他 Others	1.94	1.14	3.46	8.13	11.74
R&D经费内部支出占GDP比重（%） **Proportion of Intramural R&D Expenditure to GDP(%)**	**0.56**	**0.82**	**1.16**	**1.48**	**1.51**

16-4 规模以上工业企业研究与试验发展（R&D）活动情况（2015年）

Research and Development Activities of Industrial Enterprises above Designated Size(2015)

项目 Item	规模以上工业企业数（个） Number of Enterprises (unit)	有R&D活动（个） With R&D Activities (unit)	有研发机构（个） With R&D Institutions (unit)	R&D人员（人） R&D Personnel (person)	R&D人员折合全时当量（人年） Full-time Equivalent of R&D Personnel	R&D经费内部支出（万元） Intramural Expenditure for R&D (10000 yuan)	R&D经费外部支出（万元） External Expenditure for R&D (10000 yuan)
总计 Total	**17240**	**3038**	**1389**	**134111**	**99180**	**3469810**	**107036**
按企业规模分 Grouped by Size of Enterprises							
大型 Large	446	258	167	55172	43207	1655114	52350
中型 Medium	2904	869	420	42433	30713	961235	27939
小型 Small	13105	1885	790	35718	24934	842737	19942
微型企业 Micro	785	26	12	788	326	10725	6806
按隶属关系分 Grouped by Subordination							
中央 Central	75	18	10	2077	1361	45783	8647
地方 Region	17165	3020	1379	132034	97819	3424027	98389
按登记注册类型分 Grouped by Status of Registration							
内资企业 Sole Funded	13286	2239	1016	77536	56680	1927406	52785
国有企业 State-owned Enterprises	43	6	4	135	94	4987	12
集体企业 Collective-owned Enterprises	98	4	3	35	23	170	6
股份合作企业 Cooperative Enterprises	60	4	2	74	41	3753	62
联营 Joint Ownership Enterprises	12	1		7	6	22	
国有联营企业 State Joint Ownership Enterprises	1						
集体联营企业 Collective-owned Joint Ownership Enterprises	5						
国有与集体联营企业 State and Collective-owned Joint Ownership Enterprises	1	1		7	6	22	
其他联营企业 Other Joint Ownership Enterprises	5						
有限责任公司 Limited-Liability Corporations	3977	729	331	28152	19911	779944	20635
国有独资公司 State Sole Funded Corporations	125	19	6	1678	865	26307	7389
其他有限责任公司 Other Limited-Liability Corporations	3852	710	325	26474	19045	753638	13247
股份有限公司 Share Holding Corporations Ltd.	326	166	99	17533	14087	362944	17491
私营企业 Private Enterprises	8729	1323	573	31391	22440	772375	14579

16-4 续表1

Continued

项目 Item	规模以上工业企业数（个） Number of Enterprises (unit)	有R&D活动（个） With R&D Activities (unit)	有研发机构（个） With R&D Institutions (unit)	R&D人员（人） R&D Personnel (person)	R&D人员折合全时当量（人年） Full-time Equivalent of R&D Personnel	R&D经费内部支出（万元） Intramural Expenditure for R&D (10000 yuan)	R&D经费外部支出（万元） External Expenditure for R&D (10000 yuan)
私营独资企业 Private Sole Funded Enterprises	293	15	3	279	178	6142	13
私营合伙企业 Private Joint-venture Enterprises	63	1		4	2	17	
私营有限责任公司 Private Limited-Liability Corporations	8150	1225	527	27496	19455	687509	14230
私营股份有限公司 Private Share Holding Corporations Ltd.	223	82	43	3612	2804	78707	336
其他企业 Other Enterprises	41	6	4	209	78	3211	
港澳台商投资企业 Funds from HongKong, Macao,TaiWan	2566	498	232	31716	23039	897102	20050
合资经营企业（港或澳、台资） Joint-venture Enterprises	557	156	75	9709	6115	264541	6115
合作经营企业（港或澳、台资） Cooperative Enterprises	13	4	2	69	59	1615	100
港、澳、台商独资经营企业 Enterprises with Sole Fund	1947	324	148	20940	16077	598475	13810
港、澳、台商投资股份有限公司 Share Holding Corporations Ltd.	33	12	6	908	758	28565	26
其他港澳台商投资企业 Others	16	2	1	90	30	3905	
外商投资企业 Foreign Funded Enterprises	1388	301	141	24859	19461	645302	34200
#中外合资 Joint Venture	405	119	51	11870	10109	285065	9179
中外合作 Cooperative Operation	10	3	2	573	250	14250	2012
外商独资 Venture Exclusively with Foreign Investment	935	171	85	11488	8617	323967	22824
外商投资股份有限公司 Share Holding Corporations Ltd.	25	6	2	838	449	19023	185
其他外商投资企业 Others	13	2	1	90	36	2997	1
按行业分 Grouped by Sector							
采矿业 Mining	420	26	17	523	382	6636	314
煤炭开采和洗选业 Coal Mining and Dressing	132	8	6	246	188	1594	50
黑色金属矿采选业 Ferrous Metals Mining and Dressing	79	6	4	114	86	1604	163
有色金属矿采选业 Nonferrous Metals Mining and Dressing	51	3	4	55	28	777	26
非金属矿采选业 Nonmetal Minerals Mining and Dressing	158	9	3	108	80	2662	74
制造业 Manufacturing	16474	2992	1370	132206	98026	3442645	98825

16-4 续表2

Continued

项目 Item	规模以上工业企业数（个） Number of Enterprises (unit)	有R&D活动（个） With R&D Activities (unit)	有研发机构（个） With R&D Institutions (unit)	R&D人员（人） R&D Personnel (person)	R&D人员折合全时当量（人年） Full-time Equivalent of R&D Personnel	R&D经费内部支出（万元） Intramural Expenditure for R&D (10000 yuan)	R&D经费外部支出（万元） External Expenditure for R&D (10000 yuan)
农副食品加工业 Agricultural and Sideline Products Processing	1121	210	95	4826	2979	133137	2813
食品制造业 Food Manufacturing	582	132	66	3631	2364	102307	6662
酒、饮料和精制茶制造业 Wine，Drink and Tea Manufacturing	602	106	45	1868	1207	47642	1137
烟草制品业 Tobacco Processing	6	5	2	577	264	9646	243
纺织业 Textile Industry	904	119	59	5395	3701	152723	697
纺织服装、服饰业 Textile Garments Products	1221	51	28	3180	2109	75919	2499
皮革、毛皮、羽毛及其制品和制鞋业 Leather , Furs , Down and Relate Products	1282	124	58	6722	5484	158123	2983
木材加工和木、竹、藤、棕、草制品业 Timber Processing,Bamboo,Cane,Palm Fiber and Straw Products	752	75	28	1265	993	38170	1208
家具制造业 Furniture Manufacturing	328	26	12	660	470	15591	116
造纸和纸制品业 Papermaking and Paper Products	440	46	14	1728	1153	48993	828
印刷和记录媒介复制业 Printing and Record Medium Reproduction	228	21	12	558	374	13254	60
文教、工美、体育和娱乐用品制造业 Cultural , Educational and Sports Goods	1042	112	42	3227	2165	57734	809
石油加工、炼焦和核燃料加工业 Petroleum Processing , Coking and Nuclear Fuel Processing	29	11	3	243	129	11715	495
化学原料和化学制品制造业 Raw Chemical Materials and Chemical Products	737	196	87	4699	3239	147324	3176
医药制造业 Medical and Pharmaceutical Products	134	78	43	3270	2220	65501	7089
化学纤维制造业 Chemical Fiber	101	31	15	2149	1849	102383	3725
橡胶和塑料制品业 Rubber and Plastic Products	733	137	58	6229	4953	145382	842
非金属矿物制品业 Nonmetal Minerals Products	1827	184	71	6318	3919	152051	1311
黑色金属冶炼和压延加工业 Smelting and Pressing of Ferrous Metals	317	39	14	2953	2249	127270	1772
有色金属冶炼和压延加工业 Smelting and Pressing of Nonferrous Metals	148	42	14	3237	2595	125786	512
金属制品业 Metal Products	590	102	47	3865	2744	89360	430
通用设备制造业 General Equipment	593	168	82	7491	5371	150861	25544
专用设备制造业 Special Purpose Equipment	505	176	84	7064	5892	145368	3873
汽车制造业 Car Manufacturing	381	122	54	5782	4363	170098	5491

16-4 续表3

Continued

项目 Item	规模以上工业企业数（个） Number of Enterprises (unit)	有R&D活动（个） With R&D Activities (unit)	有研发机构（个） With R&D Institutions (unit)	R&D人员（人） R&D Personnel (person)	R&D人员折合全时当量（人年） Full-time Equivalent of R&D Personnel	R&D经费内部支出（万元） Intramural Expenditure for R&D (10000 yuan)	R&D经费外部支出（万元） External Expenditure for R&D (10000 yuan)
铁路、船舶、航空航天和其他运输设备制造业 Railway,Watercraft,Aviation and others transportation Manufacturing	187	38	17	1953	1524	41746	4551
电气机械和器材制造业 Electric Equipment and Machinery	765	270	137	15196	10829	334170	11030
计算机、通信和其他电子设备制造业 Computer,Communication and other Electronic Equipment	519	275	140	23955	19535	716990	6023
仪器仪表制造业 Instruments and Meters Machinery	143	66	28	2744	2043	44346	870
其他制造业 Others Manufacturing	178	24	12	1291	1189	16506	1834
废弃资源综合利用业 Waste Resources and Materials Recovering	56	3	2	49	37	1578	65
金属制品、机械和设备修理业 Metals,Machinery and Equipment maintenance	23	3	1	81	81	973	138
电力、热力、燃气及水生产和供应业 Production and Supply of Electric Power and Hot Power	346	20	2	1382	772	20530	7897
电力、热力生产和供应业 Production and Supply of Electric Power and Hot Power	266	18	1	1301	721	18912	7897
燃气生产和供应业 Production and Supply of Gas	29						
水的生产和供应业 Production and Supply of Water	51	2	1	81	51	1618	
按地市分类 Grouped by City							
福州市 Fuzhou	2302	504	159	28394	23183	738732	25275
厦门市 Xiamen	1766	515	271	36336	28884	879963	37046
莆田市 Putian	1248	189	132	6876	5089	195815	2294
三明市 Sanming	1785	177	75	4791	3760	147305	5163
泉州市 Quanzhou	4420	667	285	26076	17763	649982	21832
漳州市 Zhangzhou	2147	325	140	13167	7666	326506	5133
南平市 Nanping	1109	203	105	4866	3768	149236	3727
龙岩市 Longyan	1095	298	145	8858	5982	245714	3174
宁德市 Ningde	1368	160	77	4747	3085	136557	3392

16-5 各设区市研究与试验发展（R&D）人员情况（2015年）

Personnel Condition of Research and Development by city(2015)

项目	Item	R&D人员（人）R&D Personnel (person)	R&D人员折合全时当量（人年）Full-time Equivalent of R&D Personnel(man-year)	基础研究 Basic Reseach	应用研究 Applied Reseach	试验发展 Experimental Development
福建省	**Fujian**	**182811**	**126572**	**5568**	**11810**	**109193**
福州市	Fuzhou	53902	38728	2712	5303	30713
厦门市	Xiamen	47158	34985	1781	2831	30373
莆田市	Putian	7912	5591	100	286	5205
三明市	Sanming	5913	4305	71	427	3807
泉州市	Quanzhou	31154	19712	385	1354	17973
漳州市	Zhangzhou	14967	8467	177	442	7849
南平市	Nanping	6046	4440	137	492	3811
龙岩市	Longyan	9907	6577	98	279	6200
宁德市	Ningde	5852	3768	109	397	3262

16-6 各设区市研究与试验发展（R&D）经费情况（2015年）

Expenditure Condition of Research and Development by city(2015)

单位：万元　　(10000yuan)

项目	Item	R&D经费内部支出 Intramural Expenditure for R&D	基础研究 Experimental Development	应用研究 Experimental Development	试验发展 Experimental Development	R&D经费外部支出 External Expenditure for R&D
福建省	**Fujian**	**3929298**	**100022**	**205291**	**3623985**	**183656**
福州市	Fuzhou	987637	65226	67190	855223	42676
厦门市	Xiamen	1034180	27055	97743	909381	94654
莆田市	Putian	199112	1318	1111	196683	2299
三明市	Sanming	152111	360	4729	147022	5183
泉州市	Quanzhou	678834	2616	24845	651373	23104
漳州市	Zhangzhou	333681	1857	3642	328180	5242
南平市	Nanping	151845	478	1573	149793	3874
龙岩市	Longyan	251419	393	2992	248034	3212
宁德市	Ningde	140480	719	1465	138296	3412

16-7 主要年份县级以上政府部门科学研究与开发机构情况

Govemment Institutions Engaged in Science Research and Development Activities above county Level in Selected Years

项目 Item	2000	2005	2010	2014	2015
机构数（个） Number of Institutions(unit)	**125**	**99**	**96**	**102**	**100**
职工人数（人） Number of Staff(person)	**6796**	**5246**	**6437**	**7411**	**7469**
自然科学 Natural Sciences and Technology					
机构数（个） Number of Institutions(unit)	107	83	80	85	84
职工人数（人） Number of Staff(person)	6215	4718	5850	6829	6891
#从事科技活动人员（人） Persons Engaged in Scientific and Technological Activities (person)	4723	3890	4618	5688	5758
经费收入总额（万元） Total Funds(1000 yuan)	42187	62057	151715	237401	339006
#政府拨款 Government Appropriations	22566	44249	106849	205533	237813
经费支出总额（万元） Total Expenditures(10000 yuan)	36449	57784	133247	229873	331761
社会、人文科学 Social Sciences and Humanities					
机构数（个） Number of Institutions(unit)	4	3	3	4	3
职工人数（人） Number of Staff(person)	236	207	218	219	215
#从事科技活动人员 Persons Engaged in Scientific and Technological Activities	207	183	189	194	191
经费收入总额(万元) Total Funds(10000 yuan)	1543	2540	5230	7149	8379
#政府拨款 Government Appropriations	1489	2433	4256	6869	8182
经费支出总额（万元） Total Expenditures(10000 yuan)	1443	2801	4874	4538	7024
科学情报和文献 Scientific-Technical Information and Literature					
机构数（个） Number of Institutions(unit)	14	13	13	13	13
职工人数（人） Number of Staff(person)	345	321	369	363	363
#从事科技活动人员（人） Persons Engaged in Scientific and Technological Activities (person)	305	288	326	340	345
经费收入总额(万元) Total Funds(10000 yuan)	2748	4808	6651	6834	8756
#政府拨款 Government Appropriations	2297	4266	5482	6692	7570
经费支出总额（万元） Total Expenditures(10000 yuan)	2680	4763	5744	6061	8830

16-8 各类型专利申请和授权情况(1985-2015年)

Patents Applicated and Granted by Category(1985-2015)

单位：项 (unit)

年份 Year	专利申请数 Number of Patent Applicated Accepted	发明 Creation and Inventions	实用新型 Utility Models	外观设计 Designs	专利授权数 Number Of Patent Applicated Granted	发明 Creation and Inventions	实用新型 Utility Models	外观设计 Designs
1985	137	74	63		1	1		
1986	195	67	125	3	23		23	
1987	305	84	206	15	78	3	73	2
1988	420	90	320	10	132	13	114	5
1989	445	90	318	37	203	20	176	7
1990	540	95	374	71	276	25	239	12
1991	672	102	512	58	277	21	206	50
1992	928	171	661	96	352	17	295	40
1993	1271	199	729	343	850	36	697	117
1994	1510	202	725	583	733	22	455	256
1995	1979	200	816	963	933	17	439	477
1996	2626	224	971	1431	1196	15	468	713
1997	3018	226	1113	1679	1547	24	468	1055
1998	3393	201	1071	2121	2318	20	689	1609
1999	3381	240	1099	2042	2934	32	1089	1813
2000	4211	377	1516	2318	3003	93	1074	1836
2001	4971	361	1757	2853	3296	82	1107	2107
2002	6521	562	2233	3726	4001	63	1306	2632
2003	7236	797	2554	3885	5377	137	1658	3582
2004	7498	850	2524	4124	4758	160	1776	2822
2005	9460	1202	3182	5076	5147	242	1793	3112
2006	10351	1437	3445	5469	6412	310	2578	3524
2007	11341	2170	3878	5293	7761	336	3323	4102
2008	13181	2701	5141	5339	7937	530	3921	3486
2009	17559	3842	7844	5873	11282	824	4939	5519
2010	21994	5117	10846	6031	18063	1224	9664	7175
2011	32325	6896	16688	8741	21857	1945	12697	7215
2012	42773	8492	22081	12200	30497	2977	17708	9812
2013	53701	9884	25769	18048	37511	2941	22152	12418
2014	58075	12529	25410	20136	37857	3426	21013	13418
2015	83146	17663	44339	21144	61621	5730	34086	21805

16-9 各单位专利申请授权情况(1990-2015年)

Partents Applicated and Granted by Unit(1990-2015)

单位：项 (unit)

项目 Item	合计 Total	个人 Individual	大专院校 Universities and College	科研单位 Research Institutions	企业 Enterprises	机关团体 Government Agencies and Organizations
申请专利数 Number of Patent Applicated Accepted						
1990	540	371	22	27	71	49
1991	672	493	30	20	75	54
1992	928	699	29	11	76	113
1993	1271	853	36	29	163	190
1994	1510	964	25	33	157	331
1995	1979	1246	16	27	512	178
1996	2626	1608	47	22	923	26
1997	3018	1748	27	30	1202	11
1998	3393	2069	32	39	1245	8
1999	3381	2257	14	31	1074	5
2000	4211	2839	58	34	1271	9
2001	4971	3511	49	38	1361	12
2002	6521	4849	84	85	1493	10
2003	7236	5312	165	69	1677	13
2004	7498	5713	182	56	1536	11
2005	9460	7276	259	105	1812	8
2006	10351	7500	360	95	2376	20
2007	11341	7437	486	141	3249	28
2008	13181	7553	639	295	4632	62
2009	17559	7960	732	257	8552	58
2010	21994	8267	1035	422	12129	141
2011	32325	10625	1470	590	19340	300
2012	42773	14959	1863	650	25093	208
2013	53701	20771	2474	775	29362	319
2014	58075	17335	3632	807	35881	420
2015	83146	30317	5085	1200	45861	683
授权专利数 Number Of Patent Applicated Granted						
1990	276	192	25	16	38	5
1991	277	168	19	15	39	36
1992	352	247	18	12	42	33
1993	850	589	29	14	93	125
1994	733	477	20	16	82	138
1995	933	534	19	10	154	216
1996	1196	638	13	9	395	141
1997	1547	776	21	10	722	18
1998	2318	1232	9	2	1071	4
1999	2934	1712	29	22	1158	13
2000	3003	1945	30	13	1006	9
2001	3296	2078	38	28	1144	8
2002	4001	2930	35	19	1006	11
2003	5377	3979	58	34	1298	8
2004	4758	3465	82	33	1170	8
2005	5147	3903	87	25	1125	7
2006	6412	4827	146	43	1391	5
2007	7761	5531	177	39	2001	13
2008	7937	5214	275	57	2382	9
2009	11282	6385	376	82	4402	37
2010	18063	7714	535	135	9587	92
2011	21857	7501	703	173	13334	146
2012	30497	10161	652	197	18703	784
2013	37511	13666	1207	408	22106	124
2014	37857	11176	1671	439	24381	190
2015	61621	21007	3256	689	36321	348

16-10 技术市场基本情况(1990-2015年)

Basic Statistics of Technical Market(1990-2015)

项目 Item	合计 Total	技术开发 Technical Development	技术转让 Technical Transfer	技术咨询 Technical Advisory	技术服务 Technical Service
合同数（项）					
Number of Contract(unit)					
1990	8397	151	69	1029	7148
1991	3943	262	104	450	3127
1992	6140	354	270	782	4734
1993	4220	355	350	1172	2343
1994	5992	438	158	1010	4386
1995	4266	642	444	1051	2129
1996	6819	605	284	1310	4620
1997	6310	613	326	1812	3559
1998	5698	531	312	1094	3761
1999	6506	1041	404	1653	3408
2000	5597	731	393	1296	3177
2001	4589	688	346	567	2988
2002	4668	868	492	623	2685
2003	5496	1113	242	1149	2992
2004	5656	1191	204	1406	2855
2005	6510	1457	200	1503	3350
2006	5673	1585	122	1059	2907
2007	5047	1752	98	996	2201
2008	5196	1906	135	1173	1982
2009	4799	2265	231	781	1522
2010	5137	2811	290	639	1397
2011	4839	2954	272	575	1038
2012	5390	3654	216	926	594
2013	5361	3463	218	1135	545
2014	3797	2591	235	692	279
2015	4209	3064	314	327	504
合同金额（万元）					
Amount of Contracts(10000 yuan)					
1991	6485	2942	848	407	2288
1992	13545	2935	2472	1124	7014
1993	18758	4058	4437	3113	7150
1994	25118	7629	1938	2783	12768
1995	30550	8960	6404	3914	11272
1996	46206	12635	7766	4477	21328
1997	57459	12924	9836	9066	25633
1998	69363	17323	9228	6063	36749
1999	80868	28268	6888	12477	33235
2000	172601	25411	75045	6701	65444
2001	136941	26488	62482	7752	40219
2002	128988	53778	41271	7399	26540
2003	166778	65108	47015	13001	41654
2004	141395	46021	59653	8989	26732
2005	171959	51837	79761	12574	27787
2006	144122	64191	46261	11288	22382
2007	168662	68989	72069	9696	17908
2008	191223	95052	35414	12954	47803
2009	262349	132945	64562	9691	55151
2010	381217	194219	84986	8519	93494
2011	534130	247146	194359	9176	83450
2012	735768	305585	328475	9120	92588
2013	539868	290407	145476	12237	91747
2014	508271	240243	239584	8142	20301
2015	538645	332784	169587	2792	33382

16-11 技术市场合同数与合同金额情况(2015年)

Basic Statistics of Technical Market Contract and Contract Amount(2015)

项目 Item	合同数（项） Number of Contracts(unit)	合同金额（万元） Amount of Contracts (10000 yuan)
合　计 **Total**	**4209**	**538645**
按合同类别分 **By Kind of Contract**		
技术开发合同 Contract of Technical Development	3064	332784
技术转让合同 Contract of Technical Transfer	314	169587
技术咨询合同 Contract of Technical Advisory	327	2792
技术服务合同 Contract of Technical Service	504	33382
按服务目标分 **By Service Aim**		
农、林、牧、渔业发展 Development of Farming, Forestry Animal Husbandry and Fishery	137	9579
工商业发展 Development of Industry	576	173396
能源生产、分配和合理利用 Production, Distribution and Use for Energy	72	7612
基础设施以及城市和农村规划 Infrastructure and Planning of Urban and Rural	111	4479
环境保护、生态建设及污染防治 Environmental Protection	386	51408
卫生事业发展 Health	127	10214
教育事业发展 Education	84	2958
社会发展和社会经济发展 Development of Social and Social Economy	2080	235986
非定向研究 Nondirectional Research	39	2099
民用空间探测及开发 Civil Space	54	1832
地球和大气层的探索与利用 Probe and Utilize of Earth and atmasphere	29	2236
国防 National defense	33	1904
其他民用目标 Others	481	34941
按技术流向分 **By the Flaw of Technology**		
本省 Native Province	2868	359316
省外 Outside the Province	1341	179329

16-12 各单位技术买卖情况(2015年)

Basic Statistics of Technology Trade by Unit(2015)

项目 Item	合计 Total	机关法人 Government Agencies	事业法人 Institutions	社团法人 Mass Organizations	企业法人 Enterprises	自然人 Natural Person	其他组织 Other Corporation
买卖项数（项） Number(unit)	**4209**		**437**	**4**	**3478**	**284**	**6**
机关法人 Government Agencies	561		26		493	42	
事业法人 Institutions	631		83		475	73	
社团法人 Mass Organizations	8				8		
企业法人 Enterprises	2912		326	4	2418	158	6
自然人 Natural Person	25		2		23		
其他组织 Other Corporation	72				61	11	
买卖金额（万元） Value(10000 yuan)	**538645**		**17531**	**57**	**519088**	**1833**	**137**
机关法人 Government Agencies	57966		961		56797	207	
事业法人 Institutions	20047		4738		14825	483	
社团法人 Mass Organizations	412				412		
企业法人 Enterprises	450881		11814	57	437746	1128	137
自然人 Natural Person	733		17		716		
其他组织 Other Corporation	8607				8593	14	

16-13 地方国有企事业单位专业技术人员数(1978-2015年)

Number of Professional and Technical Personnel in local State-owned Enterprises and Institutions(1978-2015)

单位：人 (person)

年份 Year	合计 Total	#工程技术人员 Engineering	#农业技术人员 Agriculture	#卫生技术人员 Health Care	#科学研究人员 Scientific Research	#教学人员 Teaching
1978	84117	30363	9290	24326	2789	17349
1979	89501	33507	10019	23181	3281	19513
1980	154241	39546	8292	25713	3186	49666
1981	168096	43823	9501	27664	3000	55607
1982	185383	51431	10602	30376	3232	59759
1983	291400	57852	13158	32492	2553	153274
1984	291913	52345	13670	32085	3663	158318
1985	308855	57986	15642	32697	3719	159859
1986	326646	65826	15351	35670	2711	169990
1987	363237	76424	15746	37189	2969	185971
1988	429162	78854	15800	40134	3005	201603
1989	470772	82248	16316	41377	3369	225623
1990	500783	88457	16211	44560	3571	240899
1991	478923	81500	13244	46346	2737	247627
1992	487634	83165	13290	45895	2695	255783
1993	484192	82631	12852	44972	2733	262393
1994	499806	84673	12854	46851	2519	269232
1995	509638	86132	12868	46421	3073	282294
1996	534016	87619	13500	50092	3179	300406
1997	555600	88338	14425	52211	3397	315846
1998	577184	88184	14517	54153	3652	337086
1999	590289	89012	14462	55498	3758	349978
2000	592765	86683	14495	56703	3798	354760
2001	587761	81635	14498	57343	4218	357930
2002	582288	74776	13844	58521	4128	361832
2003	574834	68822	13859	60623	4132	363626
2004	575058	65732	14218	61973	4232	363405
2005	581281	66294	14212	62967	4165	368136
2006	579696	65723	15425	64213	4411	363814
2007	586516	67607	13540	65439	4568	368380
2008	610062	67969	13023	85944	5836	370156
2009	611313	69135	13247	85901	6458	368590
2010	599388	66621	11781	90431	5070	361339
2011	626371	74246	11848	95128	6034	372207
2012	633680	71218	12617	97324	7144	367184
2013	648832	74872	13001	103566	8485	367894
2014	688199	76157	12962	106517	8771	372909
2015	703950	80289	13247	113119	9058	375467

16-14 主要年份地方国有企事业单位各行业技术人员数

Number of Specialized Technical Personnel in local state-owned Enterprises and Institutions by Sector in Selected Years

单位：人 (person)

行业 Sector	2005	2010	2012	2014	2015
合 计 Total	**581281**	**599388**	**633680**	**688199**	**703950**
按行业分 By Sectors					
农、林、牧、渔业 Farming, Forestry, Animal Husbandy and Fishery	25496	22813	20406	21459	22558
采矿业 Mining and Quarrying	3233	3635	4051	3442	3240
制造业 Manufacturing	16425	13744	14083	12577	12627
电力、燃气及水的生产和供应业 Production and Supply of Electricity Gas and Water	4987	4175	4067	4323	5267
建筑业 Construction	10719	8766	12004	11792	12809
交通运输、仓储和邮政业 Transport, Storage and Post Services	12918	12670	13965	15847	18627
信息传输、计算机服务和软件业 Information Transmission, Computer Software and Services	1772	5261	6768	7867	7926
批发和零售业 Wholesale and Retail Trade	6301	5253	5156	5271	4804
住宿和餐饮业 Lodgings and Catering Services	829	703	823	1050	765
金融业 Finance	3690	6641	19342	22825	23748
房地产业 Real Estate	4100	3783	4974	6369	5963
租赁和商务服务业 Rent and Business Services	1936	2052	2538	2497	2955
科学研究、技术服务和地质勘查业 Scientific Reseach, Ploytechnic Services and Geological Prospecting	11919	11925	13770	14676	14618
水利、环境和公共设施管理业 Water Conservancy, Environment and Public Facilities Management	8304	7971	8325	9542	9983
居民服务和其他服务业 Resident Services and Others	3220	3674	4913	6193	3962
教育 Education	374351	370279	376404	385487	389241
卫生、社会保障和社会福利业 Health Care, Social Ensure and Walfare	63307	94348	111191	125982	133027
文化、体育和娱乐业 Culture, Sports and Entertainment	17116	14193	19448	17159	16601
公共管理和社会组织 Public Management and Social Organizations	10658	7520	13863	13841	15229
按三次产业分 By Three Strata of Industry					
第一产业 Primary Industry	25496	22813	20406	21459	22558
第二产业 Secondary Industry	35364	30320	34205	32134	33943
第三产业 Tertiary Industry	520421	546255	601480	634606	647449

注：本表中2012和2013年按行业及三次产业分的技术人员含劳务（人事）派遣人员。

Note:Specialized Technical Personnel in 2012 and 2013 including Labor Dispatching Personnel in this table.

16-15 主要年份专任教师数和在校学生数
Number of Full-time Teachers and Students in Selected Years

年份 Year	专任教师数（人） Full-time Teachers(person)				在校学生数（万人） Student Enrollment(10000 persons)				每万常住人口拥有大学在校学生数（人） University & College Student Enrollment per 10000 Population (person)
	普通高等学校 Regular Institutions Of Higher Educations	普通中等学校 Regular Institutions Of Secondary Educations	#普通中学 Regular Secondary Schools	普通小学 Primary Schools	普通高等学校 Regular Institutions Of Higher Educations	普通中等学校 Regular Institutions Of Secondary Educations	#普通中学 Regular Secondary Schools	普通小学 Primary Schools	
1952	611	5242	4159	31937	0.47	11.55	9.64	102.59	3.9
1957	1811	7929	6727	42442	0.75	18.69	16.78	137.61	5.4
1962	3484	14609	12328	61998	1.91	23.81	21.74	157.81	17.1
1965	3033	19170	14294	127368	1.52	35.34	27.54	290.11	17.5
1970	1783	18684	18683	85294	0.07	38.68	38.67	238.19	0.4
1975	3142	35782	34680	140353	1.03	80.49	79.34	398.32	6.9
1980	6106	61128	57124	141812	3.86	114.73	109.41	376.42	22.7
1985	8137	64848	55465	138673	4.41	121.39	109.92	372.40	27.8
1990	8926	84535	69000	148789	5.56	120.69	104.85	337.08	28.6
1995	8354	109879	90400	166191	7.17	185.82	155.25	379.96	38.7
1996	8373	117657	98558	170791	7.34	212.91	181.85	392.01	40.8
1997	8646	124842	105279	176591	7.81	240.46	207.36	404.91	42.9
1998	8279	131910	111986	180587	8.52	253.42	220.05	401.97	45.7
1999	8853	138044	117312	183601	10.26	264.11	228.14	386.85	50.4
2000	9779	140769	120667	183547	13.14	269.46	233.50	369.10	61.0
2001	10716	145152	125866	181816	16.74	275.04	238.30	354.62	74.7
2002	12701	149963	131263	181457	19.73	279.19	240.76	339.18	88.0
2003	16663	155858	135778	177248	25.74	291.62	247.19	311.98	110.8
2004	20980	159838	139549	170962	32.57	299.84	252.10	286.94	123.5
2005	24919	164888	144310	166465	40.70	302.74	250.17	273.27	148.8
2006	28724	169568	148055	163350	46.13	300.26	243.07	269.22	172.9
2007	31444	172288	150636	160911	50.95	291.76	233.71	258.29	186.6
2008	33637	172904	151271	160347	56.26	284.82	226.18	247.15	201.6
2009	35841	173887	151785	156779	60.63	276.25	213.43	239.76	203.9
2010	37733	172901	151469	156601	64.78	260.22	198.21	238.89	214.4
2011	39747	171636	150170	155337	67.48	260.61	186.68	246.09	220.2
2012	41119	170041	148687	153941	70.14	255.09	181.09	252.73	230.0
2013	42905	169245	148564	154490	73.05	235.84	176.47	259.84	241.8
2014	43902	169151	148856	158698	74.85	224.53	175.48	274.63	251.3
2015	44791	168453	148428	162496	75.85	221.09	175.97	288.31	250.8

16-16 各级各类非学历教育学生情况(2015年)

Basic Statistics on Students by Level and Type of Non-formal Education(2015)

单位：万人 (10000 persons)

项目	Item	毕(结)业生数 Graduates with Degrees or Diplomas	注册学生数 Registered Students
总计	**Total**	**98.74**	**85.96**
高等教育	**Higher Education**	**14.23**	**11.61**
研究生课程进修班	Postgraduate Courses for Advanced Study	0.02	
自考助学班	Classes for Self-learning Programs	0.12	0.55
普通预科生	Pre-students		0.09
进修及培训	In-service Training Courses	14.09	10.96
中等职业教育	**Vocational Secondary Education**	**16.65**	**11.16**
#资格证书培训	Training for Qualification Certificates	9.48	6.16
岗位证书培训	Training for Post Certificates	3.23	1.67
职业技术培训机构	**Vocational Training Institutes**	**67.86**	**63.20**
#资格证书培训	Training for Qualification Certificates	10.00	8.49
岗位证书培训	Training for Post Certificates	35.85	32.05

16-17 各级各类民办教育基本情况(2015年)

Basic Statistics on Private Schools by Level and Type of Schools(2015)

单位：人 (person)

项目	Item	学校数(所) Number of Schools(unit)	毕业生数 Number of Graduates	招生数 New Enrollment	在校学生数 Total Enrollment	教职工数 Teachers and Staff	#专任教师数 Full-time Teachers
民办高等教育	**Private Higher Education**	**36**	**52743**	**65375**	**218107**	**17035**	**11890**
民办高校	Private Institutions of Higher Education	29	32148	44199	133332	10511	6764
本科	Undergraduate Courses	8	17735	21605	70367	5509	3583
专科	Specialized Courses	21	14413	22594	62965	5002	3181
独立学院	Non-university Tertiary	7	20595	21176	84775	6524	5126
本科	Undergraduate Courses	7	20595	21176	84775	6524	5126
高中阶段教育	**Senior Secondary Education**	**116**	**32696**	**39587**	**101513**	**16988**	**12691**
高中	Private Regular Senior Secondary Schools	78	22079	25097	69267	15394	11635
中等职业学校	Private Vocational Secondary Education	38	10617	14490	32246	1594	1056
初中阶段教育	**Junior Secondary Education**	**64**	**46293**	**49593**	**69267**	**6623**	**4731**
初中	Private Regular Junior Secondary Schools	64	46293	49593	69267	6623	4731
民办普通小学	**Private Regular Primary Schools**	**94**	**17205**	**24191**	**130823**	**4738**	**3545**
民办幼儿园	**Private Kindergartens**	**5449**	**271406**	**334087**	**819266**	**89294**	**47750**

16-18 主要年份各类学校数

Number of Schools by Field of Study in Selected Years

单位：所 (unit)

年份 Year	普通高等学校 Regular Institutions Of Higher Educations	成人高等学校 Adult Institions of Higher Educations	中等职业教育 Secondary Vocational Education	普通中学 Regular Secondary Schools	#高中 Senior Secondary Schools	技工学校 Technical Schools	小学 Primary Schools	幼儿园 Kinder gartens
1952	5		51	178	67		9081	320
1957	4		41	213	101		12850	1144
1962	18	19	52	408	150		15550	1373
1965	10	2	67	429	152	4	34583	1916
1970	3		1	1301	199		25743	
1975	7	43	36	1089	767	1	33946	1902
1980	16	25	82	1148	821	28	28170	3608
1985	36	18	94	1180	451	35	26607	5210
1990	36	20	103	1362	415	43	19472	7958
1995	30	20	109	1771	404	54	15765	12748
1996	30	20	110	1834	397	85	15603	13315
1997	30	20	111	1880	409	135	15535	13033
1998	30	20	112	1902	427	138	14824	12612
1999	30	20	118	1893	440	110	14355	12522
2000	28	18	118	1921	477	119	13935	11885
2001	32	17	109	1988	523	101	13664	7398
2002	33	16	106	1998	559	93	12924	7329
2003	49	15	355	2006	592	93	12406	7064
2004	53	13	389	2022	614	98	11614	7200
2005	66	9	391	2030	627	93	10560	7541
2006	67	10	403	2020	636	95	9867	7550
2007	74	8	364	1984	616	96	9388	7567
2008	83	7	350	1963	610	91	8566	7508
2009	86	7	312	1936	606	94	7849	7137
2010	84	4	298	1903	575	95	6974	6179
2011	85	4	262	1830	559	71	5947	6813
2012	86	4	251	1783	543	71	5414	7183
2013	87	3	230	1782	544	69	5228	7419
2014	88	3	226	1781	542	66	5167	7591
2015	88	3	217	1780	540	62	5141	7748

16-19 主要年份各类学校专任教师数

Number of Full-time Teachers by Type of School in Selected Years

单位：人 (person)

年份 Year	普通高等学校 Regular Institutions Of Higher Educations	中等职业教育 Secondary Vocational Education	普通中学 Regular Secondary Schools	#高中 Senior Secondary Schools	技工学校 Technical Schools	小学 Primary Schools	幼儿园 Kinder gartens
1952	611	1083	4159	892		31937	641
1957	1811	1202	6727	1790		42442	2127
1962	3484	2030	12328	3039		61998	3200
1965	3033	1729	14294	3201	111	127368	4300
1970	1783		18683			85294	
1975	3142	1081	34680	9607		140353	3789
1980	6106	3017	57124	12555	800	141812	14026
1985	8137	4721	55465	13025	1300	138673	18586
1990	8926	5969	69000	13641	2100	148789	26907
1995	8354	6703	90400	13306	2300	166191	40640
1996	8373	6739	98558	13727	2100	170791	41409
1997	8646	6927	105279	14632	2100	176591	42446
1998	8279	7149	111986	16394	2100	180587	41771
1999	8853	7162	117312	19295	2800	183601	40033
2000	9779	6920	120667	23170	2800	183547	39409
2001	10716	6798	125866	27411	2500	181816	26647
2002	12701	6100	131263	31514	2500	181457	25790
2003	16663	17357	135778	35853	2700	177248	27238
2004	20980	17266	139549	40132	3000	170962	28846
2005	24919	17457	144310	45328	3100	166465	31228
2006	28724	18216	148055	49593	3268	163350	31845
2007	31444	18197	150636	52169	3455	160911	33381
2008	33637	18229	151271	52531	3812	160347	33774
2009	35841	18290	151785	52339	3879	156779	36750
2010	37733	18000	151469	52100	3439	156601	38900
2011	39747	17781	150170	52375	3685	155337	53216
2012	41119	17710	148687	52049	3644	153941	59163
2013	42905	17187	148403	51578	3655	154474	65226
2014	43902	17102	148856	50923	3193	158698	70405
2015	44791	17103	148428	50463	2922	162496	74840

16-20 主要年份各类学校在校学生数

Number of Students Enrollment by Type of School in Selected Years

单位：万人　　(10000 persons)

年份 Year	普通高等学校 Regular Institutions Of Higher Educations	成人高等学校 Adult Institions of Higher Educations	中等职业教育 Secondary Vocational Education	普通中学 Regular Secondary Schools	#高中 Senior Secondary Schools	技工学校 Technical Schools	小学 Primary Schools	幼儿园 Kinder Gartens
1952	0.47		1.91	9.64	1.46		102.59	2.26
1957	0.75		1.91	16.78	3.88		137.61	7.11
1962	1.91	0.82	1.56	21.74	4.79		157.81	9.94
1965	1.52	1.46	2.00	27.54	5.18	0.14	290.11	12.52
1970	0.07		0.01	38.67	2.23		238.19	12.47
1975	1.03	0.52	1.10	79.34	20.76	0.05	398.32	12.38
1980	3.86	1.78	3.84	109.41	20.58	1.27	376.42	41.88
1985	4.41	2.94	4.34	109.92	19.90	1.61	372.40	52.03
1990	5.56	2.58	5.89	104.85	15.47	2.83	337.08	74.32
1995	7.17	4.71	9.68	155.25	16.52	4.55	379.96	103.24
1996	7.34	5.32	10.59	181.85	18.16	4.43	392.01	102.63
1997	7.81	5.70	11.27	207.36	21.38	4.73	404.91	92.11
1998	8.52	5.96	11.83	220.05	25.37	4.69	401.97	83.78
1999	10.26	5.79	12.89	228.14	30.78	5.02	386.85	81.91
2000	13.14	6.37	12.90	233.50	37.24	4.57	369.10	78.64
2001	16.74	7.17	13.40	238.30	44.04	4.88	354.62	73.40
2002	19.73	8.59	13.09	240.76	50.78	5.59	339.18	66.71
2003	25.74	9.86	37.76	247.19	57.52	6.64	311.98	69.58
2004	32.57	6.96	40.08	252.10	65.98	7.66	286.94	74.82
2005	40.70	7.45	44.77	250.17	73.25	7.87	273.27	82.67
2006	46.13	10.12	48.67	243.07	78.04	8.52	269.22	87.11
2007	50.95	10.11	49.43	233.71	77.68	8.62	258.29	91.93
2008	56.26	10.39	49.83	226.18	74.88	8.94	247.15	99.27
2009	60.63	9.95	54.00	213.43	71.91	8.29	239.76	107.72
2010	64.78	9.90	53.60	198.21	70.64	8.40	238.89	116.63
2011	67.48	10.37	57.31	186.68	70.95	8.72	246.09	131.92
2012	70.14	11.86	58.30	181.09	69.05	6.95	252.73	139.98
2013	73.05	14.39	52.51	176.47	65.65	5.68	259.84	143.29
2014	74.85	16.08	43.76	175.48	62.91	5.29	274.63	145.63
2015	75.85	15.47	39.67	175.97	62.63	5.45	288.31	151.26

16-21 主要年份各类学校招生数

New Students Enrollment by Type of School in Selected Years

单位：万人 (10000 persons)

年份 Year	普通高等学校 Regular Institutions Of Higher Educations	成人高等学校 Adult Institions of Higher Educations	中等职业教育 Secondary Vocational Education	普通中学 Regular Secondary Schools	#高中 Senior Secondary Schools	技工学校 Technical Schools	小学 Primary Schools	幼儿园 Kinder gartens
1952	0.19		1.11	5.36	0.85		30.77	
1957	0.19		0.34	5.65	1.26		28.32	
1962	0.27		0.06	8.39	1.63		34.24	
1965	0.34		0.91	10.53	1.83	0.04	85.86	
1970	0.08		0.01	20.05	1.65		63.74	
1975	0.38		0.56	48.49	11.08	0.04	81.97	
1980	0.78		1.55	29.86	0.01	0.79	72.59	
1985	1.79		1.73	40.81	7.18	0.91	63.22	39.68
1990	1.72	0.77	1.91	40.17	5.69	1.16	56.74	50.12
1995	2.36	1.91	3.37	63.42	6.16	1.90	68.49	63.53
1996	2.47	1.97	3.57	69.85	7.05	1.84	71.45	61.89
1997	2.67	1.97	3.73	75.15	8.65	2.19	74.77	55.21
1998	2.91	2.04	3.93	77.16	10.18	1.95	63.50	49.71
1999	3.87	2.34	4.30	79.93	12.54	1.97	52.86	46.37
2000	5.06	2.56	3.48	81.81	15.18	2.12	49.34	43.67
2001	5.95	3.24	3.28	82.52	17.14	2.19	50.62	42.22
2002	6.89	3.54	4.23	82.49	19.35	2.60	47.52	36.86
2003	10.67	3.90	14.51	87.48	21.84	3.19	40.23	37.46
2004	11.99	3.73	15.46	87.10	25.57	3.36	36.49	40.09
2005	14.67	3.57	17.59	81.01	27.21	3.46	35.88	40.45
2006	15.17	3.62	19.45	79.78	27.41	3.60	41.24	42.36
2007	16.74	3.62	19.14	78.69	25.93	3.55	41.93	42.81
2008	18.91	3.55	18.94	73.84	24.25	3.58	39.91	44.78
2009	19.37	3.27	23.40	66.46	23.85	3.22	40.40	47.32
2010	20.25	3.60	20.15	62.62	24.31	3.30	42.60	52.91
2011	20.84	3.87	25.17	60.40	24.06	3.46	44.79	59.47
2012	21.35	4.71	24.08	60.05	21.87	2.79	46.75	60.94
2013	22.61	5.70	15.50	59.54	20.94	2.58	49.57	59.48
2014	21.91	6.07	14.09	58.04	20.86	2.13	52.95	59.86
2015	21.79	5.00	14.08	59.77	21.57	2.41	53.63	64.03

16-22 主要年份各类学校毕业生数

Number of Graduates by Type of School in Selected Years

单位：万人 (10000 persons)

年份 Year	普通高等学校 Regular Institutions of Higher Educations	成人高等学校 Adult Institions of Higher Educations	中等职业教育 Secondary Vocational Education	普通中学 Regular Secondary Schools	#高中 Senior Secondary Schools	技工学校 Technical Schools	小学 Primary Schools
1952	0.09		0.20	1.75	0.33		3.90
1957	0.08		0.37	3.85	0.97		9.05
1962	0.46		0.94	5.29	1.48		11.89
1965	0.43		0.38	5.38	1.24	0.01	15.34
1970	0.47			1.48	0.28		46.66
1975	0.21		0.34	22.20	7.75		44.03
1978	0.35		0.19	46.16	12.54		47.62
1979	0.08		0.61	51.52	17.90	0.05	43.29
1980	0.90		1.49	14.33	13.63	0.30	44.37
1981	1.56		1.64	40.40	16.30	0.47	47.29
1982	1.16		1.60	25.06	3.54	0.78	48.07
1983	0.73		1.35	27.15	7.84	0.72	50.82
1984	0.76		1.06	23.41	4.55	0.48	51.97
1985	0.79		1.01	24.65	4.48	0.60	55.43
1986	0.94		1.34	27.95	5.45	0.68	58.66
1987	1.44		1.77	28.70	6.47	0.81	59.11
1988	1.68		1.74	30.01	6.51	0.75	51.60
1989	1.73		1.69	28.59	6.22	0.80	49.52
1990	1.79	0.54	1.64	27.11	5.45	1.05	53.33
1991	1.80	0.87	1.93	25.16	4.57	1.11	51.52
1992	1.73	0.65	1.83	28.21	4.78	0.98	51.53
1993	1.65	0.65	1.89	32.90	5.37	1.07	51.05
1994	1.69	0.53	1.87	34.43	5.68	1.12	56.06
1995	2.04	0.85	2.25	38.43	5.57	1.49	62.56
1996	2.23	1.07	2.61	40.51	4.94	1.73	64.67
1997	2.14		3.02	47.25	4.95	1.70	67.57
1998	2.15		3.29	58.75	5.60	1.64	68.63
1999	2.07	1.67	3.21	64.24	6.40	1.55	69.59
2000	2.19	1.67	3.31	69.04	7.84	1.59	68.64
2001	2.84	1.58	2.60	69.65	9.37	1.41	67.44
2002	3.68	1.80	3.78	71.72	11.58	1.51	64.77
2003	4.78	2.33	11.12	73.33	13.95	1.68	66.97
2004	5.28	2.76	11.03	75.03	15.92	1.86	62.58
2005	6.48	2.83	11.00	75.94	18.26	2.56	54.71
2006	9.50	1.01	12.49	80.41	20.18	2.75	52.61
2007	11.41	3.24	12.37	79.88	23.40	2.51	53.51
2008	13.04	3.07	13.65	73.75	24.22	2.55	50.50
2009	14.28	3.11	14.97	72.69	24.90	2.62	43.90
2010	15.34	3.47	15.53	71.88	24.03	2.63	39.60
2011	17.37	3.23	16.20	68.98	22.63	2.38	37.20
2012	17.85	2.93	17.59	63.03	22.56	1.91	39.13
2013	18.72	3.45	15.08	60.32	23.18	3.13	39.85
2014	19.01	4.12	15.21	57.03	22.72	1.76	37.89
2015	19.47	4.30	13.84	57.13	20.81	1.69	38.84

16-23 主要年份平均每一专任教师负担学生数

Student-Teacher Ratio in Selected Years

单位：人 (person)

年份 Year	普通高等学校 Regular Institutions of Higher Education	成人高等学校 Adult Institions of Higher Educations	中等职业教育 Specialized Vocational Education	普通中学 Regular Secondary Schools	#高中 Senior Secondary Schools	技工学校 Technical Schools	小学 Primary Schools	幼儿园 Kinder Gartens
1952	7.76		17.62	23.19	16.42		32.12	35.29
1957	4.17		15.91	24.94	21.70		32.42	33.42
1962	5.49		7.67	17.64	15.77		25.45	31.32
1965	5.01		11.56	19.27	16.20	12.79	22.78	29.23
1970	0.41		89.00	20.70			27.93	
1975	3.29		10.22	22.88	21.61	23.81	28.38	32.67
1978	4.97		12.02	21.99	21.91	17.17	26.86	34.15
1980	6.31		11.70	19.15	16.39	15.27	26.54	29.86
1985	5.42		9.19	19.82	15.28	12.58	26.85	27.99
1990	6.23	29.21	9.86	14.83	11.34	13.67	22.65	27.62
1995	8.58	29.21	14.45	17.04	12.42	19.60	22.86	25.40
1996	8.77	38.76	15.71	18.45	13.23	20.64	23.00	24.80
1997	9.03	42.01	16.26	19.70	14.61	22.83	22.90	21.70
1998	10.28	45.97	16.55	19.65	15.47	17.30	22.26	20.06
1999	11.53	48.03	18.00	19.45	15.95	18.07	21.07	20.48
2000	13.40	44.98	18.70	19.35	16.05	16.32	20.11	19.96
2001	15.62	48.16	19.72	18.93	16.07	19.52	19.50	27.55
2002	15.78	47.80	21.44	18.34	16.12	22.16	18.69	25.86
2003	15.88	50.53	21.70	18.20	16.02	24.46	17.61	25.58
2004	15.36	46.95	22.68	18.07	16.44	25.69	16.78	25.98
2005	16.35	34.80	25.58	17.34	16.17	25.03	16.41	26.50
2006	16.07	35.94	26.74	16.41	15.73	26.07	16.48	27.39
2007	16.23	59.35	27.16	15.52	14.88	24.95	16.05	27.52
2008	16.74	103.90	27.38	14.95	14.26	23.45	15.42	29.37
2009	17.92	90.45	29.53	14.06	13.74	21.38	15.29	29.31
2010	17.18	162.89	29.77	13.08	13.56	24.44	15.25	29.98
2011	17.00	165.00	32.20	12.43	13.54	17.82	15.85	24.80
2012	17.07	197.00	32.84	12.18	13.28	14.37	16.42	23.65
2013	17.03	310.00	30.55	11.08	12.73	15.54	16.82	21.97
2014	17.05	369.58	25.58	11.79	12.35	16.56	17.30	20.68
2015	16.93	345.35	23.19	11.86	12.41	18.66	17.74	20.21

16-24 主要年份研究生数

Number of Postgraduates in Selected Years

单位：人 (person)

年份 Year	在校学生数 Stuent Enrollment	招生数 New Student Enrollment	毕业生数 Graduates	年份 Year	在校学生数 Stuent Enrollment	招生数 New Student Enrollment	毕业生数 Graduates
1978	90	90		2000	5134	2179	929
1980	261	70		2001	6828	2877	1119
1985	1064	564	324	2002	8862	3667	1452
1986	1246	460	226	2003	13266	5860	1871
1987	1520	557	268	2004	18273	7275	2820
1988	1490	499	504	2005	19500	7442	3222
1989	1350	364	462	2006	22798	8150	4560
1990	1198	366	497	2007	25580	8741	5725
1991	1122	403	425	2008	27062	27062	27062
1992	1268	445	275	2009	29012	29012	29012
1993	1372	512	394	2010	30933	30933	30933
1994	1967	806	374	2011	33896	33896	33896
1995	2248	739	434	2012	36035	36035	36035
1996	2445	933	694	2013	38190	38190	38190
1997	2773	1026	661	2014	39312	39312	39312
1998	3281	1218	701	2015	41338	13288	10969
1999	3907	1562	889				

16-25 职业技术培训机构基本情况（2015年）

Basic Statistics on Vocational/Technical Training Institutions(2015)

项目 Item	学校数（所） Number of Schools(unit)	注册学生数（人） Registered Students (person)	结业学生数（人） Graduates (person)	教职工数（人） Teachers and Staff (person)	#专任教师数 Full-time Teachers
总计 Total	**1752**	**632030**	**678584**	**8957**	**4187**
职工技术培训学校(机构) Vocational/Technical Training Schools	**59**	**120610**	**163399**	**1726**	**1519**
#教育部门和集体办 Run by Education Departments and Collectives	56	119038	161827	1696	1491
民办 Run by Private Institutions	2	436	436	7	5
农村成人文化技术培训学校(机构) Technical Training Schools for Adult Farmers	**1444**	**440570**	**450609**	**4226**	**745**
#教育部门和集体办 Run by Education Departments and Collectives	1442	439434	449473	4219	740
民办 Run by Private Institutions	2	1136	1136	7	5
其他培训机构(含社会培训机构) Others	**249**	**70850**	**64576**	**3005**	**1923**
#教育部门和集体办 Run by Education Departments and Collectives	20	27945	32752	520	385
民办 Run by Private Institutions	229	42905	31824	2485	1538

16-26 分科研究生数(2015年)

Number of Postgraduates by Field of Study(2015)

单位：人 (person)

项目	Item	在校学生数 Student Enrollment	招生数 New Student Enrollment	毕业生数 Graduates	博士生 Doctor			硕士生 Master		
					在校生数 Student Enrollment	招生数 New Student Enrollment	毕业生数 Graduates	在校生数 Student Enrollment	招生数 New Student Enrollment	毕业生数 Graduates
合计	**Total**	**41338**	**13288**	**10969**	**5479**	**1258**	**935**	**35859**	**12030**	**10034**
学术性学位	**Academic Degree**	**24599**	**7664**	**7168**	**5403**	**1243**	**931**	**19196**	**6421**	**6237**
哲学	Philosophy	251	62	85	86	12	16	165	50	69
经济学	Economics	1720	512	613	453	90	124	1267	422	489
法学	Law	1624	495	465	366	77	77	1258	418	388
教育学	Education	808	234	243	111	23	19	697	211	224
文学	Literature	1469	418	490	306	66	53	1163	352	437
历史学	History	417	118	112	135	25	21	282	93	91
理学	Science	6019	1973	1510	1553	433	267	4466	1540	1243
工学	Engineering	5765	1857	1683	1025	237	132	4740	1620	1551
农学	Agriculture	1295	402	354	382	76	43	913	326	311
医学	Medicine	2449	769	811	345	96	93	2014	673	718
管理学	Management	2302	675	657	584	96	77	1718	579	580
艺术学	Art	480	149	145	57	12	9	423	137	136
专业学位	**Professional Degree**	**16739**	**5624**	**3801**	**76**	**15**	**4**	**16663**	**5609**	**3797**
哲学	Philosophy									
经济学	Economics	740	269	127				740	269	127
法学	Law	817	312	243				817	312	243
教育学	Education	1473	679	443	76	15	4	1397	664	439
文学	Literature	548	210	155				548	210	155
历史学	History	45	17	13				45	17	13
理学	Science									
工学	Engineering	3285	1235	631				3285	1235	631
农学	Agriculture	487	254	208				487	254	208
医学	Medicine	2474	764	731				2174	764	731
管理学	Management	6438	1730	1147				6438	1730	1147
艺术学	Art	432	154	103				432	154	103

16-27 普通高等学校本科分科学生情况（2010-2015）

Basic Statistics of Students in Higher Educational Institutions by Field of Study(2010-2015)

单位：人 (person)

项目	Item	2010	2011	2012	2013	2014	2015
在校学生数	**Number of Student Enrollment**	**365516**	**396093**	**425131**	**457241**	**477753**	**491779**
哲学	Philosophy	258	232	181	321	542	516
经济学	Economics	31441	34282	37048	39830	40412	39163
法学	Law	17702	16797	15727	15585	15993	16423
教育学	Education	10675	11636	13063	13693	14279	15040
文学	Literature	63314	68218	73212	47549	46962	46540
历史学	History	1792	1812	1698	1638	1571	1726
理学	Science	36624	37091	38099	30821	30632	31260
工学	Engineering	106651	120593	131557	149730	158764	165067
农学	Agriculture	8117	8483	8960	9547	9235	9273
医学	Medicine	20207	21022	21760	23200	24823	25768
管理学	Management	68735	75927	83826	93282	98154	100154
艺术学	Art				32045	36386	40849
招生数	**Number of New Student Enrollment**	**103865**	**113370**	**120965**	**130506**	**127557**	**128633**
哲学	Philosophy	41	42	32	205	222	194
经济学	Economics	8733	10125	9881	10734	9727	9918
法学	Law	4653	3876	4204	4259	4268	4078
教育学	Education	2917	3276	3882	4089	3962	4266
文学	Literature	18262	19562	20871	12275	11535	11474
历史学	History	444	499	401	356	340	382
理学	Science	9447	9825	10199	7765	7838	7910
工学	Engineering	32077	36520	38890	43987	43946	44798
农学	Agriculture	2751	2575	2554	2755	2612	2655
医学	Medicine	4593	5044	5581	6068	6311	5682
管理学	Management	19947	22026	24470	27203	26026	26263
艺术学	Art				10810	10770	11013
毕业生数	**Number of Graduates**	**71708**	**79432**	**88638**	**94450**	**102431**	**109789**
哲学	Philosophy	50	68	81	63	46	39
经济学	Economics	6905	7398	7389	8181	9268	10395
法学	Law	3373	4200	5039	4289	3809	3604
教育学	Education	2205	2262	2433	2876	3158	3345
文学	Literature	12786	13850	15404	11218	11770	11937
历史学	History	425	458	451	417	419	497
理学	Science	8207	8393	8894	7187	7268	7765
工学	Engineering	18885	21749	26037	30156	32283	35760
农学	Agriculture	1530	1675	1785	2095	2393	2414
医学	Medicine	3614	4061	4581	4353	4619	4654
管理学	Management	13728	15318	16544	18321	21325	22561
艺术学	Art				5294	6073	6818

注：2013年以前，文学中含艺术学。

Note:Before 2013, Literature contains Art.

16-28 普通高等学校专科分科学生数(2014-2015年)

Basic Statistics of Students in Higher Educational Institutions by Field of Study(2014-2015)

单位：人 (person)

项目	Item	在校学生数 Total Enrollment		招生数 New Enrollment		毕业生数 Graduates	
		2014	2015	2014	2015	2014	2015
合计	**Total**	**270727**	**266673**	**91564**	**89279**	**87713**	**84863**
农林牧渔大类	Agriculture, Forestry, Animal Husbandry and Fishery	3405	3181	1001	1108	1087	1267
交通运输大类	Transport	9771	10517	3345	4174	2982	2791
生化与药品大类	Biology,Chemistry and Medica	5222	4736	1736	1557	1954	1704
资源开发与测绘大类	Energy Exploitation and Mapping	721	781	211	337	167	243
材料与能源大类	Material and Energy	2182	2078	689	767	786	831
土建大类	Construction	37918	39407	14677	12037	9321	9595
水利大类	Water Conservancy	1283	1375	457	520	242	415
制造大类	Manufacturing	19984	20563	6902	7371	6750	6201
电子信息大类	Electronic Information	32359	29188	9380	9686	13452	11287
环保、气象与安全大类	Environment,Weather and Safety	1121	1197	414	389	371	294
轻纺食品大类	Light Industry, Textile, and Food	6000	6751	2207	2481	2411	1850
财经大类	Finance	70428	64981	21693	20199	23929	23623
医药卫生大类	Medicine and Health	26714	28740	9766	10089	6850	7815
旅游大类	Touring	9360	8865	3269	2818	2718	2786
公共事业大类	Public Management and Services	2914	2822	938	954	1034	926
文化教育大类	Culture and Education	26737	26760	9372	9850	9678	9199
艺术设计传媒大类	Arts and Medias	14461	14634	5477	4906	3749	3962
法律大类	laws	147	97	30	36	232	74

16-29 主要年份成人高等学校分科学生情况

Basic Statistics of Students in Adult Higher Educational Institutions by Field of Study in Selected Years

单位：人 (person)

项目	Item	2000	2005	2010	2014	2015
招生数	**Number of New Student Enrollment**	**25629**	**35695**	**36025**	**23545**	**19092**
经济学	Economics	7577	3284	1904	537	506
法　学	Law	2232	1618	798	514	334
教育学	Education	1876	3626	5063	3158	2236
文　学	Literature	5090	5952	2226	850	476
历史学	History	384	209	36	13	16
理　学	Science	1962	3052	352	125	122
工　学	Engineering	4733	6381	9142	6588	6845
农　学	Agriculture	359	429	338	393	454
医　学	Medicine	1416	2811	1545	5215	2958
管理学	Manage		8333	11621	5981	5043
艺术学	Art				171	102
在校学生数	**Number of Student Enrollment**	**63663**	**74472**	**99038**	**60573**	**59981**
经济学	Economics	19437	6464	5821	1499	1462
法　学	Law	5802	3897	2352	1377	1115
教育学	Education	3991	7151	11746	7303	6727
文　学	Literature	11496	13501	7489	2716	2004
历史学	History	774	556	116	53	48
理　学	Science	3636	6404	1012	423	494
工　学	Engineering	13469	14255	24131	16947	18720
农　学	Agriculture	1054	725	1190	1008	1223
医　学	Medicine	4004	5722	13041	12697	11983
管理学	Manage		15797	32140	15955	15756
艺术学	Art				595	449
毕业生数	**Number of Graduates**	**16742**	**28262**	**34699**	**15856**	**16827**
经济学	Economics	6231	2765	2854	455	446
法　学	Law	2149	2018	1120	542	555
教育学	Education	681	3266	4537	2852	1505
文　学	Literature	3368	5432	4309	978	656
历史学	History	245	307	75	8	11
理　学	Science	520	2970	1178	65	141
工　学	Engineering	2526	4812	6323	3646	4812
农　学	Agriculture	235	357	508	175	245
医　学	Medicine	787	1618	4025	2946	3307
管理学	Manage		4717	9770	3933	4940
艺术学	Art				256	209

注：1.由于学科分类变化，2014、2015年数据只含本科生。2.2000、2005、2010年文学中含艺术学。

Note:1.Due to the subject classification change, the data of 2014 and 2015 contained only an undergraduate. 2.Literature of 2000、2005 and 2010 contains Art.

16-30 成人高等学校专科分科学生数(2014-2015年)

Basic Statistics of Students in Adult Higher Educational Institutions by Field of Study(2014-2015)

单位：人 (person)

项目	Item	在校学生数 Total Enrollment		招生数 New Enrollment		毕业生数 Graduates	
		2014	2015	2014	2015	2014	2015
合计	**Total**	**100195**	**94736**	**37192**	**30893**	**25390**	**26201**
#农林牧渔大类	Agriculture, Forestry, Animal Husbandry and Fishery	3946	5152	3401	1582	142	369
交通运输大类	Transport	1433	1259	386	610	586	701
生化与药品大类	Biology,Chemistry and Medica	574	608	325	172	134	109
资源开发与测绘大类	Energy Exploitation and Mapping	202	163	82	74	100	105
材料与能源大类	Material and Energy	511	436	113	120	86	230
土建大类	Construction	14497	14335	5195	4449	2882	3752
水利大类	Water Conservancy	87	75	34	43	27	48
制造大类	Manufacturing	7661	7416	2557	2325	2215	2287
电子信息大类	Electronic Information	3876	4183	1221	1439	1099	938
环保、气象与安全大类	Environment,Weather and Safety	14	14	10	3		3
轻纺食品大类	Light Industry, Textile, and Food	523	538	189	135	469	192
财经大类	Finance	27788	27312	11221	9007	8701	8387
医药卫生大类	Medicine and Health	14413	15982	5172	5548	2711	3645
旅游大类	Touring	1267	1030	448	262	86	439
公共事业大类	Public Management and Services	2950	2220	1149	796	696	970
文化教育大类	Culture and Education	18995	12484	5143	3675	5228	3551
艺术设计传媒大类	Arts and Medias	1437	1490	529	633	196	475
法律大类	laws	15	31	11	20	32	

16-31 中等职业教育分科学生数(2015年)

Students in Secondary Vocational Schools by Field of Study (2015)

单位：人 (person)

项目	Item	毕业生数 Graduates	招生数 New Enrollment	#招初中毕业生数 Junior Secondary School Graduates	在校学生数 Total Enrollment
合计	**Total**	**138364**	**140767**	**104922**	**396655**
农林牧渔类	Agriculture, Forestry, Animal Husbandry and Fishery	29058	13505	2829	69398
资源环境类	Resources and Environment	52	23	23	89
能源与新能源类	Energy and New Energy	103	192	190	574
土木水利类	Civil and Hydraulic Engineering	8350	8896	7295	27842
加工制造类	Manufacturing	10238	10944	8782	28087
石油化工类	Petroleum and Chemical	562	618	289	1438
轻纺食品类	Light Industry, Textile, and Food	2798	2407	1226	6818
交通运输类	Transport	9250	15855	11565	35755
信息技术类	Information Technologies	17815	20875	16732	52480
医药卫生类	Medicine and Health	9166	8597	8253	23897
休闲保健类	Leisure and Health	1400	2212	1981	5649
财经商贸类	Finance and Trade	18016	22501	18744	58531
旅游服务类	Tourism Services	6912	8585	6810	21611
文化艺术类	Culture and Arts	8509	9087	7171	24547
体育与健身	Sports and Fitness	849	1030	937	2513
教育类	Education	11072	11350	10439	30260
司法服务类	Justice Services	191	195	61	386
公共管理与服务类	Public Management and Services	2125	1935	564	3248
其他	Others	1898	1960	1031	3532

16-32 主要年份技工学校数、学生数和专任教师数

Number of Technical Schools,Students,Full-time Teachers in Selected Years

年份 Year	学校数（所） Schools (unit)	招生数（人） New Enrollment (person)	在校学生数（人） Total Enrollment (person)	毕业生数（人） Graduates (person)	专任教师数（人） Number of Full-time Teachers (person)
1985	35	9100	16100	6000	1300
1990	43	11600	28300	10500	2100
1995	54	19000	45500	14900	2300
1996	85	18400	44300	17300	2100
1997	135	21900	47300	17000	2100
1998	138	19500	46900	16400	2100
1999	110	19700	50200	15500	2800
2000	119	21180	45672	15939	2463
2001	101	21938	48832	14074	2506
2002	93	26000	55864	15140	2521
2003	93	31872	66439	16826	2716
2004	98	33568	76606	18621	2982
2005	93	34589	78691	25625	3144
2006	95	36003	85199	27466	3268
2007	96	35452	86221	25123	3404
2008	91	35811	89429	25518	3812
2009	94	32190	82922	26220	5227
2010	95	32965	84040	26263	4752
2011	71	34606	87225	23763	4896
2012	71	27855	69457	19142	4834
2013	69	21102	56811	55546	3655
2014	66	26913	76678	27602	3193
2015	62	24130	54524	16948	2922

注：2013年起毕业生数含非全日制教育。

Note:Since 2013,The graduates exclude full-time education.

16-33 学龄儿童入学率和各级普通学校毕业生升学率(1990-2015年)

Net Enrollment Ratio of Primary Schools and Promotion Rate of Various Schools(1990-2015)

单位：%　　(%)

年份 Years	学龄儿童入学率 Graduation Rate of Primary School	小学升学率 Graduation Rate of Junior high school	初中升学率 Enrollment Rate of Pre-primary	年份 Years	学龄儿童入学率 Graduation Rate of Primary School	小学升学率 Graduation Rate of Junior high school	初中升学率 Enrollment Rate of Pre-primary
1990	99.10	64.96	49.71	2003	99.65	98.03	65.60
1991	99.32	70.64	58.58	2004	99.72	98.34	69.42
1992	99.47	76.24	58.20	2005	99.79	98.34	77.66
1993	99.63	83.77	59.99	2006	99.84	99.57	77.80
1994	99.68	82.63	57.40	2007	99.93	98.59	87.80
1995	99.70	91.89	57.29	2008	99.97	98.20	94.14
1996	99.75	97.51	55.32	2009	99.97	97.05	98.86
1997	99.80	97.80	53.80	2010	100.00	96.70	92.90
1998	99.84	97.80	47.60	2011	99.98	97.69	84.08
1999	99.83	97.02	49.88	2012	99.99	97.60	89.57
2000	99.86	97.27	49.97	2013	99.90	96.89	84.42
2001	100.08	97.05	40.60	2014	99.99	98.10	92.79
2002	99.40	97.68	58.70	2015	100.00	98.36	88.28

主要统计指标解释

科技活动 指在自然科学、农业科学、医药科学、工程与技术科学、人文与社会科学领域(简称科学技术领域)中，与科技知识的产生、发展、传播和应用密切相关的有组织的活动。可分为研究与试验发展(R&D)、研究与试验发展成果应用及相关的科技服务三类活动。该定义是联合国教科文组织考虑成员国特别是发展中国家开展科技统计工作的需要，而对科技活动所作的统计界定。

科技活动人员 指直接从事科技活动、以及专门从事科技活动管理和为科技活动提供直接服务，累计的实际工作时间占全年制度工作时间 10%及以上的人员。(1)直接从事科技活动的人员包括: 在独立核算的科学研究与技术开发机构、高等学校、各类企业及其他事业单位内设的研究室、实验室、技术开发中心及中试车间(基地)等机构中从事科技活动的研究人员、工程技术人员、技术工人及其它人员; 虽不在上述机构工作，但编入科技活动项目(课题)组的人员; 科技信息与文献机构中的专业技术人员; 从事论文设计的研究生等。(2)专门从事科技活动管理和为科技活动提供直接服务的人员，包括: 独立核算的科学研究与技术开发机构、科技信息与文献机构、高等学校、各类企业及其他事业单位主管科技工作的负责人，专门从事科技活动的计划、行政、人事、财务、物资供应、设备维护、图书资料管理等工作的各类人员，但不包括保卫、医疗保健人员、司机、食堂人员、茶炉工、水暖工、清洁工等为科技活动提供间接服务的人员。该指标用来反映投入科技活动人力的规模。

研究与试验发展(R&D) 指在科学技术领域，为增加知识总量、以及运用这些知识去创造新的应用进行的系统的创造性的活动，包括基础研究、应用研究、试验发展三类活动。国际上通常采用 R&D 活动的规模和强度指标反映一国的科技实力和核心竞争力。

基础研究 指为了获得关于现象和可观察事实的基本原理的新知识(揭示客观事物的本质、运动规律，获得新发现、新学说)而进行的实验性或理论性研究，它不以任何专门或特定的应用或使用为目的。其成果以科学论文和科学著作为主要形式。用来反映知识的原始创新能力。

应用研究 指为获得新知识而进行的创造性研究，主要针对某一特定的目的或目标。应用研究是为了确定基础研究成果可能的用途，或是为达到预定的目标探索应采取的新方法(原理性)或新途径。其成果形式以科学论文、专著、原理性模型或发明专利为主。用来反映对基础研究成果应用途径的探索。

试验发展 指利用从基础研究、应用研究和实际经验所获得的现有知识，为产生新的产品、材料和装置，建立新的工艺、系统和服务，以及对已产生和建立的上述各项作实质性的改进而进行的系统性工作。其成果形式主要是专利、专有技术、具有新产品基本特征的产品原型或具有新装置基本特征的原始样机等。在社会科学领域，试验发展是指把通过基础研究、应用研究获得的知识转变成可以实施的计划(包括为进行检验和评估实施示范项目)的过程。人文科学领域没有对应的试验发展活动。主要反映将科研成果转化为技术和产品的能力，是科技推动经济社会发展的物化成果。

研究与试验发展人员 指参与研究与试验发展项目研究、管理和辅助工作的人员， 包括项目(课题)组人员， 企业科技行政管理人员和直接为项目(课题)活动提供服务的辅助人员。反映投入从事拥有自主知识产权的研究开发活动的人力规模。

研究与试验发展人员全时当量 指全时人员数加非全时人员按工作量折算为全时人员数的总和。例如: 有两个全时人员和三个非全时人员(工作时间分别为 20%、30% 和 70%)，则全时当量为 2+0.2+0.3+0.7=3.2 人年。为国际上比较科技人力投入而制定的可比指标。

专业技术人员 指从事专业技术工作和专业技术管理工作的人员，即企事业单位中已经聘任专业技术职务从事专业技术工作和专业技术管理工作的人员，以及未聘任专业技术职务，现在专业技术岗位上工作的人员。包括工程技术人员，农业技术人员，科学研究人员，卫生技术人员，教学人×100%员，经济人员，会计人员，统计人员，翻译人员，图书资料、档案、文博人员，新闻出版人员，律师、公证人员，广播电视播音人员，工艺美术人员，体育人员，艺术人员及企业政治思想工作人员，共十七个专业技术职务类别。用来反映科技人力资源情况。

专利 是专利权的简称，是对发明人的发明创造经审查合格后，由专利局依据专利法授予发明人和设计人对该项发明创造享有的专有权。包括发明、实用新型和外观设计。反映拥有自主知识产权的科技和设计成果情况。

发明　指对产品、方法或者其改进所提出的新的技术方案。是国际通行的反映拥有自主知识产权技术的核心指标。

实用新型　指对产品的形状、构造或者其结合所提出的适于实用的新的技术方案。反映具有一定技术含量的技术成果情况。

外观设计　指对产品的形状、图案、色彩或者其结合所作出的富有美感并适于工业上应用的新设计。反映拥有自主知识产权的外观设计成果情况。

普通高等学校　指按照国家规定的设置标准和审批程序批准举办的，通过全国普通高等学校统一招生考试，招收高中毕业生为主要培养对象，实施高等教育的全日制大学、独立设置的学院和高等专科学校、高等职业学校和其他机构。大学、独立设置的学院主要实施本科层次以上教育，高等专科学校、高等职业学校实施专科层次教育，其他机构是承担国家普通招生计划任务不计校数的机构。包括普通高等学校分校和批准筹建的普通高等学校等。

成人高等学校　指按照国家规定的设置标准和审批程序批准举办的，通过全国成人高等学校统一招生考试，招收具有高中毕业或同等学历的在职从业人员为主要培养对象，利用函授、业余、脱产等多种形式对其实施高等学历教育的学校。包括职工高等学校、农民高等学校、管理干部学院、教育学院、独立函授学院、广播电视大学、其他机构等。其他机构是承担国家成人招生计划任务不计校数的机构。

小学学龄儿童入学率　指调查范围内已入小学学习的学龄儿童占校内外学龄儿童总数(包括弱智儿童，不包括盲聋哑儿童)的比重。计算公式为:

小学学龄儿童入学率=已入小学学习的学龄儿童数/校内外学龄儿童总数×100%

Explanatory Notes on Main Statistical Indicators

Scientific and Technological Activities (S&T Activities) refer to organized activities which are closely related with the creation, development, dissemination and application of the scientific and technical knowledge in the fields of natural sciences, agricultural science, medical science, engineering and technological science, humanities and social sciences (referred to as scientific and technological fields). S&T activities can be classified into 3 categories: research and development (R&D) activities, application of R&D results, and related S&T services. This statistical definition is made by UNICHIEF for scientific and technological activities to meet the need of carrying out statistical work in this field for its member countries in particular those developing countries.

Personnel Engaged in S&T Activities refer to personnel directly engaged in S&T activities, in the management of S&T activities, and in providing direct service to S&T activities, who sp end over 10% of the total working hours in a year in S&T activities. (1) Personnel directly engaged in S&T activities include researchers, engineers, technicians and other related personnel engaged in S&T activities in independent-accounting R&D institutions, institutions of higher learning, and in research institutes, laboratories, technology development centers and central experiment workshops under enterprises and institutions. Also included are people working in S&T research project teams, professional and technical personnel working in S&T information archiving institutes, and graduate students working on the design of their thesis. (2) Personnel engaged in the management of S&T activities and in providing direct service to S&T activities include senior management people responsible for S&T activities in independent -accounting R&D institutions, S&T information archiving institutes, institutions of higher learning, and in enterprises and institutions where S&T activities are undertaken. Also included are people responsible for the planning, administration, personnel management, financial management, logistics supply, equipment maintenance, information and library management that are related with S&T activities. People providing indirect services are excluded, such as security, medical service, drivers, plumbers, cleaners and those providing catering and related service. This indicator reflects the size of personnel engaged in S&T activities.

Research and Development (R&D) refers to systematic and creative activities in the field of science and technology aiming at increasing the knowledge and using the knowledge for new application. R&D includes 3 categories of activities: basic research, applied research and experiments and development. The scale and intensity of R&D are widely used internationally to reflect the strength of S&T and the core competitiveness of a country in the world.

Basic Research refers to empirical or theoretical research aiming at obtaining new knowledge on the fundament al principles of phenomena of observable facts to reveal the nature and law of movement of objects and to acquire new discoveries or new theories. Basic research takes no specific or designated application as the aim of the research. Results of basic research are mainly released or disseminated in the form of scientific papers or monographs. This indicator reflects the original innovation capacity for original knowledge.

Applied research refers to creative research aiming at obtaining new knowledge on a specific objective or target. Purpose of the applied research is to identify the possible use of results from basic research, or to explore new (fundamental) methods or new approaches. Results of applied research are expressed in the form of scientific papers , monographs, fundamental models or invention patents. This indicator reflects the exploration of ways to apply the results of basic research.

Experiments and Development refer to systematic activities aiming at using the knowledge from basic and applied researches or from practical experience to develop new products, materials and equipment, to establish new production process, systems and services, or to make substantial improvement on the existing products, process or services. Results of experiment and development activities are embodied in patents, exclusive technology, and monotype of new products or equipment. In social sciences, experiment and development activities refer to the process of converting the knowledge from basic or applied researches in to feasible programs (including conduct of demonstration projects for assessment and evaluation). There are no experiment and development activities in the science of humanities. This indicator reflects the capability of transferring the results of S&T into technique and products, which is the materialized measurement of S&T pushing forward the economic and social development.

R&D Personnel refer to persons engaged in research, management and supporting activities of R&D, including persons in the project teams, persons engaged in the management of S&T activities of enterprises and sup porting staff providing direct service to the research projects. This indicator reflects the size of personnel engaged in R&D activities with independent intellectual property.

Full-time Equivalent of R&D Personnel refers to the sum of the full-time persons and the full-time equivalent of part time persons converted by workload. For instance, if there are 2full-time persons and 3 part time workers (20%, 30% and 70%of working hours respectively on R&D activities), the full-time equivalent is 2+0.2+0.3+0.7=3.2 person-years. This is an internationally comp arable indicator of input of personnel in S&T activities.

Professional and Technical Personnel refer to persons engaged in professional and technical work or in the management of professional and technical activities, i.e., people with professional or technical posit ions who are engaged in professional and technical work or in the management of professional and technical activities, and people without professional or technical positions but are working on professional or technical posts. They include professionals and technicians working in 17 categories of technical occupations including engineering, agriculture, scientific researches, medical service, teaching, economic research and application, accounting, statistics, translation, libraries, archives, cultural and museum service, journalism and publication, lawyers, notarization service, radio and television broadcasting, handicraft and fine arts, sports, performing art, and political workers in enterprises. This indicator reflects the condition of human resources in S&T.

Patent is an abbreviation for the patent right and refers to the exclusive right of ownership by the inventors or designers for the creation or inventions, given from the patent offices after due process of assessment and approval in accordance wit h the Patent Law. Patents are grant ed for inventions, utility model sand designs. This indicator reflects the achievements of S&T and design with in dependent intellectual property.

Inventions refer to the new technical proposals to the products or methods or their modifications. This is universal core Indicator reflecting the technologies with independent intellectual property.

Utility Models refer to t he practical and new technical proposals on the shape and structure of the product or the combination of both. This indicator reflects the condition of technological results with certain technical content.

Designs refer to the aesthetics and industrially applicable new designs for the shape, pattern and color of the product, or their combinations. This indicator reflects the appearance design achievements with independent intellectual property.

Regular Institutions of Higher Learning refer to educational establishments set up according to the government evaluation and approval procedures, enrolling graduates from senior secondary schools and providing higher education courses and training for senior professionals. They include full-time universities, colleges, high professional schools, high professional vocational schools and others.Universities and colleges are mainly providing undergraduate courses; those high professional schools and high professional vocational schools are mainly providing professional trainings; and others refer to educational establishments, which hare responsible for enrolling students but not covered in the total number of schools, including: branch schools of universities and colleges, and universities and colleges that have been proved and prepared to construct.

Institutions of Higher Learning for Adults refer to educational establishments, set up in line with relevant rules approved by the government, enrolling staff and workers wit h senior secondary school or equivalent education, and providing higher education courses in many forms of correspondence, spare time, or full time for adults. Professionals thus trained receive a qualification equivalent to graduates studying regular courses at regular universities, colleges and professional colleges. Institutions of higher learning for adults include schools of high education for staff and workers, schools of high education for peasants, colleges for management cadres, pedagogical colleges, independent correspondence colleges, Radio and TV universities and other educational establishments. Other educational establishments are responsible for enrolling adult students but not covered in the number of schools.

Enrollment Rate of Primary School Age Children refers to the proportion of school age children enrolled at schools to the total number of school age children both in and outside schools (including retarded children, but excluding blind, deaf and mute children). The formula is:

Enrollment Rate of Primary School-age Children = (Total Primary School-age Children at Schools/Total Primary School-age Children Both at and Outside Schools) × 100%

第十七篇　文化和体育

Chapter 17　Culture and Sports

资料整理：廖捷

Database Editor:Liaojie

简要说明

本篇资料的主要内容及来源

本篇主要反映全省文化和体育事业发展情况。文化部分主要包括艺术、图书馆、群众文化、文物、广播、电视、新闻出版等文化事业的机构、人员及业务活动情况。体育部分包括群众体育和竞技体育，主要内容有竞技体育情况、运动员、教练员和裁判员人数等。

上述资料分别由省文化厅、省新闻出版广电局、省体育局等部门提供，是根据有关部门制定的统计报表制度进行统计、汇总整理而成的。

本篇资料由省统计局社会和科技统计处整理提供。

Brief Introduction

Main Content and Source of Data

Data in this chapter show the development of culture, sports and public health. Data on culture cover mainly the situations on institutions, personnel and business activities of arts, libraries, mass culture, cultural relics, broadcasting, films, televisions, news and publication etc. Data on Sports cover mass sports (sports for all) and athletics sports, including mainly the number of staff and workers in sports departments, number of athletes, coaches and referees etc.Data on Public health include mainly the number of institutions, personnel, hospital beds, number of patients treated and inpatients.

The above mentioned data are provide By the Provincial Department of Culture , Provincial Administration of Broadcasting, film and Television， Provincial Press and Publication House，the Provincial Commission of Sports, Department of Public Health. Data are collected and tabulated in accordance with the statistical reporting schemes stipulated by the departments concerned.

Data in this chapter are provided and compiled by the Division of Social, Science and Technology Statistics of Fujian Provincial Bureau of Statistics.

17-1 主要年份文化事业情况

Statistics on Culture in Selected Years

年份 Year	国有艺术表演团体(个) Art Performance Troupes(unit)	公共图书馆(座) Public Libraries(unit)	博物馆(座) Museums(unit)	图书出版总印数(万份) Number of Books Published (10000 copies)	期刊出版总印数(万份) Number of Magazines Published (10000 copies)	报纸出版总印数(万份) Number of Newspapers Published (10000 copies)	广播综合人口覆盖率(%) Listener Rating (%)	电视综合人口覆盖率(%) Viewer Rating (%)
1952	62	2		127	109	1916		
1957	113	10	1	1041	63	3559		
1962	119	10	9	1846	96	4221		
1965	115	12	13	3956				
1970	66	10	6					
1975	77	14	10					
1978	101	23	13	6818	388	14784	1.00	
1980	107	26	15	8246	960	14913	40.00	60.00
1985	104	65	24	15603	3375	35847	55.00	65.00
1986	101	68	25	12465	3450	39596	63.00	76.00
1987	98	70	34	17101	4177	44858	63.00	80.00
1988	97	71	42	17047	3429	44135	63.00	80.00
1989	92	73	51	15859	2765	36961	63.00	80.00
1990	91	74	58	16312	3157	41455	67.00	82.00
1991	89	74	61	17667	3688	44176	71.00	84.00
1992	89	75	64	19399	4258	45021	73.00	87.00
1993	90	75	63	17044	4350	45845	76.00	88.00
1994	91	75	62	19745	4004	49208	84.00	89.00
1995	91	78	64	18448	4239	51526	86.00	90.00
1996	91	79	70	21348	3891	53608	90.00	91.00
1997	92	78	76	23282	3974	55027	91.00	94.00
1998	94	80	76	21596	3899	59543	93.00	95.00
1999	93	82	77	21875	3990	64195	95.00	97.00
2000	96	81	81	20298	4463	68897	95.81	97.14
2001	93	82	80	17891	4470	73185	95.97	97.47
2002	94	82	80	19953	4089	79061	96.12	97.62
2003	94	82	79	15595	3937	79809	96.44	97.82
2004	94	83	79	13907	3450	89681	96.45	97.83
2005	91	84	82	10643	2841	87962	96.96	98.10
2006	92	85	84	9840	2902	97246	96.99	98.13
2007	92	85	85	8463	2870	99836	97.05	98.25
2008	90	85	89	7793	2935	103791	97.37	98.34
2009	90	85	93	7689	2828	82900	97.64	98.41
2010	93	86	94	7749	2940	99982	97.80	98.45
2011	93	86	96	8294	3677	111850	98.00	98.54
2012	74	87	94	9078	3660	118783	98.04	98.58
2013	77	88	98	8870	4920	120576	98.20	98.63
2014	72	88	98	8619	4426	111945	98.31	98.70
2015	70	90	98	8800	3970	106072	98.68	98.94

17-2 主要年份各类文化事业机构数

Number of Cultural Institutions in Selected Years

单位：个　　(unit)

年份 Year	艺术事业 Art Institutions		公共图书馆 Public Libraries	博物馆 Museums	群众文化事业 Mass Culture	
	国有艺术表演团体 Art Performance Troups	表演场馆 Art Centers			艺术（文化）馆 Art(Cultural) Centers	文化站 Cultural Stations
1952	62	32	2		72	152
1957	113	74	10	1	69	149
1962	119	48	10	9	80	47
1965	115	52	12	13	81	40
1970	66	31	10	6	56	34
1975	77	31	14	10	74	37
1978	101		23	13	82	35
1980	107	26	26	15	85	55
1985	104	55	65	24	88	134
1986	101	64	68	25	88	140
1987	98	67	70	34	88	143
1988	97	71	71	42	88	144
1989	92	71	73	51	89	145
1990	91	75	74	58	90	145
1991	89	75	74	61	90	128
1992	89	77	75	64	90	143
1993	90	77	75	63	90	126
1994	91	78	75	62	90	115
1995	91	78	78	64	90	159
1996	91	79	79	70	90	146
1997	92	78	78	76	90	149
1998	94	79	80	76	90	142
1999	93	79	82	77	90	143
2000	96	80	81	81	90	995
2001	93	83	82	80	90	1042
2002	94	78	82	80	90	1042
2003	94	76	82	79	88	1066
2004	94	74	83	79	88	1001
2005	91	76	84	82	90	1026
2006	92	69	85	84	90	1018
2007	92	67	85	85	91	1050
2008	90	68	85	89	92	1090
2009	90	53	85	93	94	1093
2010	93	51	86	94	95	1095
2011	93	49	86	96	95	1104
2012	74	53	87	94	95	1104
2013	77	49	88	98	98	1139
2014	72	57	88	98	97	1118
2015	70	56	90	98	97	1125

17-3 群众文化（艺术）馆站业务活动及经费情况(2015年)

Basic Statistics on Activities and Expenditures of Mass Art Centers and Cultural(2015)

项目	Item	总计 Total	群众文化（艺术）馆 Mass Cultural(Art) Centers	文化站 Cultural Stations
单位数（个）	Number of Units(unit)	1222	97	1125
从业人员（人）	Persons Employed(person)	3761	940	2821
举办展览（个）	Number of Exhibitions(unit)	3682	1015	2667
组织文艺活动（次）	Art Performances and Story-telling Sessions(time)	15940	3941	11999
藏书（千册）	Collections (1000 volume)	5577.4	148.6	5428.8
举办训练班（次）	Training Courses(time)	14366	6796	7570
培训人次（千人次）	Number of Persons Completing Courses(1000 person-times)	780	394	387
组织公益性讲座次数（次）	Number of Organization Public Lectures(time)	639	639	
本年收入总额（千元）	Total Income(1000 yuan)(1000 yuan)	405724	231763	173961
本年支出合计（千元）	Total Expenditures(1000 yuan)	399424	221974	177450

17-4 文化部门国有艺术表演团体按剧种分演出情况(2015年)

Basic Statistics on Performance of Art Troupes in Culture(2015)

项目	Item	剧团数（个） Number of Institutions (unit)	从业人员（人） Number of Employed Persons (person)	本年新排上演剧目（个） Plays Showed this Year (unit)	演出场次（千场） Total Number of Performance (1000 shows)	演出观众人数（千人次） Number of Audience (1000 person-times)	艺术表演团体演出收入（千元） Total Income (1000 yuan)
国有艺术表演团体	**State-owned Art Performance Group**	**70**	**3472**	**114**	**10.36**	**7140**	**80076**
话剧、儿童剧、滑稽剧种	Drama, Children's play and Comedy Troupes	1	68	8	0.20	100	1194
歌舞、音乐类	Class of Song, Dance and Music	13	944	25	1.91	1075	40980
杂技、魔术、马戏类	Class of Acrobatics, Magic and Circus	1	84	2	0.19	301	2006
京剧、昆曲类	Class of Beijing Opera and Kunqu Opera	1	115	1	0.12	104	465
京剧	Beijing Opera	1	115	1	0.12	104	465
地方戏曲类	Local Opera	43	1910	71	6.03	4845	30880
曲艺类	Folk Art	7	264	6	1.61	546	2785
综合性艺术表演团体	Comprehensive Performing Arts Groups	4	87	1	0.30	169	1766

17-5 图书、博物馆情况(2010-2015年)

Basic Statistics on Libraries and Museums(2010-2015)

项目 Item	2010	2011	2012	2013	2014	2015
图书馆 Libraries						
公共图书馆图书总藏量（千册） Total Collections of Public Library(1000 volumes)	16817	16758	20796	24667	26602	28211
#图书藏量（千册） Total Collections of Books(1000 volumes)	13174	13255	15578	18398	20645	22076
报刊藏量（千册） Total Collections of Newspapers(1000 volumes)	2030	1948	2304	2351	2171	2341
视听文献、缩微制品藏量（千册） Total Collections of Public Library(1000 volumes)	475	455	639	601	639	696
电子图书（千册） Electronic Books(1000 volumes)		3668	8144	15061	16605	18543
组织各类讲座次数（次） All kinds of Sessions for reader(time)	832	1371	1669	2265	2364	2891
各类讲座参加人次（千人次） Number of Visitors(1000 person-times)	236	243	275	301	323	287
举办展览次数（次） Number of Exhibitions(time)	395	478	503	638	751	712
参观展览人次（千人次） Number of Exhibitions Persons (1000 person-times)	1049	1715	1883	1795	1357	1420
举办培训班次数（次） Training Courses(time)	352	337	578	674	740	1083
参加培训班人次（千人次） Number of Persons Completing Courses (1000 person-times)	45	53	78	51	41	58
总流通人次（千人次） Total Number of Circulation(1000 person-times)	11930	13146	15262	18092	20519	23963
图书购置费（千元） Purchase Expenses for Books(1000 yuan)	26313	29362	33569	38043	45208	52063
博物馆 Museums						
文物藏品（件） Collection of Cultural Relics(piece)	382327	435897	455526	482562	483880	514057
#一级品 Grade one	962	1029	1027	1038	1060	1081
二级品 Grade two	2193	2750	2764	2833	2912	3043
三级品 Grade three	84961	84970	86980	93643	94310	97883
参观人次（千人次） Number of Visitors(1000 person-times)	16002	16120	18430	21250	23082	24121
#文物机构青少年参观人次 Number of Visitors	4114	5420	6306	6932	8132	8451

17-6 图书出版情况(1978-2015年)

Basic Statistics of Book Published(1978-2015)

年份 Year	图书种数(种) Number of Publications (kind)	本版图书种数 Book Publications of Original Edition	#新出 New Publications	总印数(万册、万张) Total Printed Copies (10000 copies)	#租型 Copies for Rent	总印张(千印张) Total Pointed Sheets (1000 sheets)	#租型 Copies for Rent	定价总金额(万元) Total Priced Value (10000 yuan)
1978	347	180	150	6818	3709	258719	160714	
1979	335	157	152	7316	4557	293006	174064	
1980	448	224	197	8246	5459	318718	230922	
1981	606	405	358	12113	5716	448673	220433	3377
1982	620	430	376	9988	5324	335147	196042	2747
1983	903	694	520	11757	5084	374473	182416	3293
1984	979	782	588	11870	4523	424764	168286	4107
1985	1219	976	783	15603	5339	609847	183552	8495
1986	1341	1119	874	12465	5132	443306	192474	6572
1987	1454	1207	823	17101	5431	609655	203602	9702
1988	1434	1183	716	17047	5233	614164	202373	13970
1989	1734	1449	1035	15859	5164	579815	195930	16998
1990	1799	1518	1034	16312	5370	588903	198660	18774
1991	1956	1709	1096	17667	5367	687789	212078	26176
1992	2200	1939	1089	19399	6229	747055	255252	28563
1993	2237	1988	1404	17044	5820	692582	269185	33137
1994	2658	2379	1548	19745	6316	786552	306980	52794
1995	2346	2041	1285	18448	6554	799268	350580	60411
1996	2765	2456	1457	21348	7316	923246	392633	87917
1997	2713	2403	1400	23282	7740	1012534	444673	94820
1998	2864	2545	1551	21596	8188	1004826	475610	105493
1999	3250	2956	1688	21875	7942	1021736	458774	107293
2000	2879	2637	1518	20298	7062	969527	444525	99604
2001	2395	2140	1464	17891	7470	933277	475153	83157
2002	3011	2692	2127	19953	7752	1079027	511177	106245
2003	2950	2591	1881	15595	7236	935650	496601	96910
2004	3049	2641	1771	13907	6306	1123920	726166	91232
2005	2943	2623	1693	10643	5066	691813	394674	74571
2006	3002	2692	1793	9840	4458	687082	346972	71235
2007	2966	2678	2009	8463	3902	622153	285318	68507
2008	3471	3259	2265	7793	2501	491166	152947	76128
2009	3422	3246	2052	7689	2197	561484	147631	83165
2010	3574	3415	2320	7749	2169	585841	146601	86650
2011	3774	3568	2401	8294	2621	591332	182355	94065
2012	3629	3417	2329	9078	3078	683578	217612	106475
2013	3547	3320	2283	8870	3208	699137	233615	109569
2014	3653	3456	2442	8619	3099	660192	226916	108127
2015	3579	3395	2318	8800	3197	700447	234302	116504

17-7 图书出版分类情况(2015年)

Composition of Books Published(2015)

项目 Item	图书种数(种) Publications of Original Edition (kind)	#本版图书新出 New Publications	总印数(万册、万张) Printed Copies (10000 copies)	#本版图书新出 New Publications	总印张(千印张) Printed sheets (1000 sheets)	本版图书新出 New Publications
总　计 Total	**3395**	**2318**	**8800**	**2715**	**700447**	**242988**
#使用"中国标准书号"合计 Publications with "China International Standard Book Number"	**3395**	**2318**	**8800**	**2715**	**700447**	**242988**
马列主义、毛泽东思想 Marxism-Leninism,Mao Zedong Thought	3	2	1		86	30
哲学 Philosophy	59	52	28	19	4252	3186
社会科学总论 General Social Sciences	28	24	11	9	1425	913
政治、法律 Politics and Law	121	98	48	32	7892	5836
军事 Military Affairs	2	1	10		2339	32
经济 Economics	167	136	50	40	8997	6717
文化、科学、教育、体育 Culture, Science, Education and Sports	1665	897	7760	2022	584885	160656
语言、文字 Languages	75	48	25	17	3495	2316
文学 Literature	514	422	458	266	44702	31476
艺术 Arts	174	162	44	40	4459	4165
历史、地理 History and Geography	198	175	107	73	11604	9433
自然科学总论 General Natural Sciences	6	6	2	2	277	277
数理科学、化学 Mathematics and Chemistry	13	6	4	2	686	364
天文学、地球科学 Astronomy and Geology	16	14	9	9	570	560
生物科学 Biology	12	11	5	3	548	314
医学、卫生 Medicine and Health Care	108	81	147	125	12371	10137
农业科学 Agricultural Science	51	43	23	17	2521	1833
工业技术 Industrial Technology	150	108	60	35	8324	3979
交通运输 Transportation	4	4	1	1	184	184
环境科学 Environmental Science	10	10	2	2	158	158
综合性图书 General Books	18	18	2	2	423	423

17-8 主要年份书刊报纸出版情况

Books, Magazines and Newspapers Published in Selected Years

年份 Year	出版社（个） Publishing Houses (unit)	出版种数（种） Number of Publications(kinds)			总印数（万份） Printed Copies(10000 copies)		
		图书 Books	期刊 Magazines	报纸 Newspaper	图书 Books	期刊 Magazines	报纸 Newspaper
1978	1	347	8	4	6818	388	14784
1980	4	448	28	6	8246	960	14913
1985	9	1219	114	32	15603	3375	35847
1986	9	1341	119	31	12465	3450	39596
1987	9	1454	124	38	17101	4177	44858
1988	10	1434	126	31	17047	3429	44135
1989	10	1734	128	31	15859	2765	36961
1990	10	1799	123	31	16312	3157	41455
1991	10	1956	126	32	17667	3688	44176
1992	10	2200	134	35	19399	4258	45021
1993	10	2237	139	41	17044	4350	45845
1994	11	2658	150	43	19745	4004	49208
1995	11	2346	159	47	18448	4239	51526
1996	11	2765	159	47	21348	3891	53608
1997	11	2713	157	48	23282	3974	55027
1998	11	2864	159	48	21596	3899	59543
1999	11	3250	134	49	21875	3990	64195
2000	11	2879	187	61	20298	4463	68897
2001	11	2395	189	64	17891	4470	73185
2002	11	3011	186	66	19953	4089	79061
2003	11	2950	186	66	15595	3937	79809
2004	11	3049	176	58	13907	3450	89681
2005	11	2943	174	58	10643	2841	87962
2006	11	3002	174	59	9840	2902	97246
2007	11	2966	176	59	8463	2870	99836
2008	12	3471	174	59	7793	2935	103791
2009	12	3422	175	59	7689	2828	82900
2010	12	3574	175	59	7749	2940	99982
2011	12	3774	177	60	8294	3677	111850
2012	12	3629	176	46	9078	3660	118783
2013	11	3547	176	42	8870	4920	120576
2014	11	3653	176	42	8619	4426	111945
2015	11	3579	176	45	8800	3970	106072

注：2012年起报纸出版种类及印数不含校报。
Note:Since 2012,Newspaper exclude school-paper.

17-9 音像电子出版物出版情况(2010-2015年)

Publication of Video Products and E-journals(2010-2015)

项目	Item	2010		2012		2013		2014		2015	
		种数（种）Type (kinds)	数量（万张）Volume (10000 sheets)	种数（种）Type (kinds)	数量（万张）Volume (10000 sheets)	种数（种）Type (kinds)	数量（万张）Volume (10000 sheets)	种数（种）Type (kinds)	数量（万张）Volume (10000 sheets)	种数（种）Type (kinds)	数量（万张）Volume (10000 sheets)
出版	**Publication**										
录音制品	Audio Products	86	70.22	26	14.97	72	11.31	54	18.81	31	6.79
录像制品	Video Products	414	321.01	109	88.60	45	43.50	35	29.65	28	16.72
电子出版物	E-journals	52	10.31	63	19.06	95	16.26	32	8.05	39	24.58
复制	**Reproduction**										
磁带制品	Tape Products		30.00		29.00		29.50		14.83		8.33
光盘制品	CD Products		4951.31		4418.87		3534.82		1803.53		1082.88

17-10 广播电视事业发展情况(2010-2015)

Statistics on Broadcasting and Television(2010-2015)

项目	Item	2010	2011	2012	2013	2014	2015
广播电台数量（座）	Number of Radio and TV(unit)						
广播电台	Radio	10	10	10	8	6	6
电视台	TV	10	10	11	8	6	7
广播电视台	Radio and TV	65	66	61	65	65	65
节目套数（套）	Number of Radio Programs(sets)						
广播	Radio	88	89	89	89	90	90
电视	TV	38	41	41	41	41	41
全年播出节目时间（万小时）	Length of Public Radio Programs Broadcasted(10000 hours)						
广播	Radio	50.58	50.98	51.37	51.93	51.65	52.41
电视	TV	33.40	26.06	33.31	34.06	34.92	36.49
全年节目制作时间（万小时）	Length of Radio Programs Produced (10000 hours)						
广播	Radio	25.09	26.06	25.97	25.23	25.63	25.37
电视	TV	5.54	6.13	6.08	6.62	6.78	7.40
人口覆盖率（%）	Coverage Rate of the Population(%)						
广播	Radio	97.80	98.00	98.04	98.20	98.31	98.68
电视	TV	98.45	98.54	98.58	98.63	98.70	98.94
有线广播电视用户（万户）	Users of Cable Radio and TV(10000 households)(10000 household)	613.16	652.13	659.67	691.53	724.03	730.68
#数字电视用户	Users of Digital TV	289.45	333.93	383.95	489.12	594.66	689.18
付费数字电视用户	Paying Users	18.90	43.50	55.95	173.07	123.85	306.81
#双向电视用户	Both-way Users		6.67	12.89	14.21	22.42	53.51
广播电视网络互联网用户数（万户）	Indicator(10000 household)			10.73	32.16	30.62	33.60
有线电视入户率（%）	Coverage Rate of the Population(%)	61.40	64.55	64.61	66.92	69.26	69.07
广播电视总收入（亿元）	Income of Radio and TV(100 million yuan)	45.83	56.21	65.92	89.18	91.36	99.34
实际创收收入（亿元）	Realized Income(100 million yuan)	38.38	46.49	45.26	60.78	63.75	71.96
#广告收入	Advertising Income	16.23	20.25	20.87	21.39	22.25	19.85
#广播广告收入	Radio	1.85	2.48	3.00	3.21	3.61	4.05
电视广告收入	TV	13.36	15.73	15.63	15.76	16.33	13.66
网络收入	Network Income	16.13	16.55	14.62	20.88	23.36	26.11
广播电视节目销售收入	Sales Revenue		3.00	3.78	3.38	1.99	3.65

17-11 广播电视制作播出情况(2010-2015年)
Statisticts on Wireless Broadcasting and Television(2010-2015)

项目 Item	2010	2011	2012	2013	2014	2015
广播 Broadcasting						
本年广播节目制作（小时） Produced Programs of Broadcasting the Current Year(hours)	250854	260845	259744	252275	256277	253719
#新闻资讯类 News and Messages	50761	54983	51048	58729	63278	52818
专题服务类 Special Servics	57467	61889	62928	67694	68040	66807
综艺益智类 General arts	79608	78234	76603	69517	68624	76749
广告类 Adierticsement	16489	20864	23117	20023	16499	17001
平均每日播音时间（小时） Average Broadcasting Time per-day(hours)	1385	1397	1403	1423	1415	1436
#播出自制节目 Homemade Program	879	853	868	853	851	855
购买交换节目 Purchased Exchange Program	34	59	63	90	87	86
电视 Television						
有线电视总用户数（万户） Users of Cable TV(10000 household)	613.16	652.13	659.67	691.53	724.03	730.68
#数字电视用户数（万户） Users of Digital TV(10000 household)	289.45	333.93	383.95	489.12	594.66	689.18
本年电视节目制作（小时） Programs of Television the Current Year(hours)	55424	61271	60812	66181	67805	73986
#新闻资讯类 News and Messages	20553	22778	22678	25189	23388	25814
专题服务类 Special Servics	13377	16930	18886	18162	19478	18265
综艺益智类 General arts	4713	5264	6421	4839	5300	5519
影视剧类 Films and Plays	1052	1125	628	2437	809	495
广告类 Adierticsement	5776	8975	5878	8885	5475	5914
本年制作电视剧（集） Produced Television Plays the Current Year(volumes)	287	189	326	245	186	108
平均每周播出时间（小时） Average Television Time Per-week(hours)	6406	6522	6371	6549	6714	6997
全年电视剧播出数（集） Number of Television Plays the Current Year(volumes)	105903	111185	107902	102883	101173	108101

17-12 主要年份各设区市有线电视用户数

Number of Users of Cable Television by City in Selected Years

单位：万户 (10000 households)

地区	Area	2000	2005	2010	2012	2013	2014	2015
全 省	**Total**	**280.00**	**422.98**	**613.16**	**659.67**	**691.53**	**724.03**	**730.68**
福州市	Fuzhou	67.82	111.75	163.91	173.69	181.82	184.59	187.66
厦门市	Xiamen	25.19	37.28	64.60	72.77	77.35	81.03	80.83
莆田市	Putian	19.85	25.34	36.70	34.09	36.67	39.82	45.82
三明市	Sanming	19.98	31.20	39.69	42.06	46.86	47.49	49.93
泉州市	Quanzhou	41.64	68.07	97.47	105.87	118.19	129.15	126.48
漳州市	Zhangzhou	19.57	37.86	73.04	78.08	79.97	86.40	81.80
南平市	Nanping	35.31	44.69	55.58	67.81	66.77	67.79	64.85
龙岩市	Longyan	24.35	29.04	33.20	33.63	37.00	40.25	41.33
宁德市	Ningde	26.29	37.75	48.97	46.12	46.90	47.51	51.98

17-13 主要年份各设区市电视节目综合人口覆盖率

Television Coverage of Population by City in Selected Years

单位：% (%)

地区	Area	2000	2005	2010	2012	2013	2014	2015
全 省	**Total**	**97.14**	**98.10**	**98.45**	**98.58**	**98.63**	**98.70**	**98.94**
福州市	Fuzhou	97.65	98.28	98.59	99.04	99.12	99.08	99.17
厦门市	Xiamen	97.05	99.59	98.68	100.00	100.00	100.00	100.00
莆田市	Putian	97.35	98.09	98.30	98.30	98.31	98.38	98.59
三明市	Sanming	98.28	98.59	99.08	99.12	99.14	99.15	99.17
泉州市	Quanzhou	97.60	98.15	98.18	98.16	98.19	98.39	98.39
漳州市	Zhangzhou	97.30	98.11	99.02	99.07	99.10	99.12	99.15
南平市	Nanping	96.07	97.44	98.13	98.45	98.56	98.58	98.64
龙岩市	Longyan	96.00	98.48	98.92	98.02	98.14	98.18	98.57
宁德市	Ningde	95.95	96.93	97.34	97.41	97.60	97.61	99.30

17-14 当年在聘专职教练员和技术等级运动员人数(2010-2015年)

Full-time Coaches and Technological Athletes by Grade(2010-2015)

单位：人 (person)

项目	Item	2010	2011	2012	2013	2014	2015
专职教练员	**Full-time Coaches**	**959**	**995**	**1001**	**1098**	**1142**	**1179**
一线	First Grade	180	196	157	188	207	205
二线	Second Grade	99	106	75	127	152	158
三线	Third Grade	680	693	769	783	783	816
等级运动员	**Number of Athletes in Grades**	**1443**	**1314**	**1564**	**1463**	**1282**	**1469**
国际级运动健将	International Master of Sports			6	3	15	7
国家级运动健将	National Master of Sports	1	44	52		62	66
一级运动员	First Grade Sportsman	278	313	335	201	320	405
二级运动员	Second Grade Sportsman	1164	957	1171	1259	885	991

17-15 主要年份竞技体育比赛奖牌情况

Medals of Athletic Games in Selected Years

单位：枚

项目	Item	2000	2005	2010	2012	2013	2014	2015
世界比赛	**International Games**	**8**	**25**	**37**	**21**	**9**	**22**	**18**
金牌	Gold Medals	6	15	15	13	7	12	12
银牌	Silver Medals	1	8	12	5	2	5	4
铜牌	Bronze Medals	1	2	10	3		5	2
亚洲比赛	**Asia Games**	**20**	**19**	**40**	**26**	**14**	**40**	**25**
金牌	Gold Medals	10	8	22	13	4	18	15
银牌	Silver Medals	6	8	7	6	5	17	5
铜牌	Bronze Medals	4	3	11	7	5	5	5
全国比赛	**National Games**	**191**	**134**	**111**	**7**	**127**	**117**	**108**
金牌	Gold Medals	67	46	48	2	41	32	40
银牌	Silver Medals	59	51	32	2	34	37	34
铜牌	Bronze Medals	65	37	31	3	34	48	34

主要统计指标解释

文化事业机构　指从事专业文化工作和为专业文化工作服务的独立建制的单位。不包括这些单位另外举办独立核算的其他机构和各部门的业余文化组织。该指标主要反映文化事业机构发展规模水平。

艺术表演团体　指从事戏曲、音乐、舞蹈、杂技等专业艺术表演，有独立帐户的单位，不包括半工半艺、半农半艺和民间职业剧团。该指标主要反映专业艺术表演团体发展规模水平。

艺术表演观众人数（人次）　指售票、包场演出或民族地区免费演出的艺术表演观众人次数，不包括彩排审查和内部观摩演出的观看人次数。该指标主要反映观看专业艺术表演团体演出的效益规模。

等级运动员人数　指经考核正式批准授予等级运动员称号的人数。运动员等级分为国际级运动健将、运动健将、一级运动员、二级运动员、三级运动员、少年级运动员。该指标主要反映运动员队伍的技术质量水平。

等级裁判员人数　指经考核正式批准授予等级裁判员称号的人数。裁判员等级分为国际裁判、国家级裁判、一级裁判、二级裁判、三级裁判。该指标主要反映裁判员队伍的技术质量水平。

Explanatory Notes on Main Statistical Indicators

Cultural Institutions refer to units, which have their own organizational system and independent accounting system and specialize in or serve cultural development. They exclude other establishments run by these cultural institutions and amateur cultural groups established by various departments. This indicator reflects the development of cultural units.

Art Troupe refers to t he troupe which is engaged in drama, opera, music, dance, acrobatics or other art performance, opens independent accounts with banks and has self-supporting accounting system; excluding the troupes which are engaged partly in industrial or agricultural activities, partly in art performance and the professional troupes organized by the people. This indicator reflects the development of national professional art troupes.

Number of Spectators at Art Performance refers to the number of attendants at commercial shows, completely booked shows or free shows given in minority national areas, and does not include the number of spectators at rehearsals for examination and internal shows for study. This indicator reflects beneficial results of.

Number of Athletes in Grades refers to the number of athletes who have been given titles through examination. The titles of athletes include international masters of sports, masters of sports, first-grade, second- grade and third-grade sportsmen and young athletes. This indicator reflects skill of the athletes.

Number of Referees in Grades refers to the number of referees who have been given titles after examination. They are classified as international referees, national referees and referees of the first, second and third grades. This indicator reflects the skill of referees.

第十八篇　卫生事业

Chapter 18　Health

资料整理：廖捷

Database Editor:Liaojie

简 要 说 明

本篇资料的主要内容及来源

本篇主要反映全省卫生事业发展情况。主要内容为卫生机构、人员、床位数，医院诊疗人次及入院人数。

上述资料由省卫生和计划生育委员会提供，是根据有关部门制定的统计报表制度进行统计、汇总整理而成的。

本篇资料由省统计局社会和科技统计处整理提供。

Brief Introduction

Main Content and Source of Data

Data in this chapter show the development of culture, sports and public health. Data on culture cover mainly the situations on institutions, personnel and business activities of arts, libraries, mass culture, cultural relics, broadcasting, films, televisions, news and publication etc. Data on Sports cover mass sports (sports for all) and athletics sports, including mainly the number of staff and workers in sports departments, number of athletes, coaches and referees, number of stadiums and gymnasiums etc.Data on Public health include mainly the number of institutions, personnel, hospital beds, number of patients treated and inpatients.

The above mentioned data are provide By the Provincial Department of Public Health. Data are collected and tabulated in accordance with the statistical reporting schemes stipulated by the departments concerned.

Data in this chapter are provided and compiled by the Division of Social, Science and Technology Statistics of Fujian Provincial Bureau of Statistics.

18-1 主要年份卫生机构和人员情况

Statistics of Health Institutions and Personnels in Select year

项目 Item	卫生机构数（个） Number of Health Institutions (unit)	#医院、卫生院 Hospitals	卫生机构床位数（张） Number of Beds in Health Institution (set)	#医院、卫生院 Hospitals	卫生机构技术人员数（人） Medical Technical Personnel (person)	#医生 Doctors	每千人口拥有 Per 10 000 Persons 卫生机构床位数（张） Number of Beds (set)	每千人口拥有 Per 10 000 Persons 医生数（人） Doctors (persons)
1952	633	113	6933	5902	17281	11416	0.5	0.9
1957	2068	132	10898	9902	26076	15022	0.7	1.0
1962	7434	211	27058	16958	40560	18001	1.7	1.1
1965	6757	420	28246	21818	42692	20437	1.6	1.2
1970	4297	922	31520	25322	34876	15795	1.6	0.8
1975	3403	1070	44905	38746	47059	20404	1.9	0.9
1980	4191	1130	53001	46772	58764	21033	2.1	0.8
1985	4816	1154	58414	52041	74204	26992	2.1	1.0
1990	4885	1198	68073	60664	86772	35696	2.2	1.2
1995	4537	1257	73644	65919	92811	39130	2.3	1.2
1996	4543	1298	83684	75676	93614	40253	2.6	1.2
1997	10059	1306	88710	80935	94993	40775	2.7	1.2
1998	10159	1315	89280	81759	97361	41924	2.7	1.3
1999	10154	1313	90091	82259	97548	31652	2.7	1.0
2000	9807	1323	90091	82389	97569	41461	2.6	1.2
2001	9765	1331	89769	82125	99440	42414	2.6	1.2
2002	8740	1318	84599	80463	95059	40253	2.5	1.2
2003	8525	1323	86634	79503	96902	41252	2.5	1.2
2004	8672	1315	87836	80523	100502	43586	2.5	1.2
2005	7932	1318	88239	81268	100937	44309	2.5	1.2
2006	9652	1307	91533	84289	106586	46051	2.6	1.3
2007	9230	1307	89366	82603	111192	46628	2.5	1.3
2008	7773	1302	98482	90811	119250	50659	2.7	1.4
2009	6984	1288	104222	95980	127446	51959	2.8	1.4
2010	6999	1325	112334	103933	140133	55402	3.0	1.5
2011	7285	1355	123784	114824	155729	59225	3.3	1.6
2012	7584	1399	139172	129194	172532	63449	3.7	1.7
2013	7672	1421	156149	144132	189187	67087	4.1	1.8
2014	27913	1437	164781	152529	206545	75372	4.3	1.9
2015	27921	1450	173199	158211	213162	78173	4.5	2.0

注：1.2002年及以后卫生机构数为登记注册数，医生系执业(助理)医师数。2.每千人口拥有床位数和每千人口拥有医生数，2005年以前以户籍人口为分母计算，2005年起以常住人口为分母计算。3.2014年及以后数据含村卫生室。

Note:a)Number of health institutions are the number of registeration since 2002, doctors also refer to the certified (assistant) doctors. b)Before 2005, Number of Beds and Doctors per 1000 Persons was Calculated by the Registered Population.Since 2005,Number of Beds and Doctors per 1000 Persons was Calculated by the Population of Permanent Residents.c)The data includes village Health Institutions in 2014.

18-2 各类卫生机构数

Number of Health Institutions

单位：个　　(unit)

项目 Item	2000	2005	2010	2011	2012	2013	2014	2015
合　计 Total	**9807**	**7932**	**6999**	**7285**	**7584**	**7672**	**27913**	**27921**
医院 Hospitals	**333**	**365**	**457**	**482**	**519**	**541**	**557**	**570**
基层医疗卫生机构 Grassroots Health Institutions	**9059**	**7220**	**6174**	**6427**	**6682**	**6743**	**25877**	**25875**
社区卫生服务中心(站) Health service centers in Communities		392	499	510	532	533	531	528
卫生院 Rural Township Hospitals	990	953	868	873	880	880	880	880
门诊部 Clinics	87	303	432	475	462	482	492	512
诊所、卫生所、医务室 Clinigues,Health Clinic,Infirmaries	7982	5572	4375	4569	4808	4848	4849	4945
村卫生室 Village Clinics							19125	19010
专业公共卫生机构 Professional Public Health Institutions	**218**	**276**	**296**	**302**	**307**	**311**	**1405**	**1402**
疾病预防控制中心 Sanitation and Antiepidemic Stations	101	93	94	95	96	96	96	96
专科疾病防治院 Specialized Prevention & Treatment Centers	73	34	25	25	25	25	24	23
健康教育所 Health Education Centers	33	7	1	1	1	1	1	
妇幼保健院、所、站 Maternity and Child Care Centers	11	89	87	87	87	88	87	87
急救中心 First-aid Centers		10	7	8	7	7	7	7
采供血机构 Blood Collected and Supplied Centers		10	9	9	9	9	9	9
卫生监督所 Sanitation Supervision Centers		33	73	77	82	85	86	86
计划生育技术服务机构 Family Planning Technical Service Institution							1095	1094
其他卫生机构 Other Health Institutions	**197**	**71**	**72**	**74**	**76**	**76**	**74**	**74**
疗养院 Sanatorium	12	16	11	12	12	12	11	11
医学科学研究机构 Research Institutions of Medical Science	13	9	8	7	7	8	8	8
医学在职培训机构 Sanitation Supervision and Inspection Centers	36	26	25	25	25	23	23	23
其他 Other Institutions	136	20	28	30	32	33	32	

注：2013年前各类卫生机构数不含村卫生室。

Note:Before 2013,The Data of Health Institutions exclude Village Clinics.

18-3 各类卫生机构床位数

Number of Beds in Health Institutions

单位：张 (set)

项目 Item	2000	2005	2010	2011	2012	2013	2014	2015
合　计 Total	**90091**	**88239**	**112334**	**123784**	**139172**	**156149**	**164781**	**173199**
#医院 Hospitals	58505	58694	80938	89794	102205	114849	122843	129609
疗养院 Sanatorium		2497	1769	1985	2373	2433	2374	2527
社区卫生服务中心(站) Health service centers in Communities		516	2426	2359	2581	2928	3045	3201
卫生院 Rural Township Hospitals	23884	22574	22995	25030	26989	29283	29686	30402
门诊部 Clinics	485	116	77	58	38	8	10	39
妇幼保健院、所、站 Maternity and Child Care Centers		2107	3383	3567	3978	5197	5338	5709
专科疾病防治院 Specialized Prevention & Treatment Centers		1628	706	960	1008	1420	1454	1681

18-4 各类卫生技术人员数

Number of Medical Technical Personnel by Category

单位：人 (person)

项目 Item	2000	2005	2010	2011	2012	2013	2014	2015
合　计 Total	**97569**	**100937**	**140133**	**155729**	**172532**	**189187**	**206545**	**213162**
#执业医师 Chartered Doctors	31966	36668	48789	52703	56415	59320	64444	66162
执业助理医师 Assistant Chartered Doctors	9495	7641	6613	6522	7034	7767	10928	12011
注册护士 Certified Nurses	31430	34195	53820	62464	70859	78548	85673	90503
药剂人员 Pharmacists	9212	9128	10027	10774	11770	13202	13798	13865
检验人员 Laboratory Technicians	3764	4620	7582	8205	9057	9792	7446	7720

注：2014年起各类卫生技术人员数含村卫生室卫生技术人员。

Note:The data includes village Health Institutions Since 2014.

18-5 各类卫生机构情况(2015年)

Statistics of Health Institutions by Category(2015)

项目 Item	卫生机构（个） Number of Health Institutions (unit)	医疗床位（张） Hospital Beds (set)	卫生技术人员（人） Medical Technical Personnel (person)	#医生 Doctors	#注册护士 Certified Nurses
合　计 Total	**27921**	**173199**	**213162**	**78173**	**90503**
医院 Hospitals	**570**	**129609**	**129876**	**42047**	**64346**
综合医院 Integrated Hospitals	348	90974	95061	30401	48065
中医医院 Hospitals of Traditional Chinese Medicine	78	17606	18299	6359	7963
中西医结合医院 Hospitals Integrating Traditional Chinese Medicine with Western Medicine	9	2761	2866	936	1430
民族医院 National Hospital	1	60	37	14	16
专科医院 Specialized Hospitals	133	18178	13585	4333	6858
基层医疗卫生机构 Grassroots Health Institutions	**25875**	**33642**	**63810**	**28564**	**20506**
社区卫生服务中心(站) Health service centers in Communities	528	3201	9962	4148	3573
卫生院 Rural Township Hospitals	880	30402	28335	9660	9830
门诊部 Clinics	512	39	7801	3868	2604
诊所、卫生所、医务室 Clinigues,Health Clinic,Infirmaries	4945		13870	7375	4170
村卫生室 Village Clinics	19010		3842	3513	329
专业公共卫生机构 Professional Public Health Institutions	**1402**	**7421**	**18646**	**7297**	**5347**
疾病预防控制中心 Sanitation and Antiepidemic Stations	96		3642	2099	248
专科疾病防治院 Specialized Prevention & Treatment Centers	23	1681	824	372	180
健康教育所 Health Education Centers					
妇幼保健院、所、站 Maternity and Child Care Centers	87	5709	7667	2676	3431
急救中心 First-aid Centers	7	31	267	94	136
采供血机构 Blood Collected and Supplied Centers	9		562	69	307
卫生监督所 Sanitation Supervision Centers	86		1371		
计划生育技术服务机构 Family Planning Technical Service Institution	1094		4313	1987	1045
其他卫生机构 Other Institutions	**74**	**2527**	**830**	**265**	**304**
疗养院 Sanatorium	11	2527	498	134	259
医学科学研究机构 Research Institutions of Medical Science	8		101	61	7
医学在职培训机构 Sanitation Supervision and Inspection Centers	23		66	26	26
其他 Others	32		165	44	12

注：医生为执业（助理）医师数。

Note:The Doctors is Medical Practitoner.

18-6 基层医疗卫生机构情况(2015年)

Statistics of Grassroots Health Institutions by Category(2015)

项目 Item	社区卫生服务中心(站) Health Service Stations in Communities	卫生院 Health Institutes	门诊部 Outpatient Department	诊所、卫生所、医务室 Clinic,Health Clinic,Infirmaries	村卫生室 Village Clinics
机构数（个） Number of Institutions(unit)	**528**	**880**	**512**	**4945**	**19010**
卫生技术人员数（人） Number of Health Technical Personnel (person)	**9962**	**28335**	**7801**	**13870**	**3842**
#执业医师 Chartered Doctors	3412	6954	3388	6186	1429
执业助理医师 Assistant Chartered Doctors	736	2706	480	1189	2084
注册护士 Certified Nurses	3573	9830	2604	4170	329
药师（士） Pharmacists	942	2775	561	1454	
检验人员 Laboratory Technicians	315	972	337	37	

18-7 主要年份农村村级卫生组织情况

Health Organizations in Rural Areas at Village Level in Selected Years

项目 Item	2000	2005	2010	2012	2013	2014	2015
村设置医疗点数（个） Medical Treatment Stations of Villages(unit)	**17476**	**18222**	**19976**	**19691**	**19408**	**19125**	**19010**
执业（助理）医师（人） Chartered(Assistant) Doctors		2478	3390	3359	3413	3563	3513
注册护士（人） Certified Nurses(person)			264	298	294	291	329
乡村医生和卫生人员数（人） Number of Rural Doctors and Medical Personnel (person)	**30769**	**30384**	**28868**	**28268**	**27936**	**27240**	**26902**
乡村医生 Rural Doctors	20974	29139	28405	27536	27094	26532	26113
卫生员 Medical Personnel	9795	1245	463	732	842	708	789

18-8 主要年份各类医院医疗服务情况

Medical Services of Hospitals in Selected Years

年份 Year	诊疗人数（万人次） Total Number Of Patients Treated	#门急诊 Out-patients And Emergency Patients	入院人数（万人） Hospital Admissions (10000 persons)	出院人数（万人） Hospital Discharged (10000 persons)	死亡率（%） Death Rate (%)	病床周转数（次） Turnover of Beds (time)
1980	1561.87	1543.53	51.58	51.47	1.80	22.90
1985	1895.08	1794.93	70.98	58.39	1.60	24.60
1986	1931.00	1828.71	72.62	72.43	1.60	24.30
1987	2425.69	2293.21	83.22	68.38	1.50	24.90
1988	2460.94	2428.99	88.62	88.56	1.50	25.70
1989	2299.53	2272.22	89.57	89.65	1.30	25.00
1990	2410.01	2380.83	91.62	57.60	1.30	24.70
1991	2471.20	2328.25	97.55	79.39	1.70	26.00
1992	2496.94	2488.74	93.18	93.14	1.10	24.90
1993	2930.23	2629.02	94.29	94.33	1.00	22.60
1994	2749.75	2614.02	100.03	98.29	0.90	23.50
1995	2709.47	2580.12	91.68	91.19	0.90	21.70
1996	2838.69	2565.51	79.10	79.09	0.80	19.00
1997	3249.23	2772.14	81.58	81.44	0.70	17.60
1998	3351.09	2932.52	85.10	84.54	0.70	18.10
1999	3157.56	2984.98	89.91	89.57	0.70	18.40
2000	3326.20	3097.08	98.76	99.26	0.74	20.77
2001	3201.92	2990.75	105.81	105.81	0.68	22.21
2002	3288.68	3027.07	128.70	110.23	0.64	22.73
2003	3430.00	3315.44	115.45	116.29	0.61	23.72
2004	3767.08	3685.85	129.57	129.53	0.66	24.79
2005	4248.77	4039.31	137.95	139.26	0.56	26.26
2006	4421.39	4305.12	152.28	152.13	0.53	26.81
2007	4674.58	4522.88	167.07	166.15	0.51	30.30
2008	5872.06	5786.21	205.17	204.78	0.41	30.97
2009	5850.61	5785.27	206.81	207.10	0.37	32.53
2010	6558.16	6525.56	271.45	270.89	0.30	34.08
2011	7200.56	7161.82	308.97	308.37	0.26	35.12
2012	8182.96	8121.59	364.95	364.41	0.16	37.32
2013	8772.14	8683.32	390.81	388.85	0.16	35.90
2014	9333.62	9238.56	411.46	410.71	0.16	35.20
2015	9310.82	9230.45	409.86	408.94	0.16	33.73

注：本表死亡率是指入院后死亡人数与入院人数之比。
Note:The Death Rate is the proportion deaths after admissions.

18-9 医院、卫生院、妇幼保健院医疗服务情况(2015年)

Medical Services of Hospitals,Institutes of Health and Health-Centers(2015)

项目 Item	诊疗人数（万人次） Number of Patients Treated (10000 person-times)	#门急诊 Out-patients And Emergency Patients	入院人数（万人） Hospital Admissions (10000 persons)	出院人数（万人） Hospital Discharged (10000 persons)	死亡率（%） Death Rate (%)	病床周转数（次） Turnover of Beds (time)	病床使用率（%） Usage of Beds (%)
医院 Hospitals	**9310.82**	**9230.45**	**409.86**	**408.94**	**0.16**	**33.73**	**82.46**
#综合医院 Integrated Hospitals	6811.07	6750.15	316.71	316.27	0.18	37.20	83.79
中医医院 Hospitals of Traditional Chinese Medicine	1539.52	1531.38	49.51	49.31	0.12	30.42	76.99
专科医院 Specialized Hospitals	736.15	734.44	35.42	35.15	0.07	20.44	80.99
卫生院 Rural Township Hospitals	**2588.74**	**2516.59**	**86.68**	**86.49**	**0.01**	**29.81**	**49.83**
妇幼保健院 Maternity and Child Care Centers	**925.38**	**910.51**	**18.52**	**18.54**		**38.40**	**60.08**

注：本表死亡率是指入院后死亡人数与入院人数之比。
Note:The Death Rate is the proportion deaths after admissions.

18-10 防病工作情况（2010-2015年）

Basic Condition of Disease Prevention and Cure(2010-2015)

项目	Item	2010	2011	2012	2013	2014	2015
甲乙类传染病发病总例数（万个）	Number of Incidence from infectious disease(A、B) (10000 unit)	10.61	20.51	24.32	22.42	25.33	22.82
传染病发病率(1/10万)	Incidence Disease Rate (1/100 000)	559.18	556.03	653.70	598.11	671.08	599.62
传染病死亡总人数（人）	Number of Death from infectious disease(person)	231	229	204	166	171	172
传染病死亡率(1/10万)	Death Rate (1/100 000)	0.64	0.62	0.55	0.44	0.45	0.45
结核病登记病人数(例)	Number of register of Tuberculosis (person)	20850	20027	18862	17765	17469	16602
登记患病率（‰）	Register sicken Rate(‰)	0.57	0.55	0.51	0.48	0.46	0.44
结核病新发病人数(例)	Number of New Incidence from Tuberculosis(person)	19439	18761	17724	16817	16507	16016
结核病登记新发病率(1/10万)	Register New Incidence Disease Rate (1/100 000)	54.00	51.70	48.00	45.21	43.74	42.44
“五苗”接种率（%）	Five Type of bacterins inoculability Rate (%)	99.50	99.59	99.85	99.82	99.92	99.91
乙肝疫苗全程接种率（%）	Hepatitis B Bacterins Quite inoculability Rate(%)	99.75	99.78	99.89	99.65	99.94	99.94

18-11 法定报告传染病发病及死亡情况(2015年)

Incidence and Death from Infectious Diseases(2015)

项目	Item	发病率(1/10万) Incidence Disease Rate (per100 000)	死亡率(1/10万) Death Rate(per 100 000)	病死率(%) Mortality Rate (%)
总计	**Total**	**599.62**	**0.45**	**0.08**
病毒性肝炎	Viral Hepatitis	147.60	0.03	0.02
痢疾	Dysentery	1.52		
伤寒副伤寒	Typhoid and Paratyphoid Fever	1.27		
艾滋病	AIDS	2.00	0.24	12.11
淋病	Gonorrhea	13.13		
梅毒	Syphilis	62.96	0.01	0.01
麻疹	Measles	1.11		
百日咳	Whooping Cough	0.03		
流脑	Epidemic Encephalitis	0.01		
猩红热	Scarlet Fever	1.73		
出血热	Hemorrhage Fever	1.09		
狂犬病	Hydrophobia	0.01	0.01	100.00
布氏杆菌病	Brucellosis	0.27		
乙脑	Encephalitis B	0.01		
疟疾	Malaria	0.20	0.01	2.60
新生儿破伤风	Newborn Tetanus	0.04		5.00
肺结核	Pulmonary Tuberculosis	44.82	0.10	0.23

注：传染病死亡率指传染病死亡人数与全省常住人口之比，病死率指传染病死亡人数与患病人数之比。
Note:The Death Rate is the proportion deaths of Total Population.

18-12 前十位疾病死亡原因及构成(2015年)

Death Rate of 10 Major Diseases(2015)

项目 Item	占疾病死亡总人数比重(%) Mortality(%)	项目 Item	占疾病死亡总人数比重(%) Mortality(%)
城市 Urban	**92.34**	**农村 Rural**	**92.52**
恶性肿瘤 Malignant Tumour	29.66	恶性肿瘤 Malignment Tumour	30.60
心脏病 Heart Trouble	17.52	脑血管病 Cerebrovasular Disease	18.25
脑血管病 Cerebrovasular Disease	15.39	心脏病 Heart Trouble	14.68
呼吸系统疾病 Diseases of the Respi- ratory System	9.36	呼吸系统疾病 Diseases of the Respiratory System	10.43
损伤和中毒 Trauma and Toxicosis	8.93	损伤和中毒 Trauma and Toxicosis	10.29
内分泌、营养和代谢疾病 Endocrine,Nutritional & Metabolite Disease	5.04	内分泌、营养和代谢疾病 Endocrine,Nutritional & Metabolite Disease	2.40
消化系统疾病 Disease of the Digestive System	2.60	消化系统疾病 Disease of the Digestive System	2.30
精神障碍 Mental Disorders	1.46	神经系统疾病 Nervous System	1.27
泌尿生殖系统疾病 Diseases of the Genitou-rinary System	1.24	精神障碍 Mental Disorders	1.23
神经系统疾病 Diseases of the Nervous System	1.14	泌尿生殖系统疾病 Diseases of the Genitou- rinary System	1.07

主要统计指标解释

卫生机构　包括医疗机构、疾病预防控制中心(防疫站)、采供血机构、卫生监督及监测(检验)机构、医学科研和在职培训机构、健康教育所等。医疗机构包括医院、社区卫生服务中心(站)、疗养院、卫生院、门诊部、诊所(卫生所、医务室)、妇幼保健院(所、站)、专科疾病防治院(所、站)、急救中心(站)和临床检验中心。医疗机构分为非赢利性医疗机构和赢利性医疗机构。

医院　指设有固定床位，能收容病人住院并能为病人提供医疗、护理服务的医疗机构，包括县及县以上医院、农村乡卫生院和其他医院。医院按业务性质不同分为综合医院、中医医院、中西医结合医院、民族医院和专科医院。

卫生技术人员　包括执业（助理）医师、注册护士、药剂人员、检验和影像技师（士、员）等卫生专业人员，不包括从事管理工作的卫生技术人员。

医生　指在医疗、预防保健机构工作且取得《执业医师证书》的执业医师和执业助理医师。

Explanatory Notes on Main Statistical Indicators

Health Care Institutions refer to the units which have been qualified the Certification of Health Care Institution by the administration of public health, or qualified the Certification of Corporate Unit by the civil affairs, administration for industry and commerce, commission office for public sector reform, and engaging in medical care, disease prevention and control, health supervision and inspection, medicine research and health education, etc., including: hospitals, sanatoriums, community health service centers (stations), health centers, clinics (health stations and infirmaries), first-aid centres (stations), blood gathering and supplying institutions, women and children care agencies (centres and stations), special disease prevention and curing agencies (centres and stations), disease prevention and control centres (epidemic prevention stations), health supervision and inspection agencies, sanitary inspection institutions, medicinal scientific research and on-job training institutions, health education centres and so on.

Hospitals include: polyclinics, traditional Chinese medical hospitals, hospitals integrated with traditional Chinese therapeutics and western therapeutics, ethical hospitals, various specialties hospitals and nursing hospitals.

Medical Technical Personnel refers to doctors, assistant nurses, pharmacists, and laboratory technicians working in medical institutions.

Doctors refer to certified physicians and certified assistant physicians with certifications working in medical and health care and prevention agencies.

第十九篇　环境保护

Chapter 19　Environment Protection

资料整理：林红　陈浩明

Database Editor:Linhong Chenhaoming

简 要 说 明

本篇资料的主要内容及来源

本篇主要反映福建环境保护事业情况。主要内容包括城、乡水环境、大气环境、固体废物、生态环境、自然灾害和环境污染治理投资以及分行业工业污染治理情况。

本篇资料来源于省环保厅、水利厅、住建厅、交通厅、国土厅、林业厅、卫生厅、农业厅等。

本篇资料由省统计局能源统计处整理提供。

Brief Introduction

Main Content and Source of Data

This chapter contain information that reflect the condition and natural resources and data on development of environment protection ,Social welfare ,the judicial conditions, basic statistics on traffic accidents and fires etc in Fujian. including natural resources and natural condition, total water resources ,atmospheric environment, solid waste, environment noise , eco- environment protection , natural disasters and investments in the treatment of environmental pollution control ; the number of institutions and personnel, social welfare relief, and marital status etc.

The above mentioned data are provide By the Provincial Environment Protection Bureau , the Provincial Department of Water Resources, the Construction Bureau, the Transportation Bureau, the National Land Bureau, the Forestry Bureau, the Health Bureau ,the Agriculture Bureau.

Data in this chapter are provided and compiled by the Division of Energy of Fujian Provincial Bureau of Statistics.

19-1 环境保护基本情况

Basic Statistics on Environmental Protection

项目	Item	2010	2013	2014	2015
水环境	**Water**				
降水量（毫米）	Precipitation(millimeters)	2084.30	1626.20	1705.00	1992.94
水资源总量（亿立方米）	Water Resources(100 million cu.M)	1652.93	1151.90	1219.62	1325.93
地表水	Surface Water Resources	1651.68	1150.65	1218.42	1324.67
地下水	Grounwater Resources	353.81	337.00	330.48	332.33
人均水资源量（立方米/人）	Per Capita Water Resources(cu.m/person)	4480.19	3052.00	3027.00	3454.00
用水总量（亿立方米）	Water Supply(100 million cu.M)	202.45	204.83	205.63	201.33
#农业	Agriculture	98.85	95.74	95.65	93.34
工业	Industry	81.26	75.00	86.71	72.47
生活	Living Consumption	21.05	30.92	20.09	32.22
废水排放总量（亿吨）	Waste Water Discharge(100 million ton)	23.85	25.91	26.06	25.69
化学需氧量排放量（万吨）	Discharge Amount of COD(10000 tons)	37.26	63.90	62.98	60.94
氨氮排放量（万吨）	Ammounia Nitrogen Discharge(10000 tons)	2.98	9.09	8.93	8.51
大气环境	**Atmosphere Environment**				
二氧化硫排放量（万吨）	Sulphur Dioxide Emission(10000 tons)	40.91	36.10	35.60	33.79
工业	Industry	39.12	34.20	33.76	31.71
城镇生活	Urban Living Consumption	1.78	1.90	1.83	2.08
集中式治理设施	Centralized Treatment Facilities				
氮氧化物排放量（万吨）	Nitrogen and Oxide(10000 tons)		43.83	41.17	37.90
工业	Industry		33.06	30.13	27.98
城镇生活	Urban Living Consumption		0.24	0.24	0.30
集中式治理设施	Centralized Treatment Facilities				
烟（粉）尘排放量（万吨）	Smoke Dust(10000 tons)		25.93	36.79	34.17
工业	Industry		24.05	34.92	32.18
城镇生活	Urban Living Consumption		0.98	0.97	1.15
固体废物	**Solid Waste**				

注：1.2011年废水排放总量、化学需氧量排放量、氨氮排放量包括农业源、集中式治理设施等，工业固体废物产生量及综合利用量只包含一般工业固体废物。2.2015年工业污染治理投资数据仅指“三同时”竣工验收项目实际环保投资，2014年为同口径数。

Note:In 2011 the Waste Water Discharge Amount, Chemical Oxygen Demand (COD) Emissions, Ammonia Nitrogen Emissions include only General Industrial Solid Waste.

19-1 续表
Continued

项目	Item	2010	2013	2014	2015
工业固体废物产生量（万吨）	Industrial Solid Wastes Produced(10000 tons)	7486.58	8536.88	4843.90	4956.27
工业固体废物综合利用量（万吨）	Industrial Solid Wastes Utilizeed(10000 tons)	6214.89	7412.47	4277.69	3784.27
危险废物产生量（万吨）	Hazardous Wastes(10000 tons)	8.01	21.23	28.23	37.31
生态环境	**Eco-Environment Protection**				
森林覆盖率（%）	Forest Coverage(%)	63.10	65.95	65.95	65.95
当年造林面积（万公顷）	Area of Reforestation of the Year(10000 hectare)	2.99	10.02	4.43	8.73
自然保护区数（个）	Number of Nature Reserves(unit)	92	93	90	92
#国家级	National Level	12	15	16	16
自然保护区面积（万公顷）	Area of Nature Reserves(10000 hectare)	45.36	47.13	44.80	45.50
自然灾害	**Natural Disaster**				
发生地质灾害起数（起）	Geological Disaster	4189	175	87	225
发生地震灾害次数（次）	Seismic Disaster(time)		5		
海洋灾害发生次数（次）	Red Tide(time)	21	13	33	35
森林火灾次数（次）	Forest Fire(time)	131	132	130	114
环境污染治理投资	**Investment in the Treatment of Environmental Pollution**				
城市环境基础设施投资（亿元）	Investment in Urban Environmental Infrastructure(100 million yuan)	78.04	136.98	141.96	137.61
燃气	Gas Supply	6.08	3.79	16.53	12.34
排水	Drainage Works	14.54	31.90	43.28	40.29
园林绿化	Gardening and Greening	36.06	87.38	73.37	73.85
市容环境卫生	Environmental Sanitation	21.35	13.91	8.78	11.13
工业污染治理投资（亿元）	Investment Completed this Year(100 million yuan)	15.33	38.41	20.34	29.82
治理废水	Waste Water	7.09	13.96	5.60	6.94
治理废气	Waste Gas	4.98	13.09	6.47	7.54
治理固体废物	Solid Wastes	0.77	0.77	4.58	1.98
治理噪声	Noise Pollution	0.06	0.06	0.33	0.18

19-2 城市环境情况

Basic Statistics on City Enviroment

项目	Item	2010	2013	2014	2015
城市个数（个）	**Number of Cities(unit)**	**23**	**23**	**23**	**22**
城区人口（万人）	**Population of City(10000 persons)**	**750.41**	**1104.82**	**1134.15**	**1181.23**
城市基础设施投资额（亿元）	**Investment on Fundation Facilities (100 million yuan)**	**385.08**	**472.32**	**481.89**	**597.17**
城市面积（平方公里）	**Area of City(sq km)**	**4361.84**	**4298.70**	**4318.09**	**4368.15**
#建成区面积（平方公里）	Developed Area(sq.km)	1059.00	1263.18	1326.42	1413.54
年底供水综合生产能力（万立方米／日）	**Production Capacity of Top Water Supply at the Year-end(10000 cu.m/day)**	**676.42**	**721.94**	**717.24**	**717.03**
全年供水总量（亿立方米）	Volume of Top Water Supply(100 million cu.m)	13.26	15.93	15.65	16.16
#生活用量	Water Consumption for Residential Use (100 million cu.m)	6.75	7.25	7.45	7.59
人均日生活用水量（升）	Per Capital Water Consumption for Residential Use(L)	186.62	180.87	180.98	176.93
用水普及率（%）	Percentage of Population with Access to Tap Water(%)	99.5	99.4	99.5	99.6
公交车标准运营车数（标台）	**Number of Standard Public Vehicles under Operation(set)**	**11917**	**15442**	**16642**	**18783**
出租车运营车数（辆）	Number of Taxis under Operation at the Year-end(unit)	18684	22240	23384	24785
煤气供应总量	**Gaswork Gas Supply**	**0.27**	**0.29**	**0.30**	**0.30**
#家庭用量（亿立方米）	Consumption of Gaswork Gas for Residential Use(100 million cu.m)	0.19	0.24	0.25	0.23
液化石油气家庭用量（万吨）	Consumption of Liguefied Petroleum Gas for Residential Use(10000 tons)	18.89	16.69	17.15	18.79
用气普及率（%）	Percentage of City Population with Access to Gas(%)	98.9	98.9	98.8	98.6
道路长度（公里）	**Length of Paved Roads(km)**	**6756**	**7808**	**7987**	**8415**
道路面积（万平方米）	Area of Paved Roads(10000 sq.m)	12560	14799	15436	16303
排水管道长度（公里）	Length of Sewage Pipes(km)	9686	12289	13495	13340
建成区绿化覆盖面积（公顷）	**Green Areas of Developed City(hectare)**	**43385**	**54025**	**56767**	**60736**
建成区绿化覆盖率（%）	Ratio of Green Areas to City Areas(%)	41.0	42.8	42.8	43.0
公园绿地面积（公顷）	Green Areas of Park(hectare)	10972	13891	14475	15327
人均公园绿地面积（平方米）	Per Capita Public Green Areas(sq.m)	10.99	12.57	12.76	12.98
公园个数（个）	**Number of Parks and Zoos(unit)**	**392**	**529**	**557**	**555**
公园面积（公顷）	Area of Parks and Zoos(hectare)	8819	10906	11402	11913
生活垃圾清运量（万吨）	**Volume of Garbage, Excrement and Urine Disposal(10000 tons)**	**417.30**	**551.81**	**598.89**	**608.06**
城市生活垃圾无害化处理率(%)	Percentage of Garbage Disposal with Standard(%)	92.0	98.2	97.9	99.2
城市污水处理率(%)	**Percentage of Sewage Disposal of City(%)**	**84.4**	**87.3**	**88.7**	**89.5**
城市污水处理厂集中处理率(%)	Percentage of Sewage Collection Disposal in Factory of City(%)	76.9	83.5	83.8	87.5

注：2011年以前城区人口不含城区暂住人口。

Note:Before 2011,Population of City is excluding Temporary Population.

19-3 农村环境情况
Basic Statistics on Rural Environment

项目	Item	2010	2013	2014	2015
农村总户数（万户）	**Number of Rural Households(10000 household)**	**693.53**	**797.29**	**803.59**	**720.32**
累计卫生厕所户数（万户）	**Number of Households with Lavatories (10000 household)**	**552.68**	**722.90**	**737.26**	**676.81**
农村卫生厕所普及率（%）	**Pencentage of Villages with Access to Lavatories(%)**	**79.7**	**90.7**	**91.8**	**94.0**
当年新增无害化卫生厕所户数（万户）	**Number of Households with Newly Built Lavatories Current Year(10000 household)**	**45.77**	**23.17**	**14.39**	**10.46**
累计使用卫生公厕户数（万户）	**Number of Households with Public Lavatories (10000 household)**	**45.15**	**83.60**	**74.16**	**74.27**
当年用于改厕投资（万元）	**Investment on Rebuilt Lavatories Current Year (10000 yuan)**	**60429.77**	**39656.68**	**26515.25**	**22444.19**
#国家	National	13134.26	3812.18	3812.18	3632.32
集体	Collective	1754.08	2791.91	1723.46	1437.89
个人	Individual	44536.20	32499.46	20621.61	17092.99
其他	Others	1005.23	542.00	358.00	281.00
农村可再生能源利用情况	**Utilization of Repeat Energy in Rural**				
沼气池产气总量（亿立方米）	Marsh Gas Production(100 million cu.m)	2.44	2.15	2.07	2.18
农村户用沼气池（万口）	Number of Methane-generating Pits Used by Rural Household(10000 pits)	46.03	48.02	48.60	48.47
生活污水净化沼气池（处）	Methane-generating Pits Used for Waste Water Treatment(set)	1319	966	965	970

19-4 工业污染排放及处理利用情况

Emission and Treatment of Industrial Pollution

项目	Item	2010	2013	2014	2015
企业基本情况	**Enterprises Status**				
汇总企业数（个）	Number of Enterprises(unit)	6080	5755	5767	5971
工业废水	**Industrial Waste Water**				
工业用水总量（亿吨）	Total Volume of Water for Industrial Use (100 million tons)	79.33	68.63	72.94	77.23
废水治理设施数（套）	Number of Facilities for Treatment of Waste Water(sets)	3153	3503	3529	3547
废水治理设施处理能力（万吨/日）	Handling Ability of Facilities for Treatment of Waste Water (10000 tons-day)	1135.44	682.06	718.38	661.44
废水治理设施设备运行费用（亿元）	Operation Expenditure of Facilities(100 million yuan)	12.68	15.23	17.35	17.36
工业废水排放量（万吨）	Volume of Waste Water Discharged(10000 tons)	124168.21	104657.99	102051.74	90741.41
#直接排入环境的	Discharged Directly	59215.46	90584.55	87804.16	76350.78
工业废水中污染物排放量（吨）	Volume of Pollutants in Waste Water Discharged(ton)				
汞	Hydrargyrum	0.06	0.01	0.01	0.02
镉	Cadmium	0.45	0.23	0.63	0.62
六价铬	Hexadic Chromium	62.13	3.09	2.14	0.92
铅	Plumum	2.05	3.07	3.68	3.55
砷	Arsenic	1.32	1.42	3.74	3.08
挥发酚	Volatile Hydroxybenzene	10.06	1.78	1.68	1.97
氰化物	Cyanide	58.95	4.31	3.46	6.68
化学需氧量	Volume of Oxygen Required chemically	82946.13	81168.97	77630.91	72646.00
石油类	Petroleum	565.24	500.53	368.07	335.38
氨氮	Ammonia and Nitrogen	6613.60	6149.96	5494.27	4066.34
工业废气	**Industrial Waste Gas**				
工业废气排放总量（亿标立方米）	Total Volume of Waste Gas Emission(100 million cu.m)		16183.33	18383.25	17204.24
废气治理设施数（套）	Number of Facilities for Treatment for Waste Gas(sets)	6470	8071	8579	9016
#脱硫设施数（套）	Number of Sulphur Removed Facilities (sets)	159	174	225	257
废气治理设施设备运行费用（亿元）	Expenditure on Facilities for Treatment of Waste Gas(100 million yuan)	23.73	41.03	42.22	43.21

注：2010年以前工业废水中直接排入环境的只含直接排入海的，2011年工业固体废物只含一般工业固体废物。

Note:Before 2010,Discharged Directly only contained Discharged Directly into sea.2011,Industrial Solid Wastes only contained ordinary Solid Wastes.

19-4 续表

Continued

项目	Item	2010	2013	2014	2015
工业二氧化硫排放量（万吨）	Volume of Sulphur Dioxide Emission(10000 tons)		34.20	33.76	31.71
工业烟（粉）尘排放量（万吨）	Volume of soot Emission and Dust Emission (10000 tons)	24.01	24.05	34.92	32.18
工业固体废物	**Industrial Solid Wastes**				
工业固体废物产生量（万吨）	Volume of Industrial Solid Wastes Produced (10000 tons)	7486.58	8536.88	4843.90	4956.27
工业固体废物综合利用量（万吨）	Volume of Industrial Solid Wastes Utilized in a Comprehesive way(10000 tons)	6214.89	7412.47	4277.69	3784.27
综合利用往年贮存量（万吨）	Volume of Industrial Solid Wastes Accumulated in Previous Years and utilized in a Comprehensive way(10000 tons)	10.88	18.24	79.08	71.92
危险废物产生量（万吨）	Volume of Dangerous Wastes Produced (10000 tons)(10000 tons)	8.01	21.23	28.23	37.31
危险废物综合利用量（万吨）	Volume of Dangerous Wastes Utilized in a Comprehesive way(10000 tons)	3.44	7.13	10.47	12.05
工业固体废物贮存量（万吨）	Volume of Industrial Solid Wastes Accumulated(10000 tons)	107.73	53.11	51.38	86.78
危险废物贮存量（吨）	Volume of Dangerous Wastes Accumulated (ton)	393.31	49200.00	50004.31	61916.02
工业固体废物处置量（万吨）	Volume of Industrial Solid Wastes Treated (10000 tons)	1181.14	1093.48	585.08	1157.39
#处置往年贮存量	Volume of Industrial Solid Wastes Treated, Which have been Accumulated in Previous years	8.55	4.01	0.21	0.25
危险废物处置量（万吨）	Volume of Dangerous Wastes Treated (10000 tons)	4.98	9.24	14.11	22.84
工业固体废物倾倒丢弃量（万吨）	Volume of Industrial Solid Wastes Discharged(10000 tons)	3.52	0.07	0.04	0.01

19-5 各设区市工业污染治理投资额

Investment on Industrial Pollution Treatment by City

单位：万元 (10000 yuan)

地区	Area	2005	2010	2011	2012	2013	2014	2015
全　省	**Total**	**345431**	**153296**	**152834**	**237635**	**384150**	**203441**	**298220**
福州市	Fuzhou	34416	11641	19186	24571	76812	2240	
厦门市	Xiamen	65063	11854	14587	7868	17947	18663	16422
莆田市	Putian	11679		690	1102	6735		
三明市	Sanming	28978	14782	14543	19342	11049	2122	2323
泉州市	Quanzhou	113684	96421	81336	149950	178570	18020	4168
漳州市	Zhangzhou	78020	9054	3955	1432	61475	155774	129907
南平市	Nanping	4687	3021	7683	7573	4319	1590	
龙岩市	Longyan	3301	6323	10780	7031	4174	5032	145345
宁德市	Ningde	5574	200	75	18766	23069		
平潭综合实验区	Pingtan							56

注：2015年工业污染治理投资数据仅指“三同时”峻工验收项目实际环保投资。2014年为同口径数。

19-6 设区市一般工业固体废物产生和处置情况(2015年)

Discharge and Treatment of Industrial Sold Waste by City(2015)

单位：万吨 (10000 tons)

项目	Item	工业固体废物产生量 Volume of Industrial Solid Wastes Produced	工业固体废物综合利用量 Industrial Solid Wastes Utilized	综合利用往年工业固体废物贮存量 Industrial Solid Wastes Utilized in Stocks	工业固体废物处置量 Volume of Industrial Solid Wastes Treated	处置往年工业固体废物贮存量 Industrial Solid Wastes Treated in Stocks	工业固体废物贮存量 Volume of Industrial Solid Wastes in Stocks	一般工业固体废物倾倒丢弃量 Volume of Industrial Solid Wastes Discharged
全　省	**Total**	**4956.27**	**3784.27**	**71.92**	**1157.39**	**0.25**	**86.78**	**0.01**
福州市	Fuzhou	601.73	573.74	0.01	27.84		0.15	
厦门市	Xiamen	96.25	89.62	6.93	13.44	0.19	0.31	
莆田市	Putian	68.08	59.73		8.36	0.02	0.01	
三明市	Sanming	957.84	885.98		56.54		15.32	
泉州市	Quanzhou	811.57	795.22		7.32		9.03	
漳州市	Zhangzhou	269.48	259.90		6.88	0.01	2.70	0.01
南平市	Nanping	271.28	135.93	0.04	135.23		0.15	
龙岩市	Longyan	1376.25	571.19	64.93	860.68	0.03	9.34	
宁德市	Ningde	503.72	412.86		41.09		49.77	
平潭综合实验区	Pintan	0.08	0.08					

19-7 设区市废气排放情况(2015年)

单位：吨

项目	Item	二氧化硫排放量 Sulfur Dioxide	工业 Industry	城镇生活 Urban Living Consumption	集中式治理设施 Centralized Treatment Facilities	氮氧化物排放量 Nitrogen and Oxide	工业 Industry
全　省	**Total**	**337882**	**317063**	**20808**	**11**	**379022**	**279824**
福州市	Fuzhou	57097	55370	1726	1	84560	64751
厦门市	Xiamen	17297	17028	265	3	31649	11778
莆田市	Putian	12785	11082	1703	1	16465	11214
三明市	Sanming	41285	37567	3718		37442	30843
泉州市	Quanzhou	98522	94699	3820	4	85494	69432
漳州市	Zhangzhou	36355	35538	817		48434	38373
南平市	Nanping	23005	20029	2974	2	14275	6480
龙岩市	Longyan	32643	27976	4667		40253	31467
宁德市	Ningde	18791	17679	1113		20415	15453
平潭综合实验区	Pintan	101	96	5		34	33

19-8 设区市废水排放情况(2015年)

项目	Item	废水排放总量（万吨） Waste Water Discharge (10000 tons)	工业 Industry	城镇生活 Urban Living Consumption	集中式治理设施 Centralized Treatment Facilities	化学需氧量排放量（吨） Discharge Amount of COD (ton)	工业 Industry
全　省	**Total**	**256868.17**	**90741.41**	**165860.59**	**266.17**	**609439**	**72646**
福州市	Fuzhou	40164.84	4438.97	35650.00	75.87	102695	5296
厦门市	Xiamen	47183.10	21398.36	25771.80	12.94	36985	3022
莆田市	Putian	13083.95	2644.33	10432.58	7.04	39914	4545
三明市	Sanming	19152.90	9986.16	9145.21	21.54	48735	12134
泉州市	Quanzhou	56555.68	19184.71	37336.24	34.72	118168	21955
漳州市	Zhangzhou	38831.63	21197.51	17588.91	45.21	99423	8399
南平市	Nanping	14718.22	6219.16	8477.44	21.62	59227	10356
龙岩市	Longyan	15023.68	4007.45	10997.08	19.15	58324	2766
宁德市	Ningde	10706.29	1529.66	9148.55	28.09	41585	4067
平潭综合实验区	Pintan	1447.88	135.09	1312.78		4383	107

Waste Gas Discharge by City(2015)

(ton)

城镇生活 Urban Living Consumption	机动车 Indicator	集中式治理设施 Centralized Treatment Facilities	烟（粉）尘排放量 Smoke Dust	工业 Industry	城镇生活 Urban Living Consumption	机动车 Indicator	集中式治理设施 Centralized Treatment Facilities
2997	**96157**	**44**	**341664**	**321763**	**11504**	**8385**	**11**
306	19499	4	93781	90911	1096	1772	1
92	19764	15	4066	2414	85	1566	1
531	4718	3	6704	4909	1371	419	6
168	6430	1	65421	62656	2192	573	
753	15299	10	88127	84653	2115	1357	2
96	9964		22003	20687	481	835	
383	7406	7	18977	17095	1238	644	1
598	8184	5	33081	29903	2390	787	1
70	4892		9439	8472	534	432	
1			65	62	3		

Waste Water Discharge by City(2015)

农业 Agriculture	城镇生活 Urban Living Consumption	集中式治理设施 Centralized Treatment Facilities	氨氮排放量（吨） Ammounia Nitrogen Discharge (ton)	工业 Industry	农业 Agriculture	城镇生活 Urban Living Consumption	集中式治理设施 Centralized Treatment Facilities
200285	**332360**	**4148**	**85133**	**4066**	**30533**	**50124**	**410**
32015	64622	763	14989	374	5664	8893	59
12816	21057	89	7007	59	1724	5211	13
11306	24023	40	5677	221	1780	3669	7
12732	23386	483	5486	754	1565	3119	48
14094	81915	204	15764	1403	2010	12334	17
42745	47913	366	12948	286	5651	6973	38
22487	25687	698	6726	520	2635	3478	93
38047	16800	710	7403	314	4255	2765	68
12423	24299	796	8307	131	4839	3270	66
1619	2657		826	4	410	413	

主要统计指标解释

水资源总量　一定区域内的水资源总量指当地降水形成的地表和地下产水量，即地表径流量与降水入渗补给量之和，不包括过境水量。

地表水资源量　指河流、湖泊、冰川等地表水体中由当地降水形成的、可以逐年更新的动态水量，即天然河川径流量。

地下水资源量　指当地降水和地表水对饱水岩土层的补给量。

地表水与地下水资源重复量　指地表水和地下水相互转化的部分，即在河川径流量中包括一部分地下水排泄量，地下水补给量中包括一部分来源于地表水的入渗量。

供水总量　指各种水源工程为用户提供的包括输水损失在内的毛供水量。

用水总量　指分配给用户的包括输水损失在内的毛用水量。按用户特性分为农业、工业、生活和生态用水四大类。

农业用水　包括农田灌溉和林牧渔业用水。林牧渔业用水指林果地灌溉、草地灌溉和鱼塘补水。

工业用水　按新水取用量计，不包括企业内部的重复利用水量。

生活用水　包括城镇生活用水和农村生活用水。城镇生活用水由居民用水和公共用水（含服务业、商饮业、货运邮电业及建筑业等用水）组成；农村生活用水除居民生活用水外，还包括畜用水在内。

城镇生活污水排放量　指城镇居民每年排放的生活污水。用人均系数法测算。测算公式为：

城镇生活污水排放量=城镇生活污水排放系数×市镇非农业人口×365

城镇生活污水中化学需氧量（COD）产生量　指城镇居民每年排放的生活污水中的COD的产生量。用人均系数法测算。测算公式为：

城镇生活污水中 COD 产生量=城镇生活污水中 COD 产生系数×市镇非农业人口×365

化学需氧量（COD）　测量有机和无机物质化学所消耗氧的质量浓度的水污染指数。

工业固体废物产生量　指报告期内企业在生产过程中产生的固体状、半固体状和高浓度液体状废弃物的总量，包括危险废物、冶炼废渣、粉煤灰、炉渣、煤矸石、尾矿、放射性废物和其他废物等；不包括矿山开采的剥离废石和掘进废石(煤矸石和呈酸性或碱性的废石除外)。酸性或碱性废石指采掘的废石其流经水、雨淋水的 pH 值小于 4 或 pH 值大于 10.5 者。

危险废物　指列入国家危险废物名录或根据国家规定的危险废物鉴别标准和鉴别方法认定的，具有爆炸性、易燃性、易氧化性、毒性、腐蚀性、易传染疾病等危险特性之一的废物。

工业固体废物综合利用量　指报告期内企业通过回收、加工、循环、交换等方式，从固体废物中提取或者使其转化为可以利用的资源、能源和其他原材料的固体废物量(包括当年利用往年的工业固体废物贮存量)，如用作农业肥料、生产建筑材料、筑路等。综合利用量由原产生固体废物的单位统计。

工业固体废物综合利用率　指工业固体废物综合利用量占工业固体废物产生量(包括综合利用往年贮存量)的百分率。计算公式为：

工业固体废物综合利用率=工业固体废物综合利用量/（工业固体废物产生量+综合利用往年贮存量）×100%

工业固体废物贮存量　指报告期内企业以综合利用或处置为目的，将固体废物暂时贮存或堆存在专设的贮存设施或专设的集中堆存场所内的数量。专设的固体废物贮存场所或贮存设施必须有防扩散、防流失、防渗漏、防止污染大气、水体的措施。

工业固体废物处置量　指报告期内企业将固体废物焚烧或者最终置于符合环境保护规定要求的场所，并不再回取的工业固体废物量(包括当年处置往年的工业固体废物贮存量)。处置方式有填埋(其中危险废物应安全填埋)、焚烧、专业贮存场(库)封场处理、深层灌注、回填矿井及海洋处置(经海洋管理部门同意投海处置)等。

工业固体废物排放量

指报告期内企业将所产生的固体废物排到固

体废物污染防治设施、场所以外的数量，不包括矿山开采的剥离废石和掘进废石(煤矸石和呈酸性或碱性的废石除外)。

生活垃圾清运量 指报告期内收集和运送到垃圾处理厂(场)的生活垃圾数量。生活垃圾指城市日常生活或为城市日常生活提供服务的活动中产生的固体废物以及法律行政规定的视为城市生活垃圾的固体废物。包括：居民生活垃圾、商业垃圾、集市贸易市场垃圾、街道清扫垃圾、公共场所垃圾和机关、学校、厂矿等单位的生活垃圾。

生活垃圾无害化处理率 指报告期生活垃圾无害化处理量与生活垃圾产生量比率。在统计上，由于生活垃圾产生量不易取得，可用清运量代替。计算公式为：

生活垃圾无害化处理率=生活垃圾无害化处理量/生活垃圾产生量×100%

环境污染治理投资 指在工业污染源治理和城市环境基础设施建设的资金投入中，用于形成固定资产的资金。包括工业新老污染源治理工程投资、建设项目“三同时”环保投资，以及城市环境基础设施建设所投入的资金。

Explanatory Notes on Main Statistical Indicators

Total Water Resources refers to total volume of water resources measured as run-off for surface water from rainfall and recharge for groundwater in a given area, excluding transit water.

Surface Water Resources refers to total renewable resources which exist in rivers, lakes, glaciers and other collectors from rainfall and are measured as run-off of rivers.

Groundwater Resources refers to replenishment of aquifers with rainfall and surface water.

Duplicated Measurement Between Surface Water and Groundwater refers to mutual exchange between surface water and groundwater, i.e. run-off of rivers includes some depletion with groundwater while groundwater includes some replenishment with surface water.

Water Supply refers to gross water supply by supply systems from sources to consumers, including losses during distribution.

Water Use refers to gross water use distributed to users, including loss during transportation, broken down with use by agriculture, industry, living consumption and biological protection.

Water Use by Agriculture includes uses of water by irrigation of farming fields and by forestry, animal husbandry and fishing. Water use by forestry, animal husbandry and fishing includes irrigation of forestry and orchards, irrigation of grassland and replenishment of fishing pools.

Water Use by Industry refers to new withdrawals of water, excluding reuse of water within enterprises.

Water Use by Living Consumption includes use of water for living consumption in both urban and rural areas. Urban water use by living consumption is composed of household use and public use (including services, commerce, restaurants, cargo transportation, posts, telecommunication and construction). Rural water use by living consumption includes both households and animals.

Urban Non-industrial Waste Water Discharge refers to annual discharge of non-industrial waste water by urban households. It is estimated by per capita coefficient using the formula:

Urban non-industrial waste water discharge = urban non-industrial waste water discharge coefficient urban non-agricultural population 365

Volume of Chemical Oxygen Demand (COD) Generated by Urban Non-industrial Waster Water refers to chemical oxygen demand generated through the annual discharge of non-industrial waste water by urban households. It is estimated as:

Volume of chemical oxygen demand (cod) generated by urban non-industrial waster water = Coefficient of COD generated through urban non-industrial waste water× urban non-agricultural population ×365

Chemical Oxygen Demand (COD) refers to index of water pollution measuring the mass concentration of oxygen consumed by the chemical breakdown of organic and inorganic matter.

Industrial Solid Wastes Produced refers to total volume of solid, semi-solid and high concentration liquid residues produced by industrial enterprises from production process in a given period of time, including hazardous wastes, slag, coal ash, gangue, tailings, radioactive residues and other wastes, but excluding stones stripped or dug out in mining (gangue and acid or alkaline stones not included). A stone is acid or alkaline depending on the pH value of the water below 4 or above 10.5 when the stone is in, or soaked by, the water.

Hazardous Wastes refers to those included in the national hazardous wastes catalogue or specified as any one of the following properties in the national hazardous wastes identification standards: explosive, ignitable, oxidizable, toxic, corrosive or liable to cause infectious diseases or lead to other dangers.

Industrial Solid Wastes Utilized refers to volume of solid wastes from which useful materials can be extracted or which can be converted into usable resources, energy or other materials by means of reclamation, processing, recycling and exchange (including utilizing in the year the stocks of industrial solid wastes of the previous year). Examples of such utilizations include fertilizers, building materials and road materials. The information shall be collected by the producing units of the wastes.

Ratio of Industrial Solid Wastes Utilized refers to the percentage of industrial solid wastes utilized over industrial solid wastes produced (including stocks of the previous years). It is calculated as:

Ratio of industrial solid wastes utilized = volume of industrial solid wastes utilized / (industrial solid wastes produced + stock of previous years) 100%

Stocks of Industrial Solid Wastes refers to volume of solid wastes placed in special facilities or special sites for purposes of utilization or disposal. The sites or facilities should take measures against dispersion, loss, seepage, and air and water contamination.

Industrial Solid Wastes Disposed refers to quantity of industrial solid wastes which are burnt or placed ultimately in the sites meeting the requirements for environmental protection and not salvaged or recycled (including disposition in the year of those wastes of previous years). The disposition includes landfill (Safe landfills should be conducted for hazardous wastes), incineration, containment spaces, deep underground disposal, backfill in mining pits and disposal at sea.

Industrial Solid Wastes Discharged refers to volume of industrial solid wastes discharged by producing enterprises to disposal facilities or to other sites. The wastes exclude stones stripped or dug from mining (gangue and acid or alkaline waste stones not included).

Consumption Wastes Transported refers to volume of consumption wastes collected and transported to disposal factories or sites. Consumption wastes are solid wastes produced from urban households or from service activities for urban households, and solid wastes regarded by laws and regulations as urban consumption wastes, including those from households, commercial activities, markets, cleaning of streets, public sites, offices, schools, factories, mining units and other sources.

Ratio of Consumption Wastes Treated refers to consumption wastes treated over that produced. In practical statistics, as it is difficult to estimate, the volume of consumption wastes produced is replaced with that transported. It is calculated as:

Ratio of consumption wastes treated = (consumption wastes treated / consumption wastes produced) ×100%

Investment in Environment Pollution Harnessing Projects refers to the proportion of investment in fixed assets in the total investment in harnessing industrial pollution and in the construction of urban environment infrastructure facilities. It includes investment in harnessing sources of industrial pollution, investment in environment protection facilities designed concurrently with construction projects, and investment in urban environment infrastructure facilities.

第二十篇　公共管理及其他社会活动

Chapter 20 Publish Administration and Others

资料整理：廖捷

Database Editor:Liaojie

简 要 说 明

本篇资料的主要内容及来源

本篇主要反映全省社会福利，司法情况、交通事故、火灾事故等情况。主要内容包括社会福利事业的单位机构、社会福利救济、婚姻状况等。

本篇资料来源于省人力资源和社会保障厅、省民政厅、省司法厅、省安监局等。

本篇资料由省统计局社会和科技统计处整理提供。

Brief Introduction

Main Content and Source of Data

This chapter contain information that reflect the condition and natural resources and data on development of environment protection ,Social welfare ,the judicial conditions, basic statistics on traffic accidents and fires etc in Fujian. including natural resources and natural condition, total water resources ,atmospheric environment, solid waste, environment noise , eco- environment protection , natural disasters and investments in the treatment of environmental pollution control ; the number of institutions and personnel, social welfare relief, and marital status etc.

The above mentioned data are provide By the Provincial Human Resource and Social Guarantee Bureau,the Provincial Department of Civil Affairs and the Department of Public Security, the Provincial Meteorological Bureau,the Provincial Safety Supervision and Administration Bureau.

Data in this chapter are provided and compiled by the Division of Social, Science and Technology Statistics of Fujian Provincial Bureau of Statistics.

20-1 婚姻登记情况(2000-2015年)

Statistics of Marriages(2000-2015)

单位：对

年份 Year	结婚登记对数 Total number of Registered Marriages	内地居民登记结婚 Registered Marriages of Mainland	涉外及华侨、港澳台居民登记结婚 Regisered Marriages with Foreigner and the Citizen of Hong Kong,Macao,Taiwan	离婚登记对数 Total Number of Divorces	内地居民登记离婚 Divorces Marriages of Mainland	涉外及华侨、港澳台居民登记离婚 Divorces with Foreigner and the Citizen of Hong Kong,Macao,Taiwan
2000	261314	246171	15143	12035	11982	53
2001	252815	231327	21488	11546	11392	154
2002	256323	236695	19628	15321	15175	146
2003	280770	256112	24658	21541	21058	483
2004	294973	279488	15485	26515	25553	962
2005	272172	258551	13621	25786	23536	2250
2006	328698	314784	13914	35227	33759	1468
2007	350877	342916	7961	32646	30112	2534
2008	364892	356814	8078	33251	31414	1837
2009	360613	351989	8624	41441	40272	1169
2010	378792	371045	7747	43935	42703	1232
2011	382772	372761	10011	48413	47132	1281
2012	381887	371041	10846	56815	55467	1348
2013	395926	386043	9883	65007	63749	1258
2014	375330	368993	6337	70341	69168	1173
2015	349417	344309	5108	72589	71632	957

注：离婚对数不包括法院判决数。
Note:Number of divorce not including court number

20-2 社会救济与捐赠情况

Statistics of Social Relief and Donation

项目	Item	2010	2014	2015
社会救济	**Social Relief**			
城镇居民最低生活保障人数（人）	Number of Family Receiving Minimum Living Allowance in Urban Areas(household)	181530	146613	129477
#女性	Female	59498	53919	50814
#残疾人	Disabled Persons	19764	21615	20875
#“三无”人员	Persons without Stable Residence, Employment and Identity	8741	5320	4442
#老年人	Old People	35936	32556	33308
城市居民最低保障家庭数（户）	Number of Family Receiving Minimum Living Allowance in Urban Areas(household)	84876	82466	75518
城市低保资金全年计划支出（万元）	The Annual Plan Expenditure of Minimum Living Allowance in Urban Areas(10000 yuan)	28851	52929	53548
农村最低生活保障人数（人）	Number of Persons Receiving Minimum Living Allowance in Rural Areas(person)	713217	739188	716811
#老年人	Old People	174188	221104	227503
#女性	Female	194465	252564	260786
#未成年人	Minors	80935	78101	78654
#残疾人	Disabled Persons	85429	107910	103180
农村居民最低生活保障家庭数（户）	Number of Family Receiving Minimum Living Allowance in Rural Areas(household)	305692	378008	375987
社会捐赠	**Social Donation**			
直接接受捐赠情况	**Donation Directing Received**			
捐赠款数额（万元）	Donated Funds(10000 yuan)	124204.40	8476.90	616.80
捐赠其他物资价值（万元）	Valus of Other Materials Donated(10000 yuan)	294.00	5044.80	5.70
间接接受捐赠情况	**Donation Indirectly Received**			
捐赠款数额（万元）	Donated Funds(10000 yuan)	5277.90	163.70	
捐赠其他物资价值（万元）	Valus of Other Materials Donated(10000 yuan)	1.20	20.00	
受益人数（次）	**Persons Receiving Donation(time)**	**162286**	**192626**	**15514**
社会接收工作站、点数（个）	**Working Stations for Social Donation(unit)**	**1233**	**791**	**799**

注：2014年社会捐赠不含福建省慈善总会数据。
Note:The Social Donation is exclusive of the data of Fujian Charity Federation.

20-3 收养类社会福利事业单位机构情况(2010-2015年)

Basic Statistics on Social Welfare of Institutions(2010-2015)

单位：个 (unit)

项目	Item	2010	2011	2012	2013	2014	2015
城市养老服务机构	City endowment service agencies	68	129	153	171	112	118
农村养老服务机构	Rural endowment service agencies	601	739	820	767	94	94
光荣院	Homes for Disabled Veterans	58	57	57	56	50	26
社会福利院	Social Welfare Homes	85	70	73	73	69	66
儿童福利机构	Baby Welfare Homes	9	9	10	10	12	11
福利类精神病院和医院	Welfare psychiatric hospitals	14	15	15	14	14	13
复退军人精神病院	Mental Hospitals for Veterans	3	2	2	3	3	4
荣誉军人康复医院	Convalescent Hospitals for Honour Armymen	1	1	1	1	1	1

注：2014年起农村养老服务机构中不含未登记的乡镇敬老院。
Note:Since2014,The Rural endowment service agencies excludes village Gerocomium.

20-4 收养类社会福利事业单位情况(2015年)

Basic Statistics on Adopting Social Welfare Institutions(2015)

项目	Item	床位数（张） Number of Beds (set)	年末收养人数（人） Number of Persons Housed in the year-end (person)	社会（助理）工作师人数（人） Social(Assistant) Staff (person)
城市养老服务机构	City endowment service agencies	24252	10793	30
农村养老服务机构	Rural endowment service agencies	5534	2263	2
光荣院	Homes for Disabled Veterans	1737	529	8
社会福利院	Social Welfare Homes	11736	3670	85
儿童福利机构	Baby Welfare Homes	1504	838	19
福利类精神病院和医院	Welfare psychiatric hospitals	3441	3035	34
复退军人精神病院	Mental Hospitals for Veterans	844	814	3
荣誉军人康复医院	Convalescent Hospitals for Honour Armymen	250	100	3

20-5 主要年份社会保险情况

Basic Statistics on Social Insurance in Selected Years

项目	Item	2010	2014	2015
养老保险	**Pension Insurance**			
城镇企业职工养老保险	**Pension Insurance for Staff and Workers of Urban Enterprises**			
期末参加基本养老保险职工人数（万人）	Number of Employment Covered at the Year-end(10000 persons)	466.88	648.70	676.76
期末参加基本养老保险离退休人数（万人）	Retiress as Covered at the Year-end(10000 persons)	93.33	118.27	124.10
基本养老保险基金收入（亿元）	Revenue(100 million yuan)	149.55	362.95	372.47
基本养老保险基金支出（亿元）	Expenses(100 million yuan)	135.85	293.49	336.18
基本养老保险基金累计结余（亿元）	Balance(100 million yuan)	104.63	426.41	501.74
机关事业单位养老保险	**Pension Insurance for Government Agencies and Institutions**			
期末参加基本养老保险职工人数（万人）	Number of Staff Covered at the Year-end(10000 persons)	54.93	59.41	59.82
期末参加基本养老保险离退休人数（万人）	Number of Retirees at the Year-end(10000 persons)	20.13	21.89	22.99
基本养老保险基金收入（亿元）	Revenue(100 million yuan)	55.32	90.32	81.49
基本养老保险基金支出（亿元）	Expenses(100 million yuan)	52.65	85.42	97.78
基本养老保险基金累计结余（亿元）	Balance(100 million yuan)	36.60	63.85	75.39
城乡居民社会养老保险	**Social Endowment Insurance in Urban and Rural**			
期末参加基本养老保险的居民人数（万人）	Number of Staff Covered at the Year-end(10000 persons)		1473.01	1480.41
基本养老保险基金收入（亿元）	Revenue(100 million yuan)		58.14	73.78
基本养老保险基金支出（亿元）	Expenses(100 million yuan)		39.43	53.58
基本养老保险基金累计结余（亿元）	Balance(100 million yuan)		82.61	102.81
医疗保险	**Insurance for Medical Care**			
期末参加基本医疗保险人数（万人）	Number of Staff Covered at the Year-end(10000 persons)	1226.25	1292.97	1301.24
城镇职工	Urban Workers	554.67	737.25	759.38
城镇居民	Urban Non-Retirees employment	671.58	555.72	541.86
基本医疗保险基金收入（亿元）	Revenue(100 million yuan)	113.72	235.93	267.09
城镇职工	Urban Workers	106.22	216.24	244.59
城镇居民	Urban Non-Retirees employment	7.50	19.69	22.50
基本医疗保险基金支出（亿元）	Expenses(100 million yuan)	96.01	175.52	205.90
城镇职工	Urban Workers	88.96	158.36	184.90
城镇居民	Urban Non-Retirees employment	7.05	17.16	21.01
基本医疗保险基金累计结余（亿元）	Balance(100 million yuan)	174.86	365.60	426.79
城镇职工	Urban Workers	169.99	352.24	411.94
城镇居民	Urban Non-Retirees employment	4.87	13.36	14.86

20-5 续表
Continued

项目	Item	2010	2014	2015
基本医疗保险基金收缴率（%）	Insurance Paid Rate(%)	99.29	99.56	99.51
新型农村合作医疗保险	**New Type of Rural Social Pension Insurance**			
期末参加新型农村合作医疗保险人数（万人）	Number of Rural Social Pension Insurance at the Year-end (10000 persons)	2404.20	2531.42	2552.25
参合率（%）	Insurance Rate(%)	98.13	99.88	99.95
基金筹资总额（亿元）	Revenue(100 million yuan)	36.54	101.37	122.43
基本医疗保险基金支出（亿元）	Expenses(100 million yuan)	31.87	99.60	109.12
失业保险	**Unemployment Insurance**			
期末参加失业保险人数（万人）	Number of Population Covered at the Year-end(10000 persons)	374.18	524.08	546.27
期末领取失业保险金人数（万人）	Number of Beneficiaries Unemployment Insurance at the Year-end(10000 persons)	3.17	4.46	5.02
失业保险基金收入（亿元）	Revenue(100 million yuan)	11.63	34.80	34.54
失业保险基金支出（亿元）	Expenses(100 million yuan)	5.60	9.99	11.06
失业保险基金累计结余（亿元）	Balance(100 million yuan)	52.25	128.02	151.50
工伤、生育保险	**Insurance for Work Injury and Maternity**			
期末参加工伤保险的职工人数（万人）	Contributors of Work Injury Insurance at the Year-end (10000 persons)	417.74	627.33	691.03
工伤保险基金收入（亿元）	Revenue of Work Injury Insurance(100 million yuan)	5.90	21.97	19.39
工伤保险基金支出（亿元）	Expenses of Work Injury Insurance(100 million yuan)	2.86	10.62	13.01
工伤保险基金累计结余（亿元）	Balance of Work Injury Insurance(100 million yuan)	22.37	46.57	54.05
期末参加生育保险的职工人数（万人）	Beneficiaries of Maternity at the Year-end(10000 persons)	374.41	556.73	598.32
生育保险基金收入（亿元）	Revenue of Maternity Insurance(100 million yuan)	4.32	13.38	16.53
生育保险基金支出（亿元）	Expenses of Maternity Insurance(100 million yuan)	2.95	9.15	13.83
生育保险基金累计结余（亿元）	Balance of Maternity Insurance(100 million yuan)	8.18	22.72	25.42
商业保险	Commercial Insurance			
人身保险保费收入金额（亿元）	Personal Insurance Revenue(100 million yuan)	290.87	434.11	503.03
人身保险赔偿支出金额（亿元）	Personal Insurance Expenses(100 million yuan)	37.46	84.85	97.83
财产保险保费收入金额（亿元）	Poroperty Insurance Revenue(100 million yuan)	132.74	251.71	274.55
财产保险赔偿支出金额（亿元）	Poroperty Insurance Expenses(100 million yuan)	65.44	130.14	147.25

20-6 老龄事业发展情况

Basic Statistics on Old People

项目	Item	2010	2014	2015
老年维权	**Old People's Right-safeguarding**			
老年法律援助中心（个）	Old People Legal aid center(unit)	891	1013	1306
维权协调组织数（个）	Numbers of Right-safeguarding(unit)	1851	1642	2011
老年服务设施	**Old People Service Equipment**			
老年活动站/中心/室数（个）	Action Stations，Center，Room number(unit)	15166	17035	18332
老年福利	**Elderly Welfare**			
享受高龄补贴的老年人数（人）	Numbers of Age Allowance Old People(person)	197587	366736	518541
老年医疗护理机构	**Old People Medical care**			
老年医院（个）	Old People Hospitals(unit)	38	55	42
#床位数（张）	Beds(set)	2115	3407	3065
老年临终关怀医院（个）	Old People Hospice care Hospitals(unit)	6	41	33
#床位数（张）	Beds(set)	844	1818	1798
年底在院人数（人）	Numbers of Old People in Hospital(person)	396	949	954
老年群众组织	**Mass organizations of Old People**			
老年协会（个）	Elderly association(unit)	13827	15667	16072
参加人数（人）	Number of attendees(person)	2243303	2109225	2275301
老年基金会（个）	Elderly Foundation(unit)	470	356	261
事业投入经费（万元）	Funds(10000 yuan)	3370	7801	7588
其他老年社团组织（个）	Other Mass organizations(unit)	1164	833	512
参加人数	Number of attendees	261839	251672	247984
老年教育	**Older Education**			
老年大学个数（个）	Number of Older University (unit)	11268	11731	12032
在校人数（人）	Number of Old People Enrollment(person)	592429	924290	1041805

20-7 主要年份律师 公证 调解工作情况

Basic Statistics on Lawyers, Notarization and Mediation in Select year

项目 Item	2000	2005	2010	2013	2014	2015
律师工作 Lawyers						
律师事务所（个） Number of Law Office(unit)	269	333	454	564	607	660
专职律师（人） Full-time Lawyers(person)	1803	3115	4455	5960	6581	7211
兼职律师（人） Part-time Lawyers(person)	544	230	332	400	404	426
聘请常年法律顾问单位（个） Number of Units with Permanent Legal Advisors(unit)	8384	9889	12876	13339	15493	16310
律师业务情况 Status of Lawyers'Business						
民事诉讼（件） Civil Cases(case)	41213	56352	78765	85758	108258	128245
行政诉讼（件） Administrative Action(case)	2321	2221	2280	2185	2963	4010
非诉讼法律事务（件） Agent of Non-Litigious Legal Affairs(case)	14649	12259	10331	18079	13488	16905
解答法律咨询和代写法律事务文书（件） Agent of Legal Advisory Services (cases)	139391	129436	148256	148156	163599	180682
公证工作 Notarization						
公证处（个） Number of Notary Offices(unit)	95	94	90	90	90	90
公证人员（人） Notarial Personnel(person)	612	644	726	874	913	979
#公证员 Notaries	397	373	374	389	399	417
办理公证书（件） Number of Notarized Documents(piece)	400748	418052	422154	441989	458320	491618
国内公证 Domestic Notarization	108344	79364	130143	196209	202133	229152
涉外及港澳台 Notarization of Foreign-related,Hongkong, Macao & Taiwan Affairs	292404	338688	292011	245780	256851	262466
调解工作 Number of Mediation						
人民调解委员会（个） Number of People's Mediation Committees(unit)	17180	18354	18868	19404	19650	19817
调解人员（万人） Number of Mediators(10000 persons)	26.16	19.15	12.40	10.69	9.54	9.60
调解纠纷（万件） Number of Disputes Mediated(10000 cases)	15.87	14.52	15.30	13.68	15.86	17.26
专职司法助理员（人） Number of Full-time Judicial Assistants(person)	1103	1356	1842	2346	2496	2481

注：1.调解纠纷数不含口头达成协议。2.民事诉讼代理已包括经济诉讼代理.

Note:a)Disputes Mediated do mot exclude those mediated by oral agreements. b)The data Number of Lawyers in 2007 is the number of lawyers with license.

20-8 国内公证业务分类情况(2015年)

Domestic Notarial Services by Type(2015)

单位：件　　(piece)

项目	Item	办证件数 Number of Certificates Handling	项目	Item	办证件数 Number of Certificates Handling
合计	**Total**	**229152**	现场监督	Supervision	2534
合同（协议）	Contract(Agreement)	23250	#招标投标	Tendering and Bidding	1494
#买卖合同	Sales contract	4676	拍卖	Auction	189
赠与合同	Gift contract	6201	开奖、评选	Lottery and Selection	28
借款合同	Loan contract	1107	公司会议	Company meeting	62
租赁合同	Lease contract	43	抽签（摇号）	Draw	373
承揽合同	Hired work contract	1	保全证据	Evidence preservation	12070
建设工程合同	Construction project contract	222	公司章程	Article of association	270
委托合同	Agency appointment contract	2749	组织资格	Organize qualification	100
担保合同	Guaranty contract	420	财产权	Property right	39
土地使用权合同	Land user contract	33	身份	Identity	119
知识产权合同	IPR Contract	11	收养关系	Adoptive relationship	59
承包合同	The contract	211	婚姻状况	Marital status	259
企业经营合同	Business contract	18	亲属关系	Kinship	3350
劳动（劳务）合同	Labor contract	41	有无违法犯罪记录	Illegal and criminal record	295
其他合同	Other contract	845	其他有法律意义事实	Other legal facts	1515
合伙协议	Partnership agreement	70	#出生	Birth	389
财产分割协议	Division of property agreement	606	死亡	Death	159
财产约定协议	Property agreement	1062	生存、居住	Survival and living	42
扶养协议	Maintenance agreement	364	学历（学位）	Degree	229
出国留学协议	Studying abroad agreement	359	经历	Experience	119
拆迁安置协议	Resettlement agreement	26	职务（职称）	Title	35
赔偿协议	Compensation agreement	16	证书（执照）	Certificate(license)	1018
还款协议	Repayment agreement	541	签名（印章）	Certificate	39150
继承	Inheritance	29029	文本相符	Text consistent	20311
单方法律行为	Unilateral legal act	78235	赋予执行效力	Effectiveness	5971
#委托	Delegation	52521	执行证书	Perform certificate	1083
声明	Statement	18901	抵押登记	Mortgage registration	837
赠与	Bestowal	2886	提存	Escrow	717
遗嘱	Testament	2387	保管	Safekeeping	
保证（担保）	Guaranty	698	其他	Others	8941
承诺（要约）	Promise	92			

20-9 主要年份安全生产事故起数、损失额及伤亡情况

Number of Case,Damage and Death of Work Safety Accidents in Selected Years

项目	Item	2000	2005	2010	2013	2014	2015
事故起数（起）	**Number of Accident Case(unit)**	**65161**	**35249**	**16743**	**12110**	**11141**	**10139**
#工矿企业	Mineral Enterprises	336	381	209	151	149	132
生产经营性火灾	Fire	3839	8135	3649	3290	2998	2478
道路交通	Road Traffic	60719	26195	12714	8521	7860	7441
水上运输	Water Traffic	46	26	12	8	3	2
铁路交通	Railway Traffic	221	227	67	55	58	49
直接经济损失（万元）	**Amount of Direct Loss(10000 yuan)**	**25938**	**21644**	**18023**	**13975**	**13052**	**12282**
#工矿企业	Mineral Enterprises	2330	3436	2415	2480	2268	2159
生产经营性火灾	Fire	6915	6733	8728	6303	5610	5495
道路交通	Road Traffic	13686	9279	4756	3408	3280	2899
水上运输	Water Traffic	2900	1137	907	390	370	326
铁路交通	Railway Traffic	108		138	106	100	95
死亡人数（人）	**Death(person)**	**4631**	**4901**	**3239**	**2475**	**2348**	**2201**
#工矿企业	Mineral Enterprises	233	397	237	175	174	160
生产经营性火灾	Fire	99	97	50	35	34	31
道路交通	Road Traffic	4155	4125	2822	2138	2060	1955
水上运输	Water Traffic	27	35	5	9	1	2
铁路交通	Railway Traffic	117	145	47	35	35	33
受伤人员数（人）	**Population of Injured(person)**	**42868**	**28024**	**15254**	**9563**	**8863**	**7907**
#工矿企业	Mineral Enterprises	170	52	9	19	11	9
生产经营性火灾	Fire	175	86	18	9	8	8
道路交通	Road Traffic	42417	27696	15151	9501	8816	7871
水上运输	Water Traffic			18			
铁路交通	Railway Traffic	106	89	22	18	14	8

主要统计指标解释

社会福利事业单位　指集中收养社会孤老、残、幼的机构，包括由民政部门管理的社会福利院、儿童福利院、精神病人福利院和城镇集体举办的福利院及农村集体举办的敬老院以及优抚医院和具有收养能力的社区服务中心等。该指标主要反映我国在社会福利性单位投入的水平。

社会福利事业单位收养人数　包括民政部门管理和城镇、农村集体举办的社会福利事业单位中收养的老人、少年儿童、缺乏生活自理能力的残疾人员和精神病人。该指标主要反映收养性社会福利单位的收养能力。

社会福利企业单位　指以安置城镇有一定劳动能力的盲、聋、哑和肢体残疾人员就业为目的，享受国家减免税待遇的国有或集体企业。包括福利工厂、福利商业和服务业、假肢厂和安置农场等单位。该指标主要反映我国对残疾人照顾的特殊政策。

农村五保户　指农村中既无劳动能力，又无经济来源的老、弱、孤、残的农民，其生活由集体供养，实行保吃、保穿、保住、保医、保葬(孤儿保教)，简称“五保”，享受五保待遇的家庭叫五保户。该指标主要反映农村弱势群体的人员数量。

律师　指依法取得律师执业证书，担任法律顾问，民事(刑事、行政)案件代理人、刑事案件辩护人、办理非诉讼业务，解答法律询问，代写法律事务文书等，为社会提供法律服务的人员。

公证人员　指在公证处工作的人员总称，包括公证处主任、副主任、公证员、公证员助理(助理公证员)和其他从事辅助性工作的人员。

公证文书　指公证处根据当事人申请，依照事实和法律，按照法定程序制作的，具有法律效力的司法证明文书。根据公证书用途和使用地，公证书分为国内公证书、国内经济公证书、涉外民事公证书、涉外经济公证书四类。

Explanatory Notes on Main Statistical Indicators

Social Welfare Institutions refer to institutions taking care of old pople without children, handicapped people and orphans. They include social welfare institutions run by civil affairs departments, children welfare institutions, social welfare institutions for mental patients, collective-owned old peoples homes in rural areas, convalescent homes and community service centers with the capaCity of receiving those people. This indicator reflects the input in social welfare institutions.

Number of People Taken in by Social Welfare Institutions refers to the number of old people, children, totally dependent handicapped people and mental patients taken in by social welfare institutions run by civil affairs departments and those run by collective units in urban and rural areas. This indicator reflects the cap a City of social welfare institutions.

Social Welfare Enterprises are collective owned enterprises which employ the blind, deaf-mute, and other handicapped people who are able to work in cities and towns and enjoy exemption from state taxes, including welfare plants, welfare commercial services, artificial limb plants and farms, etc. This indicator reflects the preferential policies toward disabled persons.

Rural Households with Livelihood Guaranteed in Five Aspects refer to the households in which there are old people without child, orphans and handicapped people who are unable to work and without financial resources in rural areas. They are taken care of by the collective units and their food, clothing, housing, medical care, funeral expenses (or schooling for orphans) are guaranteed to be provided for. This indicator reflects the total number of disadvantageous groups of rural population.

Lawyers are certified legal workers according to law, and who are employed by legal counseling firms to act as legal advisers, agents in criminal or civil lawsuits, or defenders in criminal lawsuits, or to handle non-litigious legal affairs, to advise on matters of law or t o write legal papers for others, and provide service to the public.

Notary Personnel refers to people working for notary offices including: directors, deputy direct or, notaries, assistant notaries, and other people providing assistance.

Notary Documents refer to the judicatory notary documents drawn up by the request of the party and are in accordance with facts and laws and following certain legal proceedings. According to usage and locality, the notary documents are divided into following 4 types: domestic notary documents, domestic economic notary documents, foreign-related civil notary documents and foreign-related economic notary documents.

第二十一篇　企业调查

Chapter 21　Enterprise Survey

资料整理：王洵 吴锦洛 许红琳

Database Editor: Wangxun Wujinluo Xuhonglin

简 要 说 明

本篇资料的主要内容及来源

本篇资料主要包括工业、建筑业和贸易企业的主要企业名录。

销售额前 300 家工业企业由省统计局工业交通统计处整理提供，建筑业总产值前 300 家建筑企业由省统计局固定资产投资统计处提供，主营业务收入前 300 家贸易企业由省统计局贸易外经统计处提供。

Brief Introduction

Main Content and Source of Data

The data in this chapter mainly include main enterprises group in Industrial Enterprises, Construction Enterprises and Sale Enterprises.

Data on Industrial Enterprises before the three hunderdth by Main Operating Income are provided by the Division of Industry and Transport Statistics of Fujian Provincial Bureau of Statistics. Data on Construction Enterprises before the three hunderdth by Output Value Completed by self , are provided by the Division of Investment in Fixed Assets Statistics of Fujian Provincial Bureau of Statistics. Data on Sale Enterprises before the three hunderdth by Main Operating Income are provided by the Division of Trade and Extermal Economic Relations Statistics of Fujian Provincial Bureau of Statistics.

21-1 主营业务收入前300家工业企业(2015年)

Industrial Enterprises before the three hunderdth by Main Operating Income(2015)

位次 No.	企业名称 Name	位次 No.	企业名称 Name
1	福建省电力有限公司	51	腾龙芳烃（漳州）有限公司
2	福建联合石油化工有限公司	52	南靖万利达科技有限公司
3	中化泉州石化有限公司	53	福建省长汀金龙稀土有限公司
4	戴尔（中国）有限公司	54	福建奔驰汽车工业有限公司
5	友达光电（厦门）有限公司	55	福建省长乐市金源纺织有限公司
6	宸鸿科技（厦门）有限公司	56	福建省闽发铝业股份有限公司
7	冠捷显示科技（厦门）有限公司	57	国网福建长乐市供电有限公司
8	福建捷联电子有限公司	58	长乐力恒锦纶科技有限公司
9	福建鼎信镍业有限公司	59	龙岩烟草工业有限责任公司
10	紫金矿业集团股份有限公司	60	宁德新能源科技有限公司
11	正兴车轮集团有限公司	61	泉州福海粮油工业有限公司
12	福建省三钢（集团）有限责任公司	62	福建鑫海冶金有限公司
13	紫金铜业有限公司	63	福建铂阳精工设备有限公司
14	福建华映显示科技有限公司	64	联盛纸业(龙海)有限公司
15	福建鼎信科技有限公司	65	厦门烟草工业有限责任公司
16	宸美（厦门）光电有限公司	66	华阳电业有限公司
17	福建省金纶高纤股份有限公司	67	福建宁德核电有限公司
18	福建三宝特钢有限公司	68	鸿一粮油资源股份有限公司
19	特步（中国）有限公司	69	厦门中盛粮油集团有限公司
20	长乐恒申合纤科技有限公司	70	万利（中国）有限公司
21	达运精密工业（厦门）有限公司	71	金莱克（中国）体育用品有限公司
22	华映光电股份有限公司	72	福建省晋江福源食品有限公司
23	福建福欣特殊钢有限公司	73	中宇建材集团有限公司
24	中海福建天然气有限责任公司	74	联想移动通信科技有限公司
25	宝钢德盛不锈钢有限公司	75	福建省长乐市锦源纺织有限公司
26	福建奋安铝业有限公司	76	国网福建南安市供电有限公司
27	厦门银鹭食品集团有限公司	77	厦门天马微电子有限公司
28	翔鹭石化（漳州）有限公司	78	福建省正和钢管有限公司
29	连江清禄鞋业有限公司	79	厦门正新橡胶工业有限公司
30	厦门金龙联合汽车工业有限公司	80	福建凯邦锦纶科技有限公司
31	祥兴(福建)箱包集团有限公司	81	福建通达集团有限公司
32	捷星显示科技（福建）有限公司	82	捷太格特转向系统（厦门）有限公司
33	国网福建晋江市供电有限公司	83	中国重汽集团福建海西汽车有限公司
34	福建明辉电力系统有限公司	84	闽东赛岐经济开发区福华轧钢有限公司
35	福建吴航不锈钢制品有限公司	85	福建龙和食品实业有限公司
36	福建鼎信实业有限公司	86	飞毛腿（福建）电子有限公司
37	厦门金龙旅行车有限公司	87	福建省长乐市第二棉纺织厂
38	戴尔（厦门）有限公司	88	福建省马尾造船股份有限公司
39	福建元成豆业有限公司	89	福建省南平铝业有限公司
40	福建锦江科技有限公司	90	宁德时代新能源科技有限公司
41	厦门太古飞机工程有限公司	91	福建省辉源金属制品有限公司
42	泉州明恒纺织有限公司	92	福耀玻璃工业集团股份有限公司
43	福建三宝钢铁有限公司	93	泉州市燃气有限公司
44	福建百宏聚纤科技实业有限公司	94	莆田市鑫龙鞋业有限公司
45	福建龙净环保股份有限公司	95	明达实业(厦门)有限公司
46	福建三安钢铁有限公司	96	国网福建福安市供电有限公司
47	东南（福建）汽车工业有限公司	97	福建东山县海之星水产食品有限公司
48	福建省长乐市长源纺织有限公司	98	厦门市三安半导体科技有限公司
49	石狮市佳龙石化纺纤有限公司	99	厦门厦工机械股份有限公司
50	福建圣农发展股份有限公司	100	福建欧美龙体育用品有限公司

21-1 续表1
Continued

位次 No.	企业名称 Name	位次 No.	企业名称 Name
101	福州吴航钢铁制品有限公司	151	锐珂(厦门)医疗器材有限公司
102	厦门太古发动机服务有限公司	152	福建公元食品有限公司
103	欧浦登（顺昌）光学有限公司	153	喜得龙（中国）有限公司
104	福建省金盛钢业有限公司	154	福建恒利集团有限公司
105	安踏体育用品集团有限公司	155	福建经纬新纤科技实业有限公司
106	中铝瑞闽股份有限公司	156	石狮市大帝集团有限公司
107	福建金牛水泥有限公司	157	荣兴（福建）特种钢业有限公司
108	福建福日电子股份有限公司	158	福建省永安万年水泥有限公司
109	路达（厦门）工业有限公司	159	厦门中禾实业有限公司
110	福建三钢小蕉实业发展有限公司罗源分公司	160	三六一度（中国）有限公司
111	福建龙麟集团有限公司	161	福建福南铜材有限公司
112	华能国际电力股份有限公司福州电厂	162	福州利亚船舶工程有限公司
113	福州翔隆纺织有限公司	163	漳州蒙发利实业有限公司
114	如意情集团股份有限公司	164	兴业皮革科技股份有限公司
115	厦门厦顺铝箔有限公司	165	莆田市涵江区章圣鞋业有限公司
116	厦门钨业股份有限公司	166	漳州旗滨玻璃有限公司
117	福建大唐国际宁德发电有限责任公司	167	福建乐隆隆食品科技有限公司
118	纬恒(福建)轻纺有限公司	168	飞毛腿电池有限公司
119	福建星网锐捷通讯股份有限公司	169	福建雯峰珠宝有限公司
120	福建亿鑫钢铁有限公司	170	国网福建石狮市供电有限公司
121	福州德通容器有限公司	171	福建正麒高纤科技股份有限公司
122	福州开发区钜联鞋业有限公司	172	九牧厨卫股份有限公司
123	厦门船舶重工股份有限公司	173	厦门长塑实业有限公司
124	福建美明达鞋业发展有限公司	174	莆田市力天红木艺雕有限公司
125	福建南平太阳电缆股份有限公司	175	赛得利（福建）纤维有限公司
126	福建省福清供电有限公司	176	雀氏(福建)实业发展有限公司
127	漳州百佳实业有限公司	177	福建龙峰纺织科技实业有限公司
128	漳州傲农牧业科技有限公司	178	晋江新奥燃气有限公司
129	福建佳通轮胎有限公司	179	福州祥龙鞋业有限公司
130	福建省源威涤锦科技有限公司	180	厦门ABB开关有限公司
131	福建晋江天然气发电有限公司	181	福建省长乐市金磊纺织有限公司
132	福建华电可门发电有限公司	182	厦门ABB低压电器设备有限公司
133	福建东南造船有限公司	183	林德（中国）叉车有限公司
134	福建泉州宝辉珠宝首饰有限公司	184	厦门银祥油脂有限公司
135	乔丹体育股份有限公司	185	福建省长乐市华源纺织有限公司
136	福建罗源闽光钢铁有限责任公司	186	福建永强力加动力设备有限公司
137	中海福建燃气发电有限公司	187	福建翔升纺织有限公司
138	福建亚通新材料科技股份有限公司	188	周宁县和兴工贸有限公司
139	福建天辰耀隆新材料有限公司	189	福建永春县图图服饰有限公司
140	福建上杭太阳铜业有限公司	190	国网福建罗源县供电有限公司
141	国电泉州热电有限公司	191	厦门松下电子信息有限公司
142	厦门翔鹭化纤股份有限公司	192	蜡笔小新(福建)食品工业有限公司
143	宁德祥全工贸有限公司	193	厦门TDK有限公司
144	莆田市永丰鞋业有限公司	194	福建省长乐市正隆纺织有限公司
145	福建省东鑫石油化工有限公司	195	福建上润精密仪器有限公司
146	福建万华实业有限公司	196	福建思嘉环保材料科技有限公司
147	泉州市天纶纺织科技有限公司	197	福建省海安橡胶有限公司
148	福建省鸿山热电有限责任公司	198	厦门正新海燕轮胎有限公司
149	福建冠盖金属包装有限公司	199	福建冠福现代家用股份有限公司
150	福建省长乐市山力化纤有限公司	200	福建省轻工机械设备有限公司

21-1 续表2

Continued

位次 No.	企业名称 Name	位次 No.	企业名称 Name
201	柯林(福建)服饰有限公司	251	泉州闽华电器有限公司
202	石狮市雄豹狼服装发展有限公司	252	厦门阳光恩耐照明有限公司
203	福融辉实业（福建）有限公司	253	福建凯景新型科技材料有限公司
204	长乐力源锦纶实业有限公司	254	祥达光学（厦门）有限公司
205	福建统一马口铁有限公司	255	国网福建安溪县供电有限公司
206	立达信绿色照明股份有限公司	256	广福鑫（福建）有色金属工业有限公司
207	福建康宏股份有限公司	257	石狮市斯舒郎体育用品有限公司
208	漳州泉丰食品开发有限公司	258	通达（厦门）科技有限公司
209	福建浔兴拉链科技股份有限公司	259	三六一度(福建)体育用品有限公司
210	国电福州发电有限公司	260	福建省长乐市宝顺羽绒服装有限公司
211	厦门宏发电声股份有限公司	261	福建省名乐体育用品有限公司（中国）有限公司
212	福建圣农发展（浦城）有限公司	262	福建福贞金属包装有限公司
213	漳州灿坤实业有限公司	263	国网福建龙海市供电有限公司
214	长乐市聚泉食品有限公司	264	福建鑫华股份有限公司
215	福建省沙县侨丹实业有限公司	265	贝莱胜电子（厦门）有限公司
216	福建申达钢铁有限公司	266	国网福建惠安县供电有限公司
217	福建鼎立金属制品有限公司	267	福建福鼎海鸥水产食品有限公司
218	福建省晋江市浩沙制衣有限公司	268	首钢凯西钢铁有限公司
219	晋江市金莎珠宝首饰有限公司	269	福州百洋海味食品有限公司
220	福建力道鞋服有限公司	270	漳州一帆重工有限公司
221	福建省德化县佳美工艺品有限责任公司	271	辉煌水暖集团有限公司
222	漳州新格有色金属有限公司	272	福州福泰钢铁有限公司
223	福建省冠海造船工业有限公司	273	华昌珠宝有限公司
224	漳州大北农农牧科技有限公司	274	联港金属制品（福建）有限公司
225	福建省闽太消防水暖有限公司	275	厦门金鹭特种合金有限公司
226	福建省蓝建集团公司	276	福建福清核电有限公司
227	福建省永安林业（集团）股份有限公司	277	福建省长乐市华亚纺织有限公司
228	福州瑞华印制线路板有限公司	278	福建中锦新材料有限公司
229	申鹭达股份有限公司	279	漳州联盛纸业有限公司
230	玉晶光电(厦门)有限公司	280	福建谊辉光电科技有限公司
231	福建经纬集团有限公司	281	盈丰食品股份有限公司
232	腾龙特种树脂(厦门)有限公司	282	福建省长乐市金林生织造有限公司
233	正大（中国）服饰有限公司	283	福建省长乐市新华源纺织有限公司
234	福建达利食品集团有限公司	284	福建新华威化纤染织有限公司
235	莆田市集友艺术框业有限公司	285	福建三嘉钢铁有限公司
236	百威英博雪津啤酒有限公司	286	泉州瑞光珠宝有限公司
237	福建省台福食品有限公司	287	福建省青山纸业股份有限公司
238	福建新世纪电子材料有限公司	288	福建王斌装饰材料有限公司
239	福建宝德集团有限公司	289	东亚电力（厦门）有限公司
240	瓮福紫金化工股份有限公司	290	福建亚伦电子电器科技有限公司
241	福建日丰布业有限公司	291	珠穆朗玛（中国）有限公司
242	福建省长乐市金沙港针纺实业有限公司	292	福建华峰新材料有限公司
243	厦门通士达照明有限公司	293	福建石狮市富贵鸟集团有限公司
244	福建省晋江优兰发纸业有限公司	294	福州大通机电有限公司
245	福建省联盛纸业有限责任公司	295	贵人鸟股份有限公司
246	福建海壹食品饮料有限公司	296	晋江市锦福化纤聚合有限公司
247	福建省闽中有机食品有限公司	297	福州耀隆化工集团公司
248	厦门建松电器有限公司	298	漳州万利达生活电器有限公司
249	莆田标准木业有限公司	299	福建省长乐市泰源纺织实业有限公司
250	莆田市华港制油有限公司	300	晋江毅恒鞋材有限公司

21-2 建筑业总产值前300家企业(2015年)

Construction Enterprises before the three hunderdth by Output Value Completed by self(2015)

位次 No.	企业名称 Name	位次 No.	企业名称 Name
1	中建海峡建设发展有限公司	51	福建省同源建设工程有限公司
2	福建省泷澄建设集团有限公司	52	福建省南安市第一建设有限公司
3	福建六建集团有限公司	53	方圆建设集团有限公司
4	福建九鼎建设集团有限公司	54	福建博业建设集团有限公司
5	福建省闽南建筑工程有限公司	55	恒晟集团有限公司
6	中交一公局厦门工程有限公司	56	福建路桥建设有限公司
7	福建建工集团总公司	57	福建省泉州市东海建筑有限公司
8	福建省惠五建设工程有限公司	58	海峡金岸集团有限公司
9	福建宏盛建设集团有限公司	59	福建省泉发建设工程有限公司
10	福建省中马建设工程有限公司	60	福建联泰建设工程有限公司
11	福建省九龙建设集团有限公司	61	福建省桃城建设工程有限公司
12	福建省惠东建筑工程有限公司	62	福建省隆盛建设工程有限公司
13	福建省永泰建筑工程公司	63	中标建设集团股份有限公司
14	宏峰集团（福建）有限公司	64	福建省高华建设工程有限公司
15	福建省第五建筑工程公司	65	福建省吴航建筑工程有限公司
16	福建省永富建设集团有限公司	66	福建省百盛建设发展有限公司
17	福建省中木建设集团有限公司	67	福建省惠建发建设工程有限公司
18	福建省杭辉建设工程有限公司	68	福建省荔隆建设工程有限公司
19	福建省来宝建设工程有限公司	69	福建省榕源建设工程有限公司
20	福建二建建设集团公司	70	厦门中联建设工程有限公司
21	福建卓越建设工程开发有限公司	71	福建恒盛建筑集团有限公司
22	福建省八方建筑工程有限公司	72	石狮市协和建筑工程有限公司
23	福建一建集团有限公司	73	中铁二十四局集团福建铁路建设有限公司
24	福州建工(集团)总公司	74	福州市第三建筑工程公司
25	福建省恒基建设股份有限公司	75	福建省中嘉建设工程有限公司
26	中建三局（厦门）建设有限公司	76	福州三桥建筑工程有限公司
27	福建省安泰建筑工程有限公司	77	厦门中宸集团有限公司
28	鑫泰建设集团有限公司	78	福建磊鑫（集团）有限公司
29	福建路港（集团）有限公司	79	厦门特房建设工程集团有限公司
30	中铁十七局集团第六工程有限公司	80	福建发展集团有限公司
31	福建巨岸建设工程有限公司	81	福建华通路桥建设有限公司
32	福建璟榕工程建设发展有限公司	82	厦门思总建设有限公司
33	福建省透堡建筑工程有限公司	83	福建省海天建设工程有限公司
34	星华昌源集团有限公司	84	福建省海坛隧道建设工程有限公司
35	福建省东霖建设工程有限公司	85	飞阳建设工程有限公司
36	福建登凯成龙建设集团有限公司	86	福建省融旗建设工程有限公司
37	福建成森建设集团有限公司	87	中建富林集团有限公司
38	福建省晓沃建设工程有限公司	88	福建环宇建筑集团有限公司
39	福州市一建建设股份有限公司	89	厦门源昌城建集团有限公司
40	中交三航（厦门）工程有限公司	90	福建地矿建设集团公司
41	中建鑫宏鼎环境集团有限公司	91	福建省水利水电工程局有限公司
42	中铁二十二局集团第三工程有限公司	92	福建省中大工程建设有限公司
43	厦门安能建设有限公司	93	福建三建工程有限公司
44	福建省长乐市新纪建筑工程有限责任公司	94	福建省工业设备安装有限公司
45	中国水利水电第十六工程局有限公司	95	福建省第一公路工程公司
46	福建省隧道工程有限公司	96	福建省亿方建筑工程有限公司
47	中城建设有限责任公司	97	福建章诚隆建设工程有限公司
48	福建省华荣建设集团有限公司	98	福建省国泰建设有限公司
49	福建省涵城建设工程有限公司	99	福建省东风建筑工程有限公司
50	宏晖建设工程有限公司	100	福建华鸿建设工程有限公司

21-2 续表1
Continued

位次 No.	企业名称 Name	位次 No.	企业名称 Name
101	名筑实业集团有限公司	151	福建省惠一建设工程有限公司
102	中建远南集团有限公司	152	福建省长汀县第一建筑工程有限公司
103	福建省送变电工程有限公司	153	福建省永泰县第三建筑工程公司
104	福建凌志建设工程有限公司	154	厦门树鑫建设集团有限公司
105	中建（福建）建设有限公司	155	福建恒泰建设工程有限责任公司
106	永太建设集团有限公司	156	福建中联建设工程有限公司
107	厦门市建安集团有限公司	157	福建省土木建设实业有限公司
108	福建省华航建设工程有限公司	158	福建华建工程建设有限公司
109	福能联信建设集团有限公司	159	福建省大源建设工程有限公司
110	神州建设集团有限公司	160	福建省高德工程建设有限公司
111	福建省兴岩建设集团有限公司	161	中建大闽台建设发展有限公司
112	福建省惠三建设发展有限公司	162	福建惠丰建筑工程有限公司
113	福建荣建建设工程集团有限公司	163	福建闽盛建设工程有限公司
114	华盛置业集团建设工程有限公司	164	福建省中禹水利水电工程有限公司
115	福建士联建设有限公司	165	厦门市政工程公司
116	福建省盛威建设发展有限公司	166	福建省龙津建筑工程有限公司
117	福建省兴创建设集团有限公司	167	恒亿集团有限公司
118	福建省雄盛建筑工程有限公司	168	福建宏禹市政园林有限公司
119	厦门海投工程建设有限公司	169	厦门地山建设发展集团有限公司
120	福建名城建工有限公司	170	福建省上杭县宏庄建筑工程有限公司
121	福建联美建设集团有限公司	171	福建省金通建设集团有限公司
122	福建省正泰建设工程有限公司	172	福建勘察基础工程公司
123	福建普尔泰集团有限公司	173	福建省华厦建设发展有限公司
124	福建新华夏建工有限公司	174	福建省埕坤建设集团有限公司
125	福建省莆田市联发建筑工程有限公司	175	福建省双源路港园林有限公司
126	中闽建设有限公司	176	福建兴万祥建设集团有限公司
127	福建省长鸿建筑工程有限公司	177	福建闽清一建建设发展有限公司
128	福建省利恒建设工程有限公司	178	福州联丰建筑装饰工程有限公司
129	中交四航局第五工程有限公司	179	泉州市亿民建设发展有限公司
130	福建金鼎建筑发展有限公司	180	福建第二公路工程有限公司
131	福建省九建建筑工程有限公司	181	厦门集三建设集团有限公司
132	福建弘祥建设工程有限公司	182	福建省正辉建设工程有限公司
133	福建省凯源市政园林有限公司	183	福建省惠房建设工程有限公司
134	福建才溪建设集团有限公司	184	福建省中晟建设投资有限公司
135	福建中宏建设投资有限公司	185	福建大舟建设集团有限公司
136	福建京源建设工程有限公司	186	大成工程建设有限公司
137	厦门电力工程集团有限公司	187	福建省溪石建筑工程有限公司
138	福建省巨龙建设工程有限公司	188	福建屹立建设工程有限公司
139	福建省华辉建设发展有限公司	189	福建省莆田市老区建设工程有限公司
140	福建漳龙建投集团有限公司	190	福建宏岸建设工程有限公司
141	福建径坊建造工程有限公司	191	福建省邮电工程有限公司
142	福建恒声建设发展有限公司	192	中国武夷实业股份有限公司
143	福建亨立建设集团有限公司	193	福建省第一电力建设公司
144	福建蓝桥建设集团有限公司	194	莆田市建工投资集团有限公司
145	龙岩市西安建筑工程有限公司	195	福建联谊建筑工程有限公司
146	福建省天闽建筑装饰有限公司	196	福建省泰宁县金湖建设有限责任公司
147	福州亿力电力工程有限公司	197	福建省城乡建设工程有限公司
148	福建省亿鑫建设有限公司	198	福建省恒杰建筑工程有限公司
149	漳州市先行交通建设有限公司	199	福建福阳建筑工程有限公司
150	厦门市吉兴集团建设有限公司	200	福建恒富建设有限公司

21-2 续表2
Continued

位次 No.	企业名称 Name
201	福建省隆恩建设集团有限公司
202	福建省金正建设工程有限公司
203	三明客家源建设工程有限公司
204	福建省交建集团工程有限公司
205	福建省浦口建筑工程有限公司
206	福建兴港建工有限公司
207	福建省福圣建设发展有限公司
208	福建益新建筑工程有限公司
209	福建七建集团有限公司
210	福建兴艺建设集团有限公司
211	福建省兴盛建设工程有限公司
212	福建创邦建筑工程有限公司
213	福建龙舜建设工程有限公司
214	福建恒丰万骏建筑工程有限公司
215	福建新纪建设集团有限公司
216	福建省榕圣市政工程股份有限公司
217	福建省新华都工程有限责任公司
218	福建上河建筑工程有限公司
219	福建省闽楚建设工程有限公司
220	福建中森建设有限公司
221	厦门鲁班源屋营造有限公司
222	福建省南铝铝材工程有限公司
223	永同昌建设集团有限公司
224	永安市宏盛工程有限公司
225	福建建隆建筑工程有限公司
226	中泛建设集团有限公司
227	福建省才为建设工程有限公司
228	福建省八闽建设工程有限公司
229	福建省昊立建设工程有限公司
230	福建省汀江水电工程有限公司
231	福建景翔建设工程有限公司
232	中建力天集团有限公司
233	福州第七建筑工程有限公司
234	福建省富茂建筑工程有限公司
235	福建益建建筑工程有限公司
236	福建隆晟集团有限公司
237	福建旷宇建设工程有限公司
238	福建宏基建设工程有限公司
239	厦门市环海华建设集团有限公司
240	福建省顺安建筑工程有限公司
241	福建省龙芝建筑工程有限公司
242	福建省凯信建设工程有限公司
243	福建省日晟建设工程有限公司
244	中环建筑（福建）有限公司
245	福建省龙江建设有限公司
246	福建省麒麟建设工程集团有限公司
247	福建五岳建设工程有限公司
248	福建省东昇建设工程有限公司
249	福建省长龙建筑工程有限公司
250	福建省五洲建设发展有限公司
251	福建省富森建设工程有限公司
252	福建凤凰山装饰工程有限公司
253	福建省燕城建设工程有限公司
254	福建大华鑫建设工程有限公司
255	宏都建设集团有限公司
256	福建蓝海市政园林建筑有限公司
257	宁德市海军第六工程建筑处
258	福建金山建设工程有限公司
259	福建省上杭县广厦建筑工程有限公司
260	福州铁建建筑有限公司
261	福建省筑信工程建设有限公司
262	福建省永辉霞建设工程有限公司
263	福建省崇禹水利水电建设工程有限公司
264	厦门城健建设有限公司
265	宏建建工集团有限公司
266	福建省汤头建筑工程有限公司
267	福建永东南建设集团有限公司
268	福建城建建设有限公司
269	永安市华宇建设工程有限责任公司
270	龙岩市恒达工程有限公司
271	福建省闽鑫建设工程有限公司
272	福建省惠裕建设工程有限公司
273	厦门市捷安建设集团有限公司
274	福建祥瑞建设发展有限公司
275	福建省三明市阳光工程建设有限公司
276	福建求实建设工程有限公司
277	福建祥荣建设投资集团有限公司
278	福建根茂建筑有限公司
279	福建省华昊市政工程有限公司
280	厦门仙森园林景观工程有限公司
281	福建森磊建设有限公司
282	福建永旺建设集团有限公司
283	中建远大建设有限公司
284	福建省实盛建设工程有限公司
285	福建省强晟建设工程有限公司
286	福建省顺天亿建设有限公司
287	福建省华高建设工程有限公司
288	福建省中源建设工程有限公司
289	福州桂冠电力发展有限公司
290	福建省信通工程建设有限公司
291	福建省友诚建设有限公司
292	中耀建设（福建）有限公司
293	福建省成业建设工程有限公司
294	厦门万安智能有限公司
295	厦门第一建筑工程有限公司
296	福州闽龙铁路工程有限公司
297	福建元宏建筑工程有限公司
298	厦门市嘉颐建筑工程股份有限公司
299	福建省莆田市电力工程有限公司
300	厦门市亿雄建设集团有限公司

21-3 主营业务收入前300家贸易企业(2015年)

Sale Enterprises before the three hunderdth by Main Operating Income(2015)

位次 No.	企业名称 Name	位次 No.	企业名称 Name
1	厦门建发股份有限公司	51	晋江市进出口有限公司
2	中石化森美（福建）石油有限公司	52	福建省烟草公司莆田市公司
3	福建中烟工业有限责任公司	53	达芙妮投资（集团）有限公司
4	厦门国贸集团股份有限公司	54	厦门安踏有限公司
5	厦门象屿物流集团有限责任公司	55	大生（福建）农业有限公司
6	厦门信达股份有限公司	56	中国厦门国际经济技术合作公司
7	中国石油天然气股份有限公司福建销售分公司	57	厦门宝拓资源有限公司
8	华信石油有限公司	58	福建盛世欣兴格力贸易有限公司
9	福建省石油化工集团联合营销有限公司	59	福建大生控股有限公司
10	均和（厦门）控股有限公司	60	漳州路桥物资发展有限公司
11	福建省烟草公司泉州市公司	61	福建省烟草公司宁德市公司
12	福建闽海石化有限公司	62	厦门海沧保税港区供应链
13	福建炼油化工有限公司	63	晋江市深沪海上供油有限公司
14	中石化化工销售（福建）有限公司	64	福建柯普森物流发展有限公司
15	紫金矿业集团（厦门）销售有限公司	65	福建大生进出口有限公司
16	福建省福能电力燃料有限公司	66	厦门育哲进出口有限公司
17	中国石化销售有限公司福建石油分公司	67	福建三安集团有限公司
18	中石化炼油销售（福建）有限公司	68	中海石油气电集团有限责任公司福建贸易分公司
19	福建省烟草公司福州市公司	69	华东（福建）石油有限公司
20	厦门成大进出口贸易有限公司	70	福建新华发行（集团）有限责任公司
21	福建兴大进出口贸易有限公司	71	荣鑫盛(厦门)商贸有限公司
22	永辉超市股份有限公司	72	福建省长乐市泽源贸易有限公司
23	福建国能化工有限公司	73	福建南方建材发展有限公司
24	集岭（厦门）石化有限公司	74	中海石油福建新能源有限公司
25	福建省烟草公司漳州市公司	75	厦门港务贸易有限公司
26	厦门市嘉晟对外贸易有限公司	76	宸联（厦门）投资有限公司
27	福建信通贸易有限公司	77	福建阳光集团有限公司
28	福建创世化工有限公司	78	国投京闽（福建）工贸有限公司
29	福建省烟草公司厦门烟草分公司	79	晋江市大长江钢管贸易有限公司
30	盛屯金属有限公司	80	厦门信和达电子有限公司
31	福建海峡农博汇商业管理有限公司	81	国澳（厦门）实业有限公司
32	福建省烟草公司三明市公司	82	中油海峡（厦门）有限公司
33	福建石油化工集团华南联合营销有限公司	83	福建山野物流有限公司
34	厦门市信达安贸易有限公司	84	厦门佰年能源有限公司
35	福建省龙岩烟草分公司	85	福州中宝销售服务有限公司
36	福建省烟草公司南平市公司	86	厦门青岛啤酒东南营销有限公司
37	厦门特步投资有限公司	87	福建国海燃料有限公司
38	中化石油福建有限公司	88	福建山福国际能源有限责任公司
39	厦门市明穗粮油贸易有限公司	89	福建漳龙集团有限公司
40	厦门夏商农产品集团有限公司	90	福建漳龙三宝进出口有限公司
41	海西商品交易所有限公司	91	晋江锦兴贸易有限公司
42	福建闽侯永辉商业有限公司	92	福建省三农碳酸钙有限责任公司
43	福建三钢国贸有限公司	93	福建省福农农资集团有限公司
44	冠捷(福州保税区)贸易有限公司	94	福建省润通汽车销售服务有限责任公司
45	鑫东森集团有限公司	95	福建省商业（集团）有限责任公司
46	中储北方（厦门）油品国际贸易有限公司	96	中国石油天然气股份有限公司泉州销售分公司
47	厦门嘉联恒进出口有限公司	97	福州麦多万嘉超市有限公司
48	福州喜盈门实业有限公司	98	龙工（中国）机械销售有限公司
49	厦门万翔网络商务有限公司	99	厦门海投经济贸易有限公司
50	厦门轨道物资有限公司	100	厦门市鑫浩联合能源有限公司

21-3 续表1
Continued

位次 No.	企业名称 Name	位次 No.	企业名称 Name
101	福建福日实业发展有限公司	151	厦门市荣鑫行化工有限公司
102	富华（福建）能源有限公司	152	沃尔玛深国投百货有限公司福州山姆会员商店
103	福建省物资（集团）有限责任公司	153	福州联合闽津茶业有限公司
104	福建汇丰物流有限公司	154	福建省农资集团厦门公司
105	福建省榕江进出口公司	155	国药控股福建有限公司
106	中国航油集团福建石油有限公司	156	福建同春药业股份有限公司
107	均达升（厦门）控股有限公司	157	国药控股福州有限公司
108	福州民天实业有限公司	158	莆田启峰木业有限公司
109	厦门路桥工程物资有限公司	159	福州中维实业有限公司
110	厦门鑫通贸易有限公司	160	厦门大亮贸易有限公司
111	金潞（厦门）能源有限公司	161	福建中天药业有限公司
112	新华都购物广场股份有限公司	162	福建省南安市闽南建材第一市场有限公司
113	厦门古龙进出口有限公司	163	福建新中冠信息科技集团有限公司
114	福建三木建设发展有限公司	164	东琦（厦门）石化有限公司
115	晋江市恒丰进出口贸易有限公司	165	福建福泰钢铁有限公司
116	中国抽纱福建进出口公司	166	中国石油天然气股份有限公司福建厦门销售分公司
117	晋江辉豪化工有限公司	167	海诚（厦门）石油有限公司
118	中国石油天然气股份有限公司福建福州销售分公司	168	厦门宝欣企业有限公司
119	福建省超盛化工工贸有限公司	169	中国卷烟销售公司厦门卷烟调拨站
120	青拓实业集团有限公司	170	厦门维多利商贸有限公司
121	黑金（厦门）能源有限公司	171	中国石油天然气股份有限公司华南化工销售厦门分公司
122	福建裕华石油化工有限公司	172	福建省晋江市长城石化有限公司
123	厦门三安信达供应链管理有限责任公司	173	福建七匹狼实业股份有限公司
124	厦门华澄集团有限公司	174	福州朝畅贸易有限公司
125	福建匹克能源有限公司	175	厦门大正贸易有限公司
126	泉州新华都购物广场有限公司	176	福建新华都综合百货有限公司
127	厦门展志投资有限公司	177	福州国美电器有限公司
128	鹭燕(福建)药业股份有限公司	178	福建省南平市立远贸易有限公司
129	厦门启润实业有限公司	179	厦门百城商贸有限公司
130	厦门夏商粮食发展有限公司	180	福建鑫凯润实业有限公司
131	厦门华特沥青实业有限公司	181	漳州商贸集团有限公司
132	厦门恒兴集团有限公司	182	福建省晋江市电商发展有限公司
133	福建苏闽石油有限公司	183	福州永力通汽车贸易有限公司
134	厦门融银贸易有限公司	184	福建省家具进出口公司
135	厦门新五菱汽车销售有限公司	185	泉州亲亲商贸有限公司
136	福建华闽进出口有限公司	186	福建闽台农产品市场有限公司
137	三和进出口贸易（三明）有限公司	187	厦门新立基股份有限公司
138	福州开发区新电燃料有限公司	188	福清江阴港银河国际汽车进出口贸易有限公司
139	福建苏宁云商商贸有限公司	189	福建省医药有限责任公司
140	厦门华特集团有限公司	190	福州臻盛贸易有限公司
141	厦门象屿农林资源有限责任公司	191	泉州中国水暖城有限公司
142	福建省三明钢联有限责任公司	192	石狮市卡宾服饰发展有限公司
143	福建九州通医药有限公司	193	福建省莆田富力进出口有限公司
144	厦门东华兴工贸有限公司	194	厦门良和国际贸易有限公司
145	全骏达实业有限公司	195	福建省旅游贸易公司
146	厦门航空开发股份有限公司	196	福州常春药业有限公司
147	福建泉州市嘉晟供应链有限公司	197	北新集团厦门国际贸易有限公司
148	厦门海投供应链服务有限公司	198	厦门锦厦科技有限公司
149	福建省福润水泥销售有限公司	199	隆鑫集团（福建）有限公司
150	神华（福建）能源有限责任公司	200	厦门恒百润贸易发展有限公司

21-3 续表2
Continued

位次 No.	企业名称 Name	位次 No.	企业名称 Name
201	泉州港丰能源有限公司	251	斐乐服饰有限公司
202	厦门华融实业有限公司	252	石狮市龙整进出口贸易有限公司
203	厦门市金华穗商贸有限责任公司	253	泉州福宝汽车销售服务有限公司
204	阳光城集团股份有限公司	254	中海油销售福建有限公司
205	厦门中兵贸易有限公司	255	福州威石艺术品贸易有限公司
206	厦门市海澳石油有限公司	256	福建龙鼎化工有限公司
207	长乐国际机场航空油料有限责任公司	257	厦门益电能源股份有限公司
208	厦门夏商国际贸易有限公司	258	厦门海润进出口有限公司
209	凯盈（福建）进出口有限公司	259	厦门市嘉琳对外贸易有限公司
210	厦门中佰龙贸易有限公司	260	福建勉达国际贸易有限公司
211	泰地集团（厦门）石油有限公司	261	厦门国贸化纤有限公司
212	厦门创裕兴进出口贸易有限公司	262	厦门宾捷汽车有限公司
213	厦门森宝集团有限公司	263	厦门非金属矿进出口有限公司
214	福建省闽光现代物流有限公司	264	福州建发汽车销售服务有限公司
215	佳通轮胎（中国）投资有限公司福建分公司	265	中粮粮油厦门有限公司
216	厦门中艺抽纱进出口有限公司	266	福建省南安市华龙石油有限公司
217	福建省经贸发展有限公司	267	泉州市丰泽区新亚贸易有限公司
218	厦门市旺紫洲工贸有限公司	268	福建原动力汽车销售服务有限公司
219	厦门市稻贞科技有限公司	269	中国石油天然气股份有限公司福建漳州销售分公司
220	福州轻工进出口有限公司	270	斐乐体育有限公司
221	常升（厦门）石化有限公司	271	泉州市江滨商贸发展有限公司
222	尧山国际控股股份有限公司	272	厦门市中鹭达进出口有限公司
223	厦门市华东海石油仓储有限公司	273	厦门新华都购物广场有限公司
224	厦门宏仁医药有限公司	274	金光纸业（厦门）有限公司
225	厦门隆鑫泰贸易发展有限公司	275	泉州鹏润国美电器有限公司
226	厦门安踏贸易有限公司	276	厦门市东之星汽车销售有限公司
227	福建协兴实业有限公司	277	裕华能源（厦门）有限公司
228	泉州五矿（集团）公司	278	厦门新日精工贸易有限公司
229	宁德万达广场商业物业管理有限公司	279	福建省三明市浩伦园艺植保有限公司
230	厦门同歆贸易有限公司	280	福建省漳州市对外贸易有限责任公司
231	鸿程控股集团有限公司	281	中国石油化工股份有限公司福建龙岩石油分公司
232	丰昱（厦门）石化有限公司	282	福建省鑫保利商贸发展有限公司
233	道普（厦门）石化有限公司	283	厦门国贸实业有限公司
234	厦门盛恒通生物科技有限公司	284	福建省闽粮购销有限公司
235	福建阳光集团厦门进出口有限公司	285	福州福百祥壹玖伍捌文化创意园有限公司
236	福州之星汽车贸易有限公司	286	华信（福建）石油有限公司
237	福州龙泽投资有限公司	287	厦门苏宁云商销售有限公司
238	厦门合兴包装印刷股份有限公司	288	厦门佳煜贸易发展有限公司
239	晋江特步贸易有限公司	289	福州桦尔贸易有限公司
240	晋江昌博贸易有限公司	290	福州福杭电子有限公司
241	福州展纳贸易有限公司	291	福建益源废物利用股份有限公司
242	厦门市天虹商场有限公司	292	厦门富泰贸易有限公司
243	漳州兴路贸易有限公司	293	厦门夏商集团有限公司
244	晋江裕福集团有限公司	294	福建省龙润凯达石化有限公司
245	福建中农农业生产资料有限公司	295	福建金丰源贸易有限公司
246	厦门空港航星汽车维修服务有限公司	296	福建远翔贸易有限公司
247	福建省储备粮管理有限公司	297	福建广捷经贸有限公司
248	厦门嘉晟供应链股份有限公司	298	厦门海澳石化仓储有限公司
249	厦门正祥（集团）有限公司	299	福建省新世纪经贸发展有限公司
250	厦门中宝汽车有限公司	300	福雅宝（厦门）石化有限公司

第二十二篇　市县国民经济主要指标

Chapter 22　Main Economic Indicators of City Prefecture and County

资料整理：孙晶洁 李丽精 林增武 范李功 李君 陈思 张凤园 饶晓燕 吴新榕 林卿 连晓毅 王洵 廖捷 戴斌

Database Editor: Sunjingjie Lilijing linzengwu Fanligong Lijun Chensi Zhangfengyuan Raoxiaoyan Wuxinrong Linqing Lianxiaoyi Wangxun Liaojie Daibin

简 要 说 明

本篇资料的主要内容及来源

本篇资料反映了全省各市（县）经济社会事业发展基本情况，主要包括地区生产总值、人口、从业人员、农业、工业、投资、社会消费品零售总额、财政、职工工资和教育、卫生等方面的内容。

本篇资料由省统计局各相关专业处室整理提供。

Brief Introduction

Main Content and Source of Data

Data in this chapter show the development in society and economy of Urban districts or counties or cities on the county level, mainly including GDP, population, employed persons, agriculture, industry, investment, total retail sales of consumer good，finance, income of rural households, wage of staff and works, education and public health.

Data on this chapter are compiled and provided by the related department of Bureau of Fujian Provincial Bureau of Statistics.

22-1 地区生产总值（2015年）

Gross Domestic Products(2015)

单位：亿元 (100 million yuan)

地区	Area	地区生产总值 Gross Domestic Product	第一产业 Primary Industry	第二产业 Secondary Industry	第三产业 Tertiary Industry	工业 Industry	建筑业 Construction	人均GDP（元） Per Capita GDP(yuan)
全　省	**Fujian**	**25979.82**	**2118.10**	**13064.82**	**10796.90**	**10820.22**	**2268.86**	**67966**
福州市	**Fuzhou**	**5618.08**	**434.69**	**2449.55**	**2733.83**	**1875.26**	**580.40**	**75259**
福州市辖区	District under Fuzhou							
鼓楼区	Gulou	1132.57		232.69	899.88	71.83	161.79	157849
台江区	Taijiang	369.64		77.85	291.79	26.19	52.65	79067
仓山区	Cangshan	435.02	2.48	239.39	193.15	220.23	20.28	54378
马尾区	Mawei	392.40	5.32	249.08	138.00	229.13	20.59	157275
晋安区	Jin'an	499.75	4.05	177.01	318.69	113.08	64.33	59529
福清市	Fuqing	783.27	90.95	394.19	298.13	313.30	80.89	61169
长乐市	Changle	570.36	43.28	373.19	153.89	347.72	25.56	80107
闽侯县	Minhou	438.73	33.96	269.12	135.66	238.53	31.68	62810
连江县	Lianjiang	352.45	119.93	139.15	93.37	122.70	16.99	60925
罗源县	Luoyuan	181.05	33.68	112.02	35.35	105.39	6.87	86835
闽清县	Minqing	141.20	25.49	77.90	37.80	65.39	12.58	59578
永泰县	Yongtai	130.92	39.60	49.49	41.83	12.72	36.77	52159
平潭县	Pingtan	189.62	35.95	58.47	95.20	9.05	49.42	44616
厦门市	**Xiamen**	**3466.03**	**23.93**	**1511.28**	**1930.82**	**1287.44**	**239.22**	**90379**
厦门市辖区	District under Xiamen							
思明区	Siming	1057.66	1.40	147.44	908.83	79.70	67.73	107159
海沧区	Haicang	511.71	1.44	325.54	184.73	294.72	30.82	155772
湖里区	Huli	774.12	0.20	358.68	415.24	329.64	44.42	76608
集美区	Jimei	494.11	2.26	251.43	240.42	206.74	44.68	77386
同安区	Tong'an	250.89	10.10	137.91	102.88	118.35	19.56	46461
翔安区	Xiang'an	377.54	8.53	290.28	78.72	258.29	32.00	114233
莆田市	**Putian**	**1655.60**	**115.12**	**949.29**	**591.20**	**782.78**	**179.47**	**57888**
莆田市辖区	District under Putian							
城厢区	Chengxiang	284.69	10.71	123.80	150.18	86.85	38.37	66594
涵江区	Hanjiang	401.72	16.02	276.03	109.66	253.81	26.46	83258
荔城区	Licheng	330.38	17.11	197.55	115.71	161.27	38.88	64151
秀屿区	Xiuyu	329.07	40.71	192.90	95.47	143.04	52.25	56155
仙游县	Xianyou	309.74	30.56	159.01	120.18	137.81	23.50	36483
三明市	**Sanming**	**1713.05**	**252.08**	**875.16**	**585.80**	**705.22**	**169.94**	**67978**
三明市辖区	District under Sanming							
梅列区	Meilie	227.21	4.03	115.51	107.67	103.53	11.97	126935
三元区	Sanyuan	121.78	12.36	64.23	45.19	52.30	11.93	61044
永安市	Yong'an	314.58	27.94	183.44	103.20	163.50	19.95	90138
明溪县	Mingxi	58.58	14.00	26.20	18.37	19.73	6.47	57714
清流县	Qingliu	80.86	15.49	39.69	25.67	27.46	12.23	59675
宁化县	Ninghua	108.64	25.55	48.13	34.97	32.82	15.31	39079
大田县	Datian	157.22	28.02	81.98	47.22	71.16	10.82	50391
尤溪县	Youxi	188.07	47.51	81.68	58.88	61.93	19.75	53127
沙县	Shaxian	191.16	27.09	102.73	61.34	87.22	15.51	83476
将乐县	Jiangle	101.88	16.64	53.98	31.25	38.80	15.19	68147
泰宁县	Taining	82.98	15.76	36.66	30.55	26.50	10.16	74422
建宁县	Jianning	80.09	17.69	40.92	21.48	20.28	20.64	65918
泉州市	**Quanzhou**	**6137.71**	**178.46**	**3679.70**	**2279.55**	**3282.59**	**399.30**	**72421**
泉州市辖区	District under Quanzhou							
鲤城区	Licheng	376.55	0.11	219.59	156.86	201.74	18.13	87672
丰泽区	Fengze	480.49	1.46	183.47	295.56	128.01	55.47	85725
洛江区	Luojiang	141.58	3.86	104.73	33.00	93.71	11.01	67904
泉港区	Quangang	333.40	10.52	230.80	92.08	195.26	35.54	102743
石狮市	Shishi	676.28	20.02	383.51	272.75	348.69	35.14	99526

22-1 续表

Continued

单位：亿元 (100 million yuan)

地区	Area	地区生产总值 Gross Domestic Product	第一产业 Primary Industry	第二产业 Secondary Industry	第三产业 Tertiary Industry	工业 Industry	建筑业 Construction	人均GDP（元） Per Capita GDP(yuan)
晋江市	Jinjiang	1620.47	19.59	1032.44	568.43	971.45	62.25	78227
南安市	Nan'an	843.38	24.72	518.02	300.65	478.58	39.62	57353
惠安县	Hui'an	749.70	28.97	502.52	218.21	431.06	71.52	75766
安溪县	Anxi	424.03	36.67	226.01	161.35	197.65	28.43	42339
永春县	Yongchun	306.02	22.99	172.48	110.56	153.99	18.49	67036
德化县	Dehua	182.36	9.55	109.22	63.59	85.54	23.68	64438
漳州市	**Zhangzhou**	**2767.35**	**370.87**	**1343.12**	**1053.36**	**1118.00**	**225.12**	**55569**
漳州市辖区	District under Zhangzhou							
芗城区	Xiangcheng	464.18	8.04	204.54	251.60	165.63	38.91	79179
龙文区	Longwen	165.06	4.70	88.19	72.17	65.79	22.40	88582
龙海市	Longhai	640.33	57.54	363.61	219.18	297.08	66.53	68938
云霄县	Yunxiao	157.56	28.99	74.41	54.16	64.12	10.29	37757
漳浦县	Zhangpu	318.76	62.30	129.12	127.34	101.39	27.74	39083
诏安县	Zhao'an	189.20	39.28	83.54	66.38	70.84	12.70	31301
长泰县	Changtai	186.36	16.82	114.31	55.24	109.02	5.29	85525
东山县	Dongshan	156.30	30.86	74.28	51.16	64.99	9.29	71582
南靖县	Nanjing	212.21	44.57	104.15	63.49	93.91	10.24	62332
平和县	Pinghe	172.72	51.74	53.25	67.74	40.47	12.78	34403
华安县	Hua'an	104.65	26.04	53.71	24.90	44.76	8.95	64380
南平市	**Nanping**	**1339.43**	**289.23**	**578.09**	**472.11**	**428.05**	**150.06**	**50929**
南平市辖区	District under Nanping							
延平区	Yanping	277.06	35.04	137.96	104.06	82.06	55.91	58824
建阳区	Jianyang	151.81	32.86	75.25	43.70	62.62	12.63	50603
邵武市	Shaowu	191.98	30.90	92.34	68.74	78.78	13.56	70194
武夷山市	Wuyishan	138.88	24.54	55.54	58.80	32.02	23.52	59991
建瓯市	Jian'ou	198.67	51.27	77.89	69.51	58.30	19.59	44002
顺昌县	Shunchang	90.91	19.86	34.03	37.02	27.79	6.24	48485
浦城县	Pucheng	118.84	31.33	45.83	41.68	36.09	9.75	39946
光泽县	Guangze	78.46	36.89	23.85	17.72	21.20	2.65	58772
松溪县	Songxi	42.86	12.38	16.19	14.29	12.28	3.91	36169
政和县	Zhenghe	49.96	14.16	19.21	16.59	16.91	2.30	30187
龙岩市	**Longyan**	**1738.49**	**200.62**	**914.82**	**623.05**	**726.57**	**188.25**	**66865**
龙岩市辖区	District under Longyan							
新罗区	Xinluo	637.73	25.51	379.55	232.67	311.34	68.21	89821
永定区	Yongding	198.23	29.48	101.06	67.70	82.79	18.26	55064
漳平市	Zhangping	186.19	25.37	83.49	77.33	63.91	19.58	77579
长汀县	Changting	168.87	28.34	81.67	58.86	60.29	21.38	42323
上杭县	Shanghang	251.92	31.62	142.23	78.06	109.29	32.94	67903
武平县	Wuping	146.65	31.32	61.89	53.45	43.97	17.92	53327
连城县	Liancheng	148.86	28.97	64.93	54.96	54.98	9.95	60759
宁德市	**Ningde**	**1487.36**	**253.09**	**759.96**	**474.31**	**624.17**	**137.20**	**52006**
宁德市辖区	District under Ningde							
蕉城区	Jiaocheng	267.16	33.09	122.40	111.68	72.43	50.14	60409
福安市	Fu'an	354.86	43.86	221.48	89.53	202.39	19.53	62174
福鼎市	Fuding	305.83	41.27	186.63	77.93	171.25	15.78	57031
霞浦县	Xiapu	181.44	51.66	56.39	73.38	37.54	18.94	39125
古田县	Gutian	150.12	37.47	62.77	49.89	53.92	8.96	45796
屏南县	Pingnan	63.58	13.78	27.15	22.64	22.51	4.70	46290
寿宁县	Shouning	68.88	15.71	32.25	20.92	22.63	9.67	38882
周宁县	Zhouning	48.69	8.78	25.32	14.59	19.55	5.81	42174
柘荣县	Zherong	46.79	7.48	25.57	13.74	21.94	3.68	52426

22-2 地区生产总值指数（2015年）

Indices of Gross Domestic Products(2015)

单位：以上年为100 (preceding year=100)

地区	Area	地区生产总值 Gross Domestic Product	第一产业 Primary Industry	第二产业 Secondary Industry	第三产业 Tertiary Industry	工业 Industry	建筑业 Construction	人均GDP（元） Per Capita GDP(yuan)
全 省	**Fujian**	**109.0**	**103.7**	**107.4**	**112.3**	**107.0**	**110.1**	**108.0**
福州市	**Fuzhou**	**109.6**	**104.0**	**107.5**	**112.7**	**106.8**	**109.9**	**108.4**
福州市辖区	District under Fuzhou							
鼓楼区	Gulou	111.2		108.8	112.0	107.1	109.8	110.1
台江区	Taijiang	107.9		106.4	108.4	100.4	110.0	106.8
仓山区	Cangshan	111.3	101.8	109.7	113.8	109.7	110.0	110.4
马尾区	Mawei	106.4	100.9	101.9	117.8	101.4	109.9	105.3
晋安区	Jin'an	111.6	99.9	109.7	113.0	109.7	109.7	110.5
福清市	Fuqing	109.1	104.8	108.2	112.0	107.7	110.6	108.1
长乐市	Changle	109.1	104.1	108.1	113.8	108.0	110.1	108.1
闽侯县	Minhou	108.3	104.2	108.2	109.5	108.0	109.9	107.6
连江县	Lianjiang	108.8	104.8	109.7	111.4	109.6	110.3	107.8
罗源县	Luoyuan	106.0	104.1	101.5	126.7	101.0	110.3	105.0
闽清县	Minqing	108.8	104.3	108.5	112.5	108.2	110.6	107.7
永泰县	Yongtai	108.0	104.1	109.7	108.8	108.8	110.2	106.9
平潭县	Pingtan	111.8	103.4	110.4	116.0	110.2	110.4	107.8
厦门市	**Xiamen**	**107.2**	**99.3**	**108.2**	**106.2**	**107.9**	**107.9**	**105.3**
厦门市辖区	District under Xiamen							
思明区	Siming	107.0	619.3	103.9	107.5	103.4	104.5	105.8
海沧区	Haicang	107.5	102.2	108.6	104.5	105.6	166.5	104.2
湖里区	Huli	107.5		111.1	103.8	111.1	99.9	106.1
集美区	Jimei	108.1	94.6	105.6	112.4	105.1	108.1	105.8
同安区	Tong'an	105.0	94.9	108.9	100.1	106.9	125.2	102.9
翔安区	Xiang'an	106.9	104.5	108.1	100.5	110.7	87.3	104.5
莆田市	**Putian**	**110.5**	**102.0**	**110.5**	**112.1**	**110.3**	**111.1**	**109.7**
莆田市辖区	District under Putian							
城厢区	Chengxiang	110.0	92.3	109.2	112.2	110.2	107.0	109.2
涵江区	Hanjiang	110.7	101.7	110.8	111.7	110.2	119.6	110.0
荔城区	Licheng	110.9	101.1	109.6	114.8	110.2	107.1	110.1
秀屿区	Xiuyu	110.4	104.4	111.3	111.2	110.2	114.2	109.6
仙游县	Xianyou	110.0	103.7	111.1	110.3	111.4	109.3	109.2
三明市	**Sanming**	**108.5**	**103.7**	**108.7**	**110.2**	**108.4**	**110.3**	**108.0**
三明市辖区	District under Sanming							
梅列区	Meilie	106.0	103.9	105.7	106.5	106.2	100.7	106.0
三元区	Sanyuan	108.4	104.4	107.1	111.6	108.7	99.4	108.1
永安市	Yong'an	109.5	105.4	117.3	110.2	109.6	111.2	109.2
明溪县	Mingxi	108.6	102.5	109.0	112.4	109.1	108.8	108.0
清流县	Qingliu	108.3	104.1	109.9	108.0	107.8	116.6	107.9
宁化县	Ninghua	109.8	101.7	111.7	112.6	109.4	119.1	108.6
大田县	Datian	108.8	104.3	109.0	111.3	108.6	112.3	108.5
尤溪县	Youxi	108.9	102.9	108.5	115.0	109.3	105.2	108.6
沙县	Shaxian	108.8	105.2	109.8	108.3	108.6	119.1	108.3
将乐县	Jiangle	107.7	103.7	108.1	109.1	108.2	107.8	107.3
泰宁县	Taining	107.7	103.9	106.6	111.1	105.1	111.5	107.2
建宁县	Jianning	109.3	102.3	109.8	114.2	107.4	112.8	108.9
泉州市	**Quanzhou**	**108.9**	**101.9**	**108.3**	**110.5**	**108.1**	**110.3**	**107.9**
泉州市辖区	District under Quanzhou							
鲤城区	Licheng	107.9	93.3	107.3	108.7	107.0	110.2	106.4
丰泽区	Fengze	107.6	96.5	105.1	109.7	103.5	110.3	106.0
洛江区	Luojiang	109.4	98.2	110.4	107.3	110.3	110.8	107.5
泉港区	Quangang	110.1	101.1	111.0	108.9	111.1	110.3	109.8
石狮市	Shishi	110.2	104.6	110.1	110.7	110.1	110.0	108.5

22-2 续表
Continued

单位：以上年为100 (preceding year=100)

地区	Area	地区生产总值 Gross Domestic Product	第一产业 Primary Industry	第二产业 Secondary Industry	第三产业 Tertiary Industry	工业 Industry	建筑业 Construction	人均GDP（元） Per Capita GDP(yuan)
晋江市	Jinjiang	108.6	101.2	107.2	111.9	107.0	110.5	107.7
南安市	Nan'an	108.0	103.2	106.8	111.1	106.6	110.0	107.2
惠安县	Hui'an	110.4	101.6	111.6	108.7	111.8	110.3	109.0
安溪县	Anxi	108.0	101.7	108.4	108.3	108.2	110.3	107.4
永春县	Yongchun	109.5	103.6	110.6	108.6	110.7	110.2	109.4
德化县	Dehua	107.4	95.0	107.6	109.0	107.0	110.0	107.2
漳州市	**Zhangzhou**	**111.0**	**104.2**	**110.2**	**114.8**	**110.0**	**111.1**	**110.2**
漳州市辖区	District under Zhangzhou							
芗城区	Xiangcheng	110.8	96.6	109.1	113.1	110.7	101.2	110.3
龙文区	Longwen	113.0	97.1	111.1	117.5	111.6	109.4	112.3
龙海市	Longhai	112.4	103.7	113.1	113.4	110.7	129.1	111.5
云霄县	Yunxiao	113.2	105.4	114.1	116.6	113.3	119.7	112.4
漳浦县	Zhangpu	103.7	103.1	93.7	116.7	96.1	86.0	103.0
诏安县	Zhao'an	113.2	105.8	114.2	116.7	112.6	125.7	112.3
长泰县	Changtai	112.2	102.4	111.6	117.2	111.0	122.4	111.2
东山县	Dongshan	111.4	105.4	111.5	115.1	110.6	118.6	110.9
南靖县	Nanjing	111.2	103.5	112.0	115.9	111.4	118.5	110.4
平和县	Pinghe	110.7	105.9	112.2	113.4	113.5	107.8	109.9
华安县	Hua'an	111.7	106.0	112.6	114.0	114.0	106.4	111.0
南平市	**Nanping**	**109.1**	**104.5**	**108.5**	**112.3**	**108.1**	**110.0**	**108.7**
南平市辖区	District under Nanping							
延平区	Yanping	105.9	102.7	102.9	112.7	100.5	108.7	105.6
建阳区	Jianyang	109.6	104.2	110.2	111.9	109.3	115.5	106.5
邵武市	Shaowu	110.8	102.8	111.4	112.9	111.2	112.1	111.2
武夷山市	Wuyishan	109.7	104.0	109.1	112.0	108.6	109.9	109.2
建瓯市	Jian'ou	110.2	103.5	111.1	113.1	111.3	109.8	110.4
顺昌县	Shunchang	109.6	101.6	110.1	112.9	110.1	109.9	109.6
浦城县	Pucheng	109.8	108.4	110.9	109.3	112.0	105.7	110.1
光泽县	Guangze	110.2	107.0	111.3	112.4	111.3	111.6	108.5
松溪县	Songxi	109.6	104.0	111.0	112.3	111.5	108.6	109.6
政和县	Zhenghe	110.8	108.4	110.8	112.4	110.9	110.0	110.8
龙岩市	**Longyan**	**108.9**	**103.9**	**109.0**	**110.2**	**108.6**	**110.8**	**108.2**
龙岩市辖区	District under Longyan							
新罗区	Xinluo	107.3	104.0	106.5	109.5	105.9	110.2	105.8
永定区	Yongding	108.2	103.8	108.8	108.9	108.3	111.8	108.1
漳平市	Zhangping	109.5	103.6	110.4	110.0	110.3	110.9	109.3
长汀县	Changting	108.9	103.8	110.0	109.8	109.8	110.6	108.4
上杭县	Shanghang	112.3	104.0	114.1	111.8	115.0	110.5	112.2
武平县	Wuping	109.5	104.1	110.5	111.1	110.1	111.6	109.3
连城县	Liancheng	109.5	103.7	109.1	113.0	108.6	112.0	109.3
宁德市	**Ningde**	**108.6**	**104.5**	**109.4**	**109.1**	**109.4**	**109.8**	**108.1**
宁德市辖区	District under Ningde							
蕉城区	Jiaocheng	109.2	105.2	111.0	108.2	110.6	111.5	108.6
福安市	Fu'an	108.9	104.5	110.4	106.9	110.8	105.0	108.5
福鼎市	Fuding	109.1	105.7	109.5	109.4	109.9	105.8	108.7
霞浦县	Xiapu	108.4	104.6	108.2	110.5	107.5	109.8	108.1
古田县	Gutian	107.3	103.0	106.8	110.7	106.9	106.5	106.8
屏南县	Pingnan	108.2	104.0	107.4	111.5	106.9	110.3	107.4
寿宁县	Shouning	108.3	104.1	109.3	109.4	107.0	115.6	107.7
周宁县	Zhouning	109.0	104.3	110.6	108.4	108.5	118.2	105.7
柘荣县	Zherong	107.4	104.0	105.9	112.9	105.4	109.3	106.5

22-3 年末户籍统计人口数（2015年）

Total Population at the Year-end(2015)

单位：万人 (10000 persons)

地区	Area	年末户籍统计总人口 Total Population at the Year-end	按城乡分 By Residence		按性别分 By sex	
			非农业 Non-agriculture	农业 Agriculture	男 Male	女 Female
全　省	**Fujian**	**3720.69**	**1629.31**	**2091.38**	**1918.19**	**1802.50**
福州市	**Fuzhou**	**678.37**	**380.85**	**297.51**	**347.76**	**330.61**
福州市辖区	District under Fuzhou	199.96	191.58	8.38	99.24	100.72
鼓楼区	Gulou	57.64	57.64		28.68	28.95
台江区	Taijiang	32.62	32.62		16.22	16.39
仓山区	Cangshan	53.83	53.83		26.55	27.27
马尾区	Mawei	17.21	12.27	4.94	8.62	8.59
晋安区	Jin'an	38.67	35.24	3.43	19.16	19.51
福清市	Fuqing	134.42	56.74	77.68	69.38	65.04
长乐市	Changle	71.25	34.76	36.49	37.54	33.71
闽侯县	Minhou	66.47	28.83	37.64	34.25	32.23
连江县	Lianjiang	66.51	28.32	38.19	34.50	32.01
罗源县	Luoyuan	26.45	9.46	17.00	13.84	12.62
闽清县	Minqing	32.19	10.41	21.79	16.96	15.23
永泰县	Yongtai	38.00	9.79	28.21	20.21	17.79
平潭县	Pingtan	43.11	10.98	32.13	21.85	21.26
厦门市	**Xiamen**	**211.15**	**168.18**	**42.97**	**104.62**	**106.52**
厦门市辖区	District under Xiamen	211.15	168.18	42.97	104.62	106.52
思明区	Siming	73.02	73.02		35.66	37.36
海沧区	Haicang	16.68	14.20	2.49	8.21	8.47
湖里区	Huli	28.47	28.47		14.31	14.15
集美区	Jimei	24.26	20.69	3.56	12.05	12.21
同安区	Tong'an	35.83	19.40	16.42	17.93	17.90
翔安区	Xiang'an	32.90	12.40	20.50	16.46	16.43
莆田市	**Putian**	**344.26**	**131.18**	**213.08**	**175.93**	**168.34**
莆田市辖区	District under Putian	230.67	96.31	134.35	117.32	113.34
城厢区	Chengxiang	40.55	19.12	21.43	20.49	20.06
涵江区	Hanjiang	44.36	28.30	16.07	22.04	22.33
荔城区	Licheng	54.83	29.30	25.53	27.59	27.24
秀屿区	Xiuyu	90.92	19.59	71.33	47.21	43.71
仙游县	Xianyou	113.60	34.87	78.73	58.60	55.00
三明市	**Sanming**	**284.21**	**102.05**	**182.16**	**148.67**	**135.54**
三明市辖区	District under Sanming	28.25	22.66	5.59	14.28	13.97
梅列区	Meilie	14.23	12.90	1.33	7.14	7.08
三元区	Sanyuan	14.02	9.76	4.27	7.13	6.89
永安市	Yong'an	33.16	18.79	14.37	17.09	16.07
明溪县	Mingxi	11.82	3.77	8.05	6.13	5.69
清流县	Qingliu	15.60	4.67	10.92	8.14	7.46
宁化县	Ninghua	37.70	8.98	28.72	19.77	17.93
大田县	Datian	39.17	10.86	28.31	21.25	17.92
尤溪县	Youxi	44.05	10.40	33.65	23.60	20.45
沙县	Shaxian	26.66	9.41	17.25	13.74	12.92
将乐县	Jiangle	18.49	5.34	13.15	9.60	8.89
泰宁县	Taining	13.67	3.55	10.11	7.06	6.60
建宁县	Jianning	15.64	3.60	12.04	8.01	7.63
泉州市	**Quanzhou**	**722.45**	**350.77**	**371.68**	**374.03**	**348.42**
泉州市辖区	District under Quanzhou	107.51	72.80	34.71	54.24	53.27
鲤城区	Licheng	25.17	25.17		12.43	12.74
丰泽区	Fengze	23.53	23.53		11.52	12.01
洛江区	Luojiang	18.61	4.90	13.71	9.72	8.89
泉港区	Quangang	40.20	19.20	20.99	20.57	19.62
石狮市	Shishi	32.76	25.11	7.65	16.69	16.07
晋江市	Jinjiang	111.82	59.76	52.06	57.26	54.56

22-3 续表

Continued

单位：万人 (10000 persons)

地区	Area	年末户籍统计总人口 Total Population at the Year-end	按城乡分 By Residence		按性别分 By sex	
			非农业 Non-agriculture	农业 Agriculture	男 Male	女 Female
南安市	Nan'an	159.05	82.04	77.01	83.38	75.68
惠安县	Hui'an	100.60	45.72	54.88	50.48	50.12
安溪县	Anxi	118.42	28.22	90.19	63.26	55.16
永春县	Yongchun	59.08	27.15	31.93	31.12	27.96
德化县	Dehua	33.21	9.95	23.26	17.60	15.61
漳州市	**Zhangzhou**	**502.08**	**143.86**	**358.22**	**257.95**	**244.14**
漳州市辖区	District under Zhangzhou	59.27	38.73	20.54	29.43	29.84
芗城区	Xiangcheng	45.10	34.76	10.34	22.33	22.77
龙文区	Longwen	14.17	3.98	10.20	7.10	7.07
龙海市	Longhai	86.18	16.58	69.60	43.38	42.80
云霄县	Yunxiao	45.33	7.15	38.18	23.89	21.45
漳浦县	Zhangpu	89.84	26.31	63.53	46.20	43.64
诏安县	Zhao'an	65.09	9.12	55.97	34.00	31.09
长泰县	Changtai	20.63	3.74	16.89	10.47	10.16
东山县	Dongshan	21.53	11.28	10.25	10.84	10.69
南靖县	Nanjing	36.10	9.20	26.89	18.44	17.66
平和县	Pinghe	61.28	16.07	45.21	32.60	28.69
华安县	Hua'an	16.81	5.66	11.15	8.70	8.11
南平市	**Nanping**	**319.86**	**109.98**	**209.88**	**165.16**	**154.70**
南平市辖区	District under Nanping	85.80	36.01	49.78	25.91	24.43
延平区	Yanping	50.33	24.63	25.70	25.91	24.43
建阳区	Jianyang	35.46	11.38	24.08	18.19	17.27
邵武市	Shaowu	30.86	13.21	17.65	15.80	15.06
武夷山市	Wuyishan	24.06	9.80	14.26	12.25	11.80
建瓯市	Jian'ou	55.43	16.84	38.60	28.58	26.85
顺昌县	Shunchang	23.86	8.73	15.13	12.26	11.60
浦城县	Pucheng	43.36	9.53	33.83	22.36	20.99
光泽县	Guangze	16.46	4.57	11.89	8.59	7.87
松溪县	Songxi	16.69	4.85	11.84	8.68	8.01
政和县	Zhenghe	23.35	6.45	16.90	12.54	10.81
龙岩市	**Longyan**	**309.38**	**121.90**	**187.48**	**160.43**	**148.96**
龙岩市辖区	District under Longyan	101.73	49.80	51.93	25.80	25.48
新罗区	Xinluo	51.28	36.13	15.14	25.80	25.48
永定区	Yongding	50.45	13.67	36.78	26.29	24.16
漳平市	Zhangping	29.52	11.26	18.25	15.53	13.99
长汀县	Changting	52.93	18.50	34.43	27.93	25.00
上杭县	Shanghang	51.88	17.11	34.77	26.61	25.27
武平县	Wuping	39.11	14.69	24.41	20.24	18.87
连城县	Liancheng	34.22	10.54	23.68	18.02	16.19
宁德市	**Ningde**	**348.92**	**120.53**	**228.39**	**183.64**	**165.27**
宁德市辖区	District under Ningde	48.13	20.54	27.59	23.44	22.13
蕉城区	Jiaocheng	48.13	20.54	27.59	24.68	23.45
福安市	Fu'an	66.34	25.50	40.84	35.04	31.30
福鼎市	Fuding	59.43	19.41	40.02	30.93	28.50
霞浦县	Xiapu	54.38	18.02	36.36	28.77	25.61
古田县	Gutian	43.09	13.57	29.52	22.73	20.36
屏南县	Pingnan	19.13	5.40	13.74	10.25	8.89
寿宁县	Shouning	26.44	7.03	19.41	14.15	12.29
周宁县	Zhouning	21.09	7.09	14.00	11.36	9.73
柘荣县	Zherong	10.88	3.97	6.92	5.73	5.16

22-4 年末常住人口数（2015年）

Total Population at the Year-end(2015)

单位：万人 (10000 persons)

地区	Area	常住人口数 Total Population on Census	城镇人口 Urban	乡村人口 Rural	城镇化水平（%） Lever of Township (%)
全　省	**Fujian**	**3839.00**	**2403.30**	**1435.70**	**62.6**
福州市	**Fuzhou**	**750.00**	**507.38**	**242.62**	**67.7**
福州市辖区	District under Fuzhou	308.70	300.98	7.72	97.5
鼓楼区	Gulou	72.00	72.00		100.0
台江区	Taijiang	47.00	47.00		100.0
仓山区	Cangshan	80.30	80.30		100.0
马尾区	Mawei	25.10	18.09	7.01	72.1
晋安区	Jin'an	84.30	83.59	0.71	99.2
福清市	Fuqing	128.60	62.31	66.29	48.5
长乐市	Changle	71.50	34.00	37.50	47.6
闽侯县	Minhou	70.20	37.46	32.74	53.4
连江县	Lianjiang	58.10	25.54	32.56	44.0
罗源县	Luoyuan	20.90	9.07	11.83	43.4
闽清县	Minqing	23.80	9.11	14.69	38.3
永泰县	Yongtai	25.20	9.88	15.32	39.2
平潭县	Pingtan	43.00	19.03	23.97	44.3
厦门市	**Xiamen**	**386.00**	**343.11**	**42.89**	**88.9**
厦门市辖区	District under Xiamen	386.00	343.11	42.89	88.9
思明区	Siming	99.10	99.10		100.0
海沧区	Haicang	33.20	30.20	3.00	91.0
湖里区	Huli	101.50	101.50		100.0
集美区	Jimei	64.40	55.81	8.59	86.7
同安区	Tong'an	54.40	37.51	16.89	69.0
翔安区	Xiang'an	33.40	18.99	14.41	56.9
莆田市	**Putian**	**287.00**	**162.38**	**124.62**	**56.6**
莆田市辖区	District under Putian	201.80	127.14	74.66	63.0
城厢区	Chengxiang	42.90	29.50	13.40	68.8
涵江区	Hanjiang	48.40	37.88	10.52	78.3
荔城区	Licheng	51.70	36.38	15.32	70.4
秀屿区	Xiuyu	58.80	23.38	35.42	39.8
仙游县	Xianyou	85.20	35.24	49.96	41.4
三明市	**Sanming**	**253.00**	**142.36**	**110.64**	**56.3**
三明市辖区	District under Sanming	37.90	34.43	3.47	90.8
梅列区	Meilie	17.90	17.48	0.42	97.7
三元区	Sanyuan	20.00	16.95	3.05	84.7
永安市	Yong'an	35.00	23.23	11.77	66.4
明溪县	Mingxi	10.20	5.07	5.13	49.7
清流县	Qingliu	13.60	6.12	7.48	45.0
宁化县	Ninghua	28.10	11.43	16.67	40.7
大田县	Datian	31.30	14.83	16.47	47.4
尤溪县	Youxi	35.50	14.83	20.67	41.8
沙县	Shaxian	23.00	14.21	8.79	61.8
将乐县	Jiangle	15.00	7.80	7.20	52.0
泰宁县	Taining	11.20	5.32	5.88	47.5
建宁县	Jianning	12.20	5.09	7.11	41.7
泉州市	**Quanzhou**	**851.00**	**540.92**	**310.08**	**63.6**
泉州市辖区	District under Quanzhou	153.10	126.88	26.22	82.9
鲤城区	Licheng	43.20	43.20		100.0
丰泽区	Fengze	56.50	56.50		100.0
洛江区	Luojiang	20.90	11.49	9.41	55.0

22-4 续表

Continued

单位：万人　　　　(10000 persons)

地区	Area	常住人口数 Total Population on Census	城镇人口 Urban	乡村人口 Rural	城镇化水平(%) Lever of Township (%)
泉港区	Quangang	32.50	15.69	16.81	48.3
石狮市	Shishi	68.30	53.24	15.06	78.0
晋江市	Jinjiang	207.80	133.52	74.28	64.3
南安市	Nan'an	147.60	82.29	65.31	55.8
惠安县	Hui'an	99.50	54.88	44.62	55.2
安溪县	Anxi	100.50	42.77	57.73	42.6
永春县	Yongchun	45.80	26.45	19.35	57.8
德化县	Dehua	28.40	20.89	7.51	73.6
漳州市	**Zhangzhou**	**500.00**	**273.80**	**226.20**	**54.8**
漳州市辖区	District under Zhangzhou	77.50	69.13	8.37	89.2
芗城区	Xiangcheng	58.80	53.01	5.79	90.2
龙文区	Longwen	18.70	16.12	2.58	86.2
龙海市	Longhai	93.30	50.34	42.96	54.0
云霄县	Yunxiao	41.90	19.64	22.26	46.9
漳浦县	Zhangpu	81.90	39.77	42.13	48.6
诏安县	Zhao'an	60.70	25.17	35.53	41.5
长泰县	Changtai	21.90	11.43	10.47	52.2
东山县	Dongshan	21.90	12.15	9.75	55.5
南靖县	Nanjing	34.20	16.57	17.63	48.5
平和县	Pinghe	50.40	21.50	28.90	42.7
华安县	Hua'an	16.30	8.10	8.20	49.7
南平市	**Nanping**	**264.00**	**142.50**	**121.50**	**54.0**
南平市辖区	District under Nanping	78.00	48.40	29.60	62.1
延平区	Yanping	47.20	31.40	15.80	66.5
建阳区	Jianyang	30.80	17.00	13.80	55.3
邵武市	Shaowu	27.30	18.40	8.90	67.5
武夷山市	Wuyishan	23.20	12.90	10.30	55.5
建瓯市	Jian'ou	45.10	21.70	23.40	48.1
顺昌县	Shunchang	18.80	9.10	9.70	48.5
浦城县	Pucheng	29.70	13.50	16.20	45.5
光泽县	Guangze	13.40	6.00	7.40	45.0
松溪县	Songxi	11.90	5.30	6.60	44.2
政和县	Zhenghe	16.60	7.20	9.40	43.6
龙岩市	**Longyan**	**261.00**	**137.20**	**123.80**	**52.6**
龙岩市辖区	District under Longyan	107.50	63.30	32.20	58.9
新罗区	Xinluo	71.40	50.40	21.00	70.6
永定区	Yongding	36.10	16.00	20.10	44.3
漳平市	Zhangping	24.10	12.90	11.20	53.7
长汀县	Changting	40.00	18.50	21.50	46.2
上杭县	Shanghang	37.20	16.30	20.90	43.9
武平县	Wuping	27.60	12.60	15.00	45.7
连城县	Liancheng	24.60	10.50	14.10	42.6
宁德市	**Ningde**	**287.00**	**153.68**	**133.32**	**53.5**
宁德市辖区	District under Ningde	44.36	28.02	16.34	63.2
蕉城区	Jiaocheng	44.36	28.02	16.34	63.2
福安市	Fu'an	57.20	35.44	21.76	62.0
福鼎市	Fuding	53.75	30.72	23.03	57.2
霞浦县	Xiapu	46.45	20.84	25.61	44.9
古田县	Gutian	32.89	13.84	19.05	42.1
屏南县	Pingnan	13.80	5.75	8.05	41.7
寿宁县	Shouning	17.80	8.08	9.72	45.4
周宁县	Zhouning	11.80	5.64	6.16	47.8
柘荣县	Zherong	8.95	5.35	3.60	59.8

22-5 城镇单位年末从业人员数（2015年）

Persons Employed in Urban Units at the Year-end (2015)

单位：人 (person)

地区	Area	单位从业人员数 Number of persons Employed in Units	在岗职工 Number of Staff and Workers on the Job	国有 State-Owned Units	城镇集体 Urban Collective - Owned Units	其他 Units of Other Types of Ownerships	其他从业人员 Other Employed Persons
全　省	**Fujian**	**6630790**	**5674975**	**1327006**	**89423**	**4258546**	**955815**
福州市	**Fuzhou**	**1562770**	**1206786**	**296080**	**26582**	**884124**	**355984**
福州市辖区	District under Fuzhou	967454	687288	174652	11527	501109	280166
鼓楼区	Gulou	446007	301370	81973	2420	216977	144637
台江区	Taijiang	135634	71930	26763	1480	43687	63704
仓山区	Cangshan	144579	132533	29446	3596	99491	12046
马尾区	Mawei	109486	92974	10874	1131	80969	16512
晋安区	Jin'an	131748	88481	25596	2900	59985	43267
福清市	Fuqing	195887	178431	30397	1751	146283	17456
长乐市	Changle	99320	88870	17597	624	70649	10450
闽侯县	Minhou	92866	84521	26162	4945	53414	8345
连江县	Lianjiang	49316	42946	13475	1716	27755	6370
罗源县	Luoyuan	30627	27115	7234	970	18911	3512
闽清县	Minqing	42890	41105	8775	4577	27753	1785
永泰县	Yongtai	61037	37744	8297	472	28975	23293
平潭县	Pingtan	23373	18766	9491		9275	4607
厦门市	**Xiamen**	**1367698**	**1153272**	**146162**	**4599**	**1002511**	**214426**
厦门市辖区	District under Xiamen	1367698	1153272	146162	4599	1002511	214426
思明区	Siming	529138	399868	80942	2207	316719	129270
海沧区	Haicang	152023	134374	7387	253	126734	17649
湖里区	Huli	335292	294617	17685	305	276627	40675
集美区	Jimei	158262	149760	22690	961	126109	8502
同安区	Tong'an	86410	80909	11413	796	68700	5501
翔安区	Xiang'an	106573	93744	6045	77	87622	12829
莆田市	**Putian**	**497001**	**448857**	**79412**	**4480**	**364965**	**48144**
莆田市辖区	District under Putian	413996	371296	62128	3178	305990	42700
城厢区	Chengxiang	83194	74900	9712	725	64463	8294
涵江区	Hanjiang	111366	106241	10567	860	94814	5125
荔城区	Licheng	140843	119654	10268	345	109041	21189
秀屿区	Xiuyu	51034	48817	12451	868	35498	2217
仙游县	Xianyou	83005	77561	17284	1302	58975	5444
三明市	**Sanming**	**245206**	**215729**	**105095**	**10316**	**100318**	**29477**
三明市辖区	District under Sanming	84409	75337	26178	1513	47646	9072
梅列区	Meilie	53485	46111	22131	1194	22786	7374
三元区	Sanyuan	30924	29226	4047	319	24860	1698
永安市	Yong'an	32494	28210	13325	1208	13677	4284
明溪县	Mingxi	8565	6571	4556	318	1697	1994
清流县	Qingliu	20391	18264	6004	285	11975	2127
宁化县	Ninghua	13065	11200	8478	681	2041	1865
大田县	Datian	20677	18852	10584	3104	5164	1825
尤溪县	Youxi	18256	15432	10767	980	3685	2824
沙县	Shaxian	20602	18529	8353	1175	9001	2073
将乐县	Jiangle	10964	9790	7192	526	2072	1174
泰宁县	Taining	7777	6853	5024	178	1651	924
建宁县	Jianning	8006	6691	4634	348	1709	1315
泉州市	**Quanzhou**	**1505613**	**1439785**	**220981**	**14851**	**1203953**	**65828**
泉州市辖区	District under Quanzhou	372430	349059	101814	4016	243229	23371
鲤城区	Licheng	131712	121495	35816	516	85163	10217
丰泽区	Fengze	103564	100151	13354	1103	85694	3413
洛江区	Luojiang	42242	40780	3569	222	36989	1462
泉港区	Quangang	27361	25253	8701	470	16082	2108

22-5 续表

Continued

单位：人 (person)

地区	Area	单位从业人员数 Number of persons Employed in Units	在岗职工 Number of Staff and Workers on the Job	国有 State-Owned Units	城镇集体 Urban Collective - Owned Units	其他 Units of Other Types of Ownerships	其他从业人员 Other Employed Persons
石狮市	Shishi	119655	114279	6351	1031	106897	5376
晋江市	Jinjiang	387195	377595	24321	2687	350587	9600
南安市	Nan'an	136155	130839	28909	1989	99941	5316
惠安县	Hui'an	265603	257658	16417	1697	239544	7945
安溪县	Anxi	131178	125450	24015	1692	99743	5728
永春县	Yongchun	60425	53518	10715	959	41844	6907
德化县	Dehua	32972	31387	8439	780	22168	1585
漳州市	**Zhangzhou**	**551733**	**451877**	**126188**	**8636**	**317053**	**99856**
漳州市辖区	District under Zhangzhou	169023	131011	37576	1245	92190	38012
芗城区	Xiangcheng	132330	100045	33011	1219	65815	32285
龙文区	Longwen	36693	30966	4565	26	26375	5727
龙海市	Longhai	118663	92292	16754	1043	74495	26371
云霄县	Yunxiao	34579	26821	9685	563	16573	7758
漳浦县	Zhangpu	64790	53971	15265	1762	36944	10819
诏安县	Zhao'an	38042	30691	10401	880	19410	7351
长泰县	Changtai	42581	40814	6056	668	34090	1767
东山县	Dongshan	16645	13111	7477	216	5418	3534
南靖县	Nanjing	24561	22912	7930	638	14344	1649
平和县	Pinghe	24898	23899	10425	929	12545	999
华安县	Hua'an	17951	16355	4619	692	11044	1596
南平市	**Nanping**	**248160**	**209052**	**104839**	**5926**	**98287**	**39108**
南平市辖区	District under Nanping	103156	84754	39031	1299	44424	18402
延平区	Yanping	80953	65495	27590	856	37049	15458
建阳区	Jianyang	22203	19259	11441	443	7375	2944
邵武市	Shaowu	34406	29839	10283	804	18752	4567
武夷山市	Wuyishan	24792	20144	10951	857	8336	4648
建瓯市	Jian'ou	20829	18350	12052	1009	5289	2479
顺昌县	Shunchang	15128	12471	7385	827	4259	2657
浦城县	Pucheng	19853	16729	8501	524	7704	3124
光泽县	Guangze	8687	7973	5383	95	2495	714
松溪县	Songxi	9415	8143	5197	320	2626	1272
政和县	Zhenghe	11894	10649	6056	191	4402	1245
龙岩市	**Longyan**	**305614**	**264512**	**108185**	**7971**	**148356**	**41102**
龙岩市辖区	District under Longyan	129930	105829	53617	3244	48968	24101
新罗区	Xinluo	97994	77250	38338	1739	37173	20744
永定区	Yongding	31936	28579	15279	1505	11795	3357
漳平市	Zhangping	30479	28360	10773	1169	16418	2119
长汀县	Changting	49285	45334	11001	1818	32515	3951
上杭县	Shanghang	48881	44249	13945	177	30127	4632
武平县	Wuping	27277	23556	9563	747	13246	3721
连城县	Liancheng	19762	17184	9286	816	7082	2578
宁德市	**Ningde**	**310076**	**254280**	**108734**	**5687**	**139859**	**55796**
宁德市辖区	District under Ningde	112603	77621	32701	520	44400	34982
蕉城区	Jiaocheng	112603	77621	32701	520	44400	34982
福安市	Fu'an	49882	45952	18255	1637	26060	3930
福鼎市	Fuding	61862	58964	13932	1102	43930	2898
霞浦县	Xiapu	18340	15001	10926	717	3358	3339
古田县	Gutian	26010	22651	9429	994	12228	3359
屏南县	Pingnan	9397	8161	5934	236	1991	1236
寿宁县	Shouning	12758	10215	7322	152	2741	2543
周宁县	Zhouning	9899	8309	5694	315	2300	1590
柘荣县	Zherong	9325	7406	4541	14	2851	1919

22-6 固定资产投资（不含农户）（2015年）

Fixed Asset Investment(Excluding Rural Households)(2015)

单位：亿元 (100 million)

地区	Area	固定资产投资（不含农户） Investment in Fixed Assets(Excluding Rural Households) 投资额 Value	增长 Rate(%)	项目投资 Project Investment 投资额 Value	增长 Rate(%)	房地产开发 Real Estate Development 投资额 Value	增长 Rate(%)
全　省	**Fujian**	**21300.91**	**17.4**	**16831.30**	**24.0**	**4469.61**	**-2.1**
福州市	**Fuzhou**	**4853.61**	**10.6**	**3472.49**	**18.4**	**1381.12**	**-5.1**
福州市辖区	District under Fuzhou	2116.33	15.6	1386.89	25.2	729.45	0.8
鼓楼区	Gulou	449.05	12.1	375.57	7.8	73.48	40.8
台江区	Taijiang	389.57	14.9	278.15	26.0	111.42	-5.9
仓山区	Cangshan	493.67	15.1	163.61	55.1	330.06	2.1
马尾区	Mawei	273.80	26.2	185.64	22.6	88.17	34.5
晋安区	Jin'an	484.32	16.5	358.00	42.1	126.32	-22.9
福清市	Fuqing	765.48	19.1	658.73	23.0	106.75	-0.7
长乐市	Changle	447.22	13.3	343.25	10.6	103.97	23.2
闽侯县	Minhou	383.40	-28.4	215.67	-30.5	167.73	-25.5
连江县	Lianjiang	518.66	22.1	430.66	32.8	88.01	-12.3
罗源县	Luoyuan	137.34	-13.1	90.78	19.7	46.55	-43.4
闽清县	Minqing	62.00	25.5	42.85	20.6	19.16	38.0
永泰县	Yongtai	79.97	2.6	34.09	29.1	45.89	-11.0
平潭县	Pingtan	343.20	25.3	269.56	30.0	73.63	10.7
厦门市	**Xiamen**	**1887.65**	**20.8**	**1113.58**	**29.8**	**774.07**	**20.8**
厦门市辖区	District under Xiamen	1887.65	20.8	1113.58	29.8	774.07	20.8
思明区	Siming	236.24	2.0	111.59	8.2	124.65	-3.0
海沧区	Haicang	369.50	25.8	235.40	56.1	134.10	-6.2
湖里区	Huli	315.35	-2.0	207.19	4.4	108.16	-12.2
集美区	Jimei	383.25	28.0	170.91	16.6	212.34	39.1
同安区	Tong'an	226.92	40.3	143.41	37.5	83.51	45.4
翔安区	Xiang'an	356.39	40.3	245.08	58.4	111.31	12.0
莆田市	**Putian**	**1733.60**	**21.8**	**1317.65**	**22.4**	**415.94**	**19.9**
莆田市辖区	District under Putian	1453.80	21.0	1106.36	17.8	347.44	32.0
城厢区	Chengxiang	227.36	21.7	90.84	5.3	136.52	35.7
涵江区	Hanjiang	327.48	20.0	262.37	14.9	65.11	46.4
荔城区	Licheng	281.76	15.0	155.96	5.2	125.80	30.0
秀屿区	Xiuyu	605.95	23.9	585.93	25.3	20.02	-6.0
仙游县	Xianyou	279.80	26.3	211.29	53.3	68.51	-18.2
三明市	**Sanming**	**1912.02**	**19.3**	**1781.80**	**24.9**	**130.22**	**-26.3**
三明市辖区	District under Sanming	412.83	17.9	376.28	23.6	36.55	-20.0
梅列区	Meilie	148.37	10.4	113.72	21.4	34.66	-15.1
三元区	Sanyuan	171.08	20.0	169.19	22.9	1.89	-61.4
永安市	Yong'an	258.59	17.5	236.94	29.8	21.65	-42.3
明溪县	Mingxi	76.14	21.4	75.41	31.7	0.74	-86.6
清流县	Qingliu	91.07	19.0	89.62	25.9	1.45	-72.8
宁化县	Ninghua	153.70	20.5	138.33	26.8	15.37	-16.8
大田县	Datian	229.26	20.7	223.15	23.5	6.11	-34.4
尤溪县	Youxi	192.54	19.4	179.35	24.1	13.19	-20.9
沙县	Shaxian	206.76	20.2	192.66	25.5	14.11	-23.7
将乐县	Jiangle	108.34	19.8	94.07	23.6	14.26	-0.6
泰宁县	Taining	87.35	18.7	83.68	18.6	3.68	20.1
建宁县	Jianning	95.44	21.0	92.33	20.6	3.11	34.3
泉州市	**Quanzhou**	**3406.25**	**18.5**	**2724.66**	**29.8**	**681.59**	**-12.2**
泉州市辖区	District under Quanzhou	688.60	14.7	424.62	19.7	263.98	9.3
鲤城区	Licheng	130.20	12.4	96.33	27.1	33.87	-15.4
丰泽区	Fengze	276.83	15.1	81.46	-6.4	195.37	27.3
洛江区	Luojiang	85.45	15.0	65.65	55.3	19.80	-38.1

注：本表数据由各设区市上报。

Note:Data in this Table is Reported by Districts.

22-6 续表

Continued

单位：亿元 (100 million)

地区	Area	固定资产投资（不含农户） Investment in Fixed Assets(Excluding Rural Households) 投资额 Value	增长 Rate(%)	项目投资 Project Investment 投资额 Value	增长 Rate(%)	房地产开发 Real Estate Development 投资额 Value	增长 Rate(%)
泉港区	Quangang	196.12	18.3	181.18	21.2	14.94	-6.4
石狮市	Shishi	408.28	18.1	345.19	58.5	63.10	-50.6
晋江市	Jinjiang	886.56	18.3	711.20	23.9	175.36	0.4
南安市	Nan'an	498.35	19.8	460.49	31.1	37.85	-40.5
惠安县	Hui'an	434.50	20.3	386.87	34.2	47.63	-33.6
安溪县	Anxi	281.33	20.5	219.32	22.5	62.02	16.2
永春县	Yongchun	110.79	19.8	100.58	39.8	10.21	-49.0
德化县	Dehua	97.84	14.9	76.39	24.1	21.45	-8.8
漳州市	**Zhangzhou**	**2516.08**	**20.9**	**2013.57**	**25.1**	**502.51**	**6.4**
漳州市辖区	District under Zhangzhou	385.35	26.0	220.82	31.2	164.53	19.7
芗城区	Xiangcheng	177.95	27.6	140.90	45.9	37.05	-13.6
龙文区	Longwen	207.40	24.6	79.92	11.3	127.48	34.7
龙海市	Longhai	501.25	28.6	374.07	33.3	127.18	16.6
云霄县	Yunxiao	196.12	31.0	171.14	33.2	24.98	18.0
漳浦县	Zhangpu	324.06	15.7	235.25	32.4	88.81	-13.2
诏安县	Zhao'an	192.78	30.0	178.73	30.1	14.05	28.6
长泰县	Changtai	280.08	17.5	252.64	22.0	27.44	-12.1
东山县	Dongshan	160.19	23.2	143.68	31.6	16.51	-20.9
南靖县	Nanjing	206.39	20.7	188.46	21.7	17.93	10.8
平和县	Pinghe	151.37	22.3	134.17	22.2	17.20	22.4
华安县	Hua'an	80.26	-20.0	76.38	-16.4	3.88	-56.8
南平市	**Nanping**	**1774.95**	**22.3**	**1622.13**	**24.7**	**152.82**	**1.9**
南平市辖区	District under Nanping	514.90	17.8	449.46	21.4	65.44	-2.5
延平区	Yanping	230.73	13.8	207.69	25.3	23.04	-37.7
建阳区	Jianyang	284.16	21.2	241.77	18.3	42.39	40.9
邵武市	Shaowu	344.70	30.5	321.48	30.5	23.22	30.5
武夷山市	Wuyishan	301.01	28.6	287.99	32.5	13.02	-21.4
建瓯市	Jian'ou	253.32	20.6	226.78	19.7	26.54	29.3
顺昌县	Shunchang	61.03	32.3	57.04	32.2	3.99	33.3
浦城县	Pucheng	130.15	4.3	123.05	2.0	7.11	71.9
光泽县	Guangze	48.71	30.4	43.64	43.3	5.07	-26.7
松溪县	Songxi	54.33	30.2	51.53	29.9	2.81	35.4
政和县	Zhenghe	66.80	20.0	61.17	39.9	5.63	-52.8
龙岩市	**Longyan**	**1900.06**	**21.9**	**1706.76**	**26.8**	**193.30**	**-8.9**
龙岩市辖区	District under Longyan	879.54	18.6	724.76	24.9	154.78	-3.9
新罗区	Xinluo	675.97	16.4	528.66	24.3	147.31	-5.1
永定区	Yongding	203.57	26.3	196.10	26.3	7.47	25.8
漳平市	Zhangping	173.71	20.7	167.60	25.8	6.11	-42.5
长汀县	Changting	203.22	23.0	196.56	27.5	6.66	-39.4
上杭县	Shanghang	215.96	28.6	209.66	28.5	6.31	26.4
武平县	Wuping	226.82	26.0	217.83	30.8	8.99	-33.2
连城县	Liancheng	200.81	25.8	190.36	28.0	10.45	-4.4
宁德市	**Ningde**	**1258.48**	**11.3**	**1020.44**	**19.1**	**238.03**	**-13.2**
宁德市辖区	District under Ningde	22.51	-49.7	22.51	-49.7		
蕉城区	Jiaocheng	337.11	7.5	228.56	25.4	108.55	-17.4
福安市	Fu'an	233.50	11.2	204.65	9.2	28.86	28.3
福鼎市	Fuding	266.63	24.8	213.28	32.3	53.35	1.7
霞浦县	Xiapu	117.97	4.2	91.63	34.0	26.34	-41.2
古田县	Gutian	70.24	10.5	59.28	15.0	10.97	-9.0
屏南县	Pingnan	43.11	28.3	42.44	47.8	0.67	-86.3
寿宁县	Shouning	63.47	17.6	59.78	18.1	3.69	9.5
周宁县	Zhouning	45.95	23.2	44.50	22.7	1.45	39.9
柘荣县	Zherong	57.99	22.0	53.82	17.6	4.17	138.2

22-7 城镇单位在岗职工平均工资（2015年）

Average Annual Wages of Staff and Worker on the Job in Urban Areas(2015)

单位：元 (yuan)

地区	Area	在岗职工平均工资 Total Wages of Staff and Workers on the Job	国有 State-Owned Units	城镇集体 Urban Collective-Owned Unit	其他 Units of Other Types of Ownerships	在岗职工平均工资比上年增长(%) Ratio(%)
全　省	**Fujian**	**58719**	**73714**	**54201**	**54183**	**8.3**
福州市	**Fuzhou**	**62478**	**77143**	**45469**	**58137**	**6.2**
福州市辖区	District under Fuzhou	63182	81422	43922	57882	4.8
鼓楼区	Gulou	65842	83932	49378	59876	1.4
台江区	Taijiang	63106	88214	46404	55217	-2.6
仓山区	Cangshan	59800	70618	45065	56921	13.3
马尾区	Mawei	61263	77318	49230	59241	7.7
晋安区	Jin'an	59784	80082	34034	52660	13.3
福清市	Fuqing	59806	65358	62189	58554	8.7
长乐市	Changle	63830	68832	52751	62544	1.9
闽侯县	Minhou	64066	81867	39043	57085	12.0
连江县	Lianjiang	56966	70365	60168	50491	5.6
罗源县	Luoyuan	55598	66683	51285	51537	5.7
闽清县	Minqing	65178	65764	43303	66458	17.5
永泰县	Yongtai	60818	58800	54213	61603	24.7
平潭县	Pingtan	63373	76998		48219	6.2
厦门市	**Xiamen**	**64319**	**97898**	**57333**	**59663**	**5.9**
厦门市辖区	District under Xiamen	64319	97898	57333	59663	5.9
思明区	Siming	71299	106946	58863	63679	6.6
海沧区	Haicang	61987	89733	59828	60375	3.5
湖里区	Huli	61527	79605	53825	60270	4.6
集美区	Jimei	61023	87051	47982	56566	9.2
同安区	Tong'an	56530	86920	65179	50934	7.9
翔安区	Xiang'an	54759	106623	41947	50929	2.2
莆田市	**Putian**	**52385**	**69584**	**51660**	**48615**	**2.7**
莆田市辖区	District under Putian	51310	67168	48870	49134	1.3
城厢区	Chengxiang	48876	65487	44971	46536	0.8
涵江区	Hanjiang	46765	72474	51841	43844	8.9
荔城区	Licheng	54477	74197	65672	52604	3.2
秀屿区	Xiuyu	56786	57864	42480	56757	8.3
仙游县	Xianyou	46377	57850	53658	42305	-11.5
三明市	**Sanming**	**57807**	**63789**	**49830**	**52081**	**11.0**
三明市辖区	District under Sanming	63813	73394	46568	58804	8.6
梅列区	Meilie	67217	76427	47145	59733	15.0
三元区	Sanyuan	57267	56009	44282	57723	4.8
永安市	Yong'an	57843	66594	46067	50176	8.6
明溪县	Mingxi	53678	57173	54583	44098	18.4
清流县	Qingliu	49665	59958	54028	44172	11.2
宁化县	Ninghua	62807	68291	50024	44274	33.0
大田县	Datian	49589	57921	43870	35347	11.5
尤溪县	Youxi	57187	58254	62945	52524	15.5
沙县	Shaxian	53696	61509	51047	46527	11.4
将乐县	Jiangle	55017	56097	58212	50444	9.3
泰宁县	Taining	55362	56027	66354	52179	12.4
建宁县	Jianning	54403	57048	60221	46523	12.9
泉州市	**Quanzhou**	**54044**	**75238**	**61584**	**49968**	**10.7**
泉州市辖区	District under Quanzhou	58149	76487	62831	50395	14.4
鲤城区	Licheng	45831	53984	69188	42213	10.5
丰泽区	Fengze	59398	78088	78729	55980	14.0
洛江区	Luojiang	45305	74726	62645	41904	8.9
泉港区	Quangang	58269	65944	34123	55059	13.7

22-7 续表

Continued

单位：元 (yuan)

地区	Area	在岗职工平均工资 Total Wages of Staff and Workers on the Job	国有 State-Owned Units	城镇集体 Urban Collective-Owned Unit	其他 Units of Other Types of Ownerships	在岗职工平均工资比上年增长(%) Ratio(%)
石狮市	Shishi	59723	73263	39708	59097	24.7
晋江市	Jinjiang	48520	84604	69991	45828	9.0
南安市	Nan'an	55601	71994	63685	50650	6.6
惠安县	Hui'an	55720	75452	52599	54180	5.5
安溪县	Anxi	53498	73459	71440	48688	5.2
永春县	Yongchun	49248	69169	68910	44060	9.9
德化县	Dehua	44082	62971	46373	36231	6.0
漳州市	**Zhangzhou**	**56237**	**69520**	**67671**	**50582**	**9.2**
漳州市辖区	District under Zhangzhou	58213	83152	43229	48490	7.3
芗城区	Xiangcheng	59441	84103	42591	47849	29.1
龙文区	Longwen	53887	75600	72000	50251	-2.0
龙海市	Longhai	60973	73759	62602	58137	9.4
云霄县	Yunxiao	53332	60563	74197	48030	12.2
漳浦县	Zhangpu	54003	56108	71554	52111	7.5
诏安县	Zhao'an	46220	54208	60438	41221	15.9
长泰县	Changtai	54161	71473	89885	50143	6.0
东山县	Dongshan	59328	68852	110070	44814	19.6
南靖县	Nanjing	51021	67908	48503	41506	7.5
平和县	Pinghe	50298	56755	81369	41777	14.1
华安县	Hua'an	58355	65795	74441	54015	10.0
南平市	**Nanping**	**55076**	**63344**	**47916**	**46943**	**13.4**
南平市辖区	District under Nanping	58564	69164	50124	50169	11.3
延平区	Yanping	59777	72696	48643	51236	20.6
建阳区	Jianyang	54099	60483	52764	44016	13.7
邵武市	Shaowu	51237	65208	57968	43045	9.4
武夷山市	Wuyishan	53416	58200	37312	48874	14.8
建瓯市	Jian’ou	57951	61338	43612	53009	15.4
顺昌县	Shunchang	49615	56556	41362	39811	15.2
浦城县	Pucheng	54312	64879	59171	41881	10.6
光泽县	Guangze	52466	58046	51000	39667	12.4
松溪县	Songxi	52618	57709	50515	41825	19.9
政和县	Zhenghe	46240	51164	40553	39405	15.1
龙岩市	**Longyan**	**55438**	**63760**	**60901**	**48427**	**11.9**
龙岩市辖区	District under Longyan	61549	68903	73261	52358	5.6
新罗区	Xinluo	57833	71880	84951	49130	9.2
永定区	Yongding	52764	58063	60790	45221	14.5
漳平市	Zhangping	50051	59379	61081	42743	8.3
长汀县	Changting	47540	60598	56993	42390	7.8
上杭县	Shanghang	58658	63764	26236	56147	14.4
武平县	Wuping	47417	54881	39626	40859	12.6
连城县	Liancheng	47601	52269	45232	40734	23.8
宁德市	**Ningde**	**56625**	**59128**	**53245**	**54869**	**13.0**
宁德市辖区	District under Ningde	60859	64838	80780	58164	17.2
蕉城区	Jiaocheng	60859	64838	80780	58164	17.2
福安市	Fu'an	57891	60615	31549	57687	18.0
福鼎市	Fuding	56440	62737	64760	53943	8.0
霞浦县	Xiapu	52762	53076	49594	52525	17.1
古田县	Gutian	48715	55530	47896	43013	12.5
屏南县	Pingnan	50329	52148	81353	40117	12.6
寿宁县	Shouning	51782	55597	84114	40524	18.4
周宁县	Zhouning	50160	52569	42544	45530	13.1
柘荣县	Zherong	53596	48240	56067	62845	12.2

22-8 城乡居民人均可支配收入（2015年）

Annual Per Capita Disposable Income of Urban and Rural Households(2015)

单位：元 (yuan)

项目	Item	城镇居民人均可支配收入 Annual Per Capita Disposable Income of Urban Households		农村居民人均可支配收入 Per Capita Net Income of Rural Residence	
		数值 Value	增长（%）Ratio(%)	数值 Value	增长（%）Ratio(%)
全　省	**Fujian**	**33275**	**8.3**	**13793**	**9.0**
福州市	**Fuzhou**	**34982**	**7.8**	**15203**	**8.5**
福州市辖区	District under Fuzhou				
鼓楼区	Gulou	40835	8.6		
台江区	Taijiang	37789	7.8		
仓山区	Cangshan	32296	8.0		
马尾区	Mawei	38280	7.9	19815	8.4
晋安区	Jin'an	35602	7.4	15655	8.1
福清市	Fuqing	34959	8.1	17844	8.6
长乐市	Changle	36438	7.0	17360	8.5
闽侯县	Minhou	33151	6.9	14555	8.7
连江县	Lianjiang	28911	7.5	13833	8.9
罗源县	Luoyuan	26078	6.8	11954	8.0
闽清县	Minqing	24931	7.3	11447	8.2
永泰县	Yongtai	24095	7.5	11071	8.3
平潭县	Pingtan	30728	8.5	12648	9.1
厦门市	**Xiamen**	**42607**	**7.5**	**17558**	**8.2**
厦门市辖区	District under Xiamen				
思明区	Siming	51488	7.9		
海沧区	Haicang	38780	8.3	22010	7.2
湖里区	Huli	42314	6.6		
集美区	Jimei	37823	8.1	21340	7.3
同安区	Tong'an	35719	7.1	16270	8.3
翔安区	Xiang'an	29904	6.9	15732	8.4
莆田市	**Putian**	**29272**	**8.9**	**13882**	**8.2**
莆田市辖区	District under Putian				
城厢区	Chengxiang	33562	8.6	15663	8.8
涵江区	Hanjiang	27966	9.2	13545	7.9
荔城区	Licheng	32910	9.4	15497	8.4
秀屿区	Xiuyu	24526	8.9	14281	7.9
仙游县	Xianyou	24980	7.9	12573	8.2
三明市	**Sanming**	**27393**	**8.7**	**12806**	**9.8**
三明市辖区	District under Sanming				
梅列区	Meilie	31113	9.6	14070	9.1
三元区	Sanyuan	29336	7.5	14753	9.3
永安市	Yong'an	28534	8.3	13869	10.5
明溪县	Mingxi	23739	10.5	12102	10.7
清流县	Qingliu	23929	7.9	12328	8.1
宁化县	Ninghua	21993	8.1	11370	8.5
大田县	Datian	27225	8.8	12925	9.9
尤溪县	Youxi	26498	10.1	13213	10.3
沙县	Shaxian	28015	9.1	14524	10.1
将乐县	Jiangle	26592	8.6	12660	9.1
泰宁县	Taining	25363	7.9	12096	9.6
建宁县	Jianning	22318	7.7	11722	10.9
泉州市	**Quanzhou**	**37275**	**7.1**	**15861**	**8.7**
泉州市辖区	District under Quanzhou				
鲤城区	Licheng	37302	4.2		
丰泽区	Fengze	44323	6.5		
洛江区	Luojiang	32833	5.5	13499	8.6
泉港区	Quangang	28268	7.2	15595	9.0
石狮市	Shishi	47189	8.1	19623	9.6

22-8 续表

Continued

单位：元 (yuan)

项目	Item	城镇居民人均可支配收入 Annual Per Capita Disposable Income of Urban Households		农村居民人均可支配收入 Per Capita Net Income of Rural Residence	
		数值 Value	增长（%） Ratio(%)	数值 Value	增长（%） Ratio(%)
晋江市	Jinjiang	40035	8.0	18166	9.4
南安市	Nan'an	36566	7.3	16790	8.5
惠安县	Hui'an	35365	7.1	15970	8.7
安溪县	Anxi	25320	6.6	13015	8.5
永春县	Yongchun	26178	7.5	12549	9.2
德化县	Dehua	26987	7.7	11961	9.1
漳州市	**Zhangzhou**	**28092**	**9.1**	**13866**	**9.3**
漳州市辖区	District under Zhangzhou				
芗城区	Xiangcheng	30917	9.4	13846	9.2
龙文区	Longwen	32054	8.5	15074	9.5
龙海市	Longhai	28825	9.5	14571	9.1
云霄县	Yunxiao	25310	8.6	12758	9.0
漳浦县	Zhangpu	27924	9.2	14856	9.4
诏安县	Zhao'an	23746	8.0	12394	9.6
长泰县	Changtai	28627	10.0	14736	9.8
东山县	Dongshan	28143	9.1	16043	10.2
南靖县	Nanjing	26088	8.2	13012	8.5
平和县	Pinghe	25281	8.4	13504	8.7
华安县	Hua'an	26324	9.3	13650	8.9
南平市	**Nanping**	**26120**	**8.5**	**12264**	**9.0**
南平市辖区	District under Nanping				
延平区	Yanping	27395	8.9	13711	9.6
建阳区	Jianyang	26652	8.5	12356	9.9
邵武市	Shaowu	27457	8.6	14167	10.5
武夷山市	Wuyishan	27114	9.0	13415	10.4
建瓯市	Jian'ou	26252	7.2	13419	8.3
顺昌县	Shunchang	23426	7.9	11619	8.5
浦城县	Pucheng	24324	6.9	11287	8.0
光泽县	Guangze	23400	8.1	10557	8.7
松溪县	Songxi	23028	8.8	9376	10.9
政和县	Zhenghe	23223	7.8	9608	8.9
龙岩市	**Longyan**	**28218**	**7.9**	**13274**	**10.1**
龙岩市辖区	District under Longyan				
新罗区	Xinluo	31701	7.9	16027	9.4
永定区	Yongding	29952	7.1	14136	9.8
漳平市	Zhangping	26879	7.7	13385	9.2
长汀县	Changting	19747	8.2	11658	10.2
上杭县	Shanghang	30573	8.3	12912	10.8
武平县	Wuping	26187	8.9	12581	10.4
连城县	Liancheng	24230	6.4	11861	9.0
宁德市	**Ningde**	**26029**	**8.7**	**12391**	**9.6**
宁德市辖区	District under Ningde				
蕉城区	Jiaocheng	27076	8.0	12298	9.9
福安市	Fu'an	27600	9.1	12978	10.2
福鼎市	Fuding	27738	9.3	12651	9.9
霞浦县	Xiapu	25940	8.6	12533	10.5
古田县	Gutian	24381	7.9	13108	8.3
屏南县	Pingnan	21264	9.2	11091	9.4
寿宁县	Shouning	20238	7.9	10745	8.6
周宁县	Zhouning	22772	7.6	11556	9.5
柘荣县	Zherong	21322	7.3	11157	8.4

22-9 地方一般公共预算收入（2015年）

Budgetary Revenue of Local Government(2015)

单位：万元 (10000 yuan)

地区	Area	地方一般公共预算收入 Budgetary Revenue of Local Government	#增值税 Value-added Tax	#营业税 Business Tax	#企业所得税 Enterprises' Income Tax	#个人所得税 Individual Income Tax
全　省	**Fujian**	**25442357**	**2717512**	**6082414**	**3417230**	**948636**
福州市	**Fuzhou**	**5604635**	**584399**	**1247305**	**821341**	**299815**
福州市辖区	District under Fuzhou	1210438	161941	219953	277941	1061
鼓楼区	Gulou	375105	54999	49552	108890	
台江区	Taijiang	139694	17452	28601	32022	
仓山区	Cangshan	281609	27763	69025	50145	
马尾区	Mawei	182892	32723	22386	48162	1061
晋安区	Jin'an	231138	29004	50389	38722	
福清市	Fuqing	519517	58021	78624	73228	18203
长乐市	Changle	336452	36258	54434	27401	16980
闽侯县	Minhou	652193	47016	123621	48216	13163
连江县	Lianjiang	257358	17192	69544	43853	7509
罗源县	Luoyuan	108899	10366	41077	9393	5125
闽清县	Minqing	81119	11809	17185	12163	5483
永泰县	Yongtai	74827	4243	22282	9612	1868
平潭县	Pingtan	195421	13071	62638	21768	8295
厦门市	**Xiamen**	**6060967**	**793973**	**1316852**	**891538**	**279296**
厦门市辖区	District under Xiamen	1796312	198773	402162	280637	100018
思明区	Siming	515038	62506	112774	93804	56115
海沧区	Haicang	289028	32821	50617	40376	6918
湖里区	Huli	423331	50963	95063	69126	22675
集美区	Jimei	284327	21061	79813	46343	6791
同安区	Tong'an	140486	18926	29804	14804	4081
翔安区	Xiang'an	144102	12496	34091	16184	3438
莆田市	**Putian**	**1156473**	**155169**	**238914**	**133872**	**31400**
莆田市辖区	District under Putian	835593	114474	182986	105354	19740
城厢区	Chengxiang	210148	15417	52212	18169	6095
涵江区	Hanjiang	203230	27380	39095	25243	3533
荔城区	Licheng	227795	33456	58490	28331	6009
秀屿区	Xiuyu	194420	38221	33189	33611	4103
仙游县	Xianyou	183701	26844	34113	19026	4722
三明市	**Sanming**	**936821**	**94295**	**172569**	**57538**	**29605**
三明市辖区	District under Sanming	116826	8514	22447	6730	3981
梅列区	Meilie	76207	4436	15574	3996	2922
三元区	Sanyuan	40619	4078	6873	2734	1059
永安市	Yong'an	172142	17465	22610	12276	4193
明溪县	Mingxi	28286	3783	3834	2005	4382
清流县	Qingliu	34401	3589	5123	2472	768
宁化县	Ninghua	54688	2482	12980	3158	1517
大田县	Datian	68685	8383	10812	5501	1887
尤溪县	Youxi	73357	7752	12731	4116	2060
沙县	Shaxian	95186	6443	18794	4936	2237
将乐县	Jiangle	60828	5197	11006	3413	1087
泰宁县	Taining	30001	2156	6869	1803	720
建宁县	Jianning	28279	1595	5277	3172	775
泉州市	**Quanzhou**	**3883036**	**560867**	**762228**	**530822**	**135718**
泉州市辖区	District under Quanzhou	648195	120414	131515	71523	24289
鲤城区	Licheng	114489	15170	24153	18610	5167
丰泽区	Fengze	223972	18251	66684	26434	11789
洛江区	Luojiang	93319	11110	23963	9667	3128
泉港区	Quangang	216415	75883	16715	16812	4205
石狮市	Shishi	385015	44157	81330	52888	10701

22-9 续表

Continued

单位：万元 (10000 yuan)

地区	Area	地方一般公共预算收入 Budgetary Revenue of Local Government	#增值税 Value-added Tax	#营业税 Business Tax	#企业所得税 Enterprises' Income Tax	#个人所得税 Individual Income Tax
晋江市	Jinjiang	1172008	176688	232551	190326	33841
南安市	Nan'an	365944	58928	62217	51005	18568
惠安县	Hui'an	252934	30388	49055	43535	11455
安溪县	Anxi	239888	19242	55268	30600	6972
永春县	Yongchun	106835	11866	20930	9857	3780
德化县	Dehua	107020	9956	26126	8973	3947
漳州市	**Zhangzhou**	**1791025**	**194168**	**384614**	**210184**	**56457**
漳州市辖区	District under Zhangzhou	234088	25153	47837	28697	9710
芗城区	Xiangcheng	137639	17014	24931	16725	7478
龙文区	Longwen	96449	8139	22906	11972	2232
龙海市	Longhai	196595	25076	35723	42810	5841
云霄县	Yunxiao	55300	3821	16250	4552	1834
漳浦县	Zhangpu	219386	17387	72058	25447	6326
诏安县	Zhao'an	58796	4764	10773	4285	1623
长泰县	Changtai	131392	15826	18295	11022	6668
东山县	Dongshan	113099	20129	14061	6588	1661
南靖县	Nanjing	83526	6752	13057	4009	2025
平和县	Pinghe	56999	6184	8112	3674	1487
华安县	Hua'an	40199	5589	6951	2333	987
南平市	**Nanping**	**864266**	**78636**	**190232**	**79123**	**40423**
南平市辖区	District under Nanping	173903	11985	35175	18230	5927
延平区	Yanping	68828	5694	13367	9718	3142
建阳区	Jianyang	105075	6291	21808	8512	2785
邵武市	Shaowu	132103	11295	26325	6621	9990
武夷山市	Wuyishan	95866	4397	21305	4573	3049
建瓯市	Jian'ou	89438	8268	19240	5701	2516
顺昌县	Shunchang	39522	5542	8718	2166	1091
浦城县	Pucheng	62816	4990	12224	3610	1857
光泽县	Guangze	39201	2966	13484	2531	1630
松溪县	Songxi	29452	1515	6825	1717	613
政和县	Zhenghe	37190	2438	10192	2999	4621
龙岩市	**Longyan**	**1246063**	**155230**	**193880**	**134304**	**43566**
龙岩市辖区	District under Longyan	302882	34938	57814	32870	11699
新罗区	Xinluo	199678	20329	44895	26157	8041
永定区	Yongding	103204	14609	12919	6713	3658
漳平市	Zhangping	63826	8032	10909	8080	3173
长汀县	Changting	62412	4921	11372	5630	2419
上杭县	Shanghang	207902	10685	19130	40596	8427
武平县	Wuping	73201	5681	11984	7163	2142
连城县	Liancheng	38799	3795	7658	4590	1783
宁德市	**Ningde**	**1043894**	**94034**	**184755**	**79331**	**32340**
宁德市辖区	District under Ningde	108335	11676	23356	13692	4131
蕉城区	Jiaocheng	108335	11676	23356	13692	4131
福安市	Fu'an	235026	24149	21341	25312	5196
福鼎市	Fuding	203375	15970	30873	9529	6749
霞浦县	Xiapu	95134	4724	23432	4048	3265
古田县	Gutian	76411	5283	16935	4774	2355
屏南县	Pingnan	34500	2915	7202	2480	925
寿宁县	Shouning	42997	3040	5015	2731	857
周宁县	Zhouning	34216	3572	5097	2703	508
柘荣县	Zherong	28925	3158	3573	2065	946

22-10 一般公共预算支出（2015年）

Budgetary Expenditures of Local Government(2015)

单位：万元 (10000 yuan)

地区	Area	一般公共预算支出 Budgetary Expenditure	#一般公共服务支出 Expenditure for General Public Service	#教育支出 Expenditure for Education	#科学技术支出 Expenditure for Science	#农林水事务支出 Expenditure for Agriculture Forestry and Water Conservancy
全　省	**Fujian**	**40015778**	**3080207**	**7575096**	**766007**	**4418607**
福州市	**Fuzhou**	**7259345**	**484233**	**1351744**	**100554**	**602675**
福州市辖区	District under Fuzhou	1433321	134418	305242	31246	46018
鼓楼区	Gulou	342602	35199	89518	6121	1336
台江区	Taijiang	146033	17161	34682	2400	179
仓山区	Cangshan	267565	23819	74675	4155	8806
马尾区	Mawei	377285	39482	61797	15064	20642
晋安区	Jin'an	299836	18757	44570	3506	15055
福清市	Fuqing	704805	51594	209465	10933	56856
长乐市	Changle	473385	32010	97732	5072	54711
闽侯县	Minhou	776807	42799	162050	11887	62046
连江县	Lianjiang	460637	28769	128024	5201	77694
罗源县	Luoyuan	201685	18900	36301	1742	33318
闽清县	Minqing	219885	15901	48170	2262	31824
永泰县	Yongtai	242065	14590	48809	493	49347
平潭县	Pingtan	920017	39144	61934	3218	72754
厦门市	**Xiamen**	**6511705**	**477044**	**1018751**	**185764**	**235501**
厦门市辖区	District under Xiamen	2705491	190164	760355	65291	131312
思明区	Siming	576191	41349	183813	19671	803
海沧区	Haicang	536923	32940	123390	16089	15929
湖里区	Huli	363844	41124	107938	3518	4140
集美区	Jimei	532335	30828	155633	17245	54246
同安区	Tong'an	361821	23540	96256	4868	28319
翔安区	Xiang'an	334377	20383	93325	3900	27875
莆田市	**Putian**	**1887983**	**165643**	**530348**	**27503**	**198621**
莆田市辖区	District under Putian	1095056	81909	328095	16939	110191
城厢区	Chengxiang	218691	17325	62533	3853	19317
涵江区	Hanjiang	262504	21799	69468	8005	19854
荔城区	Licheng	281051	18007	100375	3321	22875
秀屿区	Xiuyu	332810	24778	95719	1760	48145
仙游县	Xianyou	427466	29171	130993	4308	61419
三明市	**Sanming**	**2406724**	**243770**	**497170**	**44556**	**454280**
三明市辖区	District under Sanming	197351	17793	40559	3111	32259
梅列区	Meilie	104710	10339	21685	1867	18840
三元区	Sanyuan	92641	7454	18874	1244	13419
永安市	Yong'an	250258	45485	58675	11877	34938
明溪县	Mingxi	126044	13850	27573	1729	29323
清流县	Qingliu	149209	10545	24606	2004	41964
宁化县	Ninghua	212504	16561	41920	2796	50183
大田县	Datian	202938	18077	54069	5031	39303
尤溪县	Youxi	211093	16980	58174	2850	50582
沙县	Shaxian	206186	32112	43540	2549	42848
将乐县	Jiangle	168689	16188	32135	3399	33965
泰宁县	Taining	127814	9043	22450	734	32694
建宁县	Jianning	137143	9980	24816	2517	36762
泉州市	**Quanzhou**	**5398893**	**437679**	**1228361**	**123785**	**627848**
泉州市辖区	District under Quanzhou	693235	64136	180000	16061	61581
鲤城区	Licheng	122172	12393	32630	2902	2436
丰泽区	Fengze	188550	14642	50297	3802	12200
洛江区	Luojiang	120800	16108	27478	3149	19927

22-10 续表

Continued

单位：万元 (10000 yuan)

地区	Area	一般公共预算支出 Budgetary Expenditure	#一般公共服务支出 Expenditure for General Public Service	#教育支出 Expenditure for Education	#科学技术支出 Expenditure for Science	#农林水事务支出 Expenditure for Agriculture Forestry and Water Conservancey
泉港区	Quangang	261713	20993	69595	6208	27018
石狮市	Shishi	484922	41010	70107	10441	65755
晋江市	Jinjiang	1297465	81810	253142	34605	156869
南安市	Nan'an	621394	36230	149425	12101	65135
惠安县	Hui'an	403344	34296	115058	7206	42728
安溪县	Anxi	516119	59774	149713	10058	84724
永春县	Yongchun	259549	20575	68786	2636	47695
德化县	Dehua	247394	16928	53008	3407	52540
漳州市	**Zhangzhou**	**3558161**	**226599**	**626027**	**44655**	**524610**
漳州市辖区	District under Zhangzhou	312640	28098	62837	5371	15818
芗城区	Xiangcheng	187906	16167	33129	2582	8325
龙文区	Longwen	124734	11931	29708	2789	7493
龙海市	Longhai	409836	29299	85481	5787	68760
云霄县	Yunxiao	230201	9124	53810	783	50608
漳浦县	Zhangpu	479862	20910	84192	7935	51692
诏安县	Zhao'an	271468	16879	44324	4445	69406
长泰县	Changtai	237603	16878	37877	2591	52617
东山县	Dongshan	276915	13771	33459	1952	76512
南靖县	Nanjing	220356	12175	42409	2134	40882
平和县	Pinghe	264659	16772	64669	3599	39791
华安县	Hua'an	132526	9013	21846	1259	35712
南平市	**Nanping**	**2399707**	**157395**	**436642**	**19266**	**480653**
南平市辖区	District under Nanping	453958	29819	87959	4004	101953
延平区	Yanping	208602	13916	40979	2260	45832
建阳区	Jianyang	245356	15903	46980	1744	56121
邵武市	Shaowu	260822	18939	41719	1126	49469
武夷山市	Wuyishan	219151	14244	36743	2365	44812
建瓯市	Jian'ou	261627	12973	57050	613	46215
顺昌县	Shunchang	181365	11261	34377	853	36198
浦城县	Pucheng	229495	11120	43394	1991	59901
光泽县	Guangze	137226	8420	24935	1051	35220
松溪县	Songxi	135567	9047	26724	1767	27112
政和县	Zhenghe	175694	10033	28699	1332	68323
龙岩市	**Longyan**	**2579654**	**201539**	**550361**	**57886**	**450883**
龙岩市辖区	District under Longyan	614426	48986	160425	12874	119482
新罗区	Xinluo	345799	26226	83952	9843	73810
永定区	Yongding	268627	22760	76473	3031	45672
漳平市	Zhangping	197817	22507	44005	3146	39475
长汀县	Changting	311672	17245	67119	2649	77843
上杭县	Shanghang	411870	30011	90208	7965	84956
武平县	Wuping	258790	16314	54407	16025	63777
连城县	Liancheng	231803	15646	53316	3268	48698
宁德市	**Ningde**	**2480065**	**198981**	**506662**	**13531**	**416304**
宁德市辖区	District under Ningde	253364	27047	53343	623	45015
蕉城区	Jiaocheng	253364	27047	53343	623	45015
福安市	Fu'an	419531	27861	85724	1798	65143
福鼎市	Fuding	361391	21336	75590	1096	59517
霞浦县	Xiapu	274111	19041	60082	924	61112
古田县	Gutian	235384	16509	54878	513	47530
屏南县	Pingnan	150059	10238	28277	974	33935
寿宁县	Shouning	178407	12390	41104	737	32382
周宁县	Zhouning	143006	12222	29063	1236	24349
柘荣县	Zherong	130737	12883	18746	1278	29390

22-11 金融机构货币存贷款余额（2015年）

Deposits and Loans of Financial institutions by Country and City(2015)

单位：亿元 (100 million yuan)

地区	Area	金融机构人民币各项存款余额 RMB Deposits of National Banking System	#非金融企业存款 Non-Financial Enterprises	#储蓄存款 Savings Deposits	金融机构人民币各项贷款余额 RMB Loans of National Banking System	#短期贷款 Short-term Loans	#中长期贷款 Medium-term & Long-term Loans
全　省	**Fujian**	**35576.07**	**11981.79**	**13243.35**	**32132.96**	**12209.64**	**18530.82**
福州市	**Fuzhou**	**10875.62**	**4055.37**	**3520.42**	**10638.44**	**3013.42**	**7276.63**
福州市辖区	District under Fuzhou	7563.81	3241.43	1826.15	8006.42	2039.53	5637.53
鼓楼区	Gulou						
台江区	Taijiang						
仓山区	Cangshan						
马尾区	Mawei						
晋安区	Jin'an						
福清市	Fuqing	788.78	149.22	483.97	625.23	223.37	394.71
长乐市	Changle	607.01	193.8	264.92	691.56	381.06	304.05
闽侯县	Minhou	401.65	84.9	205.68	232.86	80.76	150.66
连江县	Lianjiang	340.85	61.7	184.95	263.68	81.88	181.12
罗源县	Luoyuan	84.39	14.25	47.08	135.00	35.79	99.10
闽清县	Minqing	120.93	9.75	82.44	58.25	39.14	19.08
永泰县	Yongtai	102.29	7.91	63.58	77.55	24.69	52.85
平潭县	Pingtan	358.58	208.65	89.23	232.22	47.85	184.24
厦门市	**Xiamen**	**8366.37**	**3397.23**	**1917.23**	**6714.67**	**2119.89**	**4162.07**
厦门市辖区	District under Xiamen						
思明区	Siming						
海沧区	Haicang						
湖里区	Huli						
集美区	Jimei						
同安区	Tong'an						
翔安区	Xiang'an						
莆田市	**Putian**	**1585.22**	**338.18**	**905.63**	**1450.87**	**666.41**	**762.87**
莆田市辖区	District under Putian	1289.46	300.55	690.72	1220.74	555.81	645.38
城厢区	Chengxiang						
涵江区	Hanjiang						
荔城区	Licheng						
秀屿区	Xiuyu						
仙游县	Xianyou	295.77	37.63	214.91	230.13	110.60	117.49
三明市	**Sanming**	**1333.75**	**335.98**	**675.84**	**1207.10**	**416.34**	**769.43**
三明市辖区	District under Sanming	407.62	137.03	149.38	430.19	159.63	257.95
梅列区	Meilie						
三元区	Sanyuan						
永安市	Yong'an	181.50	49.65	93.37	196.36	80.35	113.52
明溪县	Mingxi	63.68	14.88	32.59	22.69	6.26	16.43
清流县	Qingliu	49.26	8.25	27.95	26.18	7.57	18.44
宁化县	Ninghua	100.50	21.81	59.90	64.08	15.60	48.48
大田县	Datian	86.44	22.32	51.24	76.08	26.97	49.05
尤溪县	Youxi	114.21	22.51	76.94	108.70	29.44	74.64
沙县	Shaxian	141.40	38.46	82.71	165.25	49.57	114.34
将乐县	Jiangle	72.51	9.85	41.16	56.45	17.38	39.04
泰宁县	Taining	52.86	4.8	30.39	30.39	9.87	20.52
建宁县	Jianning	63.76	6.42	30.22	30.73	13.70	17.03
泉州市	**Quanzhou**	**6352.56**	**1994.29**	**2976.43**	**5284.98**	**2891.02**	**2236.39**
泉州市辖区	District under Quanzhou	2370.06	960.29	711.26	1894.10	884.42	905.11
鲤城区	Licheng						
丰泽区	Fengze						
洛江区	Luojiang						
泉港区	Quangang						

22-11 续表

Continued

单位：亿元 (100 million yuan)

地区	Area	金融机构人民币各项存款余额 RMB Deposits of National Banking System	#非金融企业存款 Non-Financial Enterprises	#储蓄存款 Savings Deposits	金融机构人民币各项贷款余额 RMB Loans of National Banking System	#短期贷款 Short-term Loans	#中长期贷款 Medium-term & Long-term Loans
石狮市	Shishi	682.83	170.01	392.41	622.46	355.21	257.77
晋江市	Jinjiang	1362.74	436.39	731.39	1134.53	761.57	355.30
南安市	Nan'an	823.78	184.74	506.17	770.37	504.85	250.06
惠安县	Hui'an	481.71	149.15	248.26	360.85	156.74	198.76
安溪县	Anxi	297.73	49.46	196.66	260.21	106.97	152.44
永春县	Yongchun	179.41	14.91	116.72	106.01	55.92	46.12
德化县	Dehua	154.31	29.34	73.58	136.45	65.34	70.83
漳州市	**Zhangzhou**	**2311.37**	**646.07**	**1183.38**	**1870.86**	**857.83**	**944.70**
漳州市辖区	District under Zhangzhou	904.54	356.08	344.82	880.15	405.57	411.38
芗城区	Xiangcheng						
龙文区	Longwen						
龙海市	Longhai	425.50	132.26		374.11	140.69	231.05
云霄县	Yunxiao	107.43	18.52	70.66	58.14	27.87	30.25
漳浦县	Zhangpu	303.41	45.3	165.26	206.95	101.47	104.64
诏安县	Zhao'an	105.00	10.02	70.89	50.83	29.46	21.36
长泰县	Changtai	105.52	22.64	61.42	64.72	38.12	26.38
东山县	Dongshan	88.88	20.73	54.15	74.48	26.70	47.73
南靖县	Nanjing	98.35	14.76	65.97	73.65	44.90	27.90
平和县	Pinghe	124.35	16.76	89.79	58.15	30.34	27.80
华安县	Hua'an	48.39	9	29.17	29.70	12.72	16.22
南平市	**Nanping**	**1410.78**	**310.65**	**757.22**	**1091.15**	**407.63**	**665.30**
南平市辖区	District under Nanping	610.18	196.82	258.52	555.85	153.65	385.43
延平区	Yanping						
建阳区	Jianyang	202.20	88.37	84.76	147.68	44.92	102.35
邵武市	Shaowu	141.92	19.94	91.12	96.86	41.77	54.91
武夷山市	Wuyishan	121.03	17.22	76.56	109.91	49.69	60.04
建瓯市	Jian'ou	152.63	20.12	101.05	113.88	48.64	64.74
顺昌县	Shunchang	83.30	14.28	49.89	44.67	20.26	24.11
浦城县	Pucheng	123.53	11.73	83.92	57.69	29.86	27.83
光泽县	Guangze	62.13	11.82	36.13	53.85	29.97	23.88
松溪县	Songxi	52.41	8.9	28.55	30.56	20.82	9.44
政和县	Zhenghe	63.66	9.81	31.49	27.89	12.97	14.92
龙岩市	**Longyan**	**1562.85**	**426.33**	**727.01**	**1360.66**	**518.80**	**823.73**
龙岩市辖区	District under Longyan	949.79	294.28	401.48	912.22	317.93	580.57
新罗区	Xinluo						
永定区	Yongding	127.35	9.98	80.15	95.99	40.56	55.40
漳平市	Zhangping	97.96	15.36	57.29	80.31	38.32	41.96
长汀县	Changting	136.65	16.83	78.80	96.13	47.47	48.17
上杭县	Shanghang	212.93	77.59	92.05	143.82	65.77	74.20
武平县	Wuping	91.05	11.75	54.87	72.55	22.90	49.64
连城县	Liancheng	74.48	10.53	42.52	55.63	26.41	29.19
宁德市	**Ningde**	**1206.04**	**209.84**	**573.75**	**1392.30**	**481.36**	**866.90**
宁德市辖区	District under Ningde	424.65	91.05	119.60	435.90	125.55	279.12
蕉城区	Jiaocheng						
福安市	Fu'an	191.54	41.9	106.38	244.94	131.54	102.11
福鼎市	Fuding	190.40	34.32	115.87	380.18	66.90	313.24
霞浦县	Xiapu	94.82	11.63	50.34	115.56	45.02	70.53
古田县	Gutian	121.88	12.07	80.72	90.62	53.43	37.19
屏南县	Pingnan	49.48	6.95	25.79	49.65	24.55	25.09
寿宁县	Shouning	53.95	4.82	30.31	31.64	15.07	16.57
周宁县	Zhouning	46.01	3.09	28.47	19.40	8.04	9.89
柘荣县	Zherong	33.34	4.02	16.28	24.41	11.27	13.15

22-12 农作物播种面积（2015年）

Sown Areas of Farm Crops(2015)

单位：千公顷 (1000 hectares)

项目	Item	农作物播种面积 Sown Areas of Farm Crops	粮食作物 Grain Crops	稻谷 Rice	薯类 Sweet Potato	豆类 Bean	非粮作物 Non-grain Crops
全　省	**Fujian**	**2367.01**	**1193.22**	**788.96**	**256.32**	**87.61**	**1173.79**
福州市	**Fuzhou**	**270.41**	**102.28**	**55.62**	**35.79**	**8.12**	**168.13**
福州市辖区	District under Fuzhou	13.61	1.41	0.93	0.47		12.20
鼓楼区	Gulou						
台江区	Taijiang						
仓山区	Cangshan	3.34					3.34
马尾区	Mawei	4.19	0.80	0.38	0.41		3.39
晋安区	Jin'an	6.09	0.62	0.55	0.07		5.47
福清市	Fuqing	57.63	20.89	9.72	9.12	1.89	36.75
长乐市	Changle	31.76	13.91	8.95	4.73	0.23	17.85
闽侯县	Minhou	43.03	12.25	6.95	3.72	1.12	30.78
连江县	Lianjiang	19.66	9.59	5.66	2.59	1.24	10.07
罗源县	Luoyuan	13.29	6.96	4.22	2.06	0.65	6.33
闽清县	Minqing	34.17	11.56	8.80	1.71	0.82	22.61
永泰县	Yongtai	45.27	21.06	10.38	6.96	1.97	24.21
平潭县	Pingtan	11.99	4.66	0.01	4.42	0.20	7.33
厦门市	**Xiamen**	**26.16**	**6.69**	**3.26**	**2.97**	**0.19**	**19.48**
厦门市辖区	District under Xiamen	26.16					26.16
思明区	Siming						
海沧区	Haicang	1.01	0.17	0.11	0.03	0.03	0.83
湖里区	Huli						
集美区	Jimei	2.00	0.36	0.29	0.07	0.01	1.64
同安区	Tong'an	11.18	3.54	2.21	1.00	0.07	7.64
翔安区	Xiang'an	11.97	2.61	0.65	1.87	0.08	9.36
莆田市	**Putian**	**108.78**	**47.32**	**26.38**	**13.57**	**5.16**	**61.46**
莆田市辖区	District under Putian	66.70	26.36	11.61	10.02	3.49	40.34
城厢区	Chengxiang	15.42	3.20	1.58	1.05	0.43	12.22
涵江区	Hanjiang	10.01	5.44	4.03	0.72	0.52	4.57
荔城区	Licheng	16.33	6.74	4.49	1.58	0.54	9.58
秀屿区	Xiuyu	24.95	10.98	1.51	6.67	2.00	13.96
仙游县	Xianyou	42.09	20.97	14.77	3.56	1.67	21.12
三明市	**Sanming**	**447.35**	**221.17**	**145.46**	**35.30**	**26.40**	**226.18**
三明市辖区	District under Sanming	14.02	5.93	3.83	0.78	1.04	8.09
梅列区	Meilie	4.29	1.66	1.01	0.24	0.24	2.63
三元区	Sanyuan	9.73	4.27	2.81	0.55	0.80	5.46
永安市	Yong'an	34.26	15.66	11.69	1.65	1.45	18.60
明溪县	Mingxi	31.47	18.82	10.59	3.09	2.95	12.65
清流县	Qingliu	39.06	17.81	11.34	3.69	2.16	21.25
宁化县	Ninghua	70.22	40.28	24.93	5.72	4.78	29.94
大田县	Datian	61.87	26.19	12.85	8.33	3.24	35.68
尤溪县	Youxi	76.68	36.69	21.31	7.24	6.81	39.99
沙县	Shaxian	30.53	15.76	11.82	2.03	1.22	14.77
将乐县	Jiangle	26.08	14.76	11.89	1.25	0.99	11.32
泰宁县	Taining	22.87	12.64	9.84	1.09	1.08	10.23
建宁县	Jianning	40.29	16.63	15.39	0.44	0.68	23.66
泉州市	**Quanzhou**	**256.58**	**141.03**	**75.87**	**53.21**	**5.16**	**115.54**
泉州市辖区	District under Quanzhou	21.01	10.91	3.87	3.86	0.75	10.10
鲤城区	Licheng	0.41	0.08	0.03	0.03	0.01	0.33
丰泽区	Fengze	0.59	0.12	0.06	0.06		0.47
洛江区	Luojiang	8.31	4.16	2.14	1.14	0.06	4.15

22-12 续表

Continued

单位：千公顷　　(1000 hectares)

项目	Item	农作物播种面积 Sown Areas of Farm Crops	粮食作物 Grain Crops	稻谷 Rice	薯类 Sweet Potato	豆类 Bean	非粮作物 Non-grain Crops
泉港区	Quangang	11.70	6.56	1.64	2.63	0.68	5.14
石狮市	Shishi	3.67	1.44	0.18	1.01	0.19	2.22
晋江市	Jinjiang	27.05	9.28	2.17	5.78	0.18	17.77
南安市	Nan'an	55.90	32.42	24.80	6.80	0.43	23.49
惠安县	Hui'an	40.82	24.56	5.45	13.84	2.96	16.27
安溪县	Anxi	41.65	23.27	13.15	9.52	0.27	18.39
永春县	Yongchun	40.18	24.83	18.44	6.09	0.30	15.35
德化县	Dehua	26.29	14.33	7.82	6.32	0.08	11.96
漳州市	**Zhangzhou**	**266.73**	**113.13**	**73.84**	**23.88**	**10.11**	**153.61**
漳州市辖区	District under Zhangzhou	6.89	1.38	0.37	0.61	0.37	5.51
芗城区	Xiangcheng	5.18	1.31	0.36	0.57	0.36	3.87
龙文区	Longwen	1.71	0.07	0.02	0.03	0.01	1.64
龙海市	Longhai	33.32	14.29	10.46	3.29	0.06	19.03
云霄县	Yunxiao	26.74	15.28	10.76	2.74	1.20	11.46
漳浦县	Zhangpu	68.91	31.72	17.20	9.34	4.06	37.19
诏安县	Zhao'an	34.16	18.26	12.02	3.77	2.04	15.90
长泰县	Changtai	18.44	7.19	4.89	0.24	0.25	11.24
东山县	Dongshan	5.99	1.31	0.15	1.05	0.08	4.68
南靖县	Nanjing	24.86	8.14	6.78	0.66	0.60	16.72
平和县	Pinghe	37.25	13.09	9.24	1.87	1.40	24.16
华安县	Hua'an	10.17	2.46	1.96	0.31	0.04	7.71
南平市	**Nanping**	**437.27**	**249.10**	**182.42**	**27.26**	**18.33**	**188.18**
南平市辖区	District under Nanping	94.82	52.51	42.68	4.56	2.59	42.31
延平区	Yanping	35.35	17.36	11.51	2.92	1.47	17.99
建阳区	Jianyang	59.48	35.15	31.17	1.64	1.12	24.32
邵武市	Shaowu	56.92	38.97	26.65	4.53	3.66	17.95
武夷山市	Wuyishan	37.57	21.55	16.82	2.07	1.60	16.03
建瓯市	Jian'ou	75.80	40.09	26.07	4.42	3.63	35.71
顺昌县	Shunchang	23.70	12.96	9.38	1.76	1.25	10.74
浦城县	Pucheng	82.69	43.10	32.09	3.85	3.39	39.59
光泽县	Guangze	22.09	13.91	11.80	1.05	0.76	8.18
松溪县	Songxi	19.94	11.76	8.42	0.97	0.70	8.19
政和县	Zhenghe	23.73	14.26	8.50	4.06	0.76	9.48
龙岩市	**Longyan**	**311.78**	**182.55**	**147.22**	**22.12**	**7.66**	**129.24**
龙岩市辖区	District under Longyan	61.88	34.89	29.86	3.09	0.70	27.00
新罗区	Xinluo	22.57	11.67	9.86	1.10	0.18	10.90
永定区	Yongding	39.31	23.22	20.01	1.99	0.52	16.10
漳平市	Zhangping	25.82	13.08	10.60	1.27	0.38	12.75
长汀县	Changting	59.49	36.13	27.67	5.94	2.07	23.36
上杭县	Shanghang	55.08	31.42	27.74	1.88	1.00	23.66
武平县	Wuping	60.45	37.87	31.18	2.46	2.29	22.59
连城县	Liancheng	49.05	29.17	20.17	7.48	1.22	19.88
宁德市	**Ningde**	**241.94**	**129.96**	**78.89**	**42.21**	**6.49**	**111.98**
宁德市辖区	District under Ningde	19.10	10.36	5.89	3.36	0.66	8.73
蕉城区	Jiaocheng	19.10	10.36	5.89	3.36	0.66	8.73
福安市	Fu'an	45.60	21.17	11.24	7.92	1.82	24.43
福鼎市	Fuding	36.06	16.09	8.76	6.13	0.95	19.97
霞浦县	Xiapu	30.74	16.28	8.02	7.36	0.64	14.46
古田县	Gutian	34.96	25.79	21.33	3.97	0.34	9.17
屏南县	Pingnan	21.37	11.18	8.05	2.76	0.27	10.19
寿宁县	Shouning	22.25	12.64	7.56	3.78	0.84	9.61
周宁县	Zhouning	14.84	7.86	4.29	3.12	0.37	6.98
柘荣县	Zherong	17.02	8.58	3.76	3.82	0.60	8.44

22-13 主要农产品产量（2015年）

Output of Major Agricultural Products(2015)

单位：吨 (ton)

地区	Area	粮食 Grain Crops	油料 Oil-bearing	蔬菜 Vegetables	食用菌 Edible Fungus	茶叶 Tea	园林水果 Fruit	肉类 Meat	水产品 Aquatic Products
全　省	**Fujian**	**6610984**	**306732**	**17903729**	**1131974**	**402328**	**7447893**	**2165541**	**7338852**
福州市	**Fuzhou**	**543437**	**56380**	**3599961**	**173993**	**27461**	**533792**	**247092**	**2282179**
福州市辖区	District under Fuzhou	8076	5	290180	374	1480	23590	8179	103705
鼓楼区	Gulou								71093
台江区	Taijiang								
仓山区	Cangshan			70628			1308	692	9070
马尾区	Mawei	4676		130098		1480	5549	3227	21967
晋安区	Jin'an	3400	5	89454	374		16733	4260	1575
福清市	Fuqing	111326	36949	689019	3722	230	80915	109434	425309
长乐市	Changle	81044	1758	489142	5882	84	26945	22445	161550
闽侯县	Minhou	64963	1539	924908	15340	748	81173	36942	31033
连江县	Lianjiang	51268	1481	134497	9771	7118	31199	11911	946800
罗源县	Luoyuan	33582	200	89421	98528	7432	11098	11614	152070
闽清县	Minqing	61758	1266	442773	23077	2060	130938	13093	8943
永泰县	Yongtai	110036	5033	474227	17299	8309	145610	14357	11259
平潭县	Pingtan	21384	8149	65794			2324	19117	441510
厦门市	**Xiamen**	**37886**	**8052**	**565325**	**34088**	**1425**	**18487**	**43919**	**52054**
厦门市辖区	District under Xiamen		8052	565325	34088	1425	18487	43919	52054
思明区	Siming								23213
海沧区	Haicang	818	262	15099			1163	2027	1685
湖里区	Huli				1221				2155
集美区	Jimei	2001	557	14671			6404	5616	4247
同安区	Tong'an	19093	2740	210052	2710	1425	7641	25474	4653
翔安区	Xiang'an	15974	4493	325503	30157		3279	10802	16101
莆田市	**Putian**	**271429**	**49874**	**1234891**	**78816**	**5836**	**255393**	**112827**	**880565**
莆田市辖区	District under Putian	148404	35072	926456	31553	1719	129431	88428	861647
城厢区	Chengxiang	17493	4390	478764	14000	17	12674	36128	51376
涵江区	Hanjiang	32636	3340	66488	5121	63	47910	13893	59965
荔城区	Licheng	39875	5223	214915	12432	1639	68489	13729	78364
秀屿区	Xiuyu	58400	22119	166289			358	24678	671942
仙游县	Xianyou	123025	14802	308435	47263	4117	125962	24399	18918
三明市	**Sanming**	**1177446**	**29845**	**2709278**	**108472**	**39419**	**1174247**	**166173**	**105343**
三明市辖区	District under Sanming	32113	477	194607	1923	474	184059	23781	3040
梅列区	Meilie	8613	205	34977	422	17	34875	4807	1170
三元区	Sanyuan	23500	272	159630	1501	457	149184	18974	1870
永安市	Yong'an	88260	2044	394327	5076	1898	116991	20075	12171
明溪县	Mingxi	99172	3521	81258	5873	2285	45264	6051	7114
清流县	Qingliu	93027	4656	107972	2487	1566	59399	9131	23702
宁化县	Ninghua	208977	8001	178555	5550	2810	59146	14122	9940
大田县	Datian	122967	2096	557517	14221	9049	120797	18565	7142
尤溪县	Youxi	181347	1988	646544	36964	13118	213739	31236	9456
沙县	Shaxian	93013	2503	225491	6579	6027	187911	24510	8447
将乐县	Jiangle	83248	2179	96510	13394	482	51895	5867	5152
泰宁县	Taining	70488	1757	69245	10556	647	19168	7593	12417
建宁县	Jianning	104834	623	157252	5849	1063	115878	5242	6762
泉州市	**Quanzhou**	**728160**	**54608**	**1520735**	**70141**	**74843**	**458142**	**158404**	**1129788**
泉州市辖区	District under Quanzhou	55959	7695	167491	152	532	20629	16934	127875
鲤城区	Licheng	424	8	8455	77		134	92	102
丰泽区	Fengze	622	148	6218		2	962	60	17782
洛江区	Luojiang	23175	1470	88282	75	120	7785	8889	1752
泉港区	Quangang	31738	6069	64536		410	11748	7893	108239

注：本表粮食产量中的稻谷产量为原报面积推算的抽样调查数，非稻谷部分产量为全面统计数，肉类产量中猪、禽产量全省为抽样调查数，省以下为全面统计数。

Note:The grain output in this table is calculated on spot check basis,including medium-pig production and poultry production.Part of rice production is comprehensive,Below the provincial level is comprehensive.

22-13 续表

Continued

单位：吨 (ton)

地区	Area	粮食 Grain Crops	油料 Oil-bearing	蔬菜 Vegetables	食用菌 Edible Fungus	茶叶 Tea	园林水果 Fruit	肉类 Meat	水产品 Aquatic Products
石狮市	Shishi	6029	898	34102	66		789	1019	433429
晋江市	Jinjiang	48077	8736	280136	4765		6043	9983	243965
南安市	Nan'an	185172	13103	292025	11615	1024	92193	50075	36771
惠安县	Hui'an	110778	22252	114723	42	9	12055	24888	282939
安溪县	Anxi	106655	1556	264004	932	57946	29342	22415	1731
永春县	Yongchun	133716	243	205395	51279	14390	221005	15526	1308
德化县	Dehua	81774	125	162859	1290	942	76086	17564	1770
漳州市	**Zhangzhou**	**691493**	**44029**	**2975880**	**335187**	**70593**	**3356349**	**206609**	**1806353**
漳州市辖区	District under Zhangzhou	6491	528	96980	26616	221	90706	17146	20802
芗城区	Xiangcheng	5752	483	59950	23000	213	89510	11883	12475
龙文区	Longwen	739	45	37030	3616	8	1196	5263	8327
龙海市	Longhai	91780	2517	372131	136588	24	84744	31566	424331
云霄县	Yunxiao	96527	5006	125193	4566	1451	286516	11335	211960
漳浦县	Zhangpu	195525	17928	598114	27596	531	337845	25511	406230
诏安县	Zhao'an	109845	6858	295772	8983	9622	227873	10947	308254
长泰县	Changtai	47228	2758	248421	17399	4554	101822	19269	23653
东山县	Dongshan	7021	2826	75296			9064	4680	383184
南靖县	Nanjing	45075	945	378215	67964	16899	502787	54715	16400
平和县	Pinghe	76379	3869	684257	26672	16538	1637923	19265	8053
华安县	Hua'an	15622	794	101501	18803	20753	77069	12175	3486
南平市	**Nanping**	**1420903**	**32067**	**1981039**	**112672**	**68003**	**838963**	**680985**	**120658**
南平市辖区	District under Nanping	300369	2850	500996	26828	6098	204007	110232	22566
延平区	Yanping	85866	1289	254278	10277	1428	99429	96074	10346
建阳区	Jianyang	214503	1561	246718	16551	4670	104578	14158	12220
邵武市	Shaowu	204548	6355	141799	10042	9948	42069	20670	21536
武夷山市	Wuyishan	131859	2699	145681	11108	15084	31774	10288	10557
建瓯市	Jian'ou	231997	5171	578974	8014	12321	366180	19363	17205
顺昌县	Shunchang	69733	1026	99497	39674	160	120503	11469	7207
浦城县	Pucheng	251097	10168	244487	4474	1782	16458	127572	15950
光泽县	Guangze	78183	1355	52198	4600	816	3310	344299	15137
松溪县	Songxi	64695	1789	107343	6952	7500	37714	5653	7630
政和县	Zhenghe	88422	654	110064	980	14294	16948	31439	2870
龙岩市	**Longyan**	**1099591**	**25209**	**1985114**	**40066**	**21702**	**402425**	**479552**	**75941**
龙岩市辖区	District under Longyan	209988	4942	489858	4417	2977	164931	196079	12933
新罗区	Xinluo	71717	2793	213900	2611	1394	37928	114188	7090
永定区	Yongding	138271	2149	275958	1806	1583	127003	81891	5843
漳平市	Zhangping	77741	676	258338	20147	10783	51314	24627	9709
长汀县	Changting	222268	9003	254532	4533	1662	49397	59519	13769
上杭县	Shanghang	196127	2029	333012	2778	1606	52192	89142	10600
武平县	Wuping	221765	3409	359793	5544	3917	40070	71018	12287
连城县	Liancheng	171702	5150	289581	2647	757	44521	39167	16643
宁德市	**Ningde**	**640639**	**6668**	**1331506**	**178539**	**93046**	**410095**	**97173**	**885971**
宁德市辖区	District under Ningde	47287	953	137759		8793	38300	27239	184077
蕉城区	Jiaocheng	47287	953	137759	6519	8793	38300	27239	184077
福安市	Fu'an	98070	1593	299160	8326	24409	208492	14617	88449
福鼎市	Fuding	79229	496	178266	19220	20860	26362	7916	190525
霞浦县	Xiapu	76056	2191	175407	7570	7116	30554	8150	395006
古田县	Gutian	140142	243	108436	98775	1477	75369	14863	19315
屏南县	Pingnan	61636		152108	18370	1776	14806	8946	2830
寿宁县	Shouning	63263	52	122154	12646	15811	11285	4806	2392
周宁县	Zhouning	38611	203	110815	1750	9084	4040	6217	2157
柘荣县	Zherong	36345	937	47401	5363	3720	887	4419	1220

22-14 规模以上工业增加值（2015年）

Value-added of Industrial Enterprises above Designated Size(2015)

单位：亿元 (100 million yuan)

地区	Area	工业增加值 Total	轻工业 Light Industy	重工业 Heavy Industry	工业增加值比上年增长（%） Ratio(%)
全　省	**Fujian**	**10165.28**	**5324.36**	**4840.92**	**8.7**
福州市	**Fuzhou**	**1816.52**	**927.79**	**888.73**	**8.8**
福州市辖区	District under Fuzhou	641.40	301.70	339.70	7.8
鼓楼区	Gulou	70.73	21.23	49.49	11.1
台江区	Taijiang	30.92	2.81	28.12	4.0
仓山区	Cangshan	198.68	120.60	78.08	12.0
马尾区	Mawei	236.14	99.99	136.15	2.4
晋安区	Jin'an	104.94	57.07	47.87	12.0
福清市	Fuqing	311.94	136.91	175.04	9.1
长乐市	Changle	396.58	312.77	83.81	8.6
闽侯县	Minhou	194.52	73.98	120.54	9.1
连江县	Lianjiang	135.08	82.17	52.91	12.0
罗源县	Luoyuan	62.24	3.91	58.33	2.1
闽清县	Minqing	54.29	8.35	45.94	8.3
永泰县	Yongtai	12.18	6.85	5.32	9.5
平潭县	Pingtan	8.29	1.15	7.14	11.1
厦门市	**Xiamen**	**1219.70**	**468.66**	**751.04**	**7.9**
厦门市辖区	District under Xiamen	1219.70	468.66	751.04	7.9
思明区	Siming	79.67	23.25	56.43	2.4
海沧区	Haicang	272.98	151.16	121.81	11.4
湖里区	Huli	307.33	67.00	240.33	5.3
集美区	Jimei	188.82	63.89	124.93	4.3
同安区	Tong'an	117.54	76.19	41.34	7.4
翔安区	Xiang'an	253.36	87.16	166.20	11.5
莆田市	**Putian**	**752.99**	**541.25**	**211.73**	**10.8**
莆田市辖区	District under Putian	625.61	443.53	182.07	10.6
城厢区	Chengxiang	88.14	71.06	17.08	10.6
涵江区	Hanjiang	247.93	179.35	68.58	10.6
荔城区	Licheng	155.73	141.33	14.41	10.6
秀屿区	Xiuyu	133.81	51.80	82.01	10.8
仙游县	Xianyou	127.38	97.72	29.66	12.2
三明市	**Sanming**	**736.02**	**246.24**	**489.78**	**8.4**
三明市辖区	District under Sanming	123.16	23.33	99.83	7.5
梅列区	Meilie	48.54	5.49	43.05	6.1
三元区	Sanyuan	74.62	17.84	56.78	9.0
永安市	Yong'an	168.90	55.27	113.63	10.0
明溪县	Mingxi	29.52	11.43	18.09	9.6
清流县	Qingliu	31.95	7.43	24.51	8.5
宁化县	Ninghua	32.20	15.14	17.06	10.2
大田县	Datian	87.86	10.57	77.29	9.3
尤溪县	Youxi	65.23	42.95	22.28	9.4
沙县	Shaxian	95.86	41.66	54.21	8.5
将乐县	Jiangle	49.44	13.14	36.30	8.3
泰宁县	Taining	23.84	10.32	13.53	5.0
建宁县	Jianning	28.06	15.01	13.04	9.7
泉州市	**Quanzhou**	**2840.30**	**1790.20**	**1050.10**	**8.9**
泉州市辖区	District under Quanzhou	661.39	325.10	336.29	8.8
鲤城区	Licheng	195.84	170.10	25.74	6.9
丰泽区	Fengze	76.58	36.84	39.74	2.0
洛江区	Luojiang	85.20	67.74	17.46	10.8
泉港区	Quangang	303.78	50.42	253.35	11.3

22-14 续表

Continued

单位：亿元 (100 million yuan)

地区	Area	工业增加值 Total	轻工业 Light Industy	重工业 Heavy Industry	工业增加值比上年增长（%） Ratio(%)
石狮市	Shishi	230.01	183.40	46.61	10.7
晋江市	Jinjiang	825.16	664.26	160.90	8.0
南安市	Nan'an	334.86	106.92	227.94	7.0
惠安县	Hui'an	411.09	223.10	187.98	12.5
安溪县	Anxi	179.86	129.59	50.27	8.3
永春县	Yongchun	134.46	103.24	31.22	11.2
德化县	Dehua	63.48	54.59	8.89	6.5
漳州市	**Zhangzhou**	**1204.83**	**647.47**	**557.36**	**10.6**
漳州市辖区	District under Zhangzhou	243.38	91.29	152.09	11.0
芗城区	Xiangcheng	171.46	46.45	125.02	10.7
龙文区	Longwen	71.92	44.84	27.08	11.6
龙海市	Longhai	319.40	192.34	127.06	10.7
云霄县	Yunxiao	73.07	39.64	33.44	13.4
漳浦县	Zhangpu	113.95	68.95	45.01	-24.2
诏安县	Zhao'an	77.61	53.57	24.04	12.6
长泰县	Changtai	114.66	57.41	57.25	11.0
东山县	Dongshan	65.72	52.48	13.24	10.6
南靖县	Nanjing	102.55	50.85	51.70	11.4
平和县	Pinghe	46.45	21.66	24.80	13.5
华安县	Hua'an	48.03	19.29	28.73	14.0
南平市	**Nanping**	**426.20**	**238.87**	**187.34**	**8.3**
南平市辖区	District under Nanping	135.12	64.03	71.09	5.7
延平区	Yanping	62.32	25.54	36.78	1.2
建阳区	Jianyang	72.80	38.49	34.31	9.8
邵武市	Shaowu	88.81	46.16	42.65	11.8
武夷山市	Wuyishan	44.97	41.04	3.93	10.0
建瓯市	Jian'ou	50.43	29.09	21.34	11.2
顺昌县	Shunchang	22.99	5.75	17.24	10.0
浦城县	Pucheng	35.33	16.50	18.83	13.5
光泽县	Guangze	11.03	8.05	2.97	9.8
松溪县	Songxi	17.05	12.83	4.23	13.9
政和县	Zhenghe	20.48	15.42	5.05	13.7
龙岩市	**Longyan**	**506.95**	**238.46**	**268.49**	**8.7**
龙岩市辖区	District under Longyan	312.75	162.89	149.85	5.1
新罗区	Xinluo	274.55	153.62	120.94	4.6
永定区	Yongding	38.19	9.28	28.92	8.7
漳平市	Zhangping	33.67	11.58	22.09	11.0
长汀县	Changting	51.01	28.79	22.22	9.1
上杭县	Shanghang	40.13	3.56	36.57	19.6
武平县	Wuping	38.20	13.32	24.88	9.7
连城县	Liancheng	31.19	18.32	12.88	9.0
宁德市	**Ningde**	**661.73**	**225.42**	**436.31**	**9.7**
宁德市辖区	District under Ningde	110.53	88.39	22.14	11.2
蕉城区	Jiaocheng	64.47	49.68	14.80	11.6
福安市	Fu'an	215.04	17.78	197.26	10.7
福鼎市	Fuding	195.22	58.29	136.93	9.9
霞浦县	Xiapu	28.80	17.13	11.67	7.7
古田县	Gutian	39.87	15.87	24.00	3.3
屏南县	Pingnan	21.45	9.25	12.19	5.4
寿宁县	Shouning	20.61	8.36	12.25	5.1
周宁县	Zhouning	15.05	2.54	12.51	9.7
柘荣县	Zherong	15.15	7.80	7.34	4.0

22-15 规模以上工业企业主要财务指标（2015年）

Finacial Indicators of Industrial Enterprises above Designated Size(2015)

单位：万元 (10000 yuan)

地区	Area	固定资产合计 Total Value of Fixed Assets	流动资产合计 Circulating Funds	主营业务收入 Sale of Products	利润总额 Total Profits	利税总额 Total Pre-tax Profits
全　省	**Fujian**	**96570073**	**147676282**	**395912800**	**23598237**	**39747951**
福州市	**Fuzhou**	**20819615**	**28080337**	**74486989**	**3844269**	**6014442**
福州市辖区	District under Fuzhou	4940961	9103011	24118098	917340	1736233
鼓楼区	Gulou	1525722	1476348	2878859	154013	286296
台江区	Taijiang	1240630	256530	1607292	38511	154309
仓山区	Cangshan	790285	2567782	7214227	324321	656073
马尾区	Mawei	1053513	3787509	8486223	258373	405111
晋安区	Jin'an	330811	1014842	3931497	142123	234445
福清市	Fuqing	5729322	7104845	13804660	729933	1121328
长乐市	Changle	5480380	6818065	18558268	1155039	1442483
闽侯县	Minhou	1163620	2528995	7667971	332935	644533
连江县	Lianjiang	1245584	955145	5131180	655987	846513
罗源县	Luoyuan	1178285	838288	2672379	-85980	-20248
闽清县	Minqing	515561	399424	1650193	208891	287823
永泰县	Yongtai	244489	171768	510816	19080	36723
平潭县	Pingtan	321417	160797	373424	-88955	-80947
厦门市	**Xiamen**	**11736311**	**28926348**	**47157378**	**1851249**	**3524594**
厦门市辖区	District under Xiamen	11736311	28926348	47157378	1851249	3524594
思明区	Siming	1970873	2157667	2850940	221831	352195
海沧区	Haicang	2558508	6669677	8554854	356590	1246441
湖里区	Huli	1427911	6783434	13651665	553434	807729
集美区	Jimei	2096597	5766923	7157676	355289	533605
同安区	Tong'an	1205155	3293503	4792273	134199	252057
翔安区	Xiang'an	2477267	4255144	10149970	229907	332568
莆田市	**Putian**	**4807638**	**7096768**	**25785316**	**2041535**	**2786449**
莆田市辖区	District under Putian	4055399	5604633	21342411	1764745	2406912
城厢区	Chengxiang	711813	848467	3075828	151924	240339
涵江区	Hanjiang	724025	1822043	8284769	826883	1075842
荔城区	Licheng	388848	1227338	5244587	321694	436876
秀屿区	Xiuyu	2230713	1706785	4737226	464244	653856
仙游县	Xianyou	752239	1492135	4442905	276790	379537
三明市	**Sanming**	**6364042**	**6171509**	**31487553**	**652423**	**1318751**
三明市辖区	District under Sanming	1955103	1690812	6465968	102779	290736
梅列区	Meilie	1198494	1231038	3540484	-19379	74318
三元区	Sanyuan	756609	459774	2925484	122158	216418
永安市	Yong'an	1442834	1294519	7242601	110839	251867
明溪县	Mingxi	183890	129430	991079	38260	55035
清流县	Qingliu	238344	184586	1048500	56728	104451
宁化县	Ninghua	297566	166286	1108790	26794	51160
大田县	Datian	416588	409805	3040930	34536	103058
尤溪县	Youxi	538798	614604	2469220	7909	35129
沙县	Shaxian	644271	1078799	5486741	162451	229295
将乐县	Jiangle	304256	304778	1699148	26685	72046
泰宁县	Taining	160556	164790	847299	41791	62004
建宁县	Jianning	181837	133101	1087277	43653	63971
泉州市	**Quanzhou**	**24505886**	**39144000**	**109222256**	**8129166**	**13724531**
泉州市辖区	District under Quanzhou	6438415	7734570	24653265	1764253	3687987
鲤城区	Licheng	881741	3694232	6799999	464143	660532
丰泽区	Fengze	1691767	1159622	3579371	128974	306608
洛江区	Luojiang	257256	808236	3348727	385948	482445
泉港区	Quangang	3607651	2072479	10925167	785188	2238401
石狮市	Shishi	2691195	3465817	9102945	713916	924196

22-15 续表

Continued

单位：万元　　(10000 yuan)

地区	Area	固定资产合计 Total Value of Fixed Assets	流动资产合计 Circulating Funds	主营业务收入 Sale of Products	利润总额 Total Profits	利税总额 Total Pre-tax Profits
晋江市	Jinjiang	5195082	16263448	33524373	2432004	3536621
南安市	Nan'an	2254522	5809038	15607611	1092964	1475158
惠安县	Hui'an	5057190	3379844	14121110	830460	2259166
安溪县	Anxi	1918242	1118900	5504785	752965	1045107
永春县	Yongchun	564052	856345	4611998	460733	649980
德化县	Dehua	387187	516039	2096170	81871	146317
漳州市	**Zhangzhou**	**9122887**	**16318205**	**45072057**	**3721101**	**6151029**
漳州市辖区	District under Zhangzhou	1786824	3114414	9200846	828630	1360119
芗城区	Xiangcheng	1296751	2051564	6725362	650428	1070900
龙文区	Longwen	490072	1062850	2475484	178202	289220
龙海市	Longhai	3173783	5111030	12025724	1062477	1580258
云霄县	Yunxiao	365658	614180	2603876	209487	350711
漳浦县	Zhangpu	664199	1907269	4545560	200223	368687
诏安县	Zhao'an	329607	696381	2719857	223769	393449
长泰县	Changtai	837048	1617097	4311955	363232	653648
东山县	Dongshan	539139	988568	2545415	167109	395776
南靖县	Nanjing	640748	1286237	3736141	403443	624663
平和县	Pinghe	222227	312734	1704180	126680	201555
华安县	Hua'an	563656	670296	1678503	136052	222164
南平市	**Nanping**	**4114465**	**4769551**	**16164805**	**768679**	**1331033**
南平市辖区	District under Nanping	1714940	1917558	5121497	204399	367010
延平区	Yanping	1308464	1214446	2613515	76170	163011
建阳区	Jianyang	406476	703112	2507983	128229	203999
邵武市	Shaowu	396029	745774	3803106	238589	438634
武夷山市	Wuyishan	145123	182550	1007094	59366	87502
建瓯市	Jian'ou	312109	545616	2029642	100671	157210
顺昌县	Shunchang	229884	203102	909633	9187	21360
浦城县	Pucheng	446739	293986	1346296	96645	155109
光泽县	Guangze	517309	533663	730675	-40339	-32673
松溪县	Songxi	92145	164006	583203	69248	89620
政和县	Zhenghe	260188	183296	633660	30913	47261
龙岩市	**Longyan**	**5923307**	**8830368**	**18150384**	**900480**	**2492963**
龙岩市辖区	District under Longyan	3093143	4618738	8718484	380733	1685930
新罗区	Xinluo	2329133	4116335	7454110	342828	1592509
永定区	Yongding	764010	502404	1264374	37905	93421
漳平市	Zhangping	798254	505980	1336334	47659	89466
长汀县	Changting	325534	702781	1641062	99590	203628
上杭县	Shanghang	1085837	2423568	3867245	223115	290153
武平县	Wuping	367669	337549	1325759	91305	141956
连城县	Liancheng	252870	241751	1261500	58079	81829
宁德市	**Ningde**	**9175922**	**8339197**	**28386062**	**1689334**	**2404158**
宁德市辖区	District under Ningde	1408219	1869658	3651447	423454	542455
蕉城区	Jiaocheng	1309417	1524960	2935887	327715	433060
福安市	Fu'an	2137558	3245634	9012011	287613	427519
福鼎市	Fuding	4443883	1971453	8861048	654544	929084
霞浦县	Xiapu	219283	401310	1355520	64183	81584
古田县	Gutian	242647	233027	1767525	82413	115796
屏南县	Pingnan	226265	230917	914280	45874	84967
寿宁县	Shouning	210437	130674	1244956	42941	76724
周宁县	Zhouning	197854	112397	779696	52363	87435
柘荣县	Zherong	89774	144129	799581	35949	58594

22-16 运输邮电基本情况（2015年）

Basic Indicators of Transportation and Post(2015)

单位：公里 (KM)

地区	Area	邮路单程长度 Length of Postal Route	农村投递路线总长度 Rural Delivery Routes	公路通车里程 Length of Highways in Operation
全 省	**Fujian**	**223980**	**92262**	**104585**
福州市	**Fuzhou**	**77273**	**11183**	**11716**
福州市辖区	District under Fuzhou	74375	781	837
鼓楼区	Gulou			
台江区	Taijiang			
仓山区	Cangshan			
马尾区	Mawei			
晋安区	Jin'an			
福清市	Fuqing	227	2045	2104
长乐市	Changle	176	1517	1021
闽侯县	Minhou	340	1906	1682
连江县	Lianjiang	249	1015	1172
罗源县	Luoyuan	463	817	958
闽清县	Minqing	360	993	1482
永泰县	Yongtai	425	1406	1854
平潭县	Pingtan	659	703	606
厦门市	**Xiamen**	**87650**	**7387**	**2065**
厦门市辖区	District under Xiamen			
思明区	Siming			
海沧区	Haicang			
湖里区	Huli			
集美区	Jimei			
同安区	Tong'an			
翔安区	Xiang'an			
莆田市	**Putian**	**2592**	**4512**	**6218**
莆田市辖区	District under Putian	2270	3073	3623
城厢区	Chengxiang			
涵江区	Hanjiang			
荔城区	Licheng			
秀屿区	Xiuyu			
仙游县	Xianyou	322	1439	2595
三明市	**Sanming**	**5254**	**9314**	**14616**
三明市辖区	District under Sanming	1381	793	903
梅列区	Meilie			
三元区	Sanyuan			
永安市	Yong'an	488	967	1706
明溪县	Mingxi	224	566	1073
清流县	Qingliu	459	893	872
宁化县	Ninghua	420	840	1478
大田县	Datian	374	1258	1723
尤溪县	Youxi	613	1417	2529
沙县	Shaxian	266	760	1237
将乐县	Jiangle	299	740	1154
泰宁县	Taining	406	631	893
建宁县	Jianning	325	449	1049
泉州市	**Quanzhou**	**32113**	**21172**	**16877**
泉州市辖区	District under Quanzhou	29225	965	1453
鲤城区	Licheng			
丰泽区	Fengze			
洛江区	Luojiang			
泉港区	Quangang			
石狮市	Shishi	209	591	451

22-16 续表

Continued

单位：公里 (KM)

地区	Area	邮路单程长度 Length of Postal Route	农村投递路线总长度 Rural Delivery Routes	公路通车里程 Length of Highways in Operation
晋江市	Jinjiang	341	7261	1830
南安市	Nan'an	236	6791	3214
惠安县	Hui'an	92	1904	1083
安溪县	Anxi	550	1947	3949
永春县	Yongchun	511	803	2664
德化县	Dehua	949	910	2232
漳州市	**Zhangzhou**	**3812**	**10572**	**11990**
漳州市辖区	District under Zhangzhou	1246	1220	637
芗城区	Xiangcheng			
龙文区	Longwen			
龙海市	Longhai	241	1811	1469
云霄县	Yunxiao	287	550	756
漳浦县	Zhangpu	437	2274	1559
诏安县	Zhao'an	394	969	1204
长泰县	Changtai	136	608	1049
东山县	Dongshan	346	618	366
南靖县	Nanjing	161	1115	2010
平和县	Pinghe	266	934	1589
华安县	Hua'an	299	473	1352
南平市	**Nanping**	**5995**	**9449**	**15554**
南平市辖区	District under Nanping	2226	1425	2208
延平区	Yanping			
建阳区	Jianyang	371	1262	1489
邵武市	Shaowu	556	602	1618
武夷山市	Wuyishan	425	918	1350
建瓯市	Jian’ou	312	1204	2576
顺昌县	Shunchang	272	838	1151
浦城县	Pucheng	749	966	1901
光泽县	Guangze	379	472	1043
松溪县	Songxi	278	488	816
政和县	Zhenghe	427	1274	1403
龙岩市	**Longyan**	**5537**	**7950**	**14222**
龙岩市辖区	District under Longyan	2077	1469	2114
新罗区	Xinluo			
永定区	Yongding	579	1115	1799
漳平市	Zhangping	612	1129	2101
长汀县	Changting	567	1208	2438
上杭县	Shanghang	726	1379	2091
武平县	Wuping	637	791	1680
连城县	Liancheng	340	859	1998
宁德市	**Ningde**	**3755**	**10723**	**11328**
宁德市辖区	District under Ningde	877	963	1156
蕉城区	Jiaocheng			
福安市	Fu'an	496	2371	2044
福鼎市	Fuding	447	1148	1563
霞浦县	Xiapu	579	2211	1313
古田县	Gutian	250	1356	1536
屏南县	Pingnan	342	683	865
寿宁县	Shouning	377	924	1351
周宁县	Zhouning	173	548	877
柘荣县	Zherong	214	520	622

22-17 普通教育专任教师及在校学生数（2015年）

Number of Full-time Teachers and Students Enrollment in Regular Schools(2015)

单位：人 (person)

地区	Aera	专任教师数 Full-time Teachers			在校生数 Students Enrollment		
		普通高中 Regular Senior Secondary Schools	普通初中 Regular Junior Secondary Schools	小学 Primary Schools	普通高中 Regular Senior Secondary School	普通初中 Regular Junior Secondary Schools	小学 Primary Schools
全　省	**Fujian**	**50463**	**97965**	**162496**	**626272**	**1133458**	**2883136**
福州市	**Fuzhou**	**8685**	**17253**	**29046**	**108062**	**212842**	**551035**
福州市辖区	District under Fuzhou	3172	5366	10069	43157	79238	210524
鼓楼区	Gulou	1348	1641	2711	18183	25221	53144
台江区	Taijiang	458	683	1227	6694	10235	24915
仓山区	Cangshan	685	1565	3331	9550	22685	68112
马尾区	Mawei	285	567	796	3716	6095	15488
晋安区	Jin'an	396	910	2004	5014	15002	48865
福清市	Fuqing	1804	3511	5757	21696	43226	115130
长乐市	Changle	692	1514	2531	7840	18037	51610
闽侯县	Minhou	609	1485	2580	7681	20453	50275
连江县	Lianjiang	712	1617	2339	8158	15708	42660
罗源县	Luoyuan	292	668	1145	2773	5683	14579
闽清县	Minqing	347	994	1457	3956	9138	19642
永泰县	Yongtai	399	909	1373	4896	8384	18494
平潭县	Pingtan	658	1189	1795	7905	12975	28121
厦门市	**Xiamen**	**3599**	**6846**	**14399**	**45083**	**95223**	**278931**
厦门市辖区	District under Xiamen	3599	6846	14399	45083	95223	278931
思明区	Siming	1564	2205	3721	20170	33344	70146
海沧区	Haicang	194	561	1389	2457	7509	27356
湖里区	Huli	180	975	2767	2488	15769	56159
集美区	Jimei	640	1049	2622	7341	15323	53174
同安区	Tong'an	652	1303	2689	8222	15891	48291
翔安区	Xiang'an	369	753	1211	4405	7387	23805
莆田市	**Putian**	**4977**	**8599**	**14725**	**63949**	**100220**	**242066**
莆田市辖区	District under Putian	3470	5742	10216	43845	67005	168932
城厢区	Chengxiang	883	1324	2128	10938	16405	34852
涵江区	Hanjiang	589	1181	1972	7830	11456	31244
荔城区	Licheng	1197	1420	2504	15612	22185	51945
秀屿区	Xiuyu	801	1817	3612	9465	16959	50891
仙游县	Xianyou	1507	2857	4509	20104	33215	73134
三明市	**Sanming**	**3701**	**7684**	**11834**	**47588**	**75244**	**176397**
三明市辖区	District under Sanming	603	922	1304	9549	11380	24260
梅列区	Meilie	234	501	671	3864	6257	13022
三元区	Sanyuan	369	421	633	5685	5123	11238
永安市	Yong'an	513	997	1522	6021	9776	24279
明溪县	Mingxi	161	274	500	1675	2452	5518
清流县	Qingliu	169	384	662	1876	3886	8892
宁化县	Ninghua	470	786	1305	6123	8264	19171
大田县	Datian	385	966	1451	4024	8769	24727
尤溪县	Youxi	520	1320	1608	7438	10296	20820
沙县	Shaxian	340	812	1337	4239	9062	21861
将乐县	Jiangle	242	496	714	2911	4780	10887
泰宁县	Taining	152	332	724	1795	3329	7664
建宁县	Jianning	146	395	707	1937	3250	8318
泉州市	**Quanzhou**	**10411**	**20257**	**33109**	**126680**	**249086**	**688208**
泉州市辖区	District under Quanzhou	2627	3864	6071	30730	49136	116858
鲤城区	Licheng	1280	1420	1766	15923	21869	42617
丰泽区	Fengze	516	879	1629	7010	12637	34158
洛江区	Luojiang	263	500	872	3204	6168	14654

22-17 续表

Continued

单位：人 (person)

地区	Aera	专任教师数 Full-time Teachers 普通高中 Regular Senior Secondary Schools	普通初中 Regular Junior Secondary Schools	小学 Primary Schools	在校生数 Students Enrollment 普通高中 Regular Senior Secondary School	普通初中 Regular Junior Secondary Schools	小学 Primary Schools
泉港区	Quangang	568	1065	1804	4593	8462	25429
石狮市	Shishi	645	1190	2296	8862	18842	58259
晋江市	Jinjiang	1725	3789	6803	24733	58794	176966
南安市	Nan'an	1955	3837	5455	20384	40323	110769
惠安县	Hui'an	1113	2765	3770	13635	27958	69070
安溪县	Anxi	1275	2589	5309	14840	29865	101982
永春县	Yongchun	662	1456	2153	8195	14988	32759
德化县	Dehua	409	767	1252	5301	9180	21545
漳州市	**Zhangzhou**	**6722**	**13189**	**20229**	**88886**	**154602**	**348619**
漳州市辖区	District under Zhangzhou	1414	2180	2899	19691	31647	63700
芗城区	Xiangcheng	1185	1651	2169	16492	24108	47986
龙文区	Longwen	229	529	730	3199	7539	15714
龙海市	Longhai	1357	2213	3314	16399	21837	60482
云霄县	Yunxiao	583	1290	2230	7794	16113	31848
漳浦县	Zhangpu	972	2300	2985	14285	25127	57794
诏安县	Zhao'an	594	1438	2348	9302	17576	39115
长泰县	Changtai	258	547	862	2789	4880	15080
东山县	Dongshan	334	467	801	3316	5775	12833
南靖县	Nanjing	403	880	1425	5252	8195	18977
平和县	Pinghe	646	1521	2633	8409	20250	39270
华安县	Hua'an	161	353	732	1649	3202	9520
南平市	**Nanping**	**3637**	**7789**	**13211**	**50747**	**85157**	**200305**
南平市辖区	District under Nanping	987	2222	3659	13244	24770	55962
延平区	Yanping	607	1339	2171	7685	14766	32643
建阳区	Jianyang	380	883	1488	5559	10004	23319
邵武市	Shaowu	381	809	1275	4976	7788	17940
武夷山市	Wuyishan	225	632	1113	3711	6655	18004
建瓯市	Jian’ou	525	1220	2138	7741	14170	36355
顺昌县	Shunchang	426	731	997	6206	5379	11672
浦城县	Pucheng	386	986	1602	5721	12449	25935
光泽县	Guangze	230	379	855	2977	4924	10880
松溪县	Songxi	197	344	628	2503	3767	9700
政和县	Zhenghe	280	466	944	3668	5255	13857
龙岩市	**Longyan**	**4393**	**8064**	**12133**	**46618**	**78003**	**179199**
龙岩市辖区	District under Longyan	1496	2809	4651	16582	29794	75582
新罗区	Xinluo	755	1495	2645	10083	19053	49859
永定区	Yongding	741	1314	2006	6499	10741	25723
漳平市	Zhangping	317	832	1205	3892	6929	16466
长汀县	Changting	712	1185	1943	9499	14066	29974
上杭县	Shanghang	789	1273	1714	7064	11243	23433
武平县	Wuping	528	973	1391	5306	8624	17980
连城县	Liancheng	551	992	1229	4275	7347	15764
宁德市	**Ningde**	**4338**	**8284**	**13810**	**48659**	**83081**	**218376**
宁德市辖区	District under Ningde	678	1308	2193	6777	13189	37445
蕉城区	Jiaocheng	678	1308	2193	6777	13189	37445
福安市	Fu'an	988	1596	2784	10637	18804	51323
福鼎市	Fuding	714	1386	2247	8836	14107	36458
霞浦县	Xiapu	524	1188	2016	7416	11285	32841
古田县	Gutian	508	1092	1448	4586	8656	19921
屏南县	Pingnan	207	454	824	2136	3890	9303
寿宁县	Shouning	309	643	1049	3702	6338	14113
周宁县	Zhouning	267	424	753	2584	4246	9902
柘荣县	Zherong	143	193	496	1985	2566	7070

22-18 卫生主要指标（2015年）

Main Indicators of Sanitation(2015)

地区	Area	卫生机构数（个） Number of Health Institutions (unit)	卫生机构床位数（张） Number of Beds in Health Institutions (set)	卫生技术人员数（人） Medical Technical Personnel (person)	#执业医师 Medical practitioner	#注册护士 Registered Nurse
全　省	**Fujian**	**27921**	**173199**	**213162**	**66162**	**90503**
福州市	**Fuzhou**	**4473**	**34548**	**51795**	**17405**	**21764**
福州市辖区	District under Fuzhou	1457	21821	34657	12300	14840
鼓楼区	Gulou	320	9510	15197	5678	6684
台江区	Taijiang	191	4963	7704	2777	3602
仓山区	Cangshan	384	3935	5474	1966	2310
马尾区	Mawei	123	421	856	259	324
晋安区	Jin'an	439	2992	5426	1620	1920
福清市	Fuqing	656	3234	4636	1378	1961
长乐市	Changle	406	2039	2837	927	1012
闽侯县	Minhou	398	1466	2186	735	860
连江县	Lianjiang	355	1314	2043	567	668
罗源县	Luoyuan	231	1030	1174	305	525
闽清县	Minqing	320	1427	1322	343	630
永泰县	Yongtai	310	872	1103	378	422
平潭县	Pingtan	340	1345	1837	472	846
厦门市	**Xiamen**	**1437**	**14303**	**25091**	**9308**	**10859**
厦门市辖区	District under Xiamen	1437	14303	25091	9308	10859
思明区	Siming	359	7697	11622	4194	5400
海沧区	Haicang	150	1409	2559	990	1011
湖里区	Huli	110	1124	2345	741	1085
集美区	Jimei	283	1882	4247	1737	1672
同安区	Tong'an	322	1511	2832	1058	1142
翔安区	Xiang'an	213	680	1486	588	549
莆田市	**Putian**	**1313**	**12688**	**13755**	**4198**	**5703**
莆田市辖区	District under Putian	780	7051	7389	2267	2948
城厢区	Chengxiang	163	2753	3377	1144	1486
涵江区	Hanjiang	225	4250	4106	1261	1751
荔城区	Licheng	273	1215	1857	594	724
秀屿区	Xiuyu	282	1586	1426	412	473
仙游县	Xianyou	370	2884	2989	787	1269
三明市	**Sanming**	**2783**	**13522**	**15203**	**4208**	**6488**
三明市辖区	District under Sanming	266	3098	3645	1138	1661
梅列区	Meilie	133	1698	2495	742	1162
三元区	Sanyuan	133	1400	1150	396	499
永安市	Yong'an	388	2509	2697	832	1264
明溪县	Mingxi	115	488	503	145	186
清流县	Qingliu	147	561	688	177	301
宁化县	Ninghua	294	1178	1262	321	528
大田县	Datian	496	1276	1425	362	605
尤溪县	Youxi	391	1402	1640	391	651
沙县	Shaxian	239	1276	1308	356	493
将乐县	Jiangle	154	764	802	183	319
泰宁县	Taining	167	613	754	183	272
建宁县	Jianning	126	357	479	120	208
泉州市	**Quanzhou**	**4864**	**31791**	**37500**	**11474**	**15020**
泉州市辖区	District under Quanzhou	697	10656	15302	4394	6557
鲤城区	Licheng	180	5956	7722	2318	3715
丰泽区	Fengze	184	3040	5265	1478	2052
洛江区	Luojiang	139	515	664	199	195
泉港区	Quangang	194	1145	1651	399	595
石狮市	Shishi	347	1533	2704	945	1121

22-18 续表

Continued

地区	Area	卫生机构数（个）Number of Health Institutions (unit)	卫生机构床位数（张）Number of Beds in Health Institutions (set)	卫生技术人员数（人）Medical Technical Personnel (person)	#执业医师 Medical practitioner	#注册护士 Registered Nurse
晋江市	Jinjiang	847	4498	5772	1898	2034
南安市	Nan'an	911	4904	3918	1252	1522
惠安县	Hui'an	462	3561	3476	1009	1325
安溪县	Anxi	891	3279	3268	1000	1223
永春县	Yongchun	393	2029	1788	528	719
德化县	Dehua	316	1331	1272	448	519
漳州市	**Zhangzhou**	**4479**	**20569**	**20852**	**6014**	**8895**
漳州市辖区	District under Zhangzhou	549	7103	7953	2673	3653
芗城区	Xiangcheng	371	6545	7026	2406	3265
龙文区	Longwen	178	558	927	267	388
龙海市	Longhai	845	2573	2734	807	1068
云霄县	Yunxiao	289	1480	1451	341	702
漳浦县	Zhangpu	708	2572	2779	654	1101
诏安县	Zhao'an	456	1893	1459	377	628
长泰县	Changtai	225	804	783	220	297
东山县	Dongshan	180	861	864	240	320
南靖县	Nanjing	414	886	1091	292	410
平和县	Pinghe	577	1853	1342	317	567
华安县	Hua'an	236	544	396	93	149
南平市	**Nanping**	**2330**	**16059**	**15612**	**4386**	**6905**
南平市辖区	District under Nanping	528	5645	5532	1565	2580
延平区	Yanping	282	3851	3486	1096	1566
建阳区	Jianyang	246	1794	2046	469	1014
邵武市	Shaowu	180	2348	1929	519	878
武夷山市	Wuyishan	273	1088	1346	482	483
建瓯市	Jian'ou	333	2332	2180	589	1012
顺昌县	Shunchang	164	900	852	216	398
浦城县	Pucheng	305	1665	1432	431	584
光泽县	Guangze	175	630	719	177	312
松溪县	Songxi	179	681	684	175	262
政和县	Zhenghe	193	770	938	232	396
龙岩市	**Longyan**	**3264**	**16601**	**18013**	**4943**	**8131**
龙岩市辖区	District under Longyan	960	8051	9309	2857	4475
新罗区	Xinluo	540	6306	7550	2399	3726
永定区	Yongding	420	1745	1759	458	749
漳平市	Zhangping	343	1440	1273	332	544
长汀县	Changting	491	2235	2329	457	1003
上杭县	Shanghang	649	1819	1987	538	748
武平县	Wuping	510	1677	1565	386	666
连城县	Liancheng	311	1379	1550	373	695
宁德市	**Ningde**	**2978**	**13118**	**15341**	**4226**	**6738**
宁德市辖区	District under Ningde	380	3063	3818	1144	1767
蕉城区	Jiaocheng	380	3063	3818	1144	1767
福安市	Fu'an	574	2353	2952	881	1385
福鼎市	Fuding	463	1987	2589	742	1097
霞浦县	Xiapu	347	1791	2110	507	917
古田县	Gutian	485	1423	1462	380	624
屏南县	Pingnan	195	735	651	161	287
寿宁县	Shouning	241	710	756	179	286
周宁县	Zhouning	168	587	543	104	209
柘荣县	Zherong	125	469	460	128	166

22-19 社会消费品零售总额（2015年）

Total Retail Sales of Consumer Goods(2015)

单位：万元 (10000 yuan)

地区	Area	社会消费品零售总额 Total Retail Sales of Consumer Goods 数量 Value	比上年增长(%) Ratio(%)
全　省	**Fujian**	**105059344**	**12.4**
福州市	**Fuzhou**	**34887426**	**14.0**
福州市辖区	District under Fuzhou	24722321	13.5
鼓楼区	Gulou	9185501	14.0
台江区	Taijiang	4003530	14.9
仓山区	Cangshan	3803585	14.0
马尾区	Mawei	1711580	24.0
晋安区	Jin'an	5863142	13.8
福清市	Fuqing	3316737	16.9
长乐市	Changle	1806634	19.9
闽侯县	Minhou	1964508	7.6
连江县	Lianjiang	1146123	23.4
罗源县	Luoyuan	452234	7.4
闽清县	Minqing	437346	12.6
永泰县	Yongtai	484242	15.6
平潭县	Pingtan	557281	9.0
厦门市	**Xiamen**	**11684228**	**8.9**
厦门市辖区	District under Xiamen	11684228	8.9
思明区	Siming	4439371	6.2
海沧区	Haicang	1415605	15.8
湖里区	Huli	3505362	5.2
集美区	Jimei	1153204	17.5
同安区	Tong'an	770075	20.3
翔安区	Xiang'an	400611	6.5
莆田市	**Putian**	**5588501**	**12.2**
莆田市辖区	District under Putian	4747729	12.9
城厢区	Chengxiang	1673641	12.7
涵江区	Hanjiang	978696	10.8
荔城区	Licheng	1483582	14.2
秀屿区	Xiuyu	611810	13.6
仙游县	Xianyou	840773	8.6
三明市	**Sanming**	**4444655**	**9.8**
三明市辖区	District under Sanming	1060368	7.8
梅列区	Meilie	725525	7.4
三元区	Sanyuan	334843	8.9
永安市	Yong'an	800345	10.5
明溪县	Mingxi	146826	7.9
清流县	Qingliu	189413	1.9
宁化县	Ninghua	342836	13.5
大田县	Datian	437043	12.0
尤溪县	Youxi	401410	9.6
沙县	Shaxian	476312	9.8
将乐县	Jiangle	204304	8.9
泰宁县	Taining	199543	13.3
建宁县	Jianning	186256	14.5
泉州市	**Quanzhou**	**24595881**	**12.3**
泉州市辖区	District under Quanzhou	6442232	10.9
鲤城区	Licheng	3336056	9.3
丰泽区	Fengze	2124586	12.3
洛江区	Luojiang	278837	11.0
泉港区	Quangang	702753	14.4
石狮市	Shishi	3571811	12.3
晋江市	Jinjiang	5357099	12.6
南安市	Nan'an	3528935	15.4
惠安县	Hui'an	2212322	11.1
安溪县	Anxi	2052494	12.5
永春县	Yongchun	935483	12.4
德化县	Dehua	495507	13.2
漳州市	**Zhangzhou**	**7769894**	**12.2**
漳州市辖区	District under Zhangzhou	2658115	13.3
芗城区	Xiangcheng	1670199	9.7
龙文区	Longwen	987916	20.0
龙海市	Longhai	1126245	6.3
云霄县	Yunxiao	536598	14.1
漳浦县	Zhangpu	926219	12.2
诏安县	Zhao'an	814379	16.7
长泰县	Changtai	264030	19.4
东山县	Dongshan	345825	9.2
南靖县	Nanjing	381034	9.3
平和县	Pinghe	491773	10.7
华安县	Hua'an	225679	17.3
南平市	**Nanping**	**5038466**	**11.5**
南平市辖区	District under Nanping	1721584	13.1
延平区	Yanping	1177410	12.7
建阳区	Jianyang	544174	14.2
邵武市	Shaowu	924558	14.6
武夷山市	Wuyishan	443382	10.4
建瓯市	Jian'ou	700754	10.0
顺昌县	Shunchang	280080	7.4
浦城县	Pucheng	393336	4.6
光泽县	Guangze	178184	9.8
松溪县	Songxi	203433	12.3
政和县	Zhenghe	193154	11.9
龙岩市	**Longyan**	**6395822**	**14.2**
龙岩市辖区	District under Longyan	3473225	12.3
新罗区	Xinluo	2816363	11.7
永定区	Yongding	656862	14.9
漳平市	Zhangping	525292	12.1
长汀县	Changting	584751	13.6
上杭县	Shanghang	759440	20.9
武平县	Wuping	551754	23.1
连城县	Liancheng	501360	12.2
宁德市	**Ningde**	**4654471**	**12.2**
宁德市辖区	District under Ningde	1117951	12.5
蕉城区	Jiaocheng	1117951	12.5
福安市	Fu'an	869508	12.8
福鼎市	Fuding	853079	12.4
霞浦县	Xiapu	662336	12.8
古田县	Gutian	540463	10.7
屏南县	Pingnan	167587	11.7
寿宁县	Shouning	195918	11.1
周宁县	Zhouning	142372	11.1
柘荣县	Zherong	105256	9.2

22-20 社会保险和低保情况（2015年）

Statistics of People in Social Insurance and Subsistence(2015)

单位：万人　　　　(10000 persons)

地区	Area	期末参加基本养老保险职工人数 People Participated in Basic Pension Insurance at the Year-end	期末参加基本医疗保险人数 People Participated in Basic Medical Insurance at the Year-end	期末参加城乡居民社会养老保险人数 People Participated in Residents of Social Endowment Insurance in Urban and Rural Areas	期末参加新型农村合作医疗保险人数 People Participated in New Medical Insurance in Rural Areas	城镇居民最低生活保障人数 People Receiving Minimum Living Allowance in Urban Areas	农村居民最低生活保障人数 People Receiving Minimum Living Allowance in Rural Areas
全　省	**Fujian**	**736.58**	**1301.24**	**1480.41**	**2552.26**	**12.95**	**71.68**
福州市	**Fuzhou**	**146.30**	**300.44**	**228.89**	**367.94**	**1.59**	**9.42**
福州市辖区	District under Fuzhou	104.15	224.97	16.19	12.24	0.80	0.60
鼓楼区	Gulou	0.05		0.95		0.06	
台江区	Taijiang	0.07		0.90		0.26	
仓山区	Cangshan	0.06		5.45	2.47	0.25	
马尾区	Mawei	9.58	13.27	4.49	4.98	0.09	
晋安区	Jin'an	0.06		4.40	4.79	0.15	
福清市	Fuqing	15.16	21.21	66.02	107.20	0.13	1.20
长乐市	Changle	5.09	8.48	32.78	50.95	0.07	0.88
闽侯县	Minhou	7.80	12.23	28.92	45.32	0.06	1.13
连江县	Lianjiang	4.37	10.55	28.23	48.99	0.05	1.05
罗源县	Luoyuan	2.51	5.49	9.66	19.13	0.12	0.96
闽清县	Minqing	2.80	5.18	13.59	23.45	0.09	1.07
永泰县	Yongtai	2.25	6.03	15.45	27.89	0.07	0.86
平潭县	Pingtan	2.98	6.30	18.05	32.77	0.19	1.68
厦门市	**Xiamen**	**186.41**	**332.12**	**24.96**		**1.03**	**0.51**
厦门市辖区	District under Xiamen	186.41	332.12	24.96		1.54	8.48
思明区	Siming	60.84		1.30		0.30	
海沧区	Haicang	52.39		0.88		0.08	0.08
湖里区	Huli	17.61		2.87		0.10	
集美区	Jimei	9.48		8.08		0.06	0.04
同安区	Tong'an	24.85		1.63		0.15	0.29
翔安区	Xiang'an	18.39		10.21		0.34	0.10
莆田市	**Putian**	**27.89**	**55.65**	**151.26**	**276.33**	**0.80**	**7.97**
莆田市辖区	District under Putian	22.52	39.69	101.73	181.51	0.48	4.04
城厢区	Chengxiang	0.29	10.98	16.10	26.86	0.06	0.42
涵江区	Hanjiang	6.57	9.24	21.30	35.30	0.15	0.68
荔城区	Licheng	0.31	9.71	20.88	41.48	0.24	0.79
秀屿区	Xiuyu	1.95	4.52	43.44	77.88	0.03	2.14
仙游县	Xianyou	5.37	15.96	49.54	94.82	0.32	3.93
三明市	**Sanming**	**39.32**	**73.59**	**120.44**	**220.92**	**0.88**	**4.20**
三明市辖区	District under Sanming	11.72	23.45	4.83		0.19	0.07
梅列区	Meilie	2.69		1.33		0.09	0.02
三元区	Sanyuan	2.13		3.50		0.10	0.05
永安市	Yong'an	6.76	14.86	12.01		0.08	0.19
明溪县	Mingxi	1.38	3.48	5.58		0.04	0.24
清流县	Qingliu	1.62	2.83	6.61		0.05	0.31
宁化县	Ninghua	2.42	4.18	16.34		0.09	0.63
大田县	Datian	2.83	4.41	17.99		0.08	0.78
尤溪县	Youxi	3.18	6.78	22.48		0.05	0.65
沙县	Shaxian	4.53	5.19	11.72		0.13	0.37
将乐县	Jiangle	1.98	3.50	9.23		0.06	0.25
泰宁县	Taining	1.50	2.65	6.39		0.05	0.29
建宁县	Jianning	1.40	2.25	7.27		0.05	0.43
泉州市	**Quanzhou**	**126.48**	**197.55**	**362.75**	**564.63**	**1.95**	**10.81**
泉州市辖区	District under Quanzhou	46.59	93.93	39.52	49.43	0.47	1.10
鲤城区	Licheng	8.96	22.87	4.12		0.14	
丰泽区	Fengze	13.84	27.12	5.66		0.15	

注：1.期末参加基本养老保险职工人数及期末参加基本医疗保险人数中，全省总数含省本级，市辖区总数含市本级；2.期末参加基本养老保险职工人数不含离退休。3.2014年三明市新型农村合作医疗保险统计口径变化，无分县（区）数据。

Note:a)In number of People Participated in Basic Pension Insurance at the year-end,the entire province total including provincial level, the entire city total including city level.b)Number of People Participated in Basic Pension Insurance at the year-end exclude Retirees.c)People Participated in New Medical Insurance in Rural Areas of Sanming have not County data.

22-20 续表

Continued

单位：万人 (10000 persons)

地区	Area	期末参加基本养老保险职工人数 People Participated in Basic Pension Insurance at the Year-end	期末参加基本医疗保险人数 People Participated in Basic Medical Insurance at the Year-end	期末参加城乡居民社会养老保险人数 People Participated in Residents of Social Endowment Insurance in Urban and Rural Areas	期末参加新型农村合作医疗保险人数 People Participated in New Medical Insurance in Rural Areas	城镇居民最低生活保障人数 People Receiving Minimum Living Allowance in Urban Areas	农村居民最低生活保障人数 People Receiving Minimum Living Allowance in Rural Areas
洛江区	Luojiang	3.74	6.68	8.81	15.86	0.05	0.33
泉港区	Quangang	3.45	4.01	20.93	33.58	0.13	0.77
石狮市	Shishi	9.38	8.52	19.11	27.54	0.48	
晋江市	Jinjiang	33.77	22.88	59.69	96.93	0.40	1.23
南安市	Nan'an	12.42	25.95	83.42	129.58	0.08	2.46
惠安县	Hui'an	9.82	23.72	55.45	87.75	0.22	1.93
安溪县	Anxi	5.48	11.98	59.46	96.22	0.15	2.29
永春县	Yongchun	4.67	6.50	30.78	48.33	0.08	1.13
德化县	Dehua	4.36	4.08	15.32	28.85	0.06	0.66
漳州市	**Zhangzhou**	**62.53**	**134.62**	**208.22**	**394.33**	**2.80**	**12.11**
漳州市辖区	District under Zhangzhou	21.44	32.00	17.67	26.49	0.67	0.70
芗城区	Xiangcheng	6.88		10.03	15.32	0.57	0.47
龙文区	Longwen	0.04		7.64	11.16	0.10	0.24
龙海市	Longhai	8.91	7.21	39.83	73.23	0.57	2.54
云霄县	Yunxiao	4.19	4.83	18.74	37.25	0.19	1.40
漳浦县	Zhangpu	7.52	5.83	39.72	78.76	0.30	1.85
诏安县	Zhao'an	3.51	5.82	22.18	53.37	0.20	1.78
长泰县	Changtai	4.63	3.96	8.39	16.85	0.12	0.53
东山县	Dongshan	2.86	6.88	8.51	13.10	0.19	0.42
南靖县	Nanjing	4.15	5.72	17.69	28.78	0.25	0.99
平和县	Pinghe	3.72	6.03	27.18	51.90	0.19	1.38
华安县	Hua'an	1.60	1.40	8.32	14.61	0.12	0.52
南平市	**Nanping**	**40.57**	**54.95**	**128.09**	**238.13**	**1.43**	**7.41**
南平市辖区	District under Nanping	17.06	21.28	31.51	57.84	0.40	1.58
延平区	Yanping	4.91	7.36	16.64	28.80	0.33	0.75
建阳区	Jianyang	3.98	3.99	14.87	29.04	0.08	0.83
邵武市	Shaowu	5.64	5.34	12.06	23.04	0.21	0.68
武夷山市	Wuyishan	2.98	4.96	9.92	17.14	0.11	0.55
建瓯市	Jian'ou	3.89	5.95	22.56	44.56	0.18	1.36
顺昌县	Shunchang	3.16	5.13	9.92	18.01	0.17	0.68
浦城县	Pucheng	3.60	5.33	18.85	34.60	0.08	1.12
光泽县	Guangze	2.02	2.58	7.18	12.31	0.13	0.51
松溪县	Songxi	1.08	2.05	7.33	12.70	0.04	0.35
政和县	Zhenghe	1.14	2.34	8.76	17.94	0.12	0.58
龙岩市	**Longyan**	**43.88**	**111.91**	**131.48**	**224.31**	**0.89**	**9.48**
龙岩市辖区	District under Longyan	18.39	41.11	17.12	58.76	0.21	2.02
新罗区	Xinluo	11.80	26.56	17.12	25.66	0.12	0.40
永定区	Yongding	4.85	15.95	23.16	33.10	0.09	1.62
漳平市	Zhangping	3.37	8.45	13.79	22.59	0.07	0.71
长汀县	Changting	4.32	16.75	21.42	41.41	0.29	1.76
上杭县	Shanghang	6.01	15.48	22.33	43.16	0.09	1.74
武平县	Wuping	3.67	5.87	19.25	31.86	0.10	1.51
连城县	Liancheng	3.27	8.29	14.41	26.54	0.12	1.74
宁德市	**Ningde**	**35.92**	**59.60**	**124.34**	**265.68**	**1.58**	**9.77**
宁德市辖区	District under Ningde	9.64	14.27	14.50	28.65	0.19	1.03
蕉城区	Jiaocheng	5.38	9.05	14.50	28.65	0.19	1.03
福安市	Fu'an	7.69	9.98	24.74	49.76	0.35	2.30
福鼎市	Fuding	7.30	9.16	24.55	48.53	0.26	1.16
霞浦县	Xiapu	3.67	6.42	19.62	41.99	0.22	1.15
古田县	Gutian	2.83	4.02	13.94	33.60	0.19	1.23
屏南县	Pingnan	0.97	2.48	7.39	15.38	0.04	0.82
寿宁县	Shouning	1.80	4.55	8.17	22.43	0.17	1.03
周宁县	Zhouning	0.92	2.92	7.53	16.01	0.05	0.58
柘荣县	Zherong	1.10	5.80	3.90	9.31	0.11	0.47